Schriften zum Infrastrukturrecht

herausgegeben von

Wolfgang Durner und Martin Kment

30

Nicole Krellmann

Die Doppelte Rechtskraft im verwaltungsgerichtlichen Verfahren

Rechtfertigung und Folgen
einer abschließenden gerichtlichen Feststellung
der Mängel eines Planfeststellungsbeschlusses
bei möglicher Heilung
durch ergänzendes Verfahren

Mohr Siebeck

Nicole Krellmann, geboren 1991; Studium der Rechtswissenschaft an der Universität Münster und der Université Panthéon-Assas, Paris; 2016 Erstes Staatsexamen; Juristischer Vorberei-tungsdienst am Kammergericht Berlin; 2019 Zweites Staatsexamen; 2023 Promotion; Rechts-anwältin in Berlin.
orcid.org/0009-0006-8436-6852

ISBN 978-3-16-162516-9 / eISBN 978-3-16-162786-6
DOI 10.1628/978-3-16-162786-6

ISSN 2195-5689 / eISSN 2569-4456 (Schriften zum Infrastrukturrecht)

Die Deutsche Nationalbibliothek verzeichnet diese Publikation in der Deutschen Nationalbib-liographie; detaillierte bibliographische Daten sind über *https://dnb.de* abrufbar.

Das Buch wurde von Gulde Druck in Tübingen aus der Times gesetzt, auf alterungsbeständiges Werkdruckpapier gedruckt und gebunden.

Printed in Germany.

Vorwort

Die vorliegende Arbeit wurde im Sommersemester 2023 von der Juristischen Fakultät der Universität Augsburg als Dissertation angenommen. Rechtsprechung und Literatur finden bis Mai 2023 Berücksichtigung.

Mein aufrichtiger Dank gilt *Herrn Prof. Dr. Martin Kment, LL.M. (Cambridge)*, der die Erstellung dieser Arbeit begleitet und mich von der Themenfindung bis zur Publikation unterstützt hat. Ihm danke ich für das entgegengebrachte Vertrauen und sein stetes Interesse an dem von mir bearbeiteten Thema. *Herrn Prof. Dr. Josef Franz Lindner* danke ich für die Bereitschaft, das Zweitgutachten anzufertigen, und seine engagierte Auseinandersetzung mit meiner Arbeit. Ohne die Zustimmung von *Herrn Prof. Dr. Dr. Wolfgang Durner, LL.M.* wäre eine Aufnahme in diese Schriftenreihe nicht möglich gewesen. Ihm danke ich zudem für hilfreiche Anregungen, die ich im Rahmen der Überarbeitung des Manuskripts umsetzen konnte.

Danken möchte ich der *Johanna und Fritz Buch Gedächtnis-Stiftung* für die Unterstützung durch einen Druckkostenzuschuss.

Verschiedene Menschen haben zum Gelingen dieser Arbeit beigetragen. *Bettina Brombacher* danke ich für ihre wertvollen Impulse und ihren Zuspruch in der prägenden Zeit der Promotion. Großer Dank gebührt meinen Eltern *Alfons und Gabriele Krellmann* für ihren bedingungslosen Rückhalt. Aus tiefstem Herzen danke ich meinem Freund *Benjamin Lüke* für seine Unterstützung und seine unendliche Geduld. Ihm ist diese Arbeit gewidmet.

Berlin, im September 2023   Nicole Krellmann

Inhaltsübersicht

Vorwort V

Inhaltsverzeichnis IX

Einleitung 1

I.   Problemaufriss: Die Doppelte Rechtskraft 1
II. Ziel und Gang der Untersuchung 2

Teil 1: Instrumente zur beschleunigten Vorhabenzulassung . . . 5

§ 1 Generelle Beschleunigung von Verfahren 8

§ 2 Begrenzung von Fehlerfolgen 11

Teil 2: Fehlerbehebung durch ergänzendes Verfahren 23

§ 3 Das ergänzende Verfahren im gesetzlichen System der Planerhaltung 24

§ 4 Anwendungsbereich des ergänzenden Verfahrens 37

§ 5 Voraussetzungen des ergänzenden Verfahrens 44

§ 6 Prozessualer Ausgangspunkt und Durchführung des ergänzenden
     Verfahrens 58

§ 7 Verfassungs- und europarechtliche Zulässigkeit 71

Teil 3: Die Doppelte Rechtskraft 75

§ 8 Die Doppelte Rechtskraft in der höchstrichterlichen Rechtsprechung 75

§ 9 Ausgangspunkt: Feststellung der Rechtswidrigkeit und
     Nichtvollziehbarkeit 78

§ 10 Rechtfertigung der Doppelten Rechtskraft 86

§ 11 Die Doppelte Rechtskraft im Verfahren gegen die Ausgangsentscheidung 137

§ 12 Die Doppelte Rechtskraft im Verfahren gegen die korrigierte Entscheidung 184

§ 13 Die Doppelte Rechtskraft und höherrangiges Recht 253

§ 14 Die Doppelte Rechtskraft de lege ferenda 285

§ 15 Gesamtfazit zur Doppelten Rechtskraft 300

Ergebnisse der Untersuchung 305

Literaturverzeichnis 315

Sachregister 331

Inhaltsverzeichnis

Vorwort V

Inhaltsübersicht VII

Einleitung 1
I.   *Problemaufriss: Die Doppelte Rechtskraft* 1
II. *Ziel und Gang der Untersuchung* 2

Teil 1: Instrumente zur beschleunigten Vorhabenzulassung . . . 5

§ 1 Generelle Beschleunigung von Verfahren 8

§ 2 Begrenzung von Fehlerfolgen 11
A. Grundsatz der Beseitigung rechtsverletzender Verwaltungsakte . . . 11
B. Bedürfnis nach Planerhaltung 12
C. Möglichkeit einer nachträglichen Fehlerbehebung 15
    I. Heilung durch Planergänzung oder ergänzendes Verfahren . . . 15
    II. Abgrenzung zu anderen Möglichkeiten der
        Fehlerfolgenbegrenzung 17
        1. Unbeachtlichkeit von Fehlern ohne Ergebnisrelevanz 17
        2. Materielle Präklusion und Missbrauchsklausel 19
        3. Innerprozessuale Präklusion 20

Teil 2: Fehlerbehebung durch ergänzendes Verfahren 23

§ 3 Das ergänzende Verfahren im gesetzlichen System der Planerhaltung 24
A. Gesetzliche Verankerung des ergänzenden Verfahrens 24
    I. Einführung des ergänzenden Verfahrens als Parallelinstitut
        zur Planergänzung 24
    II. Ausweitung des gegenständlichen Anwendungsbereichs
        durch Übernahme in das UmwRG 26

B. Rechtsnatur der Regelungen und gesetzliche Grundlage der Heilung   27
    I.   Verwaltungsprozessualer Charakter der Regelungen   28
    II. Ermächtigungsgrundlage für die nachträgliche Fehlerbehebung   29
C. Abgrenzung zur Planergänzung   32
    I.   Planergänzung bei notwendiger inhaltlicher Ergänzung   33
    II. Ergänzendes Verfahren bei Fehlern, die die behördliche
         Entscheidung infrage stellen   34
    III. Besondere Bedeutung der Abgrenzung im
         verwaltungsgerichtlichen Verfahren   35

§ 4 *Anwendungsbereich des ergänzenden Verfahrens*   37
A. Gegenständlicher Anwendungsbereich   37
    I.   Planfeststellungsbeschlüsse und Plangenehmigungen   37
    II. Zulassungsentscheidungen im Anwendungsbereich des UmwRG   38
         1. Entscheidungen nach § 1 Abs. 1 Satz 1 Nr. 1 bis 2b UmwRG   38
         2. Entscheidungen nach § 1 Abs. 1 Satz 1 Nr. 5 UmwRG   39
B. Zeitlicher Anwendungsbereich   42
C. Personeller Anwendungsbereich   44

§ 5 *Voraussetzungen des ergänzenden Verfahrens*   44
A. Prinzipiell heilbare Fehler   44
    I.   Erhebliche Fehler im Abwägungsvorgang   44
    II. Materiell-rechtliche Fehler   47
    III. Verfahrensfehler   48
         1. Absolute Verfahrensfehler   50
         2. Relative Verfahrensfehler   51
B. Konkrete Möglichkeit der Heilung   52
C. Einhaltung der Grenzen des ergänzenden Verfahrens   54

§ 6 *Prozessualer Ausgangspunkt und Durchführung des ergänzenden*
     Verfahrens   58
A. Vorausgehende Entscheidung des Gerichts   58
B. Das ergänzende Verfahren   58
    I.   Einleitung   59
    II. Durchführung   61
         1. Anwendbare Verfahrensvorschriften   61
         2. Erfordernis der Ergebnisoffenheit   63
         3. Beteiligungspflichten   64
         4. Berücksichtigungsfähiger Vortrag   67
         5. Maßgebliche Sach- und Rechtslage   67
    III. Abschließender Verwaltungsakt   68

§ 7 *Verfassungs- und europarechtliche Zulässigkeit*   71

Teil 3: Die Doppelte Rechtskraft 75

§ 8 *Die Doppelte Rechtskraft in der höchstrichterlichen Rechtsprechung* 75
A. Rechtsprechung des BVerwG zu § 75 Abs. 1a Satz 2 VwVfG 76
B. Übertragung der Rechtsprechung auf das ergänzende Verfahren
nach dem UmwRG 77

§ 9 *Ausgangspunkt: Feststellung der Rechtswidrigkeit und
Nichtvollziehbarkeit* 78
A. Anträge der Verfahrensbeteiligten und Entscheidung des Gerichts . 78
B. Entwicklung des Tenors 80
   I. Verworfene Optionen 80
     1. Verpflichtung zur Durchführung eines ergänzenden Verfahrens 81
     2. Aussetzung des gerichtlichen Verfahrens zur Fehlerbeseitigung 82
   II. Herleitung der heute verwendeten Tenorierung 83

§ 10 *Rechtfertigung der Doppelten Rechtskraft* 86
A. Die Doppelte Rechtskraft als Ergebnis richterlicher Rechtsfortbildung 86
   I. Ältere Entscheidungen ohne Hinweis auf besondere
     Rechtskraftwirkungen 86
   II. Argumentation mit Bestandskraft und Einwendungsausschluss 88
   III. Argumentation mit der Rechtskraft des vorangegangenen Urteils 89
   IV. Argumentation mit „prozessualen Erfordernissen" 89
B. Ziele der Doppelten Rechtskraft 90
   I. Konzentration des Rechtsschutzes und Begrenzung bzw.
     Abschichtung des prozessualen Streitstoffs 91
   II. Rationalisierung und Absicherung des ergänzenden Verfahrens 91
C. Dogmatische Rechtfertigung 92
   I. Die materielle Rechtskraft nach den Grundsätzen zu § 121 VwGO 93
     1. Voraussetzungen der materiellen Rechtskraft 93
     2. Wesen und Wirkungsweise der materiellen Rechtskraft 94
       a) Unzulässigkeit einer neuen Klage bei identischem
        Streitgegenstand 94
       b) Präjudizialität bei nicht-identischem Streitgegenstand . . . 95
     3. Gegenständliche Reichweite der materiellen Rechtskraft . . . 95
       a) Grundsätzlicher Ausschluss der Entscheidungselemente
        aus der Rechtskraft 96
       b) Relativierungen dieses Grundsatzes in der
        Verwaltungsgerichtsbarkeit 98
   II. Unvereinbarkeit der Doppelten Rechtskraft mit den allgemeinen
     Grundsätzen zur Reichweite der materiellen Rechtskraft 100

1. Feststellung der Rechtswidrigkeit und Nichtvollziehbarkeit .   100
   a) Rechtskraftwirkungen eines stattgebenden
      Anfechtungsurteils   101
   b) Übertragung auf die Feststellung der Rechtswidrigkeit und
      Nichtvollziehbarkeit   105
      aa) Verbindlichkeit der festgestellten Mängel   105
      bb) Keine Verbindlichkeit der nicht tragenden
           Entscheidungselemente   107
2. Abweisung der Klage im Übrigen   110
   a) Rechtskraftwirkungen eines vollständig klageabweisenden
      Anfechtungsurteils   111
   b) Rechtskraftwirkungen der teilweisen Klageabweisung bei
      möglicher Fehlerbehebung   111
      aa) Verbindliche Aussagen der Klageabweisung im Übrigen   112
      bb) Reichweite der Rechtskraft bei Feststellungen zur
           Rechtmäßigkeit   112
3. Zwischenergebnis   114
III. Keine (Teil-)Bestandskraft der Ausgangsentscheidung   115
   1. Zusammenhang zwischen Rechtskraft und Bestandskraft . . .   115
   2. Annahme einer (Teil-)Bestandskraft lässt sich dogmatisch
      nicht rechtfertigen   116
      a) Voraussetzungen einer (Teil-)Bestandskraft liegen nicht vor   117
      b) Keine (Teil-)Bestandskraft bei Feststellung der
         Rechtswidrigkeit und Nichtvollziehbarkeit   117
        aa) Keine Bestandskraft des gesamten
           Planfeststellungsbeschlusses   117
        bb) Keine Bestandskraft unselbstständiger Teile des
           Planfeststellungsbeschlusses   120
          (1) Keine isolierte Bestandskraft unselbständiger
             Elemente des verfügenden Teils   121
          (2) Keine isolierte Bestandskraft von
             Begründungselementen   122
   3. Unzutreffender Vergleich mit § 76 VwVfG   123
IV. Zwischenfazit   125
D. Untersuchung weiterer Rechtfertigungsmöglichkeiten   126
   I. Rechtskraft anderer Urteile in der Verwaltungsgerichtsbarkeit .   126
  II. Rechtskraft im Zivilprozess   127
 III. Keine Doppelte Rechtskraft beim ergänzenden Verfahren in
     der Bauleitplanung   129
 IV. Prozessuale Fortsetzung der Konzentrationswirkung von
     Planfeststellungsbeschlüssen   131

E. Vorteile der Doppelten Rechtskraft gegenüber einer Aussetzung des
gerichtlichen Verfahrens 133
   I. Voraussetzungen und gesetzgeberische Intention der Aussetzung 133
   II. Vergleich der Aussetzung und der Doppelten Rechtskraft 134
   III. Verbleibender Anwendungsbereich der Aussetzung 136

§ 11 *Die Doppelte Rechtskraft im Verfahren gegen*
die Ausgangsentscheidung 137
A. Gegenstand des Verfahrens 137
   I. Ergänzendes Verfahren während der Tatsacheninstanz 137
   II. Ergänzendes Verfahren während der Revision 139
      1. Ausnahmsweise zulässige Klageänderung 139
      2. Ausnahmsweise zulässige Tatsachenfeststellung durch
        das Revisionsgericht 141
B. Die Doppelte Rechtskraft in der ersten Instanz 142
   I. Folgen für die Verwaltungsgerichte 143
      1. Erweiterte Amtsermittlungspflicht nach § 86 Abs. 1 Satz 1,
        1. Hs. VwGO 143
        a) Amtsermittlung in Abhängigkeit vom Urteilstenor 145
          aa) Entscheidung über das Aufhebungsbegehren 146
          bb) Feststellung der Rechtswidrigkeit und
             Nichtvollziehbarkeit 146
        b) Amtsermittlung bei Doppelter Rechtskraft 148
      2. Erweiterte Vorlagepflichten 150
        a) Vorabentscheidungsverfahren gemäß Art. 267 AEUV . . . 150
        b) Konkrete Normenkontrolle gemäß Art. 100 Abs. 1 GG . . . 152
      3. Wahrung der Verfahrensrechte der Beteiligten, insb.
        des Anspruchs auf rechtliches Gehör 152
      4. Berücksichtigung der Doppelten Rechtskraft bei Abfassung
        des Urteils 154
   II. Erweiterte Mitwirkungspflichten der Verfahrensbeteiligten . . . 155
      1. Folgen für den Kläger 156
        a) Umfassende Rügeobliegenheit ohne Kostengefahr 156
        b) Fortgeltung der Klagebegründungsfrist aus § 6 Satz 1
          UmwRG 157
        c) Kein prozessstrategisches „Zurückhalten" von Mängeln . . 159
        d) Umgehungsmöglichkeit durch Präzisierung
          des Klageantrags? 160
      2. Folgen für die Behörde bzw. den Vorhabenträger 161
   III. Kostenentscheidung 162

1. Keine Kostentragung des Klägers bei Abweisung im Übrigen   162
2. Kostenverteilung „innerhalb" des Feststellungsurteils   163
   a) Kostenentscheidung in Abhängigkeit vom Tenor   163
   b) Kostenentscheidung in Abhängigkeit vom Erfolg der
      klägerseitigen Einwände   164
      aa) Teilunterliegen des Klägers bei zurückgewiesenen
         Rügen   164
      bb) Schwierigkeiten bei der Quotenbildung   167
IV. Möglichkeit einer beschränkten Berufungs- bzw.
    Revisionszulassung   168
C. Die Doppelte Rechtskraft in der Rechtsmittelinstanz   171
    I. Notwendige Zurückverweisung bei Aufhebung in
       der Tatsacheninstanz   172
    II. Revision bei Feststellung der Rechtswidrigkeit und
       Nichtvollziehbarkeit   172
      1. Erfolg bei Durchgreifen eines einzigen Begründungsstrangs   173
         a) Revision der Behörde bzw. des Vorhabenträgers   173
            aa) Erneuter Antrag auf Klageabweisung   173
            bb) Antrag auf Klageabweisung in Bezug auf
               einzelne Mängel   175
         b) Revision des Klägers   176
            aa) Erneuter Antrag auf Aufhebung   176
            bb) Antrag auf Feststellung weiterer Mängel   176
      2. Beschränkter Prüfungsumfang des Rechtsmittelgerichts . . .   177
      3. Kostenrisiko aus § 154 Abs. 2 VwGO   178
D. Fazit   178
    I. Erschwerung der effektiven richterlichen Kontrolle bei
       komplexen Vorhaben   179
    II. Zweckerreichung der Doppelten Rechtskraft zu diesem Zeitpunkt
       völlig offen   181
      1. Ergänzendes Verfahren ungewiss   182
      2. Weiterer Prozess ungewiss   183

§ 12 Die Doppelte Rechtskraft im Verfahren gegen die korrigierte
Entscheidung   184
A. Gegenstand des Verfahrens   185
    I. Einheitliche neue Entscheidung als Ergebnis des ergänzenden
       Verfahrens   185
      1. Schicksal der ursprünglichen Entscheidung nach
         rechtskräftiger Feststellung der Rechtswidrigkeit und
         Nichtvollziehbarkeit   185

    2. Änderung der Ausgangsentscheidung 187
    3. Verschmelzen von neuer und alter Entscheidung 188
  II. Personelle Reichweite der Heilung 189
    1. Änderungen des Vorhabens selbst 189
    2. Änderungen, die die äußere Gestalt des Vorhabens unberührt
       lassen 190
B. Rechtsschutzmöglichkeiten 190
  I. Anfechtung durch den Kläger 191
    1. Erneutes Aufhebungsbegehren 191
      a) Keine Unzulässigkeit wegen entgegenstehender Rechtskraft 192
      b) Mögliches Bestehen eines Aufhebungsanspruchs 193
        aa) Möglicher Aufhebungsanspruch bei erfolgloser Heilung 194
        bb) Keine Aufhebung wegen zuvor bereits erfolglos
           gerügter Mängel 196
    2. Weiterer Antrag auf Feststellung der Rechtswidrigkeit und
      Nichtvollziehbarkeit 197
      a) Keine (Teil-)Unzulässigkeit wegen entgegenstehender
        Rechtskraft 197
      b) Anspruch auf Feststellung der Rechtswidrigkeit und
        Nichtvollziehbarkeit 198
        aa) Mängel, die aus dem ergänzenden Verfahren resultieren 198
        bb) Keine Beanstandung von Mängeln des ursprünglichen
           Planfeststellungsbeschlusses 199
  II. Anfechtung durch Dritte 200
    1. Keine Berufung auf die Rechtswidrigkeit und
      Nichtvollziehbarkeit 201
    2. Rechtsschutz gegen heilungsbedingte Änderungen
      des Vorhabens 202
C. Bindung des Gerichts an die Rechtskraft des vorangegangenen
  Urteils 203
  I. Inhaltliche Reichweite der Rechtskraft 205
    1. Mindestgehalt der Doppelten Rechtskraft 205
    2. Verbindlichkeit rechtlicher Erwägungen und
      Begründungselemente 206
      a) Zunächst restriktive Haltung des 4. Senats 207
      b) Vermittelnde Lösung des 7. Senats 208
    3. Verbindlichkeit auch bei fehlender Begründung? 211
  II. Folgen für die Verfahrensbeteiligten 214
    1. Größere Rechts- und Planungssicherheit für Behörde und
      Vorhabenträger 215

2. Mögliche Risiken für den Kläger 216
III. Bewertung 217
  1. Erkennbarkeit der verbindlichen Entscheidungselemente . . . 217
  2. Notwendigkeit einer Restriktion der vorgreiflichen
    Entscheidungselemente 218
    a) Handhabbarkeit der Rechtskraftwirkungen 218
    b) Gefahr einer zu weitgehenden Perpetuierung von
      Entscheidungselementen 220
    c) Wahrung verfassungsrechtlicher Grenzen 221
D. Umgang mit Fehlern in rechtskräftig entschiedenen Sachkomplexen 221
  I. Problemaufriss: Fehler in rechtskräftig entschiedenen
    Sachkomplexen 222
  II. Fälle, in denen keine Bindung an die Feststellungen des
    vorangegangenen Urteils besteht 223
    1. Nicht (vollständig) von der Rechtskraft erfasste Sachkomplexe 223
    2. Änderung der Sach- oder Rechtslage als zeitliche Grenze
      der Rechtskraft 225
    3. Neuerliche Sachprüfung durch die Behörde 226
  III. Anlass für eine teilweise Rechtskraftdurchbrechung 228
    1. Rechtskraftdurchbrechung nach allgemeinen Grundsätzen,
      insb. Unionsrechtswidrigkeit 229
    a) Gründe für ein Wiederaufgreifen des Verfahrens 229
      aa) Wiederaufnahme des gerichtlichen Verfahrens 229
      bb) Wiederaufnahme des Verwaltungsverfahrens 230
    b) Übertragung auf den Fall der Doppelten Rechtskraft 231
    2. Neue Erkenntnisse im ergänzenden Verfahren 236
  IV. Entfallen der verbindlichen Wirkung 237
    1. Begrenzung der Rechtskraftdurchbrechung auf einzelne
      Sachkomplexe 238
    2. Rechtskraftdurchbrechung nach allgemeinen Grundsätzen,
      insb. Unionsrechtswidrigkeit 239
    a) Grundsätzlich keine Rechtskraftdurchbrechung durch
      das Gericht 239
      aa) Rechtskraftdurchbrechung nach vollständiger
        Abweisung einer Anfechtungsklage 239
      bb) Übertragung auf den Fall der Doppelten Rechtskraft . . 241
    b) Folgen für die Verfahrensbeteiligten 242
      aa) Rechtskraftdurchbrechung durch die Behörde im
        ergänzenden Verfahren 243
      bb) Rechtsschutzmöglichkeiten des Vorhabenträgers 245

cc) Antragsobliegenheit für den Kläger 246
3. Rechtskraftdurchbrechung bei neuen Erkenntnissen im
ergänzenden Verfahren 247
a) Entscheidung des Gerichts ohne Bindung an das
vorangegangene Urteil 247
b) Folgen für die Verfahrensbeteiligten 249
aa) Berücksichtigungspflicht der Behörde 249
bb) Vorteile für den Kläger 250
cc) Keine Schutzwürdigkeit des Vorhabenträgers 251
E. Fazit 251
I. Eintritt des intendierten Beschleunigungseffektes 251
II. Unsicherheiten über Reichweite und Bestand der Rechtskraft . . 251

§ 13 *Die Doppelte Rechtskraft und höherrangiges Recht* 253
A. Vereinbarkeit mit dem Grundgesetz 253
I. Ausgestaltung des Prozessrechts als Aufgabe des Gesetzgebers 253
1. Ausgestaltung des Anspruchs auf effektiven Rechtsschutz . . 253
2. Die Doppelte Rechtskraft als zulässige richterliche
Rechtsfortbildung? 255
II. Die Doppelte Rechtskraft als verfassungskonformes Institut im
verwaltungsgerichtlichen Verfahren 258
1. Verfassungsrechtlich verankerte Ziele der Doppelten
Rechtskraft 259
a) Rechtssicherheit und Rechtsfrieden 259
b) Effektiver Rechtsschutz durch Entlastung der Gerichte . . 261
c) Verwirklichung von Grundrechten 262
d) Effizienz der Verwaltung 263
2. Keine ungerechtfertigte Benachteiligung des Klägers 263
a) Anspruch auf eine vollständige Nachprüfung von
Einzelentscheidungen 264
b) Vereinbarkeit mit dem Dispositionsgrundsatz 266
c) Garantie des rechtlichen Gehörs 268
d) Anspruch auf ein zügiges Verfahren 270
3. Keine (weitere) Verschiebung in der Gewaltenteilung 271
a) Aufgabenteilung zwischen vollziehender und
rechtsprechender Gewalt 271
b) Einhaltung der verfassungsrechtlichen Grenzen 273
aa) Das Gericht als nachgehende Kontrollinstanz für
hoheitliches Handeln 273
bb) Wahrung der Eigenständigkeit der Verwaltung 275

(1) Abschließende Feststellung der zu behebenden
Fehler 276
(2) Kein Einfluss auf die Art und Weise der Heilung . . 277
B. Vereinbarkeit mit Unions- und Völkerrecht 279
   I. Vereinbarkeit mit dem Recht der Europäischen Union 279
     1. Exkurs: Reichweite der Rechtskraft im
Gemeinschaftsprozessrecht 280
     2. Grundsatz der freien Ausgestaltung des Rechtsschutzsystems
durch die Mitgliedstaaten 281
       a) Keine Einschränkung des weiten Zugangs zu Gericht . . . 281
       b) Praktische Wirksamkeit des Unionsrechts gewahrt 282
   II. Vereinbarkeit mit Art. 9 der Aarhus-Konvention 284
C. Fazit 284

§ 14 Die Doppelte Rechtskraft de lege ferenda 285
A. Die Doppelte Rechtskraft als logische prozessuale Folge der
Heilungsmöglichkeit im Anschluss an einen Prozess? 286
   I. Ausrichtung der gesetzlichen Regelungen auf den
Verwaltungsakt als solchen 286
   II. Erfordernis einer Sonderregelung zur Rechtskraft bei
Heilungsmöglichkeit 287
     1. Feststellung der Rechtswidrigkeit und Nichtvollziehbarkeit
als Ausnahme vom „Alles-oder-Nichts-Prinzip" 287
     2. Fortführung der Eigenständigkeit von Entscheidungselementen
auf prozessualer Ebene 288
     3. Anpassung des Rechtsschutzes an die Möglichkeit
wiederholter Nachbesserung 290
B. Notwendige Klarstellungen durch den Gesetzgeber 290
   I. Kein gesetzlicher Ausschluss der Rügemöglichkeit 291
   II. Stattdessen Lösung über die Rechtskraft 291
     1. Notwendige Änderung des Tenors 292
       a) Bescheidungsurteil statt Feststellungsurteil? 293
       b) Ausdrückliche Feststellung der Fehlerfreiheit im Übrigen? 296
     2. Gesetzliche Anpassungen 297
       a) Verpflichtung zur umfassenden Prüfung 297
       b) Flexibilisierung der Folgen für die Vollziehbarkeit 299
C. Fazit 300

§ 15 Gesamtfazit zur Doppelten Rechtskraft 300

Ergebnisse der Untersuchung 305

Literaturverzeichnis 315

Sachregister 331

Einleitung

I. Problemaufriss: Die Doppelte Rechtskraft

Für fehlerhafte Planfeststellungsbeschlüsse, Plangenehmigungen und bestimmte weitere behördliche Entscheidungen, die ein Vorhaben im Bereich des Umweltrechts zulassen,[1] gestattet das Gesetz eine Fehlerheilung durch ergänzendes Verfahren. Wenn in diesen Fällen ein Umweltverband, eine Kommune oder ein privat Betroffener[2] klageweise gegen ein Vorhaben vorgeht und das Gericht Fehler feststellt, hebt es die behördliche Entscheidung nicht auf. Vielmehr stellt es im Tenor des verfahrensbeendenden Urteils lediglich deren Rechtswidrigkeit und Nichtvollziehbarkeit fest. Auf diese Weise ebnet es den Weg in ein im Anschluss an den Prozess erfolgendes ergänzendes Verfahren, in dem sich die festgestellten Fehler nachträglich beheben lassen.

Dem Urteil, welches die Rechtswidrigkeit und Nichtvollziehbarkeit feststellt, schreibt das Bundesverwaltungsgericht besondere Rechtskraftwirkungen zu, die es formelhaft regelmäßig wie folgt zusammenfasst:

„Der Kläger kann gegen die Entscheidung im ergänzenden Verfahren geltend machen, dass die vom Gericht festgestellten Mängel nach wie vor nicht behoben seien, mit Blick auf die Rechtskraft des Feststellungsurteils jedoch nicht, dass der Planfeststellungsbeschluss über die Beanstandung des Gerichts hinaus an weiteren Fehlern leidet."[3]

---

[1] Aus Gründen der besseren Lesbarkeit beziehen sich die folgenden Ausführungen im Grundsatz auf Planfeststellungsbeschlüsse. Sie gelten mit Blick auf das ergänzende Verfahren (Teil 2) und die Doppelte Rechtskraft (Teil 3) in entsprechender Weise für Plangenehmigungen und behördliche Zulassungsentscheidungen, die in den Anwendungsbereich der Heilungsbestimmungen in §§ 4 Abs. 1b Satz 1, 7 Abs. 5 Satz 1 UmwRG fallen. Soweit sich aus der Art der Entscheidung wesentliche Unterschiede ergeben, wird hierauf im Einzelfall ausdrücklich hingewiesen.

[2] Aus Gründen der besseren Lesbarkeit wird in dieser Arbeit bei Personenbezeichnungen und personenbezogenen Hauptwörtern das generische Maskulinum verwendet. Gemeint sind immer alle Geschlechter.

[3] BVerwG, Urteil vom 08.01.2014 – 9 A 4/13, BVerwGE 149, 31 Rn. 28; BVerwG, Urteil vom 28.04.2016 – 9 A 9/15, BVerwGE 155, 91 Rn. 39; BVerwG, Urteil vom 15.07.2016 – 9 C 3/16, NVwZ 2016, 1631 Rn. 61; BVerwG, Urteil vom 23.05.2017 – 4 A 7/16, juris Rn. 7.

Mit anderen Worten vertritt das Bundesverwaltungsgericht die Auffassung, dass sich die Bindungswirkung eines in Rechtskraft erwachsenen stattgebenden Feststellungsurteils gegenüber den Verfahrensbeteiligten in zwei Richtungen erstreckt: Zum einen steht für die Zukunft positiv fest, dass der angegriffene Planfeststellungsbeschluss die vom Gericht in den Entscheidungsgründen herausgearbeiteten Mängel aufweist. Zum anderen wird durch das Urteil negativ festgestellt, dass sonstige Mängel nicht bestehen, der Planfeststellungsbeschluss also im Übrigen rechtmäßig ist.[4]

Damit diese Wirkung nicht mit einer potentiellen Schwächung des Rechtsschutzes einhergehen kann, ist es dem Gericht nach Feststellung eines Fehlers verwehrt, die Rechtmäßigkeit im Übrigen offen zu lassen. Vielmehr ist es verpflichtet, die Ausgangsentscheidung im Rahmen der klägerischen Rügebefugnis vollständig auf Fehler hin zu überprüfen.[5]

Erhebt der Kläger nach erfolgter Heilung gegen den korrigierten Planfeststellungsbeschluss erneut Klage, wird er mit Einwänden gegen die Ausgangsentscheidung nicht mehr gehört.[6]

Dieses durch die Rechtsprechung des *9. Senats* entwickelte Konzept bezeichnet *RiBVerwG Prof. Dr. Christoph Külpmann* als Doppelte Rechtskraft.[7]

II. Ziel und Gang der Untersuchung

Mit der Doppelten Rechtskraft behandelt diese Arbeit im Schwerpunkt das Ergebnis einer inzwischen etablierten richterlichen Rechtsfortbildung im deutschen Verwaltungsprozessrecht.

Anlass der Untersuchung ist die Diskrepanz zwischen der hohen praktischen Bedeutung, die das prozessuale Institut der Doppelten Rechtskraft auf der einen

---

[4] So das allgemeine Verständnis: *Seibert*, NVwZ 2018, 97 (102); *Wysk*, UPR 2021, 434; *Schenke*, in: Kopp/Schenke, VwGO, § 121 Rn. 21; *Neumann/Külpmann*, in: Stelkens/Bonk/Sachs, VwVfG, § 75 Rn. 53c. *Külpmann*, NVwZ 2020, 1143 (1144), spricht vom „Januskopf" der Rechtskraft.

[5] So ausdrücklich: BVerwG, Beschluss vom 20.03.2018 – 9 B 43/16, NuR 2019, 109 Rn. 65; BVerwG, Beschluss vom 17.03.2020 – 3 VR 1/19, NVwZ 2020, 1051 Rn. 18; OVG Lüneburg, Beschluss vom 11.05.2020 – 12 LA 150/19, BauR 2020, 1292 (1293); OVG Lüneburg, Beschluss vom 18.03.2021 – 12 LB 148/20, KommJur 2021, 132 (137).

[6] BVerwG, Urteil vom 28.04.2016 – 9 A 9/15, BVerwGE 155, 91 Rn. 39; BVerwG, Beschluss vom 20.03.2018 – 9 B 43/16, NuR 2019, 109 Rn. 65; BVerwG, Urteil vom 24.05.2018 – 4 C 4/17, BVerwGE 162, 114 Rn. 45; OVG Lüneburg, Beschluss vom 11.05.2020 – 12 LA 150/19, BauR 2020, 1292 (1293).

[7] *Külpmann*, NVwZ 2020, 1143 (1144). Der Beitrag beruht auf einem Vortrag der 43. Jahrestagung der Gesellschaft für Umweltrecht am 08.11.2019 in Leipzig.

Seite aufweist, und seiner bisher fehlenden rechtswissenschaftlichen Durchdringung auf der anderen Seite.

I. Ziel der Untersuchung ist die Einordnung der Doppelten Rechtskraft in das vorhandene System des Verwaltungsverfahrens- und des Verwaltungsprozessrechts. Dafür gilt es zum einen, herauszuarbeiten, mit welcher Zielsetzung dieses prozessuale Sicherungsinstrument entwickelt worden ist und, ob es sich mit dem herkömmlichen Verständnis von der Rechtskraft verwaltungsgerichtlicher Urteile vereinbaren lässt. Für den Fall, dass diese Frage zu verneinen ist, soll untersucht werden, ob und in welcher Weise der Gesetzgeber hierauf reagieren sollte. Weiterhin soll diese Arbeit aufzeigen, welche Folgen mit der Doppelten Rechtskraft für die von einem Vorhaben betroffenen Personen, den Vorhabenträger, die zuständige Behörde und die gerichtliche Praxis einhergehen, und untersuchen, ob mit Blick auf höherrangiges Recht Friktionen erkennbar sind. Auf dieser Grundlage soll eine umfassende Bewertung erfolgen.

II. Die Doppelte Rechtskraft steht in einer untrennbaren Beziehung zur nachträglichen Fehlerbehebung. Nach der bisherigen höchstrichterlichen Rechtsprechung wird ein Urteil nämlich nur dann mit Doppelter Rechtskraft ausgestattet, wenn das Gericht einen Planfeststellungsbeschluss trotz erkannter Fehler nicht aufhebt, sondern eine Fehlerbehebung in einem im Anschluss an das gerichtliche Verfahren erfolgenden ergänzenden Verwaltungsverfahren für möglich hält.

Dieser Besonderheit trägt der Gang der Untersuchung Rechnung:

1. Ausgangspunkt dieser Arbeit ist eine allgemeine Einordnung der Fehlerheilung durch ergänzendes Verfahren und der Doppelten Rechtskraft in bisherige Bestrebungen der Verfahrensbeschleunigung. Dabei soll eine Abgrenzung zu anderen Instrumenten im Verwaltungsverfahrens- und im Verwaltungsprozessrecht erfolgen.

2. Die Analyse des Konzeptes der Doppelten Rechtskraft setzt ein vertieftes Verständnis von der nachträglichen Fehlerheilung durch ergänzendes Verfahren voraus. Daher wird dem eigentlichen Schwerpunkt der Arbeit eine Einführung in diese verfahrensrechtliche Thematik vorangestellt. Dadurch soll zum einen ein Überblick über den Anwendungsbereich, potentiell heilbare Fehler, Grenzen der Fehlerheilung und die Vereinbarkeit mit Verfassungs- und Unionsrecht vermittelt werden. Zum anderen bedarf es mit Blick auf die Doppelte Rechtskraft genauerer Kenntnisse zu Ablauf, Ausgestaltung und Abschluss des ergänzenden Verfahrens. Weiterhin soll an dieser Stelle eine Abgrenzung zur ebenfalls im Anschluss an ein Urteil stattfindenden Planergänzung erfolgen. Deren Funktions- und Wirkungsweise lässt nicht nur im Zusammenhang mit der Fehlerheilung, sondern auch in der späteren Untersuchung der Doppelten Rechtskraft verschiedentlich Rückschlüsse zu.

3. Der Fokus der Bearbeitung liegt auf der Analyse der Folgen der Doppelten Recht für die von einem Vorhaben betroffenen Personen, den Vorhabenträger, die zuständige Behörde und die Verwaltungsgerichte. Ihr Konzept kommt nur dann vollständig zum Tragen, wenn die Korrektur eines fehlerhaften Verwaltungsaktes im Anschluss an ein gerichtliches Urteil tatsächlich erfolgt und der Kläger gegen die Fehlerbehebung in einem weiteren Prozess vor dem Verwaltungsgericht vorgeht. Damit liegt das ergänzende Verfahren quasi zwischen zwei Prozessen. Der Schwerpunkt zeichnet dieses zeitliche Aufeinanderfolgen nach: Die Auswirkungen der Doppelten Rechtskraft auf das Verfahren gegen die behördliche Ausgangsentscheidung und auf das Verfahren gegen die korrigierte Entscheidung werden nacheinander abgehandelt. Auswirkungen der Doppelten Rechtskraft auf das Verhalten der Beteiligten im zeitlich dazwischen platzierten ergänzenden Verfahren, das in seinen Grundzügen bereits zuvor dargestellt wird, werden innerhalb der Ausführungen zur Rechtskraft im Verfahren gegen den korrigierten Planfeststellungsbeschluss beleuchtet. Dabei lassen sich zeitliche Sprünge nicht vollständig vermeiden. Diese dienen jedoch dem Zweck, in davor liegenden Abschnitten nicht zu viel vorwegzunehmen, und verhindern zugleich Redundanzen in späteren Abschnitten.

Teil 1

Instrumente zur beschleunigten Vorhabenzulassung

Planungs- und Genehmigungsverfahren in Deutschland sind seit jeher der Kritik ausgesetzt, zu komplex und zu zeitintensiv zu sein.[1] Bei großen Vorhaben schließen sich einem langwierigen Verwaltungsverfahren regelmäßig Rechtsstreitigkeiten vor den Verwaltungsgerichten an, die nicht selten wiederum mehrere Jahre in Anspruch nehmen.[2]

Dieser Problematik stehen die dringlichen Herausforderungen unserer Zeit gegenüber. Vormals wurde in den komplexen und zeitintensiven Planungs- und Genehmigungsverfahren zuvorderst ein Hindernis bei der Bewältigung des enormen Nachholbedarfs an Infrastrukturmaßnahmen in den „neuen Bundesländern" nach der deutschen Wiedervereinigung[3] und eine Gefahr für die Wettbewerbsfähigkeit des Wirtschaftsstandorts Deutschland[4] gesehen, die es durch Anpassungen im Fachplanungs- und Genehmigungsrecht zu bewältigen galt. Nicht erst seit dem Klimabeschluss des Bundesverfassungsgerichts[5] verlagert sich der Schwerpunkt der Kritik nunmehr dahin, dass vor allem die Schwierigkeiten, vor die uns der anthropogene Klimawandel stellt, ein beschleunigtes Handeln der Verwal-

---

[1] So beispielhaft etwa *Petz*, in: Faßbender/Köck, Querschnittsprobleme des Umwelt- und Planungsrechts – Rechtsschutz und Umweltprüfungen, 2019, S. 103 (104 f.); *Steiner*, NVwZ 1994, 313 (313); *Wahl/Dreier*, NVwZ 1999, 606 (606); *Dolde*, NVwZ 2006, 857 (857); *Schmidt/Kelly*, VerwArch 112 (2021), 97 (98 f.); *Steinkühler*, UPR 2022, 241 (241–244).

[2] Laut einer Studie des Unabhängigen Instituts für Umweltfragen (UfU) im Zeitraum 2017 bis 2020 betrug die durchschnittliche Dauer von erstinstanzlichen Verfahren bei verwaltungsgerichtlichen Klagen gegen Straßenbau- und Eisenbahnprojekte 23,9 Monate (22,9 Monate bei Verwaltungsgerichten; 31,3 Monate bei Oberverwaltungsgerichten; 20,2 Monate beim Bundesverwaltungsgericht), siehe hierzu: Umweltbundesamt, Abschlussbericht – Wissenschaftliche Unterstützung des Rechtsschutzes in Umweltangelegenheiten in der 19. Legislaturperiode, Texte 149/2021, S. 20 (https://www.umweltbundesamt.de/sites/default/files/medien/479/publi kationen/texte_149-2021_wissenschaftliche_unterstuetzung_des_rechtsschutzes_in_umwelt angelegenheiten_in_der_19._legislaturperiode_0.pdf) (zuletzt abgerufen am 12.03.2023).

[3] Vgl. hierzu die Begründung zum Verkehrswegebeschleunigungsgesetz aus dem Jahr 1991, BT-Drs. 12/1092, S. 1.

[4] *Ronellenfitsch*, Beschleunigung und Vereinfachung der Anlagenzulassungsverfahren, 1994, S. 17–19; *Steiner*, NVwZ 1994, 313 (313); *Bonk*, NVwZ 1997, 320 (321) m.w.N.; *Wahl/Dreier*, NVwZ 1999, 606 (606); *Dolde*, NVwZ 2006, 857 (857).

[5] BVerfG, Beschluss vom 24.03.2021 – 1 BvR 2656/18 u.a., BVerfGE 157, 30.

tungs- und Gerichtspraxis dringend gebieten. Denn die angekündigte Klimaoffensive fordert mehr denn je „alles auf einmal": Für die Energiewende sind die Gewinnung und Speicherung erneuerbarer Energien und die bedarfsgerechte Erweiterung der Übertragungsnetzinfrastruktur von entscheidender Bedeutung. Das setzt voraus, dass eine Vielzahl von Vorhaben möglichst zeitnah auf den Weg gebracht werden.[6] Zeitgleich bedarf es nicht zuletzt in Ansehung eines steigenden Verkehrsbedarfs[7] der Erweiterung einer leistungsfähigen Verkehrswegeinfrastruktur durch die Planung und Zulassung von möglichst umweltfreundlichen Verkehrsträgern wie Eisenbahnstrecken und Wasserwegen (Mobilitätswende).[8] Sämtliche Vorhaben bewegen sich hierbei im Kontext der unionsseitig definierten Ziele und Prioritäten der Transeuropäischen Netze.[9] Zuletzt lösten der völkerrechtswidrige Angriffskrieg Russlands gegen die Ukraine und die damit aufkeimenden Sorgen um die Energiesicherheit der Bundesrepublik Deutschland zusätzlichen Beschleunigungsdruck aus, der unter anderem darin mündete, dass der Gesetzgeber mit Blick auf den Ausbau der Importinfrastruktur für verflüssigtes Erdgas (LNG) ein Gesetz[10] erließ, dessen Inhalte einen zuvor kaum vorstellbaren Ausnahmecharakter aufweisen.[11]

Um die Realisierung von Vorhaben zu beschleunigen, sind im nationalen Recht unterschiedliche Lösungsansätze denkbar:

Zum einen weisen Verwaltungsentscheidungen, die Infrastrukturprojekte und andere Großvorhaben zulassen, ein Maß an inhaltlicher Komplexität auf, das in anderen Materien nur selten erreicht wird.[12] Zwar dürfte eine Kürzung der materiell-rechtlichen Vorgaben, die vor allem mit Blick auf den Schutz von Umwelt und Natur an Großvorhaben gestellt werden, nicht ohne eine Beeinträchtigung der jeweiligen Schutzgüter möglich und vielfach auch nicht mit dem strikten Unionsrecht vereinbar sein. Indes lässt sich insoweit die Rechtsanwendung zumindest vereinfachen, indem die Komplexität der Regelungssysteme reduziert wird und etwa unnötige Doppelprüfungen abgeschafft werden. Hierfür müssen

---

[6] Zur Energiewende generell: *Franzius*, JuS 2018, 28. Mit Bezug zum Netzausbau: *Stüer*, DÖV 2020, 190 (193); *Schmidt/Kelly*, VerwArch 112 (2021), 97 (98).

[7] Bundesministerium für Verkehr und digitale Infrastruktur, Innovationsforum Planungsbeschleunigung – Abschlussbericht, 2017, S. 9.

[8] Zur Verkehrswende generell: *Monheim,* IR 2017, 236; *Schütte*, ZUR 2018, 65. Mit Bezug zum Planungsrecht: *Schmidt/Kelly*, VerwArch 112 (2021), 97 (98 f.).

[9] Art. 170 bis 172 AEUV.

[10] Gesetz zur Beschleunigung des Einsatzes verflüssigten Erdgases (LNGG), BGBl. 2022 I, S. 802.

[11] Vgl. Begründung zum Gesetz zur Beschleunigung des Einsatzes verflüssigten Erdgases (LNG-Beschleunigungsgesetz – LNGG), BT-Drs. 20/1742, S. 1.

[12] *Gärditz*, NVwZ 2014, 1 (9), der von „hyperkomplex aufgeblähten umweltrechtlichen Mammutverwaltungsverfahren" spricht.

die unionsrechtlichen Vorgaben in vollzugstaugliche Regelungen übersetzt werden.[13] Insbesondere bedarf es der gesetzlichen Vorgabe von Standards,[14] wobei freilich zu berücksichtigen ist, dass sich nicht alle ökologischen Auswirkungen messen und damit durch ein Festlegen von Grenzwerten limitieren lassen.[15]

Nachdem in den vergangenen Jahren kaum Versuche einer Anpassung gewagt wurden, sind insbesondere die jüngsten Ansätze des deutschen und auch des europäischen Gesetzgebers zur normativen Beschleunigung im Bereich erneuerbarer Energien vornehmlich materiell-rechtlich ausgestaltet. Dies gilt unter anderem für verschiedene Änderungen auf Grundlage der zunächst für 18 Monate geltenden EU-Notfallverordnung.[16] So ist nunmehr gesetzlich normiert, dass die Planung und Errichtung sowie der Betrieb von Anlagen und Einrichtungen zur Erzeugung von Energie aus erneuerbaren Quellen, ihr Netzanschluss, das Netz selbst sowie die Speicheranlagen im überwiegenden öffentlichen Interesse liegen und der öffentlichen Gesundheit und Sicherheit dienen.[17] Damit erhalten sie bei einer Interessenabwägung im Einzelfall Priorität.[18]

Weiterhin kann der nationale Gesetzgeber an den Stellschrauben des Verfahrensrechts drehen, dem zumindest traditionell eine nur dienende Funktion zugeschrieben wird.[19] So ist allgemein anerkannt, dass eine Änderung der Rahmenbedingungen von Verwaltungs- und Gerichtsverfahren zu einer zügigeren Umsetzung von Großprojekten beitragen kann.[20] Die Fehlerheilung im ergänzenden Verfahren und das mit ihr in unmittelbarem Zusammenhang stehende Konzept

---

[13] In diese Richtung: *Kment*, in: Schlacke, Einwirkungen des Unionsrechts auf das deutsche Planungs- und Zulassungsrecht, 2020, S. 21 (35); *ders.*, NVwZ 2018, 1739 (1740); *Gärditz*, NVwZ 2014, 1 (10); *Beckmann*, DÖV 2019, 773 (781).

[14] Vgl. hierzu insbesondere BVerfG, Beschluss vom 23.10.2018 – 1 BvR 2523/13 u. a., BVerfGE 149, 407 Rn. 24 unter Verweis auf *Jacob/Lau*, NVwZ 2015, 241 (248). Vgl. hierzu auch die neu geschaffenen artenschutzrechtlichen Standards für Windenergieanlagen an Land in § 45b BNatSchG.

[15] Vgl. *Erbguth*, NuR 2023, 242 (245).

[16] Verordnung (EU) 2022/2577 des Rates vom 22. Dezember 2022 zur Festlegung eines Rahmens für einen beschleunigten Ausbau der Nutzung erneuerbarer Energien (EU-Notfallverordnung). In Deutschland umgesetzt durch das Gesetz zur Änderung des Raumordnungsgesetzes und anderer Vorschriften (ROGÄndG) vom 22.03.2023 (BGBl. I, Nr. 88).

[17] Bereits vor Erlass der EU-Notfallverordnung wurde dem Ausbau regenerativer Energien durch § 2 EEG Vorrang gegenüber widerläufigen Interessen eingeräumt. Ähnliche Regelungen finden sich in älteren Bestimmungen wie § 1 Abs. 1 Satz 2 BBPlG, § 1 Abs. 2 Satz 3 EnLAG und § 1 Satz 3 NABEG.

[18] Vgl. zur EU-Notfallverordnung etwa *Kment/Maier*, ZUR 2023, 323; *Ruge*, NVwZ 2023, 870.

[19] Hierzu z. B. *Ziekow*, NVwZ 2005, 263 (264); *Burgi*, DVBl. 2011, 1317; *Gärditz*, EurUP 2015, 196 (197); *Burgi*, DVBl. 2011, 1317.

[20] Vgl. insoweit die Vielzahl der Gutachten, die sich mit diesen Fragen beschäftigen, u. a. *Durner*, Rechtsgutachten zur Wiedereinführung der Präklusion, 2019; *Ewer*, Möglichkeiten

der Doppelten Rechtskraft bilden zwei Komponenten innerhalb einer ganzen Sammlung von Instrumenten, mit deren Einführung in der Vergangenheit versucht wurde, die schnellere Realisierung von Vorhaben zu erreichen. Beginnend mit der Deutschen Einheit, die den Anlass für den Erlass des Verkehrswegebeschleunigungsgesetzes bot,[21] hat sich dadurch eine bis heute fortwährende „Beschleunigungsgesetzgebung" entwickelt,[22] die in jeder Legislaturperiode neue Reformen hervorbringt.[23]

Während einzelne Reformen lediglich zu einer generellen Beschleunigung von Verfahren führen sollen (hierzu unter § 1), ist für den Bereich des Umweltrechts vor allem ein spezielles Fehlerfolgenregime entwickelt worden, welches der Planerhaltung und damit mittelbar ebenfalls der Beschleunigung von Vorhaben dient (hierzu unter § 2).

§ 1 Generelle Beschleunigung von Verfahren

Die „Beschleunigungsgesetzgebung" seit den 1990-er Jahren setzt sowohl im Verwaltungsverfahrens- als auch im Verwaltungsprozessrecht an.

Mit Blick auf das Verwaltungsverfahren lässt sich eine generelle Beschleunigung vor allem erreichen, indem das Gesetz nicht jede auch unwesentliche Änderung oder Erweiterung von Vorhaben einer gesonderten Planfeststellungspflicht unterwirft, in diesen Fällen also das Verfahren von vornherein wegfällt[24] oder das Vorhaben im Anzeigeverfahren zugelassen wird.[25] Weitere Erleichterungen schafft die Plangenehmigung gemäß § 74 Abs. 6 VwVfG, die zunächst in einzelne Fachplanungsgesetze eingeführt und sodann in das allgemeine Planfest-

---

zur Beschleunigung verwaltungsgerichtlicher Verfahren über Vorhaben zur Errichtung von Infrastruktureinrichtungen und Industrieanlagen, 2019.

[21] Gesetz vom 16.12.1991, BGBl. I, S. 2174. Vgl. hierzu insbesondere auch die Begründung in BT-Drs. 12/1092, S. 1.

[22] Überblick etwa bei *Kirchberg*, in: Ziekow, Handbuch des Fachplanungsrechts, § 1 Rn. 12–21; *Hufen/Siegel*, Fehler im Verwaltungsverfahren, Rn. 654–657a; *Schmidt/Kelly*, VerwArch 112 (2021), 97 (98–100); *Roth*, ZRP 2022, 82.

[23] Die aktuelle Bundesregierung hat es sich zum Ziel gesetzt, die Dauer von Verwaltungs-, Planungs- und Genehmigungsverfahren „mindestens zu halbieren" (SPD, Bündnis 90/Die Grünen und FDP, Mehr Fortschritt wagen – Bündnis für Freiheit, Gerechtigkeit und Nachhaltigkeit, Koalitionsvertrag 2021–2025, S. 12).

[24] Maßgebliche Regelung im Allgemeinen Planfeststellungsrecht ist § 74 Abs. 7 VwVfG. Einzelne Fachplanungsgesetze befreien Änderungen an bestehenden Infrastrukturen von der Planfeststellungspflicht, indem sie definieren, in welchen Fällen überhaupt eine Änderung gegeben bzw. nicht gegeben ist – vgl. etwa § 17 Abs. 1 Satz 2 FStrG; § 18 Abs. 1 Satz 4 AEG.

[25] So etwa § 43f EnWG, § 25 NABEG.

stellungsrecht im VwVfG überführt worden ist.[26] In einfach gelagerten Fällen kann sie das Planfeststellungsverfahren bei gleicher Wirkung durch ein nicht-förmliches Verwaltungsverfahren ersetzen, wobei insbesondere die Öffentlichkeitsbeteiligung nach § 73 VwVfG unterbleibt.[27] Zudem sollen Beschleunigungspotenziale etwa durch den Wegfall des Erörterungstermins,[28] die Beauftragung privater Dritter mit der Durchführung einzelner Verfahrenselemente (sogenannte Projektmanager)[29] und durch die Einführung von Fristbestimmungen entfaltet werden, die den Zeitraum für Verfahrenshandlungen und Entscheidungen der beteiligten Behörden limitieren.[30] Nach Ausbruch der COVID-19-Pandemie wurden für sämtliche Vorhaben im Jahr 2020 die Möglichkeiten einer digitalen Öffentlichkeitsbeteiligung erweitert, die aufwendige Verfahren entlasten können.[31] Die Einführung der Zulassung vorzeitigen Beginns in einzelne Fachgesetze beschleunigt zwar nicht das Verfahren selbst, ermöglicht es dem Vorhabenträger bei Übernahme einer Selbstverpflichtung aber, bereits vor dessen Abschluss Anlagen zu errichten und deren Betriebstüchtigkeit zu prüfen.[32]

Das verwaltungsgerichtliche Verfahren hat in den vergangenen Jahren vor allem durch die Einführung der strikten Klagebegründungsfrist in § 6 UmwRG[33]

---

[26] Einführung in das VwVfG durch das Genehmigungsverfahrensbeschleunigungsgesetz vom 12.09.1996, BGBl. I, S. 1354. Zur vorherigen Rechtslage etwa *Steinberg/Berg*, NJW 1994, 488 (490).

[27] Hierzu etwa *Kern*, in: Festschrift Blümel, 1999, S. 201 (210 ff.); *Steinberg/Berg*, NJW 1994, 488 (490); *Schmidt/Kelly*, VerwArch 112 (2021), 97 (120 f.). Vgl. auch BT-Drs. 13/3995, S. 10 und BT-Drs. 17/9666, S. 20. Abweichend von § 74 Abs. 6 Satz 1 Nr. 3 VwVfG erlauben § 17b Abs. 1 Nr. 1 Satz 1 FStrG, § 18b Satz 1 AEG und § 14b Abs. 2 Satz 1 WaStrG auch im Falle UVP-pflichtiger Vorhaben die Erteilung einer Plangenehmigung.

[28] Vgl. § 17a Nr. 1 Satz 1 FStrG, § 18a Nr. 1 Satz 1 AEG, § 14a Nr. 1 WaStrG; § 43a Nr. 3 Satz 1 EnWG; §§ 10 Abs. 3, 22 Abs. 6 NABEG. Für nicht planfeststellungspflichtige Vorhaben vgl. z. B. § 10 Abs. 6 BImSchG.

[29] Vgl. § 17h Satz 1 FStrG, § 17a Satz 1 AEG, § 14f Satz 1 WaStrG, § 43g Abs. 1 EnWG, § 29 Abs. 1 NABEG.

[30] Vgl. § 73 Abs. 2 bis 3a VwVfG, § 17a Nr. 1 Satz 2 FStrG, § 18a Nr. 1 Satz 2 AEG; § 14a Nr. 1 Satz 2 WaStrG; § 43a Nr. 1 und § 43b Abs. 2 EnWG, § 22 Abs. 1 bis 3 NABEG. Zum Ganzen: *Schmidt/Kelly*, VerwArch 112 (2021), 97 (117 ff.).

[31] Dies geschah durch Erlass des in seiner zeitlichen Geltung begrenzten Gesetzes zur Sicherstellung ordnungsgemäßer Planungs- und Genehmigungsverfahren während der COVID-19-Pandemie (Planungssicherstellungsgesetz – PlanSiG) vom 20.05.2020, BGBl. I, S. 1041. Zu Möglichkeiten der Digitalisierung im Planfeststellungsverfahren generell: *Kohls/Broschart*, NVwZ 2020, 1703.

[32] Vgl. § 44c EnWG. Für nicht planfeststellungspflichtige Vorhaben vgl. § 8a BImSchG, § 17 WHG. § 17 Abs. 2 FStrG, § 18 Abs. 2 AEG und § 14 Abs. 2 WaStrG ermöglichen nach Einleitung des Planfeststellungsverfahrens die vorläufige Anordnung von reversiblen vorbereitenden Maßnahmen und Teilmaßnahmen.

[33] Hierzu unter § 2 C.II.3.

und die Hochzonung gerichtlicher Zuständigkeiten Änderungen erfahren. So sind für viele Vorhaben erstinstanzlich inzwischen die Oberverwaltungsgerichte zuständig (§ 48 Abs. 1 VwGO). Teilweise erfolgt eine Zuständigkeitskonzentration beim Bundesverwaltungsgericht, das zugleich in erster und letzter Instanz entscheidet (§ 50 Abs. 6 VwGO).[34] Diese erstinstanzliche Zuständigkeit wurde durch das erst am 21. März 2023 in Kraft getretene Gesetz zur Beschleunigung von verwaltungsgerichtlichen Verfahren im Infrastrukturbereich[35] nochmals ausgeweitet.[36] In diesem Zuge wurde auch die Möglichkeit eingeführt, in einfach gelagerten Fällen in verkleinerter Besetzung zu entscheiden.[37] Weiterhin entschied sich der Gesetzgeber mit Blick auf besonders bedeutsame Infrastrukturvorhaben unter anderem für Modifikationen des vorläufigen Rechtsschutzes,[38] eine Straffung des vorbereitenden Verfahrens durch die Verschärfung der prozessualen Präklusion[39] und die Einführung eines Vorrang- und Beschleunigungsgebotes durch § 87c VwGO, wobei Vorhaben, für die ein Bundesgesetz ein überragendes öffentliches Interesse feststellt, einer nochmals gesteigerten Priorisierungspflicht unterliegen.[40]

Ein gänzlich anderer Weg wurde mit der Einführung des Maßnahmengesetzvorbereitungsgesetzes beschritten.[41] Dieses bildet den Rahmen für die Zulassung bestimmter Verkehrsprojekte durch ein planfeststellendes Gesetz (Maßnahmengesetz) statt durch einen behördlichen Verwaltungsakt.[42] Die Beschleunigung soll hier vor allem durch eine Verkürzung von Rechtsschutzmöglichkeiten erreicht werden, indem der verwaltungsgerichtliche Rechtsweg gänzlich ausgeschlossen wird.[43]

---

[34] Hierzu: *Schmidt/Kelly*, VerwArch 112 (2021), 97 (130 f.). Kritisch: *Roth*, DVBl. 2023, 10 (5 ff.).

[35] BGBl. I, Nr. 71. Hierzu im Einzelnen: *Bier/Bick*, NVwZ 2023, 457; *Siegel*, NVwZ 2023, 462; *Pagenkopf*, NJW 2023, 1095.

[36] Vgl. § 48 Abs. 1 Nr. 3a und § 50 Abs. 1 Nr. 6 VwGO.

[37] Vgl. § 9 Abs. 4 und § 10 Abs. 4 VwGO.

[38] Vgl. § 80c VwGO. Hierzu unter § 3 C.III.

[39] Vgl. § 87b Abs. 4 VwGO.

[40] Vgl. insoweit § 87c Abs. 1 Satz 3 VwGO.

[41] Gesetz zur Vorbereitung der Schaffung von Baurecht durch Maßnahmengesetz im Verkehrsbereich (Maßnahmengesetzvorbereitungsgesetz – MgvG) vom 22.03.2020, BGBl. I, S. 640.

[42] Hierzu etwa *Ziekow*, NVwZ 2020, 677. Kritisch: *Behnsen*, NVwZ 2020, 843.

[43] BT-Drs. 19/15619, S. 14.

§ 2 Begrenzung von Fehlerfolgen

Von entscheidender Bedeutung für die Dauer bis zur bestandskräftigen Zulassung eines Vorhabens ist der Umgang mit Fehlern, die der Behörde im Verfahren sowie bei der Anwendung des materiellen Rechts unterlaufen. Während derartige Mängel im Allgemeinen zur Aufhebung des Planfeststellungsbeschlusses führen (hierzu unter A.), hat sich für Vorhaben im Bereich des Umweltrechts zunächst in der Rechtsprechung ein besonderer Umgang mit Fehlern durch das Gericht entwickelt, der unter dem Schlagwort der Planerhaltung Eingang in die Rechtslehre gefunden hat (hierzu unter B.). Wichtigstes Instrument der Planerhaltung ist die Möglichkeit einer nachträglichen Fehlerbehebung (hierzu unter C.).

A. Grundsatz der Beseitigung rechtsverletzender Verwaltungsakte

Nach dem Rechtsstaatsprinzip aus Art. 20 Abs. 3 GG ist die öffentliche Verwaltung als Teil der vollziehenden Gewalt an Gesetz und Recht gebunden. Verwaltungsakte, die sie erlässt, müssen den Anforderungen des geltenden Rechts entsprechen. Kommt es dennoch zum Erlass eines rechtswidrigen Verwaltungsaktes, kann derjenige, der durch diesen belastet wird, dagegen klageweise vorgehen.

Gemäß § 113 Abs. 1 Satz 1 VwGO hebt das Gericht einen angefochtenen Verwaltungsakt auf, soweit er rechtswidrig und der Kläger dadurch in seinen Rechten verletzt ist. Bei Vorliegen der Voraussetzungen beseitigt das Gericht die fehlerhafte behördliche Entscheidung, indem es ein Anfechtungsurteil erlässt, das eine kassatorische Wirkung entfaltet.[44] Der Verwaltungsakt wird regelmäßig mit *Ex-tunc*-Wirkung unwirksam (§ 43 Abs. 2 VwVfG).[45] Die Anfechtungsklage dient damit der Wiederherstellung eines rechtmäßigen Zustandes.[46]

§ 113 Abs. 1 Satz 1 VwGO normiert indes lediglich einen prozessualen Aufhebungsanspruch, also eine Verpflichtung des Verwaltungsgerichts gegenüber dem Kläger, die ihrerseits das Bestehen eines materiell-rechtlichen Aufhebungsanspruchs voraussetzt.[47] Ein solcher entsteht, wenn ein rechtswidriger Verwaltungs-

---

[44] *Schenke*, VerwArch 97 (2006), 592 (600–602).

[45] *Schübel-Pfister*, in: Eyermann, VwGO, § 113 Rn. 5; *Riese*, in: Schoch/Schneider, VwGO, § 113 Rn. 79.

[46] *Wolff*, in: Sodan/Ziekow, VwGO, § 113 Rn. 9.

[47] *Weyreuther*, in: Festschrift Menger, 1985, S. 681 (686); *Baumeister*, Der Beseitigungsanspruch als Fehlerfolge des rechtswidrigen Verwaltungsakts, 2006, S. 9; *Morlok*, DV 25 (1992), 371 (379); *Remmert*, VerwArch 88 (1997), 112 (120). A.A. *Schenke*, DÖV 1986, 305 (310), der davon ausgeht, dass § 113 Abs. 1 Satz 1 VwGO bei Fehlen eines materiell-rechtlichen Aufhebungsanspruchs teleologisch dahingehend zu reduzieren ist, dass eine gerichtliche Aufhebung des Verwaltungsaktes ausgeschlossen wird.

akt die Rechte eines Betroffenen verletzt.[48] Der Einzelne hat nämlich einen verfassungsrechtlich verankerten Anspruch darauf, dass ein ihn belastendes Verwaltungshandeln rechtmäßig ist und rechtswidriges Verwaltungshandeln, das in seine Rechte eingreift, beseitigt wird (öffentlich-rechtlicher Beseitigungsanspruch).[49] Teilweise wird dies mit der aus dem Rechtsstaatsgebot abzuleitenden Gesetzesbindung begründet.[50] Andere verweisen auf die Abwehrfunktion der Grundrechte.[51]

Eine Ausnahme gilt für anerkannte Vereinigungen im Bereich des Umweltrechts. Nach Maßgabe des Umwelt-Rechtsbehelfsgesetzes[52] ist diesen nicht nur unabhängig vom Erfordernis einer subjektiven Rechtsverletzung ein Klagerecht zugewiesen. Auch setzt ihr materiell-rechtlicher Aufhebungsanspruch keine Verletzung eines subjektiven Rechts voraus.[53]

B. Bedürfnis nach Planerhaltung

Nicht alle Fehler, die ein Verwaltungsakt aufweist, führen tatsächlich zum Erfolg einer gegen ihn gerichteten Klage. So regeln etwa §§ 45, 46 VwVfG, dass bestimmte Verfahrens- und Formfehler im Nachhinein behoben werden können bzw. von vornherein als unbeachtlich anzusehen sind. Eine Aufhebung ihretwegen ist in diesen Fällen ausgeschlossen. Diese Begrenzungen des allgemeinen Verwaltungsrechtsschutzes sind vor allem für den Bereich des Fachplanungsrechts in der Vergangenheit stetig fortentwickelt und ausgeweitet worden; mit dem Ergebnis, dass der Grundsatz von der Aufhebung rechtsverletzender Verwaltungsakte hier inzwischen nur noch sehr eingeschränkt gilt.[54]

Dogmatisch fußen die verschiedenen Fehlerfolgenregelungen allesamt auf dem Grundsatz der Planerhaltung, der zunächst für das Recht der Bauleitplanung

---

[48] *Schöbener*, DV 33 (2000), 447 (480); *Wolff*, in: Sodan/Ziekow, VwGO, § 113 Rn. 18.

[49] So bereits: *Rösslein*, Der Folgenbeseitigungsanspruch, 1968, S. 80 f. Ebenso: *Sauer*, Öffentliches Reaktionsrecht, 2021, S. 256, 271; *Korte*, in: Wolff/Bachof/Stober/Kluth, Verwaltungsrecht I, § 49 Rn. 51; *Schenke*, DÖV 1986, 305 (309 f.). Hierzu im Einzelnen: *Hildebrandt*, Der Planergänzungsanspruch, 1999, S. 135–148; *Baumeister*, Der Beseitigungsanspruch als Fehlerfolge des rechtswidrigen Verwaltungsakts, 2006, S. 5 ff.

[50] BVerwG, Urteil vom 19.07.1984 – 3 C 81/82, BVerwGE 69, 366 (370); *Sauer*, Öffentliches Reaktionsrecht, 2021, S. 271; *Voßkuhle*, DV 29 (1996), 511 (530); *Sachs*, in: Sachs, GG, Art. 20 Rn. 111.

[51] *Baumeister*, Der Beseitigungsanspruch als Fehlerfolge des rechtswidrigen Verwaltungsakts, 2006, S. 24–27; *Schenke*, NVwZ 2022, 273 (277).

[52] § 2 Abs. 1 und Abs. 4 UmwRG.

[53] Hierzu etwa *Kment*, in: Beckmann/Kment, UVPG/UmwRG, § 2 UmwRG Rn. 3 ff.

[54] Ebenso: *Rubel*, DVBl. 2019, 600 (602); *Korbmacher*, DVBl. 2022, 1 (6); *Schütz*, in: Ziekow, Handbuch des Fachplanungsrechts, § 8 Rn. 90; *ders.*, in: Hermes/Sellner, AEG, § 18e Rn. 31; *Steinberg/Wickel/Müller*, Fachplanung, § 6 Rn. 305.

entwickelt und später auf das Fachplanungsrecht erstreckt worden ist.[55] Mittlerweile wird er auch auf konditionale Zulassungsentscheidungen und solche, die im Ermessen der Behörde liegen, übertragen.[56] Der Grundsatz der Planerhaltung verfolgt das Ziel, der Nichtigerklärung oder Aufhebung von Plänen und Entscheidungen entgegenzuwirken und sie stattdessen zu erhalten,[57] und beruht auf dem Gedanken, dass ein Vorhaben nicht an einzelnen Fehlern scheitern soll. Bereits ordnungsgemäß durchgeführte Verfahrensschritte und rechtmäßige Regelungen sollen vielmehr erhalten bleiben.[58] Damit dient der Grundsatz der Planerhaltung letztlich der Herstellung praktischer Konkordanz zwischen der Rechtmäßigkeit der Verwaltung auf der einen Seite und dem Vertrauensschutz und der Rechtssicherheit auf der anderen Seite. Nach dem Grundsatz der Verhältnismäßigkeit sollen Fehlerfolgen so weit wie möglich begrenzt werden.[59]

Die Begrenzung von Fehlerfolgen ist mit Blick auf die Zulassung von Vorhaben im Bereich des Umweltrechts von besonderer Bedeutung, weil hier erfahrungsgemäß besonders viele Fehler unterlaufen und diese mit Erfolg vor Gericht geltend gemacht werden.

Zurückzuführen ist die Fehleranfälligkeit zunächst auf die hohe Komplexität der Sachverhalte. Die Zulassung raumbedeutsamer Anlagen und Vorhaben berührt eine Vielzahl öffentlicher und privater Belange. Im Planfeststellungsverfahren sind alle widerstreitenden Interessen angemessen zu berücksichtigen und in einen schonenden Ausgleich zu bringen.[60] Die Ermittlung, Bewertung und korrekte Gewichtung der unterschiedlichen Betroffenheiten ist jedoch fehlerträchtig.

Ein weiterer Grund für die Fehleranfälligkeit dürfte die Vielzahl an besonders anspruchsvollen rechtlichen Anforderungen sein, die an große Vorhaben regelmäßig gestellt werden und im Verlauf des Planfeststellungsverfahrens Änderungen unterliegen können:

Dies gilt zum einen mit Blick auf die verfahrensrechtlichen Vorgaben. Die Planfeststellung ist geprägt durch ein förmliches Verfahren, das dem Erlass des

---

[55] Eingeführt durch *Sendler*, in: Kormann, Aktuelle Fragen der Planfeststellung, 1994, S. 9 (28 ff., 32 ff.). Dogmatische Fundierung durch *Hoppe*, in: Festschrift Schlichter, 1995, S. 87 (95 ff.); *ders.*, DVBl. 1996, 12. Ausführlich zur Planerhaltung im Fachplanungsrecht: *Gaentzsch*, DVBl. 2000, 741.

[56] *Seibert*, NVwZ 2018, 97 (97, 102).

[57] *Gaentzsch*, DVBl. 2000, 741 (742); *Dolde*, NVwZ 2001, 976 (976).

[58] *Durner*, Rechtsgutachten zur Wiedereinführung der Präklusion, 2019, S. 18; *Guckelberger*, NuR 2020, 655 (659).

[59] Hierzu grundlegend: *Hoppe*, in: Festschrift Schlichter, 1995, S. 87 (104); *ders.*, DVBl. 1996, 12 (18).

[60] Vgl. *Bumke*, Relative Rechtswidrigkeit, 2004, S. 212; *Hufen/Siegel*, Fehler im Verwaltungsverfahren, Rn. 613; *Steinberg/Wickel/Müller*, Fachplanung, § 2 Rn. 1 ff.; *Gaentzsch*, DVBl. 2000, 741 (742 f.).

Planfeststellungsbeschlusses vorausgeht. Dieser ist in seinem Inhalt anders als konditionale Zulassungsentscheidungen nur schwach vorgezeichnet. Der Gesetzgeber hat die inhaltliche Ausgestaltung maßgeblich der Planfeststellungsbehörde überlassen. Strenge formelle Vorgaben vor allem für die Beteiligung der Öffentlichkeit sollen dieses Defizit an demokratisch und rechtsstaatlich geforderter Determination kompensieren.[61] Für alle umweltrelevanten Entscheidungen ergeben sich darüber hinaus strenge Verfahrensanforderungen aus dem Unions- und Völkerrecht, die ebenfalls darauf ausgerichtet sind, die Öffentlichkeit zu informieren und ihr die Mitwirkung im Verfahren zu ermöglichen, deren Einhaltung den Verwaltungsbehörden gleichwohl viel abverlangt.[62]

Zum anderen wird auch gegen das materielle Recht, das die Ausgestaltung und Zulassung von Vorhaben regelt, vermehrt verstoßen. Die einzuhaltenden Ge- und Verbote sind in weiten Teilen europarechtlich überformt. Ihre Anwendung setzt die korrekte Auslegung unbestimmter Rechtsbegriffe voraus, die das nationale Recht regelmäßig nicht hinreichend konkretisiert. Dies führt zu Rechtsunsicherheit und Fehleinschätzungen. Zudem gehen materiell-rechtliche Fehler häufig auf ein fehlerhaftes Vorgehen bei unionsrechtlich auferlegten Voruntersuchungen für die Erstellung der Antragsunterlagen zurück, weil für deren Methodik zumeist keine verbindlichen abstrakten Vorgaben existieren. Eine Klärung erfolgt im Einzelfall nicht selten erst durch den Europäischen Gerichtshof.[63] Die Bestimmung der genauen Folgen seiner Rechtsprechung für die Praxis der künftigen Vorhabenzulassung überfordert indes oftmals auch erfahrene Rechtsanwender.

Zuletzt bewirken die ebenfalls auf das Unions- bzw. Völkerrecht zurückzuführende Erweiterung der Klagemöglichkeiten und die Ausweitung des Prüfprogramms der Gerichte, dass behördliche Entscheidungen einer gerichtlichen Prüfung vermehrt nicht mehr standhalten.[64] So können nicht mehr nur die von einem

---

[61] *Hildebrandt*, Der Planergänzungsanspruch, 1999, S. 68; *Hufen/Siegel*, Fehler im Verwaltungsverfahren, Rn. 66; *Hoppe/Schlarmann/Buchner/Deutsch*, Rechtsschutz bei der Planung von Verkehrsanlagen und anderen Infrastrukturvorhaben, Rn. 616; *Gärditz*, EurUP 2015, 196 (201 f.).

[62] Besondere Verfahrensanforderungen ergeben sich vor allem aus Richtlinie 2003/35/EG (Öffentlichkeits-Richtlinie), Richtlinie 2011/92/EU (UVP-Richtlinie), Richtlinie 2010/75/EU (IE-Richtlinie) sowie aus der Aarhus-Konvention.

[63] Vgl. etwa EuGH, Urteil vom 01.07.2015 – Rs. C-461/13, DVBl. 2015, 1044 (*Weservertiefung*) zum Inhalt des Verschlechterungsverbots für Oberflächengewässer; EuGH, Urteil vom 12.04.2018 – Rs. C-323/17, NuR 2018, 325 (*People over Wind*) zur Berücksichtigung von Vermeidungs- und Minderungsmaßnahmen in der FFH-Vorprüfung; EuGH, Urteil vom 07.11. 2018 – Rs. C-461/17, NVwZ 2019, 218 (*Holohan u. a.*) zu Umfang und Tiefe der FFH-Verträglichkeitsprüfung oder EuGH, Urteil vom 04.03.2021 – Rs. C-473/19 u. a., NuR 2021, 186 (*Skydda Skogen*) zur Reichweite der artenschutzrechtlichen Verbotstatbestände.

[64] *Durner*, Rechtsgutachten zur Wiedereinführung der Präklusion, 2019, S. 18; *Rubel*,

Vorhaben konkret Betroffenen – insbesondere Grundstückseigentümer – gegen Eingriffe in ihre Rechtssphäre vorgehen. Vielmehr haben neben dem Individualrechtsschutz die Verbandsklagemöglichkeiten für Natur- und Umweltschutzvereinigungen gegen immer mehr umweltrelevante Zulassungsentscheidungen in den vergangenen Jahren stetig an Bedeutung gewonnen. Sie können vor Gericht insbesondere die Verletzung umweltrechtlicher Vorschriften geltend machen, die mit dem Schutz der natürlichen Lebensgrundlagen allein objektiven Belangen dienen.[65]

C. Möglichkeit einer nachträglichen Fehlerbehebung

Maßgebliches Instrument der Planerhaltung ist die Heilung. Zur Beschreibung der unter diesen Begriff fallenden Tätigkeit verwenden die verschiedenen gesetzlichen Vorschriften, die eine Heilung regeln oder auf diese hinweisen (etwa §§ 45, 75 Abs. 1a Satz 2 VwVfG, §§ 4 Abs. 1 und Abs. 1b sowie 7 Abs. 5 Satz 1 UmwRG, § 214 Abs. 4 BauGB), unterschiedliche Termini (etwa „Nachholen", „Beheben", „ergänzendes Verfahren"), meinen aber im Ergebnis dasselbe:[66] Für eine Heilung ist kennzeichnend, dass ein behördlicher Rechtsakt zunächst fehlerhaft ist, der Fehler jedoch durch ein nachträgliches Handeln der Behörde behoben und dadurch die Rechtswidrigkeit beseitigt wird.[67]

Im Vergleich zu anderen Heilungsmöglichkeiten ist die Heilung durch Planergänzung oder ergänzendes Verfahren am umfassendsten (hierzu unter I.). Sie ist von anderen Planerhaltungsinstrumenten abzugrenzen (hierzu unter II.).

I. Heilung durch Planergänzung oder ergänzendes Verfahren

Ziel der Aufhebung rechtswidriger Verwaltungsakte ist die Gewährleistung von Rechtsschutz durch die Wiederherstellung eines rechtmäßigen Zustandes.[68] Dafür bedarf es indes nicht zwingend der Aufhebung. Denn der verfassungsrechtlich fundierte Beseitigungsanspruch des Klägers ist nur auf die Beseitigung der

---

EurUP 2019, 386 (387); *Guckelberger*, NuR 2020, 655 (659); *Steinkühler*, UPR 2022, 241 (245 f.).

[65] Vgl. hierzu etwa: *Rennert*, DVBl. 2015, 793; *Kment*, NVwZ 2018, 921; *Bunge*, JuS 2020, 740. Zu den Folgen für die deutsche Verwaltungsgerichtsbarkeit: *Gärditz*, EurUP 2015, 196 (210–213).

[66] Vgl. *Kment*, in: Beckmann/Kment, UVPG/UmwRG, § 4 UmwRG Rn. 32.

[67] *Bumke*, Relative Rechtswidrigkeit, 2004, S. 205; *Schenke*, VerwArch 97 (2006), 592 (596); *Kment*, in: Beckmann/Kment, UVPG/UmwRG, § 4 UmwRG Rn. 32. Vgl. auch: *Martin*, Heilung von Verfahrensfehlern im Verwaltungsverfahren, 2004, S. 22.

[68] *Hildebrandt*, Der Planergänzungsanspruch, 1999, S. 153; *Gaentzsch*, DVBl. 2000, 741 (743).

Rechtsverletzung gerichtet, die zwar typischerweise durch eine Aufhebung erfolgt, jedoch auch anderweitig bewirkt werden kann.[69] Sie kann unterbleiben, wenn sich die Rechtswidrigkeit durch eine Fehlerreparatur beseitigen lässt.[70]

Im Fachplanungsrecht sind nachträgliche Korrekturen in weiterem Umfang zulässig als im übrigen Verwaltungsrecht:

Dies gilt zum einen mit Blick auf die Art der Fehler, die sich korrigieren lassen. § 45 VwVfG regelt die Nachholung enumerativ aufgezählter Verfahrensfehler,[71] sieht aber etwa nicht die Möglichkeit vor, eine Öffentlichkeitsbeteiligung oder eine Umweltverträglichkeitsprüfung zu wiederholen bzw. erstmals durchzuführen.[72] Auch für die Heilung materiell-rechtlicher Fehler bietet § 45 VwVfG keine Rechtsgrundlage.[73] Die Bereinigung von Defiziten über § 45 VwVfG hinaus – insbesondere die Heilung von Ermessensfehlern[74] – wird zwar für möglich gehalten, ist im Einzelnen jedoch umstritten.[75] Demgegenüber ist anerkannt, dass eine Heilung im Fachplanungs- und Genehmigungsrecht prinzipiell für sämtliche Verfahrens- und Abwägungsmängel sowie für Verstöße gegen das materielle Recht in Betracht kommt.[76]

Zum anderen ergeben sich Unterschiede hinsichtlich des Zeitpunktes und der prozessualen Folgen einer Fehlerbehebung. Allen Heilungsmöglichkeiten gemein ist, dass ein zunächst rechtswidriger Verwaltungsakt rechtmäßig wird.[77]

---

[69] *Baumeister*, Der Beseitigungsanspruch als Fehlerfolge des rechtswidrigen Verwaltungsakts, 2006, S. 411, 422.

[70] *Baumeister*, Der Beseitigungsanspruch als Fehlerfolge des rechtswidrigen Verfahrensakts, 2006, S. 409 – „alternative Form zur Erfüllung des Beseitigungsanspruchs". So auch: *Gaentzsch*, DVBl. 2000, 741 (749); *ders.*, UPR 2001, 201 (201). Daran anknüpfend: *Schütz*, UPR 2021, 418 (418); *ders.*, in: Hermes/Sellner, AEG, § 18e Rn. 31. Ebenso bereits: *Stern*, Staatsrecht Bd. III/1, § 66 III 1, S. 674.

[71] Hierzu etwa *Schenke*, VerwArch 97 (2006), 592.

[72] Eine entsprechende Anwendung des § 45 Abs. 1 und 2 VwVfG zur Nachholung einer UVP-Vorprüfung hat der *4. Senat* einst erwogen (BVerwG, Urteil vom 20.08.2008 – 4 C 11/07, BVerwGE 131, 352 Rn. 24). Hierzu: *Petz*, in: Faßbender/Köck, Querschnittsprobleme des Umwelt- und Planungsrechts – Rechtsschutz und Umweltprüfungen, 2019, S. 103 (113 f.).

[73] *Schenke*, VerwArch 97 (2006), 592 (610).

[74] Hierzu etwa *Axmann*, Das Nachschieben von Gründen im Verwaltungsrechtsstreit, 2001, S. 68 ff.; *Heinrich*, Behördliche Nachbesserung von Verwaltungsakten im verwaltungsgerichtlichen Verfahren, 1999, S. 107 ff.; *Hildebrandt*, Der Planergänzungsanspruch, 1999, S. 92–94; *Martin*, Heilung von Verfahrensfehlern im Verwaltungsverfahren, 2004, S. 53–60; *Redeker*, NVwZ 1997, 625 (627). Ablehnend gegenüber dem gesamten Institut: *Schenke*, NVwZ 1988, 1 ff.

[75] Hierzu vor allem *Durner*, VerwArch 97 (2006), 345. Einen Überblick zur Rechtsprechung gibt *Sachs*, in: Stelkens/Bonk/Sachs, VwVfG, § 45 Rn. 135–152.

[76] Hierzu unter § 5 A.

[77] Dabei ist umstritten, ob die Heilung *ex tunc* (so *Korte*, in: Wolff/Bachof/Stober/Kluth, Verwaltungsrecht I, § 49 Rn. 64; *Maurer/Waldhoff*, Allgemeines Verwaltungsrecht, § 10 Rn. 59;

Üblicherweise erfolgt eine Heilung vor oder während eines Prozesses. Dadurch geht der bis dahin vorhandene materiell-rechtliche Aufhebungsanspruch unter,[78] eine Aufhebung des Verwaltungsaktes kommt nach Maßgabe von § 113 Abs. 1 Satz 1 VwGO nicht mehr in Betracht und eine bereits erhobene Klage bleibt erfolglos. Allein die Fehlerbehebung durch Planergänzung und ergänzendes Verfahren ist sogar dann noch möglich, wenn das Gericht der Klage bereits stattgegeben hat.[79] Obwohl im Zeitpunkt des Urteils die Voraussetzungen des § 113 Abs. 1 Satz 1 VwGO erfüllt sind, ist es den Gerichten verboten, die behördliche Entscheidung aufzuheben.[80]

II. Abgrenzung zu anderen Möglichkeiten der Fehlerfolgenbegrenzung

Die nachträgliche Fehlerheilung wird von anderen Instrumenten flankiert, die Fehlerfolgen im Einzelfall begrenzen können. Von diesen unterscheidet sie sich vor allem dadurch, dass nur hier zwar nicht bei Erlass der behördlichen Entscheidung, wohl aber nachträglich ein rechtmäßiger Zustand eintritt. In allen anderen Fällen bleibt der Planfeststellungsbeschluss rechtswidrig, seine Rechtswidrigkeit kann jedoch nicht bzw. nicht mehr zum Erfolg einer Klage führen.

Zugleich ist eine Heilung im Anschluss an einen Prozess nur dann erforderlich, wenn die Klage zuvor erfolgreich war. Vorhandene Fehler dürfen nicht bereits aus einem der folgenden Gründe bedeutungslos geworden sein und zum Unterliegen des Klägers geführt haben.

1. Unbeachtlichkeit von Fehlern ohne Ergebnisrelevanz

Während ein Fehler durch eine Heilung nachträglich behoben wird, setzen Unbeachtlichkeitsvorschriften keine „Wiedergutmachung" voraus, sondern nehmen dem Betroffenen schon dann seinen Anspruch auf Aufhebung, wenn der Rechtsverstoß die Entscheidung in der Sache nicht beeinflusst hat.[81]

Peuker, in: Knack/Henneke, VwVfG, § 45 Rn. 22; *Sachs*, in: Stelkens/Bonk/Sachs, VwVfG, § 45 Rn. 21 f.; *Schwarz*, in: Fehling/Kastner/Störmer, Hk-VerwR, § 45 VwVfG Rn. 12) oder *ex nunc* eintritt (so *Baumeister*, Der Beseitigungsanspruch als Fehlerfolge des rechtswidrigen Verwaltungsakts, 2006, S. 375–381; *Hufen/Siegel*, Fehler im Verwaltungsverfahren, Rn. 973; *Schoch*, Jura 2007, 28 (32)).

[78] *Bumke*, Relative Rechtswidrigkeit, 2004, S. 205; *Martin*, Heilung von Verwaltungsfehlern im Verwaltungsverfahren, 2004, S. 99.

[79] Hierzu unter § 4 B.

[80] So ausdrücklich: BVerwG, Urteil vom 24.05.2018 – 4 C 4/17, BVerwGE 162, 114 Rn. 29; *Schütz*, UPR 2021, 418 (418).

[81] *Bumke*, Relative Rechtswidrigkeit, 2004, S. 208 f.; *Baumeister*, Der Beseitigungsanspruch als Fehlerfolge des rechtswidrigen Verwaltungsakts, 2006, S. 212–215, 243 f.; *Hufen/Siegel*, Fehler im Verwaltungsverfahren, Rn. 989 f.; *Schöbener*, DV 33 (2000), 447 (480); *Ehlers*,

Zentrale Vorschrift ist insoweit § 46 VwVfG, der die Unbeachtlichkeit von Verfahrens- und Formfehlern anordnet. Der Ausschluss der Aufhebung wird mit dem traditionellen Gedanken der dienenden Funktion formeller Vorgaben begründet, deren Erfüllung primär bewirken soll, die Behörde in die Lage zu versetzen, eine in der Sache richtige Entscheidung zu treffen.[82] Für das Fachplanungsrecht ordnet § 75 Abs. 1a Satz 1 VwVfG zudem an, dass Mängel der Abwägung nur erheblich sind, wenn sie offensichtlich und auf das Abwägungsergebnis von Einfluss gewesen sind. Hier beruht der Ausschluss der Aufhebung auf dem Gedanken, dass ein zeit- und ressourcenaufwendiges Verfahren nicht wegen Mängeln neu durchgeführt werden müsse, die auf das Ergebnis erkennbar keinen Einfluss gehabt haben.[83]

Diese Unbeachtlichkeitsvorschriften führten lange dazu, dass Verfahrensrügen vor Gericht weitgehend erfolglos blieben.[84] Folglich bestand für die Behörde und den Vorhabenträger vielfach kein Grund, eine Nachholung von Verfahrensschritten in Betracht zu ziehen. Indes hat der Verfahrensgedanke im Anwendungsbereich des Umwelt-Rechtsbehelfsgesetzes vor allem durch das Unionsrecht eine grundlegende Stärkung erfahren.[85] Im Kontext der Vorhabenzulassung führen inzwischen einige, als besonders schwerwiegend geltende Verfahrensfehler (sogenannte absolute Verfahrensfehler) gemäß § 4 Abs. 1 UmwRG unabhängig von ihrer Ergebnisrelevanz zum Erfolg einer Klage.[86] Für alle anderen formellen Defizite sieht § 4 Abs. 1a Satz 2 UmwRG eine materielle Beweislast der Behörde vor, die im Zweifel nachweisen muss, dass ein Fehler keine Ergebnisrelevanz aufweist.[87] Auch der Nachweis fehlender Kausalität von Abwägungsfehlern wird inzwischen strenger gehandhabt.[88] Beides hat dazu geführt, dass das ergänzende Verfahren enorm an Bedeutung gewonnen hat.

DV 37 (2004), 255 (265). Anders eine früher vertretene Meinung, die die Rechtswidrigkeit ausschloss, vgl. etwa *Weyreuther*, DVBl. 1972, 93 (94).

[82] Hierzu: *Ziekow*, NVwZ 2005, 263 (264); *Burgi*, DVBl. 2011, 1317 (1317–1320); *Gärditz*, EurUP 2015, 196 (197).

[83] BVerfG, Beschluss vom 16.12.2015 – 1 BvR 685/12, DVBl. 2016, 307 Rn. 19.

[84] Im Überblick hierzu: *Wegener*, in: Faßbender/Köck, Querschnittsprobleme des Umwelt- und Planungsrechts – Rechtsschutz und Umweltprüfungen, 2019, S. 89 f.

[85] Hierzu etwa *Gärditz*, EurUP 2015, 196 (198–203).

[86] Hierzu: *Ingold/Münkler*, EurUP 2018, 468 (478–480).

[87] Diese Regelung der materiellen Beweislast wurde in Reaktion auf die *Altrip*-Entscheidung des EuGH in das Gesetz aufgenommen (EuGH, Urteil vom 07.11.2013 – Rs. C-72/12, NVwZ 2014, 49). Hierzu noch unter § 5 A.III.

[88] Die strengere Handhabung wurde durch eine Entscheidung des BVerfG veranlasst, vgl. BVerfG, Beschluss vom 16.12.2015 – 1 BvR 685/12, DVBl. 2016, 307. Hierzu noch unter § 5 A.I.

2. Materielle Präklusion und Missbrauchsklausel

Nach dem Rechtsgedanken des § 73 Abs. 4 Satz 1 und 3 VwVfG und des § 2 Abs. 3 UmwRG a.F.[89] können sich alle von einem Vorhaben Betroffenen am Planfeststellungsverfahren beteiligen und vor einer planerischen Verfestigung Einfluss auf dieses nehmen. Einwendungen, die Betroffene in diesem Stadium nicht oder nicht rechtzeitig vortragen, können sie in einem nachfolgenden verwaltungsgerichtlichen Verfahren nicht mehr geltend machen.

Die so umschriebene materielle Präklusion diente lange Zeit dazu, eine frühe Öffentlichkeitsbeteiligung in Planfeststellungsverfahren zu veranlassen und dadurch den Streitstoff späterer verwaltungsgerichtlicher Verfahren und damit einhergehend die Fehlerfolgen wirksam zu begrenzen.[90] Der Europäische Gerichtshof erklärte dieses prozessrechtliche Institut im Jahr 2015 indes für unionsrechtswidrig.[91] Seither ist es weitgehend ohne Bedeutung.

In Reaktion darauf wurde die Missbrauchsklausel des § 5 UmwRG eingeführt,[92] wonach Einwendungen unberücksichtigt bleiben, wenn sie erstmals im Klageverfahren erhoben werden und dies missbräuchlich oder unredlich ist.[93] Ein Missbrauch soll nach herrschender Meinung nicht schon vorliegen, wenn sich ein Umweltverband im Anhörungsverfahren nicht geäußert hat.[94] Eine Verwirkungslage kommt etwa bei einem absichtlichen Verschweigen von Einwendungen in Betracht, nicht aber bei einem bloßen Dazulernen während des Prozesses.[95] Daher bleibt diese Regelung in ihrer Wirkung weit hinter der materiellen Präklusion zurück.[96]

---

[89] § 2 Abs. 3 UmwRG in der Fassung vom 07.12.2006 (BGBl. I, S. 2816).

[90] *Neumann/Külpmann*, in: Stelkens/Bonk/Sachs, VwVfG, § 73 Rn. 88 f.

[91] EuGH, Urteil vom 15.10.2015 – Rs. C-137/14, NVwZ 2015, 1665. Hierzu im Einzelnen: *Durner*, Rechtsgutachten zur Wiedereinführung der Präklusion, 2019, S. 8 ff.

[92] Eingeführt durch das Gesetz zur Anpassung des Umwelt-Rechtsbehelfsgesetzes und anderer Vorschriften an europa- und völkerrechtliche Vorgaben vom 29.05.2017, BGBl. I, S. 1298.

[93] BT-Drs. 18/9526, S. 41. Vgl. hierzu: EuGH, Urteil vom 15.10.2015 – Rs. C-137/14, NVwZ 2015, 1665 Rn. 81; *Durner*, Rechtsgutachten zur Wiedereinführung der Präklusion, 2019, S. 44; *Ruffert*, JuS 2015, 1138 (1139 f.); *Kment/Lorenz*, EurUP 2016, 47 (55–57); *Schlacke*, EurUP 2018, 127 (132).

[94] OVG Hamburg, Beschluss vom 15.08.2018 – 1 Es 1/18.P, ZUR 2019, 37 (39); *Schlacke*, NVwZ 2019, 1392 (1395). In diese Richtung auch: *Guckelberger*, NuR 2020, 505 (511).

[95] Vgl. dazu etwa OVG Münster, Urteil vom 04.09.2017 – 11 D 14/14.AK, NWVBl. 2018, 64 (73); *Schlacke*, NVwZ 2019, 1392 (1395).

[96] *Sauer*, UPR 2017, 448 (454); *Guckelberger*, NuR 2020, 505 (512).

3. Innerprozessuale Präklusion

Ebenso wie die Missbrauchsklausel in § 5 UmwRG soll auch die innerprozessuale Präklusion in § 6 UmwRG den Wegfall der materiellen Präklusion kompensieren und zu einer Straffung und Beschleunigung von Gerichtsverfahren beitragen.[97] In der Praxis kommt sie indes deutlich häufiger zur Anwendung als die Missbrauchsklausel.[98]

Die Regelung setzt dem Kläger eine Frist von zehn Wochen, um seine Klage zu begründen.[99] Für den Fall des verspäteten Vorbringens von Tatsachen und Beweismitteln ordnet sie eine strikte innerprozessuale Präklusion an. § 6 UmwRG stellt damit ein Novum im deutschen Verwaltungsprozessrecht dar.[100] Zwar sahen bereits vor seiner Einführung zahlreiche Fachplanungsgesetze Klagebegründungsfristen vor. Diese machten eine Zurückweisung verspäteten Vortrags unter Verweis auf § 87b Abs. 3 VwGO allerdings davon abhängig, dass seine Berücksichtigung nach der freien Überzeugung des Gerichts die Erledigung des Rechtsstreits verzögern würde.[101] Damit waren sie in der Praxis selten von Bedeutung.[102] Demgegenüber tritt die innerprozessuale Präklusion nach § 6 UmwRG unabhängig von einer Verzögerung ein und liegt auch nicht im Ermessen der zuständigen Richter. Vielmehr *darf* das Gericht den Vortrag nicht mehr berücksichtigen.[103]

Der besondere Vorteil der innerprozessualen Präklusion liegt darin, dass der Prozessstoff „zu einem frühen Zeitpunkt handhabbar gehalten" wird.[104] Dies kann zum einen der Entlastung der Gerichte dienen.[105] Weiterhin erlangen die Behörde und der Vorhabenträger dadurch zu einem frühen Zeitpunkt ein gewis-

---

[97] So ausdrücklich: BT-Drs. 18/9526, S. 41. Diesen Gedanken aufgreifend: BVerwG, Urteil vom 27.11.2018 – 9 A 8/17, BVerwGE 163, 380 Rn. 14; *Gärditz*, EurUP 2018, 158 (159); *Marquard*, NVwZ 2019, 1162 (1162); *Schlacke*, NVwZ 2019, 1392 (1395); *Guckelberger*, NuR 2020, 655 (655); *Fellenberg/Schiller*, in: Landmann/Rohmer, Umweltrecht, § 6 UmwRG Rn. 9.

[98] *Fellenberg/Schiller*, in: Landmann/Rohmer, Umweltrecht, § 6 UmwRG Rn. 9.

[99] Entsprechende bzw. ähnlich ausgestaltete Fristen finden sich etwa in § 17e Abs. 5 FStrG, § 18e Abs. 5 AEG, § 43e Abs. 3 EnWG und § 14e Abs. 5 WaStrG. Zum Verhältnis dieser fachgesetzlichen Regelungen zu § 6 UmwRG siehe BVerwG, Urteil vom 27.11.2018 – 9 A 8/17, BVerwGE 163, 380 Rn. 14.

[100] *Gärditz*, EurUP 2018, 158 (162) – „experimentelle[r] gesetzliche[r] Paradigmenwechsel"; *Fellenberg/Schiller*, in: Landmann/Rohmer, Umweltrecht, § 6 UmwRG Rn. 2.

[101] Vgl. beispielhaft § 17e FStrG in der Fassung vom 28.06.2007 (BGBl. I, S. 1206).

[102] *Fellenberg/Schiller*, in: Landmann/Rohmer, Umweltrecht, § 6 UmwRG Rn. 6.

[103] *Marquard*, NVwZ 2019, 1162 (1165); *Fellenberg/Schiller*, in: Landmann/Rohmer, Umweltrecht, § 6 UmwRG Rn. 2.

[104] BT-Drs. 18/12146, S. 16.

[105] *Rennert*, DVBl. 2017, 69 (76); *Marquard*, NVwZ 2019, 1162 (1162); *Steinkühler*, UPR 2022, 241 (247). Kritisch indes: *Schlacke*, NVwZ 2019, 1392 (1395).

ses Maß an Rechtssicherheit über die zu erwartenden Einwände.[106] Sie müssen
nicht bis zur Entscheidung des Gerichts jederzeit damit rechnen, dass der Kläger
gänzlich neue Mängelrügen erhebt, die zu einem ergänzenden Verfahren veranlassen müssen.

---

[106] *Marquard*, NVwZ 2019, 1162 (1162); *Fellenberg/Schiller*, in: Landmann/Rohmer, Umweltrecht, § 6 UmwRG Rn. 8.

Teil 2

Fehlerbehebung durch ergänzendes Verfahren

Bei dem ergänzenden Verfahren handelt es sich um eine Ausprägung des Grundsatzes der Planerhaltung,[1] die es ermöglicht, eine fehlerhafte Zulassungsentscheidung nachträglich zu korrigieren. Ihr Ziel liegt auf der Hand:

Bei einer gerichtlichen Aufhebung eines fehlerhaften Planfeststellungsbeschlusses ist der Vorhabenträger gezwungen, die Planfeststellung erneut zu beantragen und das gesamte Verwaltungsverfahren von Neuem zu durchlaufen, wenn er an der Realisierung seines Vorhabens festhalten will. Der Hinweis darauf, dass die eingereichten Unterlagen und in Auftrag gegebenen Gutachten im neuen Verfahren erneut fruchtbar gemacht werden können, wird ihm regelmäßig nicht helfen. Denn zwischen dem Erlass der Zulassungsentscheidung und der Rechtskraft des gerichtlichen Urteils, das deren Aufhebung bewirkt, liegen nicht selten mehrere Jahre. Währenddessen ist die Sach- und Rechtslage Änderungen unterworfen. In tatsächlicher Hinsicht kann sich etwa der für das Vorhaben maßgebliche Stand der Technik ändern. Gleiches gilt für die Umwelt, die das geplante Vorhaben umgibt. In rechtlicher Hinsicht können für den erneuten Versuch strengere regulatorische Anforderungen oder technische Regelwerke einschlägig sein. In der Praxis hätte dies zur Folge, dass man quasi von vorn beginnen müsste.

Erreicht der Kläger hingegen lediglich die Feststellung der Rechtswidrigkeit und Nichtvollziehbarkeit, bedarf es nicht der Durchführung eines neuen, zeit- und ressourcenaufwendigen Planfeststellungsverfahrens. Stattdessen wird die behördliche Entscheidung im Wesentlichen aufrechterhalten. Nach Behebung der gerichtlich beanstandeten Fehler im ergänzenden Verfahren kann das Vorhaben verwirklicht werden. Auch die an das ergänzende Verfahren anknüpfenden Rechtsschutzmöglichkeiten sind beschränkt.

---

[1] BVerwG, Urteil vom 17.01.2007 – 9 C 1/06, BVerwGE 128, 76 Rn. 12; *Martin*, Heilung von Verfahrensfehlern im Verwaltungsverfahren, 2004, S. 91; *Jarass*, in: Gedächtnisschrift Tettinger, 2007, S. 465 (468, 470); *Gaentzsch*, UPR 2001, 201 (201); *Rubel*, DVBl. 2019, 600 (602); *Kohls/Gerbig*, NVwZ 2020, 1081 (1083); *Schütz*, UPR 2021, 418 (418).

§ 3 Das ergänzende Verfahren im gesetzlichen System der Planerhaltung

Für Zulassungsentscheidungen im Bereich des Umweltrechts gelten sowohl im Verwaltungsverfahren als auch prozessual zunächst die gleichen Regelungen wie für alle anderen Verwaltungsakte. Sonderregelungen finden sich vor allem im Fachrecht und im UmwRG; für den Planfeststellungsbeschluss und die Plangenehmigung zusätzlich in den §§ 72 ff. VwVfG. Zu diesen Sonderregelungen zählen die Vorschriften zum ergänzenden Verfahren.

Nach Maßgabe des § 75 Abs. 1a Satz 2 VwVfG führen erhebliche Mängel bei der Abwägung oder eine Verletzung von Verfahrens- oder Formvorschriften nur dann zur Aufhebung eines Planfeststellungsbeschlusses, wenn sie nicht durch Planergänzung oder durch ein ergänzendes Verfahren behoben werden können.

A. Gesetzliche Verankerung des ergänzenden Verfahrens

Das ergänzende Verfahren für Planfeststellungsbeschlüsse ist heute allgemein in § 75 Abs. 1a Satz 2 VwVfG geregelt (hierzu unter I.). Im Jahr 2017 erfuhr es eine Ausweitung seines gegenständlichen Anwendungsbereichs, indem es in die §§ 4 Abs. 1b Satz 1 und 7 Abs. 5 Satz 1 UmwRG aufgenommen wurde (hierzu unter II.).

I. Einführung des ergänzenden Verfahrens als Parallelinstitut zur Planergänzung

In den meisten Heilungsbestimmungen ist das ergänzende Verfahren zusammen mit der Planergänzung geregelt.[2] Gemeinsam entwickelt wurden beide Planerhaltungsinstrumente allerdings nicht. Die Planergänzung stellt ein Produkt der Rechtsprechung dar, das bis zu seiner gesetzlichen Normierung durch die Spruchpraxis der Gerichte fortwährend konkretisiert werden konnte.[3] Bei dem ergänzenden Verfahren handelte es sich bei dessen Einführung hingegen um eine originäre gesetzgeberische Neuschöpfung ohne entsprechendes Vorbild.

Das Bundesverwaltungsgericht entwickelte das Institut der Planergänzung in seinem Grundsatzurteil *Startbahn West*. Bei der Planung zur Erweiterung des Frankfurter Flughafens hatte die Planfeststellungsbehörde rechtserhebliche Lärmeinwirkungen zulasten der Kläger nicht durch die Anordnung von Schutzauflagen ausgeglichen. Das Gericht befand den Planfeststellungsbeschluss des-

---

[2] Eine Ausnahme stellt § 214 Abs. 4 BauGB dar, der nur das ergänzende Verfahren normiert.
[3] Hierzu im Einzelnen: *Sieg*, Die Schutzauflage im Fachplanungsrecht, 1994, S. 24 ff.; *Hildebrandt*, Der Planergänzungsanspruch, 1999, S. 28–37; *Henke*, Planerhaltung durch Planergänzung und ergänzendes Verfahren, 1997, S. 67 ff.

halb für fehlerhaft. Als Fehlerfolge schloss es indes eine Aufhebung aus und gestand den Klägern stattdessen einen Anspruch auf Planergänzung zu:

„Läßt sich eine im Planfeststellungsbeschluss nicht angeordnete Schutzauflage nachholen, ohne daß dadurch die Gesamtkonzeption der Planung in einem wesentlichen Punkt berührt und ohne daß in dem Interessengeflecht der Planung nunmehr andere Belange nachteilig betroffen werden, so korrespondiert der objektiven Rechtswidrigkeit des Planfeststellungsbeschlusses nicht ein subjektiver Anspruch des Betroffenen auf Planaufhebung, sondern allein ein Anspruch auf Planergänzung."[4]

In prozessualer Hinsicht machte das Gericht deutlich, dass der Anspruch nicht im Wege der Anfechtung, sondern durch eine Verpflichtungsklage durchzusetzen sei.[5]

Die Rechtsprechung entwickelte sich dahingehend, dass Gegenstand der Planergänzung nicht mehr nur Schutzauflagen, sondern auch Entschädigungsregelungen und naturschutzrechtliche Kompensationsmaßnahmen wurden und die Planergänzung als Heilungsinstrument in sämtlichen Planfeststellungsverfahren rege zur Anwendung kam.[6]

Mit der gesetzlichen Normierung der Planergänzung wurde schließlich das ergänzende Verfahren eingeführt. Anlass war das Gesetz zur Vereinfachung der Planungsverfahren für Verkehrswege im Jahr 1993.[7] Der Entwurf der Bundesregierung hatte hierfür zunächst nur die Normierung der inzwischen durch eine Vielzahl von höchstrichterlichen Entscheidungen bestätigten Planergänzung in verschiedenen Fachplanungsgesetzen vorgesehen.[8] Auf Empfehlung des Bun-

---

[4] BVerwG, Urteil vom 07.07.1978 – IV C 79/76, BVerwGE 56, 110 (133).

[5] BVerwG, Urteil vom 07.07.1978 – IV C 79/76, juris Rn. 97 (nicht abgedruckt in BVerwGE 56, 110–138). Zustimmend: *Bickel*, NJW 1979, 71 (71); *Heinze*, BayVBl. 1981, 649 (652). Ablehnend etwa *Engelhardt*, BayVBl. 1981, 389 (397), der Fälle des heutigen ergänzenden Verfahrens einbezieht. In BVerwG, Urteil vom 17.11.1972 – IV C 21/69, BVerwGE 41, 178 (180) hatte das Bundesverwaltungsgericht dies bereits angedeutet: „Der erkennende Senat vermag der in der Rechtsprechung anderer Verwaltungsgerichte vertretenen Rechtsansicht nicht zu folgen, nach welcher der Streit um die Ablehnung oder Unterlassung begehrter Schutzanordnungen im Wege der gegen den Planfeststellungsbeschluß gerichteten und auf seine Aufhebung zielenden Anfechtungsklage auszutragen sei." Anders noch VGH Mannheim, Beschluss vom 22.02.1972 – V 1167/70, DÖV 1972, 642 (642), wonach allein die Anfechtungsklage statthaft sein sollte. In BVerwG, Urteil vom 21.05.1976 – IV C 80/74, BVerwGE 51, 15 (21 f.) war dem Kläger die Wahl zwischen Anfechtungs- und Verpflichtungsklage zugebilligt worden. Hierzu im Einzelnen: *Hildebrandt*, Der Planergänzungsanspruch, 1999, S. 31–37 m. w. N.

[6] Entsprechende Nachweise bei *Henke*, Planerhaltung durch Planergänzung und ergänzendes Verfahren, 1997, S. 72–75; *Hildebrandt*, Der Planergänzungsanspruch, 1999, S. 39 f. Hierzu auch: *Sieg*, Die Schutzauflage im Fachplanungsrecht, 1994, S. 24 ff.

[7] Gesetz vom 17.12.1993, BGBl. I, S. 2123. Dazu im Überblick: *Steinberg/Berg*, NJW 1994, 488; *Steiner*, NVwZ 1994, 313.

[8] BT-Drs. 756/92, S. 7 ff.

desrates wurde zusätzlich das ergänzende Verfahren aufgenommen.[9] Zum Hintergrund dieser Ergänzung lässt sich der Gesetzesbegründung nur wenig entnehmen. Darin heißt es lediglich, dass die Rechtsschutzgarantie nicht in jedem Falle die Aufhebung von Planungsentscheidungen verlange. Exemplarisch werden die Verletzung von Beteiligungsrechten und die Missachtung von Formvorschriften genannt, die in einem ergänzenden Verfahren korrigiert werden könnten.[10]

Die Aufnahme beider Instrumente in die allgemeinen Vorschriften zum Planfeststellungsverfahren erfolgte knapp drei Jahre später mit Einführung des § 75 Abs. 1a Satz 2 VwVfG.[11] Das Gesetz zur Verbesserung der Öffentlichkeitsbeteiligung und Vereinheitlichung von Planfeststellungsverfahren hat inzwischen klargestellt, dass die Planergänzung und das ergänzende Verfahren nicht nur zur Behebung von Abwägungsfehlern, sondern auch zur Korrektur von Verfahrens- und Formfehlern herangezogen werden können.[12] Zudem wurden die speziellen Heilungsvorschriften im Fachplanungsrecht aufgehoben bzw. durch Verweise auf § 75 Abs. 1a Satz 2 VwVfG ersetzt.[13]

§ 75 Abs. 1a Satz 2 VwVfG diente seinerseits als Vorbild im Baurecht. Dort wurde durch das Bau- und Raumordnungsgesetz 1998 mit § 215a Abs. 1 BauGB für mangelhafte Bebauungspläne eine in ihrem Wortlaut sehr ähnliche Bestimmung zur Fehlerbehebung im ergänzenden Verfahren eingeführt.[14] Eine generelle Möglichkeit zur nachträglichen Korrektur hatte der Gesetzgeber aber bereits in § 155 Abs. 5 BauGB in der Fassung vom 6. Juli 1979 vorgesehen.[15] Die heutige Regelung zum ergänzenden Verfahren findet sich in § 214 Abs. 4 BauGB.

II. Ausweitung des gegenständlichen Anwendungsbereichs durch Übernahme in das UmwRG

Im Jahr 2017 weitete der Gesetzgeber den gegenständlichen Anwendungsbereich des ergänzenden Verfahrens erheblich aus, indem er dieses für Verfahrens- sowie für materiell-rechtliche Fehler in zwei getrennten Normen – § 4 Abs. 1b Satz 1

---

[9] BT-Drs. 12/4328, S. 32 f. Dem Vorschlag des Bundesrates stimmte die Bundesregierung zu, BT-Drs. 12/4328, S. 41.

[10] BT-Drs. 12/4328, S. 33.

[11] Gesetz zur Beschleunigung von Genehmigungsverfahren vom 12.09.1996, BGBl. I, S. 1354. Hierzu: *Stüer*, DVBl. 1997, 326 (330–332).

[12] Gesetz vom 31.05.2013, BGBl. I, S. 1388.

[13] Vgl. § 18d AEG, § 17d FStrG, § 14d WaStrG, § 2c MBPlG, § 43d EnWG.

[14] Gesetz zur Änderung des Baugesetzbuchs und zur Neuregelung des Rechts der Raumordnung (Bau- und Raumordnungsgesetz 1998 – BauROG) vom 18.08.1997, BGBl. I, S. 2081. Hierzu insbesondere: *Dolde*, NVwZ 2001, 976 ff.; *Gaentzsch*, UPR 2001, 201 (206).

[15] BGBl. I, S. 949. Vgl. zur vorherigen Rechtsprechung BVerwG, Beschluss vom 12.12. 1975 – IV B 176/75, Buchholz 406.11 § 12 Nr. 5.

und § 7 Abs. 5 Satz 1 – in das Umwelt-Rechtsbehelfsgesetz einführte.[16] Seither kommt eine nachträgliche Fehlerbehebung nicht mehr nur für Planfeststellungs-beschlüsse, sondern darüber hinaus etwa auch für immissionsschutzrechtliche Genehmigungen, Baugenehmigungen und wasserrechtliche Gestattungen in Betracht.[17]

Begründet wurde dieser Schritt des Gesetzgebers damit, dass die konkrete Form der Zulassungsentscheidung im jeweiligen Fachrecht regelmäßig unabhängig von der Größe und Komplexität des Vorhabens festgelegt werde. So lasse sich daraus nicht ableiten, dass für Großvorhaben stets eine Planfeststellung erforderlich sei, während es für kleine Vorhaben ausschließlich einer Genehmigung bedürfe. In der Vollzugswirklichkeit sei sehr häufig das Gegenteil der Fall.[18] Die Gesetzesbegründung weist wiederholt darauf hin, dass die umfassende Heilungs-rechtsprechung des Bundesverwaltungsgerichts auf die neuen Regelungen angewendet werden soll.[19]

Jedenfalls im Schrifttum und in Teilen der Rechtsprechung ist die Erweiterung vor allem deshalb auf Kritik gestoßen, weil das Institut der nachträglichen Heilung ursprünglich für Entscheidungen konzipiert worden ist, die einer planerischen Abwägung zugänglich sind, nunmehr aber unter anderem auf die gebundene Genehmigung nach dem Bundes-Immissionsschutzgesetz angewendet werden soll, die anderen rechtlichen Wertungen unterliegt.[20] Weiterhin wird bemängelt, dass sich die Legitimation einer nachträglichen Heilung von Planfeststellungsbeschlüssen auch aus dem Gemeinwohl der planfeststellungspflichtigen Projekte ergebe, welches privatnützige Vorhaben nicht rechtfertigen könne.[21]

B. Rechtsnatur der Regelungen und gesetzliche Grundlage der Heilung

Auffällig ist, dass das ergänzende Verfahren ebenso wie die Planergänzung in sämtlichen gesetzlichen Regelungen lediglich als besondere Fehlerfolge genannt wird, inhaltliche Ausführungen jedoch fehlen. Was genau ein ergänzendes Ver-

---

[16] Gesetz zur Anpassung des Umwelt-Rechtsbehelfsgesetzes und anderer Vorschriften an europa- und völkerrechtliche Vorgaben vom 29.05.2017, BGBl. I, S. 1298. Zum ergänzenden Verfahren nach dem UmwRG ausführlich: *Seibert*, NVwZ 2018, 97; *Saurer*, NVwZ 2020, 1137 (1141 ff.); *Guckelberger*, NuR 2020, 655 (659 ff.).

[17] Hierzu unter § 4.A.II.

[18] BT-Drs. 18/9526, S. 44.

[19] BT-Drs. 18/9526, S. 44 f.; BT-Drs. 18/12146, S. 16.

[20] So insbesondere: *Seibert*, NVwZ 2018, 97 (99); *Schlacke*, EurUP 2018, 127 (141); *dies.*, NVwZ 2019, 1391 (1396 f.); *Saurer*, NVwZ 2020, 1137 (1139); *Stüer*, NVwZ 2020, 27 (28). Vgl. auch VG München, Urteil vom 22.03.2019 – M 19 K 17/3738, AUR 2019, 346 (355). Offen gelassen durch VG Arnsberg, Urteil vom 29.05.2018 – 4 K 3836/17, juris Rn. 236.

[21] *Saurer*, NVwZ 2020, 1137 (1139).

fahren ist, welche Fehler einer Heilung zugänglich und welche Grenzen einer solchen gesetzt sind, wird allein dem Rechtsanwender überlassen. Diese Offenheit der Regelungen hat dazu geführt, dass nach wie vor umstritten ist, welche Rechtsnatur diese aufweisen (hierzu unter I.). Da die gesetzlichen Regelungen die Behörde nicht zur Heilung ermächtigen, ist zudem unklar, auf welcher rechtlichen Grundlage ein ergänzendes Verfahren durchgeführt wird (hierzu unter II.).

I. Verwaltungsprozessualer Charakter der Regelungen

Schon ihrem Wortlaut nach lassen die Regelungen in § 75 Abs. 1a Satz 2 VwVfG und in § 4 Abs. 1b Satz 1 bzw. § 7 Abs. 5 Satz 1 UmwRG die nachträgliche Fehlerbehebung nicht selbst zu, sondern nehmen lediglich auf eine nach anderen Regelungen mögliche Heilung Bezug. Es handelt sich somit nicht um Ermächtigungsgrundlagen für eine nachträgliche Fehlerbehebung durch die Behörde.[22] Vielmehr stellen die genannten Regelungen rein verwaltungsprozessuale Vorschriften dar, die die Rechtsfolgen einer gerichtlichen Kontrolle von Zulassungsentscheidungen im Bereich des Umweltrechts regeln. Abweichend von § 113 Abs. 1 Satz 1 VwGO wird für rechtswidrige Planfeststellungsbeschlüsse und sonstige Genehmigungen kein prozessrechtlicher Aufhebungsanspruch begründet.[23] Mit anderen Worten besteht der einmal materiell-rechtlich begründete Beseitigungsanspruch zwar unverändert fort, bei Vorliegen der Voraussetzungen der Heilungsbestimmungen ist jedoch seine prozessuale Durchsetzbarkeit ausgeschlossen.[24] Stattdessen ist das Gericht verpflichtet, die Möglichkeit der Fehlerheilung offenzuhalten.[25] Die Platzierung des § 75 Abs. 1a Satz 2 VwVfG im Verwaltungsverfahrensrecht ist daher irreführend.[26]

---

[22] Hierzu unter § 3 B.II.

[23] Vgl. *Neumann/Külpmann*, in: Stelkens/Bonk/Sachs, VwVfG, § 75 Rn. 45, die von „Sonderverwaltungsprozessrecht" sprechen. Ebenso: *Petz*, in: Faßbender/Köck, Querschnittsprobleme des Umwelt- und Planungsrechts – Rechtsschutz und Umweltprüfungen, 2019, S. 103 (108); *Jarass*, DVBl. 1997, 795 (800 f.); *Gaentzsch*, DVBl. 2000, 741 (747); *ders.*, UPR 2001, 201 (206); *Kment*, NVwZ 2018, 1739 (1739 f.); *Kohls/Gerbig*, NVwZ 2020, 1081 (1083); *Külpmann*, NVwZ 2020, 1143 (1144); *Schütz*, UPR 2021, 418 (419); *Wysk*, in: Kopp/Ramsauer, VwVfG, § 75 Rn. 28; *Deutsch*, in: Mann/Senenkamp/Uechtritz, VwVfG, § 75 Rn. 107; *Schink*, in: Knack/Henneke, VwVfG, § 75 Rn. 40; *Riese*, in: Schoch/Schneider, VwGO, § 114 Rn. 229; *Fellenberg/Schiller*, in: Landmann/Rohmer, Umweltrecht, § 4 UmwRG Rn. 78.

[24] *Schütz*, UPR 2021, 418 (419).

[25] *Wysk*, in: Kopp/Ramsauer, VwVfG, § 75 Rn. 28a.

[26] *Kment*, NVwZ 2018, 1739 (1739 f.).

Demgegenüber sehen der *7. Senat*[27] sowie verschiedene Stimmen im Schrifttum[28] in den Heilungsbestimmungen Regelungen des materiellen Rechts. Der materiell-rechtliche Anspruch auf Aufhebung eines rechtswidrigen Verwaltungsaktes werde bei Bestehen einer Möglichkeit zur Fehlerbehebung eingeschränkt.[29] Begründet wird dies damit, dass § 113 Abs. 1 Satz 1 VwGO die Aufhebung eines Verwaltungsaktes nur anordnen könne, wenn auch ein materiell-rechtlicher Aufhebungsanspruch bestehe.[30] Weiterhin wird darauf hingewiesen, dass die Länder für den Bereich des Verwaltungsprozessrechts keine eigenen Regelungen treffen könnten, weil der Bundesgesetzgeber von seiner konkurrierenden Gesetzgebungskompetenz aus Art. 74 Abs. 1 Nr. 1 GG abschließend Gebrauch gemacht habe. Bei Annahme einer prozessualen Regelung lasse sich nicht erklären, wieso sich eine gleichlautende Regelung in den Verwaltungsverfahrensgesetzen vieler Länder wiederfinde.[31] Die daraus folgende Konsequenz, dass der materiell-rechtliche Aufhebungsanspruch mit der Feststellung der Rechtswidrigkeit und Nichtvollziehbarkeit nicht lediglich in seiner prozessualen Durchsetzbarkeit gehemmt wird, sondern überhaupt erst bei einem Scheitern der Fehlerheilung entsteht, kann indes nicht überzeugen.[32]

II. Ermächtigungsgrundlage für die nachträgliche Fehlerbehebung

Als Ermächtigungsgrundlage für die nachträgliche Fehlerbehebung kommen § 75 Abs. 1a Satz 2 VwVfG und §§ 4 Abs. 1b Satz 1, 7 Abs. 5 Satz 1 UmwRG nicht in Betracht.[33] Dies wird besonders deutlich, wenn man den Wortlaut dieser

---

[27] BVerwG, Urteil vom 07.06.2020 – 7 A 1/18, Buchholz 406.403 § 34 BNatSchG 2010 Nr. 18 Rn. 9 u. a. unter Verweis auf BVerwG, Urteil vom 21.05.1976 – IV C 80/74, BVerwGE 51, 15 (24). Zuvor bereits VGH München, Beschluss vom 04.02.1994 – 8 AS 94/40007 u. a., BayVBl. 1994, 436 (436 f.).

[28] *Henke*, Planerhaltung durch Planergänzung und ergänzendes Verfahren, 1997, S. 136; *Baumeister*, Der Beseitigungsanspruch als Fehlerfolge des rechtswidrigen Verwaltungsakts, 2006, S. 411–413; *Schenke/Schenke*, in: Kopp/Schenke, VwGO, § 113 Rn. 6; *Decker*, in: Posser/Wolff/Decker, BeckOK VwGO, § 113 Rn. 33. Für den Planergänzungsanspruch: *Hildebrandt*, Der Planergänzungsanspruch, 1999, S. 99–104, insb. S. 101.

[29] *Henke*, Planerhaltung durch Planergänzung und ergänzendes Verfahren, 1997, S. 136 f.

[30] *Baumeister*, Der Beseitigungsanspruch als Fehlerfolge des rechtswidrigen Verwaltungsakts, 2006, S. 412 (Fn. 269).

[31] Vgl. *Hildebrandt*, Der Planergänzungsanspruch, 1999, S. 102.

[32] So auch *Schütz*, UPR 2021, 418 (419).

[33] Ebenso: *Jarass*, DVBl. 1997, 795 (800); *Durner*, VerwArch 97 (2006), 345 (357, 360); *Ziekow*, NVwZ 2007, 259 (265); *Pauli/Hagemann*, UPR 2018, 8 (13); *Wysk*, in: Kopp/Ramsauer, VwVfG, § 75 Rn. 28. Zweifelnd: *Winkler*, in: Beckmann/Kment, UVPG/UmwRG, § 7 Rn. 25. A. A. *Greim*, Rechtsschutz bei Verfahrensfehlern im Umweltrecht, 2013, S. 179 f.; *Hoppe/Schlarmann/Buchner/Deutsch*, Rechtsschutz bei der Planung von Verkehrsanlagen und anderen Infrastrukturvorhaben, Rn. 649; *Bonk/Neumann*, in: Stelkens/Bonk/Sachs, VwVfG,

Regelungen mit demjenigen des § 214 Abs. 4 BauGB vergleicht. Letzterer lässt die Fehlerbehebung für rechtswidrige Bauleitpläne durch ein ergänzendes Verfahren ausdrücklich zu.[34]

Wenn die verwaltungsprozessualen Bestimmungen eine heilende Wirkung der nachträglichen Fehlerbehebung voraussetzen, ohne eine solche selbst zu begründen,[35] stellt sich die Frage, auf welcher Grundlage die Heilung in materiell-rechtlicher Hinsicht erfolgt. Ebenso wie im Zusammenhang mit dem Nachschieben von Gründen, auf das § 114 Satz 2 VwGO im Prozessrecht nur Bezug nimmt,[36] ist jedenfalls eine ausdrückliche materiell-rechtliche Ermächtigung zur nachträglichen Korrektur behördlicher Entscheidungen weder im VwVfG noch in den Fachgesetzen zu finden.

Das Bundesverwaltungsgericht selbst geht selten auf die Rechtsgrundlage für nachträgliche Korrekturen ein und verweist wenn überhaupt nur auf seine eigene langjährige Rechtsprechung.[37] Tatsächlich lassen sich Entscheidungen finden, in denen es der Behörde die Möglichkeit einräumt, von ihr erkannte oder auch nur vermutete formelle oder materielle Mängel jederzeit unter Wiederholung früherer Verfahrensschritte oder inhaltlicher Nachbewertungen zu beseitigen, die zeitlich lange vor der Einführung des ergänzenden Verfahrens im Prozessrecht liegen.[38]

---

6. Aufl. 2001, § 75 Rn. 41a (zur Planergänzung); *Dürr*, in: Knack, VwVfG, 8. Aufl. 2004, § 75 Rn. 20.

[34] *Durner*, VerwArch 97 (2006), 345 (360).

[35] So im Hinblick auf das ergänzende Verfahren bereits auch *Bonk/Neumann*, in: Stelkens/Bonk/Sachs, VwVfG, 6. Aufl. 2001, § 75 Rn. 42.

[36] Diesen Vergleich zieht auch *Durner*, VerwArch 97 (2006), 345 (357 ff.). Hierzu etwa *Axmann*, Das Nachschieben von Gründen im Verwaltungsrechtsstreit, 2001, S. 68 ff.; *Heinrich*, Behördliche Nachbesserung von Verwaltungsakten im verwaltungsgerichtlichen Verfahren, 1999, S. 107 ff.; *Hildebrandt*, Der Planergänzungsanspruch, 1999, S. 92 f.; *Martin*, Heilung von Verfahrensfehlern im Verwaltungsverfahren, 2004, S. 58; *Schmieszek*, NVwZ 1996, 1151 (1155); *Schenke*, NJW 1997, 81 (88); *Redeker*, NVwZ 1997, 625 (627).

[37] Vgl. BVerwG, Beschluss vom 18.08.2005 – 4 B 17/05, Buchholz 442.40 § 10 LuftVG, Nr. 13 Rn. 9 m. w. N. Vgl. auch *Durner*, VerwArch 97 (2006), 345 (362) und *Hildebrandt*, Der Planergänzungsanspruch, 1999, S. 60–62, der kritisiert, dass eine dogmatische Herleitung der Planerhaltung nie erfolgt sei.

[38] Vgl. etwa BVerwG, Urteil vom 05.12.1986 – 4 C 13/85, BVerwGE 75, 214 (219, 227); BVerwG, Beschluss vom 24.10.1991 – 7 B 65/91, NVwZ 1992, 789 (790); BVerwG, Urteil vom 31.10.1990 – 4 C 7/88, BVerwGE 87, 62 (76); BVerwG, Beschluss vom 16.12.1992 – 7 B 180/92, NVwZ 1993, 889 (889). Hierzu kritisch: *Dolde*, NVwZ 1991, 960 (963); *Dürr*, VBlBW 1992, 321 (327). A. A. für Abwägungsfehler explizit: BVerwG, Urteil vom 11.04.1986 – 4 C 53/82, NVwZ 1986, 834 (835); BVerwG, Urteil vom 25.02.1988 – 4 C 32/86 u. a., Buchholz 407.56 NStrG Nr. 2, S. 1–3 sowie weitere Nachweise bei *Stüer*, DVBl. 1997, 326 (331).

Dafür dass es für die Beseitigung der Rechtswidrigkeit nach Erlass eines Verwaltungsaktes überhaupt einer Rechtsgrundlage bedarf,[39] spricht neben der Wesentlichkeitstheorie vor allem die Tatsache, dass einzelne Nachbesserungsmöglichkeiten ausdrücklich gesetzlich normiert sind (etwa in § 45 VwVfG).[40] Teilweise wird auch darauf verwiesen, dass es bereits deshalb einer Ermächtigungsgrundlage bedürfe, weil die Nachbesserung bzw. deren Möglichkeit den Aufhebungsanspruch des Klägers vernichte und damit einen Grundrechtseingriff darstelle.[41]

Das Schrifttum hat eine Lösung gefunden: Die dogmatische Grundlage für die nachträgliche Korrektur eines bereits erlassenen Verwaltungsaktes wird in der behördlichen Befugnis gesehen, einen fehlerhaften Verwaltungsakt aufzuheben und nach Maßgabe der fachgesetzlich eingeräumten Entscheidungskompetenz einen neuen fehlerfreien Zweitbescheid zu erlassen.[42] Dass die Behörde ihre Dispositionsbefugnis über einen einmal erlassenen Verwaltungsakt nicht verliere, werde durch die in §§ 48, 49 VwVfG[43] normierte Möglichkeit zur Aufhebung bestätigt und durch das Prozessrecht (etwa in § 71 und § 79 VwGO) nicht in Frage gestellt.[44] Allein für die Dauer des Widerspruchsverfahrens gehe die Sachbefugnis auf die Widerspruchsbehörde über.[45] In der Aufhebungsbefugnis

---

[39] *Durner*, VerwArch 97 (2006), 345 (363); *Sauer*, Öffentliches Reaktionsrecht, 2021, S. 382. Zum Nachschieben von Gründen auch *Axmann*, Das Nachschieben von Gründen im Verwaltungsrechtsstreit, 2001, S. 139 f. und 167 f.; *Schenke*, NVwZ 1988, 1 (11). A.A. *Rupp*, Nachschieben von Gründen in verwaltungsgerichtlichen Verfahren, 1987, S. 81; *Horn*, DV 25 (1992), 203 (224 f.).

[40] *Durner*, VerwArch 97 (2006), 345 (363). Zum Nachschieben von Gründen: *Schenke*, NVwZ 1988, 1 (11).

[41] Insoweit nicht überzeugend: *Axmann*, Das Nachschieben von Gründen im Verwaltungsrechtsstreit, 2001, S. 140; *Schenke/Schenke*, in: Kopp/Schenke, VwGO, § 113 Rn. 70. Offen lassend: *Durner*, VerwArch 97 (2006), 345 (363). A.A. wohl *Baumeister*, Der Beseitigungsanspruch als Fehlerfolge des rechtswidrigen Verwaltungsakts, 2006, S. 421 f.

[42] Vor allem *Durner*, VerwArch 97 (2006), 345 (363–365, 371). Vgl. aber auch *Martin*, Heilung von Verfahrensfehlern im Verwaltungsverfahren, 2004, S. 283; *Baumeister*, Der Beseitigungsanspruch als Fehlerfolge des rechtswidrigen Verwaltungsakts, 2006, S. 395 f.; *Preusche*, DVBl. 1992, 797 (797–799); *Kraft*, BayVBl. 1995, 519 (621); *Wysk*, in: Kopp/Ramsauer, VwVfG, § 75 Rn. 28. Ausdrücklich ablehnend indes *Sauer*, Öffentliches Reaktionsrecht, 2021, S. 382–385, 405, nach dem die Fehlerkorrektur stets einer gesetzlichen Ermächtigung bedarf.

[43] Diese sind nach ganz herrschender Meinung auch auf Planfeststellungsbeschlüsse anwendbar (vgl. BVerwG, Beschluss vom 06.04 2004 – 4 B 2/04, juris Rn. 13; *Müller-Steinwachs*, Bestandsschutz im Fachplanungsrecht, 2007, S. 74–77 und 120 ff.; *Steinberg/Wickel/Müller*, Fachplanung, § 5 Rn. 20; *Kautz*, NuR 2017, 93 (96)). Zum Streitstand: *Ziekow*, VerwArch 99 (2008), 559 (579 f.).

[44] *Preusche*, DVBl. 1992, 797 (797); *Kraft*, BayVBl. 1995, 519 (621); *Brischke*, DVBl. 2002, 429 (432) – jeweils für den Fall der Streitbefangenheit eines Verwaltungsaktes.

[45] *Durner*, VerwArch 97 (2006), 345 (363).

sei als Minus die Möglichkeit einer teilweisen Ersetzung bzw. Abänderung enthalten.[46] Der Planfeststellungsbehörde sei es gestattet, ein für fehlerhaft erachte-
tes Planfeststellungsverfahren bis zur Rechtskraft eines Urteils jederzeit wieder-
aufzunehmen und nach Maßgabe der Vorschriften des jeweiligen Fachplanungs-
verfahrens erneut zu Ende zu führen.[47] Andere stellen hingegen etwas vereinfacht
auf einen anerkannten Grundsatz des Verfahrensrechts ab, dem zufolge die Befugnis zur Fehlerbehebung von der Ermächtigung zum Erlass der Planungsentscheidung umfasst sei.[48]

C. Abgrenzung zur Planergänzung

Da die Doppelte Rechtskraft nur beim ergänzenden Verfahren zum Tragen
kommt, bedarf es der genauen Abgrenzung zur Planergänzung.[49]

Die Heilungsbestimmungen sehen das ergänzende Verfahren und die Planergänzung als alternative Heilungsinstrumente vor; ihr Verhältnis zueinander
wird darin jedoch nicht klargestellt. Die Begrifflichkeiten sind zudem irreführ-
rend. Denn natürlich setzt auch eine Planergänzung ein (wenn auch verkürztes)
Verwaltungsverfahren voraus und wird nicht etwa einfach durch das Gericht vorgenommen.[50] Zudem lässt sich prinzipiell jeder durch eine Planergänzung heilbare Fehler auch in einem ergänzenden Verfahren beheben.[51] Andererseits kann
ein ergänzendes Verfahren auch mit einer Planergänzung enden.[52] Da das Gesetz
differenziert, ist aber insgesamt davon auszugehen, dass der Gesetzgeber eine
klare Trennung intendierte.[53]

---

[46] *Durner*, VerwArch 97 (2006), 345 (369 f.).

[47] *Wysk*, in: Kopp/Ramsauer, VwVfG, § 75 Rn. 28. *Morlok*, Die Folgen von Verfahrensfehlern am Beispiel kommunaler Satzungen, 1988, S. 147 f. spricht von einer „immer bestehende[n] selbstverständliche[n] Möglichkeit".

[48] BVerwG, Beschluss vom 18.08.2005 – 4 B 17/05, Buchholz 442.40 § 10 LuftVG, Nr. 13
Rn. 9 f.; OVG Münster, Urteil vom 10.12.2004 – 20 D 134/00, NVwZ-RR 2006, 109 Ls. 1;
Jarass, in: Gedächtnisschrift Tettinger, 2007, S. 465 (470); *Kämper*, in: Bader/Ronellenfitsch,
BeckOK VwVfG, § 75 Rn. 27.

[49] Zu diesem Institut vor allem: *Hildebrandt*, Der Planergänzungsanspruch, 1999. Zudem:
Henke, Planerhaltung durch Planergänzung und ergänzendes Verfahren, 1997, S. 66–133.

[50] *Henke*, Planerhaltung durch Planergänzung und ergänzendes Verfahren, 1997, S. 150;
ders., UPR 1999, 51 (52 f.); *Baumeister*, Der Beseitigungsanspruch als Fehlerfolge des rechtswidrigen Verwaltungsakts, 2006, S. 423; *Wysk*, in: Kopp/Ramsauer, VwVfG, § 75 Rn. 31.

[51] Dies betonend: *Seibert*, NVwZ 2018, 97 (98 f.).

[52] *Wysk*, in: Kopp/Ramsauer, VwVfG, § 75 Rn. 32. A.A. *Sauer*, Öffentliches Reaktionsrecht, 2021, S. 389, 401 f., der davon ausgeht, dass das ergänzende Verfahren lediglich eine
Verfahrensergänzung, nicht aber eine materielle Änderung des Planfeststellungsbeschlusses
ermögliche.

[53] *Henke*, UPR 1999, 51 (52 f.). Dafür spricht auch, dass § 214 Abs. 4 BauGB nur die Hei-

Im Schrifttum und in der Spruchpraxis der Gerichte wird gegebenenfalls auch aufgrund der sprachlichen Nähe oder mangels Relevanz im konkreten Einzelfall nicht immer strikt zwischen der Planergänzung auf der einen Seite und dem ergänzenden Verfahren auf der anderen Seite unterschieden. Dadurch finden Vermischungen statt und die inhaltlichen Unterschiede der beiden Instrumente drohen, verwischt zu werden.[54]

I. Planergänzung bei notwendiger inhaltlicher Ergänzung

Die Planergänzung lässt sich dadurch charakterisieren, dass im Zeitpunkt des Urteilserlasses feststeht, dass der verfügende Teil einer behördlichen Entscheidung nicht beschnitten, sondern lediglich um eine im Kern bestimmte oder zumindest bestimmbare inhaltliche Regelung ergänzt werden muss, um den rechtlichen Anforderungen gerecht zu werden.[55] Der genaue Inhalt der Korrektur liegt zwar in der Verantwortung der Behörde, diese kann ihre Entscheidung aber auf Grundlage des schon vorhandenen Entscheidungsmaterials treffen. Weiterer Ermittlungen oder Sachaufklärungen sowie grundlegender inhaltlicher Neubewertungen bedarf es nicht.[56] Auch kann die Korrektur – anders als beim ergänzenden Verfahren – nicht in substantiellen Änderungen resultieren, insbesondere bei Planfeststellungsbeschlüssen die Abwägungsfrage nicht erneut aufwerfen.[57] Klassische Anwendungsfälle einer Planergänzung sind etwa die Ergänzung fehlender Schutzauflagen,[58] die (Wieder)Herstellung von Verkehrsanbindungen[59] oder die Anordnung bestimmter naturschutzrechtlicher Ausgleichsmaßnahmen.[60]

---

lung durch ein ergänzendes Verfahren vorsieht. *Seibert,* NVwZ 2018, 97 (98 f.), hält die Unterscheidung bei gebundenen Entscheidungen für verfehlt.

[54] Vgl. auch *Hildebrandt*, Der Planergänzungsanspruch, 1999, S. 67; *Neumann/Külpmann*, in: Stelkens/Bonk/Sachs, VwVfG, § 75 Rn. 43a.

[55] *Hildebrandt*, Der Planergänzungsanspruch, S. 51–60; *Storost*, NVwZ 1998, 797 (803); *Seibert*, NVwZ 2018, 97 (98); *Wysk*, in: Kopp/Ramsauer, VwVfG, § 75 Rn. 32; *Deutsch*, in: Mann/Sennekamp/Uechtritz, VwVfG, § 75 Rn. 118; *Schink*, in: Knack/Henneke, VwVfG, § 75 Rn. 41; *Kupfer*, in: Schoch/Schneider, VwVfG, § 75 Rn. 85. Kritisch hierzu: *Baumeister*, Der Beseitigungsanspruch als Fehlerfolge des rechtswidrigen Verwaltungsakts, 2006, S. 423–425.

[56] *Masing/Schiller*, in: Obermayer/Funke-Kaiser, VwVfG, § 75 Rn. 20.

[57] *Riese*, in: Schoch/Schneider, VwGO, § 114 Rn. 230.

[58] Vgl. etwa BVerwG, Urteil vom 07.07.1978 – IV C 79/76, BVerwGE 56, 110 (132 f.); BVerwG, Urteil vom 14.09.1992 – 4 C 34–38/89, BVerwGE 91, 17 (20); BVerwG, Urteil vom 05.03.1997 – 11 A 25/95, BVerwGE 104, 123 (140 ff.); BVerwG, Urteil vom 09.11.2006 – 4 A 2001/06, BVerwGE 127, 95 Rn. 63–77.

[59] Exemplarisch: BVerwG, Urteil vom 31.03.1995 – 4 A 1/93, BVerwGE 98, 126 (127).

[60] Exemplarisch: BVerwG, Beschluss vom 30.12.1996 – 11 VR 21/95, NVwZ-RR 1998, 284 (288) – hier ging es um die nachträgliche Festsetzung anderweitiger Kompensationsflächen.

II. Ergänzendes Verfahren bei Fehlern, die die behördliche Entscheidung infrage stellen

Demgegenüber ist ein ergänzendes Verfahren erforderlich, wenn die Korrektur formeller Fehler ergänzende Verfahrensschritte erfordert, die in einen nachträglichen Entscheidungsprozess einzubeziehen sind, oder es zur Bereinigung materiell-rechtlicher Fehler zumindest einer inhaltlichen Nachbewertung mit noch offenem Ausgang bedarf.[61] Vor seiner Durchführung steht weder fest, ob der verfügende Teil des Planfeststellungsbeschlusses überhaupt inhaltlich korrigiert werden muss, noch ist das Ergebnis einer etwaig notwendigen Korrektur erkennbar.[62] Das ergänzende Verfahren kann mithin dazu führen, dass das bisherige Ergebnis lediglich bestätigt oder aber geändert bzw. ergänzt wird. Auch eine Aufhebung der behördlichen Entscheidung kommt in Betracht.[63]

Das ergänzende Verfahren ist mithin auch dadurch gekennzeichnet, dass der Fortbestand des Planfeststellungsbeschlusses regelmäßig in Frage steht.[64] Dies ist immer der Fall, wenn ein Fehler die Abwägungsentscheidung berühren kann. Ein ergänzendes Verfahren ist daher auch erforderlich, wenn ein Fehler sich zwar prinzipiell durch eine Ergänzung beheben lässt, dadurch jedoch im Interessengeflecht der Planung andere Belange nachteilig betroffen würden und die Behörde deshalb nochmals in eine Abwägung eintreten muss.[65] Auch kann die Anzahl der notwendigen Ergänzungen oder deren Umfang dazu führen, dass im Einzelfall eine erneute, ergebnisoffene Abwägung geboten erscheint, die nur in einem ergänzenden Verfahren erfolgen kann.[66]

---

[61] *Schulze/Stüer*, ZfW 1996, 269 (275); *Stüer*, DVBl. 1997, 326 (331); *Schütz*, UPR 2021, 418 (423).

[62] BVerwG, Beschluss vom 05.12.2008 – 9 B 28/08, NVwZ 2009, 320 Rn. 17; BVerwG, Urteil vom 09.02.2015 – 7 C 11/12, BVerwGE 151, 320 Rn. 46; *Henke*, Planerhaltung durch Planergänzung und ergänzendes Verfahren, 1997, S. 151; *Hildebrandt*, Der Planergänzungsanspruch, 1999, S. 87; *Baumeister*, Der Beseitigungsanspruch als Fehlerfolge des rechtswidrigen Verwaltungsakts, 2006, S. 423; *Jarass*, DVBl. 1997, 795 (801); *Ziekow*, VerwArch 99 (2008), 559 (584); *Deutsch*, in: Mann/Sennekamp/Uechtritz, VwVfG, § 75 Rn. 123 f.; *Schink*, in: Knack/Henneke, VwVfG, § 75 Rn. 41; *Wysk*, in: Kopp/Ramsauer, VwVfG, § 75 Rn. 34.

[63] BVerwG, Urteil vom 08.01.2014 – 9 A 4/13, BVerwGE 149, 31 Rn. 27; BVerwG, Urteil vom 28.04.2016 – 9 A 9/15, BVerwGE 155, 91 Rn. 38; *Kohls/Gerbig*, NVwZ 2020, 1081 (1084); *Schink*, in: Knack/Henneke, VwVfG, § 75 Rn. 48; *Deutsch*, in: Mann/Sennekamp/Uechtritz, VwVfG, § 75 Rn. 124; *Neumann/Külpmann*, in: Stelkens/Bonk/Sachs, VwVfG, § 75 Rn. 43a.

[64] *Wysk*, in: Kopp/Ramsauer, VwVfG, § 75 Rn. 32. Vgl. auch BVerwG, Urteil vom 04.06. 2020 – 7 A 1/18, Buchholz 406.403 § 34 BNatSchG 2010 Nr. 18 Rn. 9.

[65] *Deutsch*, in: Mann/Sennekamp/Uechtritz, VwVfG, § 75 Rn. 121; *Wysk*, in: Kopp/ Ramsauer, VwVfG, § 75 Rn. 33.

[66] *Deutsch*, in: Mann/Sennekamp/Uechtritz, VwVfG, § 75 Rn. 121.

III. Besondere Bedeutung der Abgrenzung im verwaltungsgerichtlichen Verfahren

Von besonderer Bedeutung ist die Abgrenzung des ergänzenden Verfahrens zur Planergänzung insbesondere aufgrund der divergierenden Folgen im verwaltungsgerichtlichen Verfahren. Kommt eine Planergänzung in Betracht, wird die Behörde im Urteilsausspruch zwar dazu verpflichtet, bestimmte bzw. im Vorfeld bestimmbare ergänzende Regelungen zu treffen, die die Rechtmäßigkeit herbeiführen. Der Planfeststellungsbeschluss als solcher wird aber – trotz seiner Rechtswidrigkeit – bestandskräftig.[67] Anders ist dies, wenn ein ergänzendes Verfahren in Betracht kommt. Hier hebt das Gericht die behördliche Entscheidung abweichend von § 113 Abs. 1 Satz 1 VwGO nicht auf, sondern stellt lediglich ihre Rechtswidrigkeit und Nichtvollziehbarkeit fest. Damit kann der Planfeststellungsbeschluss zwar in einem ergänzenden Verfahren geheilt werden; er erwächst jedoch noch nicht in Bestandskraft.[68] An dieser Stelle knüpft das Konzept der Doppelten Rechtskraft an, welches folglich nur im Zusammenhang mit dem ergänzenden Verfahren relevant wird und spezifische Folgen für den Rechtsschutz mit sich bringt.

Einer genauen Differenzierung bedarf es zudem, weil die Gewährung vorläufigen Rechtsschutzes gegen die Zulassungsentscheidung davon abhängt, ob die erkannten Fehler durch eine Planergänzung oder nur durch ergänzendes Verfahren behoben werden können.[69] Grundsätzlich hat die gegen einen Verwaltungsakt mit Doppelwirkung gerichtete Anfechtungsklage aufschiebende Wirkung (§ 80 Abs. 1 VwGO). Diese Wirkung entfällt, wenn dies – wie häufig für Planfeststellungsbeschlüsse – gesetzlich festgelegt ist (§ 80 Abs. 1 Satz 1 Nr. 3 und 3a VwGO) oder die Behörde die sofortige Vollziehung anordnet (§ 80 Abs. 1 Satz 1 Nr. 4 VwGO). Beantragt der vom Vorhaben betroffene Kläger vorläufigen Rechtsschutz, ist der Erfolg vor allem von den Erfolgsaussichten in der Haupt-

---

[67] So bereits BVerwG, Urteil vom 07.07.1978 – IV C 79/76, BVerwGE 56, 110 (132 f.); BVerwG, Urteil vom 14.09.1992 – 4 C 34–38/89, BVerwGE 91, 17 (20); *Henke*, UPR 1999, 51 (53). Präziser: *Hildebrandt*, Der Planergänzungsanspruch, 1999, S. 249–251, der mit Blick auf § 75 Abs. 2 Satz 1 VwVfG davon ausgeht, dass die Bestandskraft nur eintrete, soweit nicht die Anordnung erforderlicher Schutzmaßnahmen unterblieben sei, und *Jarass*, in: Gedächtnisschrift Tettinger, 2007, S. 465 (468) – „jedenfalls insoweit, als der Beschluss nicht durch ein Verpflichtungsurteil modifiziert wird".

[68] *Henke*, UPR 1999, 51 (53, 57); *Gaentzsch*, DVBl. 2000, 741 (748); *Neumann/Külpmann*, in: Stelkens/Bonk/Sachs, VwVfG, § 75 Rn. 44; *Wysk*, in: Kopp/Ramsauer, VwVfG, § 75 Rn. 32; *Deutsch*, in: Mann/Sennekamp/Uechtritz, VwVfG, § 75 Rn. 129. Ebenso: BVerwG, Beschluss vom 28.07.2014 – 7 B 22/13, UPR 2015, 34 Rn. 9. Hierzu im Einzelnen unter § 9 A. und unter § 10 C.III.

[69] Hierzu ausführlich: *Henke*, Planerhaltung durch Planergänzung und ergänzendes Verfahren, 1997, S. 130 ff., 185 ff.; *ders.*, UPR 1999, 51 (56 f.).

sache abhängig.[70] Wenn sich die Rechtmäßigkeit eines Planfeststellungsbeschlusses durch eine bloße Ergänzung herbeiführen lässt, bleibt ein Antrag nach
§ 80 Abs. 5 VwGO erfolglos, weil eine Aufhebung im Hauptsacheverfahren von
vornherein ausgeschlossen ist.[71] Die Gefahr einer Rechtsschutzbeeinträchtigung
durch die Schaffung vollendeter Tatsachen besteht nicht, da bei einem vorläufigen Vollzug die nachträgliche Realisierung von Auflagen möglich bleibt.[72] Um
dies sicherzustellen, kann der Betroffene allenfalls den Erlass einer auf einen
Baustopp gerichteten einstweiligen Anordnung beantragen.[73] Kommt hingegen
in der Hauptsache die Heilung im ergänzenden Verfahren in Betracht, wird regelmäßig die aufschiebende Wirkung der erhobenen Klage angeordnet bzw. wieder-
hergestellt.[74] Denn die Aussetzung der Vollziehung entspricht prinzipiell der
Feststellung der Rechtswidrigkeit und Nichtvollziehbarkeit, mit der im Hauptsacheverfahren zu rechnen ist.[75] Können vorhandene Mängel indes voraussichtlich noch während des laufenden gerichtlichen Verfahrens in der Hauptsache
geheilt werden, haben einzelne Gerichte bereits in der Vergangenheit angenommen, dass das Gericht diesen Umstand in seiner Interessenabwägung nicht unberücksichtigt lassen dürfe. Diese solle mithin trotz erkannter Fehler, insbesondere
bei formalen Mängeln, einer nur fehlenden Begründung oder unzureichenden
Ermessenserwägungen zulasten des Antragstellers ausfallen können.[76] Diese
Rechtsprechung hat der Gesetzgeber im Zuge der jüngsten VwGO-Reform durch
die Einführung des § 80c Abs. 2 VwGO für bestimmte Infrastrukturvorhaben
nunmehr ausdrücklich übernommen.[77] Die Interessenabwägung soll insbeson-

---

[70] *Bostedt*, in: Fehling/Kastner/Störmer, Hk-VerwR, § 80 VwGO Rn. 152.

[71] So ausdrücklich: OVG Schleswig, Beschluss vom 24.05.2023 – 4 MR 1/23, juris Rn. 63,
70.

[72] BVerwG, Beschluss vom 21.12.1995 – 11 VR 6/95, NVwZ 1996, 896 (896 f.); BVerwG,
Beschluss vom 19.05.2005 – 4 VR 2000/05, NVwZ 2005, 940 (943); BVerwG, Beschluss vom
24.01.2012 – 7 VR 13/11, DVBl. 2012, 1102 Rn. 15; BVerwG, Beschluss vom 01.04.2016 –
3 VR 2/15, NVwZ 2016, 1328 Rn. 17; *Henke*, Planerhaltung durch Planergänzung und ergänzendes Verfahren, S. 130 f.; *Seibert*, NVwZ 2018, 97 (103).

[73] BVerwG, Beschluss vom 01.04.2016 – 3 VR 2/15, NVwZ 2016, 1328 Rn. 19;
OVG Schleswig, Beschluss vom 24.05.2023 – 4 MR 1/23, juris Rn. 63, 70; *Henke*, Planerhaltung durch Planergänzung und ergänzendes Verfahren, S. 131 f.

[74] BVerwG, Beschluss vom 24.01.2012 – 7 VR 13/11, DVBl. 2012, 1102 Rn. 15; BVerwG,
Beschluss vom 29.10.2014 – 7 VR 4/13, ZUR 2015, 163 Rn. 4; BVerwG, Beschluss vom 01.04.
2016 – 3 VR 2/15, NVwZ 2016, 1328 Rn. 20.

[75] *Seibert*, NVwZ 2018, 97 (103); *Neumann/Külpmann*, in: Stelkens/Bonk/Sachs, VwVfG,
§ 75 Rn. 53a; *Riese*, in: Schoch/Schneider, VwGO, § 114 Rn. 235.

[76] OVG Münster, Beschluss vom 06.08.2021 – 2 B 973/21, NWVBl. 2022, 113 (114);
OVG Münster, Beschluss vom 02.12.2021 – 2 B 1217/21, BauR 2022, 618 (619, 623 f.).

[77] Gesetz zur Beschleunigung von verwaltungsgerichtlichen Verfahren im Infrastruktur-

dere zugunsten einer Fortführung des Vorhabens ausgehen, wenn ein ergänzendes Verfahren bereits eingeleitet worden ist.[78]

Insgesamt kommt die Planergänzung vorrangig gegenüber dem ergänzenden Verfahren zur Anwendung. Denn Sinn und Zweck der Planerhaltungsvorschriften ist es, „stets nur die am wenigsten in das [...] Vorhaben eingreifende Rechtsfolge zu rechtfertigen, die eine ausreichende Fehlerbehebung sicherstellt."[79] Zudem ist bei einer Planergänzung regelmäßig eine schnellere Realisierung des verfahrensgegenständlichen Vorhabens in Aussicht gestellt.[80]

§ 4 Anwendungsbereich des ergänzenden Verfahrens

Seit seiner Einführung in das UmwRG kommt das ergänzende Verfahren für sämtliche Zulassungsentscheidungen im Bereich des Umweltrechts zur Anwendung. Auch mit Blick auf den Zeitpunkt seiner Durchführung und die Frage, wer gegen das jeweilige Vorhaben gerichtlich vorgeht, bestehen keine Beschränkungen.

A. Gegenständlicher Anwendungsbereich

Das ergänzende Verfahren wurde ursprünglich für Planfeststellungsbeschlüsse und Plangenehmigungen konzipiert (hierzu unter I.). Seit der Novelle des UmwRG im Jahr 2017 erstreckt sich sein gegenständlicher Anwendungsbereich auf weitere Zulassungsentscheidungen im Bereich des Umweltrechts (hierzu unter II.).

I. Planfeststellungsbeschlüsse und Plangenehmigungen

Das der Planerhaltung dienende, in § 75 Abs. 1a Satz 2 VwVfG geregelte ergänzende Verfahren im Planfeststellungsrecht ist anwendbar auf fehlerhafte Planfeststellungsbeschlüsse und Plangenehmigungen. Hier unterliegt das Verwaltungsverfahren regelmäßig besonders strengen Anforderungen etwa im Hinblick

---

bereich, BGBl. I, S. 2023. Hierzu ausführlich: *Siegel*, NVwZ 2023, 462. Kritisch: *Bier/Bick*, NVwZ 2023, 457 (459, 462); *Pagenkopf*, NJW 2023, 1095 Rn. 13. Siehe hierzu auch unter § 1.

[78] BT-Drs. 20/5156, S. 16.

[79] BVerwG, Urteil vom 09.06.2004 – 9 A 11/03, BVerwGE 121, 72 (81). Ebenso: *Henke*, UPR 1999, 51 (53); *Kupfer*, in: Schoch/Schneider, VwVfG § 75 Rn. 86; *Riese*, in: Schoch/Schneider, VwGO, § 114 Rn. 238. A.A. *Jarass*, DVBl. 1997, 795 (801), der der Behörde ein Wahlrecht einräumt. Von einem Exklusivitätsverhältnis geht *Gaentzsch*, in: Festschrift Schlichter, 1995, S. 517 (537) aus.

[80] *Hildebrandt*, Der Planergänzungsanspruch, 1999, S. 91.

auf die Öffentlichkeitsbeteiligung. Jenseits der Einhaltung strikter rechtlicher Vorgaben gilt es auf materiell-rechtlicher Ebene zudem, Lösungen zu finden, die eine Vielzahl öffentlicher und privater Belange, die für oder gegen die Verwirklichung des jeweiligen raumbedeutsamen Vorhabens sprechen, in Einklang bringen. Beides ist fehleranfällig. Zugleich ist eine vollständige Wiederholung eines Planfeststellungsverfahrens nach Aufhebung der Entscheidung durch das Gericht äußerst zeitaufwendig und kostenintensiv.

II. Zulassungsentscheidungen im Anwendungsbereich des UmwRG

Der Anwendungsbereich der Heilungsvorschriften im UmwRG geht erheblich weiter. Er ist jedoch unübersichtlich geregelt und aus diesem Grunde nicht immer klar abgrenzbar.[81] Faustformelartig lässt sich sagen, dass er alle Entscheidungen erfasst, durch die ein Vorhaben mit umweltrechtlichem Bezug unmittelbar zugelassen wird.[82]

Sowohl § 4 Abs. 1b Satz 1 als auch § 7 Abs. 5 Satz 1 UmwRG nehmen Bezug auf Entscheidungen nach § 1 Abs. 1 Satz 1 Nr. 1 bis 2b und Nr. 5 UmwRG, der seinerseits eine Vielzahl dynamischer Verweise auf Bestimmungen enthält, die in verschiedenen anderen Gesetzen zu finden sind. Keine Anwendung finden die Heilungsbestimmungen des UmwRG auf Planfeststellungsbeschlüsse. § 4 Abs. 1b Satz 2 Nr. 2 und § 7 Abs. 5 Satz 2 UmwRG ordnen insoweit explizit an, dass § 75 Abs. 1a Satz 2 VwVfG und das dazugehörige Fachrecht vorrangig eingreifen. Inhaltlich dürften mit dieser Differenzierung keinerlei Unterschiede verbunden sein.[83]

1. Entscheidungen nach § 1 Abs. 1 Satz 1 Nr. 1 bis 2b UmwRG

Vom Anwendungsbereich des ergänzenden Verfahrens erfasst werden zunächst gemäß § 1 Abs. 1 Satz 1 Nr. 1 UmwRG sämtliche Zulassungsentscheidungen, für die eine Pflicht zur Durchführung einer Umweltverträglichkeitsprüfung bestehen kann. Aufgrund des Verweises auf § 2 Abs. 6 UVPG fallen darunter explizit auch Vorbescheide, Teilgenehmigungen und andere Teilzulassungen, die nur über einzelne Genehmigungsvoraussetzungen verbindlich entscheiden oder lediglich Teile eines Vorhabens zulassen.[84] Für das mögliche Bestehen einer UVP-Pflicht

---

[81] Zum Anwendungsbereich der Heilungsbestimmungen im UmwRG im Einzelnen: *Seibert*, NVwZ 2018, 97 (97 f.). Zur Erweiterung der umweltrechtsbehelfsfähigen Gegenstände insgesamt: *Guckelberger*, NuR 2020, 217; *Berkemann*, DVBl. 2020, 1.

[82] Vgl. *Seibert*, NVwZ 2018, 97 (97); *Fellenberg/Schiller*, in: Landmann/Rohmer, Umweltrecht, § 4 UmwRG Rn. 81.

[83] *Fellenberg/Schiller*, in: Landmann/Rohmer, Umweltrecht, § 4 UmwRG Rn. 83.

[84] Diese Klarstellung wurde mit dem Gesetz zur Modernisierung des Rechts der Umwelt-

genügt es, wenn gesetzlich lediglich eine Vorprüfung des Einzelfalls vorgegeben ist, von deren Ergebnis die Notwendigkeit einer Umweltverträglichkeitsprüfung letztlich abhängt.[85]

§ 1 Abs. 1 Satz 1 Nr. 2 UmwRG weitet den Anwendungsbereich der nachträglichen Heilung insbesondere auf immissionsschutzrechtliche Genehmigungen aus, für die eine Öffentlichkeitsbeteiligung nach § 10 BImSchG vorgeschrieben ist. Nr. 2a und Nr. 2b erfassen darüber hinaus Entscheidungen über störfallrelevante Vorhaben.

2. Entscheidungen nach § 1 Abs. 1 Satz 1 Nr. 5 UmwRG

Weiterhin referenzieren die Heilungsbestimmungen Entscheidungen gemäß § 1 Abs. 1 Satz 1 Nr. 5 UmwRG. Diese Regelung bezieht sich auf sonstige Vorhaben, die nicht bereits unter die Nummern 1 bis 2b fallen, und unter Anwendung umweltbezogener Rechtsvorschriften des Bundesrechts, Landesrechts oder unmittelbar geltender Rechtsakte der Europäischen Union zugelassen werden. Dabei handelt es sich um einen Auffangtatbestand, der ursprünglich in das UmwRG eingeführt wurde, um den Zugang zu Gericht zu erweitern und damit sicherzustellen, dass Art. 9 Abs. 3 der Aarhus-Konvention vollständig ins deutsche Recht transformiert wird.[86] Seine Aufnahme in die Heilungsbestimmungen hat dazu geführt, dass seither sämtliche vorhabenbezogene Genehmigungen einer Korrektur durch ein ergänzendes Verfahren zugänglich sind[87] – neben immissionsschutzrechtlichen Genehmigungen, die im vereinfachten Verfahren gemäß § 19 BImSchG erteilt werden,[88] etwa auch einfache Baugenehmigungen.[89]

---

verträglichkeitsprüfung vom 20.07.2017, BGBl. I, S. 2808, eingeführt, war in der Rechtsprechung wie im Schrifttum jedoch schon zuvor anerkannt, vgl. BT-Drs. 18/11499, S. 75 f. Zum umstrittenen Inhalt des Begriffs der „anderen Teilzulassungen": *Fellenberg/Schiller*, in: Landmann/Rohmer, Umweltrecht, § 1 UmwRG Rn. 19 ff.

[85] BVerwG, Beschluss vom 29.06.2017 – 9 A 8/16, NVwZ 2017, 1717 Rn. 5; OVG Münster, Urteil vom 18.05.2017 – 8 A 870/15, juris Rn. 41; VGH München, Beschluss vom 27.11. 2017 – 22 CS 17/1574, ZUR 2018, 304 Rn. 30; *Fellenberg/Schiller,* in: Landmann/Rohmer, Umweltrecht, § 1 UmwRG Rn. 39. Aufzählung der Rechtsgrundlagen einer UVP-Pflicht bei *Schieferdecker*, in: Beckmann/Kment, UVPG/UmwRG, § 1 UmwRG Rn. 39.

[86] BT-Drs. 18/9526, S. 32, 36. Vgl. BVerwG, Urteil vom 02.11.2017 – 7 C 25/15, ZUR 2018, 281 Rn. 19; *Schlacke*, in: Gärditz, VwGO, § 1 UmwRG Rn. 48; *Happ*, in: Eyermann, VwGO, § 1 UmwRG Rn. 19. Kritisch insoweit: *Schlacke*, A-Drs. 18(16)/417-C, S. 2 f.; *dies.*, NVwZ 2017, 905 (908); *Pernice-Warnke*, DÖV 2017, 846 (853); *Brigola/Heß*, NuR 2017, 729 (730 f.).

[87] *Seibert*, NVwZ 2018, 97 (98).

[88] OVG Berlin, Urteil vom 22.08.2018 – 11 S 10/18, juris Rn. 4.

[89] OVG Lüneburg, Beschluss vom 23.11.2021 – 1 LA 160/19, ZUR 2022, 165 (165 f.); *Mager*, EurUP 2018, 50 (53); *Remmert*, VBlBW 2019, 181 (187).

Alleinige Voraussetzung ist, dass das in Rede stehende Vorhaben irgendeinen Umweltbezug aufweist, dem im Rahmen seiner Zulassung Bedeutung zukommt. Der Begriff der umweltbezogenen Rechtsvorschriften ist in § 1 Abs. 4 UmwRG legaldefiniert. Danach handelt es sich um Bestimmungen, die sich zum Schutz von Mensch und Umwelt auf den Zustand von Umweltbestandteilen im Sinne von § 2 Abs. 3 Nr. 1 UIG oder Faktoren im Sinne von § 2 Abs. 3 Nr. 2 UIG beziehen. Im Zweifel ist der Umweltbezug danach weit auszulegen.[90] Das zeigt sich schon daran, dass auch § 2 Abs. 3 UIG in seinen Nr. 1 und 2 keine abschließende Aufzählung der Umweltbestandteile und Faktoren vornimmt („wie"). Im Umweltinformationsrecht setzt die Rechtsprechung zudem keinen *unmittelbaren* Umweltbezug voraus.[91] Einen hinreichenden Umweltbezug weisen damit nicht nur alle Vorschriften auf, die dem Umweltschutz dienen,[92] indem sie diesen unmittelbar oder mittelbar fördern oder verbessern.[93] Entscheidender Faktor ist allein, ob sich die betreffende Rechtsvorschrift in irgendeiner Weise auf die Umwelt bezieht.[94] Auch umweltbezogene Verwaltungsverfahrensvorschriften sind erfasst.[95] Wenn Umweltbelange nur im Rahmen der Auslegung eines Gesetzes, bei der Ausfüllung unbestimmter Rechtsbegriffe oder in einer Abwägungs- oder Ermessensentscheidung zu berücksichtigen sind, liegt ebenfalls ein hinreichender Umweltbezug vor.[96]

---

[90] *Seibert*, NVwZ 2018, 97 (98); *Schlacke*, EurUP 2018, 127 (135); *dies.*, in: Gärditz, VwGO, § 1 UmwRG Rn. 85; *Happ*, in: Eyermann, VwGO, § 1 UmwRG Rn. 32; *Fellenberg/ Schiller*, in: Landmann/Rohmer, Umweltrecht, § 1 UmwRG Rn. 160.

[91] BVerwG, Urteil vom 21.02.2008 – 4 C 13/07, BVerwGE 130, 223 Rn. 13; BVerwG, Urteil vom 08.05.2019 – 7 C 28/17, NVwZ 2019, 1514 Rn. 17; OVG Lüneburg, Urteil vom 27.02. 2018 – 2 LC 58/17, juris Rn. 32; *Ruttloff*, NVwZ 2019, 1518 (1519); *Reidt/Schiller*, in: Landmann/Rohmer, Umweltrecht, § 2 UIG Rn. 31.

[92] Diese Voraussetzung sah § 2 Abs. 1 Satz 1 Nr. 1 UmwRG in der bis zum 01.06.2017 gültigen Fassung vor.

[93] Hierzu: *Ziekow*, NVwZ 2007, 259 (262); *Kment*, NVwZ 2007, 274 (275); *Schlacke*, NuR 2007, 8 (11); *Gellermann*, DVBl. 2013, 1341 (1343). Der Gesetzgeber nimmt in der Gesetzesbegründung zu § 1 UmwRG Bezug auf die Spruchpraxis des Aarhus Convention Compliance Committee, vgl. BT-Drs. 18/9526, S. 32 – hier Verweis auf *Ebbesson u. a.*, The Aarhus Convention – An Implementation Guide, Second Edition 2014, S. 197 unter Bezugnahme auf die Fälle ACCC/C/2005/11 (Belgien) und ACCC/C/2011/58 (Bulgarien).

[94] Zustimmend: *Guckelberger*, NuR 2020, 505 (506). Vgl. auch VGH München, Beschluss vom 11.04.2018, 2 CS 18/198, NuR 2019, 483 Rn. 8, wonach etwa auch Vorschriften aus dem BauGB erfasst sein können. Ebenso: VG Hannover, Beschluss vom 28.03.2019, 4 B 5526/18, juris Rn. 71; VG Köln, Beschluss vom 18.04.2019, 2 L 557/19, juris Rn. 26.

[95] OVG Münster, Urteil vom 06.05.2014 – 2 D 14/13.NE, NuR 2015, 337 (338 f.); VGH Mannheim, Beschluss vom 05.09.2016 – 11 S 1255/14, UPR 2017, 150 (154); VGH München, Beschluss vom 05.04.2019 – 22 CS 18/2572 u. a., ZUR 2019, 491 Rn. 63; *Schlacke*, EurUP 2018, 127 (135); *Guckelberger*, NuR 2020, 505 (506); *Berkemann*, DVBl. 2020, 1 (4 f.).

[96] *Schieferdecker*, in: Beckmann/Kment, UVPG/UmwRG, § 1 UmwRG Rn. 123; *Fellen-*

Obwohl § 4 Abs. 1b Satz 1 UmwRG explizit auf § 1 Abs. 1 Satz 1 Nr. 5 UmwRG Bezug nimmt, wird im Schrifttum die Heilbarkeit von Verfahrensfehlern
bei diesem Entscheidungstypus mit beachtlichen Argumenten in Frage gestellt.[97]
§ 4 Abs. 5 UmwRG regelt nämlich, dass für Rechtsbehelfe gegen Entscheidungen im Sinne des § 1 Abs. 1 Satz 1 Nr. 3, 5 oder 6 UmwRG bei Verfahrensfehlern
die jeweiligen fachrechtlichen Regelungen und das VwVfG „gelten". Dies lässt
sich zwar auch als Klarstellung der kumulativen Geltung dieser Fehlerfolgenvor-
schriften interpretieren; hierfür wäre aber die Formulierung „bleiben unberührt",
wie sie auch in § 4 Abs. 1b Satz 2 UmwRG verwendet wird, typisch und näher-
liegend gewesen. Überaus deutlich heißt es in der Gesetzesbegründung zudem:

> „Absatz 5 stellt klar, dass § 4 UmwRG keine Regelung über die Rechtsfolgen von Verfahrens-
> fehlern bei Entscheidungen nach § 1 Absatz 1 Nummer 3, 5 und 6 trifft. Die Absätze 1 bis 4
> finden insoweit keine Anwendung. Für Verfahrensfehler gelten vielmehr die jeweils einschlä-
> gigen fachrechtlichen Vorschriften sowie die Regelungen der Verwaltungsverfahrensgesetze
> des Bundes und der Länder."[98]

Der Heilungstatbestand des § 4 Abs. 1b Satz 1 UmwRG gelangte auf Empfehlung des Ausschusses für Umwelt, Naturschutz, Bau und Reaktorsicherheit in
den Gesetzesentwurf. Dieser schlug die Ergänzung erst am Vortag der Abstim-
mung im Bundestag vor und übernahm dabei im Wesentlichen den Wortlaut des
Entwurfs zu § 7 Abs. 5 Satz 1 UmwRG.[99] Daher scheint es möglich, dass Nr. 5
ungewollt übernommen wurde. Neben der Entstehungsgeschichte spricht auch
die Systematik des § 4 UmwRG, der sich im Übrigen ausschließlich auf Entscheidungen nach § 1 Abs. 1 Satz 1 Nr. 1 bis 2b UmwRG (also nicht auf Entscheidungen nach Nr. 5) bezieht, für ein redaktionelles Versehen des Gesetzgebers.[100] Andere Autoren gehen hingegen davon aus, dass es sich bei der Bezugnahme in § 4 Abs. 1b Satz 1 UmwRG auf Entscheidungen nach Nr. 5 um eine
Rückausnahme handele.[101] Dafür ließe sich anbringen, dass der Gesetzgeber, der
ausweislich der Gesetzesbegründung eine Parallelregelung zu § 75 Abs. 1a

---

berg/Schiller, in: Landmann/Rohmer, Umweltrecht, § 1 UmwRG Rn. 163. Vgl. für das planungsrechtliche Abwägungsgebot etwa VGH Mannheim, Urteil vom 20.11.2018 – 5 S 2138/16,
juris Rn. 305.

[97] Vor allem *Kment,* in: Beckmann/Kment, UVPG/UmwRG, § 4 UmwRG Rn. 11. Jedenfalls
ohne Bezugnahme auf Entscheidungen nach Nr. 5: *Schlacke,* EurUP 2018, 127 (138); *dies.,*
NVwZ 2017, 905 (910); *dies.,* UPR 2016, 478 (486). Vgl. dem entgegengesetzt aber *Schlacke,*
in: Gärditz, VwGO, § 4 UmwRG Rn. 46.

[98] BT-Drs. 18/9526, S. 41.

[99] BT-Drs. 18/12146, S. 3, 16.

[100] *Kment,* in: Beckmann/Kment, UVPG/UmwRG, § 4 UmwRG Rn. 11. A.A. *Seibert,*
NVwZ 2018, 97 (98); *Fellenberg/Schiller,* in: Landmann/Rohmer, Umweltrecht, § 4 UmwRG
Rn. 121.

[101] *Fellenberg/Schiller,* in: Landmann/Rohmer, Umweltrecht, § 4 UmwRG Rn. 121.

Satz 2 VwVfG schaffen wollte, [102] die Heilung generell für Zulassungsentscheidungen ermöglichen wollte, für die aufgrund der diesen vorausgehenden, regelmäßig zeit- und ressourcenaufwendigen Verfahren ein erhöhtes Erhaltungsbedürfnis besteht. Bis zu einer höchstrichterlichen Klärung oder alternativ einer Klarstellung durch den Gesetzgeber kann hiernach jedenfalls nicht sicher angenommen werden, dass § 4 Abs. 1b Satz 1 UmwRG auch bei Entscheidungen nach Nr. 5 zur Anwendung kommt.[103]

Die Anwendung der Heilungsvorschriften auch auf kleinere Vorhaben privater Bauherren stößt inhaltlich auf Kritik. Anders als bei Projekten, die im Interesse der Allgemeinheit liegen, sei nicht ersichtlich, wieso für sämtliche Zulassungsentscheidungen mit Bezug zum Umweltrecht eine Privilegierung erfolgen solle und in anderen Bereichen nicht.[104]

B. Zeitlicher Anwendungsbereich

Bei der gesetzlichen Einführung des ergänzenden Verfahrens hatte der Gesetzgeber als „Normalfall" dessen Durchführung nach dem rechtskräftigen Abschluss eines Klageverfahrens vor Augen. Erkennbar ist dies anhand des Wortlauts der Heilungsbestimmungen, der voraussetzt, dass die der behördlichen Entscheidung anhaftenden Fehler im Zeitpunkt des gerichtlichen Urteils fortbestehen und diese nach § 113 Abs. 1 Satz 1 VwGO im Grundsatz aufzuheben wäre. Nur in diesem Fall stellt das Gericht stattdessen die Rechtswidrigkeit und Nichtvollziehbarkeit fest und wirft damit Fragen auf, die im Zusammenhang mit der Doppelten Rechtskraft relevant werden.

Erkennt die Behörde schon vorher Mängel oder erfolgt ein entsprechender Hinweis durch das Gericht, ist es ihr unbenommen, ein ergänzendes Verfahren bereits vor oder während eines gerichtlichen Prozesses durchzuführen. Diese Möglichkeit ist zwar gesetzlich nicht geregelt, sie wird aber in § 4 Abs. 1 Satz 1 Nr. 1 bis 3 UmwRG gleich mehrfach vorausgesetzt,[105] und insgesamt als zulässig angesehen.[106] Gleiches gilt, wenn die Behörde Defizite nur vermutet. Das tatsäch-

---

[102] BT-Drs. 18/12146, S. 16.

[103] Die Verwaltungsgerichte und Oberverwaltungsgerichte lassen ein ergänzendes Verfahren für Entscheidungen nach § 1 Abs. 1 Satz 1 Nr. 5 UmwRG zu, vgl. exemplarisch OVG Berlin, Urteil vom 22.08.2018 – 11 S 10/18, juris Rn. 4; OVG Lüneburg, Beschluss vom 23.11.2021 – 1 LA 160/19, ZUR 2022, 165 (165 f.).

[104] So insbesondere: *Seibert*, NVwZ 2018, 97 (104); *Remmert*, VBlBW 2019, 181 (187).

[105] *Kment*, in: Beckmann/Kment, UVPG/UmwRG, § 4 UmwRG Rn. 32; *Fellenberg/Schiller*, in: Landmann/Rohmer, Umweltrecht, § 4 Rn. 99.

[106] BVerwG, Urteil vom 12.03.2008 – 9 A 3/06, BVerwGE 130, 299 Rn. 31; BVerwG, Beschluss vom 08.05.2018 – 9 A 12/17, DVBl. 2018, 1232 Rn. 6; OVG Lüneburg, Urteil vom 16.09.2004 – 7 LB 371/01, NuR 2005, 119 (120); OVG Münster, Urteil vom 09.12.2009 –

liche Vorliegen eines Mangels ist keine Voraussetzung für die Einleitung eines ergänzenden Verfahrens.[107] Wären die Behörde und der Vorhabenträger gezwungen, einen vorherigen negativen Verfahrensausgang abzuwarten, würde dies einen reinen Formalismus darstellen.[108] Ist ein Mangel heilbar, dürfte eine stattdessen erfolgende Rücknahme nach § 48 VwVfG durch die Behörde aufgrund des in den Heilungsbestimmungen zur Geltung kommenden allgemeinen Grundsatzes der Planerhaltung auch unverhältnismäßig sein.[109] Zu einer bloßen Optimierung eines Planfeststellungsbeschlusses ermächtigen die Heilungsbestimmungen allerdings nicht. Die Möglichkeit, ohne einen tatsächlichen oder vermuteten Fehler das Abwägungsergebnis zu verändern, soll daher nur bestehen, wenn die Voraussetzungen für eine behördliche Aufhebung nach §§ 48, 49 VwVfG vorliegen.[110]

Geht es der Behörde zumindest auch um die Behebung von Verfahrensfehlern, kann das Gericht gemäß § 4 Abs. 1b Satz 3 UmwRG auf Antrag ein laufendes gerichtliches Verfahren für das ergänzende Verfahren aussetzen, soweit dies im Sinne der Verfahrenskonzentration sachdienlich ist.[111] In zeitlicher Hinsicht kommt eine Heilung von Verfahrensfehlern bis zum Abschluss der letzten Tatsacheninstanz in Betracht (§ 4 Abs. 1b Satz 2 UmwRG in Verbindung mit § 45 Abs. 2 VwVfG).[112]

Der Aufhebungsanspruch aus § 113 Abs. 1 Satz 1 VwGO bedarf in diesen Fällen keiner Modifizierung durch Regelungen des Sonderverwaltungsprozessrechts. Vielmehr ist er mangels Rechtswidrigkeit schon tatbestandlich ausgeschlossen. Eine entsprechende Klage ist vollständig unbegründet. Zur Vermeidung einer Kostentragung muss der Kläger den Rechtsstreit für erledigt erklären.[113]

---

8 D 12/08.AK, NuR 2010, 583 (585); *Jarass*, in: Gedächtnisschrift Tettinger, 2007, S. 465 (472 f.); *ders.*, DVBl. 1997, 795 (802); *Palme*, NVwZ 2006, 909 (910); *Fischer*, in: Ziekow, Handbuch des Fachplanungsrechts, § 3 Rn. 219; *Masing/Schiller*, in: Obermayer/Funke-Kaiser, VwVfG, § 75 Rn. 18; *Neumann/Külpmann*, in: Stelkens/Bonk/Sachs, VwVfG, § 75 Rn. 45 f.; *Schink*, in: Knack/Henneke, VwVfG, § 75 Rn. 42. Kritisch, aber im Ergebnis ebenso: *Rubel*, DVBl. 2019, 600 (603). Abweichend: *Ziekow*, VerwArch 99 (2008), 559 (582), der es für erforderlich hält, dass der Fehler klageweise geltend gemacht wird.

[107] So ausdrücklich: *Jarass*, in: Gedächtnisschrift Tettinger, 2007, S. 465 (473); *Deutsch*, in: Mann/Sennekamp/Uechtritz, VwVfG, § 75 Rn. 131.

[108] *Palme*, NVwZ 2006, 909 (910).

[109] Vgl. BVerwG, Urteil vom 31.07.2012 – 4 A 7001/11 u. a., NVwZ 2013, 297 Rn. 24.

[110] *Ziekow*, VerwArch 99 (2008), 559 (584); *Deutsch*, in: Mann/Sennekamp/Uechtritz, VwVfG, § 75 Rn. 132.

[111] So BVerwG, Beschluss vom 08.05.2018 – 9 A 12/17, DVBl. 2018, 1232 Rn. 7; BVerwG, Beschluss vom 24.11.2020 – 9 A 4/20, juris Rn. 1–5.

[112] Anders ist die Rechtslage in Nordrhein-Westfalen, da der im Zuständigkeitsbereich der Landesbehörden vorrangige § 45 Abs. 2 VwVfG NRW eine Heilung nur bis zum Abschluss der ersten gerichtlichen Tatsacheninstanz erlaubt.

[113] Hierzu unter § 10 E. und unter § 11 A.I.

C. Personeller Anwendungsbereich

In persönlicher Hinsicht kommt ein ergänzendes Verfahren sowohl bei Klagen anerkannter Umwelt- und Naturschutzvereinigungen als auch bei Individualklagen von privaten Betroffenen oder in ihren Rechten berührten Kommunen in Betracht.[114] Dies lässt sich daran erkennen, dass der Wortlaut des § 75 Abs. 1a Satz 1 VwVfG sowie der §§ 4 Abs. 1b Satz 1 und 7 Abs. 5 Satz 1 UmwRG keine personellen Einschränkungen vorsieht. Für § 7 Abs. 5 Satz 1 UmwRG ergibt sich dies zudem ausdrücklich aus § 7 Abs. 6 UmwRG.[115]

§ 5 Voraussetzungen des ergänzenden Verfahrens

Im Anwendungsbereich der Heilungsvorschriften kommt es abweichend von § 113 Abs. 1 Satz 1 VwGO bei einer Verletzung des geltenden Rechts nur dann zur Aufhebung der behördlichen Entscheidung, wenn sich der Fehler nicht nachträglich beheben lässt. Letzteres ist der Fall, wenn es sich um einen prinzipiell heilbaren Fehler handelt (hierzu unter A.), im Einzelfall die konkrete Möglichkeit einer Fehlerbehebung besteht (hierzu unter B.) und die Grenzen des ergänzenden Verfahrens nicht überschritten werden (hierzu unter C.).

A. Prinzipiell heilbare Fehler

Bei Planfeststellungsbeschlüssen ist zwischen Abwägungsfehlern, Verstößen gegen striktes materielles Recht und Verfahrensfehlern zu unterscheiden, die nach Maßgabe von § 75 Abs. 1a Satz 2 VwVfG durch ein ergänzendes Verfahren behoben werden können. Im UmwRG existieren mit § 4 Abs. 1b Satz 1 UmwRG und § 7 Abs. 5 Satz 1 UmwRG getrennte Regelungen für Verfahrensfehler und materiell-rechtliche Fehler.

I. Erhebliche Fehler im Abwägungsvorgang

§ 75 Abs. 1a Satz 2, 1. Alt. VwVfG gestattet die Heilung erheblicher Abwägungsfehler in einem Planfeststellungsbeschluss. Zu unterscheiden ist zwischen Mängeln im Abwägungsergebnis und Mängeln im Abwägungsvorgang:

---

[114] Zu § 4 Abs. 1b Satz 1 UmwRG: *Fellenberg/Schiller*, in: Landmann/Rohmer, Umweltrecht, § 4 UmwRG Rn. 84. Mit Blick auf § 7 Abs. 5 Satz 1 UmwRG: *Schlacke*, NVwZ 2017, 905 (912); *Fellenberg/Schiller*, in: Landmann/Rohmer, Umweltrecht, § 7 UmwRG Rn. 88.

[115] *Fellenberg/Schiller*, in: Landmann/Rohmer, Umweltrecht, § 7 UmwRG Rn. 88.

Bei dem Abwägungsergebnis handelt es sich um den durch die Abwägung gewonnenen Regelungsinhalt einer Planungsentscheidung.[116] Mängel sind hier stets relevant, weil sie den Regelungsinhalt beeinflussen.[117] Sie werden über eine Planergänzung behoben.[118]

Demgegenüber umfasst der Abwägungsvorgang alle Schritte der Abwägung, die zu dem Abwägungsergebnis führen.[119] Dazu gehören vor allem die korrekte Ermittlung, Einstellung, Bewertung und Gewichtung abwägungsrelevanter Belange sowie die Prüfung von Alternativen.[120] Unterlaufen hierbei Fehler, kommt eine Heilung durch ergänzendes Verfahren in Betracht, die sich gewiss auch auf das Abwägungsergebnis auswirken kann.[121] Einer nachträglichen Korrektur bedarf es allerdings nur, wenn die Fehler auch erheblich sind. Andernfalls bleiben sie vom Gericht unberücksichtigt (§ 75 Abs. 1a Satz 1 VwVfG). Erheblichkeit ist gemäß § 75 Abs. 1a Satz 1 VwVfG anzunehmen, wenn ein Mangel offensichtlich und auf das Abwägungsergebnis von Einfluss gewesen ist.

Offensichtlich ist ein Mangel, wenn er die „äußere Seite" des Abwägungsvorgangs betrifft. Dies ist jedenfalls der Fall, wenn er auf objektiven Umständen beruht, und sich feststellen lässt, ohne dass es einer Ausforschung der Planungsvorstellungen oder Motive der Entscheidungsträger bedarf.[122] In Betracht kommen vor allem Mängel, die sich aus den Unterlagen – etwa Akten, Protokollen, Entwurfs- oder Planbegründungen – ergeben.[123] Mängel der „inneren Seite" des

---

[116] *Hoppe/Schlarmann/Buchner/Deutsch*, Rechtsschutz bei der Planung von Verkehrsanlagen und anderen Infrastrukturvorhaben, Rn. 1043; *Deutsch*, in: Mann/Sennekamp/Uechtritz, VwVfG, § 75 Rn. 114.

[117] *Deutsch*, in: Mann/Sennekamp/Uechtritz, VwVfG, § 75 Rn. 114.

[118] Dazu anschaulich: *Hildebrandt*, Der Planergänzungsanspruch, 1999, S. 52–56.

[119] *Hoppe/Schlarmann/Buchner/Deutsch*, Rechtsschutz bei der Planung von Verkehrsanlagen und anderen Infrastrukturvorhaben, Rn. 1043.

[120] *Neumann/Külpmann*, in: Stelkens/Bonk/Sachs, VwVfG, § 74 Rn. 54–56. Ausführlich zum Abwägungsvorgang: *Steinberg/Wickel/Müller*, Fachplanung, § 3 Rn. 117–125.

[121] So ausdrücklich: *Hildebrandt*, Der Planergänzungsanspruch, 1999, S. 86; *Schulze/Stüer*, ZfW 1996, 269 (276); *Stüer*, DVBl. 1997, 326 (331); *Henke*, UPR 1999, 51 (53); *Ziekow*, VerwArch 99 (2008), 559 (584). Vgl. exemplarisch: BVerwG, Urteil vom 08.01.2014 – 9 A 4/13, BVerwGE 149, 31 Rn. 112 ff.; BVerwG, Urteil vom 11.08.2017, 7 A 1/15, BVerwGE 156, 20 Rn. 170–173.

[122] BVerwG, Urteil vom 31.07.2012 – 4 A 5000/10 u. a., BVerwGE 144, 1 Rn. 98; BVerwG, Beschluss vom 10.03.2016 – 4 B 7/16, DVBl. 2016, 710 Rn. 6; *Storost*, NVwZ 1998, 797 (801). A.A. *Gaentzsch*, UPR 2001, 201 (205), der vorschlägt, die Offensichtlichkeit nicht als eigenständige Voraussetzung zu verstehen, sondern – wie bei § 46 VwVfG – auf die Kausalität zu beziehen.

[123] BVerwG, Urteil vom 31.07.2012 – 4 A 5000/10 u. a., BVerwGE 144, 1 Rn. 98; *Neumann/Külpmann*, in: Stelkens/Bonk/Sachs, VwVfG, § 75 Rn. 40.

Abwägungsvorgangs sind hingegen nur offensichtlich, soweit sie in den Unterlagen dokumentiert worden sind.[124]

Für die Ergebnisrelevanz genügt es, dass sich der Fehler auf das Ergebnis der planerischen Entscheidung ausgewirkt haben kann. Nach Maßgabe der Rechtsprechung des Bundesverwaltungsgerichts muss die konkrete Möglichkeit bestehen, dass die Entscheidung ohne den Fehler anders ausgefallen wäre.[125] Hierfür bedarf es keines Kausalitätsnachweises; zugleich genügt die rein abstrakte Möglichkeit eines anderen Ausgangs der Abwägung nicht.[126] Die lange Zeit geübte Spruchpraxis, nach der von der konkreten Möglichkeit einer anderen Entscheidung erst auszugehen war, wenn sich anhand der Unterlagen nachweisbare konkrete Anhaltspunkte für eine andere Entscheidung abzeichneten,[127] hat seit einer Entscheidung des Bundesverfassungsgerichts aus dem Jahr 2015[128] allerdings keinen weiteren Bestand. Vielmehr bedarf es nunmehr des Nachweises konkreter Anhaltspunkte dafür, dass die Planfeststellungsbehörde auch bei Vermeidung des Fehlers letztlich dieselbe Entscheidung getroffen hätte.[129] Dies dürfte auch der Rechtsprechung des Europäischen Gerichtshofs besser entsprechen.[130]

---

[124]   BVerwG, Urteil vom 21.08.1981 – 4 C 57/80, BVerwGE 64, 33 (38); *Kupfer*, in: Schoch/Schneider, VwVfG, § 75 Rn. 76; *Neumann/Külpmann*, in: Stelkens/Bonk/Sachs, VwVfG, § 75 Rn. 41.

[125]   BVerwG, 21.08.1981 – 4 C 57/80, BVerwGE 64, 33 (38 f.); BVerwG, Urteil vom 28.10.1998 – 11 A 3/98, BVerwGE 107, 350 (356); BVerwG, Beschluss vom 23.10.2014 – 9 B 29/14, NVwZ 2015, 79 Rn. 7; BVerwG, Urteil vom 19.02.2015 – 7 C 11/12, BVerwGE 151, 213 Rn. 45; BVerwG, Urteil vom 22.10.2015 – 7 C 15/13, NVwZ 2016, 308 Rn. 29.

[126]   BVerwG, Urteil vom 30.04.1984 – 4 C 58/81, BVerwGE 69, 256 (269 f.); BVerwG, Urteil vom 21.03.1996 – 4 C 19/94, BVerwGE 100, 370 (379).

[127]   So etwa noch BVerwG, Urteil vom 21.08.1981 – 4 C 57/80, BVerwGE 64, 33 (39 f.); BVerwG, Beschluss vom 26.08.1998 – 11 VR 4/98, NVwZ 1999, 535 (538); BVerwG, Urteil vom 24.11.2011 – 9 A 23/10, BVerwGE 141, 171 Rn. 68. Ebenso: *Storost*, NVwZ 1998, 795 (802); *Bell/Rehak*, UPR 2004, 296 (300); *Ziekow*, VerwArch 99 (2008), 559 (583). A.A. *Kraft*, UPR 2003, 367 (372).

[128]   BVerfG, Beschluss vom 16.12.2015 – 1 BvR 685/12, DVBl. 2016, 307.

[129]   BVerfG, Beschluss vom 16.12.2015 – 1 BvR 685/12, DVBl. 2016, 307 Rn. 23. Zustimmend: *Rubel*, DVBl. 2019, 600 (602); *Kupfer*, in: Schoch/Schneider, VwVfG, § 75 Rn. 79. Dem trägt die Rechtsprechung seither Rechnung, vgl. BVerwG, Urteil vom 10.02.2016 – 9 A 1/15, BVerwGE 154, 153 Rn. 30; BVerwG, Urteil vom 14.03.2018 – 4 A 5/17, BVerwGE 161, 263 Rn. 105.

[130]   EuGH, Urteil vom 07.11.2013 – Rs. C-72/12, NVwZ 2014, 49 Rn. 52 f. (*Altrip*) – „…, *wenn das Gericht […] zu der Feststellung in der Lage ist, dass die angegriffene Entscheidung ohne den vom Rechtsbehelfsführer geltend gemachten Verfahrensfehler nicht anders ausgefallen wäre.*"

II. Materiell-rechtliche Fehler

Für Planfeststellungsbeschlüsse ist in der Rechtsprechung wie im Schrifttum inzwischen anerkannt, dass auch Verstöße gegen striktes materielles Recht in einem ergänzenden Verfahren behoben werden können.[131] Aus der Formulierung des § 75 Abs. 1a Satz 2 VwVfG ergibt sich dies nicht. Vielmehr knüpft das Bundesverwaltungsgericht insoweit an sein Vorgehen im ergänzenden Verfahren bei Bebauungsplänen an,[132] wobei allerdings die Heilungsvorschrift im Baurecht (§ 214 Abs. 4 BauGB) anders als § 75 Abs. 1a Satz 2 VwVfG ihrem Wortlaut nach nicht ausdrücklich auf Abwägungsmängel beschränkt ist. Für alle Entscheidungen, die dem Fehlerfolgenregime des UmwRG unterliegen, ist in § 7 Abs. 5 Satz 1 UmwRG ausdrücklich geregelt, dass das ergänzende Verfahren auch zur Heilung von Verstößen gegen materielle Rechtsvorschriften in Betracht kommt.

Ein Verstoß gegen materielles Recht ist in einem ergänzenden Verfahren zu bereinigen, wenn er aus Sicht des Gerichts zwar prinzipiell behebbar ist, das Ergebnis der Korrektur – in Abgrenzung zur Planergänzung – im Zeitpunkt des Urteils jedoch noch nicht feststeht.[133] Dies ist insbesondere dann der Fall, wenn die Behörde für die Fehlerbehebung weitere Ermittlungen anstellen, Informationen – etwa fachgutachterliche Stellungnahmen – einholen oder eine inhaltliche Neubewertung vornehmen muss.[134] Nach der Rechtsprechung des Bundesverwaltungsgerichts können Verstöße gegen zwingendes Recht auch dann durch ergänzendes Verfahren ausgeräumt werden, wenn die Heilung das Tätigwerden eines anderen Verwaltungsträgers in einem externen Verfahren voraussetzt.[135]

---

[131] BVerwG, Urteil vom 01.04.2004 – 4 C 2/03, BVerwGE 120, 276 (283); BVerwG, Urteil vom 06.11.2013 – 9 A 14/12, BVerwGE 148, 373 Rn. 153; BVerwG, Urteil vom 11.08.2016 – 7 A 1/15, BVerwGE 156, 20 Rn. 48; *Baumeister*, Der Beseitigungsanspruch als Fehlerfolge des rechtswidrigen Verwaltungsakts, 2006, S. 426; *Gaentzsch*, DVBl. 2000, 741 (747 f.); *Rubel*, DVBl. 2019, 600 (602); *Schütz*, in: Hermes/Sellner, AEG, § 18e Rn. 39; *Deutsch*, in: Mann/Sennekamp/Uechtritz, VwVfG, § 75 Rn. 125; *Riese*, in: Schoch/Schneider, VwGO, § 114 Rn. 231; *Wysk*, in: Kopp/Ramsauer, VwVfG, § 75 Rn. 30; *Masing/Schiller*, in: Obermayer/Funke, VwVfG, § 75 Rn. 18. A.A. ausdrücklich *Palme*, NVwZ 2006, 909 (911 f.); *Kupfer*, in: Schoch/Schneider, VwVfG, § 75 Rn. 81 f.

[132] Vgl. BVerwG, Urteil vom 27.10.2000 – 4 A 18/99, BVerwGE 112, 140 (164–166); BVerwG, Urteil vom 01.04.2004 – 4 C 2/03, BVerwGE 120, 276 (283 f.) unter Verweis auf BVerwG, Beschluss vom 20.05.2003 – 4 BN 57/02, DVBl. 2003, 1462 (1462) und BVerwG, Urteil vom 18.09.2003 – 4 CN 20/02, NVwZ 2004, 226 (228).

[133] *Deutsch*, in: Mann/Sennekamp/Uechtritz, VwVfG, § 75 Rn. 125.

[134] *Schulze/Stüer*, ZfW 1996, 269 (275); *Stüer*, DVBl. 1997, 326 (331); *Schütz*, UPR 2021, 418 (423).

[135] BVerwG, Urteil vom 01.04.2004 – 4 C 2/03, BVerwGE 120, 276 (283) – Erlass einer Naturschutzverordnung; BVerwG, Urteil vom 24.11.2010 – 9 A 13/09, NVwZ 2011, 680 Rn. 84 – Änderung eines Flächennutzungsplans. Zustimmend: *Schütz*, UPR 2021, 418 (419); *Neumann/Külpmann*, in: Stelkens/Bonk/Sachs, VwVfG, § 75 Rn. 38.

Beispielhaft kann etwa die naturschutzspezifische Abwägung gemäß § 15 Abs. 5 BNatschG bei Eingriffen in Natur und Landschaft Gegenstand eines ergänzenden Verfahrens sein.[136] Häufig werden Natura 2000-Verträglichkeitsuntersuchungen wiederholt, wenn zuvor die Erheblichkeit projektbedingter Beeinträchtigungen fehlerhaft verneint worden ist.[137] Weiterhin kann eine Abweichungsprüfung gemäß § 34 Abs. 3 bis 5 BNatSchG nachträglich erfolgen, wenn diese entweder vollständig unterblieben ist oder bei der Beurteilung der Abweichungsgründe, der Prüfung weniger beeinträchtigender Alternativen oder der Ermittlung von notwendigen Kohärenzsicherungsmaßnahmen Fehler unterlaufen sind.[138] Ein ergänzendes Verfahren kommt auch im Bereich des Artenschutzes vor – etwa wenn es um die korrekte Berücksichtigung von Schutz- und Vermeidungsmaßnahmen geht,[139] oder die Entscheidung über eine Ausnahme nach § 45 Abs. 7 BNatSchG nachträglich erfolgen soll.[140] Auch die Vereinbarkeit eines Vorhabens mit dem wasserrechtlichen Verschlechterungsverbot bzw. Verbesserungsgebot aus §§ 27, 47 WHG kann in einem ergänzenden Verfahren erstmals oder erneut überprüft werden.[141]

III. Verfahrensfehler

Verfahrensfehler, die nicht nach §§ 45, 46 VwVfG unbeachtlich sind, lassen sich im ergänzenden Verfahren korrigieren. Für Planfeststellungsbeschlüsse ergibt sich dies seit der Erweiterung durch das Planungsvereinheitlichungsgesetz[142] ausdrücklich aus § 75 Abs. 1a Satz 2 VwVfG. Diese Änderung wurde in Reak-

---

[136] BVerwG, Urteil vom 27.10.2000 – 9 A 12/10, BVerwGE 140, 149 Rn. 107–109; BVerwG, Urteil vom 09.06.2004 – 9 A 11/03, BVerwGE 121, 72 (80 f.); BVerwG, Urteil vom 17.01.2007 – 9 C 1/06, BVerwGE 128, 76 Rn. 10–13.

[137] Vgl. BVerwG, Urteil vom 17.01.2007 – 9 A 20/05, BVerwGE 128, 1 Rn. 35 ff.; BVerwG, Urteil vom 12.03.2008 – 9 A 3/06, BVerwGE 130, 299 Rn. 93 ff.; BVerwG, Urteil vom 11.08. 2016 – 7 A 1/15, BVerwGE 156, 20 Rn. 91; VGH München, Urteil vom 15.03.2021 – 8 A 18/ 40041, juris Rn. 67 ff. Eine gänzlich fehlende FFH-Verträglichkeitsprüfung wird indes als Verfahrensfehler eingestuft, vgl. BVerwG, Beschluss vom 13.06.2019 – 7 B 23/18, NVwZ 2019, 1611 Rn. 15.

[138] Vgl. BVerwG, Urteil vom 12.03.2008 – 9 A 3/06, BVerwGE 130, 299 Rn. 143 ff.; BVerwG, Urteil vom 11.08.2016 – 7 A 1/15, BVerwGE 156, 20 Rn. 103; OVG Lüneburg, Urteil vom 26.02.2020 – 12 LB 157/18, ZUR 2020, 549 (554).

[139] Vgl. OVG Lüneburg, Urteil vom 22.04.2016 – 7 KS 27/15, juris Rn. 343.

[140] BVerwG, Urteil vom 08.01.2014 – 9 A 4/13, juris Rn. 95 f., 102 (nicht abgedruckt in BVerwGE 149, 31–52).

[141] BVerwG, Urteil vom 09.11.2017 – 3 A 4/15, BVerwGE 160, 263 Rn. 90; BVerwG, Urteil vom 27.11.2018 – 9 A 8/17, BVerwGE 163, 380 Rn. 62; BVerwG, Urteil vom 30.11.2020 – 9 A 5/20, BVerwGE 170, 378 Rn. 33 ff., 48.

[142] Gesetz zur Verbesserung der Öffentlichkeitsbeteiligung und Vereinheitlichung von Planfeststellungsverfahren (PlVereinhG) vom 06.06.2013, BGBl. I, S. 1388.

tion auf die Rechtsprechung vorgenommen.[143] Bereits zuvor hatten indes einige Fachplanungsgesetze die Heilung von Verfahrens- und Formfehlern vorgesehen,[144] sodass sich die Rechtslage in diesen Bereichen nicht änderte. Für Entscheidungen im Anwendungsbereich des UmwRG ist die Heilung von Verfahrensfehlern in § 4 Abs. 1b Satz 1 UmwRG geregelt.

Einer Abgrenzung zur Heilung durch Planergänzung bedarf es bei Verfahrensfehlern nicht. Denn eine Planergänzung setzt voraus, dass die Behörde ihre Entscheidung auf Grundlage des vorhandenen Entscheidungsmaterials treffen kann, mithin also gerade keine Verfahrensschritte nachzuholen sind. Damit scheidet sie zur Behebung von Verfahrensfehlern aus.[145]

Inhaltlich wird zwischen absoluten und relativen Verfahrensfehlern differenziert.[146] Beide unterscheiden sich in den Folgen, die das Gesetz an sie knüpft: Während absolute Fehler im Grundsatz einen unbedingten Aufhebungsanspruch nach sich ziehen (hierzu unter 1.), kommt es bei relativen Fehlern auf deren Ergebniskausalität an (hierzu unter 2.). In Ansehung dessen, dass § 75 Abs. 1a Satz 2 VwVfG und § 4 Abs. 1b Satz 1 UmwRG ihrem Wortlaut nach jedoch nur eine Verletzung von Verfahrensvorschriften verlangen, ohne weiter zu differenzieren, werden beide Verfahrensfehlerarten als nachträglich heilbar eingestuft.[147]

---

[143] Die Anwendung des § 75 Abs. 1a Satz 2 VwVfG war auf beachtliche Fehler nach §§ 45, 46 VwVfG etwa verneint worden in BVerwG, Urteil vom 17.01.2007 – 9 C 1/06, BVerwGE 128, 76 Rn. 12; BVerwG, Beschluss vom 06.05.2008 – 9 B 64/07, NVwZ 2008, 795 Rn. 12. Vgl. auch die Gesetzesbegründung, BT-Drs. 13/3995, S. 10.

[144] Vgl. Aufzählung bei *Storost*, NVwZ 1998, 797 (800). In der Literatur wurde für alle anderen Planfeststellungsverfahren teilweise eine analoge Anwendung des § 75 Abs. 1a Satz 2 VwVfG befürwortet, vgl. *Jarass*, in: Gedächtnisschrift Tettinger, 2007, S. 465 (469); *Stüer*, NWVBl. 1998, 169 (176).

[145] *Schütz*, in: Hermes/Sellner, AEG, § 18e Rn. 37. Die Behebung eines Verfahrensfehlers durch Planergänzung wird teilweise für möglich gehalten, wenn eine rechtswidrig unterbliebene Beteiligung nur zur Ergänzung des Planfeststellungsbeschlusses um eine ganz konkrete Regelung hätte führen können (so *Deutsch*, in: Mann/Sennekamp/Uechtritz, VwVfG, § 75 Rn. 120).

[146] Die Bezeichnung bestimmter Fehler als „absolute" und anderer als „relative" Fehler findet sich nicht im Gesetz, sondern allein in der Gesetzesbegründung zum Gesetz zur Änderung des Umwelt-Rechtsbehelfsgesetzes zur Umsetzung des Urteils des EuGH vom 07.11.2013 in der Rechtssache C-72/12 vom 20.11.2015 (BGBl. I, S. 2069), BT-Drs. 18/5927, S. 9.

[147] BVerwG, Urteil vom 20.12.2011 – 9 A 31/10, BVerwGE 141, 282 Rn. 34; BVerwG, Urteil vom 08.01.2014 – 9 A 4/13, BVerwGE 149, 31 Rn. 27; *Seibert*, NVwZ 2018, 97 (98); *Rubel*, EurUP 2019, 386 (390); *Saurer*, NVwZ 2020, 1137 (1141); *Deutsch*, in: Mann/Sennekamp/Uechtritz, VwVfG, § 75 Rn. 116. Zweifelnd, aber i.E. ebenso: *Petz*, in: Faßbender/Köck, Querschnittsprobleme des Umwelt- und Planungsrechts – Rechtsschutz und Umweltprüfungen, 2019, S. 103 (112 f.). A. A. OVG Lüneburg, Urteil vom 26.08.2016 – 7 KS 41/13, DVBl. 2017, 199 (203). Generell zur gerichtlichen Kontrolle von Verfahrensvorschriften nach Maßgabe von § 4 UmwRG: *Seibert*, NVwZ 2019, 337; *Kment*, in: Beckmann/Kment, UVPG/UmwRG, § 4 UmwRG Rn. 18 ff.

1. Absolute Verfahrensfehler

Von besonderer Bedeutung ist die Heilung durch ergänzendes Verfahren für absolute Verfahrensfehler, weil deren Feststellung andernfalls stets die Beseitigung des Planfeststellungsbeschlusses zur Folge hätte. So bestimmt § 4 Abs. 1 UmwRG, dass die Aufhebung einer Entscheidung über die Zulässigkeit eines Vorhabens „verlangt werden [kann]", wenn einer der im Anschluss näher bezeichneten Verfahrensfehler vorliegt. Ein solcher Fehler führt mithin unabhängig von den in § 113 Abs. 1 Satz 1 VwGO und § 46 VwVfG geregelten Voraussetzungen im Grundsatz zur Beseitigung der behördlichen Entscheidung.[148] Dies gilt ausweislich der Einschränkung in Satz 1 allerdings nur für Entscheidungen über die Zulässigkeit eines Vorhabens nach § 1 Abs. 1 Satz 1 Nr. 1 bis 2b UmwRG.

Einen absoluten Verfahrensfehler stellt zunächst eine rechtswidrig unterbliebene Umweltverträglichkeitsprüfung dar (§ 4 Abs. 1 Satz 1 Nr. 1 lit. a) UmwRG). Das Fehlen bloß einzelner Teile oder die Fehlerhaftigkeit der Prüfung genügen hingegen nicht.[149] Ein absoluter Fehler ist auch zu verneinen, wenn die UVP-Pflichtigkeit zwar zu Unrecht verkannt wird, die einzelnen Schritte der Prüfung aber dennoch – sei es freiwillig oder in Unkenntnis dessen – im Wesentlichen abgearbeitet werden.[150] Weiterhin ist ein absoluter Fehler ausgeschlossen, wenn das Erfordernis einer Umweltverträglichkeitsprüfung aufgrund einer nachträglichen Verkleinerung des Vorhabens (z. B. bei Verzicht oder Teilablehnung) entfällt.[151]

Weitere absolute, aber zugleich heilbare Verfahrensfehler stellen die fehlende bzw. mangelhafte Vorprüfung des Einzelfalls gemäß § 7 UVPG (§ 4 Abs. 1 Satz 1 Nr. 1 lit. b) bzw. Satz 2 UmwRG) und die unterbliebene Öffentlichkeitsbeteiligung nach § 18 UVPG oder § 10 BImSchG (§ 4 Abs. 1 Satz 1 Nr. 2 UmwRG) dar. § 4 Abs. 1 Satz 1 Nr. 3 UmwRG enthält eine Auffangnorm, nach der auch andere Verfahrensfehler die Aufhebung der Entscheidung erforderlich machen können (unbenannte Verfahrensfehler), soweit keine Heilung in Betracht kommt.[152]

---

[148] BVerwG, Urteil vom 21.01.2015 – 4 A 5/14, BVerwGE 154, 73 Rn. 41.

[149] So ausdrücklich: BT-Drs. 17/10957, S. 17. Vgl. auch *Kment*, in: Beckmann/Kment, UVPG/UmwRG, § 4 UmwRG Rn. 21; *Fellenberg/Schiller*, in: Landmann/Rohmer, Umweltrecht, § 4 UmwRG Rn. 26.

[150] OVG Koblenz, Urteil vom 02.03.2018 – 1 B 11809/17, NVwZ-RR 2018, 647 Rn. 13; OVG Münster, Urteil vom 08.06.2018 – 20 D 81/15.AK, juris Rn. 442 f. Vgl. dementsprechend bereits EuGH, Urteil vom 11.08.1995, Rs. C-431/92, NVwZ 1996, 369 Rn. 41 ff. und *Ziekow*, NVwZ 2007, 259 (265).

[151] OVG Münster, Beschluss vom 19.10.2017 – 8 B 1113/17, ZNER 2017, 523 (524 f.) (Verzicht); VGH München, Beschluss vom 12.09.2016 – 22 ZB 16/786, ZUR 2017, 106 Rn. 12 f. (Teilablehnung).

[152] Ausführlich zu den absoluten Verfahrensfehlern etwa *Seibert*, NVwZ 2019, 337 (337–340); *Kment*, in: Beckmann/Kment, UVPG/UmwRG, § 4 UmwRG Rn. 19 ff.; *Fellenberg/Schiller*, in: Landmann/Rohmer, Umweltrecht, § 4 UmwRG Rn. 24 ff.

2. Relative Verfahrensfehler

Als relative Verfahrensfehler werden all diejenigen Verfahrensfehler bezeichnet, die nicht unter § 4 Abs. 1 UmwRG fallen.[153] Anders als für absolute Verfahrensfehler gilt für sie gemäß § 4 Abs. 1a Satz 1 UmwRG die Unbeachtlichkeitsregelung des § 46 VwVfG.[154] Danach begründet ein Verfahrensfehler keinen Aufhebungsanspruch, wenn offensichtlich ist, dass er die Entscheidung in der Sache nicht beeinflusst hat. Folgerichtig ist in diesen Fällen auch keine Heilung erforderlich.

Ebenso wie bei § 75 Abs. 1a Satz 1 VwVfG[155] soll ein Mangel unbeachtlich sein, wenn nicht die konkrete Möglichkeit besteht, dass die angefochtene Entscheidung ohne ihn anders ausgefallen wäre.[156] Das Bundesverwaltungsgericht gab diesbezüglich in der Vergangenheit einen strengen Maßstab vor. Es war Sache des Klägers, substantiiert vorzutragen, dass bei ordnungsgemäßem Vorgehen der Behörde eine andere Sachentscheidung getroffen worden wäre. Wenn ihm dies nicht gelang, ging dies zu seinem Nachteil.[157] Dem Ausnahmecharakter des § 46 VwVfG und der damit notwendigen engen Auslegung besser gerecht wird die Auffassung, nach der ein Fehler nur unbeachtlich ist, wenn konkrete Anhaltspunkte dafür nachweisbar sind, dass trotz des Fehlers die gleiche Entscheidung getroffen worden ist.[158] Dieser im planungsrechtlichen Kontext durch das Bundesverfassungsgericht vorgegebene Maßstab wird inzwischen auch für § 46 VwVfG angewendet.[159] Dies dürfte auch der Auffassung des Europäischen Gerichtshofs entsprechen.[160] Im Anschluss an dessen *Altrip*-Entscheidung[161] sieht § 4 Abs. 1a Satz 2 UmwRG inzwischen eine ausdrückliche Beweislastumkehr

---

[153] BVerwG, Urteil vom 11.08.2016 – 7 A 1/15, BVerwGE 156, 20 Rn. 41.

[154] Kritisch zu § 4 Abs. 1a UmwRG: *Külpmann*, DVBl. 2019, 140 (143).

[155] Hierzu unter § 5 A.I.

[156] BVerwG, Urteil vom 05.12.1986 – 4 C 13/85, BVerwGE 75, 214 (228); BVerwG, Beschluss vom 10.01.2012 – 7 C 20/11, NVwZ 2012, 448 Rn. 39; BVerwG, Beschluss vom 21.06.2016 – 9 B 65/15, NVwZ 2016, 1257 Rn. 5.

[157] BVerwG, Urteil vom 25.01.1996 – 4 C 5/95, BVerwGE 100, 238 (251 f.); BVerwG, Urteil vom 18.11.2004 – 4 CN 11/03, BVerwGE 122, 207 (213); BVerwG, Urteil vom 13.12.2007 – 4 C 9/06, BVerwGE 130, 83 Rn. 39.

[158] *Schlacke*, UPR 2016, 478 (481); *Seibert*, NVwZ 2019, 337 (344); *Gärditz*, NVwZ 2014, 1 (2); *Kment*, in: Beckmann/Kment, UVPG/UmwRG, § 4 UmwRG Rn. 29.

[159] BVerfG, Beschluss vom 16.12.2015 – 1 BvR 685/12, DVBl. 2016, 307 Rn. 23. Dem folgend: BVerwG, Beschluss vom 21.06.2016 – 9 B 65/15, NVwZ 2016, 1257 Rn. 5. Hierzu *Bick*, jurisPR-BVerwG 16/2016 Anm. 3; *Stüer*, DVBl. 2016, 1121.

[160] EuGH, Urteil vom 07.11.2013 – Rs. C-72/12, NVwZ 2014, 49 Rn. 52 f. – „..., *dass die angegriffene Entscheidung ohne den vom Rechtsbehelfsführer geltend gemachten Verfahrensfehler nicht anders ausgefallen wäre.*"

[161] EuGH, Urteil vom 07.11.2013 – Rs. C-72/12, NVwZ 2014, 49.

vor: Sieht sich das Gericht trotz Ausschöpfung aller verfügbaren Erkenntnismöglichkeiten nicht in der Lage, aufzuklären, ob ein Verfahrensfehler die Entscheidung in der Sache beeinflusst hat, wird eine Beeinflussung vermutet.[162]

Ein relativer Verfahrensfehler führt in der Praxis nur selten zur Aufhebung, weil einer nachträglichen Behebung kaum Grenzen gesetzt sind.[163] Im ergänzenden Verfahren sind etwa vereinzelte Fehler bei der Umweltverträglichkeitsprüfung einer Korrektur zugänglich.[164] Nachholbar ist weiterhin die unterlassene Beteiligung von Kommunen oder Umweltvereinigungen.[165] Auch die Einholung einer Stellungnahme durch die Europäische Kommission nach § 34 Abs. 4 BNatSchG im Abweichungsverfahren kann prinzipiell nachträglich erfolgen.[166]

B. Konkrete Möglichkeit der Heilung

Bei Feststellung eines prinzipiell heilbaren Fehlers muss gleichwohl auch im Einzelfall die konkrete Möglichkeit bestehen, dass sich der Fehler nachträglich korrigieren lässt.[167] Nach ständiger Rechtsprechung ist dafür ausreichend, dass die Korrektur nicht von vornherein ausgeschlossen erscheint.[168] Dafür muss sich insbesondere die Möglichkeit abzeichnen, dass sich der Mangel in absehbarer Zeit beseitigen lässt. Steht im Zeitpunkt der gerichtlichen Entscheidung hingegen fest, dass eine Beseitigung des Mangels aus tatsächlichen oder rechtlichen Gründen auf unabsehbare Zeit nicht in Betracht kommt, bleibt für eine Fehlerbehebung durch ergänzendes Verfahren kein Raum.[169] Dies ist etwa anzunehmen, wenn die

---

[162] Hierzu: *Kment/Lorenz*, EurUP 2016, 47 (53 f.).

[163] Vgl. etwa BVerwG, Urteil vom 08.01.2014 – 9 A 4/13, BVerwGE 149, 31 Rn. 22–24; BVerwG, Urteil vom 28.04.2016 – 9 A 9/15, BVerwGE 155, 91 Rn. 38 f.

[164] BVerwG, Urteil vom 21.01.2016 – 4 A 5/14, BVerwGE 154, 73 Rn. 31–34; BVerwG, Urteil vom 11.08.2016 – 7 A 1/15, BVerwGE 156, 20 Rn. 48; OVG Münster, Urteil vom 20.12. 2018 – 8 A 2971/17, BauR 2019, 1598 (1604).

[165] BVerwG, Urteil vom 12.12.1996 – 4 C 19/95, BVerwGE 102, 358 (364 f.); BVerwG, Urteil vom 28.04.2016 – 9 A 9/15, BVerwGE 155, 91 Rn. 28–39; BVerwG, Urteil vom 09.11. 2017 – 3 A 4/15, BVerwGE 160, 263 Rn. 30 f.

[166] BVerwG, Urteil vom 17.01.2007 – 9 A 20/05, BVerwGE 128, 1 Rn. 19; BVerwG, Urteil vom 04.06.2020 – 7 A 1/18, Buchholz 406.403 § 34 BNatSchG 2010 Nr. 18 Rn. 14.

[167] Grundlegend: BVerwG, Urteil vom 21.03.1996, 4 C 19/94, BVerwGE 100, 370 (373). Zustimmend: *Seibert*, NVwZ 2018, 97 (100). A.A. *Baumeister*, Der Beseitigungsanspruch als Fehlerfolge des rechtswidrigen Verwaltungsaktes, 2006, S. 422, der „nach dem Gesetz" eine abstrakte Möglichkeit für ausreichend hält.

[168] BVerwG, Urteil vom 27.10.2000 – 4 A 18/99, BVerwGE 112, 140 (166); BVerwG, Urteil vom 17.05.2002 – 4 A 28/01, BVerwGE 116, 254 (268); BVerwG, Urteil vom 20.01.2004, 4 B 112/03, DVBl. 2004, 648 (649). Zu § 215a Abs. 1 Satz 1 BauGB a. F.: BVerwG, Urteil vom 18.09.2003 – 4 CN 20/02, NVwZ 2000, 226 (228).

[169] BVerwG, Urteil vom 20.01.2004, 4 B 112/03, DVBl. 2004, 648 (649). Vgl. auch

Behebung von Verfahrensfehlern im konkreten Einzelfall voraussichtlich zu unlösbaren Konflikten mit zwingendem materiellem Recht führen würde.[170]

Überwiegend wahrscheinlich oder gewiss muss die Heilbarkeit nicht sein.[171] Für das Gericht ist eine Prognoseentscheidung naturgemäß mit Unsicherheiten verbunden. Es ist daher nicht seine Aufgabe, eine Wahrscheinlichkeitsprognose über den Ausgang eines ergänzenden Verfahrens anzustellen. Dies würde im Einzelfall zu einer Überforderung führen.[172] Auch würde dies den Interessen der Verfahrensbeteiligten nicht besser gerecht. Auf der einen Seite werden Behörde und Vorhabenträger nicht zur Heilung gezwungen; sie erhalten lediglich die Möglichkeit, den Fehler zu beheben.[173] Auf der anderen Seite ist der Kläger auch dann hinreichend geschützt, wenn eine Heilung nicht überwiegend wahrscheinlich ist, weil die rechtswidrige, aber nicht vollziehbare Zulassungsentscheidung ebenso wie im Falle ihrer Aufhebung nicht in seine Rechte eingreifen kann. Die bloße Möglichkeit einer Heilung berührt ihn nicht mehr als die Gefahr eines erneuten Planfeststellungsverfahrens mit ungewissem Ausgang.[174]

Für den Fall, dass nur eine geringe Aussicht auf eine Heilung durch ergänzendes Verfahren besteht, sprechen zumindest verfahrensökonomische Gründe für eine Aufhebung des Planfeststellungsbeschlusses.[175] Denn wenn das Gericht mit der Feststellung der Rechtswidrigkeit und Nichtvollziehbarkeit den Weg in ein ergänzendes Verfahren ebnen möchte, ist es aufgrund der Doppelten Rechtskraft dieses Urteils gezwungen, die behördliche Entscheidung vorab einer umfänglichen Rechtmäßigkeitskontrolle zu unterziehen.[176] Stellt sich der Mangel sodann erwartungsgemäß als nicht behebbar heraus, war dieser Aufwand umsonst.[177] Die arbeitsintensive, letztlich aber voraussichtlich überflüssige Prüftätigkeit liefe dem Grundsatz effektiven Rechtsschutzes durch die Schonung staatlicher Gerichte zuwider. Die zwar ebenfalls das Ziel der Verfahrensbeschleunigung verfolgende, aber bloß vage Chance einer Heilung, kann dies nicht kompensieren. Sie kommt primär der Behörde bzw. dem Vorhabenträger zugute. Von ihnen kann umso mehr verlangt werden, dass sie die konkrete Möglichkeit einer nachträglichen Heilbarkeit gegenüber dem Gericht plausibel darlegen.

BT-Drs. 18/9526, S. 45. Zustimmend: *Ingold/Münkler*, EurUP 2018, 468 (480); *Saurer*, NVwZ 2020, 1137 (1142); *Bunge*, UmwRG, § 4 Rn. 104.

[170] VG Aachen, Urteil vom 28.09.2018 – 6 K 612/17, juris Rn. 132.

[171] BVerwG, Urteil vom 21.03.1996, 4 C 19/94, BVerwGE 100, 370 (373).

[172] BVerwG, Urteil vom 21.03.1996, 4 C 19/94, BVerwGE 100, 370 (373).

[173] BVerwG, Urteil vom 21.03.1996, 4 C 19/94, BVerwGE 100, 370 (373). Hierzu unter § 6 B.I.

[174] Hierzu unter § 2 C.I.

[175] *Seibert*, NVwZ 2018, 97 (100).

[176] Hierzu unter § 11 B.I.1.

[177] *Seibert*, NVwZ 2018, 97 (100).

C. Einhaltung der Grenzen des ergänzenden Verfahrens

Einer Korrektur durch ergänzendes Verfahren sind von Natur aus Grenzen gesetzt. Dies ergibt sich begrifflich schon daraus, dass es um die Heilung eines *bestehenden* Planfeststellungsbeschlusses für ein *bestimmtes* Vorhaben geht und statt eines gänzlich neuen Verfahrens lediglich ein *ergänzendes* Verfahren angestrebt wird.[178]

Zunächst setzt eine nachträgliche Fehlerbehebung durch ergänzendes Verfahren voraus, dass der Verstoß nicht von solcher Art und Schwere ist, dass er das Vorhaben als Ganzes von vornherein in Frage stellt bzw. eine Heilung die Gesamtkonzeption des Vorhabens betreffen würde.[179] Zusammengefasst wird dies regelmäßig mit der inhaltlich unscharfen Formulierung, dass die „Identität des Vorhabens" unangetastet bleiben müsse.[180] Die Behebung darf im Ergebnis also nicht zur Planung eines anderen bzw. eines gänzlich neuen Vorhabens führen.[181] Identitätsstiftende Parameter sind neben dem Gegenstand, den Dimensionen und der Betriebsweise des Vorhabens vor allem dessen räumliche Lage bzw. die konkret gewählte Trassenvariante.[182] Für Vorhaben, deren Zulässigkeit sich nach dem Bundes-Immissionsschutzgesetz richtet, kommt es darauf an, ob der Kernbestand der Anlage berührt wird oder sich der Charakter der Gesamtanlage ändert.[183] Beispielhaft kann dies bei einer Modifizierung des Anlagentyps, der technischen

---

[178] Vgl. *Durner*, VerwArch 97 (2006), 345 (373); *Saurer*, NVwZ 2016, 1137 (1142); *Schlacke*, in: Gärditz, VwGO, § 4 UmwRG Rn. 48. Mit Blick auf die Heilung von Bebauungsplänen: *Dolde*, NVwZ 2001, 976 (977). Vgl. auch *Pöcker/Barthelmann*, DVBl. 2002, 668 (675) zum Nachschieben von Ermessenserwägungen.

[179] BVerwG, Urteil vom 12.03.2008 – 9 A 3/06, BVerwGE 130, 299 Rn. 31; BVerwG, Urteil vom 06.11.2013 – 9 A 14/12, BVerwGE 148, 373 Rn. 153; BVerwG, Urteil vom 08.01.2014 – 9 A 4/13, BVerwGE 149, 31 Rn. 27; BVerwG, Urteil vom 28.04.2016 – 9 A 9/15, BVerwGE 155, 91 Rn. 38; BVerwG, Urteil vom 09.02.2017 – 7 A 2/15, BVerwGE 158, 1 Rn. 597.

[180] BVerwG, Beschluss vom 20.01.2004 – 4 B 112/03, DVBl. 2004, 648 (649); BVerwG, Urteil vom 08.01.2014 – 9 A 4/13, BVerwGE 149, 31 Rn. 27; OVG Bautzen, Urteil vom 08.09. 2020 – 4 C 18/17, juris Rn. 141. Vgl. auch BT-Drs. 18/9526, S. 45. Ausführlich zur insoweit gleichen Voraussetzung bei der Planergänzung: *Hildebrandt*, Der Planergänzungsanspruch, 1999, S. 47–51.

[181] BVerwG, Urteil vom 21.03.2023 – 4 A 9/21, juris Rn. 19; *Ziekow*, VerwArch 99 (2008), 559 (582).

[182] Vgl. BVerwG, Urteil vom 08.01.2014 – 9 A 4/13, BVerwGE 149, 31 Rn. 27; *Stüer*, DVBl. 1997, 326 (331); *Jarass*, DVBl. 1997, 795 (802); *Hüting/Hopp*, UPR 2003, 1 (1); *Storost*, UPR 2018, 52 (59); *Seibert*, NVwZ 2018, 97 (100); *Deutsch*, in: Mann/Sennekamp/ Uechtritz, VwVfG, § 75 Rn. 127. Vgl. zur Planergänzung BVerwG, Urteil vom 22.03.1985 – 4 C 63/80, BVerwGE 71, 150 (160).

[183] Vgl. instruktiv VGH München, Urteil vom 23.11.2006 – 22 BV 06/2223, NVwZ-RR 2007, 382 (384); *Jarass*, UPR 2006, 45 (45); *Reidt/Schiller*, in: Landmann/Rohmer, Umweltrecht, § 16 BImSchG Rn. 32; *Czajka*, in: Feldhaus, BImSchG, § 16 Rn. 23.

Ausstattung oder bei grundlegenden Kapazitätsveränderungen zu bejahen sein.[184] Da der Ausgang eines ergänzenden Verfahrens im Zeitpunkt der gerichtlichen Entscheidung regelmäßig offen und insbesondere unklar ist, ob es überhaupt einer Änderung des Vorhabens bedarf, dürfte die Heilungsmöglichkeit an dieser Voraussetzung eher selten scheitern.[185]

Die Durchführung eines ergänzenden Verfahrens kommt ferner nur in Betracht, soweit eine Fehlerbehebung unter Aufrechterhaltung der rechtlichen Identität der erteilten Zulassungsentscheidung möglich ist. Sie soll ausscheiden, wenn der Mangel einen „zentralen Punkt" der Planung betrifft, der sich nicht bereinigen lässt, ohne dass ein gänzlich neues Zulassungsverfahren durchgeführt wird.[186] Dies ist zum einen der Fall, wenn eine unzuständige Behörde den Planfeststellungsbeschluss erlassen hat.[187] Zum anderen kann eine Aufrechterhaltung daran scheitern, dass materiell-rechtlich ein falscher Maßstab zugrunde gelegt worden ist. So verneinte das Bundesverwaltungsgericht die Heilbarkeit eines Planfeststellungsbeschlusses über den Ausbau eines Hafens, weil die geplanten Teilanlagen als Gesamtheit gar nicht nach einer einheitlichen Rechtsgrundlage planfeststellungsfähig waren.[188] In einem Fall, über den das OVG Lüneburg zu entscheiden hatte, hatte die Behörde ein Vorhaben fälschlicherweise als Eisenbahn- statt als Straßenbahnvorhaben eingestuft. Das Gericht schloss eine Heilungsmöglichkeit aus, weil die Fehleinschätzung das gesamte Planfeststellungsverfahren „infiziert" habe. So habe die Einstufung nicht nur Bedeutung für die Wahl der Rechtsgrundlage, sondern auch für die Planrechtfertigung, die Abwägung und die Bewältigung des Lärmschutzes gehabt.[189] Nicht zu verwechseln

---

[184] *Seibert*, NVwZ 2018, 97 (100); *Büge/Ziegler*, in: Giesberts/Reinhardt, BeckOK Umweltrecht, § 16 BImschG Rn. 10.

[185] Vgl. indes VG Aachen, Urteil vom 28.09.2018 – 6 K 612/17, juris Rn. 132–134 – hier war bei Urteilserlass bereits absehbar, dass die Berücksichtigung eines vorhabennahen Schwarzstorchnestes zur Verletzung der Verbote in § 44 BNatSchG führen und diese sich nur über eine Änderung des Vorhabens in seinen Grundzügen abwenden lassen würde.

[186] BVerwG, Beschluss vom 18.08.2005 – 4 B 17/05, Buchholz 442.40 § 10 LuftVG, Nr. 13 Rn. 9; BVerwG, Urteil vom 16.10.2008 – 4 C 5/07, BVerwGE 132, 123 Rn. 75. Vgl. auch: *Durner*, VerwArch 97 (2006), 345 (373); *Martin*, Heilung von Verfahrensfehlern im Verwaltungsverfahren, 2004, S. 95 f.

[187] OVG Lüneburg, Urteil vom 21.12.2016 – 7 LB 70/14, juris Rn. 84. Das BVerwG lässt eine Heilung zu, wenn Teile des Vorhabens nicht in die Zuständigkeit der Planfeststellungsbehörde fallen, aber nicht auszuschließen ist, dass ein Zusammentreffen von Vorhaben nach § 78 VwVfG anzunehmen ist (BVerwG, Urteil vom 11.07.2019 – 9 A 13/18, BVerwGE 166, 132 Rn. 224).

[188] BVerwG, Urteil vom 19.02.2015 – 7 C 11/12, BVerwGE 151, 213 Rn. 46.

[189] OVG Lüneburg, Urteil vom 26.08.2016 – 7 KS 41/13, DVBl. 2017, 199 (203). Vgl. auch BVerwG, Urteil vom 11.04.1986 – 4 C 53/82, NVwZ 1986, 834 (835) – Bau einer Bundesstraße anstelle einer planfestgestellten Bundesautobahn.

sind diese Fälle indes mit der Situation, in der die Nachholung eines Verfahrensschrittes, insbesondere der Umweltverträglichkeitsprüfung, dazu führt, dass letztlich fast das gesamte Verfahren wiederholt werden muss.[190]

Das Bundesverwaltungsgericht achtet die Grenzen des ergänzenden Verfahrens mitunter weniger streng als es die von ihm aufgestellten Kriterien erwarten lassen würden. So wurde etwa in der Entscheidung zum *Neubau der Bundesautobahn A14 (Abschnitt Colbitz/Dolle)* in das ergänzende Verfahren verwiesen, obwohl der unterlaufene Fehler auch aus Sicht des entscheidenden Senats die Identität des Vorhabens berührte.[191] Auffällig ist auch, dass selbst bei einer Vielzahl gewichtiger Fehler auf verfahrens- wie auf materiell-rechtlicher Ebene der Ausschluss einer nachträglichen Fehlerkorrektur regelmäßig in keiner Weise angesprochen wird.[192] Vielmehr stellt der *9. Senat* in einem Beschluss aus dem Jahr 2008 ausdrücklich fest, dass die Unzulässigkeit eines ergänzenden Verfahrens zur Korrektur eines Planfeststellungsbeschlusses „jedenfalls nicht allein von der Bedeutung und großen Zahl fehlgewichteter Belange" abhänge.[193] Demgegenüber werden dem ergänzenden Verfahren im Schrifttum teilweise engere Grenzen gesetzt. Es müsse sich um geringfügige, begrenzte, überschaubare Fehler handeln, die sich durch Nachsteuerungen, Randkorrekturen und kleinere Ergänzungen beheben lassen.[194] Begründet wird dies damit, dass die Durchführung eines ergänzenden Verfahrens und die damit einhergehende Besserstellung der Behörde bzw. des Vorhabenträgers nur dann gerechtfertigt sei, wenn es in Ansehung des Fehlers unter Verhältnismäßigkeitsgesichtspunkten nicht gerechtfertigt erscheine, ihnen stattdessen ein gänzlich neues Verfahren zuzumuten.[195] Andere verweisen auf das Gebot der Einheitlichkeit der Planungsentscheidung. Dieses gebiete, alle durch die Planung aufgeworfenen Probleme in einer einzigen, einheitlichen Entscheidung zu bewältigen, und stehe einer Isolierung einzelner Belange, die erst im ergänzenden Verfahren Berücksichtigung finden, grundsätzlich entgegen. Ausnahmen hiervon bedürften einer besonderen Rechtferti-

---

[190] Hierzu: *Ziekow*, NVwZ 2007, 259 (265); *Kment*, NVwZ 2007, 274 (277); *ders.*, in: Beckmann/Kment, UVPG/UmwRG, § 4 UmwRG Rn. 34.

[191] BVerwG, Urteil vom 08.01.2014 – 9 A 4/13, BVerwGE 149, 31 Rn. 27.

[192] Vgl. etwa BVerwG, Urteil vom 17.01.2007 – 9 A 20/05, BVerwGE 128, 1 Rn. 28 ff. oder BVerwG, Urteil vom 09.11.2017 – 3 A 4/15, BVerwGE 160, 263 Rn. 27, 31, 41, 79, 90.

[193] BVerwG, Beschluss vom 05.12.2008 – 9 B 28/08, NVwZ 2009, 320 Rn. 17.

[194] *Seibert*, NVwZ 2018, 97 (100); *Rennert*, NuR 2018, 505 (506); *Wegener*, in: Faßbender/ Köck, Querschnittsprobleme des Umwelt- und Planungsrechts – Rechtsschutz und Umweltprüfungen, 2019, S. 87 (100). Eine Beschränkung fordert auch *Henke*, Planerhaltung durch Planergänzung und ergänzendes Verfahren, 1997, S. 164 ff.; *ders.*, UPR 1998, 51 (55). Zum Heilungsverfahren nach § 215a Abs. 1 BauGB a. F.: *Spannowsky/Krämer*, UPR 1998, 44 (49 f.).

[195] *Seibert*, NVwZ 2018, 97 (100). Ihm folgend: *Kupfer*, in: Schoch/Schneider, VwVfG, § 75 Rn. 83.

gung und seien daher nur im Einzelfall möglich.[196] Dem lässt sich entgegenhalten, dass der Schutz des Klägers keine Aufhebung verlangt; durch die Feststellung der Rechtswidrigkeit und Nichtvollziehbarkeit wird er faktisch in gleicher Weise geschützt.[197] Zwar räumt der Gesetzgeber dem Ziel der Verwaltungseffizienz durch weitreichende Heilungsmöglichkeiten Priorität gegenüber der Aufhebung ein.[198] Hierdurch wird jedoch die Bindung der Exekutive an Recht und Gesetz nicht notwendigerweise relativiert. Denn auch in der Verpflichtung zur nachträglichen Fehlerbehebung liegt eine Sanktion.[199] Weiterhin fehlt es schlicht an Alternativen, die eine praktikable Handhabung der Fehleranfälligkeit von Planfeststellungsbeschlüssen ermöglichen.[200] Das spricht dafür, der Komplexität der erforderlichen Fehlerbehebung sowie der Anzahl der festgestellten Fehler jedenfalls nicht schematisch eine ausschließende Wirkung zuzuschreiben.[201] Vielmehr dürfen die Dimensionen des Vorhabens, die besondere Komplexität und Vielschichtigkeit des Zulassungsverfahrens und der Umfang der jeweils einzuhaltenden materiell-rechtlichen Bestimmungen nicht außer Acht gelassen werden. Je komplexer eine Genehmigung ist, umso geringer ist in der Regel die Bedeutung eines einzelnen Fehlers für das Ganze.[202] Aus diesen Gründen ist auch die Ansicht abzulehnen, die eine Heilung durch ergänzendes Verfahren generell ausschließt, wenn ein Vorhaben bereits realisiert worden ist.[203] Die Gefahr, dass im Zuge der anschließenden Heilung krampfhaft versucht wird, an einer bisherigen, sich aber als nicht haltbar erweisenden Gestaltung des Vorhabens festzuhalten, sollte eine Heilung nicht von vornherein ausschließen, sondern ist von Seiten der Behörde im ergänzenden Verfahren selbst abzuwenden.[204]

---

[196] *Sieg*, Die Schutzauflage, 1994, S. 166–168; *Henke*, Planerhaltung durch Planergänzung und ergänzendes Verfahren, 1997, S. 164 ff.; *ders.*, UPR 1998, 51 (55).

[197] *Baumeister*, Der Beseitigungsanspruch als Fehlerfolge des rechtswidrigen Verwaltungsakts, 2006, S. 422 f. Hierzu unter § 2 C.I.

[198] *Ingold/Münkler*, EurUP 2018, 468 (480); *Schoch*, Jura 2007, 28 (28 f.).

[199] *Bumke*, Relative Rechtswidrigkeit, 2004, S. 206; *Ingold/Münkler*, EurUP 2018, 468 (480).

[200] Vgl. *Bumke*, Relative Rechtswidrigkeit, 2004, S. 208.

[201] Ebenso: *Schütz*, UPR 2021, 418 (419). Vgl. zudem: BVerwG, Urteil vom 12.03.2008 – 9 A 3/06, BVerwGE 130, 299 Rn. 31; OVG Münster, Urteil vom 31.08.2020 – 20 A 1923/11, juris Rn. 292.

[202] *Seibert*, NVwZ 2018, 97 (100).

[203] So indes: OVG Lüneburg, Urteil vom 13.10.2016 – 7 KS 3/13, NuR 2017, 116 (Ls. 3); *Ingold/Mückler*, EurUP 2018, 468 (480); *Schlacke*, in: Gärditz, VwGO, § 4 UmwRG Rn. 23. Für den Fall einer unterbliebenen UVP: *Storost*, UPR 2018, 52 (57). Eine Heilung auch nach der Realisierung eines Vorhabens zulassend: BVerwG, Urteil vom 15.07.2016 – 9 C 3/16, NVwZ 2016, 1631 Rn. 50; BVerwG, Urteil vom 24.05.2018 – 4 C 4/17, BVerwGE 162, 114 Rn. 41 f.

[204] Hierzu unter § 6 B.II.2.

§ 6 Prozessualer Ausgangspunkt und Durchführung des ergänzenden Verfahrens

Abgesehen von denjenigen Fällen, in denen die Behörde selbst entdeckte bzw. vermutete Fehler auf eigene Initiative behebt,[205] wird ein ergänzendes Verfahren im Nachgang zu einem feststellenden Urteil, also nach Abschluss des gerichtlichen Verfahrens durchgeführt (hierzu unter A.). Mangels gesetzlicher Regelungen ist im Hinblick auf die Durchführung des ergänzenden Verfahrens selbst vieles nach wie vor umstritten (hierzu unter B.).

A. Vorausgehende Entscheidung des Gerichts

Besteht die konkrete Möglichkeit, dass sich ein Fehler durch ein ergänzendes Verfahren beheben lässt, hebt das Gericht den Planfeststellungsbeschluss am Ende eines verwaltungsgerichtlichen Verfahrens nicht auf. Vielmehr stellt es abweichend von § 113 Abs. 1 Satz 1 VwGO lediglich seine Rechtswidrigkeit und Nichtvollziehbarkeit fest und ebnet damit den Weg in das ergänzende Verfahren.[206] An dieses Urteil knüpft das richterrechtlich entwickelte Institut der Doppelten Rechtskraft an, dessen Darstellung und Bewertung den Schwerpunkt dieser Arbeit bildet.

Vor Eintritt der Rechtskraft des Feststellungsurteils kann der Planfeststellungsbeschluss fortwährend ausgenutzt werden, wenn er kraft Gesetzes oder aufgrund einer behördlichen Anordnung sofort vollziehbar ist. Soweit der erfolgreiche Kläger dies verhindern will, muss er vorläufigen Rechtsschutz gemäß § 80 Abs. 5 VwGO beantragen. War ein im Vorfeld gestellter Aussetzungsantrag erfolglos, kommt nach Feststellung der Rechtswidrigkeit und Nichtvollziehbarkeit im Hauptsacheverfahren eine Änderung der Entscheidung gemäß § 80 Abs. 7 VwGO in Betracht.[207]

B. Das ergänzende Verfahren

Um einen festgestellten Fehler in einer Planentscheidung nachträglich zu beheben, kann die Planfeststellungsbehörde ein ergänzendes Verfahren durchführen. Dafür bedarf es eines separaten Verfahrens. Allein ein ergänzender Vortrag im Verwaltungsprozess soll hingegen nicht genügen.[208] Wie das ergänzende Verfahren im Einzelnen durchzuführen ist, sagt das Gesetz indes nicht.

---

[205] Hierzu unter § 4 B.
[206] Hierzu im Einzelnen unter § 9.
[207] Hierzu insgesamt: *Schütz*, UPR 2018, 418 (421 f.).
[208] BVerwG, Urteil vom 27.11.2018 – 9 A 8/17, BVerwGE 163, 380 Rn. 62. A.A. *Wysk*, in: Kopp/Ramsauer, VwVfG, § 75 Rn. 28.

I. Einleitung

Kommt eine nachträgliche Fehlerbehebung in Betracht, ist die Behörde nach herrschender Auffassung in der Rechtsprechung wie im Schrifttum nicht zur Durchführung eines ergänzenden Verfahrens verpflichtet.[209] Obwohl hinter den Heilungsbestimmungen der Gedanke der Planerhaltung stehe, müsse die Behörde nicht alles ihr Mögliche tun, um dem Planfeststellungsbeschluss zur Rechtmäßigkeit zu verhelfen.[210] Vielmehr solle es ihr überlassen bleiben, ob sie von der Heilungsmöglichkeit Gebrauch mache, von der Planung gänzlich Abstand nehme oder ein neues Verfahren, etwa für eine Variante, einleite. Dementsprechend sehe das vorangehende Urteil keine Korrekturverpflichtung vor, sondern stelle lediglich die Rechtswidrigkeit und Nichtvollziehbarkeit fest.[211]

Andere vertreten die Auffassung, dass die Behörde unter dem Gesichtspunkt der Planerhaltung nicht untätig bleiben dürfe und zumindest den Versuch einer Heilung unternehmen müsse.[212] Wieder andere sehen die Behörde zur Heilung verpflichtet, weil der Vorhabenträger einen Anspruch hierauf habe.[213]

In der Praxis dürfte sich diese Frage kaum jemals stellen. Denn eine Pflicht zur Durchführung des ergänzenden Verfahrens dürfte jedenfalls bestehen, wenn der Vorhabenträger diese nach Erlass des Feststellungsurteils (konkludent) beantragt oder nach Maßgabe fachgesetzlicher Regelungen[214] mit der teilweisen Durchführung des Vorhabens beginnt bzw. dieses fortsetzt. Er hat üblicherweise das größte Interesse daran, das Vorhaben möglichst so wie ursprünglich geplant umzusetzen. Ebenso wie er gemäß § 73 Abs. 1 VwVfG einen Anspruch darauf hat, dass mit Antragstellung durch Einreichung eines Plans ein gänzlich neues Planfeststellungsverfahren eingeleitet und durchgeführt wird,[215] kann er von der Be-

---

[209] So grundlegend: BVerwG, Urteil vom 21.03.1996 – 4 C 19/94, BVerwGE 100, 370 (372 f.). Zustimmend: *Storost*, NVwZ 1998, 797 (800, 804); *Ziekow*, VerwArch 99 (2008), 559 (582); *Masing/Schiller*, in: Obermayer/Funke-Kaiser, VwVfG, § 75 Rn. 17; *Riese*, in: Schoch/Schneider, VwGO, § 114 Rn. 237; *Schink*, in: Knack/Henneke, VwVfG, § 75 Rn. 50; *Bunge*, UmwRG, § 4 Rn. 102. Für die nachträgliche Behebung von Fehlern eines Bebauungsplans: BVerwG, Urteil vom 18.09.2003 – 4 CN 20/02, NVwZ 2004, 226 (228).

[210] Entsprechendes erwägt *Baumeister*, Der Beseitigungsanspruch als Fehlerfolge des rechtswidrigen Verwaltungsakts, 2006, S. 416 f.

[211] BVerwG, Urteil vom 21.03.1996 – 4 C 19/94, BVerwGE 100, 370 (372 f.).

[212] *Schütz*, UPR 2021, 418 (420).

[213] *Baumeister*, Der Beseitigungsanspruch als Fehlerfolge des rechtswidrigen Verwaltungsakts, 2006, S. 416 f.

[214] § 18c Nr. 4 AEG, § 17c Nr. 4 FStrG, § 14c Nr. 4 WaStrG, § 29 Abs. 4 Nr. 4 PBefG.

[215] *Neumann/Külpmann*, in: Stelkens/Bonk/Sachs, VwVfG, § 73 Rn. 15; *Weiß*, in Schoch/Schneider, VwVfG, § 73 Rn. 52. Vgl. auch BVerwG, Urteil vom 24.11.1994 – 7 C 25/93, BVerwGE 97, 143 (149 f.); OVG Koblenz, Urteil vom 06.02.2013 – 8 C 10943/12, NVwZ-RR 2013, 630 (631).

hörde verlangen, dass diese zumindest den Versuch unternimmt, einen rechtswidrigen Planfeststellungsbeschluss zu korrigieren.[216] Denn solange der Plan mangelhaft und deshalb nicht vollziehbar ist, wurde über seinen Anspruch auf abwägungsfehlerfreie Entscheidung noch nicht abschließend entschieden.[217] Gegen seinen Willen kann die Behörde, die an den Antrag gebunden ist, nicht einfach ein neues Verfahren für eine Vorhabenvariante aufnehmen oder gar ganz von der Planung absehen.[218] Lehnt sie die Durchführung des ergänzenden Verfahrens ab, kann der Vorhabenträger Verpflichtungsklage erheben.[219] Ob das ergänzende Verfahren letztlich erfolgreich abgeschlossen wird und tatsächlich zur Planerhaltung führt, ist eine andere Frage. Für den Fall, dass der Vorhabenträger selbst Abstand von seinem Vorhaben nimmt, wird die Behörde auch nicht in das ergänzende Verfahren eintreten. Eine Korrektur des Planfeststellungsbeschlusses wäre in diesem Fall sinnlos, da der Vorhabenträger im Anschluss ohnedies nicht zur Ausführung des festgestellten Plans gezwungen ist.[220] Etwas anderes gilt gewiss, wenn eine Pflicht zur Durchführung des Planfeststellungsverfahrens bestand.[221] Dann dürfte diese Verpflichtung für die Einleitung eines ergänzenden Verfahrens fortgelten.

Davon abweichend gestaltet sich die Situation für den Kläger. Anders als bei der Planergänzung kann er die Durchführung eines ergänzenden Verfahrens nicht verlangen.[222] Seinem Anspruch auf Beseitigung der Rechtsverletzung wurde bereits mit der Außervollzugsetzung des Planfeststellungsbeschlusses ausreichend Rechnung getragen.[223]

---

[216] *Baumeister*, Der Beseitigungsanspruch als Fehlerfolge des rechtswidrigen Verwaltungsakts, 2006, S. 417. Insoweit ebenso: *Seibert*, NVwZ 2018, 97 (102); *Schütz*, UPR 2021, 418 (420); *Neumann/Külpmann*, in: Stelkens/Bonk/Sachs, VwVfG, § 75 Rn. 57; *Deutsch*, in: Mann/Sennekamp/Uechtritz, VwVfG, § 75 Rn. 13. A. A. offenbar: *Wickel*, in: Fehling/Kastner/Störmer, Hk-VerwR, § 75 VwVfG Rn. 58 – das Interesse des Vorhabenträgers an der zügigen Zulassung und Verwirklichung seines Vorhabens sei nur zu berücksichtigen.

[217] *Schütz*, UPR 2021, 418 (420); *Deutsch*, in: Mann/Sennekamp/Uechtritz, VwVfG, § 75 Rn. 133; *Neumann/Külpmann*, in: Stelkens/Bonk/Sachs, VwVfG, § 75 Rn. 56.

[218] *Baumeister*, Der Beseitigungsanspruch als Fehlerfolge des rechtswidrigen Verwaltungsakts, 2006, S. 417; *Neumann/Külpmann*, in: Stelkens/Bonk/Sachs, VwVfG, § 75 Rn. 57.

[219] *Deutsch*, in: Mann/Sennekamp/Uechtritz, VwVfG, § 75 Rn. 139.

[220] *Neumann/Külpmann*, in: Stelkens/Bonk/Sachs, VwVfG, § 74 Rn. 22; *Kupfer*, in: Schoch/Schneider, VwVfG, § 75 Rn. 14.

[221] So besteht etwa für Übertragungsnetzbetreiber eine Pflicht zur Antragstellung gemäß §§ 6 S. 2 und 12 Abs. 2 Satz 4 NABEG.

[222] Vgl. zur Planergänzung etwa BVerwG, Urteil vom 04.04.2012 – 4 C 8/09 u. a., BVerwGE 142, 234 Rn. 336, 377; *Hildebrandt*, Der Planergänzungsanspruch, 1999, S. 89, 238 f.; *Storost*, NVwZ 1998, 797 (804); *Neumann/Külpmann*, in: Stelkens/Bonk/Sachs, VwVfG, § 75 Rn. 46.

[223] *Baumeister*, Der Beseitigungsanspruch als Fehlerfolge des rechtswidrigen Verwaltungs-

II. Durchführung

Die Möglichkeit eines ergänzenden Verfahrens soll gerade vermeiden, dass bei gerichtlich festgestellten Defiziten stets ein vollständiges neues Planfeststellungsverfahren durchgeführt werden muss. Bis zum letzten korrekten Verfahrensschritt braucht das Verfahren daher nicht wiederholt zu werden. Stattdessen kann die Behörde das Verfahren an der fehlerhaften Stelle wieder aufnehmen.[224] Zuvor unterbliebene oder fehlerhaft durchgeführte Verfahrensschritte, kann sie sodann erstmals bzw. erneut vornehmen. Andere Verfahrenshandlungen müssen nur erneut überprüft werden, wenn sich der Fehler auf sie ausgewirkt haben kann.[225] Im Falle eines Abwägungsdefizits bzw. eines materiell-rechtlichen Fehlers ist ein gegebenenfalls bestehendes Ermittlungsdefizit zum Beispiel durch die Einholung weiterer fachgutachterlicher Stellungnahmen auszugleichen und eine neue Abwägung der betroffenen Belange bzw. eine inhaltliche Nachbewertung vorzunehmen.[226]

1. Anwendbare Verfahrensvorschriften

Das Vorgehen der Behörde im ergänzenden Verfahren ist gesetzlich nicht geregelt. Teilweise wird das ergänzende Verfahren daher als „Verfahren sui generis" bezeichnet.[227] Der Rechtsprechung des Bundesverwaltungsgerichts lassen sich hierzu keine eindeutigen Vorgaben entnehmen. Einerseits wird die Anwendbarkeit des § 76 VwVfG explizit verneint.[228] Führt das ergänzende Verfahren indes zu Änderungen oder Ergänzungen des verfügenden Teils, wird andererseits § 76 VwVfG ausdrücklich referenziert.[229]

---

akts, 2006, S. 416; *Storost*, NVwZ 1998, 797 (804); *Deutsch*, in: Mann/Sennekamp/Uechtritz, VwVfG, § 75 Rn. 133. A.A. *Riese*, in: Schoch/Schneider, VwGO, § 114 Rn. 234.

[224] OVG Koblenz, Urteil vom 06.02.2013 – 8 C 10943/12, juris Rn. 31; *Martin*, Heilung von Verfahrensfehlern im Verwaltungsverfahren, 2004, S. 99; *Durner*, VerwArch 97 (2006), 345 (368); *Ziekow*, VerwArch 99 (2008), 559 (584); *Neumann/Külpmann*, in: Stelkens/Bonk/Sachs, VwVfG, § 75 Rn. 48; *Masing/Schiller*, in: Obermayer/Funke-Kaiser, VwVfG, § 75 Rn. 19; *Riese*, in: Schoch/Schneider, VwGO, § 114 Rn. 237.

[225] *Ziekow*, VerwArch 99 (2008), 559 (584); *Seibert*, NVwZ 2018, 97 (101); *Kohls/Gerbig*, NVwZ 2020, 1081 (1084).

[226] VG Regensburg, Urteil vom 07.07.2018 – RO 2 K 15/2213, juris Rn. 56; *Ziekow*, VerwArch 99 (2008), 559 (585); *Schütz*, UPR 2021, 418 (423).

[227] So etwa Seibert, NvwZ 2018, 97 (101) unter Verweis auf BVerwG, Urteil vom 12.12.1996 – 4 C 19/95, BVerwGE 102, 358 (360).

[228] BVerwG, Urteil vom 12.12.1996 – 4 C 19/95, BVerwGE 102, 358 (361); BVerwG, Urteil vom 22.09.2005 – 9 B 13/05, Buchholz 407.4 § 17 FStrG Nr. 189 Rn. 5.

[229] BVerwG, Urteil vom 25.01.1996 – 4 C 5/95, BVerwGE 100, 238 (256); BVerwG, Urteil vom 28.04.2016 – 9 A 9/15, BVerwGE 155, 91 Rn. 33, 39; BVerwG, Urteil vom 09.02.2017 –

Ein Rückgriff auf § 76 VwVfG überzeugt nicht, weil das ergänzende Verfahren kein Planänderungsverfahren ist.[230] Im ergänzenden Verfahren wird das Ausgangsverfahren bis zum Fehlerereignis zurückgedreht und von dort an erneut fortgesetzt.[231] Nach Maßgabe des § 76 VwVfG kommt es hingegen nicht zu einer Wiederholung des Verfahrens, sondern zu einem selbständigen, vom Ausgangsverfahren isolierten Verwaltungsvorgang.[232] Weiterhin ist § 76 VwVfG auf eine Änderung des Planfeststellungsbeschlusses ausgerichtet. Damit ist die Änderung des Vorhabens bzw. des verfügenden Teils und nicht etwa nur der Begründung des Planfeststellungsbeschlusses gemeint.[233] Demgegenüber ist beim ergänzenden Verfahren im Vorfeld ungewiss, ob Änderungen des verfügenden Teils erforderlich sind oder sich die Korrektur auf den Begründungsteil beschränken kann.[234] Führen etwa nachgeholte Ermittlungen zu keinen neuen Erkenntnissen oder ein zusätzlich berücksichtigter Belang zu keinem anderen Abwägungsergebnis, kommt es nur zu einer Bestätigung der behördlichen Entscheidung in ihrer ursprünglichen Gestalt. Daher dürfte es näher liegen, das ergänzende Verfahren als Bestandteil eines einheitlichen Planfeststellungsverfahrens zu betrachten, das sowohl den zur ursprünglichen Entscheidung führenden als auch den ergänzenden Verfahrensabschnitt umschließt, und daher die gleichen Verfahrensvorschriften wie im Ausgangsverfahren anzuwenden,[235] insbesondere § 73 Abs. 8 VwVfG bzw. vergleichbare Reglungen aus dem Fachrecht.[236]

---

7 A 2/15, BVerwGE 158, 1 Rn. 25. So auch BT-Drs. 12/5284, S. 35. Für eine analoge Anwendung von § 76 VwVfG in diesen Fällen: *Wysk*, in: Kopp/Ramsauer, VwVfG, § 75 Rn. 35a.

[230] Ebenso: *Henke*, UPR 1999, 51 (57); *Kautz*, NuR 2017, 93 (94); *Schütz*, UPR 2021, 418 (423); *Masing/Schiller*, in: Obermayer/Funke-Kaiser, VwVfG, § 75 Rn. 19; *Schink*, in: Knack/Henneke, VwVfG, § 75 Rn. 47; *Wickel*, in: Fehling/Kastner/Störmer, Hk-VerwR, § 75 VwVfG, Rn. 59. A.A. *Deutsch*, in: Mann/Sennekamp/Uechtritz, VwVfG, § 75 Rn. 134.

[231] *Jarass*, in: Gedächtnisschrift Tettinger, 2007, S. 465 (470 f.); *Wysk*, in: Kopp/Ramsauer, VwVfG, § 75 Rn. 35.

[232] *Hildebrandt*, Der Planergänzungsanspruch, 1999, S. 88.

[233] *Kautz*, NuR 2017, 93 (93); *Neumann/Külpmann*, in: Stelkens/Bonk/Sachs, VwVfG, § 76 Rn. 8.

[234] *Wickel*, in: Fehling/Kastner/Störmer, Hk-VerwR, § 75 VwVfG Rn. 59.

[235] BVerwG, Urteil vom 12.12.1996 – 4 C 19/95, BVerwGE 102, 358 (360 f.); BVerwG, Urteil vom 14.11.2002 – 4 A 15/02, NVwZ 2003, 485 (486); BVerwG, Beschluss vom 22.09. 2005 – 9 B 13/05, Buchholz 407.4 § 17 FStrG Nr. 189 Rn. 5; wohl auch: BVerwG, Urteil vom 28.04.2016 – 9 A 9/15, BVerwGE 155, 91 Rn. 33; *Jarass*, DVBl. 1997, 795 (801 f.); *Storost*, NVwZ 1998, 797 (804); *Henke*, UPR 1999, 51 (57); *Hüting/Hopp*, UPR 2003, 1 (3); *Kohls/Gerbig*, NVwZ 2020, 1081 (1084); *Schütz*, UPR 2021, 418 (423); *Steinberg/Wickel/Müller*, Fachplanung, § 6 Rn. 304; *Riese*, in: Schoch/Schneider, VwGO, § 114 Rn. 231; *Wickel*, in: Fehling/Kastner/Störmer, Hk-VerwR, § 75 VwVfG Rn. 59.

[236] *Kautz*, NuR 2017, 93 (94); *Fischer*, in: Ziekow, Handbuch des Fachplanungsrechts, § 3 Rn. 266. Vorsichtiger: *Jarass*, in: Gedächtnisschrift Tettinger, 2007, S. 465 (470 f.).

Einzelne Fachplanungsgesetze verweisen für die Planergänzung, das ergänzende Verfahren und die Planänderung pauschal auf § 76 VwVfG,[237] mit der erleichternden Maßgabe, dass bei der Durchführung eines neuen Planfeststellungsverfahrens nach Abs. 1 im Rahmen der förmlichen Beteiligung von einer Erörterung abgesehen werden kann. Wenn das ergänzende Verfahren nicht zu einer Änderung des Entscheidungsinhalts führt, soll nach Auffassung des Bundesverwaltungsgerichts stets auf einen Erörterungstermin verzichtet werden.[238]

2. Erfordernis der Ergebnisoffenheit

Damit eine Heilung rechtsstaatlichen Ansprüchen genügt, ist unabdingbar, dass der Zweck der ursprünglich verletzten Norm bei Nach- bzw. Wiederholung noch uneingeschränkt erreicht werden kann (sogenannte funktionale Äquivalenz).[239] Um dies sicherzustellen, ist die Behörde verpflichtet, das ergänzende Verfahren so durchzuführen, als wäre bereits das Ausgangsverfahren ordnungsgemäß erfolgt, und hat die darin gewonnenen Erkenntnisse in einer ergebnisoffenen Entscheidung zu berücksichtigen.[240] Werden Änderungen oder Ergänzungen erforderlich und bestehen insoweit verschiedene Möglichkeiten, bedarf es einer neuen fehlerfreien Abwägung der in Betracht kommenden Varianten.[241] Am Ende des ergänzenden Verfahrens kann die Behörde auch zu dem Ergebnis gelangen, dass eine Heilung ausscheidet, weil sich der Fehler entweder nicht beheben lässt oder eine Korrektur nur unter Änderung der Gesamtkonzeption des Vorhabens möglich ist.[242]

Die Ergebnisoffenheit verlangt jedoch keine Planung auf „freiem Felde". Dem Vorhabenträger ist es unbenommen, an einer von ihm als vorzugswürdig betrachteten Gestaltung seines Vorhabens festzuhalten. Die gesamte Planung muss nicht hinterfragt werden.[243] Soweit sichergestellt ist, dass die Nachholung das Verfah-

---

[237] Vgl. § 18d AEG, § 17d FStrG, § 14d WaStrG, § 2c MBPlG, § 43d EnWG.

[238] BVerwG, Beschluss vom 28.03.2020 – 4 VR 5/19, juris Rn. 15.

[239] OVG Münster, Urteil vom 09.12.2009 – 8 D 12/08.AK, NuR 2010, 583 (585); *Bumke*, Relative Rechtswidrigkeit, 2004, S. 206; *Durner*, VerwArch 97 (2006), 345 (376) m. w. N.

[240] BVerwG, Urteil vom 12.12.1996 – 4 C 19/95, BVerwGE 102, 358 (365); BVerwG, Urteil vom 17.12.2013 – 4 A 1/13, BVerwGE 148, 353 Rn. 43; BVerwG, Urteil vom 09.02.2017 – 7 A 2/15, BVerwGE 158, 1 Rn. 230; *Storost*, NVwZ 1998, 797 (799); *Hüting/Hopp*, UPR 2003, 1 (3); *Rubel*, DVBl. 2019, 600 (603); *Neumann/Külpmann*, in: Stelkens/Bonk/Sachs, VwVfG, § 75 Rn. 52; *Schink*, in: Knack/Henneke, VwVfG, § 75 Rn. 48.

[241] *Deutsch*, in: Mann/Sennekamp/Uechtritz, VwVfG, § 75 Rn. 128.

[242] *Deutsch*, in: Mann/Sennekamp/Uechtritz, VwVfG, § 75 Rn. 128.

[243] BVerwG, Urteil vom 24.05.2018 – 4 C 4/17, BVerwGE 162, 114 Rn. 37. In Bezug auf die Heilung von Bebauungsplänen bereits: BVerwG, Urteil vom 05.04.1974 – 4 C 50/72, BVerwGE 45, 309 (316). Zustimmend: *Rubel*, DVBl. 2019, 600 (603); *Schütz*, UPR 2021, 418 (424); *Wysk*, in: Kopp/Ramsauer, VwVfG, § 75 Rn. 35c.

rensergebnis noch beeinflussen kann, steht selbst die bereits erfolgte Fertigstellung des Vorhabens der Fehlerbehebung nicht entgegen.[244] Hierfür spricht, dass eine vollständig neue Planung ja auch dann nicht verlangt werden könnte, wenn der Planfeststellungsbeschluss aufgehoben würde und der Vorhabenträger ein gänzlich neues Verfahren anstrengen müsste.[245] Andernfalls würde das Konzept der nachträglichen Fehlerbehebung seinem Zweck, die Planung von Infrastrukturvorhaben insgesamt zu beschleunigen, nicht gerecht werden können.

Gleichwohl dürfte mit der zunehmenden Bedeutung eines Fehlers bzw. der Anzahl der Mängel auch das Maß an Ergebnisoffenheit, das die Behörde im ergänzenden Verfahren demonstrieren muss, zunehmen. Wenn es sich nicht mehr um bloße Randkorrekturen handelt, sondern auch größere oder besonders viele Mängel nachträglich zu heilen sind, muss die Behörde umso mehr damit rechnen, dass sie ihr Planungskonzept anpassen muss.[246]

Das Vorgehen der Behörde im ergänzenden Verfahren kann über eine Anfechtung des korrigierten Planfeststellungsbeschlusses gerichtlich überprüft werden.[247]

3. Beteiligungspflichten

Von besonderer Bedeutung für die Durchführung des ergänzenden Verfahrens ist, inwieweit eine erstmalige oder erneute Beteiligung der Öffentlichkeit, anderer Behörden, betroffener Dritter sowie von Natur- und Umweltschutzvereinigungen zu erfolgen hat. Sieht man das ergänzende Verfahren als Fortsetzung und mithin als Bestandteil des Ausgangsverfahren an,[248] kann die Klärung dieser Frage unter Rückgriff auf die Rechtsprechung zu §§ 73 Abs. 8, 76 VwVfG erfolgen.[249] Diese dürften für sonstige Zulassungsverfahren, die eine Öffentlichkeitsbeteiligung vorsehen, im Wesentlichen entsprechend anwendbar sein. Weiterhin ist die Rechtsprechung zu § 22 UVPG zu beachten.

---

[244] BVerwG, Urteil vom 24.05.2018 – 4 C 4/17, BVerwGE 162, 114 Rn. 37. Eine Heilung auch nach Realisierung eines Vorhabens ebenfalls zulassend: BVerwG, Urteil vom 15.07.2016 – 9 C 3/16, NVwZ 2016, 1631 Rn. 50. Ablehnend: OVG Lüneburg, Urteil vom 13.10.2016 – 7 KS 3/13, NuR 2017, 116 (Ls. 3); *Ingold/Mückler*, EurUP 2018, 468 (480); *Schlacke*, in: Gärditz, VwGO, § 4 UmwRG Rn. 23.

[245] *Rubel*, DVBl. 2019, 600 (603).

[246] Hierzu bereits unter § 5 C.

[247] BVerwG, Urteil vom 20.12.2011 – 9 A 31/10, BVerwGE 141, 282 Rn. 36. Hierzu im Einzelnen unter § 12 B.

[248] Hierzu unter § 6 B.II.1.

[249] Vgl. *Jarass*, in: Gedächtnisschrift Tettinger, 2007, S. 465 (470 f.); *Wysk*, in: Kopp/Ramsauer, VwVfG, § 75 Rn. 35; *Lieber*, in: Mann/Sennekamp/Uechtritz, VwVfG, § 73 Rn. 319. Ebenso offenbar: BVerwG, Urteil vom 28.04.2016 – 9 A 9/15, BVerwGE 155, 91 Rn. 32–34.

Eine erneute Öffentlichkeitsbeteiligung als weitgehendste Form der Beteiligung ist in Anlehnung an § 76 VwVfG jedenfalls dann unerlässlich, wenn feststeht, dass der festgestellte Plan im Zuge des ergänzenden Verfahrens wesentlich verändert werden muss.[250] Die Behörde kann die Möglichkeit der Stellungnahme in diesem Fall auf den Sachbereich beschränken, der durch die Änderung berührt wird.[251] Demgegenüber soll keine neue Auslegung erforderlich sein, wenn sich die Änderungen lediglich auf Details beschränken oder Betroffenheiten nur vertieft geprüft werden, ohne das Gesamtkonzept der Planung zu ändern oder zu grundlegend anderen Beurteilungsergebnissen zu führen.[252] Dies lässt sich zum einen § 73 Abs. 8 VwVfG entnehmen. Danach sind Änderungen vor Erlass eines Planfeststellungsbeschlusses lediglich den in ihrem Aufgabenbereich berührten Behörden, Vereinigungen und Dritten mitzuteilen, die dadurch erstmals oder stärker betroffen werden. Zum anderen sieht auch § 76 VwVfG keine Öffentlichkeitsbeteiligung vor, wenn es sich um unwesentliche Änderungen handelt.[253]

Schwieriger ist die Frage der Beteiligung, wenn sich im ergänzenden Verfahren herausstellt, dass die Erkenntnisse aus den nachgeholten Prüfungen keine Änderungen des Entscheidungsinhalts erfordern.

Wurden abwägungserhebliche Belange im Ausgangsverfahren nicht ermittelt oder nicht ordnungsgemäß berücksichtigt, muss dem Betroffenen im ergänzenden Verfahren die Gelegenheit zur ergänzenden und abschließenden Stellungnahme gegeben werden.[254] Zudem sind andere Betroffene oder Behörden erneut anzuhören, wenn deren Belange oder Zuständigkeiten durch die erneute Abwägung berührt sein können.[255] Dies gilt etwa bei neuen Planungsalternativen, soweit diese geeignet sind, den Umfang oder die Art der Betroffenheit von Beteiligten und die Möglichkeiten der Abhilfe in einem grundlegend anderen Licht erscheinen zu lassen.[256] Eine solche Nachbeteiligung ist auf bisher nicht beteiligte Dritte zu erstrecken, wenn im ergänzenden Verfahren ausgeweitete oder ver-

---

[250] BVerwG, Urteil vom 28.04.2016 – 9 A 9/15, BVerwGE 155, 91 Rn. 33; *Neumann/Külpmann*, in: Stelkens/Bonk/Sachs, VwVfG, § 75 Rn. 51; *Schink*, in: Knack/Henneke, VwVfG, § 75 Rn. 47. Für Vorhaben, hinsichtlich derer das einschlägige Fachrecht ausdrücklich auf § 76 VwVfG verweist, folgt dies aus dem Gesetz.

[251] *Neumann/Külpmann*, in: Stelkens/Bonk/Sachs, VwVfG, § 75 Rn. 51.

[252] BVerwG, Urteil vom 12.11.1997 – 11 A 49/96, BVerwGE 105, 348 (351 f.); BVerwG, Urteil vom 28.04.2016 – 9 A 9/15, BVerwGE 155, 91 Rn. 33.

[253] BVerwG, Urteil vom 28.04.2016 – 9 A 9/15, BVerwGE 155, 91 Rn. 33.

[254] *Jarass*, in: Gedächtnisschrift Tettinger, 2007, S. 465 (474); *Stüer*, Handbuch des Bau- und Fachplanungsrechts, Rn. 3650; *Neumann/Külpmann*, in: Stelkens/Bonk/Sachs, VwVfG, § 75 Rn. 51.

[255] *Jarass*, in: Gedächtnisschrift Tettinger, 2007, S. 465 (474); *Neumann/Külpmann*, in: Stelkens/Bonk/Sachs, VwVfG, § 75 Rn. 51.

[256] BVerwG, Urteil vom 12.12.1996 – 4 C 29/94, BVerwGE 102, 331 (339–341).

tiefte Ermittlungen durch das Vorhaben berührte Belange erstmals oder erstmals vollständig erkennen lassen. Denn in diesen Fällen besteht die Gefahr, dass die betroffenen Privatpersonen, Vereinigungen und Träger öffentlicher Belange durch die ursprüngliche Auslegung der Unterlagen nicht in die Lage versetzt worden sind, das aus dem Vorhaben resultierende Konfliktpotenzial zu erkennen. Dann konnte die Auslegung die ihr zugedachte Anstoßfunktion nicht im ausreichenden Maße erfüllen.[257]

Eine Pflicht zur erneuten Beteiligung von anerkannten Naturschutzvereinigungen gemäß § 63 BNatSchG wird ausgelöst, wenn sich im ergänzenden Verfahren zusätzliche naturschutzrechtliche Fragen stellen, zu deren Beantwortung die sachverständige Stellungnahme der Naturschutzverbände geboten erscheint. Dies ist der Fall, wenn es die Planfeststellungsbehörde für notwendig erachtet, neue, den Naturschutz betreffende Untersuchungen anzustellen, die Ergebnisse in das Verfahren einzuführen und die Planungsentscheidung darauf zu stützen. Dann ist ihre Sachkunde gefragt und in einer wiederholten Beteiligung nutzbar zu machen.[258]

In UVP-pflichtigen Verfahren ist § 22 UVPG zu beachten. Danach ist eine erneute Öffentlichkeitsbeteiligung bei Änderung der Unterlagen zwar im Grundsatz erforderlich (Abs. 1). Die Behörde kann jedoch davon absehen, wenn zusätzliche erhebliche oder andere Umweltauswirkungen nicht zu besorgen sind (Abs. 2). Das Bundesverwaltungsgericht hält eine erneute Auslegung jedenfalls dann für notwendig, „wenn eine nach Gegenstand, Systematik und Ermittlungstiefe neue oder über die bisherigen Untersuchungen wesentlich hinausgehende Prüfung der Umweltbetroffenheiten vorgenommen wird, die für die Beurteilung der Rechtmäßigkeit des Vorhabens insgesamt erforderlich ist und ihren Niederschlag in einer neuen entscheidungserheblichen Unterlage über die Umweltauswirkungen des Vorhabens (§ 6 Abs. 1 Satz 1 UVPG) findet."[259]

---

[257] Vgl. *Neumann/Külpmann*, in: Stelkens/Bonk/Sachs, VwVfG, § 73 Rn. 61; *Lieber*, in: Mann/Sennekamp/Uechtritz, VwVfG, § 73 Rn. 326. Vgl. zudem etwa BVerwG, Beschluss vom 09.07.2003 – 9 VR 1/03, juris Rn. 5; BVerwG, Urteil vom 18.03.2009 – 9 A 31/07, NVwZ 2010, 63 Rn. 31; BVerwG, Urteil vom 09.11.2017 – 3 A 4/15, BVerwGE 160, 263 Rn. 30.

[258] BVerwG, Urteil vom 12.12.1996 – 4 C 19/95, BVerwGE 102, 358 (361 f.); BVerwG, Urteil vom 12.11.1997 – 11 A 49/96, BVerwGE 105, 348 (350 f.); VGH Mannheim, Urteil vom 15.12.2011 – 5 S 2100/11, VBlBW 2012, 310 (314).

[259] BVerwG, Urteil vom 28.04.2016 – 9 A 9/15, BVerwGE 155, 91 Rn. 34; BVerwG, Urteil vom 09.02.2017 – 7 A 2/15, BVerwGE 158, 1 Rn. 28; BVerwG, Urteil vom 27.11.2018 – 9 A 8/17, BVerwGE 163, 380 Rn. 54; BVerwG, Urteil vom 27.06.2019 – 7 C 22/17, UPR 2020, 60 Rn. 34.

4. Berücksichtigungsfähiger Vortrag

Die Wirkungen der Doppelten Rechtskraft beeinflussen maßgeblich den Gegenstand des ergänzenden Verfahrens. Dieses beschränkt sich auf die Korrektur der gerichtlich festgestellten Fehler.[260] Mithin kann der Kläger, der im Rahmen des ergänzenden Verfahrens beteiligt wird, keine Einwendungen geltend machen, die sich auf Teile des Planfeststellungsbeschlusses beziehen, die das Gericht zuvor für rechtmäßig befunden hat.[261] Entsprechender Vortrag ist aufgrund der Rechtskraft, die das Bundesverwaltungsgericht mit der Feststellung der Rechtswidrigkeit und Nichtvollziehbarkeit verbindet, präkludiert. Die Behörde kann bzw. muss ihn unberücksichtigt lassen.

Eine Ausnahme hiervon kommt nur in Betracht, wenn aufgrund neuer Erkenntnisse aus dem ergänzenden Verfahren selbst oder aus sonstigen Gründen im Hinblick auf die eigentlich rechtskräftig bestätigten Teile des Planfeststellungsbeschlusses eine Rechtskraftdurchbrechung in Betracht kommt. Bisher ist nicht vollständig geklärt, wann ein Erfordernis hierfür besteht und wie die Behörde in diesen Fällen vorzugehen hat. Da es sich hierbei um ein spezielles Problem der Doppelten Rechtskraft handelt, wird dieses erst in Teil 3 dargestellt.[262]

5. Maßgebliche Sach- und Rechtslage

Im ergänzenden Verfahren holt die Behörde regelmäßig Verfahrensschritte oder inhaltliche Bewertungen nach und trifft im Anschluss daran eine erneute Entscheidung in der Sache. Da zwischen dem Erlass des Planfeststellungsbeschlusses und der Durchführung des ergänzenden Verfahrens ein beträchtlicher Zeitraum liegen kann,[263] stellt sich die Frage, auf welche Sach- und Rechtslage für die Heilung abzustellen ist – auf diejenige im Zeitpunkt des Erlasses der Ausgangsentscheidung oder diejenige im Zeitpunkt der Heilung.

Für die Rechtmäßigkeit eines Planfeststellungsbeschlusses ist die Sach- und Rechtslage im Zeitpunkt seines Erlasses maßgeblich.[264] Gleiches gilt etwa mit Blick auf die immissionsschutzrechtliche Genehmigung nach § 4 BImSchG.[265] Dieser Grundsatz lässt sich auf das ergänzende Verfahren nur eingeschränkt übertragen.

---

[260] BVerwG, Urteil vom 20.03.2018 – 9 B 43/16, NuR 2019, 109 Rn. 65.

[261] So ausdrücklich: BVerwG, Urteil vom 24.07.2008 – 4 A 3001/07, BVerwGE 131, 316 Rn. 37.

[262] Im Einzelnen unter § 12 D.III. und unter § 12 D.IV.

[263] *Schütz*, UPR 2021, 418 (424).

[264] *Storost*, NVwZ 1998, 797 (804); *Stüer/Stüer*, DVBl. 2018, 585 (588); *Schütz*, in: Ziekow, Handbuch des Fachplanungsrechts, § 8 Rn. 89; *Steinberg/Wickel/Müller*, Fachplanung, § 6 Rn. 296.

[265] *Jarass*, BImSchG, § 6 Rn. 93.

Nach der Rechtsprechung des Bundesverwaltungsgerichts ist für die maßgebliche Sach- und Rechtslage die Zielrichtung des ergänzenden Verfahrens entscheidend. Beschränkt sich dieses – wie bei der Planergänzung – darauf, einen punktuellen Fehler der früheren Entscheidung zu heilen, so bleibt der Zeitpunkt des (ersten) Planfeststellungsbeschlusses maßgeblich. Abweichendes gilt, wenn die Planfeststellungsbehörde ihre Entscheidung im ergänzenden Verfahren auf veränderte tatsächliche oder rechtliche Verhältnisse stützt und auf der Grundlage einer Aktualisierung der Beurteilungsgrundlagen eine Neubewertung vornimmt. Dann ist der Zeitpunkt der Aktualisierung maßgeblich.[266] Insoweit ist vor allem zu berücksichtigen, dass das Ziel der zu verschiedenen Prüfungen veranlassenden umweltrechtlichen Ge- und Verbote, einen möglichst weitgehenden Schutz des jeweiligen Schutzgutes zu ermöglichen, verfehlt würde, wenn man den Zustand im gegebenenfalls mehrere Jahre zurückliegenden Zeitpunkt des Erlasses zugrunde legen wollte.[267]

In der großen Mehrzahl der Fälle dürfte demnach die Sach- und Rechtslage im Zeitpunkt des ergänzenden Verfahrens maßgeblich sein. Denn im ergänzenden Verfahren werden oftmals ganze Ermittlungsschritte wie etwa eine unterbliebene Natura 2000-Verträglichkeitsprüfung oder eine artenschutzrechtliche Bestandserfassung nachgeholt bzw. erneut durchgeführt. Damit erfolgt regelmäßig eine Anknüpfung an (etwaig nachträglich veränderte) tatsächliche Verhältnisse.[268] Bedarf es hingegen allein einer inhaltlichen Nachbewertung der Ergebnisse einer von Anfang an ordnungsgemäß durchgeführten Bestandsaufnahme, dürfte es möglich sein, an der Sach- und Rechtslage im Zeitpunkt des Erlasses festzuhalten.

III. Abschließender Verwaltungsakt

In Abhängigkeit davon, zu welchen Erkenntnissen das ergänzende Verfahren führt, steht an dessen Ende ein Verwaltungsakt, der den ursprünglichen Planfeststellungsbeschluss bestätigt, ergänzt, ändert oder aufhebt.[269] Um Publizitätserfor-

---

[266] BVerwG, Urteil vom 12.03.2008 – 9 A 3/06, BVerwGE 131, 299 Rn. 63, 131; BVerwG, Urteil vom 14.04.2010 – 9 A 5/08, BVerwGE 136, 291 Rn. 29; BVerwG, Urteil vom 15.07. 2016 – 9 C 3/16, NVwZ 2016, 1631 Rn. 42; BVerwG, Urteil vom 04.06.2020 – 7 A 1/18, Buchholz 406.403 § 34 BNatSchG 2010 Nr. 18 Rn. 34. Zustimmend: *Seibert*, NVwZ 2018, 97 (102); *Storost*, UPR 2018, 52 (59); *Riese*, in: Schoch/Schneider, VwGO, § 114 Rn. 240.

[267] Vgl. EuGH, Urteil vom 14.01.2016 – C-399/14, NVwZ 2016, 595 Rn. 58–62 und daran anknüpfend BVerwG, Urteil vom 15.07.2016 – 9 C 3/16, NVwZ 2016, 1631 Rn. 43 zur Waldschlösschenbrücke.

[268] *Jarass*, in: Gedächtnisschrift Tettinger, 2007, S. 465 (473); *Seibert*, NVwZ 2018, 97 (102).

[269] *Seibert*, NVwZ 2018, 97 (101); *Schütz*, UPR 2021, 418 (424); *Neumann/Külpmann*, in: Stelkens/Bonk/Sachs, VwVfG, § 75 Rn. 50; *Deutsch*, in: Mann/Sennekamp/Uechtritz, VwVfG,

dernissen und dem Gebot der Rechtssicherheit Rechnung zu tragen, muss das Verfahren zwingend mit einem Verwaltungsakt abgeschlossen werden, in dem das Ergebnis des ergänzenden Verfahrens verlautbart wird.[270] Eine konkludente Nachbesserung genügt nicht.[271]

Ist eine Änderung oder Ergänzung des Vorhabens erforderlich, ergeht im Falle eines Planfeststellungsbeschlusses ein Änderungs- bzw. Ergänzungsbeschluss, ansonsten ein entsprechender Bescheid.[272] Kann der verfügende Teil des Planfeststellungsbeschlusses hingegen unverändert bleiben, stellt die Behörde dies durch eine verbindliche Bestätigung fest und vervollständigt die Begründung des Beschlusses um ihre neuen rechtserheblichen Erkenntnisse.[273] Eine Änderung liegt in diesem Fall nicht in der lediglich modifizierten Begründung, sondern auch in der Entscheidung selbst, die nach dem ergänzenden Verfahren auf anderen Grundlagen beruht und damit inhaltlich verändert ist.[274] Eine Bekanntgabe an diejenigen Personen, die zuvor den Planfeststellungsbeschluss angefochten haben, dürfte hier genügen.[275]

Die Entscheidung verschmilzt mit dem ursprünglichen Planfeststellungsbeschluss und nimmt an seinen Rechtswirkungen nach § 75 Abs. 1 VwVfG teil.[276] Die neue Entscheidung wirkt *inter omnes*, soweit sie das Vorhaben modifiziert.

---

§ 75 Rn. 136. A.A. *Sauer*, Öffentliches Reaktionsrecht, 2021, S. 389, 401 f., der davon ausgeht, dass das ergänzende Verfahren lediglich eine Verfahrensergänzung, nicht aber eine materielle Änderung des Planfeststellungsbeschlusses ermögliche. Diese Auffassung überzeugt nicht, weil vor Durchführung des ergänzenden Verfahrens oftmals noch nicht feststeht, ob es einer inhaltlichen Korrektur bedarf oder nicht.

[270] BVerwG, Urteil vom 15.07.2016 – 9 C 3/16, NVwZ 2016, 1631 Rn. 47; *Bell/Herrmann*, NVwZ 2004, 288 (293); *Durner*, VerwArch 97 (2006), 345 (379); *Schink*, in: Knack/Henneke, VwVfG, § 75 Rn. 47; *Neumann/Külpmann*, in: Stelkens/Bonk/Sachs, VwVfG, § 75 Rn. 50.

[271] So allerdings noch BVerwG, Urteil vom 14.12.1990 – 7 C 5/90, BVerwGE 87, 241 (243); *Kohls/Gerbig*, NVwZ 2020, 1081 (1084).

[272] *Storost*, NVwZ 1998, 797 (803); *Brischke*, DVBl. 2002, 429 (431); *Durner*, VerwArch 97 (2006), 345 (365); *Deutsch*, in: Mann/Sennekamp/Uechtritz, VwVfG, § 75 Rn. 136.

[273] BVerwG, Urteil vom 12.12.1996 – 4 C 19/95, BVerwGE 102, 358 (365); BVerwG, Beschluss vom 05.12.2008 – 9 B 28/08, NVwZ 2008, 320 Rn. 17; BVerwG, Urteil vom 08.01. 2014 – 9 A 4/13, BVerwGE 149, 31 Rn. 16; BVerwG, Beschluss vom 28.07.2014 – 7 B 22/13, UPR 2015, 34 Rn. 6; *Jarass*, in: Gedächtnisschrift Tettinger, 2007, S. 465 (474); *ders.*, DVBl. 1997, 795 (801); *Kraft*, BayVBl. 1995, 519, (520); *Durner*, VerwArch 97 (2006), 345 (365); *Wickel*, in: Fehling/Kastner/Störmer, Hk-VerwR, § 75 VwVfG Rn. 60; *Deutsch*, in: Mann/Sennekamp/Uechtritz, VwVfG, § 75 Rn. 136.

[274] *Durner*, VerwArch 97 (2006), 345 (365). Ebenso: *Storost*, NVwZ 1998, 797 (804); *ders.*, UPR 2018, 52 (59), der von einem „Sonderfall der Plananderung" spricht; *Brischke*, DVBl. 2002, 429 (431); *Kraft*, BayVBl. 1995, 519 (520); *Saurer*, NVwZ 2020, 1137 (1141). Hierzu unter § 12 A.II.

[275] Ebenso: *Jarass*, in: Gedächtnisschrift Tettinger, 2007, S. 465 (474 f.).

[276] Hierzu noch unter § 12 A.I.3.

Hingegen erfolgt sie allein gegenüber dem Kläger, wenn die äußere Gestalt des Vorhabens unverändert bleibt und Änderungen allein Begründungselemente des Planfeststellungsbeschlusses betreffen.[277]

Hält die Behörde die Heilung für gescheitert, scheidet jede Form einer Ergänzung bzw. Änderung des ursprünglichen Planfeststellungsbeschlusses aus. Dies kommt zum einen in Betracht, wenn sich die Heilung im Zuge des ergänzenden Verfahrens als unmöglich erweist.[278] In diesem Fall hebt die Behörde den Planfeststellungsbeschluss auf.[279] Zum anderen kann die Situation eintreten, dass die Durchführung eines ergänzenden Verfahrens die finanzielle Leistungsfähigkeit oder -bereitschaft des Vorhabenträgers übersteigt oder er aus anderen Gründen von vornherein davon absieht und sein Vorhaben aufgibt. Unklar ist, ob die Behörde in diesem Fall von Amts wegen verpflichtet ist, weitere Schritte zu ergreifen. Soweit mit der Verwirklichung des Vorhabens zu diesem Zeitpunkt noch nicht begonnen worden ist, erscheint dies – anders als etwa bei einer Aufgabe des Vorhabens nach § 77 VwVfG – zu Klarstellungszwecken nicht unbedingt erforderlich, weil kein vollziehbarer Planfeststellungsbeschluss existiert. Gleiches gilt für den Schutz des Klägers. Für die Beseitigung seiner Rechtsverletzung macht es keinen Unterschied, ob die rechtswidrige Entscheidung aufgehoben oder nur für nicht vollziehbar erklärt worden ist.[280] Indes löst die Feststellung der Rechtswidrigkeit und Nichtvollziehbarkeit einen Schwebezustand aus, dessen immerwährende Fortdauer nicht intendiert ist.[281] Bei endgültigem Unterbleiben von Heilungsbemühungen hat die Behörde den Planfeststellungsbeschluss daher in analoger Anwendung des § 77 VwVfG aufzuheben. Der Kläger kann dies klageweise erreichen.[282] Einem mit einer Verpflichtungsklage geltend gemachten Anspruch auf Aufhebung dürfte die Rechtskraft desjenigen Urteils, das die Entscheidung zuvor für rechtswidrig und nicht vollziehbar erklärt und das Aufhebungsbegehren abgewiesen hat, nicht entgegenstehen. Denn wenn eine Heilung scheitert oder von Anfang an unterbleibt, lässt sich von einer neuen Sachlage sprechen, die der Rechtskraft des Urteils ein Ende setzt und eine neue Klage ermöglicht.[283]

---

[277] Hierzu unter § 12 A.II.

[278] BVerwG, Urteil vom 04.06.2020 – 7 A 1/18, Buchholz 406.403 § 34 BNatSchG 2010 Nr. 18 Rn. 9.

[279] *Schütz*, UPR 2021, 418 (419); *Deutsch*, in: Mann/Sennekamp/Uechtritz, VwVfG, § 75 Rn. 128.

[280] *Baumeister*, Der Beseitigungsanspruch als Fehlerfolge des rechtswidrigen Verwaltungsakts, 2006, S. 422. Vgl. auch *Hildebrandt*, Der Planergänzungsanspruch, 1999, S. 89, 238 f.

[281] In diese Richtung auch *Schütz*, UPR 2021, 418 (420).

[282] A.A. wohl *Hildebrandt*, Der Planergänzungsanspruch, 1999, S. 96.

[283] Vgl. dazu BVerwG, Urteil vom 23.06.2020 – 9 A 22/19, BVerwGE 168, 368 Rn. 35 ff. Hierzu zudem unter § 12 D.II.2

§ 7 Verfassungs- und europarechtliche Zulässigkeit

Im Schrifttum sind sämtliche Heilungsvorschriften seit jeher massiver Kritik ausgesetzt.[284] Mit Blick auf das Rechtsstaatsgebot wird bemängelt, dass die Behörde bei der nachträglichen Fehlerbehebung bestrebt sei, ihre einmal erfolgte Festlegung zu verteidigen, statt offen für die in der Sache beste Entscheidung zu sein.[285] Weiterhin resultiert eine gewisse Skepsis aus dem Umstand, dass sich im Nachhinein nur schwer verlässlich beurteilen lässt, ob durch die nachträgliche Beachtung einer zuvor verletzten Regelung letztlich dasselbe Ergebnis erreicht wird, wie im Falle ihrer Berücksichtigung von Anfang an.[286] Auch im Hinblick auf die Fehlerbehebung im ergänzenden Verfahren werden entsprechende Einwände vorgebracht.[287] Hier kommen Auswirkungen auf das verwaltungsgerichtliche Verfahren hinzu. Insbesondere kann es durch die Möglichkeit, noch im Prozess oder gar nach einem gerichtlichen Urteil Korrekturen vorzunehmen, zu einer bedenklichen Verschränkung der Aufgabenbereiche von Exekutive und Judikative kommen.[288] Im Ergebnis hält die herrschende Meinung ein nachträgliches erneutes Tätigwerden der Behörde aber für verfassungskonform.[289]

Der Europäische Gerichtshof hat sich mit der Möglichkeit einer nachträglichen Fehlerbehebung primär im Zusammenhang mit einer rechtswidrig unterlassenen Umweltverträglichkeitsprüfung befasst. Deren Nachholbarkeit ist in Ansehung des Wortlautes von Art. 2 Abs. 1 der UVP-Richtlinie[290] in Frage gestellt. Danach sind Projekte, bei denen mit erheblichen Auswirkungen auf die Umwelt zu rechnen ist, „vor Erteilung der Genehmigung" einer Umweltverträglichkeitsprüfung zu unterziehen. Da die Regelungen der UVP-Richtlinie ins-

---

[284] Vgl. zu § 45 VwVfG etwa *Hufen/Siegel*, Fehler im Verwaltungsverfahren, 2018, Rn. 412 f.; *Hufen*, NJW 1982, 2160 (2166 ff.), *Emmenegger*, in: Mann/Sennekamp/Uechtritz, VwVfG, § 45 Rn. 113. Im Übrigen: *Schulze-Fielitz*, in: Festschrift Hoppe, 2000, S. 997 (1002 ff.); *Saurer*, NVwZ 2020, 1137 (1142).

[285] *Hufen/Siegel*, Fehler im Verwaltungsverfahren, 2018, Rn. 940 – „verwaltungspsychologische Bestandskraft der einmal getroffenen Entscheidung". Vgl. auch *Storost*, NVwZ 1998, 797 (799); *Siegel*, ZUR 2017, 451 (453).

[286] *Bumke*, Relative Rechtswidrigkeit, 2004, S. 206.

[287] *Seibert*, NVwZ 2018, 97 (100 f.); *Wysk*, in: Kopp/Ramsauer, VwVfG, § 75 Rn. 35c.

[288] Hierzu im Einzelnen im Zusammenhang mit der Verfassungsmäßigkeit der Doppelten Rechtskraft unter § 13 A.II.3

[289] *Bumke*, Relative Rechtswidrigkeit, 2004, S. 208; *Baumeister*, Der Beseitigungsanspruch als Fehlerfolge des rechtswidrigen Verwaltungsakts, 2006, S. 360; *Schmidt-Aßmann*, in: Dürig/Herzog/Scholz, GG, Art. 19 Abs. 4 Rn. 285; *Huber*, in: v. Mangoldt/Klein/Starck, GG, Art. 19 Rn. 498.

[290] Richtlinie 2011/92/EU des Europäischen Parlaments und des Rates vom 13. Dezember 2011 über die Umweltverträglichkeitsprüfung bei bestimmten öffentlichen und privaten Projekten (ABl. L 26 vom 28.01.2012, S. 1).

besondere eine bessere Information und eine frühe Beteiligung der Öffentlichkeit ermöglichen sollen, hat der Europäische Gerichtshof wiederholt betont, dass der Überprüfung der Einhaltung der Verfahrensregeln in diesem Bereich besondere Bedeutung zukomme.[291] Nachträglich erfolgende Prüfungen stünden einer Prüfung vor Zulassung des Projektes nicht gleich.[292] Dennoch hat er die Möglichkeit der Nachholung einer Umweltverträglichkeitsprüfung inzwischen in einer Vielzahl von Entscheidungen bestätigt.[293] Insbesondere stünde das Effektivitätsprinzip dem nicht *per se* entgegen.[294] Auch stellte der Gerichtshof bereits im Jahr 2004 in der Begründung zum *Wells*-Urteil klar, dass eine bereits erteilte Genehmigung nicht notwendigerweise zurückgenommen werden müsse, sondern auch ihre Aussetzung in Betracht komme.[295] Dem soll auch nicht entgegenstehen, dass die UVP-pflichtige Anlage bereits errichtet worden ist.[296] Die nachträgliche Legalisierung wird jedoch ihrerseits an strenge Voraussetzungen geknüpft: So darf hierdurch nicht die Möglichkeit eröffnet werden, das Unionsrecht zu umgehen oder nicht anzuwenden und sie muss die Ausnahme bleiben.[297] Weiterhin verlangt der Gerichtshof, dass im Zeitpunkt der Nachholung unterlassener Verfahrensschritte „alle Optionen offen sind", diese also nicht bloß formal erfolgt, und insbesondere eine im Hinblick auf den Ausgang des Entscheidungsverfahrens effektive Öffentlichkeitsbeteiligung noch möglich ist.[298] Das

---

[291] Vgl. etwa EuGH, Urteil vom 07.11.2013 – Rs. C-72/12, NVwZ 2014, 49 Rn. 48 (*Altrip*).

[292] EuGH, Urteil vom 03.07.2008 – Rs. C-215/06, Slg. 2008, I-4911 Rn. 49 (*Kommission/Irland*); EuGH, Urteil vom 24.11.2011 – Rs. C-404/09, Slg. 2011, I-11853 Rn. 83, 93 (*Kommission/Spanien*).

[293] EuGH, Urteil vom 03.07.2008 – Rs. C-215/06, Slg. 2008, I-4911 Rn. 57 (*Kommission/Irland*); EuGH, Urteil vom 15.01.2013 – Rs. C-416/10, NVwZ 2013, 347 Rn. 87 (*Krizan*); EuGH, Urteil vom 17.11.2016 – Rs. C-348/15, NVwZ 2017, 133 Rn. 36–38 (*Stadt Wiener Neustadt*); EuGH, Urteil vom 26.07.2017 – Rs. C-196/16 und C-197/16, NVwZ 2017, 1611 Rn. 37 f. (*Comune di Corridonia*).

[294] EuGH, Urteil vom 15.01.2013 – Rs. C-416/10, NVwZ 2013, 347 Rn. 87 (*Krizan*).

[295] EuGH, Urteil vom 07.01.2004 – Rs. C-201/02, Slg. 2004, I-723 Rn. 64 f., 69 (*Wells*). Dem folgend: EuGH, Urteil vom 03.07.2008 – Rs. C-215/06, Slg. 2008, I-4911 Rn. 59 (*Kommission/Irland*); EuGH, Urteil vom 26.07.2017 – Rs. C-196/16 und C-197/16, NVwZ 2017, 1611 Rn. 37 f. (*Comune di Corridonia*).

[296] So ausdrücklich: EuGH, Urteil vom 26.07.2017 – Rs. C-196/16 und C-197/16, NVwZ 2017, 1611 Rn. 43 (*Comune di Corridonia*).

[297] EuGH, Urteil vom 03.07.2008 – Rs. C-215/06, Slg. 2008, I-4911 Rn. 57 (*Kommission/Irland*); EuGH, Urteil vom 15.01.2013 – Rs. C-416/10, NVwZ 2013, 347 Rn. 87 (*Krizan*); EuGH, Urteil vom 17.11.2016 – Rs. C-348/15, NVwZ 2017, 133 Rn. 36–38 (*Stadt Wiener Neustadt*); EuGH, Urteil vom 26.07.2017 – Rs. C-196/16 und C-197/16, NVwZ 2017, 1611 Rn. 37 f. (*Comune di Corridonia*).

[298] EuGH, Urteil vom 15.01.2013 – Rs. C-416/10, NVwZ 2013, 347 Rn. 90 (*Krizan*). Vgl. auch die Schlussanträge der Generalanwältin *Kokott* in dieser Sache vom 19.04.2012, juris Rn. 104.

Bundesverwaltungsgericht, das mit Blick auf die Nachholbarkeit einer Umweltverträglichkeitsprüfung in der Vergangenheit gewisse Unschärfen erkennen ließ,[299] sieht diese Voraussetzungen beim ergänzenden Verfahren als erfüllt an.[300] Die Beachtung des Unionsrechts werde durch die Feststellung der Rechtswidrigkeit und Nichtvollziehbarkeit gewährleistet. Die nationalen Regelungen zur UVP-Pflicht als Teil der Zulassungsentscheidung würden sicherstellen, dass die nachträgliche Fehlerheilung auf Ausnahmesituationen beschränkt bleibe.[301] Die Möglichkeit der Durchführung einer Umweltverträglichkeitsprüfung im ergänzenden Verfahren wurde auch in weiten Teilen des Schrifttums bereits vor Einführung des aktuellen § 4 UmwRG, aus dessen Wortlaut eine prinzipielle Anerkennung der Nachholbarkeit hervorgeht,[302] bejaht.[303] Vor dem Hintergrund der durch das UmwRG ausgeweiteten Heilungsmöglichkeiten für sämtliche verfahrens- und materiell-rechtliche Fehler in einer Vielzahl behördlicher Zulassungsentscheidungen wird jedoch zu recht bezweifelt, dass es sich hierbei noch um unionsrechtlich zulässige Ausnahmen handelt.[304]

---

[299] BVerwG, Urteil vom 20.08.2008 – 4 C 11/07 BVerwGE 131, 352 Rn. 26. Daran anknüpfend etwa OVG Greifswald, Urteil vom 05.04.2016 – 5 K 4/14, DVBl. 2016, 1472 (1475 f.). Darauf hinweisend: *Wegener*, in: Faßbender/Köck, Querschnittsprobleme des Umwelt- und Planungsrechts – Rechtsschutz und Umweltprüfungen, 2019, S. 87 (98 f.); *Saurer*, NVwZ 2020, 1137 (1142).

[300] BVerwG, Urteil vom 20.12.2011 – 9 A 31/10, BVerwGE 141, 282 Rn. 36; BVerwG, Urteil vom 17.12.2013 – 4 A 1/13, BVerwGE 148, 353 Rn. 43; BVerwG, Urteil vom 24.05.2018 – 4 C 4/17, BVerwGE 162, 114 Rn. 38 ff.; BVerwG, Beschluss vom 13.06.2019 – 7 B 23/18, NVwZ 2019, 1611 Rn. 6.

[301] BVerwG, Urteil vom 20.12.2011 – 9 A 31/10, BVerwGE 141, 282 Rn. 36; BVerwG, Urteil vom 24.05.2018 – 4 C 4/17, BVerwGE 162, 114 Rn. 40; BVerwG, Beschluss vom 13.06. 2019 – 7 B 23/18, NVwZ 2019, 1611 Rn. 6.

[302] So ausdrücklich: VG Arnsberg, Urteil vom 17.10.2017 – 4 K 2130/16, ZNER 2017, 497 (500).

[303] *Ziekow*, NVwZ 2007, 259 (265); *Kment*, NVwZ 2007, 274 (277); *ders.*, in: Beckmann/ Kment, UVPG/UmwRG, § 4 UmwRG Rn. 34 ff. In der jüngeren Literatur etwa *Rubel*, DVBl. 2019, 600 (603); *Saurer*, NVwZ 2020, 1137 (1142); *Schütz*, UPR 2021, 418 (418); *Fellenberg/Schiller*, in: Landmann/Rohmer, Umweltrecht, § 4 UmwRG Rn. 85, 102; *Dippel*, in: Schink/Reidt/Mitschang, UVPG/UmwRG, § 18 UVPG Rn. 19; *Happ*, in: Eyermann, VwGO, § 4 UmwRG Rn. 7, 16. A. A. *Jarass*, in: Festschrift Battis, 2014, S. 467 (471); *Beckmann*, ZUR 2014, 541 (542); *Brigola/Heß*, NuR 2017, 729 (731 f.); wohl ebenso *Keller*, NVwZ 2017, 1080 (1084); *Franzius*, NVwZ 2018, 219 (219) unter Verweis auf BVerwG, Urteil vom 20.08.2008 – 4 C 11/07, BVerwGE 131, 352–369; *Bunge*, UmwRG, § 4 Rn. 28. Unter Einschränkungen: *Seibert*, NVwZ 2018, 97 (101).

[304] *Kment*, in: Schlacke, Einwirkungen des Unionsrechts auf das deutsche Planungs- und Zulassungsrecht, 2020, S. 21 (35 f.); *ders.*, NVwZ 2018, 1739 (1740); *Langstädtler*, Effektiver Umweltrechtsschutz in Planungskaskaden, 2021, S. 485; *Seibert*, NVwZ 2018, 97 (101). Kritisch auch: *Saurer*, NVwZ 2020, 1137 (1142 f.).

Teil 3

Die Doppelte Rechtskraft

Die Doppelte Rechtskraft ist das Ergebnis einer richterlichen Rechtsfortbildung des Bundesverwaltungsgerichts. Sie zeichnet sich durch besondere Rechtskraftwirkungen aus, die einem verwaltungsgerichtlichen Urteil zukommen, welches die Rechtswidrigkeit und Nichtvollziehbarkeit eines Planfeststellungsbeschlusses feststellt (hierzu unter § 8). Ihren maßgeblichen Anknüpfungspunkt findet sie im Urteilsausspruch (hierzu unter § 9). Während sie dem Ziel dient, Verfahren effizienter zu gestalten, vermag eine dogmatische Rechtfertigung nicht zu gelingen (hierzu unter § 10).

Die Doppelte Rechtskraft wirkt sich für die jeweils mit einem Vorhaben befassten Gerichte sowie für die Verfahrensbeteiligten in mehrfacher Hinsicht aus. Zunächst führt sie bereits im gerichtlichen Verfahren zur behördlichen Ausgangsentscheidung zu prozessualen Besonderheiten (hierzu unter § 11). Kommt es nach der Feststellung der Rechtswidrigkeit und Nichtvollziehbarkeit zu einem ergänzenden Verfahren und geht der Kläger gegen die daraus resultierende, korrigierte Entscheidung wiederum klageweise vor, gelten die mit der Doppelten Rechtskraft intendierten Einschränkungen, die ihrerseits Folgefragen aufwerfen (hierzu unter § 12).

Ob die Doppelte Rechtskraft den Anforderungen des Grundgesetzes und des Unions- und Völkerrechts standhalten kann, muss untersucht werden (hierzu unter § 13). Weiterhin bedarf es der Überlegung, ob und wie dieses prozessuale Sicherungsinstrument gesetzlich kodifiziert werden sollte (hierzu unter § 14).

§ 8 Die Doppelte Rechtskraft
in der höchstrichterlichen Rechtsprechung

Mit dem Urteil, das die Rechtswidrigkeit und Nichtvollziehbarkeit eines Planfeststellungsbeschlusses feststellt und die Klage im Übrigen abweist, verbindet das Bundesverwaltungsgericht besondere Folgen im Hinblick auf die Rechtskraft (hierzu unter A.). Es ist zu erwarten, dass es seine Rechtsprechung auch auf die neuen Heilungstatbestände der §§ 4 Abs. 1b Satz 1 und 7 Abs. 5 Satz 1 UmwRG anwenden wird (hierzu unter B.).

A. Rechtsprechung des BVerwG zu § 75 Abs. 1a Satz 2 VwVfG

Wenn eine Klage unter Beachtung des § 75 Abs. 1a Satz 2 VwVfG zur Feststellung der Rechtswidrigkeit und Nichtvollziehbarkeit eines Planfeststellungsbeschlusses und zur Abweisung im Übrigen führt, misst das Bundesverwaltungsgericht dem Urteil eine besondere Rechtskraftwirkung bei.

In positiver Hinsicht werden die festgestellten Fehler mit Rechtskraft ausgestattet. Zugleich soll mit Eintritt der Rechtskraft in negativer Hinsicht feststehen, dass der Planfeststellungsbeschluss keine weiteren Fehler aufweist, mithin im Übrigen rechtmäßig ist.[1]

Dieses vom *9. Senat* entwickelte Konzept ist im deutschen Prozessrecht ohne Vorbild. Die anderen drei Senate des Bundesverwaltungsgerichts, zu deren jeweiligem Geschäftsbereich das Fachplanungsrecht zählt, haben es mit graduellen Nuancen in der Begründung übernommen.[2] Auch im Schrifttum wird die besondere Rechtskraftwirkung derjenigen Urteile, die den Weg in ein ergänzendes Verfahren ebnen, anerkannt und befürwortet.[3] Erst in jüngster Zeit hat sich hierfür der Begriff der Doppelten Rechtskraft als prägnante Bezeichnung etabliert.[4]

---

[1] BVerwG, Urteil vom 08.01.2014 – 9 A 4/13, BVerwGE 149, 31 Rn. 28; BVerwG, Urteil vom 28.04.2016 – 9 A 9/15, BVerwGE 155, 91 Rn. 39; BVerwG, Urteil vom 15.07.2016 – 9 C 3/16, NVwZ 2016, 1631 Rn. 61; BVerwG, Urteil vom 23.05.2017 – 4 A 7/16, juris Rn. 7; BVerwG, Urteil vom 24.05.2018 – 4 C 4/17, BVerwGE 162, 114 Rn. 45; BVerwG, Urteil vom 07.10.2021 – 4 A 9/19, UPR 2022, 98 Rn. 51.

[2] Vgl. etwa BVerwG, Beschluss vom 28.07.2014 – 7 B 22/13, UPR 2015, 34 Rn. 10; BVerwG, Urteil vom 23.05.2017 – 4 A 7/16, juris Rn. 7; BVerwG, Beschluss vom 17.03.2020 – 3 VR 1/19, NVwZ 2020, 1051 Rn. 18. Siehe hierzu: *Ewer*, Möglichkeiten zur Beschleunigung verwaltungsgerichtlicher Verfahren über Vorhaben zur Errichtung von Infrastruktureinrichtungen und Industrieanlagen, 2019, S. 103.

[3] *Sauer*, UPR 2017, 448 (454); *Seibert*, NVwZ 2018, 97 (102); *Storost*, UPR 2018, 52 (59); *Rubel*, DVBl. 2019, 600 (602); *Stüer/Stüer*, DVBl. 2018, 1160 (1161); *Schütz*, UPR 2021, 418 (421); *Fischer*, in: Ziekow, Handbuch des Fachplanungsrechts, § 3 Rn. 226; *Schenke*, in: Kopp/Schenke, VwGO, § 121 Rn. 21; *Wöckel*, in: Eyermann, VwGO, § 121 Rn. 35; *Riese*, in: Schoch/Schneider, VwGO, § 114 Rn. 241; *Fellenberg/Schiller*, in: Landmann/Rohmer, Umweltrecht, § 4 UmwRG Rn. 91, 98; *Weiß*, in: Schoch/Schneider, VwVfG, Vorbemerkung § 72 Rn. 274; *Kupfer*, in: Schoch/Schneider, VwVfG, § 75 Rn. 66.

[4] Eingeführt wurde diese Bezeichnung von *RiBVerwG Prof. Dr. Christoph Külpmann* im Rahmen eines Vortrages auf der 43. Jahrestagung der Gesellschaft für Umweltrecht am 08.11. 2019 in Leipzig, vgl. *Külpmann*, NVwZ 2020, 1143. Begrifflich daran anknüpfend etwa: *Guckelberger*, NuR 2020, 655 (661); *Schütz*, UPR 2021, 418 (420); *Wysk*, UPR 2021, 434 (435); *Kautz*, in: Fehling/Kastner/Störmer, Hk-VerwR, § 124 VwGO Rn. 96; *Wöckel*, in: Eyermann, VwGO, § 121 Rn. 35.

B. Übertragung der Rechtsprechung auf das ergänzende Verfahren nach dem UmwRG

Die Vorschrift des § 75 Abs. 1a Satz 2 VwVfG, für die das Bundesverwaltungsgericht nicht nur die von § 113 Abs. 1 Satz 1 VwGO abweichende Feststellung der Rechtswidrigkeit und Nichtvollziehbarkeit, sondern auch die Figur der Doppelten Rechtskraft entwickelt hat, diente dem Gesetzgeber bei der Einführung der §§ 4 Abs. 1b Satz 1 und 7 Abs. 5 Satz 1 UmwRG ersichtlich als Vorbild. Dies ist nicht nur anhand des im Wesentlichen übernommenen Wortlautes der Regelung erkennbar. Die in der Gesetzesbegründung klar zum Ausdruck kommende Absicht des Gesetzgebers war es, „Parallelnorm[en]" zu schaffen, und auf diese auch die zu § 75 Abs. 1a Satz 2 VwVfG ergangene Rechtsprechung zu übertragen.[5] Insbesondere soll im Tenor des Urteils, an das sich ein Heilungsverfahren anschließt, ebenfalls die Rechtswidrigkeit und Nichtvollziehbarkeit ausgesprochen werden.[6] Dementsprechend ist davon auszugehen, dass das Bundesverwaltungsgericht das Konzept der Doppelten Rechtskraft für Entscheidungen im Anwendungsbereich der §§ 4 Abs. 1b Satz 1 und 7 Abs. 5 Satz 1 UmwRG übernehmen wird.[7] Damit würde mit Rechtskraft des Urteils etwa auch im Hinblick auf wasser- und immissionsschutzrechtliche Genehmigungen festgestellt, dass die Entscheidung der Behörde mit Ausnahme der gerichtlich beanstandeten Mängel keine weiteren Fehler aufweist.

Diese Intention hat das Bundesverwaltungsgericht in seinem Revisionsurteil zum *Kohlekraftwerk Moorburg* bereits angedeutet. Im Zusammenhang mit einem Verstoß gegen das Habitatrecht stellt der *7. Senat* darin zunächst fest, dass eine Fehlerbehebung nach § 7 Abs. 5 Satz 1 UmwRG in Betracht komme. Sodann führt er unter Verweis auf zwei Urteile zu § 75 Abs. 1a Satz 2 VwVfG aus, dass das Tatsachengericht mit Blick auf die Rechtskraftwirkung des Urteils die der Erlaubnis anhaftenden Fehler auf der Grundlage einer umfassenden rechtlichen Prüfung abschließend benennen müsse.[8] Einer umfassenden Prüfung bedarf es indes nur, wenn man dem anschließend ergehenden Urteil die Wirkungen der Doppelten Rechtskraft beimisst.

Die Oberverwaltungsgerichte wenden das Institut der Doppelten Rechtskraft – ebenfalls unter Hinweis darauf, dass der Gesetzgeber die Heilungsbestimmungen im UmwRG dem Vorbild des § 75 Abs. 1a Satz 2 VwVfG nachgebildet habe –

---

[5] Vgl. BT-Drs. 18/9526, S. 44 sowie BT-Drs. 18/12146, S. 16.

[6] BT-Drs. 18/9526, S. 45.

[7] Ebenso: *Berkemann*, DVBl. 2020, 1 (12); *Külpmann*, NVwZ 2020, 1143 (1148). Allgemeiner auch: *Kment*, NVwZ 2019, 410 (415).

[8] BVerwG, Urteil vom 29.05.2018 – 7 C 18/17 u. a., NVwZ 2018, 1734 Rn. 31.

bereits an.[9] Soweit die Fallkonstellationen, die von § 75 Abs. 1a Satz 2 VwVfG
einerseits und von §§ 4 Abs. 1b Satz 1, 7 Abs. 5 Satz 1 UmwRG andererseits erfasst werden, in Art und Umfang vergleichbar sind,[10] erscheint dies nachvollziehbar.

§ 9 Ausgangspunkt:
Feststellung der Rechtswidrigkeit und Nichtvollziehbarkeit

Ausgangspunkt der Überlegungen zum Institut der Doppelten Rechtskraft ist das
Urteil, mit dem das Gericht von einer Aufhebung der fehlerhaften behördlichen
Entscheidung absieht und stattdessen die Möglichkeit zur Heilung im ergänzenden Verfahren eröffnet (hierzu unter A.). Die Tenorierung, die das Gericht in diesen Fällen üblicherweise wählt, ist in der VwGO nicht vorgesehen, sondern beruht auf der Rechtsprechung des Bundesverwaltungsgerichts (hierzu unter B.).

A. Anträge der Verfahrensbeteiligten und Entscheidung des Gerichts

Gehen Dritte – etwa ein Umweltverband, eine Kommune oder ein privater Betroffener – vor Gericht gegen ein Vorhaben vor, dann geschieht dies regelmäßig
durch Erhebung einer Drittanfechtungsklage gegen die Zulassungsentscheidung.
Die Anträge der Klägerseite folgen in diesen Fällen fast immer dem gleichen
Schema: Mit dem Hauptantrag beantragt der Kläger die Aufhebung des Planfeststellungsbeschlusses. Hilfsweise beantragt er die Feststellung der Rechtswidrigkeit und Nichtvollziehbarkeit. Wiederum hilfsweise beantragt er, die Behörde zu
verpflichten, dem Vorhabenträger die Vornahme bestimmter Maßnahmen aufzugeben. Im Gegenzug beantragen die Behörde für die Beklagtenseite und der Vorhabenträger, der regelmäßig notwendig beizuladen ist, die Abweisung der Klage.[11]
    Diese Vorgehensweise reflektiert die Konsequenzen, die sich auf prozessualer
Ebene durch die Eröffnung der Heilungsmöglichkeit für die Verwaltung ergeben.

---

[9] Exemplarisch: OVG Lüneburg, Beschluss vom 11.05.2020 – 12 LA 150/19, BauR 2020,
1292 (1293); OVG Lüneburg, Beschluss vom 18.03.2021 – 12 LB 148/20, KommJur 2021, 132
(137); OVG Lüneburg, Beschluss vom 23.11.2021 – 1 LA 160/19, ZUR 2022, 165 (166).

[10] So begründete der Gesetzgeber die Einführung der Heilungstatbestände im UmwRG, vgl.
BT-Drs. 18/9526, S. 44.

[11] Vgl. exemplarisch: OVG Lüneburg, Urteil vom 22.04.2016 – 7 KS 27/15, juris Rn. 32–
37. *Seibert*, NVwZ 2018, 97 (103); *Deutsch*, in: Mann/Sennekamp/Uechtritz, VwVfG, § 75
Rn. 130; *Neumann/Külpmann*, in Stelkens/Bonk/Sachs, VwVfG, § 75 Rn. 44; *Riese*, in:
Schoch/Schneider, VwGO, § 114 Rn. 238.

Gewiss begehrt der Kläger primär die vollständige Aufhebung der aus seiner Sicht rechtswidrigen Zulassungsentscheidung im Wege der Anfechtungsklage. Dies entspricht seinem Interesse, von den belastenden Wirkungen der behördlichen Entscheidung nicht mehr betroffen zu werden, am besten. Für den Fall, dass das Gericht die Entscheidung zwar als mangelhaft erachtet, aber zugleich eine nachträgliche Fehlerbehebung für möglich hält, wird es abweichend von § 113 Abs. 1 Satz 1 VwGO durch die Heilungsvorschriften in § 75 Abs. 1a Satz 2 VwVfG bzw. §§ 4 Abs. 1b Satz 1 und 7 Abs. 5 Satz 1 UmwRG allerdings an einer Aufhebung der behördlichen Entscheidung gehindert. Neben der Abweisung des Aufhebungsantrags, die in diesen Fällen ausgesprochen wird, kommen zwei verschiedene Möglichkeiten der Tenorierung in Betracht – je nachdem, ob nach Auffassung des Gerichts eine Bereinigung der Fehler durch ein ergänzendes Verfahren oder durch eine Entscheidungsergänzung möglich ist.

Für den Kläger vorteilhaft ist die Fehlerheilung im ergänzenden Verfahren. In diesem Fall stellt das Gericht – dem ersten Hilfsantrag entsprechend – die Rechtswidrigkeit und Nichtvollziehbarkeit des Planfeststellungsbeschlusses fest.[12] Hält es hingegen eine bloße Entscheidungsergänzung für ausreichend, verpflichtet es die Behörde dazu, bestimmte bzw. zumindest bestimmbare ergänzende Regelungen zu treffen, die die Rechtmäßigkeit des Planfeststellungsbeschlusses herbeiführen.[13] Zumeist handelt es sich hierbei um bisher fehlende Schutzauflagen.[14] Es ergeht ein Verpflichtungsurteil, regelmäßig in Gestalt eines Bescheidungsurteils,[15] welches dem zweiten Hilfsantrag des Klägers entspricht. Dies ist für ihn insoweit nachteilig, als die Genehmigung trotz ihres Fehlers mit Eintritt der Rechtskraft unangreifbar wird.[16] Der Kläger kann die Realisierung des Vorhabens nicht mehr verhindern; der Vorhabenträger kann die Genehmigung unter Beachtung der Ergänzung ausnutzen.

---

[12] Vgl. exemplarisch: OVG Lüneburg, Urteil vom 22.04.2016 – 7 KS 27/15, juris (Tenor).

[13] So bereits BVerwG, Urteil vom 07.07.1978 – IV C 79/76, BVerwGE 56, 110 (132 f.); BVerwG, Urteil vom 14.09.1992 – 4 C 34–38/89, BVerwGE 91, 17 (20).

[14] Vgl. etwa BVerwG, Urteil vom 07.07.1978 – IV C 79/76, BVerwGE 56, 110 (132 f.); BVerwG, Urteil vom 14.09.1992 – 4 C 34–38/89, BVerwGE 91, 17 (20); BVerwG, Urteil vom 05.03.1997 – 11 A 25/95, BVerwGE 104, 123 (140 ff.). So auch: *Fischer*, in: Ziekow, Handbuch des Fachplanungsrechts, § 3 Rn. 220; *Kupfer*, in: Schoch/Schneider, VwVfG, § 75 Rn. 85; *Neumann/Külpmann*, in: Stelkens/Bonk/Sachs, VwVfG, § 75 Rn. 46; *Wickel*, in: Fehling/Kastner/Störmer, Hk-VerwR, § 75 VwVfG Rn. 53.

[15] Vgl. etwa BVerwG, Urteil vom 29.01.1991 – 4 C 51/89, BVerwGE 87, 332 (366 f., 369); BVerwG, Urteil vom 05.03.1997 – 11 A 25/95, BVerwGE 104, 123 (142); BVerwG, Urteil vom 09.06.2004 – 9 A 11/03, NVwZ 2004, 1486 (1500) (nicht abgedruckt in BVerwGE 121, 72–86); *Hildebrandt*, Der Planergänzungsanspruch, 1999, S. 248 f.; *Storost*, UPR 2018, 52 (58).

[16] BVerwG, Urteil vom 14.09.1992 – 4 C 34–38/89, BVerwGE 91, 17 (20); *Neumann/Külpmann*, in: Stelkens/Bonk/Sachs, VwVfG, § 75 Rn. 44.

B. Entwicklung des Tenors

Genauerer Betrachtung bedarf die Feststellung der Rechtswidrigkeit und Nicht-vollziehbarkeit. Hält das Gericht eine Fehlerbehebung im ergänzenden Verfahren für möglich, so lautet der Tenor zur Entscheidung in der Sache folgendermaßen:

„Es wird festgestellt, dass der Planfeststellungsbeschluss / der Bescheid des Beklagten ... rechtswidrig und nicht vollziehbar ist.

Im Übrigen wird die Klage abgewiesen."[17]

Diese Tenorierung ist in den Heilungsbestimmungen des § 75 Abs. 1a Satz 2 VwVfG bzw. der §§ 4 Abs. 1b Satz 1 und 7 Abs. 5 Satz 1 UmwRG nicht ange-legt. Vielmehr begrenzen diese lediglich die Aufhebungsbefugnis des Gerichts, ohne einen Hinweis darauf zu enthalten, welche Rechtsfolge es stattdessen aus-zusprechen hat. Auch im Übrigen ist die Feststellung der Rechtswidrigkeit und Nichtvollziehbarkeit in der Verwaltungsgerichtsbarkeit ohne Vorbild. Sie beruht auf der Rechtsprechung des Bundesverwaltungsgerichts zu § 75 Abs. 1a Satz 2 VwVfG.

Anderweitig denkbare und teilweise auch praktizierte Möglichkeiten des pro-zessualen Umgangs mit dieser Vorschrift konnten sich in der Vergangenheit nicht durchsetzen (hierzu unter I.). Anders als die heute verwendete Tenorierung ihrem Wortlaut nach vermuten lässt, entfaltet diese nicht die gleichen Wirkungen wie ein gewöhnliches stattgebendes Feststellungsurteil (hierzu unter II.).

I. Verworfene Optionen

Entwickelt wurde der heute verwendete Entscheidungssatz durch das Bundes-verwaltungsgericht im Jahr 1996 anlässlich einer Revisionsentscheidung über ein Urteil des Bayerischen Verwaltungsgerichtshofs in einem *obiter dictum*.[18] Mit dieser Entscheidung verwarf der *4. Senat* eine Tenorierungsalternative, mit der die zuständige Behörde durch ein Bescheidungsurteil zur Durchführung ei-nes ergänzenden Verfahrens verpflichtet werden sollte (hierzu unter 1.). Auch die zumindest denkbare und vereinzelt auch praktizierte prozessuale Handhabung des Aufhebungsausschlusses in § 75 Abs. 1a Satz 2 VwVfG, die statt eines ge-richtlichen Urteils eine Aussetzung des Verfahrens durch das Gericht vorsah, konnte sich im Ergebnis nicht durchsetzen (hierzu unter 2.).

---

[17] Es handelt sich hierbei um den standardmäßig verwendeten Tenor. Nicht anerkannt ist demgegenüber die durch Urteil ausgesprochene bloße Außervollzugsetzung einer behördlichen Entscheidung bis zur Behebung eines bestimmten Fehlers (so VG Stade, Urteil vom 26.03.2019 – 2 A 1544/17, aufgehoben durch OVG Lüneburg, Beschluss vom 18.03.2021 – 12 LB 148/20, KommJur 2021, 132–140).

[18] BVerwG, Urteil vom 21.03.1996 – 4 C 19/94, BVerwGE 100, 370.

1. Verpflichtung zur Durchführung eines ergänzenden Verfahrens

Erstmals beschäftigte sich der VGH München in einer Entscheidung zum Bauvorhaben *Bundesautobahn A99 (Autobahnring München)* im Detail mit der Frage, wie zu tenorieren ist, wenn im Anschluss an den Erlass eines Urteils eine Fehlerbehebung im ergänzenden Verfahren in Betracht kommt. Das Gericht stellte fest, dass die Beteiligten in Bezug auf die Feststellungen im Urteil „einem Bescheidungsurteil nach § 113 Abs. 5 Satz 2 VwGO vergleichbar gebunden" seien.[19] Diesem Gedanken folgend verpflichtete es das beklagte Land unter Abweisung der Klage im Übrigen dazu, in einem ergänzenden Verfahren eine zuvor unterbliebene Umweltverträglichkeitsprüfung durchzuführen und deren Ergebnis im Rahmen einer erneuten Abwägung zu berücksichtigen.[20]

Diese Tenorierung schien für das damals neue Instrument des ergänzenden Verfahrens nicht fernliegend. So wird der Behörde eine Planergänzung ebenfalls in einem Verpflichtungsurteil auferlegt. Da die Planergänzung und das ergänzende Verfahren gemeinsam geregelt sind, liegt es nahe, beide Instrumente in gleicher Weise zu handhaben.[21] Anders als bei einem Bescheidungsurteil wurde die Behörde allerdings – jedenfalls in jenem Fall – zu einer konkreten Verfahrenshandlung verpflichtet.[22]

Im späteren Revisionsurteil zur Entscheidung des VGH München lehnte das Bundesverwaltungsgericht eine im Tenor auferlegte Verpflichtung der Behörde zur Fehlerbehebung indes ab.[23] Zur Begründung erklärte der Senat, dass die Annahme, statt der beantragten Aufhebung sei die Verpflichtung der Behörde zu einem ergänzenden Verfahren auszusprechen, der Interessenlage der Betroffenen, wie sie in der Heilungsvorschrift Niederschlag gefunden habe, nicht gerecht werde. Das auf die Verhinderung eines Vorhabens gerichtete Interesse eines Klägers könne nicht in ein Interesse an einer Fehlerbehebung umgelenkt oder

---

[19] VGH München, Urteil vom 05.07.1994 – 8 A 93/40056 u. a., DVBl. 1994, 1198 (1203) unter Berufung auf VGH München, Beschluss vom 04.02.1994 – 8 AS 94/40007 u. a., BayVBl. 1994, 436 (437). Ebenso: *Pasternak*, BayVBl. 1994, 616 (618). Von einer gerichtlichen Verpflichtung zur Heilung geht auch *Gaentzsch*, in: Festschrift Schlichter, 1995, S. 517 (537) aus. Ablehnend: OVG Koblenz, Urteil vom 29.12.1994 – 1 C 10893/92, juris Rn. 61, 63. Vgl. auch *Henke*, Planerhaltung durch Planergänzung und ergänzendes Verfahren, 1997, S. 146–149.

[20] Vgl. VGH München, Urteil vom 05.07.1994 – 8 A 93/40056 u. a., DVBl. 1994, 1198 (1199) – hier ist der Tenor selbst nicht abgedruckt.

[21] *Henke*, Planerhaltung durch Planergänzung und ergänzendes Verfahren, 1997, S. 148; *ders.*, UPR 1999, 51 (56).

[22] VGH München, Urteil vom 05.07.1994 – 8 A 93/40056, DVBl. 1994, 1198 (1203). Vgl. auch *Henke*, Planerhaltung durch Planergänzung und ergänzendes Verfahren, 1997, S. 146.

[23] BVerwG, Urteil vom 21.03.1996 – 4 C 19/94, BVerwGE 100, 370 (372).

umgedeutet werden. Zu vermeiden sei lediglich die radikale Folge einer Kassation.[24]

2. Aussetzung des gerichtlichen Verfahrens zur Fehlerbeseitigung

Dem in § 75 Abs. 1a Satz 2 VwVfG und in §§ 4 Abs. 1b Satz 1, 7 Abs. 5 Satz 1 UmwRG statuierten Aufhebungsverbot kann ein Gericht prinzipiell auch gerecht werden, indem es das Verfahren bei Vorliegen der Voraussetzungen einer nachträglichen Heilung aussetzt und der Behörde die Gelegenheit gibt, bestehende Fehler in einem ergänzenden Verfahren zu beheben. Kommt es sodann tatsächlich zu einer Heilung, wird die Rechtswidrigkeit des Planfeststellungsbeschlusses noch vor Erlass des Urteils beseitigt, sodass das Gericht diesen im Einklang mit § 113 Abs. 1 Satz 1 VwGO nicht mehr aufheben dürfte.

Dieser Ansatz, der sich von den anderen Optionen maßgeblich dadurch unterscheidet, dass dem ergänzenden Verfahren kein gerichtliches Urteil vorausgeht, wurde in der Vergangenheit in der Literatur in Erwägung gezogen.[25] Dies sei gegenüber einem Bescheidungsurteil insbesondere dann vorteilhaft, wenn nicht erwartet werden könne, dass der Kläger sich mit der Erfüllung der tenorierten Pflichten zufrieden gebe.[26] Auch der VGH München deutet in einem Beschluss aus dem Jahr 1999 an, dass diese Option in Betracht zu ziehen sei. Zur Begründung führt er an, dass die verwaltungsökonomische Zielsetzung der Heilungsvorschriften, von dem Ertrag des bereits durchgeführten Planfeststellungsverfahrens und des sich darauf beziehenden gerichtlichen Verfahrens möglichst viel fruchtbar zu machen und die Wiederholung von Verfahrensschritten möglichst zu vermeiden, auch auf diese Weise erreicht werde. Gegenüber einer das Verfahren abschließenden Entscheidung bestehe der Vorteil, dass zuvor keine aufwendige und langwierige Beweisaufnahme erforderlich sei.[27] Die Aussetzung erfolgt im damaligen Beschluss auf Grundlage von § 87 Abs. 1 Satz 2 Nr. 7 VwGO a. F. und § 94 Satz 2 VwGO a. F.,[28] die damals eine Aussetzung zumindest zur Heilung von Verfahrens- und Formfehlern ermöglichten,[29] jeweils in analoger Anwendung.

---

[24] BVerwG, Urteil vom 21.03.1996 – 4 C 19/94, BVerwGE 100, 370 (372). Ebenso: *Erbguth*, NuR 1997, 261 (262); *Henke*, UPR 1999, 51 (56). Siehe auch *Hildebrandt*, Der Planergänzungsanspruch, 1999, S. 89, der einschränkend darauf hinweist, dass dies zumindest für einen von einer Enteignung betroffenen Kläger gelte.

[25] Insbesondere *Henke*, UPR 1999, 51 (56). Siehe aber auch: *Baumeister*, Der Beseitigungsanspruch als Fehlerfolge des rechtswidrigen Verwaltungsakts, 2006, S. 415; *Pasternak*, BayVBl. 1994, 616 (618).

[26] *Pasternak*, BayVBl. 1994, 616 (618).

[27] VGH München, Beschluss vom 20.09.1999 – 8 A 97/40021, BayVBl. 2000, 728 (728).

[28] Beide Regelungen in der Fassung vom 01.11.1996, BGBl. I, S. 1626.

[29] Beide Regelungen sind inzwischen durch das Gesetz zur Bereinigung des Rechtsmittel-

Ob der VGH München die Aussetzung des Prozesses zur Durchführung des ergänzenden Verfahrens lediglich neben oder gar anstatt der gerichtlichen Feststellung der Rechtswidrigkeit und Nichtvollziehbarkeit etablieren wollte, bleibt in seinem Beschluss unbeantwortet. Das Konzept konnte im Schrifttum letztlich aber zurecht nicht überzeugen.[30] Hätte der Gesetzgeber eine Aussetzung anstelle einer Aufhebung beabsichtigt, hätte es in systematischer Hinsicht ersichtlich näher gelegen, das ergänzende Verfahren in der VwGO (etwa in Anknüpfung an § 94 VwGO) zu regeln.[31] Dagegen spricht auch, dass die Behörde an die Gründe der Aussetzungsentscheidung anders als bei einem Urteil nicht gebunden ist.[32] Darüber hinaus bliebe bei einer Aussetzung des Prozesses unklar, was passiert, wenn es nicht zu einer Fehlerbehebung kommt.[33] Letztlich würde die gesetzliche Pflicht des Gerichts zur Aussetzung des Verfahrens zugunsten der Behörde und die damit einhergehende Verhinderung eines Prozesserfolges für den Kläger zu einer zweifelhaften Verschränkung der Verantwortungsbereiche von Gericht und Verwaltung führen.[34]

II. Herleitung der heute verwendeten Tenorierung

In der Revisionsentscheidung zum bereits erwähnten Urteil des VGH München entwickelte das Bundesverwaltungsgericht den heute verwendeten Entscheidungssatz in einem *obiter dictum*. In Leitsatz 1 seines Urteils heißt es:

„Darf ein Planfeststellungsbeschluß gem. § 17 VIc 2 FStrG nicht aufgehoben werden, weil erhebliche Mängel der Abwägung durch ein ergänzendes Verfahren behoben werden können, so hat das Gericht statt der beantragten Aufhebung die Rechtswidrigkeit des angefochtenen Planfeststellungsbeschlusses und dessen Nichtvollziehbarkeit festzustellen."[35]

Im Kern begründet der *4. Senat* seine Entscheidung für diese Tenorierung damit, dass es der Behörde überlassen bleiben solle, ob diese von der Möglichkeit eines ergänzenden Verfahrens Gebrauch mache, von der Planung Abstand nehme oder

---

rechts im Verwaltungsprozeß (RmBereinVpG) vom 20.12.2001 (BGBl. I, S. 3987) wieder aufgehoben worden.

[30] Ablehnend: *Henke*, UPR 1999, 51 (56); *Baumeister*, Der Beseitigungsanspruch als Fehlerfolge des rechtswidrigen Verwaltungsakts, 2006, S. 415.

[31] *Henke*, Planerhaltung durch Planergänzung und ergänzendes Verfahren, 1997, S. 147; *ders.*, UPR 1999, 51 (56).

[32] VGH München, Urteil vom 05.07.1994 – 8 A 93/40056, DVBl. 1994, 1198 (1203).

[33] *Baumeister*, Der Beseitigungsanspruch als Fehlerfolge des rechtswidrigen Verwaltungsakts, 2006, S. 415.

[34] VGH München, Urteil vom 05.07.1994 – 8 A 93/40056, DVBl. 1994, 1198 (1203). Ebenso: *Henke*, Planerhaltung durch Planergänzung und ergänzendes Verfahren, 1997, S. 147 f. m. w. N.; *ders.*, UPR 1999, 51 (56).

[35] BVerwG, Urteil vom 21.03.1996 – 4 C 19/94, BVerwGE 100, 370 (370) (Ls. 1).

ein völlig neues Verfahren einleite.[36] Tatsächlich hat die bloße Feststellung der Rechtswidrigkeit und Nichtvollziehbarkeit gegenüber einem zur Heilung verpflichtenden Bescheidungsurteil den Vorteil, dass sie der nach dem Grundsatz der Gewaltenteilung gebotenen größtmöglichen Zurückhaltung des Gerichts wohl am besten entspricht.[37]

Zerlegt man die gewählte Tenorierung in ihre Einzelteile, dann gliedert sich diese in zwei Elemente: die Feststellung der Rechtswidrigkeit und die Feststellung der Nichtvollziehbarkeit. Mit der bloßen Feststellung der Rechtswidrigkeit wäre dem Kläger nicht geholfen, weil in diesem Fall der zugrundeliegende Verwaltungsakt wirksam und damit vollziehbar bliebe, § 43 Abs. 2 VwVfG. Der Vorhabenträger würde auch ohne Durchführung einer Fehlerbehebung an der Realisierung seines Vorhabens nicht gehindert. Zwar wäre die Behörde nach den Bestimmungen des Fachrechts bzw. des allgemeinen Gefahrenabwehrrechts aufgrund der fortbestehenden Mangelhaftigkeit des Planfeststellungsbeschlusses regelmäßig zu einem Einschreiten verpflichtet; dies müsste der Kläger im Zweifel jedoch wiederum gerichtlich durchsetzen. Daher stellt das Gericht im Falle einer nachträglich möglichen Fehlerbehebung neben der Rechtswidrigkeit auch die Nichtvollziehbarkeit fest.[38] Anders als der Wortlaut der Tenorierung auf den ersten Blick vermuten lässt, handelt es sich dabei allerdings nicht um ein Feststellungsurteil mit nur feststellender Wirkung. Vielmehr *darf* der Planfeststellungsbeschluss bis zur Fehlerbehebung nicht ausgenutzt werden.[39] Der Ausspruch hat also ebenso wie etwa ein Urteil, durch das eine Entscheidung aufgehoben wird, nicht nur deklaratorische, sondern konstitutive Wirkung, weil er die in ihm umschriebene Rechtsänderung erzeugt, ohne dass es einer Vollstreckung bedarf. Er geht damit weiter als ein Feststellungsurteil.[40]

Von der Feststellung der Nichtvollziehbarkeit kann ausnahmsweise abgesehen werden, wenn das verfahrensgegenständliche Vorhaben bereits errichtet und der Planfeststellungsbeschluss damit vollständig ausgeschöpft ist.[41] Sie bleibt indes auch in diesem Fall notwendig, wenn sich die Zulassung nicht nur auf die Errich-

---

[36] BVerwG, Urteil vom 21.03.1996 – 4 C 19/94, BVerwGE 100, 370 (373).

[37] *Hildebrandt*, Der Planergänzungsanspruch, 1999, S. 89; *Erbguth*, NuR 1997, 261 (262); *Henke*, UPR 1999, 51 (56).

[38] Nach Ansicht des Bundesverwaltungsgerichts handelt es sich dabei um eine Folge des Ausspruchs der Rechtswidrigkeit, vgl. BVerwG, Urteil vom 21.03.1996 – 4 C 19/94, BVerwGE 100, 370 (372).

[39] So offenbar auch BVerwG, Urteil vom 21.03.1996 – 4 C 19/94, BVerwGE 100, 370 (372).

[40] *Baumeister*, Der Beseitigungsanspruch als Fehlerfolge des rechtswidrigen Verwaltungsakts, 2006, S. 414; *Henke*, UPR 1999, 51 (56); *Deutsch*, in: Mann/Sennekamp/Uechtritz, VwVfG, § 75 Rn. 129.

[41] BVerwG, Urteil vom 15.07.2016 – 9 C 3/16, NVwZ 2016, 1631 Rn. 50.

tung, sondern weitergehend auch auf den Betrieb des Vorhabens erstreckt.[42] In verschiedenen Entscheidungen weist das Bundesverwaltungsgericht zudem darauf hin, dass es die Möglichkeit sieht, aus Gründen der Verhältnismäßigkeit ausnahmsweise von einer Feststellung der Nichtvollziehbarkeit abzusehen. Dies sei etwa der Fall, wenn das Vorhaben „von überragender Bedeutung für das Gemeinwohl" sei und zugleich Behörde und Vorhabenträger alles in ihrer Macht Stehende unternommen hätten, um die Rechtsverletzung zeitnah zu beheben.[43]

Zwar sieht die VwGO für die prozessuale Feststellung der Rechtswidrigkeit und Nichtvollziehbarkeit keine eigene Rechtsgrundlage vor, dieses Hindernis lässt sich jedoch überwinden. Teils wird insoweit auf die dienende Funktion des Prozessrechts verwiesen und darauf, dass etwa auch der Erlass eines Fortsetzungsfeststellungsurteils nach einhelliger Auffassung entgegen § 113 Abs. 1 Satz 4 VwGO keine vorherige Erhebung einer Anfechtungsklage voraussetze.[44] Jedenfalls handelt es sich um ein Minus im Verhältnis zur Aufhebung, sodass die Feststellung auf Grundlage des § 113 Abs. 1 Satz 1 VwGO erfolgen kann.[45] Folgerichtig ist für die Entscheidung über die Zulässigkeit einer entsprechenden Klage nicht § 43 VwGO, sondern § 42 VwGO einschlägig.[46] Daraus folgt auch, dass das Gericht ohne entsprechenden Hilfsantrag der Klägerseite befugt ist, die Rechtswidrigkeit und Nichtvollziehbarkeit einer Entscheidung als Minus zur Aufhebung zu tenorieren.[47]

---

[42] BVerwG, Urteil vom 24.05.2018 – 4 C 4/17, BVerwGE 162, 114 Rn. 42; OVG Lüneburg, Urteil vom 26.02.2020 – 12 LB 157/18, juris (Tenor) (nicht abgedruckt in ZUR 2020, 549–555).

[43] BVerwG, Urteil vom 24.05.2018 – 4 C 4/17, BVerwGE 162, 114 Rn. 46 unter Verweis auf BVerwG, Urteil vom 18.12.2014 – 4 C 36/13, BVerwGE 151, 138 Rn. 46. Offen lassend: *Schütz*, UPR 2021, 418 (421). Ablehnend: *Kupfer*, in: Schoch/Schneider, VwVfG, § 75 Rn. 93.

[44] *Hildebrandt*, Der Planergänzungsanspruch, 1999, S. 247–249; *Gaentzsch*, DVBl. 2000, 741 (747).

[45] So bereits VGH München, Urteil vom 05.07.1994 – 8 A 93/40056, DVBl. 1994, 1198 (1203). Ebenso: BVerwG, Urteil vom 21.03.2023 – 4 A 9/21, juris Rn. 14. *Fellenberg/Schiller* sprechen von einer „gekappte[n] Anfechtungsklage", vgl. *Fellenberg/Schiller*, in: Landmann/Rohmer, Umweltrecht, § 4 UmwRG Rn. 90. Vgl. ebenso: *Hildebrandt*, Der Planergänzungsanspruch, 1999, S. 90 („prozessuales Minus"); *Henke*, UPR 1999, 51 (56 f.) („wesensgleiches Minus"); *Schenke*, in: Festschrift Mühl, 1981, S. 571 (581); *Schenke/Schenke*, in: Kopp/Schenke, VwGO, § 113 Rn. 6.

[46] *Gaentzsch*, DVBl. 2000, 741 (747); *Neumann/Külpmann*, in: Stelkens/Bonk/Sachs, VwVfG, § 75 Rn. 53; *Deutsch*, in: Mann/Sennekamp/Uechtritz, VwVfG, § 75 Rn. 129; *Fellenberg/Schiller*, in: Landmann/Rohmer, Umweltrecht, § 4 UmwRG Rn. 90.

[47] *Henke*, Planerhaltung durch Planergänzung und ergänzendes Verfahren, 1997, S. 184; *Seibert*, NVwZ 2018, 97 (103); *Schütz*, in: Hermes/Sellner, AEG, § 18e Rn. 41; *Fellenberg/Schiller*, in: Landmann/Rohmer, Umweltrecht, § 4 UmwRG Rn. 90. Einschränkend: *Riese*, in: Schoch/Schneider, VwGO, § 114 Rn. 238, der eine konkludente Stellung der Hilfsanträge ver-

§ 10 Rechtfertigung der Doppelten Rechtskraft

Die Doppelte Rechtskraft ist in der VwGO nicht gesondert normiert, sondern wurde ausschließlich durch die Rechtsprechung des Bundesverwaltungsgerichts entwickelt (hierzu unter A.). Sie verfolgt maßgeblich den Zweck, den Prozessstoff so früh wie möglich zu bündeln und der Behörde sowie dem Vorhabenträger im ergänzenden Verfahren ein größtmögliches Maß an Rechtssicherheit zu vermitteln (hierzu unter B.). Dogmatisch begründen lässt sich die Doppelte Rechtskraft anhand der zu § 121 VwGO entwickelten Grundsätze indes nicht (hierzu unter C.). Auch andere Erklärungsversuche sind nicht geeignet, dieses prozessuale Institut überzeugend zu rechtfertigen (hierzu unter D.). Da sich die Doppelte Rechtskraft im Vergleich zur Aussetzung des gerichtlichen Verfahrens als vorteilhaft erweist, dürfte die Aussetzung künftig nicht mehr häufig zur Anwendung gelangen (hierzu unter E.).

A. Die Doppelte Rechtskraft als Ergebnis richterlicher Rechtsfortbildung

Die Doppelte Rechtskraft geht auf eine facettenreiche Rechtsprechungshistorie des Bundesverwaltungsgerichts zurück. Die maßgeblichen Entscheidungen divergieren in ihrer Begründung und lassen sich nicht immer leicht nachvollziehen.

I. Ältere Entscheidungen ohne Hinweis auf besondere Rechtskraftwirkungen

Ältere Entscheidungen des Bundesverwaltungsgerichts deuten darauf hin, dass die Figur der Doppelten Rechtskraft für gerichtliche Entscheidungen, die die Möglichkeit eines ergänzenden Verfahrens eröffnen, nicht von seiner Einführung an zur Anwendung kam.

Ein noch vor der gesetzlichen Einführung des ergänzenden Verfahrens ergangener höchstrichterlicher Beschluss aus dem Jahr 1991 weist gar in die entgegengesetzte Richtung. Dem zugrunde lag ein abwägungsfehlerhafter Planfeststellungsbeschluss, dessen Begründung die Behörde während des laufenden Prozesses in weiten Teilen ausgebessert hatte. Im vorläufigen Rechtsschutzverfahren gegen den gegenstandslos gewordenen ursprünglichen Planfeststellungsbeschluss stellt das Bundesverwaltungsgericht daraufhin wenn auch nicht streitentscheidend fest, dass die neue Planungsentscheidung „insgesamt neu zu überprü-

---

neint, wenn sich ein anwaltlich vertretener Kläger trotz richterlichen Hinweises ausdrücklich auf den Anfechtungsantrag beschränkt.

fen" sei. Vorherige Urteile, die den Planfeststellungsbeschluss in seiner ursprünglichen Fassung betreffen, stünden dem nicht entgegen.[48]

Nachdem das ergänzende Verfahren für Planfeststellungsbeschlüsse in einigen Bereichen des Fachplanungsrechts im Jahr 1993 eingeführt worden war,[49] erging eines der ersten Revisionsurteile, in denen die Reichweite der Rechtskraft bei Feststellung der Rechtswidrigkeit und Nichtvollziehbarkeit eines Planfeststellungsbeschlusses jedenfalls implizit thematisiert wird, im Jahr 1996. Darin lässt der *4. Senat* nach Feststellung eines formellen Mangels das Vorliegen weiterer Fehler ausdrücklich offen.[50] Dieses Vorgehen ist mit dem Ziel, über das Vorliegen sämtlicher Fehler abschließend zu entscheiden, nicht zu vereinbaren.

Gleichermaßen geht der *4. Senat* im Jahr 2002 in seinem Urteil zum *Neubau der Bundesautobahn A44 (Teilabschnitt Hessisch Lichtenau-West bis Hessisch Lichtenau-Ost)* durch ein FFH-Gebiet vor. Hier beschränkt er sich auf die Feststellung eines Verstoßes gegen die FFH-Richtlinie[51] und gibt im Hinblick auf die weiteren Rügen der Kläger lediglich unverbindliche Einschätzungen ab, wobei er explizit auf deren fehlende Entscheidungserheblichkeit hinweist:

„Auch wenn es in dieser prozessualen Situation für die Entscheidung weder von ausschlaggebender Bedeutung ist, ob zwingende Gründe des überwiegenden öffentlichen Interesses das Planvorhaben rechtfertigen, noch darauf ankommt, ob den Anforderungen des Ausgleichsgebots genügt ist, hält der Senat angesichts der Befugnis des Beklagten, ein ergänzendes Verfahren durchzuführen sowie mit Blick auf das umfangreiche Vorbringen der Beteiligten zu diesen Fragenkomplexen folgende ergänzende Ausführungen für geboten: [...]."[52]

Im nachfolgenden Verfahren gegen den korrigierten Planfeststellungsbeschluss stellt der Senat zunächst fest, dass im ergänzenden Verfahren neben der Behebung der gerichtlich beanstandeten Mängel auch die Korrektur weiterer selbst festgestellter Mängel zulässig gewesen sei.[53] Folgerichtig zu seiner Aussage im Urteil zur Ausgangsentscheidung nimmt er sodann eine vollständige Rechtmäßigkeitskontrolle vor.[54]

---

[48] BVerwG, Beschluss vom 20.12.1991 – 4 C 25/90, juris Rn. 18.

[49] BGBl. I, S. 2123.

[50] BVerwG, Urteil vom 12.12.1996 – 4 C 19/95, BVerwGE 102, 258 (363). Vgl. dazu *Vallendar*, UPR 1998, 81 (85).

[51] Richtlinie 92/43/EWG des Rates vom 21. Mai 1992 zur Erhaltung der natürlichen Lebensräume sowie der wildlebenden Tiere und Pflanzen (ABl. L 206 vom 22.07.1992, S. 7).

[52] BVerwG, Urteil vom 17.05.2002 – 4 A 28/01, NVwZ 2002, 1243 (1247) (nicht abgedruckt in BVerwGE 116, 254–268).

[53] BVerwG, Urteil vom 12.03.2008 – 9 A 3/06, BVerwGE 130, 299 Rn. 31.

[54] BVerwG, Urteil vom 12.03.2008 – 9 A 3/06, BVerwGE 130, 299 Rn. 41 ff.

Ein weiteres Urteil des *4. Senats* aus dem Jahr 2002 bestätigt das Vorliegen eines Abwägungsfehlers und lässt die Begründetheit der weiteren Einwendungen des Klägers wiederum explizit dahinstehen.[55]

In diese Richtung geht zunächst auch ein Beschluss aus dem Jahr 2008. Dort stellt das Bundesverwaltungsgericht fest, dass sich das OVG Koblenz in der Vorinstanz bei der Beurteilung der korrigierten Entscheidung richtigerweise nicht an seine eigene Beurteilung im Verfahren gegen die Ausgangsentscheidung gebunden gesehen habe.[56] Allerdings schränkt es sodann die Möglichkeiten des Klägers im Verfahren gegen die neue Entscheidung erheblich ein.[57]

II. Argumentation mit Bestandskraft und Einwendungsausschluss

In dem gerade zitierten Beschluss vom 17. Juli 2008 verneint das Bundesverwaltungsgericht erstmals die Möglichkeit, alte Einwendungen gegen einen korrigierten Planfeststellungsbeschluss vorzubringen. Dabei argumentiert der *9. Senat* allerdings nicht mit der Rechtskraft des Urteils zur Ausgangsentscheidung. Vielmehr heißt es:

> „Die Beschwerde geht […] fehl in ihrer Annahme, mit der Durchführung des ergänzenden Planfeststellungsverfahrens auf Grund der erfolgreichen ersten Klage des Kl. sei dem Kl. die unbeschränkte Möglichkeit eröffnet, alte wie neue Einwendungen gegen das Vorhaben vorzubringen. Wie das BVerwG gerade für den Fall des Planergänzungsverfahrens entschieden hat, wird die im Hinblick auf den ersten Planfeststellungsbeschluss durch Bestandskraft und Einwendungsausschluss erlangte Rechtssicherheit nur insoweit aufgegeben, als es zur Beseitigung der gerichtlich festgestellten Mängel im ergänzenden Verfahren erforderlich ist."[58]

In diesem Zusammenhang wird auf einen höchstrichterlichen Beschluss zum ergänzenden Verfahren nach § 17 Abs. 6c Satz 2 FStrG aus dem Jahr 2005 verwiesen, in welchem das Gericht die Ablehnung alter Einwendungen ebenfalls mit dem Eintritt der Bestandkraft begründet hatte.[59] Diesem Beschluss lag allerdings ein Sachverhalt zugrunde, in dem der Kläger gegen den ursprünglichen Planfeststellungsbeschluss nicht vorgegangen war. Daher lässt er sich – wie noch zu zeigen sein wird – nicht ohne Weiteres auf die Konstellation übertragen, in der der Kläger des Ausgangsverfahrens gegen den korrigierten Planfeststellungsbeschluss ein weiteres Mal klagt.[60]

---

[55] BVerwG, Urteil vom 14.11.2002 – 4 A 15/02, NVwZ 2003, 485 (490).

[56] BVerwG, Beschluss vom 17.07.2008 – 9 B 15/08, NVwZ 2008, 1115 Rn. 28.

[57] Hierzu sogleich unter § 10 A.II..

[58] BVerwG, Beschluss vom 17.07.2008 – 9 B 15/08, NVwZ 2008, 1115 Rn. 28.

[59] BVerwG, Beschluss vom 22.09.2005 – 9 B 13/05, Buchholz 407.4 § 17 FStrG Nr. 189 Rn. 5.

[60] Hierzu unter § 10 C.III.3.

III. Argumentation mit der Rechtskraft des vorangegangenen Urteils

Erstmals merkt das Bundesverwaltungsgericht in seinem Urteil zum *Bau der Bundesautobahn A14 (Abschnitt Colbitz bis Dolle)* nach Feststellung diverser behebbarer Verfahrensmängel nicht streitentscheidend, sondern lediglich „zur Klarstellung" an, dass der Kläger gegen die Entscheidung im ergänzenden Verfahren nicht geltend machen könne, dass der Planfeststellungsbeschluss über die Beanstandung des Gerichts hinaus an weiteren Fehlern leide. Diese Aussage tätigt der *9. Senat* „mit Blick auf die Rechtskraft des Feststellungsurteils" zur Ausgangsentscheidung,[61] und verweist dabei auf eine Literaturmeinung von *Neumann*.[62] Demzufolge wäre eine Rechtfertigung für die verbindliche Feststellung aller bestehenden Mängel und der Mangelfreiheit im Übrigen zuvorderst in der Reichweite der Rechtskraft von Feststellungsurteilen zu suchen.[63]

In einem Beschluss aus dem Jahr 2014, mit dem der *7. Senat* eine Nichtzulassungsbeschwerde ebenfalls wegen der präjudiziellen Wirkung des vorangegangenen Urteils zurückweist, erklärt dieser allerdings, dass mit der Verneinung des mit dem Hauptantrag begehrten Aufhebungsanspruchs das Fehlen aufhebungsrelevanter Rechtsmängel festgestellt worden sei und der geänderte Planfeststellungsbeschluss daher nicht rechtswidrig sein könne.[64] Anders als in der Begründung des *9. Senats* wird der Ausschluss der Geltendmachung von Mängeln hier also nicht auf das Feststellungsurteil, sondern auf die Abweisung im Übrigen zurückgeführt.[65]

Im neueren Urteil zum *Kohlekraftwerk Moorburg* findet sich nur noch ein pauschaler Verweis auf die „Rechtskraftwirkung des Urteils".[66]

IV. Argumentation mit „prozessualen Erfordernissen"

In einem ebenfalls jüngeren Urteil stützt das Bundesverwaltungsgericht seine Rechtsauffassung primär auf praktische Bedürfnisse. So führt es aus:

---

[61] BVerwG, Urteil vom 08.01.2014 – 9 A 4/13, BVerwGE 149, 31 Rn. 28. Ebenso: BVerwG, Urteil vom 28.04.2016 – 9 A 9/15, BVerwGE 155, 91 Rn. 39; BVerwG, Urteil vom 15.07.2016 – 9 C 3/16, NVwZ 2016, 1631 Rn. 61; BVerwG, Urteil vom 23.05.2017 – 4 A 7/16, juris Rn. 7 (jeweils ohne Verweis auf *Neumann*). Ebenfalls Verweis auf die Rechtskraft des Feststellungsurteils in BVerwG, Beschluss vom 12.01.2018, 9 A 12/17, DVBl. 2018, 585 Rn. 7; BVerwG, Urteil vom 24.05.2018 – 4 C 4/17, BVerwGE 162, 114 Rn. 45; BVerwG, Beschluss vom 17.03.2020 – 3 VR 1/19, NVwZ 2020, 1051 Rn. 18; BVerwG, Urteil vom 04.06.2020 – 7 A 1/18, Buchholz 406.403 § 34 BNatSchG 2010 Nr. 18 Rn. 31.

[62] Verweis auf *Neumann*, in: Stelkens/Bonk/Sachs, VwVfG, 8. Aufl. 2014, § 75 Rn. 53, 55.

[63] Hierzu unter § 10 C.II.1.

[64] BVerwG, Beschluss vom 28.07.2014 – 7 B 22/13, UPR 2015, 34 Rn. 10.

[65] Hierzu unter § 10 C.II.2.

[66] BVerwG, Urteil vom 29.05.2018 – 7 C 18/17, NVwZ 2018, 1734 Rn. 31.

„Denn Zweck des § 75 Abs. 1a VwVfG ist, der Planfeststellungsbehörde Gelegenheit zu geben, die vom Gericht identifizierten Fehler in einem auf deren Korrektur beschränkten ergänzenden Verfahren zu beheben. Dieser Zweck wird dadurch erreicht, dass der Kläger aufgrund der Rechtskraftwirkung des Urteils gegen die spätere behördliche Entscheidung im ergänzenden Verfahren regelmäßig nicht mehr gerichtlich geltend machen kann, dass der Planfeststellungsbeschluss über die Beanstandung des Gerichts hinaus an weiteren Fehlern leide [...]. Gegen die so verstandene Rechtskraftwirkung lässt sich nicht einwenden, dass die Rechtskraft eines Urteils an den Streitgegenstand gebunden und dieser bei einer auf Rechtswidrigkeitsfeststellung gerichteten Klage auf den (unteilbaren) Planfeststellungsbeschluss als solchen bezogen sei. Denn hier wie in anderen Zusammenhängen gilt, dass Inhalt und Umfang der Rechtskraftwirkung je nach den prozessualen Erfordernissen aus den Urteilsgründen zu erschließen sind, ohne dass sich daraus Folgerungen für den Streitgegenstand ergäben [...].“[67]

B. Ziele der Doppelten Rechtskraft

Die Doppelte Rechtskraft wird regelmäßig damit begründet, dass der Planfeststellungsbehörde der Bestand an Verfahrensschritten und Regelungen erhalten bleiben solle, die durch die festgestellten Mängel nicht berührt werden.[68]

Dieses Ziel wird im Grundsatz bereits anderweitig erreicht, nämlich dadurch, dass die fehlerhafte Entscheidung nicht aufgehoben, sondern lediglich für rechtswidrig und nicht vollziehbar erklärt wird und die Behörde aufgedeckte Fehler in einem ergänzenden Verfahren bereinigen kann, statt ein gänzlich neues Planfeststellungsverfahren durchführen zu müssen.

Die Zielsetzung der Doppelten Rechtskraft geht darüber noch hinaus. Sie dient nicht nur der Planerhaltung,[69] sondern der Planabsicherung, indem das Gericht bei besonders komplexen Vorhaben alle sich im Zusammenhang mit der Rechtmäßigkeit stellenden Fragen so früh wie möglich und abschließend prüft.[70] Im Unterschied zur Planerhaltung geht es mithin nicht darum, dass nach dem Prinzip der Schadensbegrenzung eine fehlerhafte behördliche Entscheidung nur insoweit beseitigt wird, wie dies zur Wahrung der Rechte des Klägers geboten ist.[71] Vielmehr geht es für die Behörde und den Vorhabenträger um eine Erweiterung ihres Rechtskreises, weil zu ihren Gunsten der Bestandsschutz zeitlich vorverlagert wird. Vor Eintritt der Unanfechtbarkeit werden nicht nur der Auf-

---

[67] BVerwG, Urteil vom 20.03.2018 – 9 B 43/16, NuR 2019, 109 Rn. 65.

[68] BVerwG, Beschluss vom 23.05.2017 – 4 A 7/16, juris Rn. 9; *Neumann*, in Stelkens/Bonk/Sachs, VwVfG, 8. Aufl. 2014, § 75 Rn. 55.

[69] So ausdrücklich: BVerwG, Urteil vom 04.06.2020 – 7 A 1/18, Buchholz 406.403 § 34 BNatSchG 2010 Nr. 18 Rn. 32.

[70] Diese Zielsetzung kommt in BVerwG, Beschluss vom 11.07.2013 – 7 A 20/11, NuR 2013, 662 (663) zum Ausdruck. Darin heißt es, dass das Gericht die Rechtmäßigkeit des Planfeststellungsbeschlusses im Übrigen „im Interesse einer umfassenden Bereinigung des Rechtsstreits" nicht offenlassen dürfe. Vgl. auch *Külpmann*, NVwZ 2020, 1143 (1144).

[71] So zur Rechtfertigung des ergänzenden Verfahrens: *Gaentzsch*, UPR 2001, 201 (202).

hebungsanspruch des Klägers ausgeschlossen,[72] sondern darüber hinaus bereits Teile des Planfeststellungsbeschlusses vor künftigen Angriffen geschützt. Dabei nimmt das Gericht möglichen bzw. erwarteten Vortrag der Klägerseite vorweg, indem es abschließend über die Rechtmäßigkeit der behördlichen Entscheidung urteilt. Dies soll in zweifacher Hinsicht von Nutzen sein: Die frühe Rechtssicherheit erleichtert die weitere Befassung mit der Sache auf prozessualer Ebene (hierzu unter I.) sowie ein sich anschließendes ergänzendes Verfahren auf Verwaltungsebene (hierzu unter II.). Dadurch kann mittelbar die Zulassung eines Vorhabens insgesamt beschleunigt werden.

I. Konzentration des Rechtsschutzes und Begrenzung bzw. Abschichtung des prozessualen Streitstoffs

Die Doppelte Rechtskraft dient der Konzentration der gerichtlichen Überprüfung eines Planfeststellungsbeschlusses in möglichst nur einem einzigen Prozess.[73] Zur Erreichung dieses Ziels müssen in diesem Prozess alle Fehler, die geltend gemacht werden können, geltend gemacht werden. Andernfalls gelten sie in einem nachgehenden Verfahren als nicht existent. Damit ist die Doppelte Rechtskraft im Ansatz mit dem Konzept der materiellen und der innerprozessualen Präklusion vergleichbar.[74]

Der prozessuale Streitstoff wird zu einem frühen Zeitpunkt begrenzt. Schon mit Rechtskraft des Urteils im Verfahren gegen die Ausgangsentscheidung steht für alle Beteiligten verbindlich und abschließend fest, welche rechtlichen Fragen sich im Hinblick auf das verfahrensgegenständliche Vorhaben noch stellen. Dies verhindert ein potentiell endloses Aufeinanderfolgen gerichtlicher Verfahren, in denen neue und alte Einwände, die längst hätten geprüft werden können, gegen eine immer wieder korrigierte Zulassungsentscheidung vorgebracht werden.

Diese Begrenzung führt gleichfalls zu einer Abschichtung des prozessualen Streitstoffs:[75] Nach Abschluss der Heilung beschränken sich die verbleibende Rügebefugnis und die Amtsermittlungspflicht des Gerichts in einem etwaigen weiteren gerichtlichen Verfahren auf Mängel, die im Rahmen der Fehlerbehebung unterlaufen sind.

II. Rationalisierung und Absicherung des ergänzenden Verfahrens

Mit dem Erfordernis einer vollumfänglichen Rechtmäßigkeitskontrolle eröffnet die Doppelte Rechtskraft die Möglichkeit, alle Fehler eines Planfeststellungsbe-

---

[72] *Hildebrandt*, Der Planergänzungsanspruch, 1999, S. 21.
[73] Vgl. *Rennert*, NuR 2018, 505 (506).
[74] Hierzu unter § 2 C.II.2. und unter § 2 C.II.3.
[75] OVG Lüneburg, Beschluss vom 23.11.2021 – 1 LA 160/19, ZUR 2022, 165 (166).

schlusses in einem einzigen ergänzenden Verfahren zu bereinigen. Dies führt zu einer schärferen Konturierung des ergänzenden Verfahrens. Die Behörde kann sich darauf beschränken, die gerichtlich festgestellten Fehler zu beheben und muss sich nicht veranlasst sehen, weitere vom Kläger gerügte Mängel „auf Verdacht" zu heilen.[76] Durch die parallele Behebung sämtlicher Mängel lassen sich mitunter Synergien erzeugen, die den Zeit-, Personal- und Kostenaufwand verringern können.

Darüber hinaus legt das Gericht im Zusammenhang mit den festgestellten Mängeln regelmäßig auch dar, inwieweit die Behörde bereits korrekt gehandelt hat,[77] und von welchen rechtlichen Anforderungen sie bei der Behebung der Fehler auszugehen hat.[78] Misst man auch diesen Aussagen Rechtskraftwirkung bei,[79] kann die Behörde quasi „unter Anleitung" der gerichtlichen Entscheidung rechtssicher und zügig das ergänzende Verfahren durchführen.[80] Die Wahrscheinlichkeit, dass sich im späteren Fortgang die Fehlerbehebung als solche beanstanden lässt und es einer „Heilung der Heilung" bedarf, sinkt.

C. Dogmatische Rechtfertigung

Die Figur der Doppelten Rechtskraft sieht sich in der Literatur,[81] aber auch in der Rechtsprechung der Oberverwaltungsgerichte[82] der Kritik ausgesetzt, auf unklarer dogmatischer Grundlage zu fußen. Dies bedarf einer genaueren Überprüfung anhand der für die Rechtskraft maßgeblichen Regelung des § 121 VwGO. Von diesem Ausgangspunkt sollen zunächst die allgemeinen Grundsätze der Rechtskraft abstrakt dargestellt werden (hierzu unter I.), bevor untersucht wird, inwieweit sich die Doppelte Rechtskraft mit diesen Überlegungen vereinbaren lässt (hierzu unter II.). Sodann ist gesondert zu überprüfen, ob die behördliche Aus-

---

[76] Vgl. BVerwG, Urteil vom 20.03.2018 – 9 B 43/16, NuR 2019, 109 Rn. 65: „in einem auf deren Korrektur beschränkten ergänzenden Verfahren".

[77] Vgl. etwa BVerwG, Urteil vom 21.01.2016 – 4 A 5/14, BVerwGE 154, 73 Rn. 104 ff.; OVG Lüneburg, Urteil vom 26.02.2020 – 12 LB 157/18, ZUR 2020, 549 (553 f.).

[78] Vgl. BVerwG, Beschluss vom 11.07.2013 – 7 A 20/11, NuR 2013, 662 (663).

[79] Hierzu im Einzelnen unter § 12 C.

[80] *Korbmacher*, DVBl. 2022, 1 (6) spricht von einer „gerichtlichen Mängelfreiheitsbescheinigung".

[81] Vor allem *Külpmann*, NVwZ 2020, 1143 (1144); *Ewer*, Möglichkeiten zur Beschleunigung verwaltungsgerichtlicher Verfahren über Vorhaben zur Errichtung von Infrastruktureinrichtungen und Industrieanlagen, 2019, S. 104; *Neumann/Külpmann*, in: Stelkens/Bonk/Sachs, VwVfG, 9. Aufl. 2018, § 75 Rn. 53: „Die dogmatische Grundlage für diese Annahme liegt im Dunkeln." Vgl. auch: *Guckelberger*, NuR 2020, 655 (661).

[82] Zuletzt etwa OVG Lüneburg, Beschluss vom 11.05.2020, 12 LA 150/19, BauR 2020, 1292 (1293).

gangsentscheidung trotz der Feststellung ihrer Rechtswidrigkeit und Nichtvollziehbarkeit in (Teil-) Bestandskraft erwachsen kann (hierzu unter III.).

I. Die materielle Rechtskraft nach den Grundsätzen zu § 121 VwGO

Gemäß § 121 Nr. 1 VwGO sind Beteiligte und ihre Rechtsnachfolger an rechtskräftige Urteile gebunden, soweit über den Streitgegenstand entschieden worden ist. Die Vorschrift regelt die Reichweite der materiellen Rechtskraft. Diese verleiht verwaltungsgerichtlichen Urteilen eine inhaltliche Bindungswirkung über den abgeschlossenen Rechtsstreit hinaus für die Rechtsbeziehungen der von ihr Betroffenen in der Zukunft.

Für die Gerichte gilt diese Bindungswirkung über Art. 20 Abs. 3 GG.[83]

1. Voraussetzungen der materiellen Rechtskraft

Zentrale Voraussetzung der materiellen Rechtskraft ist das Bestehen formeller Rechtskraft.[84] Die formelle Rechtskraft tritt gemäß § 173 Satz 1 VwGO in Verbindung mit § 705 Satz 1 ZPO ein, wenn eine gerichtliche Entscheidung nicht (mehr) mit einem Rechtsmittel oder einem sonstigen förmlichen Rechtsbehelf angegriffen werden kann.[85] Dies ist entweder der Fall, wenn für eine Entscheidung gesetzlich gar kein Rechtsmittel vorgesehen ist, oder wenn für eine anfechtbare Entscheidung die Anfechtungsfristen abgelaufen sind, ohne dass ein Rechtsmittel eingelegt wurde.[86] Die formelle Rechtskraft eines Urteils tritt zudem ein mit Ablehnung des Antrags auf Berufungszulassung gemäß § 124a Abs. 5 Satz 4 VwGO, mit Ablehnung der Nichtzulassungsbeschwerde gemäß § 133 Abs. 5 Satz 3 VwGO und mit rechtskräftiger Verwerfung des statthaften und zulässigen Rechtsmittels.[87] Weiterhin können Prozesshandlungen der Beteiligten – etwa der Verzicht auf ein Rechtsmittel oder dessen Rücknahme – eine Entscheidung formell rechtskräftig werden lassen.[88]

---

[83] BVerwG, Urteil vom 22.09.2016 – 2 C 17/15, BVerwGE 156, 159 Rn. 9; *Nolte*, Die Eigenart des verwaltungsgerichtlichen Rechtsschutzes, 2015, S. 194; *Kaniess*, Der Streitgegenstandsbegriff in der VwGO, 2012, S. 35.

[84] *Germelmann*, Die Rechtskraft von Gerichtsentscheidungen in der Europäischen Union, 2009, S. 10; *Kaniess*, Der Streitgegenstandsbegriff in der VwGO, 2012, S. 32; *Clausing/Kimmel*, in: Schoch/Schneider, VwGO, § 121 Rn. 13.

[85] *Korte*, in: Wolff/Bachof/Stober/Kluth, Verwaltungsrecht I, § 50 Rn. 8; *Wöckel*, in: Eyermann, § 121 Rn. 1 f.

[86] *Korte*, in: Wolff/Bachof/Stober/Kluth, Verwaltungsrecht I, § 50 Rn. 8; *Wöckel*, in: Eyermann, § 121 Rn. 1 f.

[87] *Kilian/Hissnauer*, in: Sodan/Ziekow, VwGO, § 121 Rn. 15.

[88] *Unruh*, in: Fehling/Kastner/Störmer, Hk-VerwR, § 121 VwGO Rn. 4.

2. Wesen und Wirkungsweise der materiellen Rechtskraft

Nach der ganz überwiegend vertretenen prozessualen Rechtskrafttheorie führt die materielle Rechtskraft ausschließlich dazu, dass die Verfahrensbeteiligten und ihre Rechtsnachfolger an eine formell rechtskräftige Entscheidung gebunden sind und Gerichte in einem späteren Verfahren zwischen den Beteiligten entweder im Hinblick auf denselben Streitgegenstand gar nicht mehr entscheidungsbefugt sind oder aber jedenfalls nicht mehr abweichend zur Sache entscheiden dürfen.[89] Demgegenüber kommt es nach der materiell-rechtlichen Rechtskrafttheorie mit Eintritt der materiellen Rechtskraft unmittelbar zu einer Umgestaltung des materiellen Rechts.[90] Diese wird heute allerdings kaum vertreten.[91] Beiden Theorien gemein ist die Annahme, dass die Rechtskraft im Grundsatz unabhängig davon eintritt, ob das Gericht bei seinem Urteil alle einschlägigen Aspekte des Falles erkannt und zutreffend sowie erschöpfend gewürdigt hat oder nicht.[92]

In nachfolgenden Prozessen sind Verwaltungsgerichte von Amts wegen dazu verpflichtet, die materielle Rechtskraft einer vorangegangen gerichtlichen Entscheidung zu beachten.[93] Maßgeblich für die gerichtliche Folgeentscheidung ist sodann, ob in beiden Verfahren ein identischer Streitgegenstand vorliegt (hierzu unter a)) oder nicht (hierzu unter b)).

a) Unzulässigkeit einer neuen Klage bei identischem Streitgegenstand

Beziehen sich sowohl das vorangegangene als auch das nachfolgende Verfahren auf denselben Streitgegenstand,[94] steht der Zulässigkeit des Rechtsbehelfs im nachfolgenden Verfahren ein Prozesshindernis entgegen. Dies ergibt sich aus dem Grundsatz *ne bis in idem*, nach dem über einen bereits rechtskräftig entschiedenen Streitgegenstand weder verhandelt noch Beweis erhoben oder ent-

---

[89] *Clausing/Kimmel*, in: Schoch/Schneider, VwGO, § 121 Rn. 19 f.; *Schenke*, in: Kopp/Schenke, VwGO, § 121 Rn. 2; *Kilian/Hissnauer*, in: Sodan/Ziekow, VwGO, § 121 Rn. 64; *Wöckel*, in: Eyermann, VwGO, § 121 Rn. 7; *Redeker/v. Oertzen*, VwGO, § 121 Rn. 5. Für ein prozessuales Verständnis der Rechtskraftwirkung in der zivilprozessualen Literatur etwa *Lüke*, JuS 2000, 1042 (1044); *Gehle*, in: Anders/Gehle, ZPO, Vor § 322 Rn. 8; *Musielak*, in: Musielak/Voit, ZPO, § 322 Rn. 4 f.; *Seiler*, in: Thomas/Putzo, ZPO, § 322 Rn. 6 f.

[90] Hierzu etwa *Germelmann*, Die Rechtskraft von Gerichtsentscheidungen in der Europäischen Union, 2009, S. 14–16.

[91] Vgl. aber z. B. *Kaniess*, Der Streitgegenstandsbegriff in der VwGO, 2012, S. 32–37, 94 ff.

[92] BVerwG, Urteil vom 24.11.1998 – 9 C 53/97, BVerwGE 108, 30 (33). Vgl. für den Zivilprozess BGH, Urteil vom 23.01.1979 – VI ZR 199/77, NJW 1979, 1046 (1047); BGH, Urteil vom 17.02.1983 – III ZR 184/81, NJW 1983, 2032 (2033).

[93] BVerwG, Urteil vom 27.01.1995 – 8 C 8/93, NJW 1996, 737 (738); BVerwG, Beschluss vom 15.01.2014 – 10 B 25/13, juris Rn. 2.

[94] Zu diesem Begriff noch unter § 10 C.I.3.a).

schieden werden darf.[95] Die davon abweichende Auffassung, dass das Gericht zwar erneut in der Sache entscheiden könne und lediglich daran gehindert sei, ein abweichendes Sachurteil zu erlassen, wird heute kaum noch vertreten.[96]

b) Präjudizialität bei nicht-identischem Streitgegenstand

Weitaus häufiger sind die Fälle, in denen die Streitgegenstände des vorangegangenen und des nachfolgenden Verfahrens nicht übereinstimmen, sondern sich lediglich eine Rechtsfrage, über die zuvor bereits rechtskräftig entschieden worden ist, erneut stellt (sogenannte Teilidentität der Streitgegenstände). Bei solchen nicht-identischen Streitgegenständen entfaltet die materielle Rechtskraft für nachfolgende verwaltungsgerichtliche Verfahren lediglich eine präjudizielle Wirkung. In der Folge ist ein Rechtsbehelf zwar nicht unzulässig, die zwischen den Beteiligten bereits rechtskräftig entschiedene Rechtsfrage wird für die nun zur Entscheidung stehende Rechtsfrage jedoch als vorgreiflich betrachtet; das heißt, dass das Gericht an das Ergebnis des Vorprozesses gebunden ist und dieses ohne weitere Sach- und Rechtsprüfung der neuen Entscheidung zugrunde legen muss.[97]

3. Gegenständliche Reichweite der materiellen Rechtskraft

Bei der Bestimmung der gegenständlichen Reichweite der materiellen Rechtskraft geht es um die Frage, welche Feststellungen eines gerichtlichen Urteils konkret in Rechtskraft erwachsen. Ihr kommt in vielen Verfahren weichenstellende Bedeutung zu. Je nachdem, wie man hier die Grenzen zieht, verändern sich in einem nachfolgenden Verfahren die Rechtsschutzmöglichkeiten der Beteiligten. Entweder sind diese von Neuem eröffnet oder ihnen steht die präjudizielle Wirkung der Vorentscheidung entgegen.

---

[95] BVerwG, Beschluss vom 12.03.1982 – 4 N 1/80, BVerwGE 65, 131 (136); OVG Koblenz, Beschluss vom 23.07.2014 – 2 B 10323/14, ZUM-RD 2015, 35 (41 f.); *Germelmann*, Die Rechtskraft von Gerichtsentscheidungen in der Europäischen Union, 2009, S. 48; *Kilian/Hissnauer*, in: Sodan/Ziekow, VwGO, § 121 Rn. 65; *Unruh*, in: Fehling/Kastner/Störmer, Hk-VerwR, § 121 VwGO Rn. 8; *Schenke*, in: Kopp/Schenke, VwGO, § 121 Rn. 9; *Clausing/Kimmel*, in: Schoch/Schneider, VwGO, § 121 Rn. 21; *Wöckel*, in: Eyermann, VwGO, § 121 Rn. 9.

[96] So aber noch BVerwG, Urteil vom 04.06.1970 – II C 39/68, BVerwGE 35, 234 (236); *Grunsky*, Grundlagen des Verfahrensrechts, § 47 III 2, S. 494; *Martens*, Die Praxis des Verwaltungsprozesses, 1975, S. 119; *Ule*, Verwaltungsprozeßrecht, 1987, § 59 I 1, S. 313; *Detterbeck*, Streitgegenstand und Entscheidungswirkungen im Öffentlichen Recht, 1995, S. 110; *Blomeyer*, JR 1968, 407 (410).

[97] BVerwG, Urteil vom 28.11.2002 – 2 C 25/01, BVerwGE 117, 228 (232); OVG Schleswig, Beschluss vom 15.02.2007 – 2 LA 69/06 u. a., juris Rn. 11–13; *Detterbeck*, Streitgegenstand und Entscheidungswirkungen im Öffentlichen Recht, 1995, S. 117; *Kilian/Hissnauer*, in: Sodan/Ziekow, VwGO, § 121 Rn. 65; *Unruh*, in: Fehling/Kastner/Störmer, Hk-VerwR, § 121 VwGO Rn. 8; *Wöckel*, in: Eyermann, VwGO, § 121 Rn. 11.

Während § 121 VwGO die Rechtskraft seinem Wortlaut nach ausdrücklich auf den Streitgegenstand begrenzt (hierzu unter a)), ist dieser Grundsatz in der Spruchpraxis der Gerichte wie auch im Schrifttum zunehmend Relativierungen ausgesetzt (hierzu unter b)).

a) Grundsätzlicher Ausschluss der Entscheidungselemente aus der Rechtskraft

§ 121 VwGO ordnet eine Bindungswirkung an, soweit über den Streitgegenstand entschieden worden ist. Den Begriff des Streitgegenstandes definiert das Gesetz dabei nicht; vielmehr setzt es diesen voraus. Synonym werden in anderen Bestimmungen des Prozessrechts die Begriffe „Streitsache" (§ 90 Abs. 1 VwGO), „Gegenstand des Klagebegehrens" (§ 82 Abs. 1 Satz 1 VwGO), „Klagebegehren" (§ 44 VwGO) und „Anspruch" (§ 89 Abs. 1 Satz 1, § 93 Satz 2, § 156 VwGO) verwendet.[98] Nach dem herrschenden sogenannten zweigliedrigen Streitgegenstandsbegriff ist der Streitgegenstand im Verwaltungsprozess gleichzusetzen mit dem prozessualen Klageanspruch, der sich seinerseits aus Klageantrag und Klagegrund zusammensetzt. Im Klageantrag wird die vom Kläger erstrebte Rechtsfolge zum Ausdruck gebracht, während der Klagegrund den Sachverhalt kennzeichnet, aus dem sich diese Rechtsfolge ergeben soll.[99] Andere, vornehmlich im Zivilprozessrecht diskutierte Streitgegenstandstheorien haben sich im Verwaltungsprozessrecht nicht durchgesetzt.[100]

Steht der Streitgegenstand fest, ist weiterhin zu klären, was unter den Begriff der Entscheidung fällt. Nach herrschender Auffassung folgt die Entscheidung aus dem Entscheidungssatz eines Urteils und beschränkt sich zugleich auf diesen. In materielle Rechtskraft erwachsen soll damit die Entscheidung über den erhobenen Anspruch wie sie in der Urteilsformel zum Ausdruck kommt.[101] Begründet wird diese Beschränkung damit, dass die Formulierung „soweit über den

---

[98] *Germelmann*, Die Rechtskraft von Gerichtsentscheidungen in der Europäischen Union, 2009, S. 25; *Clausing/Kimmel*, in: Schoch/Schneider, VwGO, § 121 Rn. 55.

[99] BVerwG, Urteil vom 10.05.1994 – 9 C 501/93, BVerwGE 96, 24 (25); BVerwG, Urteil vom 22.09.2016 – 2 C 17/15, BVerwGE 156, 159 Rn. 11; *Detterbeck*, Streitgegenstand und Entscheidungswirkungen im Öffentlichen Recht, 1995, S. 46–49; *Barbey*, in: Festschrift Menger, 1985, S. 177 (184); *Lüke*, JuS 1967, 1 (6); *Kilian/Hissnauer*, in: Sodan/Ziekow, VwGO, § 121 Rn. 45; *Wöckel*, in: Eyermann, VwGO, § 121 Rn. 23; *Germelmann*, in: Gärditz, VwGO, § 121 Rn. 84.

[100] Ausführlich hierzu etwa *Detterbeck*, Streitgegenstand und Entscheidungswirkungen im Öffentlichen Recht, 1995, S. 22 ff. sowie *Germelmann*, Die Rechtskraft von Gerichtsentscheidungen in der Europäischen Union, 2009, S. 26–28.

[101] BVerwG, Urteil vom 10.05.1994 – 9 C 501/93, BVerwGE 96, 24 (26 f.); BVerwG, Urteil vom 18.09.2001 – 1 C 4/01, BVerwGE 115, 111 (115 f.); BVerwG, Urteil vom 31.08.2011 – 8 C 15/10, BVerwGE 140, 290 Rn. 20; BVerwG, Urteil vom 22.09.2016 – 2 C 17/15, BVerwGE 156, 159 Rn. 10; *Kilian/Hissnauer*, in: Sodan/Ziekow, VwGO, § 121 Rn. 45; *Germelmann*,

Streitgegenstand entschieden worden ist" in § 121 VwGO erkennen lasse, dass der Gesetzgeber gerade keine umfassende Rechtskraftwirkung aller einem Urteilsausspruch zugrunde liegenden Entscheidungselemente beabsichtigt habe.[102] Zudem wird die Konsequenz, dass den Beteiligten in einem späteren Prozess mit Blick auf einen bestimmten Punkt, der nicht ausdrücklich Gegenstand des vorherigen Rechtsstreits gewesen ist, die Rechtskraft des vorangegangenen Urteils entgegengehalten wird, als ungerecht empfunden.[103]

Nicht in Rechtskraft erwachsen folglich im Grundsatz Tatsachenfeststellungen, die Feststellung einzelner Tatbestandsmerkmale sowie die Entscheidung über sonstige rechtliche Vorfragen, auch wenn diese für die Entscheidung des Gerichts über den Streitgegenstand tragend sind.[104] Begehrt ein Verfahrensbeteiligter auch insoweit eine für die Zukunft verbindliche gerichtliche Entscheidung, kann er dies allenfalls über einen Zwischenfeststellungsantrag erreichen.[105] Erst recht erstreckt sich die Rechtskraftwirkung nicht auf nicht tragende Bemerkungen im Urteil und *obiter dicta*, welche für den Ausgang des verfahrensgegenständlichen Rechtsstreits ohne jede Bedeutung sind.[106]

Diese beschränkte gegenständliche Reichweite der materiellen Rechtskraft ist allen Gerichtsbarkeiten und Prozessordnungen in Deutschland gemein. Sie geht auf die gesetzgeberische Ablehnung der Lehre *Savignys* von der „Rechtskraft der Urteilselemente"[107] zurück, die eine Einbeziehung der Entscheidungsgründe vorsah. Bei Schaffung des § 322 Abs. 1 ZPO, der im Zivilrecht die Grenzen der

---

in: Gärditz, VwGO, § 121 Rn. 54; *Wöckel*, in: Eyermann, VwGO, § 121 Rn. 19 f. Generell skeptisch: *Kaniess*: Der Streitgegenstandsbegriff in der VwGO, 2012, S. 38 ff.

[102] Vgl. BT-Drs. III/55, S. 44; Germelmann, in: Gärditz, VwGO, § 121 Rn. 55. A.A. ausdrücklich: *Martens*, Die Praxis des Verwaltungsprozesses, 1975, S. 121.

[103] BVerwG, Urteil vom 18.09.2001 – 1 C 4/01, BVerwGE 115, 111 (116); *Germelmann*, Die Rechtskraft von Gerichtsentscheidungen in der Europäischen Union, 2009, S. 236 m. w. N.

[104] BVerwG, Urteil vom 18.09.2001 – 1 C 4/01, BVerwGE 115, 111 (115); BVerwG, Urteil vom 31.08.2011 – 8 C 15/10, BVerwGE 140, 290 Rn. 20; BVerwG, Urteil vom 22.09.2016 – 2 C 17/15, BVerwGE 156, 159 Rn. 10; *Detterbeck*, Streitgegenstand und Entscheidungswirkungen im Öffentlichen Recht, 1995, S. 94, 96; *Wöckel*, in: Eyermann, VwGO, § 121 Rn. 12, 20; *Kilian/Hissnauer*, in: Sodan/Ziekow, VwGO, § 121 Rn. 60. Vgl. auch *Rosenberg/Schwab/Gottwald*, ZPO, § 154 Rn. 9.

[105] BVerwG, Urteil vom 18.09.2001, 1 C 4/01, BVerwGE 115, 111 (117); BVerwG, Urteil vom 22.09.2016 – 2 C 17/15, BVerwGE 156, 159 Rn. 10.

[106] BVerwG, Urteil vom 10.01.1964 – V B 83/62, BVerwGE 17, 352 (353); *Bachof*, Verfassungsrecht, Verwaltungsrecht Verfahrensrecht in der Rechtsprechung des Bundesverwaltungsgerichtes, Bd. II, 1967, S. 198; *Detterbeck*, Streitgegenstand und Entscheidungswirkungen im Öffentlichen Recht, 1995, S. 100, 130, 163; *Germelmann*, Die Rechtskraft von Gerichtsurteilen in der Europäischen Union, 2009, S. 57; *Kaniess*, Der Streitgegenstandsbegriff in der VwGO, 2012, S. 42; *Kilian/Hissnauer*, in: Sodan/Ziekow, VwGO, § 121 Rn. 60; *Schenke*, in: Kopp/Schenke, VwGO, § 121 Rn. 18. Vgl. auch *Rosenberg/Schwab/Gottwald*, ZPO, § 154 Rn. 9.

[107] *V. Savigny*, System des heutigen Römischen Rechts, Bd. 6, 1847, S. 358 ff.

Rechtskraft eines Urteils bestimmt, war es gerade Ziel des Gesetzgebers, zu vermeiden, dass auch solche Feststellungen, deren Tragweite und Folgen für die Parteien nicht überschaubar und vor dem Hintergrund des zivilrechtlichen Dispositions- und Beibringungsgrundsatzes auch nicht beabsichtigt sind, in Rechtskraft erwachsen.[108] Dem sind jüngere Prozessordnungen – insbesondere § 121 VwGO – gefolgt.[109] Wenn die Rechtskraft im Einzelfall weitergehende Wirkungen entfalten soll, ist dies regelmäßig ausdrücklich im Gesetz geregelt.[110] Eine Ausnahme gilt für die Bindungswirkung von Entscheidungen des Bundesverfassungsgerichts gemäß § 31 Abs. 1 BVerfGG, die sich nicht auf den Tenor beschränkt, sondern auch tragende Gründe einbezieht.[111] Andere Rechtsordnungen in Europa verfolgen einen weiteren Ansatz. So gilt etwa in Frankreich, dass alle Vorfragen, die den verwaltungsgerichtlichen Entscheidungsausspruch in der Hauptsache logisch bedingen, in die Rechtskraft der Entscheidung einbezogen werden.[112] Auch die Rechtskraftwirkungen der Entscheidungen des Europäischen Gerichtshofs gehen über diejenigen der Urteile deutscher Verwaltungsgerichte hinaus.[113]

b) Relativierungen dieses Grundsatzes in der Verwaltungsgerichtsbarkeit

Der Grundsatz von der auf den Tenor beschränkten Rechtskraft wird für das verwaltungsgerichtliche Verfahren in verschiedener Hinsicht modifiziert, um den Besonderheiten der Verwaltungsgerichtsordnung und des materiellen Verwaltungsrechts Rechnung zu tragen.[114] In nicht wenigen Fällen reicht der Tenor eines Urteils allein nämlich nicht aus, um Inhalt und Reichweite der Rechtskraftwirkung zu ermitteln und/oder deren Sinn und Zweck gerecht zu werden.

---

[108] *Wach*, Vorträge über die Reichs-Civilprocessordnung, 1879, S. 103 ff. Hierzu auch jeweils m. w. N.: *Schwartz*, in: Festgabe Dernburg, 1900, 309 (343); *Gaul*, in: Festschrift Flume, Bd. 1, 1978, S. 443 (471 ff.); *Seibert*, Die Bindungswirkung von Verwaltungsakten, 1989, S. 300.

[109] BT-Drs. III/55, S. 44 zu § 120 VwGO (heute § 121 VwGO) – darin Bezugnahme auf § 322 ZPO.

[110] Vgl. für den Fall der erfolgreichen Aufrechnung § 322 Abs. 2 ZPO und für Bescheidungsurteile § 113 Abs. 5 Satz 2 VwGO.

[111] *Wischermann*, Rechtskraft und Bindungswirkung verfassungsgerichtlicher Entscheidungen, 1979, S. 42; *Seibert*, Die Bindungswirkung von Verwaltungsakten, 1989, S. 302.

[112] *Germelmann*, Die Rechtskraft von Gerichtsentscheidungen in der Europäischen Union, 2009, S. 160–164 mit diversen Nachweisen aus der Rechtsprechung des Conseil d'Etat.

[113] Ausführlich: *Germelmann*, Die Rechtskraft von Gerichtsentscheidungen in der Europäischen Union, 2009, S. 424–432. Hierzu zudem unter § 13 B.I.1.

[114] *Ewer*, Möglichkeiten zur Beschleunigung verwaltungsgerichtlicher Verfahren über Vorhaben zur Errichtung von Infrastruktureinrichtungen und Industrieanalgen, 2019, S. 102; *Gotzen*, VR 1998, 406 (406 f.).

Diesem Problem begegnen Rechtsprechung und Schrifttum, indem sie entweder das Verständnis vom Streitgegenstandsbegriff verändern,[115] oder aber in unterschiedlichen Nuancierungen auf weitere Urteilselemente zurückgreifen. Grob lassen sich insoweit zwei Sichtweisen auseinanderhalten, die in ihrem Ergebnis letztlich nahe beieinander liegen dürften: Eine Auffassung zieht die Entscheidungsgründe zur Auslegung des Streitgegenstandes heran. Während sich die Rechtskraft ausdrücklich auf den Entscheidungssatz beschränken soll, wird dessen Reichweite mithilfe der Urteilsbegründung ermittelt.[116] Eine andere Auffassung will die Urteilsgründe direkt in die Rechtskraft einbeziehen, soweit der Tenor keine hinreichende Klarheit verschafft.[117]

In der Praxis erstreckt sich die verbindliche Wirkung damit zumindest im Einzelfall auf diejenigen Entscheidungsgründe, die den Subsumtionsschluss tragen.[118] Tragend sind solche Gründe, auf die sich der Subsumtionsschluss unmit-

---

[115] Insbesondere *Detterbeck*, Streitgegenstand und Entscheidungswirkungen im Öffentlichen Recht, 1995, S. 156–160; *ders.*, NVwZ 1994, 35 (37) – Streitgegenstand sei der Anspruch auf Aufhebung eines Verwaltungsaktes „dieser Art". Ablehnend: VGH München, Urteil vom 25.10.1990 – 20 B 87/03406, NVwZ-RR 1991, 277 (277); *Kaniess*, Der Streitgegenstandsbegriff in der VwGO, 2012, S. 70–73; *Rennert*, VBlBW 1993, 281, (282); *Wöckel*, in: Eyermann, VwGO, § 121 Rn. 25; *Kilian/Hissnauer*, in: Sodan/Ziekow, VwGO, § 121 Rn. 75.

[116] So explizit: BVerwG, Beschluss vom 06.03.1962 – VII B 73/61, DVBl. 1963, 64 (65); BVerwG, Beschluss vom 15.03.1968 – VII C 183/65, BVerwGE 29, 210 (212); *Germelmann*, Die Rechtskraft von Gerichtsentscheidungen in der Europäischen Union, 2009, S. 57 m.w.N.; *ders.*, in: Gärditz, VwGO, § 121 Rn. 59; *Wöckel*, in: Eyermann, VwGO, § 121 Rn. 21 f.; *Schenke*, in: Kopp/Schenke, VwGO, § 121 Rn. 18. Weniger streng: *Nolte*, Die Eigenart des verwaltungsgerichtlichen Rechtsschutzes, 2015, S. 195; *Lorenz*, Verwaltungsprozeßrecht, § 35 Rn. 19 f.; *Ule*, Verwaltungsprozeßrecht, 1987, § 59 I 2, S. 316; *Haueisen*, NJW 1960, 313 (316); *Kilian/Hissnauer*, in: Sodan/Ziekow, VwGO, § 121 Rn. 61, die eine dadurch bedingte Einbeziehung in die Rechtskraft bejahen. Aus der zivilprozessualen Rechtsprechung und Literatur: BGH, Urteil vom 21.01.1986 – VI ZR 63/85, NJW 1986, 2703 (2704); BGH, Urteil vom 13.12.1989 – IVb ZR 19/89, NJW 1990, 1795 (1796); BGH, Urteil vom 14.02.2008 – I ZR 135/05, NJW 2008, 2716 (2716 f.); *Rosenberg/Schwab/Gottwald*, ZPO, § 154 Rn. 24.

[117] BVerwG, Urteil vom 30.08.1962 – I C 161/58, BVerwGE 14, 359 (362); BVerwG, Urteil vom 04.10.1962 – I C 97/61, Buchholz 310 § 121 VwGO Nr. 9, S. 14 f.; BVerwG, Urteil vom 16.10.1987 – 4 C 35/85, NVwZ 1988, 1120 (1121); BVerwG, Beschluss vom 16.02.1990 – 9 B 325/89, NVwZ 1990, 1069 (1069); BVerwG, Urteil vom 17.05.2018 – 4 C 2/17, BVerwGE 162, 127 Rn. 17 f.; *Schwab*, in: Festschrift Bötticher, 1969, S. 321 (322 f.); *Götz*, JZ 1959, 681 (685 f.); *Grunsky*, Grundlagen des Verfahrensrechts, § 47 IV 2, S. 513 ff. Aus der zivilprozessualen Rechtsprechung und Literatur: BGH, Urteil vom 24.06.1993 – III ZR 43/92, NJW 1990, 3204 (3205); *Habscheid*, Der Streitgegenstand im Zivilprozess und im Streitverfahren der freiwilligen Gerichtsbarkeit, 1956, S. 123 f.; *Zeuner*, Die objektiven Grenzen der Rechtskraft im Rahmen rechtlicher Sinnzusammenhänge, 1959, S. 42 ff.; *Henckel*, Prozeßrecht und materielles Recht, 1970, S. 169; *Rimmelspacher*, Materiellrechtlicher Anspruch und Streitgegenstandsprobleme im Zivilrecht, S. 175, 182 f.; *Lüke*, JuS 2000, 1042 (1044 f.).

[118] So etwa zur Determinierung der Entscheidung in einem nachfolgenden Amtshaftungs-

telbar stützt, sodass er logisch von ihnen untrennbar ist und bei ihrem Hinwegdenken entfiele.[119] Nicht tragende Entscheidungsgründe werden hingegen in keiner Weise referenziert.[120]

Im verwaltungsgerichtlichen Verfahren ist die Beantwortung der Frage, welche Begründungselemente eines Urteils für künftige Rechtsstreitigkeiten Verbindlichkeit erlangen, auch von der statthaften Klageart sowie vom Erfolg der Klage im Einzelfall abhängig. Im Detail ist hier vieles streitig und die Auswahl derjenigen Begründungselemente, die in der Spruchpraxis der Gerichte mit Rechtskraft ausgestattet werden, lässt sich rechtsdogmatisch oftmals nur mit Schwierigkeiten begründen.[121]

II. Unvereinbarkeit der Doppelten Rechtskraft mit den allgemeinen Grundsätzen zur Reichweite der materiellen Rechtskraft

Zu untersuchen ist, ob sich das Institut der Doppelten Rechtskraft nach Maßgabe dieser abstrakten Vorgaben zur Reichweite der materiellen Rechtskraft rechtfertigen lässt. Ausgangspunkt der Überlegungen ist das Urteil, mit dem das Gericht die Rechtswidrigkeit und Nichtvollziehbarkeit einer Zulassungsentscheidung feststellt (hierzu unter 1.) und die Anfechtungsklage im Übrigen abweist (hierzu unter 2.).

1. Feststellung der Rechtswidrigkeit und Nichtvollziehbarkeit

Das Bundesverwaltungsgericht stützt seine Annahme, dass im Verfahren gegen den korrigierten Planfeststellungsbeschluss die zuvor gerichtlich beanstandeten Mängel abschließend und verbindlich feststehen und der Kläger keine weiteren schon dem ursprünglichen Beschluss anhaftenden Mängel mehr geltend machen

---

prozess (vgl. z.B. BGH, Urteil vom 07.02.2008 – III ZR 76/07, BGHZ 175, 221 Rn. 10–19; BGH, Urteil vom 23.07.2020 – III ZR 66/19, BayVBl. 2021, 317 (318); hierzu: *Kaniess*, Der Streitgegenstandsbegriff in der VwGO, 2012, S. 60 ff.; *Broß*, VerwArch 78 (1987), 91 (101); vgl. zudem jüngst BGH, Urteil vom 09.06.2022 – III ZR 247/21, BGHZ 234, 102 (1. Ls.)) oder in einem nachfolgenden Prozess um die Entschädigung für eine Enteignung (BGH, Urteil vom 10.06.1985 – III ZR 3/84, BGHZ 95, 28 (35–38)); hierzu: *Broß*, VerwArch 78 (1987), 91 (108–111)) sowie zur Durchsetzung des Verwaltungsaktswiederholungsverbotes (hierzu noch unter § 10 C.II.1.a)).

[119] *Germelmann*, Die Rechtskraft von Gerichtsentscheidungen in der Europäischen Union, 2009, S. 57; *ders.* in: Gärditz, VwGO, § 121 Rn. 61; *Schwab*, in: Festschrift Bötticher, 1969, S. 321 (323).

[120] A.A. OVG Berlin, Beschluss vom 27.11.2013 – 7 N 18/13, juris Rn. 3; OVG Bremen, Beschluss vom 17.03.2017 – 2 LA 268/15, juris Rn. 31 (hierzu noch unter § 10 C.II.1.b)bb)).

[121] Beispielsfälle aus der Rechtsprechung nennen *Clausing/Kimmel*, in: Schoch/Schneider, VwGO, § 121 Rn. 25.

kann, maßgeblich auf die Rechtskraft des Feststellungsurteils.[122] Dies ist mit den erörterten Grundsätzen zur objektiven Reichweite der materiellen Rechtskraft nach Maßgabe des § 121 VwGO nur teilweise vereinbar.

Zieht man allein den Tenor des Feststellungsurteils heran, ergibt sich daraus zunächst nur, dass der Planfeststellungsbeschluss rechtswidrig und nicht vollziehbar ist. Nicht erkennbar ist hingegen, welche Teile der Entscheidung mangelhaft sind, und inwieweit diese dem geltenden Recht entspricht. Ließe man es damit bewenden, wäre es der Behörde in einem späteren Verfahren gegen den korrigierten Planfeststellungsbeschluss unbenommen, geltend zu machen, dass der ursprüngliche Planfeststellungsbeschluss zwar rechtswidrig gewesen sei, ein konkreter zuvor gerichtlich festgestellter und als heilbar eingestufter Fehler aber nicht bestanden habe. Zugleich könnte der Kläger ohne Rücksicht auf die Bindungswirkungen des vorangegangenen Urteils sämtliche Mängel (wiederholt) geltend machen. Beides würde dazu führen, dass das Gericht im Zweifel den gesamten Planfeststellungsbeschluss erneut auf seine Rechtmäßigkeit überprüfen müsste. Ein derart enges Verständnis der Bindungswirkung würde dem Sinn und Zweck der Rechtskraft sowie dem Beschleunigungsinteresse zuwiderlaufen.

Die Schwierigkeit, dass sich dem Entscheidungssatz allein nur wenig entnehmen lässt, besteht allerdings auch im Hinblick auf andere Urteilsarten. Da die gerichtliche Feststellung der Rechtswidrigkeit und Nichtvollziehbarkeit ein Minus zur Aufhebung darstellt,[123] liegt es zur Lösung des Problems nahe, einen Blick auf die Situation einer erfolgreichen Anfechtungsklage zu werfen (hierzu unter a)). Die hierfür angestellten Überlegungen lassen sich im Wesentlichen auf das Feststellungsurteil übertragen (hierzu unter b)).

a) Rechtskraftwirkungen eines stattgebenden Anfechtungsurteils

Die im Falle einer erfolgreichen Anfechtungsklage einschlägige Urteilsformel *„Der Bescheid ... wird aufgehoben"* bleibt in ihrer Aussagekraft noch hinter dem Feststellungsurteil zurück. Sie enthält als solche weder die Feststellung der Rechtswidrigkeit eines Verwaltungsaktes noch die der gegebenenfalls notwendigen subjektiven Rechtsverletzung.

Beschränkt man die Rechtskraft entsprechend der erläuterten Grundsätze zu § 121 VwGO strikt auf den Streitgegenstand, namentlich den Aufhebungsantrag des Klägers und die Individualisierung des Klagegrundes durch den erlassenen

---

[122] BVerwG, Urteil vom 08.01.2014 – 9 A 4/13, BVerwGE 149, 31 Rn. 28; BVerwG, Urteil vom 28.04.2016 – 9 A 9/15, BVerwGE 155, 91 Rn. 39; BVerwG, Urteil vom 15.07.2016 – 9 C 3/16, NVwZ 2016, 1631 Rn. 61; BVerwG, Urteil vom 23.05.2017 – 4 A 7/16, juris Rn. 7; BVerwG, Urteil vom 24.05.2018 – 4 C 4/17, BVerwGE 162, 114 Rn. 45.

[123] Hierzu unter § 9 B.II.

Verwaltungsakt, dann ist auch die Rechtskraft auf die Kassation begrenzt.[124] Diese vornehmlich in der älteren Lehre vertretene Auffassung überzeugt zumindest dogmatisch betrachtet vor dem Hintergrund, dass sowohl die Feststellung der Rechtswidrigkeit als auch die Feststellung der subjektiven Rechtsverletzung nur Vorfragen darstellen, die prinzipiell nicht an der Rechtskraft teilnehmen.[125] Für diese Annahme spricht zudem, dass nach ihr die Reichweite der Bindungswirkung mit dem Wortlaut von § 42 Abs. 1, 1. Alt. VwGO übereinstimmt.

Um dem Ziel der Rechtskraft entsprechend sicherzustellen, dass der Streit über die Rechtmäßigkeit des in einem Verwaltungsakt konkretisierten Eingriffs in die Sphäre des Klägers verbindlich entschieden und in anderen Entscheidungszusammenhängen zwischen denselben Beteiligten nicht anders beurteilt werden kann, gehen Rechtsprechung und Literatur einen anderen Weg, der sich stärker am Wortlaut von § 113 Abs. 1 Satz 1 VwGO orientiert. Danach stellt das Aufhebungsurteil für die Zukunft ebenso verbindlich fest, dass der Verwaltungsakt rechtswidrig war und den Kläger in seinen Rechten verletzt hat.[126]

Noch weiter von ihrer eigentlichen dogmatischen Grundlage entfernt sich die Reichweite der Bindungswirkung eines stattgebenden Anfechtungsurteils, wenn man sie auf die Entscheidungsgründe erstreckt. So besteht – wenn auch mit variierender Begründung – im Ergebnis weitgehend Einigkeit darüber, dass die materielle Rechtskraftwirkung eines stattgebenden Anfechtungsurteils der Behörde verbietet, trotz unveränderter Sach- und Rechtslage einen neuen Verwaltungsakt aus den vom Gericht missbilligten Gründen zu erlassen (sogenanntes Fehlerwiederholungsverbot).[127] Hier sind die tragenden Gründe des Urteils von besonderer

---

[124] So die ältere Lehre: *Bettermann*, DVBl. 1953, 163 (163); *Grunsky*, Grundlagen des Verfahrensrechts, § 5 IV, S. 40; *Detterbeck*, Streitgegenstand und Entscheidungswirkungen im Öffentlichen Recht, 1995, S. 156 f.

[125] *Bettermann*, DVBl. 1953, 163 (163).

[126] So bereits BVerwG, Beschluss vom 15.03.1968 – VII C 183/65, BVerwGE 29, 210 (211 f.). Ebenso: BVerwG, Urteil vom 22.09.2016 – 2 C 17/15, BVerwGE 156, 159 Rn. 11; *Germelmann*, Die Rechtskraft von Gerichtsentscheidungen in der Europäischen Union, 2009, S. 31; *Lüke*, JuS 1967, 1 (4 f.); *ders.*, JuS 2000, 1042 (1045); *Hufen*, Verwaltungsprozessrecht, § 10 Rn. 9; *Clausing/Kimmel,* in: Schoch/Schneider, VwGO, § 121 Rn. 61; *Wöckel*, in: Eyermann, VwGO, § 121 Rn. 25; *Haack*, in: Gärditz, VwGO, § 90 Rn. 14; *Germelmann*, in: Gärditz, VwGO, § 121 Rn. 65; *Schenke*, in Kopp/Schenke, VwGO, § 121 Rn. 21; *Kilian/Hissnauer*, in: Sodan/Ziekow, VwGO, § 121 Rn. 47–49.

[127] Erstmals in BVerwG, Urteil vom 30.08.1962 – I C 161/58, BVerwGE 14, 359 (361 f.). Siehe zudem BVerwG, Urteil vom 08.12.1992 – 1 C 12/92, BVerwGE 91, 256 (258); BVerwG, Urteil vom 01.06.2011 – 10 C 25/10, BVerwGE 140, 22 Rn. 12; BVerwG, Urteil vom 22.09. 2016 – 2 C 17/15, BVerwGE 156, 159 Rn. 11; *Bachof*, Verfassungsrecht, Verwaltungsrecht Verfahrensrecht in der Rechtsprechung des Bundesverwaltungsgerichts, Bd. II, 1967, S. 199; *Gotzen*, Das Verwaltungsakt-Wiederholungsverbot, 1997, S. 25 ff.; *Detterbeck*, Streitgegenstand und Entscheidungswirkungen im Öffentlichen Recht, 1995, S. 97, 107 f.; *ders.*, NVwZ 1994, 35

Bedeutung. Ohne sie lässt sich nicht ermitteln, warum der erfolgreich angefochtene Verwaltungsakt rechtswidrig und rechtsverletzend gewesen ist, und welche
Fehler es künftig zu vermeiden gilt. Verstößt die Behörde gegen das Verbot, indem sie nach gerichtlicher Aufhebung des fehlerhaften Verwaltungsaktes einen
neuen Verwaltungsakt erlässt, dem die gleichen Fehler wie zuvor anhaften, ist
der wiederholte Verwaltungsakt in einem erneuten Prozess ohne weitere Prüfung
in der Sache wiederum aufzuheben.[128]

Lediglich die dogmatische Begründung dieses Ergebnisses begegnet Schwierigkeiten.[129] Zunächst ist die Bindungswirkung des stattgebenden Urteils nach
Maßgabe von § 121 VwGO auf den Streitgegenstand und mithin auf das Auf-
hebungsinteresse des Klägers im Hinblick auf einen konkreten Verwaltungsakt
beschränkt. Davon können zukünftige identische Verwaltungsakte, die noch gar
nicht erlassen worden sind, natürlich nicht erfasst sein.[130] Modifiziert man die
Definition des Streitgegenstandes dahingehend, dass der Kläger die Aufhebung
von Verwaltungsakten „dieser Art" begehrt,[131] würde dies dazu führen, dass einer
Klage gegen einen identischen Folgeverwaltungsakt wegen des identischen
Streitgegenstandes die Rechtskraft des vorangehenden Urteils entgegenstünde
und diese als unzulässig abzuweisen wäre. Dies wäre mit rechtsstaatlichen
Grundsätzen nicht zu vereinbaren.[132] Zwar nehmen die Befürworter dieser Theo-
rie hier ein besonderes Rechtsschutzbedürfnis an und bejahen auf diese Weise
die Entscheidungsbefugnis des Gerichts.[133] Dass ein ohnedies für jede Klage er-

---

(36); *Rennert*, VBlBW 1993, 281 (282); *Kopp/Kopp*, NVwZ 1994, 1 (2); *Schnapp/Cordewener*,
JuS 1999, 39 (44); *Schoch*, in: Hoffmann-Riem/Schmidt-Aßmann/Voßkuhle, Grundlagen des
Verwaltungsrechts, Bd. III, § 50 Rn. 321; *Schenke*, in: Kopp/Schenke, VwGO, § 121 Rn. 11;
Wöckel, in: Eyermann, VwGO, § 121 Rn. 27; *Clausing/Kimmel*, in: Schoch/Schneider, VwGO,
§ 121 Rn. 26; *Germelmann*, in: Gärditz, VwGO, § 121 Rn. 95; *Kilian/Hissnauer*, in: Sodan/
Ziekow, VwGO, § 121 Rn. 77. Kritisch allerdings: *Kaniess*, Der Streitgegenstandsbegriff in der
VwGO, 2012, S. 75; *Maurer*, JZ 1993, 574 (574 f.); *Erfmeyer*, DVBl. 1997, 27 (31 f.).

[128] *Gotzen*, Das Verwaltungsakt-Wiederholungsverbot, 1997, S. 25 f.

[129] Überblick zum Streitstand bei *Kilian/Hissnauer*, in: Sodan/Ziekow, VwGO, § 121
Rn. 74–78.

[130] *Rennert*, VBlBW 1993, 281 (282); *Kilian/Hissnauer*, in: Sodan/Ziekow, VwGO, § 121
Rn. 74.

[131] *Detterbeck*, Streitgegenstand und Entscheidungswirkungen im Öffentlichen Recht, 1995,
S. 156–160; *ders.*, NVwZ 1994, 35 (37). Ablehnend: VGH München, Urteil vom 25.10.1990 –
20 B 87/03406, NVwZ-RR 1991, 277 (277); *Kaniess*, Der Streitgegenstandsbegriff in der
VwGO, 2012, S. 70–73; *Rennert*, VBlBW 1993, 281 (282); *Wöckel*, in: Eyermann, VwGO,
§ 121 Rn. 25; *Kilian/Hissnauer*, in: Sodan/Ziekow, VwGO, § 121 Rn. 75.

[132] Deswegen ablehnend: *Kaniess*, Der Streitgegenstandsbegriff in der VwGO, 2012, S. 70–
73; *Rennert*, VBlBW 1993, 281 (282); *Wöckel*, in: Eyermann, VwGO, § 121 Rn. 25; *Kilian/
Hissnauer*, in: Sodan/Ziekow, VwGO, § 121 Rn. 75 unter Verweis auf BVerfG, Beschluss vom
23.06.1988 – 2 BvR 260/88, NVwZ 1989, 141 (141).

[133] *Detterbeck*, AöR 116 (1991), 391 (401 f.); *ders.* NVwZ 1994, 35 (36 f.).

forderliches Rechtsschutzbedürfnis die entgegenstehende Rechtskraft überwinden soll, erscheint jedoch konstruiert und dogmatisch wenig überzeugend. Einen dogmatisch nicht unbedingt weniger holprigen Weg beschreiten diejenigen, die das Verbot unmittelbar aus der präjudiziellen Wirkung der materiellen Rechtskraft herleiten.[134] Wenn man davon ausgeht, dass mit dem wiederholenden Verwaltungsakt ein neuer Streitgegenstand gegeben ist, ist eine Klage gegen diesen zumindest zulässig.[135] Bei der Prüfung der Begründetheit ist sodann die präjudizielle Wirkung des vorangegangenen Urteils zu beachten. Dessen materielle Rechtskraft erfasst – wie erörtert – zunächst die Feststellung der Rechtswidrigkeit und der Rechtsverletzung. Bezieht man zudem die Entscheidungsgründe mit ein, obwohl es sich hierbei um bloße Vorfragen handelt, führt dies nach Auffassung einiger Autoren dazu, dass diese für die neue Entscheidung präjudiziell wirken.[136] Die Rechtswidrigkeit und Rechtsverletzung des ersten Verwaltungsaktes bedinge bei unveränderter Sach- und Rechtslage denknotwendig die Rechtswidrigkeit und Rechtsverletzung eines späteren inhaltsgleich erlassenen Verwaltungsaktes.[137] Dieser prinzipiell einleuchtenden Annahme wird entgegengehalten, dass die Frage, ob ein nachfolgender, in einem eigenständigen Verwaltungsverfahren ergangener Verwaltungsakt rechtswidrig ist, durch den Vorprozess nicht rechtskräftig entschieden werden könne.[138] Entscheidungsgründe könnten jedenfalls nicht isoliert in Rechtskraft erwachsen; bloße Vorfragenidentität in zwei Prozessen bedeute keine Präjudizialität.[139] In Ansehung dieser Schwierig-

---

[134] So insbesondere: *Germelmann*, Die Rechtskraft von Gerichtsentscheidungen in der Europäischen Union, 2009, S. 33, 60 f.; *Rennert*, VBlBW 1993, 281 (282–284); *Clausing/Kimmel*, in: Schoch/Schneider, VwGO, § 121 Rn. 81. Kritisch: *Detterbeck*, Streitgegenstand und Entscheidungswirkungen im Öffentlichen Recht, 1995, S. 97 ff.; *ders.*, AöR 116 (1991), 391 (399 f.); *Kilian/Hissnauer*, in: Sodan/Ziekow, VwGO, § 121 Rn. 76.

[135] BVerfG, Beschluss vom 23.06.1988 – 2 BvR 260/88, NVwZ 1989, 141 (141 f.); *Germelmann*, Die Rechtskraft von Gerichtsentscheidungen in der Europäischen Union, 2009, S. 31 ff.; *Bickenbach*, Das Bescheidungsurteil als Ergebnis einer Verpflichtungsklage, 2006, S. 197; *Erfmeyer*, DVBl. 1997, 27 (31); *Unruh*, in: Fehling/Kastner/Störmer, Hk-VerwR, § 121 VwGO Rn. 22. A.A. *Detterbeck*, Streitgegenstand und Entscheidungswirkungen im Öffentlichen Recht, 1995, S. 112 f.; *ders.*, NVwZ 1994, 35 (36, 38).

[136] *Rennert*, VBlBW 1993, 281 (282–284); *Clausing/Kimmel*, in: Schoch/Schneider, VwGO, § 121 Rn. 26, 81.

[137] *Germelmann*, Die Rechtskraft von Gerichtsentscheidungen in der Europäischen Union, 2009, S. 33.

[138] *Gotzen*, Das Verwaltungsakt-Wiederholungsverbot, 1997, S. 62 f.; *Hufen*, Verwaltungsprozessrecht, § 10 Rn. 9; *Kilian/Hissnauer*, in: Sodan/Ziekow, VwGO, § 121 Rn. 76. Danach differenzierend, ob der Folgebescheid einen abgeschlossenen oder einen in der Zukunft liegenden Sachverhalt betrifft: *Erfmeyer*, DVBl. 1997, 27 (31 f.).

[139] *Detterbeck*, Streitgegenstand und Entscheidungswirkungen im Öffentlichen Recht, 1995, S. 97, 109. In diese Richtung auch: *Gotzen*, VR 1998, 406 (407).

keiten rechtfertigen die Rechtsprechung und viele Stimmen in der Literatur die Einbeziehung der Entscheidungsgründe inzwischen losgelöst von dogmatischen Überlegungen zu § 121 VwGO mit dem Sinn und Zweck der materiellen Rechtskraft, dem Rechtsfrieden zu dienen und das Vertrauen in die Beständigkeit des Rechts zu schützen, sowie unmittelbar mit der Bindung der Exekutive an Recht und Gesetz (Art. 20 Abs. 3 GG).[140]

b) Übertragung auf die Feststellung der Rechtswidrigkeit und Nichtvollziehbarkeit

Diese Überlegungen lassen sich im Wesentlichen auf das Feststellungsurteil übertragen. Auch hier sind die vom Gericht geprüften und die Entscheidung tragenden Gründe in die Rechtskraftwirkung einzubeziehen (hierzu unter aa)). Etwas anderes gilt jedoch für die zurückgewiesenen Einwände des Klägers, die die Feststellung der Rechtswidrigkeit nicht bedingen (hierzu unter bb)).

aa) Verbindlichkeit der festgestellten Mängel

Würde der Planfeststellungsbeschluss aufgrund eines festgestellten heilbaren Fehlers aufgehoben, wäre es der Behörde verwehrt, einen weiteren Planfeststellungsbeschluss zu erlassen, der dieselben Fehler aufweist. Wird ihr anstelle der Aufhebung die Möglichkeit zur nachträglichen Fehlerbehebung eingeräumt, kann die Rechtskraftwirkung mit Blick auf Art. 19 Abs. 4 GG dahinter nicht zurückbleiben. Ebenso wie im Hinblick auf das Fehlerwiederholungsverbot feststehen muss, unter Vermeidung welcher formellen oder materiellen Mängel die Behörde einen neuen Verwaltungsakt erlassen darf, muss hier feststehen, welche Fehler die Behörde zu heilen verpflichtet ist, damit der Planfeststellungsbeschluss erhalten und vom Vorhabenträger ausgenutzt werden kann. Dafür muss sich die Bindungswirkung des Feststellungsurteils jedenfalls auch auf die festgestellten Mängel beziehen.[141]

Diese aus dem Sinn und Zweck der materiellen Rechtskraft hergeleiteten Erwägungen können auch dogmatisch überzeugen. Sie entsprechen den Annahmen

---

[140] Vgl. BVerfG, Beschluss vom 23.06.1988 – 2 BvR 260/88, NVwZ 1989, 141 (141 f.); BVerwG, Urteil vom 08.12.1992 – 1 C 12/92, BVerwGE 91, 256 (258). Zustimmend: *Kilian/ Hissnauer*, in: Sodan/Ziekow, VwGO, § 121 Rn. 77; *Unruh*, in: Fehling/Kastner/Störmer, Hk-VerwR, § 121 VwGO Rn. 22. Ablehnend: *Gotzen*, Das Verwaltungsakt-Wiederholungsverbot, 1997, S. 35 f.

[141] So ausdrücklich zuletzt BVerwG, Beschluss vom 17.03.2020 – 3 VR 1/19, NVwZ 2020, 1051 Rn. 18. Vgl. auch VGH München, Urteil vom 18.12.2012 – 8 B 12/431, juris Rn. 30; OVG Lüneburg, Beschluss vom 11.05.2020 – 12 LA 150/19, BauR 2020, 1292 (1293). Ebenso: *Ewer*, Möglichkeiten zur Beschleunigung verwaltungsgerichtlicher Verfahren über Vorhaben zur Errichtung von Infrastruktureinrichtungen und Industrieanlagen, 2019, S. 102 f.

zur Rechtskraft eines stattgebenden Anfechtungsurteils. Anders als beim wiederholten Erlass eines zuvor rechtkräftig aufgehobenen Verwaltungsaktes lässt sich hiergegen nicht einwenden, dass die Frage der Rechtswidrigkeit eines nachfolgenden Verwaltungsaktes durch den Vorprozess nicht rechtskräftig entschieden werden könne.[142] Denn bei Feststellung der Rechtswidrigkeit und Nichtvollziehbarkeit wird eine behördliche Entscheidung nicht aufgehoben. Vielmehr bleibt sie existent, das ergänzende Verfahren knüpft unmittelbar an sie an und sie wird ganz überwiegend Bestandteil einer neuen einheitlichen Planungsentscheidung.[143] Damit divergieren zwar die Streitgegenstände im Vor- und im Folgeprozess,[144] die Rechtmäßigkeit der Ausgangsentscheidung stellt bei der Prüfung des Planfeststellungsbeschlusses im nachfolgenden Verfahren jedoch eine Vorfrage dar, über die das Gericht nicht entscheiden darf, soweit über sie im vorangegangenen Verfahren bereits rechtskräftig entschieden wurde.[145]

Diese Annahmen entsprechen auch der herrschenden Auffassung in der Rechtsprechung und Literatur zur Rechtskraftwirkung eines Urteils im Normenkontrollverfahren gegen einen Bebauungsplan. Stellt das Gericht einen behebbaren Fehler fest und erklärt es daher einen Bebauungsplan gemäß § 47 Abs. 5 Satz 2 VwGO für unwirksam, dann ist die Gemeinde im Hinblick auf ein etwaig sich anschließendes ergänzendes Verfahren nicht nur an den Tenor, sondern auch an die tragenden Gründe der Normenkontrollentscheidung gebunden.[146]

Aus der Tatsache, dass die gerichtlich festgestellten Mängel an der Rechtskraft teilnehmen, folgt jedoch nicht, dass das Gericht verpflichtet ist, alle potentiellen Mängel zu ermitteln. Der Urteilsspruch gibt dies jedenfalls nicht vor. Um die Rechtswidrigkeit und Nichtvollziehbarkeit eines Planfeststellungsbeschlusses festzustellen, genügt es vielmehr, einen einzigen heilbaren Fehler zu identifizieren.[147] Geht das entscheidende Gericht so vor, dann beschränkt sich die Rechts-

---

[142] So *Detterbeck*, Streitgegenstand und Entscheidungswirkungen im Öffentlichen Recht, 1995, S. 97, 108 f.; *Detterbeck*, AöR 116 (1991), 391 (399 f.); *Kilian/Hissnauer*, in: Sodan/Ziekow, VwGO, § 121 Rn. 76.

[143] Hierzu unter § 12 A.I.

[144] Hierzu unter § 12 B.I.1.a).

[145] Hierzu unter § 12 B.I.2.b)bb).

[146] BVerwG, Beschluss vom 14.11.2005 – 4 BN 51/05, NVwZ 2006, 329 Rn. 11 unter Verweis auf BVerwG, Beschluss vom 06.05.1993 – 4 N 2/92, BVerwGE 92, 266 (270). Ebenso: *Battis*, in: Battis/Krautzberger/Löhr, BauGB, § 214 Rn. 33; *Külpmann*, in: Ernst/Zinkahn/Bielenberg/Krautzberger, BauGB, § 10 Rn. 312; *Wöckel*, in: Eyermann, VwGO, § 121 Rn. 36; *Schenke*, in: Kopp/Schenke, VwGO, § 121 Rn. 22a.

[147] Ebenso: *Külpmann*, NVwZ 2020, 1143 (1144). Vgl. dazu: OVG Koblenz, Urteil vom 09.01.2003 – 1 C 10187/01, juris Rn. 88 ff. (nicht abgedruckt in NuR 2003, 441–450) – hier Ablehnung eines Beweisantrags aus genau diesem Grund; VGH Mannheim, Urteil vom 15.12.2011 – 5 S 2100/11, VBlBW 2012, 310 (315).

kraft des Feststellungsurteils entsprechend auf die von ihm geprüften, die Entscheidung tragenden Mängel.[148] Alle weiteren gegebenenfalls bestehenden Fehler – ob unentdeckt oder bereits gerügt – bleiben (vorerst) außer Betracht.

Auch insoweit lässt sich eine Parallele zur erfolgreichen Anfechtungsklage ziehen, die das Gericht auf einen von mehreren denkbaren Aufhebungsgründen stützt. So erläuterte das OVG Koblenz in einem Urteil aus dem Jahr 2003:

> „Dort ist allein die Behörde durch die Rechtskraft des Aufhebungsurteils daran gehindert, den Verwaltungsakt, in dem Punkt, der zur Aufhebung geführt hat, mit der gleichen Begründung wieder zu erlassen. Dem zunächst erfolgreichen, sodann aber mit einer erneuten, den ursprünglichen Fehler vermeidenden Verfügung konfrontierten Adressaten nimmt das zu seinen Gunsten ergangene rechtskräftig gewordene Urteil […] nicht die Möglichkeit, gegen diese Verfügung die gleichen Einwendungen zu erheben, mit denen sich das Gericht zunächst nicht auseinander zu setzen brauchte, weil es auf sie nicht ankam."[149]

bb) Keine Verbindlichkeit der nicht tragenden Entscheidungselemente

Die Bindungswirkung des Urteils bezieht sich nicht auf diejenigen Entscheidungselemente, die unberechtigte Einwände des Klägers zurückweisen. Die gegenteilige Auffassung wird zunächst der im Wortlaut des § 121 VwGO zum Ausdruck kommenden Intention des Gesetzgebers, die Entscheidungselemente im Grundsatz aus der Rechtskraft auszuschließen, nicht gerecht. Diese Norm statuiert nicht, dass rechtskräftige Urteile binden, „soweit entschieden worden ist", sondern nur „soweit über den Streitgegenstand entschieden worden ist."[150] Streitgegenstand ist die beantragte Feststellung, dass der streitgegenständliche Planfeststellungsbeschluss rechtswidrig und nicht vollziehbar ist. Insoweit ist die Feststellung, welche Teile des Planfeststellungsbeschlusses dem geltenden Recht entsprechen, unerheblich. Eine ausnahmsweise Einbeziehung der Entscheidungselemente in die Rechtskraft lässt sich aber nur legitimieren, wenn sie die Feststellung der Rechtswidrigkeit und Nichtvollziehbarkeit stützen. Diese Voraussetzungen erfüllt die gerichtliche Feststellung, welche Mängel nicht bestehen, nicht. Vielmehr handelt es sich um bloße *obiter dicta*.[151]

---

[148] Ebenso: OVG Koblenz, Urteil vom 08.11.2007, 8 C 11523/06, juris Rn. 62; VGH München, Urteil vom 18.12.2012, 8 B 12/431, juris Rn. 30.

[149] OVG Koblenz, Urteil vom 09.01.2003 – 1 C 10187/01, juris Rn. 92 (nicht abgedruckt in NuR 2003, 441–450). Ebenso: OVG Koblenz, Urteil vom 08.11.2007 – 8 C 11523/06, juris Rn. 62.

[150] Vgl. *Kaniess*, Der Streitgegenstandsbegriff in der VwGO, 2012, S. 57.

[151] Vgl. insoweit ausdrücklich: VGH München, Beschluss vom 09.12.2008 – 8 ZB 07/2042, juris Rn. 16 f. Ebenso: *Külpmann*, NVwZ 2020, 1143 (1144); *Ewer*, Möglichkeiten zur Beschleunigung verwaltungsgerichtlicher Verfahren über Vorhaben zur Errichtung von Infrastruktureinrichtungen und Industrieanlagen, 2019, S. 103.

Im Kontext von Normenkontrollverfahren nach § 47 VwGO, die gegen einen bereits einmal korrigierten Bebauungsplan aufgenommen werden, hat das Bundesverwaltungsgericht die fehlende Rechtskraft zuvor zurückgewiesener Mängelrügen bereits wiederholt bestätigt:

„Darin [im vorangehenden Urteil] enthaltene Ausführungen, wonach der Bebauungsplan an keinen weiteren Mängeln leidet, die für seine Wirksamkeit beachtlich sind, tragen den Entscheidungsausspruch des Normenkontrollgerichts nicht und nehmen deshalb an seiner Rechtskraft nicht teil. Nach einer Behebung des im Normenkontrollverfahren festgestellten Mangels in einem ergänzenden Verfahren ist ein Antragsteller nicht gehindert, in einem zweiten Normenkontrollverfahren die für nicht durchgreifend angesehenen Rügen erneut zu erheben [...]. Folgerichtig ist das Normenkontrollgericht auch nicht gehindert, einen Bebauungsplan im Hinblick auf die angesprochenen Mängel erneut zu überprüfen."[152]

Die Einbeziehung nicht tragender Gründe in die Rechtskraft ist auch nicht aus anderen Zusammenhängen bekannt. Für Bescheidungsurteile wird in der oberverwaltungsgerichtlichen Rechtsprechung mitunter ebenfalls angenommen, dass diejenigen Urteilsgründe, in denen erläutert wird, inwieweit der erfolgreiche Kläger mit seinem materiellen Begehren nicht durchdringen konnte, an der Rechtskraft teilnehmen.[153] Auch hier überzeugt die Einbeziehung aus dogmatischer Sicht jedoch nicht. Zwar ist für Bescheidungsurteile bereits dem Tenor zu entnehmen, dass sich die Rechtskraft auf die geäußerte Rechtsauffassung des Gerichts erstreckt.[154] Auch ist in diesem Zusammenhang anerkannt, dass ein Beteiligter mit Rechtsmitteln gegen einzelne vom Gericht für verbindlich erklärte, für ihn aber ungünstige Teile der Begründung vorgehen kann.[155] Anders als das OVG Berlin und das OVG Bremen in ihren dahingehenden Beschlüssen zu suggerieren versuchen, kommt eine solche Beschwer jedoch nicht für Teile der Urteilsbegründung in Betracht, die mangels tragenden Charakters gar keine Bindungswirkung beanspruchen.[156]

---

[152] BVerwG, Beschluss vom 02.06.2005 – 4 BN 19/05, juris Rn. 10. Vgl. auch BVerwG, Beschluss vom 20.06.2001 – 4 BN 21/01, NVwZ 2002, 83 (84); BVerwG, Beschluss vom 11.12.2002 – 4 BN 16/02, BVerwGE 117, 239 (241). Zum ergänzenden Verfahren in der Bauleitplanung im Einzelnen noch unter § 10 D.III.

[153] OVG Berlin, Beschluss vom 27.11.2013 – 7 N 18/13, juris Rn. 3; OVG Bremen, Beschluss vom 17.03.2017 – 2 LA 268/15, juris Rn. 31 f.

[154] Zur Bindung der Behörde an die gerichtliche Rechtsauffassung im Einzelnen: *Bickenbach*, Das Bescheidungsurteil als Ergebnis einer Verpflichtungsklage, 2006, S. 201–208.

[155] Hierzu noch unter § 11 B.IV und unter § 11 C.II.1.

[156] Ebenso: VGH München, Urteil vom 25.02.2013 – 22 B 11/2587, BayVBl. 2014, 50 Rn. 68 ff., insb. Rn. 72; VGH München, Beschluss vom 13.07.2015 – 22 ZB 15/1330, juris Rn. 12 f. Vgl. auch BVerwG, Beschluss vom 24.10.2006 – 6 B 47/06, NVwZ 2007, 104 Rn. 13–15.

Zuletzt verletzt eine Einbeziehung der nicht beanstandeten Entscheidungselemente in die Rechtskraft des Feststellungsurteils den Grundsatz, dass die Rechtskraft nur zugunsten, nicht aber zuungunsten der obsiegenden Partei wirkt. Diesen Grundsatz hat das Bundesverwaltungsgericht in einem Urteil aus dem Jahr 1992 eingeführt, als es über die Rechtskraftwirkungen einer erfolgreichen Anfechtungsklage zu entscheiden hatte.[157] Er wurde seither vielfach rezipiert,[158] und zwar auch im Zusammenhang mit der Rechtskraft eines Urteils, das die Rechtswidrigkeit und Nichtvollziehbarkeit eines Planfeststellungsbeschlusses feststellt.[159] Lässt man den meist primär gestellten Aufhebungsantrag einmal unberücksichtigt,[160] obsiegt der Kläger nach Maßgabe des Feststellungstenors vollumfänglich, da dieser seinem Hilfsantrag entspricht. Auch von der Kostentragung bleibt er regelmäßig vollständig verschont,[161] sodass ein teilweises Unterliegen auch nicht im Kostenausspruch zum Ausdruck kommt. In einem späteren Verfahren dürften neue oder wiederholt vorgebrachte Einwände, die zuvor zurückgewiesen wurden, mithin eigentlich nicht wegen entgegenstehender Rechtskraft zu seinen Lasten unberücksichtigt bleiben. Dem lässt sich nicht entgegenhalten, dass sich ein Unterliegen im Hinblick auf einzelne Rügen jedenfalls aus den Entscheidungsgründen des vorangegangenen Urteils ergibt. Denn Tenor und Entscheidungsgründe müssen im Einklang stehen.[162] Bei einem inhaltlichen Konflikt hat der Inhalt des Tenors regelmäßig Vorrang vor dem Inhalt der Entscheidungsgründe, sofern er nicht infolge eines offenkundigen Versehens unrichtig ist.[163] Unterliegt der Kläger zumindest teilweise, ist eine Tenorierung, die dies berücksichtigt, schon aus Gründen der Rechtsmittelklarheit geboten. Denn der Kläger – zumal wenn er nicht anwaltlich vertreten ist – darf nicht durch eine unklare Tenorierung in die Irre geführt oder im Ungewissen darüber gelassen werden, ob er zur Wahrung seiner Rechte ein Rechtsmittel gegen eine gerichtliche Entscheidung einlegen kann oder muss.[164]

---

[157] BVerwG, Urteil vom 08.12.1992 – 1 C 12/92, BVerwGE 91, 256 (261).

[158] BVerwG, Urteil vom 27.01.1994 – 2 C 12/92, BVerwGE 95, 86 (92); BVerwG, Urteil vom 07.09.1999 – 1 C 6/99, NVwZ 2000, 204 (206); *Bachof*, Verfassungsrecht, Verwaltungsrecht, Verfahrensrecht in der Rechtsprechung des Bundesverwaltungsgerichts, Bd. II, 1967, S. 202; *Sauer*, DÖV 1971, 150 (156); *Maurer*, JZ 1993, 574 (575); *Wöckel*, in: Eyermann, VwGO, § 121 Rn. 33; *Germelmann*, in: Gärditz, VwGO, § 121 Rn. 145.

[159] OVG Koblenz, Urteil vom 09.01.2003 – 1 C 10187/01, NuR 2003, 441 (449) und im Anschluss daran BVerwG, Beschluss vom 17.07.2008 – 9 B 15/08, NVwZ 2008, 1115 Rn. 28.

[160] Hierzu unter § 10 C.II.2.

[161] Hierzu unter § 11 B.III.

[162] BVerwG, Urteil vom 03.06.2010 – 9 C 4/09, BVerwGE 137, 105 Rn. 14.

[163] *Germelmann*, Die Rechtskraft von Gerichtsentscheidungen in der Europäischen Union, 2009, S. 57; *Clausing/Kimmel*, in: Schoch/Schneider, VwGO, § 121 Rn. 51.

[164] Vgl. hierzu BVerwG, Urteil vom 03.06.2010 – 9 C 4/09, BVerwGE 137, 105 Rn. 14.

2. Abweisung der Klage im Übrigen

Die gerichtliche Feststellung der Rechtswidrigkeit und Nichtvollziehbarkeit entspricht zumeist nicht dem primären Begehren des Klägers. Verlangt dieser – wie üblich – mit dem Hauptantrag die Aufhebung des Planfeststellungsbeschlusses, weist das Gericht die Klage im Übrigen ab.[165] Aus der Abweisung der Klage im Übrigen wird teilweise geschlossen, dass in diesem Umfang mit Eintritt der Rechtskraft verbindlich festgestellt sei, dass der Planfeststellungsbeschluss nicht an sonstigen Mängeln leide. Denn der Aufhebungsanspruch könne nur verneint werden, wenn die Genehmigung ansonsten rechtmäßig sei.[166]

Auch der *7. Senat* scheint in einem Revisionsbeschluss aus dem Jahr 2013 auf diese Argumentation zurückzugreifen. Darin heißt es:

> „Da die Verneinung eines Aufhebungsanspruchs bei zulässiger Klage zugleich das Fehlen aufhebungsrelevanter Rechtsmängel voraussetzt, ist auch für die Feststellung der Rechtswidrigkeit und Nichtvollziehbarkeit des geänderten Planfeststellungsbeschlusses wegen einer hierauf bezogenen Rechtswidrigkeit kein Raum."[167]

In jüngeren Entscheidungen hat das Bundesverwaltungsgericht eine derartige präjudizielle Wirkung des abweisenden Anfechtungsurteils jedoch wiederholt explizit verneint.[168]

Zur Klärung der Frage, wie weit die Rechtskraft der Abweisung im Übrigen reicht, werden zunächst die Rechtskraftwirkungen eines vollständig klageabweisenden Anfechtungsurteils dargestellt (hierzu unter a)), bevor die Wirkungen einer Teilabweisung wegen bestehender Heilungsmöglichkeit zu untersuchen sind (hierzu unter b)).

---

[165] Hierzu unter § 9 A.

[166] *Seibert*, NVwZ 2018, 97 (102); *Bonk/Neumann*, in: Stelkens/Bonk/Sachs, VwVfG, 6. Aufl. 2001, § 75 Rn. 43; *Riese*, in Schoch/Schneider, VwGO, § 114 Rn. 235. Nunmehr auch: *Neumann/Külpmann*, in: Stelkens/Bonk/Sachs, VwVfG, § 75 Rn. 54a.

[167] BVerwG, Beschluss vom 28.07.2014 – 7 B 22/13, UPR 2015, 34 Rn. 10. Vgl. auch Rn. 6: „Der Begriff des ergänzenden Regelungsgehalts kann aber auch rechtserhebliche Erwägungen im Begründungsteil des Planergänzungsbeschlusses umfassen, die die im ursprünglichen Planfeststellungsbeschluss ausgesprochene Vorhabenzulassung und darauf bezogene Anordnungen unberührt lassen. Dies gilt nicht nur für solche Erwägungen, die im ergänzenden Verfahren zur Korrektur von Abwägungsfehlern gemäß § 75 Abs. 1a Satz 2 VwVfG angestellt werden und als solche der gerichtlichen Kontrolle unterliegen [...], sondern auch für *Erwägungen, die sich auf von der Rechtskraft des das Aufhebungsbegehren abweisenden Urteils erfasste Umstände beziehen*, diese einer neuerlichen Sachprüfung mit dem Ergebnis einer Bestätigung der ursprünglichen Entscheidung unterziehen und insoweit im Sinne eines Zweitbescheides die Rechtsschutzmöglichkeiten wieder eröffnen." (Hervorhebung nur hier).

[168] Vgl. etwa BVerwG, Urteil vom 04.06.2020 – 7 A 1/18, Buchholz 406.403 § 34 BNatSchG 2010 Nr. 18 Rn. 31; BVerwG, Urteil vom 29.05.2018 – 7 C 18/17, NVwZ 2018, 1734 Rn. 31.

a) Rechtskraftwirkungen eines vollständig klageabweisenden Anfechtungsurteils

Bei einem Unterliegen im Prozess fällt der Entscheidungsausspruch noch kürzer aus als beim Obsiegen; ihm lässt sich einzig die Abweisung der Klage, nicht aber der Grund dafür entnehmen. Ebenso wie bei einem stattgebenden Anfechtungsurteil ist in der Rechtsprechung und im Schrifttum daher anerkannt, dass auch bei einer Klageabweisung die tragenden Entscheidungsgründe in gewissem Maße in die Bindungswirkung der Rechtskraft einzubeziehen sind.[169]

Unterliegt der Kläger mit seinem Aufhebungsbegehren vollständig, erwächst in Rechtskraft, dass der Verwaltungsakt entweder rechtmäßig ist,[170] oder dass er zwar (möglicherweise) rechtswidrig, der Kläger aber nicht in seinen Rechten verletzt ist.[171] Der genaue Inhalt der Rechtskraft lässt sich nur unter Rückgriff auf die Urteilsbegründung ermitteln.[172] Nicht abschließend geklärt ist die Reichweite der Rechtskraft, wenn die Abweisung einer Anfechtungsklage auf einer fehlenden subjektiven Rechtsverletzung beruht, das Gericht aber weitere Feststellungen zur Rechtmäßigkeit des Verwaltungsaktes trifft. Wohl überwiegend wird eine Einbeziehung der Feststellungen zur Rechtmäßigkeit in diesem Fall verneint.[173]

b) Rechtskraftwirkungen der teilweisen Klageabweisung bei möglicher Fehlerbehebung

Wenn eine nachträgliche Fehlerbehebung in Betracht kommt und das Gericht das Aufhebungsbegehren abweist, muss und kann erst anhand der Entscheidungsgründe festgestellt werden, ob weitere Fehler nur heilbar sind oder etwa gar nicht

---

[169] BVerwG, Urteil vom 19.01.1984 – 3 C 88/82, BVerwGE 68, 306 (309 f.); BVerwG, Urteil vom 07.08.2008 – 7 C 7/08, BVerwGE 131, 346 Rn. 18; VGH Mannheim, Urteil vom 30.04. 2008 – 11 S 759/06, VBlBW 2009, 32 (34); *Germelmann*, Die Rechtskraft von Gerichtsentscheidungen in der Europäischen Union, 2009, S. 58 f.; *ders.*, in: Gärditz, VwGO, § 121 Rn. 67; *Schenke*, in: Kopp/Schenke, VwGO, § 121 Rn. 21; *Wöckel*, in: Eyermann, VwGO, § 121 Rn. 22.

[170] BVerwG, Urteil vom 23.06.2020 – 9 A 22/19, BVerwGE 168, 368 Rn. 35–38.

[171] OVG Bremen, Beschluss vom 06.10.1981 – 2 B 55/81, NVwZ 1982, 50 (50); VGH Mannheim, Urteil vom 18.06.2008 – 13 S 2809/07, VBlBW 2009, 73 (73); *Germelmann*, Die Rechtskraft von Gerichtsentscheidungen in der Europäischen Union, 2009, S. 58 f.; *Kilian/ Hissnauer*, in: Sodan/Ziekow, VwGO, § 121 Rn. 70.

[172] Vgl. VGH Mannheim, Urteil vom 30.04.2008 – 11 S 759/06, VBlBW 2009, 32 (34); *Detterbeck*, Streitgegenstand und Entscheidungswirkungen im Öffentlichen Recht, 1995, S. 164; *Unruh*, in: Fehling/Kastner/Störmer, Hk-VerwR, § 121 VwGO Rn. 21; *Clausing/Kimmel*, in: Schoch/Schneider, VwGO, § 121 Rn. 80.

[173] BVerwG, Urteil vom 07.08.2008 – 7 C 7/08, BVerwGE 131, 346 Rn. 18; *Schenke*, in: Kopp/Schenke, VwGO, § 121 Rn. 12, 21. Wohl ebenso: *Wöckel*, in: Eyermann, VwGO, § 121 Rn. 27. A.A. *Detterbeck*, Streitgegenstand und Entscheidungswirkungen im Öffentlichen Recht, 1995, S. 164 und wohl auch: *Germelmann*, Die Rechtskraft von Gerichtsentscheidungen in der Europäischen Union, 2009, S. 58 f.

bestehen, weil die Entscheidung im Übrigen rechtmäßig ist. Mit der Abweisung im Übrigen als solcher wird mithin verbindlich nur festgestellt, dass eine Entscheidung nicht an einem Mangel leidet, der zu ihrer Aufhebung führen muss (hierzu unter aa)). Die besseren Gründe sprechen dagegen, Ausführungen zur Rechtmäßigkeit mit Rechtskraft auszustatten (hierzu unter bb)).

aa) Verbindliche Aussagen der Klageabweisung im Übrigen

Der Abweisung einer Klage im Übrigen wegen bestehender Heilungsmöglichkeit können verschiedene Ursachen zugrunde liegen. Eine Aufhebung ist ausgeschlossen, wenn die behördliche Entscheidung mit Ausnahme der beanstandeten Fehler rechtmäßig ist. Sie kommt aber auch dann nicht in Betracht, wenn weitere Fehler zwar bestehen bzw. sich aus Sicht des Gerichts nicht ausschließen lassen, diese jedoch heilbar sind. Neben der Feststellung der Rechtswidrigkeit und Nichtvollziehbarkeit lässt sich der Abweisung im Übrigen mit Sicherheit also nur die Aussage entnehmen, dass jedenfalls keine Fehler vorliegen, die unter Beachtung der Fehlerheilungsvorschriften im VwVfG und im UmwRG zu einer Aufhebung führen müssen. Diese Aussage erwächst in Rechtskraft.[174]

bb) Reichweite der Rechtskraft bei Feststellungen zur Rechtmäßigkeit

Eine weitergehende Bindungswirkung der Abweisung im Übrigen kommt nur in Betracht, soweit sich den Entscheidungsgründen weitere Aussagen zur Rechtmäßigkeit des Planfeststellungsbeschlusses entnehmen und sich diese in die Rechtskraftwirkung der Abweisung einbeziehen lassen.

Die Entscheidungsgründe von Urteilen, die einen Planfeststellungsbeschluss für rechtswidrig und nicht vollziehbar erklären, spiegeln in ihrem Aufbau regelmäßig die Vorgabe des Bundesverwaltungsgerichts wider, nach der die klägerseitig vorgebrachten Einwände vollumfänglich zu überprüfen sind. Dementsprechend legt das Gericht zunächst dar, ob ein gerügter Mangel überhaupt besteht, bevor es im Falle einer Bejahung auf die Fehlerfolgen eingeht.[175] Zu berücksichtigen ist jedoch, dass das Gericht gar nicht verpflichtet ist, alle beanstandeten Teile des Planfeststellungsbeschlusses einer umfassenden Rechtmäßigkeitskontrolle zu unterziehen, um zur Abweisung im Übrigen zu gelangen. Dafür

---

[174] Ebenso: BVerwG, Urteil vom 04.06.2020 – 7 A 1/18, Buchholz 406.403 § 34 BNatSchG 2010 Nr. 18 Rn. 31; OVG Koblenz, Urteil vom 09.01.2003 – 1 C 10187/01, juris Rn. 90, 92 (nicht vollständig abgedruckt in NuR 2003, 441–450); OVG Koblenz, Urteil vom 08.11.2007 – 8 C 11523/06, juris Rn. 62; VGH München, Urteil vom 18.12.2012 – 8 B 12/431, juris Rn. 30 f.; *Neumann/Külpmann*, in: Stelkens/Bonk/Sachs, VwVfG, § 75 Rn. 53c.

[175] Vgl. beispielhaft etwa BVerwG, Urteil vom 08.01.2014 – 9 A 4/13, BVerwGE 149, 31 Rn. 22 ff.; BVerwG, Urteil vom 28.04.2016 – 9 A 9/15, BVerwGE 155, 91 Rn. 28–38.

müsste es im Einzelnen prüfen, ob nach dem umfassenden Sachverhalt, wie er sich aufgrund der mündlichen Verhandlung ergibt und wie er zum Gegenstand des Verfahrens gemacht worden ist, Mängel vorliegen. Ressourcenschonender und zeiteffektiver ist es hingegen, zunächst das tatsächliche Vorliegen eines Mangels zu unterstellen und diesen nur hypothetisch auf seine faktische und rechtliche Heilbarkeit hin zu überprüfen.[176] Geht das Gericht so vor, beschränkt sich die Rechtskraft der Abweisung entsprechend auf die Feststellung, dass keine nicht heilbaren Fehler vorliegen.[177]

Wenn Ausführungen zur Rechtmäßigkeit nicht erforderlich sind, um die Abweisung der Klage im Übrigen zu rechtfertigen, stellt sich indes die Frage, ob sie in Rechtskraft erwachsen können, wenn sie dennoch erfolgen. Für den Fall, in dem die vollständige Abweisung einer Anfechtungsklage auf einer fehlenden subjektiven Rechtsverletzung beruht, wird die Einbeziehung weiterer Feststellungen zur Rechtmäßigkeit überwiegend verneint.[178] Diese stellen bloße Hilfserwägungen dar, die die Abweisung auf einem weiteren Weg begründen und die Richtigkeit des Urteils zusätzlich absichern sollen. Im Unterschied dazu handelt es sich bei der fehlenden Aufhebungsrelevanz potentieller Fehler und der Rechtmäßigkeit im Übrigen nicht um Begründungen, die kumulativ verwendet werden können. Vielmehr muss sich das Gericht bei bestehender Möglichkeit eines ergänzenden Verfahrens entscheiden: Entweder es bejaht hypothetisch die klägerseitig vorgetragenen Fehler bzw. lässt deren Vorliegen offen, verneint aber deren Aufhebungsrelevanz, oder es verneint bereits die Fehler. Die letztgenannte Vorgehensweise ist aufwendiger und widerspricht der Prozessökonomie, dürfte aber dennoch nicht verboten sein. Geht das Gericht so vor, ist die Feststellung der Rechtmäßigkeit im Übrigen für die Abweisung als tragend anzusehen und wird damit von der Rechtskraft potentiell erfasst.

Gegen dieses Ergebnis sprechen allerdings die folgenden Gründe:

Zum einen würde die Reichweite der Rechtskraft von der Prüfwilligkeit des Gerichts abhängen und sich damit von Fall zu Fall unterscheiden. Das Gericht ist von Gesetzes wegen nur zur Herstellung der Spruchreife verpflichtet. Es muss die Gesamtheit derjenigen Tatsachen kennen, die ihm eine abschließende Ent-

---

[176] So geht das OVG Koblenz in seinem Urteil vom 09.01.2003 – 1 C 10187/01, NuR 2003, 441–450 vor. Insbesondere tatsächliche Unsicherheiten zu Mängeln lässt es offen (vgl. etwa Rn. 88). Ebenso: *Külpmann*, NVwZ 2020, 1143 (1144). Hierzu noch unter § 11 B.I.1.a)aa).

[177] So VGH München, Urteil vom 18.12.2012 – 8 B 12/431, juris Rn. 29–31.

[178] BVerwG, Urteil vom 07.08.2008 – 7 C 7/08, BVerwGE 131, 346 Rn. 18; *Schenke*, in: Kopp/Schenke, VwGO, § 121 Rn. 12, 21; wohl ebenso: *Wöckel*, in: Eyermann, VwGO, § 121 Rn. 27. A.A. *Detterbeck*, Streitgegenstand und Entscheidungswirkungen im Öffentlichen Recht, 1995, S. 164; wohl ebenso: *Germelmann*, Die Rechtskraft von Gerichtsentscheidungen in der Europäischen Union, 2009, S. 58 f.

scheidung über das Klagebegehren ermöglicht.[179] Zwar ist ihm freigestellt, aus welchen Gründen es dem Abweisungsbegehren des Beklagten nachkommt.[180] Es erscheint aber jedenfalls zweifelhaft, dass die Reichweite der Rechtskraftwirkung in das Belieben des einzelnen Gerichts gestellt sein soll.

Zum anderen würde die Erstreckung der Bindungswirkung auf gerichtliche Feststellungen zur Rechtmäßigkeit zu dem seltsam anmutenden Ergebnis führen, dass sich die Doppelte Rechtskraft nur in denjenigen Fällen rechtfertigen ließe, in denen der Kläger mit seinem Hauptantrag die Aufhebung der Zulassungsentscheidung begehrt. Denn nur in diesen Fällen wäre die Rechtmäßigkeit im Übrigen tragend für den Urteilsausspruch. In der Praxis dürfte ein Antrag auf Aufhebung zwar der Regelfall sein; ein Antrag auf Feststellung der Rechtswidrigkeit und Nichtvollziehbarkeit allein erscheint jedoch – insbesondere unter Berücksichtigung der bei einer Teilabweisung unter Umständen zu tragenden Kosten[181] sowie in der Berufungsinstanz – nicht ausgeschlossen. Auch haben gerade Naturschutzvereinigungen nicht notwendigerweise den Willen, ein geplantes Vorhaben abzuwenden. Vielmehr kann es ihnen auch allein darum gehen, dass dieses unter Achtung der umweltrechtlichen Vorschriften genehmigt und durchgeführt wird.[182] Wird ihrem Antrag voll entsprochen, kommt es nicht zu einer Abweisung im Übrigen und mithin auch nicht zu einer Feststellung der sonstigen Rechtmäßigkeit. Eine solche folgt schließlich nicht aus dem Feststellungsurteil.[183]

3. Zwischenergebnis

Die für den Ausspruch der Rechtswidrigkeit und Nichtvollziehbarkeit festgestellten Mängel erwachsen in Rechtskraft. Aus der Abweisung im Übrigen folgt mit Sicherheit nur, dass der Planfeststellungsbeschluss keine Fehler aufweist, die unter Achtung der § 75 Abs. 1a Satz 2 VwVfG und §§ 4 Abs. 1b Satz 1, 7 Abs. 5 Satz 1 UmwRG zur Aufhebung führen. Auch diese Aussage wird mit Rechtskraft ausgestattet.

Nur in dem Wissen, dass das Gericht die Rechtmäßigkeit eines Planfeststellungsbeschlusses umfassend prüft, lässt sich anhand der abschließend festge-

---

[179] *Nolte*, Die Eigenart des verwaltungsgerichtlichen Rechtsschutzes, 2015, S. 163; *Dawin/Panzer*, in: Schoch/Schneider, VwGO, § 86 Rn. 46, 55.

[180] BVerwG, Urteil vom 13.07.2000 – 2 C 34/99, BVerwGE 111, 318 (320); BVerwG, Beschluss vom 24.10.2006 – 6 B 47/06, NVwZ 2007, 104 Rn. 13. Vgl. *Bamberger*, in: Wysk, VwGO, § 88 Rn. 4; *Haack*, in: Gärditz, VwGO, § 88 Rn. 10; *Redeker/v. Oertzen*, VwGO, § 88 Rn. 5.

[181] Hierzu unter § 11 B.III.

[182] Vgl. exemplarisch: OVG Lüneburg, Urteil vom 07.04.2022 – 7 KS 30/21, juris Rn. 10 f. und 62; VG Regensburg, Urteil vom 16.03.2016 – RO 2 K 15/840, juris Rn. 41 f. Ebenso: *Külpmann*, DVBl. 2019, 140 (141).

[183] Hierzu unter § 10 C.II.1.b)bb).

stellten Mängel rückschließen, dass der Planfeststellungsbeschluss im Übrigen dem geltenden Recht entsprechen muss. Jedoch ist das Gericht *de lege lata* zu einer umfassenden Prüfung nicht verpflichtet.

III. Keine (Teil-)Bestandskraft der Ausgangsentscheidung

In verschieden Entscheidungen weist das Bundesverwaltungsgericht darauf hin, dass der Planfeststellungsbeschluss gegenüber dem Kläger in Bestandskraft erwachse, soweit im rechtskräftig abgeschlossenen Verfahren keine Fehler festgestellt worden seien.[184] Damit geht es offenbar von einem Gleichlauf zwischen Rechts- und Bestandskraft dahingehend aus, dass parallel zu den in Rechtskraft erwachsenden Urteilsbegründungselementen die entsprechenden Teile der behördlichen Entscheidung bestandskräftig werden. In der Literatur wird diese Auffassung vielfach übernommen.[185] Zwingend erscheint dies indes nicht.

Die Frage der Bestandskraft bedarf genauerer Betrachtung. Dazu ist zunächst der generelle Zusammenhang zwischen Rechtskraft und Bestandskraft herauszuarbeiten (hierzu unter 1.), bevor die dogmatische Rechtfertigung dieser Aussage überprüft werden soll (hierzu unter 2.). Daraus ergibt sich, dass ein Rückgriff auf die Rechtsprechung zum Änderungsverfahren nach § 76 VwVfG nicht gerechtfertigt ist (hierzu unter 3.).

1. Zusammenhang zwischen Rechtskraft und Bestandskraft

Rechtskraft und Bestandskraft vermitteln jeweils Beständigkeit und tragen damit zur Rechtssicherheit und zum Rechtsfrieden bei.[186] Sie unterscheiden sich vor allem durch ihre unterschiedlichen Bezugspunkte. Während nur ein Urteil in Rechtskraft erwachsen kann, bezieht sich die Bestandskraft auf einen behördlichen Verwaltungsakt.

Anders als die Rechtskraft ist die Bestandskraft nicht gesetzlich geregelt. Die Überschrift zu Teil III, Abschnitt 2 des Verwaltungsverfahrensgesetzes lautet „Bestandskraft des Verwaltungsaktes". Allerdings greifen die darin enthaltenen Regelungen diesen Begriff nicht wieder auf, sondern gehen lediglich auf Folgemaßnahmen (z. B. Rücknahme, Widerruf und Wiederaufgreifen des Verfahrens)

---

[184] Vgl. etwa BVerwG, Beschluss vom 17.07.2008 – 9 B 15/08, NVwZ 2008, 1115 Rn. 28; BVerwG, Urteil vom 08.01.2014 – 9 A 4/13, BVerwGE 149, 31 Rn. 20; BVerwG, Beschluss vom 12.01.2018 – 9 A 12/17, DVBl. 2018, 585 Rn. 13.

[185] *Stüer/Stüer*, DVBl. 2018, 1160 (1161); *Wickel*, in: Fehling/Kastner/Störmer, Hk-VerwR, § 75 VwVfG Rn. 61. Zu dem gleichen Schluss kommt *Ewer*, Möglichkeiten zur Beschleunigung verwaltungsgerichtlicher Verfahren über Vorhaben zur Errichtung von Infrastruktureinrichtungen und Industrieanlagen, 2019, S. 104.

[186] Vgl. nur *Grzeszick*, in: Dürig/Herzog/Scholz, GG, Art. 20 VII Rn. 95 f., 101.

ein.[187] Ebenso wie bei der Rechtskraft wird auch im Hinblick auf die Bestandskraft nach formeller und materieller Bestandskraft unterschieden. Wird ein Verwaltungsakt nach seinem Erlass entweder nicht angegriffen oder wird eine erhobene Klage rechtskräftig abgewiesen, erwächst er in formelle Bestandskraft.[188]
Diese sichert den Verwaltungsakt in seiner rechtlichen Existenz, da er fortan nur
noch bei Erfüllung bestimmter Voraussetzungen aufgehoben werden kann.[189]
Mit Eintritt der formellen Bestandskraft bewirkt die materielle Bestandskraft
zusätzlich eine inhaltliche Verbindlichkeit des Verwaltungsaktes.[190] Die gegenständlichen Grenzen dieser Verbindlichkeit sind im Einzelnen ebenso umstritten,[191] wie die Frage, ob die materielle Bestandskraft in ihren Wirkungen der
materiellen Rechtskraft gleichkommt oder dahinter zurückbleibt.[192]

Im Grundsatz besteht zwischen Rechtskraft und Bestandskraft ein Gleichlauf:
Wird eine Anfechtungsklage abgewiesen, erwächst die Feststellung, dass der
Planfeststellungsbeschluss rechtmäßig ist und/oder den Kläger nicht in seinen
Rechten verletzt, in Rechtskraft. Zugleich wird der Planfeststellungsbeschluss
bestandskräftig. Wird einer Anfechtungsklage hingegen stattgegeben, erwächst
die Feststellung in Rechtskraft, dass der Planfeststellungsbeschluss rechtswidrig
ist und den Kläger in seinen Rechten verletzt. Das Gericht hebt ihn auf (§ 113
Abs. 1 Satz 1 VwGO) und ein Erwachsen in Bestandskraft ist ausgeschlossen.

2. Annahme einer (Teil-)Bestandskraft lässt sich dogmatisch nicht rechtfertigen

Von Bedeutung ist an dieser Stelle vor allem die formelle Bestandskraft. Denn
würde der Planfeststellungsbeschluss bei bzw. trotz Feststellung seiner Rechtswidrigkeit und Nichtvollziehbarkeit (teilweise) in seinem Bestand gesichert,
wäre er insoweit in einem nachgehenden Verfahren nicht mehr angreifbar. Neben
dem Feststellungsurteil, welches bei Rechtskraft vor allem ein Abweichungs-

---

[187] *Sachs*, in: Stelkens/Bonk/Sachs, VwVfG, § 43 Rn. 1.

[188] *Seibert*, Die Bindungswirkung von Veraltungsakten, 1989, S. 139; *Müller-Steinwachs*,
Bestandsschutz im Fachplanungsrecht, 2007, S. 19; *Unruh*, in: Fehling/Kastner/Störmer, Hk-
VerwR, § 121 VwGO Rn. 13; *Sachs*, in: Stelkens/Bonk/Sachs, VwVfG, § 43 Rn. 23.

[189] *Müller-Steinwachs*, Bestandsschutz im Fachplanungsrecht, 2007, S. 19. Vgl. zum Verwaltungsakt als solchem: *Seibert*, Die Bindungswirkung von Verwaltungsakten, 1989, S. 141;
Sachs, in: Stelkens/Bonk/Sachs, VwVfG, § 43 Rn. 17.

[190] *Goldhammer*, in: Schoch/Schneider, VwVfG, § 43 Rn. 87.

[191] Hierzu im Einzelnen: *Seibert*, Die Bindungswirkung von Verwaltungsakten, 1989,
S. 297 ff.; *Sachs*, in: Stelkens/Bonk/Sachs, VwVfG, § 43 Rn. 56 ff.

[192] Für eine Gleichwertigkeit: *Broß*, VerwArch 78 (1987), 91 (102 f.); *Unruh*, in Fehling/
Kastner/Störmer, Hk-VerwR, § 121 VwGO Rn. 13; *Clausing/Kimmel*, in: Schoch/Schneider,
VwGO, § 121 Rn. 27 f.; *Kilian/Hissnauer*, in: Sodan/Ziekow, VwGO, § 121 Rn. 79. Dagegen:
Wöckel, in: Eyermann, VwGO, § 121 Rn. 18.

verbot begründet, würde die (teilweise) Bestandskraft vor allem relevant, wenn das Urteil zu einzelnen Elementen des Planfeststellungsbeschlusses schweigt.[193]

Die Annahme einer (Teil-)Bestandskraft scheitert aus dogmatischer Sicht daran, dass deren Voraussetzungen nicht vorliegen (hierzu unter a)). Darüber hinaus ist den Entscheidungselementen ein vom verfügenden Teil der Entscheidung losgelöstes Erwachsen in selbständige Bestandskraft verwehrt (hierzu unter b)).

a) Voraussetzungen einer (Teil-)Bestandskraft liegen nicht vor

Die formelle Bestandskraft setzt voraus, dass eine behördliche Entscheidung entweder gar nicht fristgerecht angegriffen oder aber eine erhobene Klage (teilweise) rechtskräftig abgewiesen wird.[194] Beides kommt hier nicht in Betracht.

Die Abweisung der Anfechtungsklage im Übrigen bezieht sich allein auf den Aufhebungsanspruch des Klägers, zu dem die Feststellung der Rechtswidrigkeit und Nichtvollziehbarkeit ein *qualitatives* Minus darstellt.[195] Dies zeigt sich schon daran, dass eine Teilabweisung wegfällt, wenn der Kläger keine Aufhebung beantragt. Eine darüberhinausgehende *quantitative* Abweisung im Hinblick auf die rechtmäßigen Teile des Planfeststellungsbeschlusses müsste aus dem Tenor erkennbar sein. Dies ist nicht der Fall.

b) Keine (Teil-)Bestandskraft bei Feststellung der Rechtswidrigkeit und Nichtvollziehbarkeit

Davon unabhängig kommt eine (Teil-)Bestandskraft nicht in Betracht. Bei Feststellung der Rechtswidrigkeit und Nichtvollziehbarkeit bleibt die Ausgangsentscheidung der Behörde erhalten, sie ist jedoch bis zu ihrer Heilung nicht vollziehbar. Dies führt dazu, dass der Planfeststellungsbeschluss nicht vollständig in Bestandskraft erwachsen kann (hierzu unter aa)). Die Annahme einer Teilbestandskraft der rechtmäßigen Entscheidungselemente scheitert daran, dass unselbständige Teile des Planfeststellungsbeschlusses nicht bestandskraftfähig sind (hierzu unter bb)).

aa) Keine Bestandskraft des gesamten Planfeststellungsbeschlusses

Ein Planfeststellungsbeschluss kann bei Feststellung seiner Rechtswidrigkeit und Nichtvollziehbarkeit nicht in Bestandskraft erwachsen.[196] Von der fehlenden

---

[193] Hierzu unter § 12 C.I.3.

[194] *Seibert*, Die Bindungswirkung von Veraltungsakten, 1989, S. 139; *Müller-Steinwachs*, Bestandsschutz im Fachplanungsrecht, 2007, S. 19; *Unruh*, in Fehling/Kastner/Störmer, Hk-VerwR, § 121 VwGO Rn. 13; *Sachs*, in: Stelkens/Bonk/Sachs, VwVfG, § 43 Rn. 23.

[195] Vgl. nur BVerwG, Urteil vom 29.05.2018 – 7 C 18/17, NVwZ 2018, 1734 Rn. 31.

[196] *Henke*, Planerhaltung durch Planergänzung und ergänzendes Verfahren, 1997, S. 151;

Bestandskraft scheint auch das Bundesverwaltungsgericht auszugehen. So heißt es in einem Beschluss des *7. Senats* aus dem Jahr 2014 wenn auch eher beiläufig:

„Die Voraussetzungen, unter denen ein Kläger, gegenüber dem der ursprüngliche Planfeststellungsbeschluss aufgrund der gerichtlichen Feststellung der Rechtswidrigkeit und Nichtvollziehbarkeit nicht bestandskräftig geworden ist, [...] weiterhin ein Aufhebungsbegehren geltend machen kann, sind geklärt."[197]

Insoweit liegen die Dinge hier anders als bei einem fehlerhaften Planfeststellungsbeschluss, der sich durch eine bloße Planergänzung heilen lässt. Denn im letztgenannten Fall unterliegt der Kläger mit seinem Aufhebungsanspruch vollständig und der Planfeststellungsbeschluss erwächst mit Rechtskraft des Urteils in Bestandskraft.[198]

Es stellt sich allerdings die Frage, wie sich diese offenbar im Ergebnis anerkannte Folge des Feststellungsurteils begründen lässt.

Die fehlende Bestandskraft ergibt sich zunächst nicht eindeutig aus dem Urteilsausspruch. Dieser stellt neben der Rechtswidrigkeit lediglich die Nichtvollziehbarkeit des Planfeststellungsbeschlusses fest. Wenn ein Planfeststellungsbeschluss nicht vollziehbar ist, wird grundsätzlich nur die Verwirklichung der in ihm ausgesprochenen Rechtsfolge oder der sich aus ihm ergebenden weiteren Rechtsfolgen (Nebenfolgen) unterbunden.[199] Die Nichtvollziehbarkeit löst mithin lediglich einen Suspensiveffekt aus. Wie sich etwa auch im Zusammenhang mit dem vorläufigen Rechtsschutz nach §§ 80, 80a VwGO zeigt, sind die Vollziehbarkeit eines Verwaltungsaktes und seine Bestandskraft nur in der Weise voneinander abhängig, dass ein bestandskräftiger Verwaltungsakt regelmäßig auch vollziehbar ist. Hingegen sagt die bestehende oder fehlende Vollziehbarkeit

---

ders., UPR 1999, 51 (53, 57); *Jarass*, in: Gedächtnisschrift Tettinger, 2007, S. 465 (472); *Gaentzsch*, DVBl. 2000, 741 (748); *Neumann/Külpmann*, in: Stelkens/Bonk/Sachs, VwVfG, § 75 Rn. 44; *Wysk*, in: Kopp/Ramsauer, VwVfG, § 75 Rn. 32; *Deutsch*, in: Mann/Sennekamp/Uechtritz, VwVfG, § 75 Rn. 129; *Riese*, in: Schoch/Schneider, VwGO, § 114 Rn. 235.

[197] BVerwG, Beschluss vom 28.07.2014 – 7 B 22/13, UPR 2015, 34 Rn. 9. Ausdrücklich: BVerwG, Beschluss vom 01.04.2016 – 3 VR 2/15, NVwZ 2016, 1328 Rn. 20.

[198] BVerwG, Urteil vom 14.09.1992 – 4 C 34–38/89, BVerwGE 91, 17 (20); BVerwG, Urteil vom 18.04.1996 – 11 A 86/95, BVerwGE 101, 73 (85 f.); *Henke*, Planerhaltung durch Planergänzung und ergänzendes Verfahren, 1997, S. 151, 166; *Neumann/Külpmann*, in: Stelkens/Bonk/Sachs, VwVfG, § 75 Rn. 44. Präziser: *Hildebrandt*, Der Planergänzungsanspruch, 1999, S. 249–251, der mit Blick auf § 75 Abs. 2 Satz 1 VwVfG davon ausgeht, dass die Bestandskraft nur eintrete, soweit nicht die Anordnung erforderlicher Schutzmaßnahmen unterblieben sei, und *Jarass*, in: Gedächtnisschrift Tettinger, 2007, S. 465 (468) – „jedenfalls insoweit, als der Beschluss nicht durch ein Verpflichtungsurteil modifiziert wird".

[199] Grundlegend: BVerwG, Urteil vom 21.06.1961 – 8 C 398/59, BVerwGE 13, 1 (5–8). *Goldhammer*, in: Schoch/Schneider, VwVfG, § 43 Rn. 82.

nicht notwendigerweise etwas darüber aus, ob ein Verwaltungsakt in Bestandskraft erwächst oder nicht.[200]

Die fehlende Bestandskraft folgt aber quasi denknotwendig aus dem Konzept der Fehlerbehebung im ergänzenden Verfahren. Dies leuchtet ein, wenn man sich einmal vor Augen führt, welche Folgen der Eintritt der Bestandskraft hätte: Zunächst würde ein Planfeststellungsbeschluss in Bestandskraft erwachsen, dessen Rechtswidrigkeit zuvor rechtskräftig festgestellt worden ist. Zwar ist auch bei dem Erfordernis einer Planergänzung ein rechtswidriger Planfeststellungsbeschluss gegeben, der dennoch in Bestandskraft erwächst. Auch ist der Kläger bereits aufgrund der fehlenden Vollziehbarkeit vor einer rechtswidrigen Realisierung hinreichend geschützt. Bei der Planergänzung steht jedoch im Zeitpunkt des Urteils fest, dass der Planfeststellungsbeschluss bei Erlass bestimmter bzw. bestimmbarer Schutzauflagen rechtmäßig wird. Hingegen lassen sich beim ergänzenden Verfahren zum Zeitpunkt des Urteils etwaig notwendige Änderungen des verfügenden Teils bzw. der Begründung der behördlichen Entscheidung regelmäßig noch gar nicht absehen.[201] Es kann sich sogar herausstellen, dass sich die Ausgangsentscheidung gar nicht korrigieren lässt. Damit ist der Fortbestand der Entscheidung als solcher regelmäßig noch infrage gestellt.

Für ihr endgültiges rechtmäßiges Zustandekommen bedarf es der Durchführung und des erfolgreichen Abschlusses eines ergebnisoffenen ergänzenden Verfahrens. Ein solches kann indes nur insoweit durchgeführt werden, wie der Planfeststellungsbeschluss nicht bereits bestandskräftig geworden ist.[202] Unklar ist, ob sich dies bereits aus § 75 Abs. 2 Satz 1 VwVfG ergibt, der nach Eintritt der Bestandskraft Ansprüche auf Änderungen ausschließt. Denn dadurch werden lediglich Änderungsansprüche Dritter und nicht auch durch die Behörde erfolgende Änderungen unterbunden.[203] Allerdings dient die Bestandskraft auch dem Schutz des Vorhabenträgers, der mit ihrem Eintritt eine gefestigte Rechtsposition erlangt und nicht mehr damit rechnen muss, dass die Behörde gegen seinen Willen ein ergänzendes Verfahren einleitet.[204]

Würde die Behörde – ebenso wie im Rahmen einer Planergänzung oder in einem Planänderungsverfahren gemäß § 76 VwVfG – nachträglich gezielt in eine

---

[200] Hierzu noch unter § 12 A.I.1.

[201] Vgl. insoweit BVerwG, Urteil vom 04.06.2020 – 7 A 1/18, Buchholz 406.403 § 34 BNatSchG 2010 Nr. 18 Rn. 9; *Wysk*, in: Kopp/Ramsauer, VwVfG, § 75 Rn. 32; *Neumann/Külpmann*, in: Stelkens/Bonk/Sachs, VwVfG, § 75 Rn. 44.

[202] *Jarass*, in: Gedächtnisschrift Tettinger, 2007, S. 465 (472); *Ziekow*, VerwArch 99 (2008), 559 (584); *Schütz*, UPR 2021, 418 (420); *Deutsch*, in: Mann/Sennekamp/Uechtritz, VwVfG, § 75 Rn. 131.

[203] Vgl. *Ziekow*, VerwArch 99 (2008), 559 (473).

[204] *Schütz*, UPR 2021, 418 (420).

eigentlich bestandskräftige Entscheidung eingreifen, um ihre Rechtmäßigkeit herzustellen, wäre Rechtsschutz nur noch hinsichtlich der Korrekturen erneut eröffnet. Anders als bei der Planergänzung oder einer Planänderung nach § 76 VwVfG genügt dies jedoch nicht.[205] Änderungen, die aus einem ergänzenden Verfahren resultieren, unterscheiden sich von denjenigen einer Planergänzung – zumeist Nebenbestimmungen – nämlich dadurch, dass sie sich regelmäßig nicht vom ursprünglichen Planfeststellungsbeschluss separieren lassen. Die Korrektur knüpft sowohl verfahrens- als auch materiell-rechtlich im Wesentlichen an die Ausgangsentscheidung an.[206] Sie selbst weist oftmals gar keinen Regelungsgehalt auf, der den verfügenden Teil modifiziert. Daher ist ihre Überprüfung nur auf der Grundlage des übrigen Planfeststellungsbeschlusses möglich[207] und sie ist nicht selbständig anfechtbar.[208] Anders als bei einer erfolgreichen Klage gegen eine Planänderung gemäß § 76 VwVfG könnte die Behörde bei einer isolierten Klage gegen etwaige im ergänzenden Verfahren erfolgte Änderungen auch nicht auf eine rechtmäßige bzw. nicht angegriffene Ursprungsregelung zurückfallen.[209] Damit wird die Ausgangsentscheidung zwar nicht aufgehoben, zugleich kann sie jedoch nicht als Ganzes in Bestandkraft erwachsen.

bb) Keine Bestandskraft unselbstständiger Teile
des Planfeststellungsbeschlusses

Wenn der Planfeststellungsbeschluss in Bestandskraft erwachsen soll, soweit keine Fehler festgestellt worden sind, würde dies zum einen voraussetzen, dass die unbeanstandeten Regelungen bestandskräftig werden. Dies ist für unselbständige Regelungen innerhalb eines für rechtswidrig und nicht vollziehbar erklärten Planfeststellungsbeschlusses indes nicht möglich (hierzu unter (1)). Weiterhin verlangt das Konzept der Doppelten Rechtskraft offenbar, dass Teile der Begründung isoliert in Bestandskraft erwachsen. Auch dies widerspricht dem herkömmlichen Verständnis von der formellen Bestandskraft (hierzu unter (2)).

---

[205] Auch Planänderungen gemäß § 76 VwVfG können sich im Einzelfall auf bereits bestandskräftig genehmigte Anlagenteile und Verfahrensschritte auswirken. In diesen Fällen wird der Rechtsschutz hierauf erstreckt (vgl. VGH Mannheim, Beschluss vom 11.12.2014 – 10 S 473/14, NuR 2015, 419 (420).

[206] *Durner*, VerwArch 97 (2006), 345 (368).

[207] Hierauf hinweisend: *Wysk*, UPR 2021, 434 (436).

[208] BVerwG, Beschluss vom 20.12.1991 – 4 C 25/90, juris Rn. 18; OVG Koblenz, Urteil vom 08.11.2007 – 8 C 11523/06, juris Rn. 62; *Schütz*, in: Hermes/Sellner, AEG, § 18e Rn. 33. A.A. *Jarass*, DVBl. 1997, 795 (802).

[209] Vgl. hierzu: *Jarass*, in: Gedächtnisschrift Tettinger, 2007, S. 465 (477).

(1) Keine isolierte Bestandskraft unselbständiger Elemente des verfügenden Teils

Die Bestandskraft kann sich bei teilbaren Planfeststellungsbeschlüssen auf einen Teil des verfügenden Teils beschränken.[210] Hingegen ist die isolierte Bestandskraft unselbstständiger Elemente eines Planfeststellungsbeschlusses ausgeschlossen.

Eine Teilung setzt voraus, dass die rechtlich unbedenklichen Regelungen des Entscheidungsgegenstandes nicht in einem untrennbaren inneren Zusammenhang mit dem rechtswidrigen Teil stehen.[211] Der rechtswidrige Teil muss in der Weise selbstständig abtrennbar sein, dass der Verwaltungsakt im Übrigen ohne Änderung seines Inhalts sinnvoller- und rechtmäßigerweise bestehen kann.[212] Dafür muss sich das Vorhaben zum einen in rein tatsächlicher Hinsicht teilen lassen. Dies ist etwa denkbar, wenn sich ein Mangel auf einen räumlich abgrenzbaren Teil eines Vorhabens beschränkt.[213] Zum anderen muss es auch rechtlich teilbar sein. Bei Planfeststellungsbeschlüssen bedeutet dies, dass der aufrechterhalten bleibende Teil nach wie vor eine ausgewogene, die rechtlichen Bindungen einer planerischen Entscheidung einhaltende Regelung darstellt, die dem Vorhabenträger kein Restvorhaben aufdrängt, das er in dieser Gestalt gar nicht verwirklichen möchte.[214] Liegen die Voraussetzungen einer Teilung vor, kommt es entweder zu einer Teilaufhebung oder zu einer auf einen Teil des Vorhabens begrenzten Feststellung der Rechtswidrigkeit und Nichtvollziehbarkeit[215] unter Abweisung der Klage im Übrigen. Nur der selbständige rechtmäßige Teil er-

---

[210] Ausdrücklich: BVerwG, Urteil vom 23.03.1972 – III C 132/70, BVerwGE 40, 25 (32); VGH Mannheim, Urteil vom 09.09.1987 – 5 S 1118/86, NVwZ-RR 1988, 58 (58); *Sachs*, in: Stelkens/Bonk/Sachs, VwVfG, § 43 Rn. 25; *Leisner-Egensperger*, in: Mann/Sennekamp/Uechtritz, VwVfG, § 43 Rn. 17. Vgl. im Übrigen: *Wolff*, in: Sodan/Ziekow, VwGO, § 113 Rn. 158; *Riese*, in: Schoch/Schneider, VwGO, § 113 Rn. 14. Ausführlich zur Teilbarkeit von Planfeststellungsbeschlüssen: *Roeser*, in: Festschrift Schlichter, 1995, S. 479 (494 f.); *Paetow*. DVBl. 1985, 369.

[211] BVerwG, Urteil vom 13.11.1997 – 3 C 33/96, BVerwGE 105, 354 (358).

[212] BVerwG, Urteil vom 17.02.1984 – 4 C 70/80, NVwZ 1984, 366 (366 f.); *Paetow*, DVBl. 1985, 369 (370).

[213] *Külpmann*, NVwZ 2020, 1143 (1144). Vgl. BVerwG, Urteil vom 20.08.1992 – 4 C 13/91, NVwZ-RR 1993, 225 (225 f.); BVerwG, Urteil vom 21.02.1992 – 7 C 11/91, BVerwGE 90, 42 (50).

[214] VGH Mannheim, Urteil vom 20.11.2018 – 5 S 2138/16, juris Rn. 315; *Hildebrandt*, Der Planergänzungsanspruch, 1999, S. 154; *Paetow*, DVBl. 1985, 369 (370 f., 374); *Storost*, NVwZ 1998, 797 (802 f.). Allein auf die räumliche Teilbarkeit abstellend: *Külpmann*, NVwZ 2020, 1143 (1144); *Schütz*, UPR 2021, 418 (421).

[215] Vgl. BVerwG, Urteil vom 14.03.2018 – 4 A 5/17, BVerwGE 161, 263 Rn. 72 ff. und 119; VGH Mannheim, Urteil vom 20.11.2018 – 5 S 2138/16, juris Rn. 310. Vgl. insoweit auch die durch das Gesetz zur Beschleunigung von Investitionen vom 03.12.2020 (BGBl. I, S. 2694)

wächst in Bestandskraft. In der Praxis wird insbesondere bei Linienvorhaben manchmal bereits der klägerseitige Antrag entsprechend beschränkt,[216] sodass es nicht zu einer Teilabweisung kommt.

Ist eine Teilbarkeit hingegen nicht gegeben, bezieht sich die Feststellung der Rechtswidrigkeit und Nichtvollziehbarkeit auf den Planfeststellungsbeschluss als solchen,[217] der damit als Ganzes in der Schwebe bleibt. Rechtmäßige Feststellungen und Regelungen innerhalb eines seinerseits nicht in Bestandskraft erwachsenden Planfeststellungsbeschlusses können nicht isoliert bestandskräftig werden. Damit sind sie in einem nachgehenden Prozess weiterhin angreifbar.

(2) Keine isolierte Bestandskraft von Begründungselementen

Weiterhin ist unklar, wie sich die angenommene Teilbestandskraft zu solchen Sachkomplexen verhält, die im Planfeststellungsbeschluss zwar behandelt werden, sich aber nicht auf das Vorhaben bzw. den verfügenden Teil des Planfeststellungsbeschlusses auswirken. Wird etwa die erhebliche Beeinträchtigung eines Natura 2000-Gebiets in der Begründung eines Planfeststellungsbeschlusses verneint, ohne dass es hierfür Vermeidungs- oder Minderungsmaßnahmen bedarf, können gerade keine entsprechenden Festsetzungen oder Regelungen in Bestandskraft erwachsen.

Die Bestandkraft beschränkt sich auf den Entscheidungsausspruch bzw. auf den verfügenden Teil eines Verwaltungsaktes. Eine Erstreckung auf Begründungselemente ist im Grundsatz ausgeschlossen.[218]

Nach Auffassung des Bundesverwaltungsgerichts kommt ihnen allenfalls dann selbstständige Verbindlichkeit zu, wenn sie eine (feststellende) Regelungsqualität aufweisen. Dies soll nur dann möglich sein, wenn sie entweder in den Tenor aufgenommen worden sind oder sich im Wege der Auslegung ein Regelungswille der Behörde klar und unmissverständlich ermitteln lässt.[219]

---

geschaffenen Regelungen in § 18c Nr. 4 AEG, § 17c Nr. 4 WaStrG, § 29 Abs. 4 Nr. 4 PBefG – hierzu im Einzelnen: *Schütz*, UPR 2021, 418 (421–423).

[216] Vgl. zum Beispiel BVerwG, Urteil vom 14.03.2018 – 4 A 7/17, juris Rn. 5; BVerwG, Urteil vom 10.11.2022 – 4 A 15/20, juris Rn. 7.

[217] OVG Magdeburg, Urteil vom 23.08.2017 – 2 K 66/16, juris Rn. 258 f.; VGH Mannheim, Urteil vom 20.11.2018 – 5 S 2138/16, juris Rn. 310. Für den Fall eines Aufhebungsbegehrens: *Storost*, NVwZ 1998, 797 (803); *Neumann/Külpmann*, in: Stelkens/Bonk/Sachs, VwVfG, § 75 Rn. 60; *Wolff*, in: Sodan/Ziekow, VwGO, § 113 Rn. 156; *Riese*, in: Schoch/Schneider, VwGO, § 113 Rn. 15. A.A. für den Fall einer Baugenehmigung: OVG Berlin, Urteil vom 22.05.1992 – 2 B 22/90, NVwZ 1993, 593 (593 f.).

[218] BVerwG, Urteil 01.09.2011 – 5 C 27/10, BVerwGE 140, 311 Rn. 18–20; *Sachs*, in: Stelkens/Bonk/Sachs, VwVfG, § 43 Rn. 58 f.; *Pietzcker/Marsch*, in: Schoch/Schneider, VwGO, § 42 Abs. 1 Rn. 14.

[219] Vgl. BVerwG, Urteil vom 05.11.2009 – 4 C 3/09, BVerwGE 135, 209 Rn. 20 f.

Eine selbstständige Verbindlichkeit einzelner Entscheidungselemente wurde in der Vergangenheit im Prüfungsrecht diskutiert. So bejahte insbesondere das OVG Münster die Möglichkeit einer Teilbestandskraft für die Einzelergebnisse einer juristischen Staatsprüfung.[220] Das Bundesverwaltungsgericht lehnte dies jedoch ab und betonte wiederholt, dass den Einzelergebnissen regelmäßig keine selbstständige Bedeutung zukomme. Vielmehr würden diese lediglich die Grundlage der behördlichen Entscheidung über das Bestehen oder Nichtbestehen einer Prüfung bilden, die ihrerseits eine rechtliche Regelung enthalte und daher den Verwaltungsakt darstelle, der im verwaltungsgerichtlichen Verfahren auf seine Rechtmäßigkeit hin überprüft werden könne.[221]

Diese Überlegungen können auf die Begründungselemente, aus denen sich die Vereinbarkeit des planfestgestellten Vorhabens mit den einschlägigen rechtlichen Anforderungen ergibt, übertragen werden. Auch ihnen kommt keine selbstständige feststellende Regelungswirkung zu. Sie sind nur insoweit von Bedeutung, als sie geeignet sind, das im Ergebnis konkret festgestellte Vorhaben samt aller getroffenen Nebenbestimmungen zu rechtfertigen. Auch wenn sich die Annahme, dass die Begründung eines Planfeststellungsbeschlusses nicht an der Bestandskraft teilnehme, mit Recht hinterfragen lässt,[222] dürfte jedenfalls eine isolierte, das heißt gänzlich vom Entscheidungsgegenstand losgelöste und von diesem unabhängige Bestandskraft nicht in Betracht kommen.[223]

3. Unzutreffender Vergleich mit § 76 VwVfG

Einige Anhaltspunkte deuten darauf hin, dass das Bundesverwaltungsgericht die Annahme der Bestandskraft einzelner unbeanstandeter Entscheidungselemente auf Grundlage seiner Rechtsprechung zu § 76 VwVfG entwickelt hat.[224]

In einem Beschluss aus dem Jahr 2008 macht der *9. Senat* deutlich, dass dem Kläger nach Durchführung des ergänzenden Verfahrens aufgrund der erfolgreichen ersten Klage nicht die unbeschränkte Möglichkeit eröffnet werde, alte wie neue Einwendungen gegen das Vorhaben vorzubringen. Die durch Bestandskraft

---

[220] OVG Münster, Urteil vom 27.08.2009 – 14 A 313/09, NWVBl. 2010, 238 (239).

[221] BVerwG, Urteil vom 23.05.2012 – 6 C 8/11, NJW 2012, 2901 Rn. 14 unter Verweis auf BVerwG, Urteil vom 16.03.1994 – 6 C 5/93, NVwZ-RR 1994, 582 (582) und BVerwG, Beschluss vom 25.03.2003 – 6 B 8/03, DÖV 2003, 727 (728).

[222] Vgl. insoweit zur Bestandskraft vorläufiger Verwaltungsakte: *Martens*, DÖV 1987, 992 (995).

[223] Vgl. die Parallele zur Reichweite der Rechtskraft: *Detterbeck*, Streitgegenstand und Entscheidungswirkungen im Öffentlichen Recht, 1995, S. 97; *Germelmann*, Die Rechtskraft von Gerichtsentscheidungen in der Europäischen Union, 2009, S. 57 f. A.A. ausdrücklich: BVerwG, Beschluss vom 20.03.2018 – 9 B 43/16, NuR 2019, 109 Rn. 65.

[224] Ebenso stützt sich die Argumentation von *Neumann*, in: Stelkens/Bonk/Sachs, VwVfG, 8. Aufl. 2014, § 75 Rn. 55 auf Argumente zu § 76 VwVfG.

und Einwendungsausschluss erlangte Rechtssicherheit werde nämlich nur insoweit aufgegeben, als es zur Beseitigung der gerichtlich festgestellten Mängel im ergänzenden Verfahren erforderlich sei.[225] In diesem Zusammenhang verweist das Gericht auf einen Beschluss zum ergänzenden Verfahren nach § 17 Abs. 6c Satz 2 FStrG aus dem Jahr 2005, in welchem die Ablehnung alter Einwendungen ebenfalls mit dem Eintritt der Bestandkraft begründet worden war.[226] Die den beiden Beschlüssen zugrundeliegenden Sachverhalte unterschieden sich jedoch in einem maßgeblichen Punkt: Während im ersten Fall ein Dritter gegen die Planergänzung vorging, war es im zweiten Fall der Kläger aus dem Verfahren gegen die Ausgangsentscheidung.

Richtigerweise hatte der *9. Senat* im ersten Fall dem Kläger, der nicht gegen die Ausgangsentscheidung vorgegangen war, unter Rückgriff auf seine Rechtsprechung zu § 76 VwVfG die Möglichkeit verwehrt, nunmehr mit alten Einwänden gegen die neue Entscheidung vorzugehen,[227] weil die Ausgangsentscheidung zuvor in Bestandskraft erwachsen war:

„Ebenso wenig wie § 76 VwVfG enthält die Vorschrift des § 17 Abs. 6c Satz 2 FStrG Anhaltspunkte dafür, dass die durch die Bestandskraft des ursprünglichen Planfeststellungsbeschlusses eingetretene Rechtssicherheit durch den aufgrund des ergänzenden Verfahrens erlassenen Planfeststellungsbeschluss aufgegeben werden sollte." [228]

Der Rückgriff auf diese Rechtsprechung zu § 76 VwVfG ist im Hinblick auf die Konstellation, in der der Kläger des Ausgangsverfahrens nach Abschluss des ergänzenden Verfahrens ein weiteres Mal gegen den Planfeststellungsbeschluss klagt, nicht gerechtfertigt.

§ 76 VwVfG ist anwendbar, wenn ein Plan nach seiner Feststellung, aber vor Fertigstellung des Vorhabens auf Initiative des Vorhabenträgers geändert werden soll.[229] Ebenso wie bei einem ergänzenden Verfahren nach § 75 Abs. 1a Satz 2 VwVfG soll das Vorhaben also anders als zunächst zugelassen ausgeführt werden. Am Ende beider Verfahren steht ein eigener Verwaltungsakt, der mit der ursprünglichen Planfeststellungsentscheidung eine rechtliche Einheit bildet.[230] Anders als beim ergänzenden Verfahren knüpft eine Änderung nach § 76 VwVfG

---

[225] BVerwG, Beschluss vom 17.07.2008 – 9 B 15/08, NVwZ 2008, 1115 Rn. 28.

[226] BVerwG, Beschluss vom 22.09.2005 – 9 B 13/05, Buchholz 407.4 § 17 FStrG Nr. 189 Rn. 5.

[227] BVerwG, Beschluss vom 22.09.2005 – 9 B 13/05, Buchholz 407.4 § 17 FStrG Nr. 189 Rn. 4 – hier Verweis auf BVerwG, Beschluss vom 17.09.2004 – 9 VR 3/04, Buchholz 316 § 76 VwVfG Nr. 13 S. 4 (Entscheidung zu § 76 VwVfG).

[228] BVerwG, Beschluss vom 22.09.2005 – 9 B 13/05, Buchholz 407.4 § 17 FStrG Nr. 189 Rn. 5.

[229] Vgl. zu § 76 VwVfG insgesamt: *Jarass*, in: Gedächtnisschrift Tettinger, 2007, S. 465 (475 ff.); *ders.*, UPR 2006, 45; *Hüting/Hopp*, UPR 2003, 1; *Kautz*, NuR 2017, 93.

[230] Hierzu unter § 12 A.I.3.

allerdings regelmäßig an einen bestandskräftigen Planfeststellungsbeschluss an.[231] Dieser ist entweder in seiner ursprünglichen Fassung nicht angegriffen worden oder aber entsprechende Klagen blieben erfolglos. Daher können Betroffene gegen den geänderten Planfeststellungsbeschluss auch nur noch vorgehen, soweit sie durch die Änderung erstmals oder weitergehend betroffen werden als zuvor.[232] Sie können hingegen keine Beeinträchtigungen durch Festsetzungen des geänderten Planfeststellungsbeschlusses geltend machen, soweit dieser bestandskräftig geworden ist.[233] Dies ist beim ergänzenden Verfahren nach § 75 Abs. 1a Satz 2 VwVfG anders. Hier hat der ergangene Planfeststellungsbeschluss gerade noch keine Bestandskraft erlangt, sondern bedarf für sein endgültiges Zustandekommen noch der Durchführung und des Abschlusses des ergänzenden Verfahrens.

IV. Zwischenfazit

Dogmatisch begründen lässt sich das Institut der Doppelten Rechtskraft unter Anwendung der allgemeinen Grundsätze zu § 121 VwGO und zur Bestandskraft nicht.

Dies lässt sich vor allem damit erklären, dass Rechtskraft und Bestandskraft hinsichtlich ihres Bezugsgegenstandes an die klassischen Denkstrukturen der VwGO und des VwVfG anknüpfen. So ist die Rechtskraft an den Streitgegenstand gebunden, der sich seinerseits auf den Planfeststellungsbeschluss bzw. die behördliche Entscheidung als solche bezieht. Auch die Bestandskraft ist auf den regelmäßig unteilbaren Planfeststellungsbeschluss als solchen ausgerichtet. Die Auftrennung einer gerichtlichen oder behördlichen Entscheidung in einzelne Sachkomplexe fügt sich in diese Strukturen des deutschen Prozess- und Verwaltungsrechts – auch wenn dies eventuell wünschenswert wäre –[234] jedenfalls bisher nicht ein.

---

[231] Die Anwendbarkeit des § 76 VwVfG soll allerdings nicht von der Bestandskraft abhängen (vgl. BVerwG, Urteil vom 11.04.1986 – 4 C 53/82, NVwZ 1986, 834 (835)). Den Fall, dass eine Änderung vor Bestandskraft erfolgt, behandeln *Hüting/Hopp*, UPR 2003, 1 (9).

[232] BVerwG, Beschluss vom 17.09.2004 – 9 VR 3/04, DVBl. 2005, 194 (195); BVerwG, Urteil vom 19.12.2007 – 9 A 22/06, BVerwGE 130, 138 Rn. 20. Ebenso: *Jarass*, DVBl. 1997, 795 (799); *Hüting/Hopp*, UPR 2003, 1 (8 f.); *Ziekow*, VerwArch 99 (2008), 559 (577); *Neumann/Külpmann*, in: Stelkens/Bonk/Sachs, VwVfG, § 76 Rn. 16.

[233] BVerwG, Beschluss vom 17.09.2004 – 9 VR 3/04, DVBl. 2005, 194 (195). Ebenso: *Jarass*, DVBl. 1997, 795 (799); *Neumann/Külpmann*, in: Stelkens/Bonk/Sachs, VwVfG, § 76 Rn. 16. Soweit sich Planänderungen gemäß § 76 VwVfG im Einzelfall auf bereits bestandskräftig genehmigte Anlagenteile und Verfahrensschritte auswirken, wird der Rechtsschutz hierauf erstreckt (vgl. VGH Mannheim, Beschluss vom 11.12.2014 – 10 S 473/14, NuR 2015, 419 (420)).

[234] Hierzu unter § 14 A.II.

D. Untersuchung weiterer Rechtfertigungsmöglichkeiten

Auch anderweitige Versuche, die Doppelte Rechtskraft zu rechtfertigen, scheitern. Sie ist insbesondere aus anderweitigen Zusammenhängen nicht bekannt. So erstreckt sich die Bindungswirkung anderer verwaltungsgerichtlicher Urteile nicht auf solche Entscheidungsgründe, die den Tenor nicht tragen (hierzu unter I.). Ein Vergleich mit der Rechtskraft im Zivilprozess führt zu demselben Ergebnis (hierzu unter II.). Ebenso wenig ist dem Recht der Bauleitplanung, dessen Fehlerfolgenregime ebenfalls eine Heilung im ergänzenden Verfahren ermöglicht, die Doppelte Rechtskraft bekannt (hierzu unter III.). Logisch lässt sich das Institut auch als prozessuale Fortsetzung der Konzentrationswirkung von Planfeststellungsbeschlüssen nicht begründen (hierzu unter IV.).

I. Rechtskraft anderer Urteile in der Verwaltungsgerichtsbarkeit

Die Figur der Doppelten Rechtskraft lässt sich auch dann nicht erklären, wenn man einen Vergleich zur Rechtskraft anderer verwaltungsgerichtlicher Urteilsarten anstellt. Hinsichtlich ihrer Rechtsfolgen ist die Feststellung der Rechtswidrigkeit und Nichtvollziehbarkeit am ehesten mit einem stattgebenden Anfechtungsurteil vergleichbar.[235] Beschränkt man den Blick indes auf den Tenor, ist eine Ähnlichkeit zum allgemeinen Feststellungs- sowie zum Fortsetzungsfeststellungsurteil erkennbar.

Bei einem stattgebenden allgemeinen Feststellungsurteil gemäß § 43 Abs. 1 VwGO erwächst allein die im Tenor getroffene Feststellung des Bestehens oder Nichtbestehens eines Rechtsverhältnisses in Rechtskraft.[236] Begehrt der Kläger die Feststellung der Rechtswidrigkeit eines Verwaltungsaktes, kann das Gericht diese Feststellung treffen, soweit es einen einzigen Fehler gefunden hat. Unabhängig davon, wie viele Fehler es feststellt, werden diese nicht von der Rechtskraft umfasst. Selbst wenn man weitergehend die Entscheidungsgründe in die Rechtskraft einbezieht,[237] erstreckt sich diese jedenfalls nicht auf etwaige Ausführungen zur Rechtmäßigkeit im Übrigen.

Hat eine Fortsetzungsfeststellungsklage gemäß § 113 Abs. 1 Satz 4 VwGO Erfolg, steht rechtskräftig fest, dass der erledigte Verwaltungsakt rechtswidrig

---

[235] Hierzu unter § 10 C.II.1. und unter § 12 A.I.1.

[236] *Clausing/Kimmel*, in: Schoch/Schneider, VwGO, § 121 Rn. 67; *Schenke*, in: Kopp/Schenke, VwGO, § 121 Rn. 22; *Unruh*, in: Fehling/Kastner/Störmer, Hk-VerwR, § 121 Rn. 26; *Kilian/Hissnauer*, in: Sodan/Ziekow, VwGO, § 121 Rn. 91.

[237] So OVG Münster, Beschluss vom 07.04.2014 – 18 B 219/14, juris Rn. 3 unter Verweis auf BGH, Urteil vom 14.02.2008 – I ZR 135/05, NJW 2008, 2716 Rn. 13. In diese Richtung auch: *Clausing/Kimmel*, in: Schoch/Schneider, VwGO § 121 Rn. 89.

war.[238] Zumindest die Rechtsprechung bezieht in diese Rechtskraftwirkung auch diejenigen Gründe ein, die das Rechtswidrigkeitsurteil tragen.[239] Dabei kann sich das Gericht aber wiederum darauf beschränken, einen einzigen Fehler festzustellen. Ob der Verwaltungsakt an weiteren Mängeln leidet, darf es offen lassen. Ausführungen zur Rechtmäßigkeit im Übrigen erlangen mangels Entscheidungserheblichkeit keine Verbindlichkeit.

II. Rechtskraft im Zivilprozess

Auch mit Blick auf die Rechtskraft im Zivilprozess zeigt sich kein anderes Bild.

Die Rechtskraft bildet ein Wesenselement des gesamten deutschen Prozessrechts. Im Grundsatz werden in sämtlichen Gerichtsbarkeiten und Prozessordnungen der prozessuale Klageantrag und der zugrundeliegende Sachverhalt in gleicher Weise herangezogen, um ihre gegenständliche Reichweite zu bestimmen.[240] Soweit zwischen den verschiedenen Rechtsgebieten Gemeinsamkeiten bestehen, kann deshalb für die Bestimmung der Grenzen der Rechtskraft eines verwaltungsgerichtlichen Urteils auf zivilprozessuale Erklärungsversuche zurückgegriffen werden.[241]

Dieser Grundgedanke spiegelt sich in der Entstehungsgeschichte des § 121 VwGO wider. Der Gesetzgeber beabsichtigte bei dessen Einführung ausdrücklich eine enge Anbindung der Rechtskraft im Verwaltungsprozessrecht an die bis dahin bestehende zivilprozessuale Lehre. In der Gesetzesbegründung heißt es:

„Die Lehre von der materiellen Rechtskraft ist im Zivilprozeß erarbeitet worden. Die dort gewonnenen Grundsätze können im wesentlichen auf den Verwaltungsgerichtsprozeß übertragen werden."[242]

Auch nach Auffassung des Bundesverwaltungsgerichts ist § 121 VwGO ebenso auszulegen wie das für die Rechtskraft zivilgerichtlicher Urteile einschlägige Pendant in § 322 Abs. 1 ZPO.[243]

---

[238] *Germelmann*, in: Gärditz, VwGO, § 121 Rn. 64, 109; *Kilian/Hissnauer*, in: Sodan/Ziekow, VwGO, § 121 Rn. 88.

[239] BVerwG, Urteil vom 31.01.2002 – 2 C 7/01, juris Rn. 17. Ebenso: *Germelmann*, in: Gärditz, VwGO, § 121 Rn. 109.

[240] *Ewer*, Möglichkeiten zur Beschleunigung verwaltungsgerichtlicher Verfahren über Vorhaben zur Errichtung von Infrastruktureinrichtungen und Industrieanlagen, 2019, S. 102; *Detterbeck*, Streitgegenstand und Entscheidungswirkungen im Öffentlichen Recht, 1995, S. 4.

[241] Vgl. *Detterbeck*, Streitgegenstand und Entscheidungswirkungen im Öffentlichen Recht, 1995, S. 4; *Clausing/Kimmel*, in: Schoch/Schneider, VwGO, § 121 Rn. 45.

[242] BT-Drs. III/55, S. 44 zu § 120 VwGO (heute § 121 VwGO).

[243] BVerwG, Urteil vom 29.08.1966 – VIII C 353/63, BVerwGE 25, 7 (9). Vgl. etwa auch die Verweise auf die Rechtsprechung zu § 322 Abs. 1 ZPO in BVerwG, Urteil vom 10.05.1994 – 9 C 501/93, BVerwGE 96, 24 (25). Kritisch: *Maurer*, JZ 1993, 574 (574).

Im Zivilprozess ist der Umfang der materiellen Rechtskraft ebenfalls beschränkt. Diese erfasst allein die Entscheidung über einen durch Klage oder Widerklage erhobenen Anspruch, § 322 Abs. 1 ZPO. Rechtskräftig wird nur die vom Gericht tatsächlich getroffene Entscheidung über den Streitgegenstand, also allein der Entscheidungssatz.[244] In einem nachgehenden Prozess ist das Gericht nicht gebunden, wenn sich nur eine Vorfrage aus dem ersten Gerichtsverfahren erneut stellt. Nicht in Rechtskraft erwächst damit die Feststellung der der Entscheidung zugrunde liegenden präjudiziellen Rechtsverhältnisse oder sonstiger Vorfragen (z. B. über Einwendungen und Einreden), aus denen der Richter den Schluss auf das Bestehen oder Nichtbestehen der von der Klagepartei beanspruchten Rechtsfolge gezogen hat.[245] Eine Ausnahme, die allerdings ausdrücklich im Gesetz normiert ist, bildet die Aufrechnung gemäß § 322 Abs. 2 ZPO. Gegenläufige Tendenzen wie etwa die von *Zeuner* vorgeschlagene Erweiterung der Bindungswirkung auf präjudizielle Rechtsverhältnisse im Rahmen von „Ausgleichszusammenhängen" oder „Sinnzusammenhängen"[246] haben in der Vergangenheit kaum Zustimmung gefunden.[247] Zwar besteht Einigkeit darüber, dass es Fälle gibt, in denen sachlich unvereinbare Entscheidungen zwischen denselben Parteien verhindert werden müssen, für diese werden im Schrifttum jedoch andere Lösungen gefunden.[248]

Im Vergleich zur Rechtskraft im Verwaltungsprozess, die nach herrschender Auffassung etwa bei stattgebenden Anfechtungsurteilen auch das Vorliegen bestimmter Mängel erfasst, obwohl es sich hierbei um bloße Vorfragen handelt,[249] ist der Umfang der Rechtskraft im Zivilprozess mithin tendenziell enger. Für die Doppelte Rechtskraft im verwaltungsgerichtlichen Verfahren bleibt der Blick auf die Rechtskraft im Zivilprozess damit unergiebig.

---

[244] BGH, Urteil vom 24.06.1993 – III ZR 43/92, NJW 1993, 3204 (3205) („Rechtsfolge, die den Entscheidungssatz bildet"); *Gottwald*, in: MüKo-ZPO, § 322 Rn. 86; *Althammer*, in: Stein/Jonas, ZPO, § 322 Rn. 71.

[245] BGH, Urteil vom 10.04.2019 – VIII ZR 39/18, NJW 2019, 1745 Rn. 15–17 m. w. N.; *Vollkommer*, in: Zöller, ZPO, Vor § 322 Rn. 28; *Seiler*, in: Thomas/Putzo, ZPO, § 322 Rn. 28–30; *Gehle*, in: Anders/Gehle, ZPO, § 322 Rn. 20.

[246] *Zeuner*, Die objektiven Grenzen der Rechtskraft im Rahmen rechtlicher Sinnzusammenhänge, 1959, S. 42 ff.

[247] Vgl. indes etwa *Henckel*, Prozeßrecht und materielles Recht, 1970, S. 163 ff.; *Zeiss/Schreiber*, Zivilprozessrecht, Rn. 574. Dagegen: BGH, Urteil vom 26.06.2003 – I ZR 269/00, NJW 2003, 3058 (3059); BGH, Urteil vom 05.11.2009 – IV ZR 239/07, NJW 2010, 2210 Rn. 9–17; *Rimmelspacher*, JuS 2004, 560 (565); *Gehle*, in: Anders/Gehle, ZPO, § 322 Rn. 91; *Althammer*, in: Stein/Jonas, ZPO, § 322 Rn. 69.

[248] Hierzu im Überblick: *Gottwald*, in: MüKo-ZPO, § 322 Rn. 54–58.

[249] Hierzu unter § 10 C.II.1.a).

III. Keine Doppelte Rechtskraft beim ergänzenden Verfahren
in der Bauleitplanung

Ebenso wenig handelt es sich bei der Doppelten Rechtskraft um ein dem ergänzenden Verfahren als solchem immanentes Wesensmerkmal.[250] Denn dem ergänzenden Verfahren in der Bauleitplanung ist sie fremd.

Im Baurecht gestattet § 214 Abs. 4 BauGB die nachträgliche Behebung von Fehlern in Bauleitplänen.[251] Das ergänzende Verfahren wurde aus dem Fachplanungsrecht übernommen und mit § 215a in der Fassung vom 15.12.1997 in das BauGB eingeführt.[252] Eine Möglichkeit zur nachträglichen Fehlerbehebung hatte der Gesetzgeber bereits in § 155 Abs. 5 BauGB in der Fassung vom 6. Juli 1979 vorgesehen.[253] Die Figur der Doppelten Rechtskraft ist dem Recht der Bauleitplanung jedoch fremd.[254]

Stellt das Gericht anlässlich eines Normenkontrollverfahrens in einem Bebauungsplan einen behebbaren Mangel fest, erklärt es regelmäßig den gesamten Plan gemäß § 47 Abs. 5 Satz 2 VwGO für unwirksam. Dies gilt vor allem für Verfahrensfehler und Abwägungsmängel. Betrifft der Rechtsfehler nur eine einzelne Festsetzung oder einen in anderer Weise abgrenzbaren Teil des Plans, kommt zwar auch die Feststellung der Teilunwirksamkeit in Betracht. Oftmals steht die unwirksame Festsetzung jedoch in einem untrennbaren Zusammenhang mit dem gesamten Plan.[255]

Anders als bei nachträglich heilbaren Planfeststellungsbeschlüssen findet in diesen Fällen jedoch keine vollumfängliche Rechtmäßigkeitskontrolle statt. Weder § 47 Abs. 5 Satz 2 VwGO noch § 214 Abs. 4 BauGB verpflichten das Normenkontrollgericht dazu, die Wirksamkeit des angegriffenen Bebauungsplans unter jedem denkbaren Gesichtspunkt zu überprüfen. Es kann sich vielmehr darauf beschränken, einen einzigen Mangel festzustellen. Erkennt es etwa einen zur Unwirksamkeit führenden Ausfertigungsmangel, kann es inhaltliche Einwände gegen den Bebauungsplan dahinstehen lassen.[256]

---

[250] *Külpmann*, NVwZ 2020, 1143 (1144).

[251] Hierzu ausführlich: *Hoppe/Henke*, DVBl. 1997, 1407; *Gaentzsch*, UPR 2001, 201 (206–208); *Jobs*, LKV 2018, 481.

[252] BT-Drs. 13/6392, S. 74.

[253] BGBl. I, S. 949.

[254] Für eine Erstreckung auf das Urteil einer Normenkontrolle sprechen sich *Stüer/Stüer*, DVBl. 2018, 1367 (1369) ausdrücklich aus.

[255] BVerwG, Beschluss vom 08.08.1989 – 4 NB 2/89, NVwZ 1990, 159 (160); BVerwG, Urteil vom 19.09.2002 – 4 CN 1/02, BVerwGE 117, 58 (61); BVerwG, Beschluss vom 24.04. 2013 – 4 BN 22/13, juris Rn. 3. Zur Teilnichtigkeit vgl. *Gaentzsch*, UPR 2001, 201 (203 f.).

[256] BVerwG, Beschluss vom 20.06.2001 – 4 BN 21/01, NVwZ 2002, 83 (84); BVerwG, Beschluss vom 14.07.2011 – 4 BN 8/11, ZfBR 2012, 36 (37). Ebenso: *Külpmann*, DVBl. 2021, 1289 (1290); *ders.*, in: Ernst/Zinkahn/Bielenberg/Krautzberger, BauGB, § 10 Rn. 229, 302a.

Nach erfolgreicher Fehlerbehebung und erneuter Bekanntgabe durch die Gemeinde erlangen der ursprüngliche Bebauungsplan und der geänderte Plan sodann insgesamt als ein Bebauungsplan Wirksamkeit.[257] Daran anschließend ist es dem Antragsteller unbenommen, seine inhaltlichen Einwände zur gerichtlichen Prüfung zu stellen. Dabei ist unerheblich, ob diese sich auf die geänderten Teile oder auf den ursprünglichen Plan beziehen.[258]

Natürlich besteht die Gefahr, dass ein Betroffener wiederholt Einwände gegen den Bebauungsplan geltend macht und das Verfahren sich dadurch insgesamt verzögert, in ähnlicher Weise wie bei einem geheilten Planfeststellungsbeschluss, zumal nach erneuter Bekanntgabe auch Dritte den Plan wieder auf den gerichtlichen Prüfstand stellen können. Eine Bestandskraft nach Unanfechtbarkeit gibt es bei Bebauungsplänen nicht.[259] Daher wird die Möglichkeit anerkannt, die gerichtliche Prüfung im Einzelfall auf die geltend gemachten oder sich anderweitig aufdrängenden Mängel auszudehnen; eine Pflicht hierzu soll aber gerade nicht bestehen.[260]

Zur Verhinderung einer Aneinanderreihung verwaltungsgerichtlicher Verfahren wird in der Rechtsprechung der Oberverwaltungsgerichte vereinzelt angenommen, dass die einjährige Antragsfrist gemäß § 47 Abs. 2 Satz 1 VwGO nach der erneuten Bekanntgabe eines zuvor insgesamt für nichtig erklärten und sodann geheilten Bebauungsplans nicht erneut in Kraft gesetzt werde, wenn es nicht zu inhaltlichen Änderungen gekommen sei.[261] Dem hat das Bundesverwaltungsgericht allerdings ausdrücklich widersprochen und klargestellt, dass die Frist bei neuer Bekanntgabe grundsätzlich von Neuem zu laufen beginne.[262] Eine Ausnahme komme allenfalls in Betracht, wenn der Ausfertigungsmangel eine Festsetzung betreffe, durch die der Antragsteller offensichtlich nicht beschwert

---

[257] BVerwG, Urteil vom 24.03.2010 – 4 CN 3/09, NVwZ 2010, 782 Rn. 15.

[258] BVerwG, Beschluss vom 20.06.2001 – 4 BN 21/01, NVwZ 2002, 83 (84); BVerwG, Beschluss vom 11.12.2002 – 4 BN 16/02, BVerwGE 117, 239 (241); BVerwG, Beschluss vom 02.06.2005 – 4 BN 19/05, juris Rn. 10. Hierzu bereits unter § 10 C.II.1.b)bb).

[259] Darauf explizit hinweisend: *Stüer/Stüer*, DVBl. 2018, 1367 (1369).

[260] BVerwG, Beschluss vom 20.06.2001 – 4 BN 21/01, NVwZ 2002, 83 (84).

[261] OVG Bautzen, Urteil vom 20.03.2014 – 1 C 11/10, BauR 2014, 1767 (1767 f.) unter fehlerhaftem Verweis auf BVerwG, Beschluss vom 20.09.2007 – 4 BN 20/07, juris Rn. 9 ff.; OVG Saarlouis, Urteil vom 19.03.2015 – 2 C 382/13, juris Rn. 50. Zustimmend: *Battis*, in: Battis/Krautzberger/Löhr, BauGB, § 214 Rn. 30.

[262] BVerwG, Urteil vom 18.08.2015 – 4 CN 10/14, BVerwGE 152, 379 Rn. 6 f. anlässlich eines Ausfertigungsmangels. Ebenso: *Jobs*, LKV 2018, 481 (487 f.); *Külpmann*, DVBl. 2021, 1289 (1290); *ders.*, in: Ernst/Zinkahn/Bielenberg/Krautzberger, BauGB, § 10 Rn. 229; *Uechtritz*, in: Spannowsky/Uechtritz, BeckOK BauGB, § 214 Rn. 142c f. Dazu: *Külpmann*, jurisPR-BVerwG 22/2015 Anm. 4; *Spieler*, jurisPR-UmwR 10/2015 Anm. 3. Vgl. zum Fall einer erneuten Abwägung: VGH Mannheim, Urteil vom 27.10.2010 – 5 S 1292/10, juris Rn. 34.

sein könne.[263] Andernfalls könnte das Gericht etwa auf eine fehlerhafte Bekanntgabe abstellen und einen Plan für unwirksam erklären, ohne auf weitere gerügte Mängel inhaltlicher Art einzugehen. Nach erfolgter Heilung könnte einer erneuten Klage dann in aller Regel der Ablauf der Jahresfrist entgegengehalten werden, ohne dass der Plan jemals einer materiell-rechtlichen Prüfung unterzogen worden wäre. Dies wäre mit Art. 19 Abs. 4 GG nicht vereinbar.[264] Hier zeigt sich eine direkte Parallele zur Doppelten Rechtskraft.

IV. Prozessuale Fortsetzung der Konzentrationswirkung von Planfeststellungsbeschlüssen

Die Doppelte Rechtskraft lässt sich auch nicht dadurch nachvollziehbar begründen, dass man sie als Fortsetzung der Konzentrationswirkung von Planfeststellungsbeschlüssen auf prozessualer Ebene betrachtet.[265]

Gemäß § 75 Abs. 1 Satz 1, 1. Hs. VwVfG entfaltet ein Planfeststellungsbeschluss eine umfassende Genehmigungswirkung. Er regelt selbst alle notwendigen Punkte, die sicherstellen, dass ein Vorhaben insgesamt den öffentlich-rechtlichen Anforderungen entspricht und ersetzt sämtliche hierfür erforderlichen Entscheidungen – insbesondere öffentlich-rechtliche Genehmigungen, Zulassungen und Ausnahmen oder Befreiungen (Entscheidungskonzentration).[266] Damit einher geht das Erfordernis, dass die Zuständigkeiten der einzelnen Fachbehörden auf die planfeststellende Behörde übergehen (Zuständigkeitskonzentration) und die sonst notwendige Mehrzahl an Verwaltungsverfahren zu einem einzigen Verfahren zusammengefasst wird (Verfahrenskonzentration).[267] Diese sogenannte formelle Konzentrationswirkung führt in materiell-rechtlicher Hinsicht dazu, dass das Vorhaben sowie die notwendigen Folgemaßnahmen an anderen Anlagen alle Anforderungen einhalten müssen, die die einzelnen von der Konzentra-

---

[263] BVerwG, Urteil vom 18.08.2015 – 4 CN 10/14, BVerwGE 152, 379 Rn. 8 unter Bezug auf BVerwG, Beschluss vom 20.09.2007 – 4 BN 20/07, juris Rn. 9 f. Ebenso: *Külpmann*, DVBl. 2021, 1289 (1290).

[264] *Külpmann*, DVBl. 2021, 1289 (1290); *ders.*, in: Ernst/Zinkahn/Bielenberg/Krautzberger, BauGB, § 10 Rn. 229.

[265] Im Ergebnis ebenso: *Külpmann*, NVwZ 2020, 1143 (1144).

[266] *Odendahl*, VerwArch 94 (2003), 222, (225 f.); *Fischer*, in: Ziekow, Handbuch des Fachplanungsrechts, § 3 Rn. 172; *Kupfer*, in: Schoch/Schneider, VwVfG, § 75 Rn. 29; *Neumann/Külpmann*, in: Stelkens/Bonk/Sachs, VwVfG, § 75 Rn. 10. Zum Umfang der Konzentrationswirkung der Planfeststellung insgesamt: *Laubinger*, VerwArch 77 (1986), 77.

[267] OVG Koblenz, Urteil vom 22.11.2007 – 1 A 10650/07, NVwZ-RR 2008, 312 (313); *Wysk*, in: Kopp/Ramsauer, VwVfG, § 75 Rn. 14; *Kupfer*, in: Schoch/Schneider, VwVfG, § 75 Rn. 31; *Neumann/Külpmann*, in: Stelkens/Bonk/Sachs, VwVfG, § 75 Rn. 13.

tionswirkung erfassten Zulassungsentscheidungen voraussetzen. Eine materielle Konzentrationswirkung existiert nicht.[268]

Mit der Entscheidungskonzentration auf Verwaltungsebene wird auch der Rechtsschutz in gewisser Hinsicht konzentriert. Von der Planung Betroffene müssen ihre Belange nicht in verschiedenen Verfahren vor gegebenenfalls verschiedenen Gerichten geltend machen, sondern können sich auf ein einziges Rechtsschutzverfahren vor einem einzigen Gericht beschränken.[269] Andererseits muss der Kläger in den meisten Fällen den gesamten Planfeststellungsbeschluss angreifen, auch wenn es ihm nur um einzelne Regelungen bzw. Sachkomplexe geht.[270]

Anders als für das Verwaltungsverfahren (§ 75 Abs. 1 Satz 1 VwVfG) ist die Notwendigkeit einer umfassenden und abschließenden Entscheidung über die Zulässigkeit des Vorhabens insgesamt für die verwaltungsgerichtliche Ebene nicht gesetzlich geregelt. Vielmehr gelten hier für Planfeststellungsbeschlüsse und andere Genehmigungen mit Konzentrationswirkung hinsichtlich des gerichtlichen Prüfungsumfangs keine anderen Bestimmungen als für sonstige Verwaltungsakte. Auch ist die Doppelte Rechtskraft keine logische Folge der Konzentrationswirkung des Planfeststellungsbeschlusses. Beide dienen zwar demselben Ziel, das Verfahren ökonomischer zu gestalten.[271] Die Konzentrationswirkung auf Verwaltungsebene geht aber darüber noch hinaus. Sie soll gerade bewirken, dass alle von einem Vorhaben aufgeworfenen Konflikte in einer einzigen Entscheidung umfassend bewältigt werden, damit nicht bei einer Vielzahl von Einzelentscheidungen einzelne Belange von vornherein unberücksichtigt bleiben und das Vorhaben dennoch realisiert werden kann (Gebot der planerischen Konfliktbewältigung).[272] Dieser Gedanke lässt sich jedoch nicht auf die prozessuale Ebene übertragen. Die Gefahr, dass ein Vorhabenträger einen rechtswidrigen Planfeststellungsbeschluss ausnutzen kann, besteht nicht mehr, sobald das Gericht diesen aufhebt oder für rechtswidrig und nicht vollziehbar erklärt. Einer umfassenden Rechtmäßigkeitskontrolle des in Rede stehenden Planfeststellungsbeschlusses bedarf es zur Herstellung eines effektiven Rechtsschutzes nicht.

---

[268] *Odendahl*, VerwArch 94 (2003), 222 (233 ff.); *Fischer*, in: Ziekow, Handbuch des Fachplanungsrechts, § 3 Rn. 173; *Deutsch*, in: Mann/Sennekamp/Uechtritz, VwVfG, § 75 Rn. 70; *Wysk*, in: Kopp/Ramsauer, § 75 Rn. 15.

[269] *Deutsch*, in: Mann/Sennekamp/Uechtritz, VwVfG, § 75 Rn. 63.

[270] *Emmenegger*, in: Fehling/Kastner/Störmer, Hk-VerwR, § 113 VwGO Rn. 64.

[271] Zur Konzentrationswirkung des Planfeststellungsbeschlusses: *Odendahl*, VerwArch 94 (2003), 222 (223); *Deutsch*, in: Mann/Sennekamp/Uechtritz, VwVfG, § 75 Rn. 63.

[272] Vgl. *Paetow*, DVBl. 1985, 369 (369 f.); *Neumann/Külpmann*, in: Stelkens/Bonk/Sachs, VwVfG, § 75 Rn. 1.

Für Zulassungsentscheidungen, die keine Konzentrationswirkung aufweisen, aber dennoch in den Anwendungsbereich des ergänzenden Verfahrens nach §§ 4 Abs. 1b Satz 1 und 7 Abs. 5 Satz 1 UmwRG fallen und damit prinzipiell der Doppelten Rechtskraft unterliegen (z. B. Baugenehmigungen[273]), kommt dieser Begründungsansatz ohnedies nicht in Betracht.

E. Vorteile der Doppelten Rechtskraft gegenüber einer Aussetzung des gerichtlichen Verfahrens

§ 4 Abs. 1b Satz 3 UmwRG eröffnet dem Gericht die Möglichkeit, ein laufendes verwaltungsgerichtliches Verfahren auf Antrag der Behörde bzw. des Vorhabenträgers zur Durchführung einer Heilung von Verfahrensfehlern auszusetzen.[274] Auf diese Weise kann die gerichtliche Aufhebung eines rechtswidrigen Planfeststellungsbeschlusses vermieden werden.

Wie unter § 9 B.I.2. dargestellt, wurde bereits gleich nach der Einführung des ergänzenden Verfahrens erwogen, auf den Erlass eines stattgebenden Urteils zu verzichten. Stattdessen sollte das Gericht dem in § 75 Abs. 1a Satz 2 VwVfG statuierten Aufhebungsverbot nachkommen, indem es die Möglichkeit einer Fehlerheilung nach Klageerhebung stets unter Rückgriff auf dieses prozessuale Instrument eröffnete.[275] Durchsetzen konnten sich entsprechende Überlegungen indes nicht.

Ob die heute in § 4 Abs. 1b Satz 3 UmwRG geregelte, weiterhin mögliche Aussetzung des Verfahrens vor Erlass eines Urteils vor dem Hintergrund der höchstrichterlichen Rechtsprechung zur Doppelten Rechtskraft in Zukunft noch häufig zur Anwendung kommen wird, mag bezweifelt werden.

I. Voraussetzungen und gesetzgeberische Intention der Aussetzung

Materielle Voraussetzung einer Aussetzung gemäß § 4 Abs. 1b Satz 3 UmwRG ist, dass diese „im Sinne der Verfahrenskonzentration sachdienlich" ist. Dies impliziert zum einen, dass eine Heilung aus Sicht des befassten Gerichts rechtlich und tatsächlich überhaupt möglich ist.[276] Zum anderen steht dahinter der Gedan-

---

[273] *Seibert*, NVwZ 2018, 97 (97).

[274] Diese Möglichkeit besteht nicht im Revisionsverfahren (BVerwG, Urteil vom 27.09. 2018 – 7 C 24/16, KommJur 2019, 131 (134)) (hierzu unter § 11 A.II.).

[275] Insbesondere VGH München, Beschluss vom 20.09.1999 – 8 A 97/40021, BayVBl. 2000, 728 (728). Damals sollte die Aussetzung auf Grundlage von § 87 Abs. 1 Satz 2 Nr. 7 VwGO a. F. und § 94 Satz 2 VwGO a. F., die eine Aussetzung zumindest zur Heilung von Verfahrens- und Formfehlern ermöglichten, in analoger Anwendung erfolgen.

[276] OVG Münster, Beschluss vom 26.10.2015 – 8 B 1070/15, juris Rn. 16; VG Berlin, Beschluss vom 28.02.2014 – 19 L 334/13, NuR 2015, 58 (65). Hierzu auch unter § 5 B.

ke, dass ein von der Behörde initiiertes Fehlerbehebungsverfahren nicht dadurch ins Leere laufen soll, dass es vom gerichtlichen Verfahren „überholt" wird.[277] Insoweit orientiert sich § 4 Abs. 1b Satz 3 UmwRG ausweislich seiner Gesetzesbegründung an der früher in § 94 Satz 2 VwGO[278] geregelten Aussetzungsmöglichkeit zur Heilung von Verfahrens- und Formfehlern.[279] Diese Regelung diente ihrerseits auch außerhalb des Umweltrechts der beschleunigten Bereinigung eines Rechtsstreits und der Vermeidung von mehrfachen gerichtlichen Auseinandersetzungen in derselben Sache. Sie sollte verhindern, dass ein Verwaltungsakt allein wegen eines Verfahrensfehlers aufgehoben wird, ohne dass sich das Gericht veranlasst sieht, dessen materielle Rechtmäßigkeit zu überprüfen. Denn dann – so die Überlegung des Gesetzgebers – werde regelmäßig zwei Mal über denselben Sachverhalt gestritten: Im ersten Verfahren werde der Klage wegen des Verfahrensfehlers stattgegeben; im zweiten Verfahren werde der nunmehr ohne Mängel erlassene Akt auf seine materielle Vereinbarkeit mit der Rechtsordnung überprüft.[280]

Sofern sich der Kläger infolge einer während der Aussetzung erfolgten Fehlerbehebung nicht mehr beschwert fühlt, kann er die Sache für erledigt erklären und eine Kostenentscheidung nach § 161 Abs. 2 VwGO zulasten der Behörde herbeiführen. Im Übrigen bleibt ihm die Möglichkeit, seine Klage gemäß § 91 VwGO auf die geänderte Entscheidung umzustellen.[281]

II. Vergleich der Aussetzung und der Doppelten Rechtskraft

Für Zulassungsentscheidungen, die sich im Wege eines ergänzenden Verfahrens korrigieren lassen, überzeugt der Ansatz der Aussetzung nicht, weil einzelne Verfahrensfehler hier ohnedies nicht zur Aufhebung führen. Auch wenn die Aussetzungsmöglichkeit die gleichen Ziele verfolgt wie die Doppelte Rechtskraft, weist sie dieser gegenüber zudem einen erheblichen Nachteil auf: Mit der Aussetzung durch das Gericht steht weder rechtskräftig fest, an welchen Fehlern die behördliche Entscheidung leidet,[282] noch geht mit ihr eine rechtskräftige Abweisung unbegründeter Einwände einher.[283] Gerade bei komplexen Vorhaben ist dies pro-

---

[277] *Fellenberg/Schiller*, in: Landmann/Rohmer, Umweltrecht, § 4 UmwRG Rn. 103. Auch deshalb generell ablehnend: *Schlacke*, in: Gärditz, VwGO, § 4 UmwRG Rn. 51 f.

[278] § 94 Satz 2 VwGO in der Fassung vom 01.11.1996, BGBl. I, S. 1626. Die Regelung wurde durch Gesetz vom 20.12.2001 wieder gestrichen (BGBl. I, S. 3987).

[279] BT-Drs. 18/6385, S. 4.

[280] BT-Drs. 13/3993, S. 12.

[281] Hierzu unter § 11 A.I.

[282] Vgl. bereits VGH München, Urteil vom 05.07.1994 – 8 A 93/40056, DVBl. 1994, 1198 (1203).

[283] Vgl. BVerwG, Beschluss vom 24.11.2020 – 9 A 4/20, juris Rn. 3. So auch: *Rennert*, DVBl. 2020, 389 (392 f.).

blematisch, weil eine Aussetzung dann nicht nur die gewünschte Beschleunigung verhindern, sondern sogar zu einer unnötigen Verlängerung führen kann.[284]

Die Behörde und der Vorhabenträger müssen bei einer Aussetzung zur Fehlerheilung prüfen, ob der Planfeststellungsbeschluss jenseits der Mängel, auf die das Gericht unter Umständen hingewiesen hat, an weiteren Fehlern leiden kann. Sodann gilt es, zu entscheiden, ob das ergänzende Verfahren aus Vorsicht auf diese „Verdachtsfehler" zu erstrecken ist oder man stattdessen das Risiko eingeht, dass der Kläger sie bei Fortsetzung des Prozesses mit Erfolg geltend macht und es eines zusätzlichen ergänzenden Verfahrens bedarf. Im erstgenannten Fall wird eine kostspielige Heilung möglicherweise umsonst durchgeführt. Im letztgenannten Fall hat eine zusätzlich notwendig werdende Fehlerbehebung neben hohen Kosten eine weitere Verzögerung der Verwirklichung des Vorhabens zur Folge. Zudem bleiben potentielle Synergieeffekte einer parallelen Fehlerbehebung aus. In beiden Fällen wird der Behörde jedenfalls die Heilung selbst erschwert, weil sie sich nicht an einem rechtssicheren „Fahrplan" des Gerichts orientieren kann.[285]

Schwierigkeiten entstehen aber auch auf Klägerseite. Bei Fortsetzung des Prozesses stellt sich für den Kläger die Frage, ob er verbleibende Einwände fortwährend geltend machen und dabei das Risiko der vollen Kostenlast bei Klageabweisung auf sich nehmen will.[286] Alternativ kann er sich damit zufriedengeben, dass zumindest einige seiner Einwände eingestanden und Fehler entsprechend bereinigt worden sind und die Klage für erledigt erklären. Letzteres dürfte naheliegen, wenn das Gericht zuvor nur einzelne der gerügten Mängel in einen Hinweisbeschluss aufgenommen hat. Bei Erledigung trägt der Kläger zwar keine Kosten, muss aber damit leben, dass das Vorhaben trotz eines aus seiner Sicht bestehenden Fehlers umgesetzt wird. Zugleich kann er keinen Klageerfolg verbuchen, obwohl die Fehlerheilung in der Sache ein Erfolg seiner Tätigkeit gewesen ist.[287]

Vor diesem Hintergrund dürfte eine Aussetzung prozessökonomisch jedenfalls nicht sinnvoll sein, wenn die Klägerseite eine Vielzahl von Mängeln geltend macht, die vom Gericht noch nicht abschließend oder nur summarisch geprüft worden sind.[288] Gleiches gilt, wenn sich die bereits festgestellten Fehler nicht klar abgrenzen lassen und ihre Behebung weitere Folgeänderungen nach sich

---

[284] BVerwG, Beschluss vom 24.11.2020 – 9 A 4/20, juris Rn. 2.

[285] Hierzu unter § 10 B.II.

[286] Für die Möglichkeit einer teilweisen Kostentragung der Behörde in diesen Fällen durch Einführung eines § 155a VwGO: *Rennert*, DVBl. 2017, 69 (77).

[287] Vgl. hierzu insgesamt: *Ewer*, Möglichkeiten zur Beschleunigung verwaltungsgerichtlicher Verfahren über Vorhaben zur Errichtung von Infrastruktureinrichtungen und Industrieanlagen, 2019, S. 107 f.

[288] BVerwG, Beschluss vom 24.11.2020 – 9 A 4/20, juris Rn. 3.

ziehen kann.[289] Die teilweise vertretene Auffassung, das Gericht solle auf einen Antrag hinwirken, sobald sich die Behörde bereits zur Durchführung eines ergänzenden Verfahrens entschieden habe,[290] überzeugt daher so pauschal nicht.

III. Verbleibender Anwendungsbereich der Aussetzung

Vor diesem Hintergrund dürfte die Zahl der Aussetzungen zur Fehlerbehebung künftig jedenfalls in besonders komplexen, unübersichtlichen Verfahren eher zurückgehen.[291] Gleiches ist für die Zahl der entsprechenden Anträge zu erwarten. Etwas anderes dürfte gelten, wenn von Anfang an nur bestimmte Mängel geltend gemacht worden sind oder es nur um geringfügige Fehlerbehebungen geht und deshalb zu erwarten ist, dass der Kläger die Heilung ohne Weiteres akzeptieren wird. Eine Aussetzung kommt zudem in Betracht, wenn ein Interesse daran besteht, überhaupt erst über eine zumindest zum Teil korrigierte Zulassungsentscheidung weiter zu verhandeln,[292] oder wenn sich erst nach Durchführung des ergänzenden Verfahrens, aber vor der gerichtlichen Entscheidung über den Erfolg der Heilung weitere Korrekturerfordernisse offenbaren.

In diese Richtung geht die Begründung zum Aussetzungsbeschluss im Verfahren zur *Ortsumgehung Freiberg*. Der Anfechtungsklage gegen den Planfeststellungsbeschluss hatte der *9. Senat* zunächst teilweise stattgegeben und den Plan für rechtswidrig und nicht vollziehbar erklärt. Zugleich hatte er jedoch Teile des klägerseitigen Vorbringens als präkludiert zurückgewiesen.[293] Während des ergänzenden Verfahrens entschied der Europäische Gerichtshof, dass die im deutschen Recht vorgesehene materielle Präklusion mit dem Unionsrecht nicht vereinbar sei.[294] In der Folge wies der Senat darauf hin, dass das vormals als präkludiert angesehene Vorbringen des Klägers in dem anhängigen Rechtsstreit gegen den Planänderungs- und Ergänzungsbeschluss der Behörde zu berücksichtigen sei,[295] woraufhin jene einen Aussetzungsantrag stellte. Dem kam das Gericht nach und begründete seine Anordnung wie folgt:

„Nach Einschätzung des Senats dient es der Verfahrensbeschleunigung hier besser, den Streitstoff konzentriert gerichtlich dann zu verhandeln, wenn er vollständig ist, d. h., wenn der Be-

---

[289] BVerwG, Beschluss vom 24.11.2020 – 9 A 4/20, juris Rn. 4.

[290] *Rubel*, EurUP 2019, 396 (391); *Dieterich*, juris PR-BVerwG 22/2018, Anm. 1.

[291] Vgl. aber z. B. die jüngeren Aussetzungsbeschlüsse des OVG Magdeburg, Beschluss vom 14.02.2018 – 2 K 3/17, NVwZ 2018, 1331 und des VGH München, Beschluss vom 28.06.2018 – 8 B 18/413, juris. A. A. zudem offenbar *Sauer*, UPR 2017, 448 (454), der bezweifelt, dass für das ergänzende Verfahren nach Abschluss des Prozesses „ein praktisches Bedürfnis" besteht.

[292] So wohl BVerwG, Beschluss vom 24.07.2019 – 9 A 8/18, juris Rn. 4.

[293] BVerwG, Urteil vom 14.07.2011 – 9 A 12/10, BVerwGE 140, 149 Rn. 18 ff.

[294] EuGH, Urteil vom 15.10.2015 – Rs. C-137/14, NVwZ 2015, 1665.

[295] BVerwG, Beschluss vom 12.01.2018 – 9 A 12/17, DVBl. 2018, 585 Rn. 6.

klagte sich auf die vordem als präkludiert angesehenen Rügen des Klägers erstmals sachlich eingelassen hat. Es wäre weniger prozessökonomisch, im jetzt anhängigen gerichtlichen Verfahren lediglich denjenigen Rügen des Klägers gegen die habitat- und artenschutzrechtliche Behandlung nachzugehen, die Gegenstand des abgeschlossenen Planänderungsverfahrens waren, wenn gleichzeitig nicht ausgeschlossen ist, dass weitere Rügen [...] nach Abschluss des jetzt eingeleiteten Verwaltungsverfahrens erneut gerichtlich anhängig gemacht werden.“[296]

§ 11 Die Doppelte Rechtskraft im Verfahren gegen die Ausgangsentscheidung

Ungeachtet der Schwierigkeiten, die die dogmatische Rechtfertigung der Doppelten Rechtskraft bereitet, zeigt sich, dass sich das verwaltungsgerichtliche Verfahren mit ihr erheblich verändert.

Dies gilt gewiss, wenn der Kläger nicht nur gegen die Ausgangsentscheidung, sondern auch gegen die korrigierte Entscheidung vorgeht (hierzu unter § 12). Schon im Verfahren gegen die fehlerhafte Ausgangsentscheidung (hierzu unter A.), also noch bevor die Doppelte Rechtskraft ihre Wirkungen tatsächlich entfalten kann, kommt es allerdings zu Besonderheiten sowohl in der ersten Instanz (hierzu unter B.) als auch im Rechtsmittelverfahren (hierzu unter C.). Die Doppelte Rechtskraft erhöht den Arbeitsaufwand des Gerichts und führt regelmäßig dazu, dass sich der Erlass eines verfahrensabschließenden Urteils verzögert. Zu diesem Zeitpunkt ist indes unklar, ob sich diese Verzögerung durch die Beschleunigung eines sich etwaig anschließenden ergänzenden Verfahrens und die Verkürzung eines möglicherweise nachfolgenden zweiten Prozesses kompensieren lässt (hierzu unter D.).

A. Gegenstand des Verfahrens

Gegenstand des erstinstanzlichen Verfahrens vor dem Verwaltungsgericht ist grundsätzlich die Ausgangsentscheidung der Behörde.

Anders ist dies, wenn die Behörde vor der gerichtlichen Entscheidung Fehler bereinigt (hierzu unter I.). Änderungen des Verfahrensgegenstandes ergeben sich zudem, wenn die Behörde die Fehlerbehebung während der Revision vornimmt (hierzu unter II.).

I. Ergänzendes Verfahren während der Tatsacheninstanz

Nicht selten kommt es vor, dass die Behörde bereits vor oder während des gerichtlichen Verfahrens den Versuch unternimmt, einzelne Mängel zu beheben,

---

[296] BVerwG, Beschluss vom 08.05.2018 – 9 A 12/17, DVBl. 2018, 1232 Rn. 7.

wenn sie diese erkennt oder befürchtet. Diese Möglichkeit ist im Gesetz zwar nicht ausdrücklich geregelt, wird in § 4 Abs. 1 Satz 1 Nr. 1 bis 3 UmwRG jedoch gleich mehrfach vorausgesetzt[297] und insgesamt als zulässig angesehen.[298] Geht es der Behörde zumindest auch um die Behebung von Verfahrensfehlern, eröffnet § 4 Abs. 1b Satz 3 UmwRG auf Antrag die Möglichkeit, ein laufendes gerichtliches Verfahren für die Durchführung eines ergänzenden Verfahrens auszusetzen, soweit dies im Sinne der Verfahrenskonzentration sachdienlich ist.[299] In zeitlicher Hinsicht kommt eine Heilung von Verfahrensfehlern bis zum Abschluss der letzten Tatsacheninstanz in Betracht (§ 4 Abs. 1b Satz 2 UmwRG in Verbindung mit § 45 Abs. 2 VwVfG).[300]

Gelingt es der Behörde, das ergänzende Verfahren vor der mündlichen Verhandlung abzuschließen, wirkt sich dies auf den Gegenstand des laufenden gerichtlichen Verfahrens aus. Die Ausgangsentscheidung und der neue Beschluss verschmelzen zu einer einheitlichen Entscheidung. In prozessualer Hinsicht erledigt sich damit der Planfeststellungsbeschluss in seiner Ursprungsfassung.[301] Damit entfällt das Rechtsschutzinteresse für ein gegen ihn gerichtetes Klagebegehren.[302] Um der mit einer Klageabweisung entstehenden Kostenlast zu entgehen, muss der Kläger nun reagieren und den Rechtsstreit entweder für erledigt erklären oder sein Klagebegehren gemäß § 91 VwGO umstellen und gegen die Entscheidung in ihrer veränderten Gestalt vorgehen. Das etwaige Erfordernis eines Vorverfahrens sowie die Klagefrist des § 74 Abs. 1 Satz 2 VwGO gelten insoweit nicht.[303] Vielmehr nimmt das Gericht eine Umstellung mitunter sogar von sich aus an, sofern der Kläger keine Erledigungserklärung abgibt.[304] In der

---

[297] Darauf hinweisend: *Kment*, in: Beckmann/Kment, UVPG/UmwRG, § 4 UmwRG Rn. 32; *Fellenberg/Schiller*, in: Landmann/Rohmer, Umweltrecht, § 4 UmwRG Rn. 99.

[298] BVerwG, Urteil vom 12.03.2008 – 9 A 3/06, BVerwGE 130, 299 Rn. 31; OVG Münster, Urteil vom 09.12.2009 – 8 D 12/08.AK, NuR 2010, 583 (585); OVG Lüneburg, Urteil vom 16.09.2004 – 7 LB 371/01, NuR 2005, 119 (120) m. w. N.; *Jarass*, in: Gedächtnisschrift Tettinger, 2007, S. 465 (472); *ders.*, DVBl. 1997, 795 (802); *Palme*, NVwZ 2006, 909 (910); *Fischer*, in: Ziekow, Handbuch des Fachplanungsrechts, § 3 Rn. 219. Kritisch, aber im Ergebnis ebenso: *Rubel*, DVBl. 2019, 600 (603). Abweichend: *Ziekow*, VerwArch 99 (2008), 559 (582), der es für erforderlich hält, dass der Fehler klageweise geltend gemacht wird.

[299] So BVerwG, Beschluss vom 08.05.2018 – 9 A 12/17, DVBl. 2018, 1232 Rn. 7.

[300] Anders ist die Rechtslage in Nordrhein-Westfalen, da der im Zuständigkeitsbereich der Landesbehörden vorrangige § 45 Abs. 2 VwVfG NRW eine Heilung nur bis zum Abschluss der ersten gerichtlichen Tatsacheninstanz erlaubt.

[301] Hierzu unter § 12 A.I.3.

[302] BVerwG, Urteil vom 18.03.2009 – 9 A 31/07, NVwZ 2010, 63 Rn. 23; *Preusche*, DVBl. 1992, 797 (800).

[303] *Preusche*, DVBl. 1992, 797 (801).

[304] BVerwG, Urteil vom 18.03.2009 – 9 A 31/07, NVwZ 2010, 63 Rn. 23.

Begründetheit prüft es sodann die Rechtmäßigkeit des Planfeststellungsbeschlusses in der Gestalt, die er durch das ergänzende Verfahren erhalten hat.

II. Ergänzendes Verfahren während der Revision

Manchmal schließt die Behörde eine nachträgliche Fehlerbehebung erst während eines laufenden Revisionsverfahrens ab. Dies kann verschiedene Gründe haben. Entweder gelingt es ihr nicht, ein bereits vor oder während der Tatsacheninstanz eingeleitetes ergänzendes Verfahren rechtzeitig vor Erlass des Urteils zu Ende zu führen. Wenn in diesen Fällen das gerichtliche Verfahren das ergänzende Verfahren „überholt", stellt das Gericht die Rechtswidrigkeit und Nichtvollziehbarkeit der Ausgangsentscheidung fest. Ebenso ist es möglich, dass die Behörde gegen einige oder alle festgestellten Fehler zwar Rechtsmittel einlegt,[305] jedoch parallel von ihr nicht weiter angegriffene Fehler behebt oder „vorsorglich" in ein ergänzendes Verfahren für den Fall eintritt, dass sie mit ihrer Revision nicht durchdringen kann. Eine Aussetzung des Revisionsverfahrens zur Durchführung eines ergänzenden Verfahrens ist anders als in der Tatsacheninstanz nicht möglich.[306]

Hat nur die Behörde Revision eingelegt, ändert sich der Verfahrensgegenstand bei Erlass eines Änderungsbeschlusses nicht. Ihr Revisionsanliegen bleibt erhalten.[307] Es stellt sich allerdings die Frage, wie der Kläger auf eine behördliche Korrektur der Ausgangsentscheidung reagieren kann bzw. muss, wenn er selbst wegen erfolglos gebliebener Rügen ein Revisionsverfahren eingeleitet hat. Ein Änderungsbeschluss führt nämlich zur Erledigung der Ausgangsentscheidung,[308] sodass es einer Klageumstellung bedarf. Einer solchen steht allerdings im Grundsatz § 142 Abs. 1 Satz 1 VwGO entgegen (hierzu unter 1.). Macht der Kläger zudem geltend, der Änderungsplanfeststellungsbeschluss habe einen festgestellten Fehler gar nicht behoben, bedarf es einer im Revisionsverfahren eigentlich nicht zulässigen Tatsachenfeststellung durch das Revisionsgericht (hierzu unter 2.).

1. Ausnahmsweise zulässige Klageänderung

Einer Umstellung des klägerischen Begehrens auf den Änderungsbeschluss steht grundsätzlich § 142 Abs. 1 Satz 1 VwGO entgegen. Danach sind Klageänderungen im Revisionsverfahren unzulässig. Das Verbot entspricht dem in § 137 Abs. 2 VwGO enthaltenen Grundsatz, dass der Rechtsstreit in der Gestalt in die Revi-

---

[305] Hierzu unter § 11 C.II.1.a).
[306] BVerwG, Urteil vom 27.09.2018 – 7 C 24/16, KommJur 2019, 131 (134). A.A. ausdrücklich: *Schütz*, UPR 2021, 418 (420).
[307] Hierzu unter § 11 C.II.1.a).
[308] Hierzu unter § 12 A.I.3.

sionsinstanz übergehen soll, die er nach den Feststellungen des angefochtenen Urteils in der Vorinstanz erlangt hat. Soweit nicht gerade in Bezug auf diese Feststellungen zulässige und begründete Revisionsgründe vorgebracht werden, darf der Prozessstoff keine Änderung mehr erfahren.[309] Das Revisionsgericht soll keinen Sachverhalt würdigen, der noch keiner tatrichterlichen Beurteilung durch das Berufungsgericht unterlag. Vielmehr soll es das Urteil nur noch auf Rechtsfehler hin untersuchen.[310]

Folgt man dem, dann müsste der Kläger die anhängige Klage für erledigt erklären und eine neue Klage gegen den Planfeststellungsbeschluss in der Fassung des Änderungsplanfeststellungsbeschlusses erheben.[311] Von einem erneuten Verfahren in der Tatsacheninstanz blieben alle Beteiligten selbst dann nicht verschont, wenn der Kläger die Fehlerheilung anerkennen und die Aufhebung bzw. Feststellung der Rechtswidrigkeit nur noch im Hinblick auf anderweitige Rügen weiterverfolgen wollte. Ein neuer Prozess würde jedoch nicht nur eine endgültige Entscheidung über die Zulässigkeit des verfahrensgegenständlichen Vorhabens hinauszögern. Vielmehr würde es zumindest partiell auch zu einer wiederholten Inanspruchnahme der Gerichte in derselben Sache kommen. Denn bei Erledigung könnte die Entscheidung über die zunächst erfolglos gebliebenen Rügen, die den Kläger zur Einleitung des Revisionsverfahrens veranlasst haben, nicht in Rechtskraft erwachsen, obwohl sie nach den Grundsätzen der Doppelten Rechtskraft unabhängig von den übrigen Klagegründen rechtskraftfähig ist. Das mit dem korrigierten Planfeststellungsbeschluss befasste Gericht müsste die erfolglosen Klagegründe zwangsläufig erneut prüfen, was durch die der Doppelten Rechtskraft inhärenten Pflicht zur umfassenden Rechtmäßigkeitsprüfung der Ausgangsentscheidung[312] gerade verhindert werden soll.[313]

Vor diesem Hintergrund legt das Bundesverwaltungsgericht das Verbot in § 142 Abs. 1 Satz 1 VwGO einschränkend dahingehend aus, dass der Kläger einen zur Fehlerheilung ergangenen Änderungsplanfeststellungsbeschluss in die beim Revisionsgericht anhängige Klage gegen den ursprünglichen Planfeststellungsbeschluss einbeziehen kann.[314] Jedenfalls für den Fall, dass der Kläger die

---

[309] *Neumann/Korbmacher*, in: Sodan/Ziekow, VwGO, § 137 Rn. 122; *Redeker/v. Oertzen*, VwGO, § 137 Rn. 15.

[310] *Dawin/Buchheister*, in: Schoch/Schneider, VwGO, § 142 Rn. 2, 5; *Kraft*, in: Eyermann, VwGO, § 142 Rn. 1. Dass dies für den Kläger zu Problemen führen kann, zeigt *Kraft*, BayVBl. 1995, 319 (324) auf.

[311] So BVerwG, Beschluss vom 20.12.1991 – 4 C 25/90, juris Rn. 17. Ebenso: *Storost*, NVwZ 1998, 797 (804).

[312] Hierzu unter § 11 B.I.1.

[313] Vgl. BVerwG, Beschluss vom 17.03.2020 – 3 VR 1/19, NVwZ 2020, 1051 Rn. 18.

[314] BVerwG, Beschluss vom 17.03.2020 – 3 VR 1/19, NVwZ 2020, 1051 Rn. 18, im Hauptsacheverfahren bestätigt durch BVerwG, Urteil vom 18.06.2020 – 3 C 2/19, UPR 2021, 94

Fehlerbehebung nicht infrage stellt und seine Revision infolgedessen nur entsprechend beschränken möchte, wird dies als zulässige Beschränkung im Sinne von § 142 Abs. 1 Satz 1 VwGO in Verbindung mit § 264 Nr. 2 ZPO auch im Schrifttum befürwortet.[315]

2. Ausnahmsweise zulässige Tatsachenfeststellung durch das Revisionsgericht

Die Zulassung einer Klageumstellung auf den geänderten Planfeststellungsbeschluss kann mit Folgeproblemen verbunden sein. So stellt sich die Frage, wie mit der revisionsrechtlich gebotenen Bindung an die in dem angefochtenen Urteil getroffenen tatsächlichen Feststellungen gemäß § 137 Abs. 2 VwGO umzugehen ist.

Stellt der Kläger seine Revision nur auf den neuen Planfeststellungsbeschluss um, ohne dass sich seine Rügen inhaltlich auf die nachträglichen Korrekturen beziehen, ist dies unproblematisch. Denn dann kann das Revisionsgericht die klägerseitigen Einwände auf Grundlage der tatrichterlichen Feststellungen am Maßstab von § 137 VwGO prüfen.[316]

Schwieriger wird es, wenn der Kläger geltend macht, dass der Änderungsplanfeststellungsbeschluss die festgestellten Fehler nicht behoben habe.[317] Hierzu kann die Vorinstanz naturgemäß keine Feststellungen getroffen haben.[318] Um darauf eine Antwort geben zu können, ist das Revisionsgericht gezwungen, die für die Überprüfung der Heilung erforderlichen Tatsachen selbst festzustellen. Dies steht im Widerspruch zu § 137 Abs. 2 VwGO. Dem Revisionsgericht kommt allein die Funktion zu, auf der Grundlage feststehender vorinstanzlicher Tatsachenfeststellungen über Rechtsfragen des revisiblen Rechts zu entscheiden.[319] Folgerichtig bliebe ihm bei einer klägerseitigen Beanstandung des ergänzenden Verfahrens eigentlich nichts anderes übrig, als die Entscheidung der Vorinstanz aufzuheben und die Sache zurückzuverweisen.[320]

Die Bindung an die tatsächlichen Feststellungen der Vorinstanz besteht allerdings nicht ausnahmslos. So hat das Bundesverwaltungsgericht in der Vergangenheit etwa von ihr abgesehen, wenn infolge einer für die Revisionsinstanz

---

Rn. 61. Ebenso: *Külpmann*, NVwZ 2020, 1143 (1147); *Korbmacher*, DVBl. 2022, 1 (7). So auch: *Wysk*, UPR 2021, 434 (436), der explizit darauf hinweist, dass sich diese teleologische Reduktion auf Änderungsplanfeststellungsbeschlüsse beschränke.

[315] *Külpmann*, NVwZ 2020, 1143 (1147); *Kraft*, in: Eyermann, VwGO, § 142 Rn. 6.

[316] *Külpmann*, NVwZ 2020, 1143 (1147).

[317] So geschehen in BVerwG, Urteil vom 18.06.2020 – 3 C 2/19, UPR 2021, 94 Rn. 11.

[318] *Wysk*, UPR 2021, 434 (437).

[319] Hierzu: *Eichberger/Buchheister*, in: Schoch/Schneider, VwGO, § 137 Rn. 119–124.

[320] *Storost*, NVwZ 1998, 795 (804); *Eichberger/Buchheister*, in: Schoch/Schneider, VwGO, § 137 Rn. 128.

maßgeblichen Rechtsänderung bisher irrelevante Tatsachen nachträglich entscheidungserheblich geworden waren.[321] Entsprechende Ausnahmen werden mit
prozessökonomischen Erwägungen begründet.[322]

Darauf Bezug nehmend hat das Bundesverwaltungsgericht im Zusammenhang
mit einer Klage gegen das Eisenbahnvorhaben *Stuttgart 21* entschieden, dass das
Revisionsgericht auch die für die Überprüfung des Änderungsplanfeststellungsbeschlusses erforderlichen Tatsachen entgegen § 137 Abs. 2 VwGO ausnahmsweise selbst feststellen und würdigen darf. In dem maßgeblichen Urteil heißt es:

> „Eine solche Ausnahme ist […] anzuerkennen, wenn eine Klage in der Revisionsinstanz auf
> eine der Fehlerheilung dienende Änderung eines Planfeststellungsbeschlusses erstreckt wird.
> Wäre das Revisionsgericht in einer solchen Situation ausnahmslos gezwungen, die Sache zur
> Feststellung und Würdigung der mit der ergänzenden Entscheidung zwangsläufig in das Ver-
> fahren eingeführten Tatsachen an die Vorinstanz zurückzuverweisen, liefe dies der beschleu-
> nigten Sacherledigung zuwider, die mit der Zulassung der Einbeziehung der Änderung des
> Planfeststellungsbeschlusses in das anhängige Verfahren beabsichtigt ist."[323]

Die Befugnis zur Feststellung und Würdigung soll in diesen Fällen allerdings auf
Tatsachen begrenzt sein, die nicht beweisbedürftig sind.[324]

B. Die Doppelte Rechtskraft in der ersten Instanz

Das Gerichtsverfahren in der ersten Instanz erfährt infolge der Doppelten Rechtskraft zahlreiche Änderungen. Dies gilt zum einen für die Tätigkeit der zuständigen Richter (hierzu unter I.) sowie für die Mitwirkungspflichten der Verfahrensbeteiligten (hierzu unter II.). Zum anderen stellt sich die Frage, wie sich die
Doppelte Rechtskraft auf die Kostenentscheidung (hierzu unter III.) und die Entscheidung über die Zulassung von Rechtsmitteln (hierzu unter IV.) auswirkt.

---

[321] BVerwG, Urteil vom 26.11.1976 – 4 C 69/74, NJW 1977, 1978 (1979); BVerwG, Urteil
vom 21.10.2004 – 4 C 2/04, BVerwGE 122, 109 (116). Zustimmend: *Neumann/Korbmacher,*
in: Sodan/Ziekow, VwGO, § 137 Rn. 147; *Kraft,* in: Eyermann, VwGO, § 137 Rn. 59; *Rede-
ker/v. Oertzen,* VwGO, § 137 Rn. 17. Ausführlich auch zu teilweise differenzierenden Auffassungen im Zivilprozess: *Gottwald,* Die Revisionsinstanz als Tatsacheninstanz, 1975, S. 245 ff.

[322] *Wysk,* UPR 2021, 434 (437); *Neumann/Korbmacher,* in: Sodan/Ziekow, VwGO, § 137
Rn. 148; *Kuhlmann,* in: Wysk, VwGO, § 137 Rn. 29; *Kautz,* in: Fehling/Kastner/Störmer,
Hk-VerwR, § 137 VwGO Rn. 13. Kritisch insoweit: *Eichberger/Buchheister*, in: Schoch/
Schneider, VwGO, § 137 Rn. 179.

[323] BVerwG, Urteil vom 18.06.2020 – 3 C 2/19, UPR 2021, 94 Rn. 67.

[324] BVerwG, Urteil vom 18.06.2020 – 3 C 2/19, UPR 2021, 94 Rn. 68. Darauf explizit hinweisend: *Wysk,* UPR 2021, 434 (436), der in Fn. 17 genauer zur Behandlung von Beweisanträgen im Revisionsverfahren ausführt.

I. Folgen für die Verwaltungsgerichte

Die Doppelte Rechtskraft wirkt sich bereits im erstinstanzlichen Verfahren aus, noch bevor das Gericht überhaupt eine Entscheidung über die Rechtmäßigkeit des Planfeststellungsbeschlusses getroffen hat. Für das in erster Instanz entscheidende Gericht führt sie in vielen Fällen zu erheblichem Mehraufwand.

1. Erweiterte Amtsermittlungspflicht nach § 86 Abs. 1 Satz 1, 1. Hs. VwGO

Die Menge des Prozessstoffs, den das Gericht zunächst ermitteln und sodann seiner rechtlichen Prüfung zugrunde legen muss, kann durch die Doppelte Rechtskraft im Einzelfall massiv ansteigen.

Gemäß § 86 Abs. 1 Satz 1, 1. Hs. VwGO gilt im Verfahren vor dem Verwaltungsgericht anders als etwa im Zivilprozess der Amtsermittlungsgrundsatz. Dem zufolge ist das Gericht verpflichtet, den entscheidungserheblichen Sachverhalt von Amts wegen zu ermitteln. Entscheidungserheblich sind all diejenigen Tatsachen, die das Gericht im Lichte seiner Rechtsauffassung aufklären muss, um über das klägerseitig erhobene Rechtsschutzbegehren abschließend entscheiden zu können.[325] Mit anderen Worten bezieht sich die Amtsermittlungspflicht auf diejenigen Tatsachen, von denen der Tenor abhängt.[326] Sie erfasst dabei neben der Zusammentragung des Prozessstoffs auch die Durchführung derjenigen Maßnahmen, die das Gericht für notwendig hält, um eine Wahrheitsüberzeugung zu gewinnen – insbesondere die Erhebung von Beweisen.[327]

Dabei ermittelt das Gericht allerdings nicht „im luftleeren Raum". Vielmehr werden die Akten des Verwaltungsvorgangs beigezogen (§ 99 Abs. 1 Satz 1 VwGO). Das Gericht kann sämtliche relevante Unterlagen einsehen, insbesondere auch Sachverständigengutachten verwerten, die im Planfeststellungsverfahren eingeholt worden sind.[328] Einen entscheidenden Beitrag zur Tatsachenerforschung leisten die Verfahrensbeteiligten. Diese tragen dem Gericht gegenüber diejenigen Tatsachen vor, die ihr Prozessbegehren stützen, und versuchen, ent-

---

[325] So bereits BVerwG, Urteil vom 04.07.1956 – III C 211/55, BVerwGE 4, 20 (22); BVerwG, Urteil vom 12.06.1958 – III C 197/56, BVerwGE 7, 100 (102). *Nierhaus*, Beweismaß und Beweislast, 1989, S. 281; *Kaufmann*, Untersuchungsgrundsatz und Verwaltungsgerichtsbarkeit, 2002, S. 346 ff.; *Nolte*, Die Eigenart des verwaltungsgerichtlichen Rechtsschutzes, 2015, S. 163 f.; *Schwan*, ThürVBl. 2015, 181 (181).

[326] *Schwan*, ThürVBl. 2015, 181 (181); *Külpmann*, NVwZ 2020, 1143 (1145); *Wimmer*, in: Gärditz, VwGO, § 86 Rn. 30.

[327] BVerwG, Urteil vom 28.07.2011 – 2 C 28/10, BVerwGE 140, 199 Rn. 24 f.; *Martens*, Die Praxis des Verwaltungsprozesses, 1975, S. 136; *Dawin/Panzer*, in: Schoch/Schneider, VwGO, § 86 Rn. 8.

[328] *Schwan*, ThürVBl. 2015, 181 (182). Vgl. auch *Geismann*, Sachverhaltsaufklärung im Verwaltungsprozess, 2021, S. 130.

sprechende Nachweise zu erbringen. Auf diese Weise bestimmen sie maßgeblich mit, in welche Richtung das Gericht den Sachverhalt erforscht. Anders als der Amtsermittlungsgrundsatz in § 86 Abs. 1 Satz 1, 1. Hs. VwGO also zunächst nahelegen mag, obliegen in der Praxis Sachverhaltsvortrag, -ermittlung und -nachweis in weitem Umfang den Beteiligten.[329] Die Grenzen zwischen Amtsermittlungs- und Beibringungsgrundsatz dürften hier teilweise verschwimmen.[330] Dies gilt für Umweltangelegenheiten in besonderem Maße.[331] Denn den Verlauf und die Ergebnisse eines aus rechtlicher und fachlicher Sicht komplexen Planfeststellungs- oder Genehmigungsverfahrens kennen die Behörde, die das Vorhaben zugelassen, und der Vorhabenträger, der es beantragt hat, regelmäßig am besten. Auch der Kläger, der sich oftmals auf Grundlage zahlreicher gesetzlich vorgesehener Partizipationsmöglichkeiten in das Verwaltungsverfahren einbringen konnte, ist oft ein primärer Wissensträger – dies gilt vor allem, wenn es sich um einen mit der Materie auch fachlich vertrauten Umweltverband handelt.[332] Die prozessfördernde Funktion des Klägers wird jenseits der in § 86 Abs. 1 Satz 1, 2. Hs. VwGO normierten Mitwirkungsobliegenheit durch die Klagebegründungsfrist in § 6 UmwRG besonders betont. Nach deren Ablauf lässt das Gericht klägerseitiges Vorbringen grundsätzlich nicht mehr zu.[333]

Einige sehen in der Mitwirkungsobliegenheit der Beteiligten eine Einschränkung,[334] die herrschende Meinung eher eine Ergänzung der Amtsermittlung durch das Gericht.[335] Die Spruchpraxis des Bundesverwaltungsgerichts ist inso-

---

[329] *Wimmer*, in: Gärditz, VwGO, § 86 Rn. 5, 10.

[330] Vgl. allgemein: *Haverkämper*, Die verfassungsrechtlichen Grundlagen der Maximen des Verwaltungsprozessrechts, 1973, S. 68; *Kaufmann*, Untersuchungsgrundsatz und Verwaltungsgerichtsbarkeit, 2002, S. 358 ff.; *Wimmer*, in: Gärditz, VwGO, § 86 Rn. 7. Speziell mit Blick auf Verfahren zu Vorhaben im Bereich des Umweltrechts: *Guckelberger*, in: 71. DJT 2016, Bd. II/1, S. 56.

[331] Hierzu ausführlicher: *Guckelberger*, in: 71. DJT 2016, Bd. II/1, S. 56, die für den Bereich des Umweltrechts einen Wechsel vom Untersuchungsgrundsatz zum Beibringungsgrundsatz erwägt.

[332] Vgl. hierzu: *Guckelberger*, DVBl. 2017, 222 (224).

[333] Hierzu unter § 2 C.II.3

[334] So *Fellenberg/Schiller*, in: Landmann/Rohmer, Umweltrecht, § 6 UmwRG Rn. 53, die von einer Begrenzung der Amtsermittlungs*befugnis* des Gerichts ausgehen. Wohl auch: *Schwan*, ThürVBl. 2015, 181 (182). A.A. ausdrücklich: *Schlacke*, NVwZ 2019, 1392 (1396).

[335] So *Nolte*, Die Eigenart des verwaltungsgerichtlichen Rechtsschutzes, 2015, S. 165 – das Gericht trage „zwar die Letzt-, nicht aber die Alleinverantwortung"; *Wimmer*, in: Gärditz, VwGO, § 86 Rn. 7 – das Gericht bleibe jedenfalls „dazu ermächtigt, den Sachverhalt ‚inquisitorisch' weiter zu untersuchen". Ebenso: *Rennert*, DVBl. 2017, 69 (75). Im Übrigen ähnlich: *Kaufmann*, Untersuchungsgrundsatz und Verwaltungsgerichtsbarkeit, 2002, S. 355; *Gärditz*, EurUP 2018, 158 (161); *Berkemann*, DVBl. 2020, 1 (11 f.); *Dawin/Panzer*, in: Schoch/Schneider, VwGO, § 86 Rn. 70 ff.; *Winkler*, in: Beckmann/Kment, UVPG/UmwRG, § 6 UmwRG Rn. 9.

weit uneinheitlich. Während es teilweise auch im Bereich des Umweltrechts besonders hervorhebt, dass das Gericht seiner Entscheidung tatsächliche und rechtliche Gesichtspunkte zugrunde legen könne, die die Beteiligten selbst nicht zum Gegenstand ihres Vortrags gemacht haben,[336] betont es in anderen Entscheidungen eher die Rügelast des Klägers sowie die Rechtssicherheit und den Vertrauensschutz, hinter dem im Falle eines Versäumnisses sein Interesse an einer späteren Geltendmachung zurücktreten müsse.[337] In der Rechtsprechung der Oberverwaltungsgerichte zeichnet sich seit Einführung der innerprozessualen Präklusion in § 6 UmwRG die Tendenz ab, lediglich die vorgetragenen Rügen zu prüfen.[338] Dem scheint das Bundesverwaltungsgericht in seiner jüngeren Rechtsprechung zu folgen.[339] Klar dürfte jedenfalls sein, dass eine ökonomische, zügige Durchführung umfangreicher Verwaltungsgerichtsverfahren ohne die Mitwirkung der Beteiligten in der Praxis nicht möglich ist.[340]

In Verfahren über Entscheidungen, die sich nachträglich korrigieren lassen, variiert der Aufwand des Gerichts: Ermittelt und prüft es nur so weit, dass es in der Lage ist, die Rechtswidrigkeit und Nichtvollziehbarkeit festzustellen und die Klage im Übrigen abzuweisen, kommt es nur selten zu einer vollen Rechtmäßigkeitskontrolle (hierzu unter a)). Anders ist dies vor dem Hintergrund der Doppelten Rechtskraft (hierzu unter b)).

a) Amtsermittlung in Abhängigkeit vom Urteilstenor

Wenn der Kläger mit seinem Hauptantrag die Aufhebung des Planfeststellungsbeschlusses und nur hilfsweise die Feststellung der Rechtswidrigkeit und Nichtvollziehbarkeit begehrt, ist das Gericht im Hinblick auf die Reihenfolge seiner Prüfung daran gebunden. Wie viel Aufwand die Sachverhaltsermittlung und die anschließende rechtliche Prüfung dem Gericht im Einzelfall bis zum Erreichen der Spruchreife bereiten, hängt von der Komplexität des Sachverhalts, aber auch von der Qualität der behördlichen Entscheidung ab.

---

[336] Vgl. z. B. BVerwG, Beschluss vom 10.10.2017 – 9 A 16/16, NVwZ 2018, 181 Rn. 7.

[337] So z. B. BVerwG, Urteil vom 23.06.2020 – 9 A 22/19, BVerwGE 168, 368 Rn. 41.

[338] OVG Münster, Beschluss vom 17.11.2017 – 11 D 12/12.AK, juris Rn. 108; OVG Hamburg, Urteil vom 29.11.2018 – 1 E 23/18, juris Rn. 141 ff.; OVG Münster, Urteil vom 11.09. 2019 – 11 D 81/16.AK, juris Rn. 59 ff. Darauf hinweisend: *Guckelberger*, NuR 2020, 655 (657). Anders indes: OVG Lüneburg, Beschluss vom 28.05.2018 – 12 ME 25/18, NuR 2018, 871 (873).

[339] Vgl. BVerwG, Urteil vom 05.07.2022 – 4 A 13/20, ZNER 2022, 639 Rn. 169: „Eine gerichtliche Prüfung darüber hinaus ist nicht veranlasst, weil der Kläger den Planergänzungsbeschluss binnen der Frist des § 6 Satz 1 UmwRG im Übrigen nicht oder jedenfalls nicht ausreichend substantiiert angegriffen hat."

[340] Vgl. *Guckelberger*, DVBl. 2017, 222 (224); *Wimmer*, in: Gärditz, VwGO, § 86 Rn. 5.

aa) Entscheidung über das Aufhebungsbegehren

Eine Entscheidung über das Aufhebungsbegehren wird sich auch bei umfangreichen Verfahren in vielen Fällen relativ schnell treffen lassen. Das Gericht betrachtet zunächst diejenigen Fehler, die aus Sicht des Klägers bestehen. Insoweit prüft es nicht, ob die geltend gemachten Mängel tatsächlich vorliegen. Dies würde in vielen Verfahren die Einarbeitung der befassten Richter in komplexe und vor allem umfangreiche Gutachten erfordern. Vielmehr unterstellt das Gericht zunächst ihr Vorliegen und untersucht sodann auf hypothetischer Grundlage, ob einer Heilung faktische oder rechtliche Hindernisse zwingend entgegenstehen.[341] Eine Prüfung des Einzelfalls wird hier nur selten erforderlich sein. Erweist sich ein einziger Mangel als nicht heilbar, muss sich das Gericht nur über das tatsächliche Bestehen dieses einen Mangels vergewissern, bevor es die Entscheidung aufhebt.

Hält es hingegen alle gerügten Fehler für behebbar, hat das Aufhebungsbegehren in der Regel keine Aussicht auf Erfolg. Zwar verpflichtet § 86 Abs. 1 VwGO das Gericht im Grundsatz dazu, den Sachverhalt über die Rügen der Klägerseite hinaus zu erforschen. Indes sind Fehler, die ein Vorhaben von vornherein als Ganzes in Frage stellen oder bei einer Planfeststellung das Grundgerüst der Abwägung gefährden, insgesamt selten, jedenfalls aber leichter erkennbar als Fehler von geringerer Tragweite. Daher dürften sie in den meisten Fällen schon vom Kläger gerügt worden sein. Die Wahrscheinlichkeit, dass sie im Verlauf des Verfahrens unerkannt bleiben, ist jedenfalls äußerst gering.

bb) Feststellung der Rechtswidrigkeit und Nichtvollziehbarkeit

Hält das Gericht eine nachträgliche Korrektur der geltend gemachten Mängel für möglich, genügt es ebenfalls, wenn es vom Vorliegen eines einzigen behebbaren Mangels überzeugt ist. Dann stellt es die Rechtswidrigkeit und Nichtvollziehbarkeit fest.[342] Welchen konkreten Rechtsfehler das Gericht seiner Entscheidung zugrunde legt, schreiben weder § 75 Abs. 1a Satz 2 VwVfG oder §§ 4 Abs. 1b Satz 1, 7 Abs. 5 Satz 1 UmwRG noch § 113 Abs. 1 Satz 1 VwGO vor. Weitere Rügen des Klägers kann es unbeachtet lassen.[343]

---

[341] OVG Koblenz, Urteil vom 08.01.2003 – 1 C 10187/01, NuR 2003, 441 (448); *Külpmann*, NVwZ 2020, 1143 (1144).

[342] Davon geht auch das Bundesverwaltungsgericht aus. In seinem Vorlagebeschluss an den EuGH im Verfahren um die *Weser-Vertiefung* führt es aus: „Jeder dieser Fehler würde bei einer abschließenden Entscheidung des Rechtsstreits zur Feststellung der Rechtswidrigkeit und Nichtvollziehbarkeit des Planfeststellungsbeschlusses führen", BVerwG, Beschluss vom 11.07.2013 – 7 A 20/11, NuR 2013, 662 (663). Ähnlich: BVerwG, Beschluss vom 06.03.2014 – 9 C 6/12, NuR 2014, 633 Rn. 17.

[343] Vgl. insoweit: OVG Koblenz, Urteil vom 09.01.2003 – 1 C 10187/01, juris Rn. 88 ff. (nicht vollständig abgedruckt in NuR 2003, 441–450); VGH München, Beschluss vom 09.12.

Wirklich umfangreich kann sich die Ermittlungs- und Prüftätigkeit zur Urteils-findung dann gestalten, wenn das Gericht keinen Fehler findet. Die Klage darf es erst abweisen, wenn es keine Möglichkeit sieht, dem hilfsweise gestellten An-tragsbegehren stattzugeben.[344] Daher muss das Gericht in diesem Fall zumindest allen klägerseitigen Einwänden nachgehen. Jenseits dessen ist die Frage, inwie-weit es den Sachverhalt in eigener Verantwortung inquisitorisch zu untersuchen hat, und damit der Aufwand zur Herstellung der Spruchreife, davon abhängig, in welchem Verhältnis Amtsermittlungspflicht und Mitwirkungsobliegenheit zuei-nander stehen.[345]

Der gerichtlichen Untersuchungspflicht sind gewiss von Natur aus Grenzen gesetzt. Eine erschöpfende Nachprüfung aller nur denkbaren Einwände und Kri-tikpunkte im Sinne einer „lückenlosen Kontrolle" ist bei komplexen Großvorha-ben kaum möglich und kann dementsprechend vom Kläger auch nicht verlangt werden.[346] Nach Auffassung des Bundesverwaltungsgerichts ist das Gericht ver-pflichtet, jede mögliche Aufklärung des Sachverhalts bis an die Grenze der Zu-mutbarkeit zu versuchen.[347] Sofern dies durch ein entsprechendes Vorbringen der Beteiligten oder andere konkrete Anhaltspunkte veranlasst wird, muss es auch in Nachforschungen darüber eintreten, ob irgendein bisher nicht entdeckter Um-stand auf die Rechtmäßigkeit des zu beurteilenden Verwaltungshandelns von Einfluss gewesen sein könnte.[348] Es muss hingegen nicht „ungefragt" auf Fehler-suche gehen.[349] Auch ist es nicht zur Ausermittlung abwegiger Sachverhaltsalter-

---

2008 – 8 ZB 07/2042, juris Rn. 10, 12, 14 f., 20; VGH Mannheim, Urteil vom 15.12.2011 – 5 S 2100/11, VBlBW 2012, 310 (315); VG Stade, Urteil vom 26.03.2019 – 2 A 1544/17, aufge-hoben durch OVG Lüneburg, Beschluss vom 18.03.2021 – 12 LB 148/20, KommJur 2021, 132.

[344] So für den Fall eines Normenkontrollantrages: BVerwG, Beschluss vom 20.06.2001 – 4 BN 21/01, NVwZ 2002, 83 (83).

[345] Hierzu unter § 11 B.I.1.

[346] BVerfG, Beschluss vom 22.10.1991 – 1 BvR 393/85 und 1 BvR 610/85, BVerfGE 85, 36 (58); *Redeker*, DVBl. 1981, 83 (87); *Schwan*, ThürVBl. 2015, 181 (182); *Schenke*, in: Kopp/ Schenke, VwGO, § 86 Rn. 12; *Schübel-Pfister*, in: Eyermann, VwGO, § 86 Rn. 32.

[347] BVerwG, Urteil vom 06.02.1985 – 8 C 15/84, BVerwGE 71, 38 (41); BVerwG, Urteil vom 28.07.2011 – 2 C 28/10, BVerwGE 140, 199 Rn. 24 f.; BVerwG, Urteil vom 22.10.2015 – 7 C 15/13, NVwZ 2016, 308 Rn. 47. Zustimmend: *Rothkegel*, NVwZ 1990, 717 (721); *Arntz*, DVBl. 2008, 78 (81 f.); *Schwan*, ThürVBl. 2015, 181 (182).

[348] BVerwG, Beschluss vom 28.08.1980 – 4 B 88/80, juris Rn. 3. Vgl. hierzu die ähnlichen Aussagen des Bundesverfassungsgerichts: BVerfG, Beschluss vom 22.10.1991 – 1 BvR 393/85 und 1 BvR 610/85, BVerfGE 85, 36 (58).

[349] BVerwG, Urteil vom 17.04.2002 – 9 CN 1/01, BVerwGE 116, 188 (196 f.); BVerwG, Beschluss vom 31.05.2002 – 7 B 11/02, Buchholz 406.25 § 31 BImSchG Nr. 2, S. 1 f. Zustim-mend: *Redeker*, DVBl. 1981, 83 (87); *Schenke*, in: Kopp/Schenke, VwGO, § 86 Rn. 12. Zur Rechtsprechung zur „ungefragten Fehlersuche" ausführlich: *Schwan*, ThürVBl. 2015, 181 (182–185).

nativen verpflichtet, wenn die Beteiligten diese nicht vorbringen.[350] Vor diesem Hintergrund muss das Gericht im Einzelfall zu einer sachgerechten Handhabung gelangen, wobei es neben dem Rechtsschutzgedanken auch prozessökonomische Gesichtspunkte berücksichtigen darf.[351]

b) Amtsermittlung bei Doppelter Rechtskraft

Soll über die Rechtmäßigkeit einer behördlichen Entscheidung entsprechend dem Gedanken der Doppelten Rechtskraft jenseits des für die Bestimmung des Tenors Erheblichen abschließend und für die Zukunft verbindlich entschieden werden, ist das Gericht im Rahmen der Rügebefugnis des Klägers zu einer vollständigen Sachverhaltsermittlung und Rechtmäßigkeitskontrolle verpflichtet.[352] Andernfalls wäre die Doppelte Rechtskraft nicht mit dem Justizgewährleistungsanspruch aus Art. 19 Abs. 4 GG vereinbar.[353]

Dass die Pflicht zur umfassenden Sachverhaltsermittlung und Rechtmäßigkeitsprüfung den Aufwand des Gerichts erheblich erhöhen kann, zeigt folgendes Beispiel: Auch wenn bereits feststeht, dass das Gericht die Rechtswidrigkeit und Nichtvollziehbarkeit feststellen muss, weil etwa eine gebotene Umweltverträglichkeitsprüfung unterblieben ist, muss es unter Umständen gleichwohl in eine komplexe artenschutzrechtliche Prüfung einsteigen und prüfen, ob der Planfeststellungsbeschluss auch insoweit Mängel aufweist. Anders als bei der Amtsermittlung in Abhängigkeit vom Urteilstenor ist der Ermittlungs- und Prüfungsaufwand nicht vom Einzelfall abhängig. Vielmehr steht er von Anfang an fest und ist immer gleich hoch – unabhängig davon, ob die behördliche Entscheidung an offensichtlichen Mängeln leidet, Fehler nur bei genauer Untersuchung auffindbar sind oder gar nicht bestehen. Er entspricht damit automatisch demjenigen Aufwand, den das Gericht eigentlich nur hat, wenn es keine Möglichkeit findet, dem Klägerbegehren stattzugeben. Es liegt nahe, die insoweit in der Rechtspre-

---

[350] *Nolte*, Die Eigenart des verwaltungsgerichtlichen Rechtsschutzes, 2015, S. 167.

[351] BVerwG, Urteil vom 17.04.2002 – 9 CN 1/01, BVerwGE 116, 188 (197); *Kaufmann*, Untersuchungsgrundsatz und Verwaltungsgerichtsbarkeit, 2002, S. 351; *Geismann*, Sachverhaltsaufklärung im Verwaltungsprozess, 2021, S. 174.

[352] So ausdrücklich: BVerwG, Beschluss vom 20.03.2018 – 9 B 43/16, NuR 2019, 109 Rn. 65; BVerwG, Beschluss vom 17.03.2020 – 3 VR 1/19, NVwZ 2020, 1051 Rn. 18; OVG Lüneburg, Beschluss vom 11.05.2020 – 12 LA 150/19, BauR 2020, 1292 (1293); OVG Lüneburg, Beschluss vom 18.03.2021 – 12 LB 148/20, KommJur 2021, 132 (137). Ebenso: *Ewer*, Möglichkeiten zur Beschleunigung verwaltungsgerichtlicher Verfahren über Vorhaben zur Errichtung von Infrastruktureinrichtungen und Industrieanlagen, 2019, S. 104; *Langstädtler*, Effektiver Umweltrechtsschutz in Planungskaskaden, 2021, S. 189; *Seibert*, NVwZ 2018, 97 (104); *Külpmann*, NVwZ 2020, 1143 (1145); *Schütz*, UPR 2021, 418 (420).

[353] Hierzu unter § 13 A.II.2.a).

chung und der Literatur entwickelten, unter § 11 B.I.1.a)bb) dargestellten Grundsätze zu den Grenzen der Untersuchungspflicht zu übernehmen.

Insoweit ist zu berücksichtigen, dass mit der prozessualen Pflicht des Gerichts ein entsprechender Anspruch aller Verfahrensbeteiligten korrespondiert. Diese können weitere Sachverhaltsermittlungen durch die Stellung von Beweisanträgen durchsetzen, § 86 Abs. 2 VwGO. Diesen Anträgen muss das Gericht im Rahmen seiner Ermittlungstätigkeit nachkommen, wenn kein Ablehnungsgrund besteht.[354] Insbesondere eine Ablehnung wegen Unerheblichkeit der unter Beweis gestellten Tatsache für den Prozessausgang dürfte bei der Doppelten Rechtskraft nur äußerst selten in Betracht kommen. So wird das Gericht einen abweisenden Beschluss – anders als dies etwa das OVG Koblenz im Jahr 2003 noch erfolgreich geschafft hat –[355] nicht damit begründen können, dass mithilfe der unter Beweis gestellten Tatsache kein weitergehender Urteilstenor zu erreichen sei, als er mit der Feststellung der Rechtswidrigkeit und Nichtvollziehbarkeit ohnehin ausgesprochen werde.[356] Verfährt es dennoch in dieser Weise, kann ein dadurch beschwerter Verfahrensbeteiligter mit guten Erfolgsaussichten Rechtsmittel einlegen oder eine Aufklärungsrüge erheben.

Nur ausnahmsweise erscheint es gerechtfertigt, die Rechtmäßigkeit des angegriffenen Planfeststellungsbeschlusses in Teilen offen zu lassen; nämlich dann, wenn das Gericht im konkreten Einzelfall auf materiell-rechtlicher Ebene genau diejenige Prüfung durchführen müsste, die die Behörde zuvor verfahrensrechtswidrig unterlassen und die daher bereits zur Feststellung der Rechtswidrigkeit und Nichtvollziehbarkeit geführt hat. Diese Konstellation, die voraussetzt, dass der Tenor schon feststeht, dürfte insbesondere vorkommen, wenn eine Umweltverträglichkeitsprüfung nicht korrekt erfolgt ist. Lässt sich etwa wegen einer entgegen § 16 Abs. 8 UVPG unterbliebenen Berücksichtigung der Vorbelastung durch andere kumulierende Vorhaben im Zeitpunkt des Urteils nicht sagen, ob das in Rede stehende Vorhaben die Vorgaben der TA Lärm einhält, ist das Gericht in Erfüllung seiner erweiterten Amtsermittlungspflicht aus § 86 Abs. 1 Satz 1, 1. Hs. VwGO nicht zur Ermittlung der Geräuschimmissionen verpflichtet.[357] Andernfalls würde es zumindest Teile genau derjenigen Prüfung vornehmen, deren Durchführung eigentlich der Behörde im ergänzenden Verfahren obliegt. Die Be-

---

[354] *Dawin/Panzer*, in: Schoch/Schneider, VwGO, § 86 Rn. 98.

[355] OVG Koblenz, Urteil vom 09.01.2003 – 1 C 10187/01, juris Rn. 88 f. (nicht abgedruckt in NuR 2003, 441–450).

[356] Ebenso: *Külpmann*, NVwZ 2020, 1143 (1145).

[357] Vgl. OVG Lüneburg, Urteil vom 26.02.2020 – 12 LB 157/18, ZUR 2020, 549 (553–555). Vgl. hierzu ähnliche Fallgestaltungen: BVerwG, Urteil vom 20.12.2011 – 9 A 31/10, BVerwGE 141, 282 Rn. 37; BVerwG, Urteil vom 11.08.2016 – 7 A 1/15, BVerwGE 156, 20 Rn. 150; BVerwG, Beschluss vom 20.03.2018 – 9 B 43/16, NuR 2019, 109 Rn. 64–66.

hörde würde dadurch ohne Rechtfertigung von ihren Pflichten im Rahmen der Fehlerheilung entlastet. Würde sich nach dem Ergebnis einer gerichtlich veranlassten Prüfung dann auch noch herausstellen, dass der konkrete Sachkomplex in materiell-rechtlicher Hinsicht nicht zu beanstanden ist, könnte dies sogar zu einer Kostentragung des Klägers führen,[358] die nicht sachgerecht erscheint.

Die erweiterte Amtsermittlung verursacht einen erheblichen Mehraufwand, der jedenfalls das Verfahren über die Ausgangsentscheidung verzögert.

Das Gericht übernimmt hier Aufgaben, die vor Einführung der Doppelten Rechtskraft der Behörde oblagen. Denn lässt man deren Wirkungen einmal außer Betracht, würde es der Klage schon bei Auffinden eines einzigen Fehlers stattgeben. Sodann wäre es Sache der Behörde, im ergänzenden Verfahren weitere, gerichtlich bisher nicht festgestellte Fehler aufzuspüren und zu beheben, um potentiellen weiteren Einwänden des Klägers in einem nachfolgenden Prozess zuvorzukommen. Die im Einzelfall oft schwierige Entscheidung, ob ein etwaiger Mangel „auf Verdacht" zu heilen ist oder nicht, wird ihr abgenommen.

Dabei entscheidet das Gericht im Einzelfall über Sach- und Rechtsfragen, die ohne das Institut der Doppelten Rechtskraft möglicherweise niemals einer gerichtlichen Entscheidung zugeführt würden. So wäre nicht auszuschließen, dass sich die Verfahrensbeteiligten nach Feststellung der Rechtswidrigkeit und Nichtvollziehbarkeit über verbleibende Fragen außergerichtlich einigen oder es nach dem ergänzenden Verfahren aus anderen Gründen trotz etwaiger weiterhin bestehender Fehler zu keiner neuen Klage kommt.

2. Erweiterte Vorlagepflichten

Wenn das Gericht vollumfänglich und abschließend über die Rechtmäßigkeit eines Planfeststellungsbeschlusses entscheidet, können mit der Ausweitung der Untersuchungs- und Kontrollpflichten und der dadurch erweiterten Entscheidungserheblichkeit verschiedener Rechtsfragen erweiterte Vorlagepflichten einhergehen.

a) Vorabentscheidungsverfahren gemäß Art. 267 AEUV

In verwaltungsgerichtlichen Verfahren über Zulassungsentscheidungen im Bereich des Umweltrechts spielen Vorabentscheidungsersuchen an den Europäischen Gerichtshof eine bedeutende Rolle, weil die maßgeblichen formell- und materiell-rechtlichen Grundlagen in erheblichem Umfang gemeinschaftsrechtlich geprägt sind. Neben verschiedenen unmittelbar geltenden Verordnungen beruhen etwa das UVPG sowie zahlreiche Bestimmungen aus dem BNatSchG und dem

---

[358] Hierzu unter § 11 B.III.2.b)aa).

WHG in weiten Teilen auf dem Unionsrecht. Die genaue Auslegung der Verordnungen sowie der den nationalen Bestimmungen zugrundeliegenden gemeinschaftsrechtlichen Bestimmungen ist jedoch nach wie vor vielfach ungeklärt.

Für diese Fälle eröffnet Art. 267 AEUV den Gerichten der Mitgliedstaaten die Möglichkeit, dem Europäischen Gerichtshof Fragen zur Vorabentscheidung vorzulegen. Während Art. 267 Abs. 2 AEUV insoweit eine Berechtigung normiert und die Entscheidung über die Vorlage in das Ermessen des Gerichts stellt, sieht Art. 267 Abs. 3 AEUV eine Pflicht zur Anrufung vor, wenn die Entscheidung nicht mehr mit Rechtsmitteln des innerstaatlichen Rechts angefochten werden kann.

Eine Vorabentscheidung durch den Europäischen Gerichtshof kommt gemäß Art. 267 Abs. 2 AEUV nur dann in Betracht, wenn die Vorlagefrage entscheidungserheblich ist. Dies ist nach dem Konzept der Doppelten Rechtskraft auch für Fragen der Fall, deren Beantwortung für den Tenor unerheblich ist. Dementsprechend hat das Bundesverwaltungsgericht in der Vergangenheit in verschiedenen Verfahren, in denen bereits feststand, dass der jeweils angefochtene Planfeststellungsbeschluss an verschiedenen Fehlern litt, die zur Feststellung der Rechtswidrigkeit und Nichtvollziehbarkeit führen würden, dennoch den Gerichtshof angerufen – so etwa im Verfahren zur *Weservertiefung*,[359] im Verfahren zur *Waldschlösschenbrücke*[360] und im Verfahren zur *Ortsumgehung Ummeln*.[361] Das Verfahren um die *Elbvertiefung* setzte das Bundesverwaltungsgericht trotz zahlreicher bereits erkannter Fehler aus, um die Entscheidung des Europäischen Gerichtshofs zur *Weservertiefung* abzuwarten.[362]

Bei der Entscheidungserheblichkeit nach Art. 267 Abs. 2 AEUV handelt es sich um eine Zulässigkeitsvoraussetzung, über die der Europäische Gerichtshof entscheidet. Das Risiko, dass dieser die Entscheidungserheblichkeit vorgelegter Fragen verneint, weil diese für den Tenor keine Rolle spielen, besteht jedoch nicht. Denn nach gefestigter Rechtsprechung ist es „allein Sache des mit dem Rechtsstreit befassten nationalen Gerichts, in dessen Verantwortungsbereich die zu erlassende gerichtliche Entscheidung fällt, im Hinblick auf die Besonderheiten der Rechtssache sowohl die Erforderlichkeit einer Vorabentscheidung zum Erlass seines Urteils als auch die Erheblichkeit der dem Gerichtshof vorgelegten Fragen zu beurteilen."[363] Hinzu kommt, dass der Gerichtshof weder legitimiert

---

[359] BVerwG, Beschluss vom 11.07.2013 – 7 A 20/11, NuR 2013, 662 (663).

[360] BVerwG, Beschluss vom 06.03.2014 – 9 C 6/12, NuR 2014, 633 Rn. 15–18.

[361] BVerwG, Beschluss vom 25.04.2018 – 9 A 16/16, DVBl. 2018, 1418 Rn. 19–21.

[362] BVerwG, Beschluss vom 02.10.2014 – 7 A 14/12, ZUR 2015, 43 Rn. 1.

[363] EuGH, Urteil vom 13.03.2001 – Rs. C-379/98, Slg. 2001, I-2099 Rn. 38 (*Preussen-Elektra*). Vgl. ebenso bereits EuGH, Urteil vom 15.12.1995 – Rs. C-415/93, Slg. 1995, I-4921 Rn. 59 (*Bosman*).

noch prinzipiell in der Lage sein dürfte, über Fragen des innerstaatlichen Rechts zu befinden.[364] Demgemäß hat der Europäische Gerichtshof die Entscheidungs-erheblichkeit der ihm aufgrund der Doppelten Rechtskraft vorgelegten Fragen bisher nicht in Frage gestellt.[365]

Insgesamt zeigt die bisherige Vorlagehistorie des Bundesverwaltungsgerichts, dass aufgrund der Doppelten Rechtskraft Rechtsfragen durch den Europäischen Gerichtshof geklärt werden, zu deren Vorlage es ohne diese Figur möglicherwei-se nie kommen würde. Denn dann bestünde immer die Möglichkeit, dass sich Kläger und Behörde nach Erlass des ohnedies feststehenden Urteils im Zuge des ergänzenden Verfahrens über die noch unklaren Fragen anderweitig einigen und diese gar nicht mehr vor ein Gericht gebracht würden. Die zeitliche Verzögerung, die ein Vorabentscheidungsverfahren dabei mit sich bringt, kann erheblich sein. So lag etwa bei der *Weser-Vertiefung* allein zwischen Vorlage und Entscheidung auf Unionsebene ein Zeitraum von fast zwei Jahren.

b) Konkrete Normenkontrolle gemäß Art. 100 Abs. 1 GG

In der Praxis seltener, aber jedenfalls ebenso zu behandeln sind Fälle, in denen ein Gericht von der Verfassungswidrigkeit eines für die Entscheidung maßgeb-lichen Gesetzes überzeugt ist. Dann ist es verpflichtet, beim Bundesverfassungs-gericht eine konkrete Normenkontrolle nach Art. 100 Abs. 1 GG zu erwirken.

3. Wahrung der Verfahrensrechte der Beteiligten, insb. des Anspruchs auf rechtliches Gehör

Die Doppelte Rechtskraft führt nicht nur zu einer erweiterten Amtsermittlungs-pflicht gemäß § 86 Abs. 1 Satz 1, 1. Hs. VwGO und zu erweiterten Vorlagepflich-ten. Für das Gericht gehen damit weitergehende Änderungen im Verfahrensab-lauf einher.

Die Pflicht zur Erforschung des Sachverhalts wird generell durch eine Reihe von Instrumenten flankiert, die primär der Verfahrensökonomie dienen. So hat das Verwaltungsgericht die mündliche Verhandlung gemäß § 87 VwGO aktiv vorzubereiten und den Prozess sachgerecht zu strukturieren. Es hat insbesondere die Aufgabe, das Tatsachenmaterial dergestalt zu sammeln, aufzubereiten und zu bewerten, dass der Rechtsstreit schnell zur Entscheidungsreife gelangt und die Sache möglichst in nur einer einzigen mündlichen Verhandlung erledigt wird.[366]

---

[364] *Marsch*, in: Schoch/Schneider, VwGO, Art. 267 AEUV Rn. 30.

[365] Vgl. etwa zur *Weservertiefung*: EuGH, Urteil vom 01.07.2015 – Rs. C-461/13, DVBl. 2015, 1044.

[366] BVerwG, Beschluss vom 10.10.2017 – 9 A 16/16, NVwZ 2018, 181 Rn. 7; *Gärditz*, jM 2018, 30 (30); *Riese*, in: Schoch/Schneider, VwGO, § 87 Rn. 2.

Von besonderer Bedeutung in dieser Phase des Prozesses ist, dass die Beteiligten die Möglichkeit haben müssen, zu allen tatsächlichen und rechtlichen Gesichtspunkten Stellung zu nehmen, die nach Auffassung des Gerichts entscheidungserheblich sind.[367] Denn gemäß § 108 Abs. 2 VwGO darf das spätere Urteil nur auf Tatsachen und Beweisergebnisse gestützt werden, zu denen sich die Beteiligten äußern konnten. Darüber hinaus müssen zur Vermeidung von Überraschungsentscheidungen auch die erheblichen Rechtsvorschriften zum Gegenstand des Verfahrens gemacht werden.[368] Dabei handelt es sich um eine auf den Verwaltungsprozess bezogene Ausprägung des durch Art. 103 Abs. 1 GG gewährleisteten rechtlichen Gehörs,[369] die der Subjektqualität der Beteiligten und dem Umstand Rechnung trägt, dass diese oftmals primäre Wissensträger sind.[370] In der Praxis wird dies sichergestellt, indem der Vorsitzende oder der Berichterstatter die Beteiligten frühzeitig auf entscheidungserhebliche Punkte hinweist und zur Stellungnahme bezüglich auch solcher Gesichtspunkte anhält, die zwar nach deren bisherigen Vortrag nicht oder nur in Teilen Gegenstand des Verfahrens waren, die jedoch für die Entscheidung bedeutsam sind.[371]

Da die Doppelte Rechtskraft im Rahmen der klägerischen Rügebefugnis zur umfänglichen rechtlichen Prüfung verpflichtet, ist nicht nur die sachgerechte Strukturierung des Prozesses, sondern auch die Gewährleistung des rechtlichen Gehörs mit größeren Schwierigkeiten verbunden. Denn das Gericht kann sein vorläufiges Votum nicht einfach auf denjenigen Fehler stützen, zu dem sich alle Beteiligten bereits hinreichend geäußert haben und einen Termin zur mündlichen Verhandlung anberaumen. Vielmehr muss es hinsichtlich sämtlicher Ausführungen der Beteiligten rechtliches Gehör gewähren, weil potentiell alle Äußerungen entscheidungserheblich sind. Dieser Prozess lässt sich durch eine Bündelung der sich noch stellenden Fragen, die frühe Erteilung von Hinweisen und die Setzung von Fristen sicherlich beschleunigen. Dabei ist jedoch wiederum die Komplexität des Sachverhalts zu berücksichtigen. Ferner ist nach der Stellungnahme eines Beteiligten oftmals den anderen Beteiligten die Möglichkeit einzuräumen, auf

---

[367] *Haverkämper*, Die verfassungsrechtlichen Grundlagen der Maximen des Verwaltungsprozessrechts, 1975, S. 156 f.; *Waldner*, Der Anspruch auf rechtliches Gehör, 1989, Rn. 66; *Geismann*, Sachverhaltsaufklärung im Verwaltungsprozess, 2021, S. 124.

[368] *Waldner*, Der Anspruch auf rechtliches Gehör, 1989, Rn. 69, 90; *Geismann*, Sachverhaltsaufklärung im Verwaltungsprozess, 2021, S. 131; *Dawin*, in: Schoch/Schneider, VwGO, § 108 Rn. 124 f.

[369] Hierzu unter § 13 A.II.2.c).

[370] Vgl. *Geismann*, Sachverhaltsaufklärung im Verwaltungsprozess, 2021, S. 123, 125; *Guckelberger*, DVBl. 2017, 222 (224). Vgl. auch: *Dawin*, in: Schoch/Schneider, VwGO, § 108 Rn. 120.

[371] Vgl. BVerwG, Beschluss vom 10.10.2017 – 9 A 16/16, NVwZ 2018, 181 Rn. 7.

diese zu reagieren. Dies kann in der Praxis zu zahllosen und langen Schriftsätzen sowie zu einer erheblichen Verzögerung der gerichtlichen Entscheidung führen.

4. Berücksichtigung der Doppelten Rechtskraft bei Abfassung des Urteils

Die besonderen Rechtskraftwirkungen, die mit der Feststellung der Rechtswidrigkeit und Nichtvollziehbarkeit eines Planfeststellungsbeschlusses eintreten, hat das Gericht insbesondere bei Abfassung des Urteils zu berücksichtigen.[372] Denn anders als bei Urteilen, die einer Anfechtungsklage vollständig stattgeben oder sie vollständig abweisen, genügen weder der Tenor noch die diesen tragenden Gründe, um die Reichweite der Rechtskraft zu ermitteln.

Die Verfahrensbeteiligten müssen erkennen können, was in Rechtskraft erwächst und was nicht, damit sie gegebenenfalls Rechtsmittel einlegen können. Kommt es nach einer Fehlerbehebung zu einem weiteren Prozess, ist sowohl für die klägerseitige Einschätzung der Erfolgsaussichten als auch für das Rechtsmittelgericht relevant, welche Einzelentscheidungen einer weiteren gerichtlichen Prüfung entzogen sind. Daher kann sich das Gericht nicht darauf beschränken, die für den Tenor erheblichen Erwägungen vollständig niederzulegen, während es auf Ausführungen zu den für rechtmäßig befundenen Teilen des Planfeststellungsbeschlusses verzichtet.[373] Besonders im Hinblick auf einzelne Aussagen, deren Inhalt für das gesamte Verfahren von Bedeutung ist und die aus diesem Grunde mit Rechtskraft ausgestattet werden sollen, muss dies anhand von Begründungsaufwand und -tiefe klar zu erkennen sein.[374]

Vom Gericht wird regelmäßig verlangt, dass es die tragenden Rechtsnormen bezeichnet und darunter den festgestellten Sachverhalt subsumiert, aber auch, dass es die im Rahmen einer Beweiswürdigung maßgeblichen Erwägungen nennt. Jeder rechtlich erhebliche Punkt ist im Urteil zumindest knapp abzuhandeln.[375] Zudem soll das durch die Beteiligten zur Rechtsverfolgung bzw. Rechtsverteidigung Vorgebrachte in den Urteilsgründen Berücksichtigung finden.[376] Gerade in Urteilen zu umweltrelevanten Vorhaben werden diese Vorgaben von den Gerichten erfah-

---

[372] Vgl. *Külpmann*, NVwZ 2020, 1143 (1148).

[373] So die Vorgehensweise im Normalfall, vgl. *Kraft*, in: Eyermann, VwGO, § 117 Rn. 19; *Bostedt*, in: Fehling/Kastner/Störmer, Hk-VerwR, § 117 VwGO Rn. 31; *Clausing/Kimmel*, in: Schoch/Schneider, VwGO, § 117 Rn. 18.

[374] BVerwG, Urteil vom 04.06.2020 – 7 A 1/18, Buchholz 406.403 § 34 BNatSchG 2010 Nr. 18 Rn. 32. Hierzu im Einzelnen unter § 12 C.I.2.

[375] *Geismann*, Sachverhaltsaufklärung im Verwaltungsprozess, 2021, S. 136; *Clausing/Kimmel*, in: Schoch/Schneider, VwGO, § 117 Rn. 18; *Kilian/Hissnauer*, in: Sodan/Ziekow, VwGO, § 117 Rn. 82.

[376] So *Bostedt*, in: Fehling/Kastner/Störmer, Hk-VerwR, § 117 Rn. 31. Vgl. auch BVerwG, Beschluss vom 18.10.2006 – 9 B 6/06, NVwZ 2007, 216 Rn. 24. Weniger streng: *Kilian/Hissnauer*, in: Sodan/Ziekow, VwGO, § 117 Rn. 83.

rungsgemäß sehr strikt befolgt.[377] Vor diesem Hintergrund kann kein Zweifel daran bestehen, dass sich das Verfahren aufgrund der mit der Doppelten Rechtskraft einhergehenden umfassenden Begründungsverpflichtung nochmals verzögert.

II. Erweiterte Mitwirkungspflichten der Verfahrensbeteiligten

Von Natur aus stehen die Mitwirkungspflichten der Beteiligten und die Amtsermittlungspflicht des Gerichts in einem wechselseitigen Verhältnis.[378] Zwar ist die gerichtliche Sachaufklärung im verwaltungsgerichtlichen Verfahren ausweislich des § 86 Abs. 1 Satz 2 VwGO nicht vom Vortrag der Beteiligten abhängig. Dennoch weist das Bundesverwaltungsgericht regelmäßig auf die Bedeutung der Beteiligtenmitwirkung hin:

„Will ein Prozessbeteiligter nicht Gefahr laufen, dass die Ungewissheit über eine Tatsache, die nach Erschöpfen der dem Gericht bekannten Erkenntnismöglichkeiten verbleibt, zu seinen Lasten geht, so muss er auch in einem Verfahren, das vom Untersuchungsgrundsatz beherrscht wird, die nur ihm bekannten Tatsachen und Erkenntnismöglichkeiten dem Gericht mitteilen."[379]

Unabhängig davon, wo genau man die Grenzen der Amtsermittlung zieht, führt die Behauptung des Vorliegens bestimmter Umstände oder Ereignisse durch einen Beteiligten häufig dazu, dass sich dem Gericht eine weitere Aufklärung aufdrängen muss. Umgekehrt ist eine weitere gerichtliche Sachverhaltserforschung regelmäßig dann nicht veranlasst, wenn keine substantiierten Angaben mehr gemacht werden.[380] Dies dürfte gerade für gerichtliche Verfahren im Bereich des Umweltrechts in besonderer Weise gelten. Auch wenn das Gericht über die Behördenakten mit allen relevanten Unterlagen verfügt und damit der dem Planfeststellungsbeschluss zugrunde gelegte Sachverhalt offenliegt, sind Fehler regelmäßig nur schwer zu identifizieren. Manchmal treten sie erst im Zuge detaillierter fachlicher Untersuchungen überhaupt zutage.

---

[377] An seine Grenzen geriet indes der *9. Senat* in einem abweisenden Urteil zur *Fehmarnbeltquerung* und wies deshalb in den Entscheidungsgründen darauf hin, dass zwar alle Ausführungen des Klägers zur Kenntnis genommen und zum Gegenstand der Beratung und Entscheidungsfindung gemacht worden seien, der Umfang des Vortrages es jedoch ausschließe, jedes Vorbringen ausdrücklich zu bescheiden. Die Entscheidungsgründe beschränkten sich auf „das wesentliche Vorbringen sowie die wesentlichen tatsächlichen Umstände und rechtlichen Erwägungen", die der Entscheidung zugrunde lagen (BVerwG, Urteil vom 03.11.2020 – 9 A 7/19, BVerwGE 170, 138 Rn. 13).

[378] Hierzu im Einzelnen: *Nierhaus*, Beweismaß und Beweislast, 1989, S. 334–344. Siehe hierzu auch unter § 11 B.I.1.

[379] BVerwG, Urteil vom 08.07.1964 – V C 126/62, BVerwGE 19, 87 (94). Vgl. auch: BVerwG, Urteil vom 18.01.1967 – VI C 82/63, BVerwGE 26, 30 (30 f.); BVerwG, Urteil vom 23.06.2020 – 9 A 22/19, BVerwGE 168, 368 Rn. 41.

[380] *Kaufmann*, Untersuchungsgrundsatz und Verwaltungsgerichtsbarkeit, 2002, S. 358 ff.; *Dawin/Panzer*, in: Schoch/Schneider, VwGO, § 86 Rn. 72.

Ebenso wie die Amtsermittlungspflicht bestehen die in § 86 Abs. 1 Satz 1, 2. Hs. und Abs. 4 Satz 1 VwGO normierten Mitwirkungspflichten nur im Rahmen des Streitgegenstandes, beschränken sich also auf entscheidungserhebliche Aspekte.[381] Wenn mit Erlass des späteren Urteils nicht nur sämtliche Mängel, sondern auch die Fehlerfreiheit im Übrigen rechtsverbindlich festgestellt werden soll, müssen die Verfahrensbeteiligten ihre Mitwirkung an die vollständige Sachverhaltsermittlung und Rechtmäßigkeitskontrolle anpassen, die das Gericht aufgrund der Doppelten Rechtskraft vornimmt.

1. Folgen für den Kläger

Die erweiterte Amtsermittlungspflicht des Gerichts geht für die Klägerseite mit einer umfassenden Rügeobliegenheit einher. Anders als diese Erkenntnis zunächst einmal vermuten lässt, ist die Doppelte Rechtskraft für den Kläger im Verfahren gegen die behördliche Ausgangsentscheidung hierdurch jedoch nicht notwendigerweise mit spürbaren Nachteilen verbunden.

a) Umfassende Rügeobliegenheit ohne Kostengefahr

Obwohl schon ein einziger Fehler zur Feststellung der Rechtswidrigkeit und Nichtvollziehbarkeit führt, ist der Kläger mit Blick auf die Doppelte Rechtskraft gezwungen, möglichst alle Mängel, die dem verfahrensgegenständlichen Planfeststellungsbeschluss anhaften, vor Gericht geltend zu machen. Tut er dies nicht, sieht er sich dem Risiko ausgesetzt, dass trotz eines stattgebenden Urteils einzelne Sachkomplexe in Bestandskraft erwachsen. Deren Fehlerhaftigkeit kann er in einem späteren Verfahren gegen die korrigierte Planungsentscheidung nicht mehr geltend machen.

Anders als bei der erweiterten Amtsermittlungspflicht des Gerichts führt diese umfassende Rügeobliegenheit aber regelmäßig nicht zu steigendem Aufwand. Dies dürfte hingegen nur für den eher theoretischen Fall in Betracht kommen, dass die angegriffene behördliche Entscheidung an einem offensichtlichen Fehler leidet und der Kläger bei dessen Geltendmachung mit einem sicheren Erfolg der Klage rechnet. Dann kann er seinen Vortrag nicht auf die Darlegung eben dieses Fehlers beschränken, sondern muss zusätzlich etwaige weitere Fehler aufspüren. Gerade in eindeutigen Fällen wird die Behörde aber ohnehin nicht selten den Versuch unternehmen, den Fehler schon vor oder während des Prozesses zu beheben, und so einer gerichtlichen Entscheidung zuvorkommen.[382] Wenn dem Prozess indes ein komplexes, unübersichtliches Planfeststellungsverfahren zu-

---

[381] *Wimmer*, in: Gärditz, VwGO, § 86 Rn. 23.
[382] Hierzu unter § 10 E. und unter § 11 A.I.

grunde liegt, ist es in der Praxis unabhängig von der Doppelten Rechtskraft üblich, alle erfolgversprechenden Angriffspunkte vorzubringen, hinsichtlich derer eine Rügebefugnis besteht oder vermutet wird. Denn der Kläger kann im Vorfeld regelmäßig nicht mit letzter Sicherheit einschätzen, wie das Gericht entscheidet, und ob die gerügten Fehler im Falle ihrer Bejahung zur Aufhebung oder nur zur Feststellung der Rechtswidrigkeit und Nichtvollziehbarkeit führen. Darüber hinaus dürfte es jedenfalls dem klagenden Umweltverband regelmäßig darauf ankommen, dass nicht einer, sondern sämtliche Mängel gerichtlich festgestellt werden, damit die Behörde im ergänzenden Verfahren zu ihrer Behebung verpflichtet ist und das Vorhaben – wenn es schon nicht zu Fall zu bringen ist – im Einklang mit dem geltenden Recht realisiert wird.

Liegt ein einziger Fehler nach Überzeugung des Gerichts vor, wird in der bisherigen Spruchpraxis der Gerichte eine klägerseitige Kostentragung für zurückgewiesene Einwände verneint.[383] Soweit sich der Kläger des Vorliegens mindestens eines relevanten Mangels sicher ist, kann er mithin sämtliche Mängel „auf Geratewohl" rügen, ohne die Erfolgschancen mit potentiellen Kostenrisiken abwägen zu müssen.

Auch wenn die Klagebegründung nicht mehr Aufwand bereitet, macht sich die erweiterte Amtsermittlungspflicht des Gerichts samt etwaiger Vorlagepflichten für den Kläger jedenfalls im weiteren Verfahrensverlauf bemerkbar. Zur Gewährung rechtlichen Gehörs ist er aufgefordert, zu sämtlichen rechtlichen und tatsächlichen Gesichtspunkten des Falles vertieft Stellung zu nehmen.[384] Abgeschwächt wird diese prozessuale Last, wenn man berücksichtigt, dass das Gericht daneben von Amts wegen zur Ermittlung des Sachverhalts verpflichtet ist, insbesondere Sachverständigengutachten in Auftrag geben kann.

b) Fortgeltung der Klagebegründungsfrist aus § 6 Satz 1 UmwRG

§ 6 Satz 1 UmwRG verpflichtet den Kläger, seine Klage innerhalb einer Frist von zehn Wochen durch Vorbringen von Tatsachen und Beweismitteln zu begründen.[385] Neuen Vortrag, der nach Ablauf dieser Frist eingeführt wird, hat das Gericht gemäß § 6 Satz 2 UmwRG zurückzuweisen.[386]

In Kombination mit der umfassenden Rügeobliegenheit scheint die Klagebegründungsfrist den Kläger auf den ersten Blick zu benachteiligen. Er muss mehr

---

[383] Hierzu noch unter § 11 B.III.2.
[384] Hierzu bereits unter § 11 B.I.3.
[385] Hierzu im Einzelnen: *Marquard*, NVwZ 2019, 1162. Entsprechende bzw. ähnlich ausgestaltete Fristen finden sich etwa in § 17e Abs. 5 FStrG, § 18e Abs. 5 AEG, § 43e Abs. 3 EnWG und § 14e Abs. 5 WaStrG. Zum Verhältnis dieser fachgesetzlichen Regelungen zu § 6 UmwRG siehe BVerwG, Urteil vom 27.11.2018 – 9 A 8/17, BVerwGE 163, 380 Rn. 14.
[386] Hierzu unter § 2 C.II.3.

Mängel geltend machen als das Erreichen des gewünschten Urteilsausspruchs erfordert, während die Frist von zehn Wochen unverändert bleibt. Zugleich existiert eine entsprechende Vorschrift zulasten der erwidernden Behörde bzw. des Vorhabenträgers nicht.

Gleichwohl gilt es zu berücksichtigen, dass mit der Doppelten Rechtskraft der Aufwand des Klägers für die Klagebegründung im Regelfall gar nicht ansteigt.[387] Zudem werden spätere Vertiefungen und Präzisierungen von bereits thematisierten Komplexen von der Präklusionswirkung nicht erfasst.[388] Gegen eine durch die Doppelte Rechtskraft veranlasste Benachteiligung des Klägers spricht vor allem, dass § 6 UmwRG den Aufwand, den eine Klagebegründung im Einzelfall bereitet, generell unberücksichtigt lässt. Daraus lässt sich schließen, dass die Zehn-Wochen-Frist gerade nicht auf den „einfachen" Fall eines offenkundigen Fehlers ausgerichtet ist. Ungeachtet dessen, ob man diesen Zeitraum für ausreichend erachtet,[389] ist vielmehr davon auszugehen, dass der Gesetzgeber mit Blick auf Art. 19 Abs. 4 GG eine Frist gewählt hat, innerhalb derer dem Kläger eine umfassende Prüfung auch umfangreicher Zulassungsentscheidungen sowie die Geltendmachung verschiedener Fehler möglich und zumutbar ist. Dies gilt umso mehr, weil § 6 UmwRG nur in regelmäßig komplexen Umweltangelegenheiten zur Anwendung kommt und – anders als seine Vorgängervorschrift in § 4a Abs. 1 UmwRG a. F.[390] – keine in das Ermessen des Gerichts gestellte Verlängerungsmöglichkeit vorsieht. In diese Richtung deutet auch die Tatsache, dass die Zehn-Wochen-Frist auf eine Empfehlung des Umweltausschusses zurückgeht, der diesen im Vergleich zur Vorgängervorschrift um vier Wochen verlängerten Zeitraum zur Wahrung der Verhältnismäßigkeit für erforderlich hielt.[391] Zum Zeitpunkt der gesetzlichen Einführung des § 6 UmwRG im Jahr 2017[392] war die Doppelte Rechtskraft zudem bereits fester Bestandteil der Rechtsprechung des Bundesverwaltungsgerichts und konnte damit berücksichtigt werden.

---

[387] Hierzu bereits unter § 11 B.II.1.a).

[388] BVerwG, Urteil vom 27.11.2018 – 9 A 8/17, BVerwGE 163, 380 Rn. 14. *Schlacke*, NVwZ 2019, 1392 (1396); *Fellenberg/Schiller*, in: Landmann/Rohmer, Umweltrecht, § 6 UmwRG Rn. 61.

[389] *Schmidt/Kelly*, VerwArch 112 (2021), 235 (265); *Fellenberg/Schiller*, in: Landmann/Rohmer, Umweltrecht, § 6 UmwRG Rn. 35. A.A. *Guckelberger*, NuR 2020, 655 (656). Für eine Frist von vier Monaten ab Beginn der Klagefrist: *Rennert*, DVBl. 2017, 69 (75). Kritisch zur früheren Sechs-Wochen-Frist: *Happ*, in: Eyermann, VwGO, 14. Aufl. 2014, § 4a UmwRG Rn. 8; *Bunge*, UmwRG, 1. Aufl. 2013, § 4a Rn. 12.

[390] § 4a Abs. 1 UmwRG in der Fassung vom 21.01.2013, BGBl. I, S. 95.

[391] BT-Drs. 18/12146, S. 16.

[392] Gesetz vom 29.05.2017, BGBl. I, S. 1298.

c) Kein prozessstrategisches „Zurückhalten" von Mängeln

Im Grundsatz hat der Kläger im Verfahren gegen den ursprünglichen Planfeststellungsbeschluss die Möglichkeit, aus seiner Sicht erfolgsversprechende Mängel aus prozessstrategischen Gründen zunächst zu verschweigen. Stellt das Gericht sodann auf Grundlage eines gerügten Fehlers die Rechtswidrigkeit und Nichtvollziehbarkeit der behördlichen Entscheidung fest, während es die zurückgehaltenen Mängel unberücksichtigt lässt, können diese im Verfahren gegen den korrigierten Plan erstmals geltend gemacht werden. Die innerprozessuale Präklusionsregelung des § 6 UmwRG würde dem nicht entgegenstehen, weil die Begründungsfrist bei einer neuen Klage natürlich von Neuem zu laufen beginnt. Diesem Vorgehen schiebt die Doppelte Rechtskraft einen Riegel vor.

Für ein prozesstaktisches „Zurückhalten" von Mängeln sind verschiedene Motive denkbar: Zum einen kann es dem Kläger aus zeitlichen Gründen unmöglich sein, alle aus seiner Sicht bestehenden Fehler rechtzeitig zu erkennen und vorzutragen. Auch mag es Mängel geben, die sich im Zeitpunkt des Verfahrens gegen die Ausgangsentscheidung nicht gut beweisen lassen. In Erwartung einer späteren Änderung der Beweislage zu seinen Gunsten kann der Kläger geneigt sein, auf deren Geltendmachung zunächst zu verzichten. Zum anderen lässt sich auf diese Weise der Eintritt der Bestandskraft des Planfeststellungsbeschlusses und damit die aus Sicht des Klägers unerwünschte Verwirklichung des Vorhabens gezielt hinauszögern. Insbesondere wenn die zurückgehaltenen Mängel für das Gericht nicht ohne Weiteres erkennbar sind, kann ein solches Vorgehen eine endlose Aneinanderreihung von Prozessen gegen wieder und wieder korrigierte Planentscheidungen vorbereiten.

Ein „Zurückhalten" von Mängeln steht dem Sinn und Zweck der Mitwirkung der Beteiligten, das Gerichtsverfahren ökonomisch zu gestalten,[393] allerdings diametral entgegen. Zudem sind die genannten Motive nicht schutzwürdig. Für das Verzögerungsziel ist dies selbsterklärend. Aber auch dem klägerseitigen Wunsch, mehr Zeit zu gewinnen oder eine bessere Beweislage abzuwarten, kann im Interesse der Verfahrensbeschleunigung nicht entsprochen werden. Die Erhebung zuvor präkludierter Rügen liefe dem Sinn und Zweck von § 6 UmwRG zuwider. Die Möglichkeiten des Klägers bei einer späteren besseren Beweisbarkeit sind in § 153 VwGO in Verbindung mit §§ 578 ff. ZPO abschließend geregelt.

---

[393] *Wimmer*, in: Gärditz, VwGO, § 86 Rn. 5.

d) Umgehungsmöglichkeit durch Präzisierung des Klageantrags?

In der Literatur wird vorgeschlagen, dass der Kläger seinen Klageantrag in Erwartung etwaiger durch die Doppelte Rechtskraft veranlasster Nachteile in einem späteren Verfahren von vornherein nicht auf die Aufhebung oder Feststellung der Rechtswidrigkeit und Nichtvollziehbarkeit der Planungsentscheidung richten solle. Vielmehr komme eine Beschränkung des Antrags namentlich auf die Feststellung der Rechtswidrigkeit und Nichtvollziehbarkeit *„aufgrund eines ganz konkreten Verstoßes gegen eine bestimmte umweltrechtliche Vorschrift"* in Betracht.[394]

Dahinter dürfte die Überlegung stehen, dass ein entsprechend präziser Antrag das Gericht in seiner Prüfungsbefugnis beschränkt und dies letztlich zu einer geringeren Reichweite der Rechtskraftwirkung führt. Wenn der Kläger etwa die Feststellung der Rechtswidrigkeit und Nichtvollziehbarkeit eines Planfeststellungsbeschlusses begehrt, weil dieser gegen § 34 Abs. 2 BNatSchG verstoße, würde das Gericht allein diesen Aspekt prüfen. Würde der Tenor des Urteils diesem Antrag entsprechen, dürfte auch dessen Rechtskraft nicht weiter reichen. Im Ergebnis wäre es dem Kläger unbenommen, gegen den korrigierten Planfeststellungsbeschluss ein weiteres Verfahren anzustrengen, in dem er hinsichtlich seiner Einwendungen unbeschränkt wäre.

Es stellt sich die Frage, ob ein solcher Antrag die Prüfungsbefugnis des Gerichts einschränken und für den Kläger überhaupt von schutzwürdigem Interesse sein kann.

Im Grundsatz bestimmt der Kläger, worüber das Gericht entscheidet. Gemäß § 88 VwGO darf dieses über sein Klagebegehren nicht hinausgehen. Die Regelung ist Ausfluss der verfassungsrechtlich abgesicherten Dispositionsmaxime und besagt, dass das Gericht dem Kläger grundsätzlich weder etwas anderes (*aliud*) noch mehr als begehrt (*ne ultra petita*) zusprechen darf.[395] So steht es dem Kläger etwa offen, bei einem teilbaren Planfeststellungsbeschluss nur die Teilaufhebung respektive die auf einen bestimmten Teil begrenzte Feststellung der Rechtswidrigkeit und Nichtvollziehbarkeit zu beantragen.[396] Das Gericht ist bei seiner Entscheidungsfindung aber (nur) an das im Streitgegenstand zum Ausdruck kommende Klagebegehren gebunden, nicht an die Klagegründe – auch dann nicht, wenn diese explizit in den Antrag aufgenommen werden. Daher kann

---

[394] *Langstädtler*, Effektiver Umweltschutz in Planungskaskaden, 2021, S. 189 f., die allerdings im Ergebnis von einem solchen Antrag abrät.

[395] Vgl. hierzu: *Kraft*, BayVBl. 1995, 519 (523); *Berg*, in: Festschrift Menger, 1985, S. 537 (540–543); *Riese*, in: Schoch/Schneider, VwGO, § 88 Rn. 10. Hierzu im Übrigen noch unter § 13 A.II.2.b).

[396] VGH Mannheim, Urteil vom 20.11.2018 – 5 S 2138/16, juris Rn. 307 ff. Vgl. auch: *Wolff*, in: Sodan/Ziekow, VwGO, § 113 Rn. 153 ff.

es der Klage im Rahmen des Streitgegenstandes auch aus anderen Gründen stattgeben, als sie vom Kläger geltend gemacht werden.[397] Eine Beschränkung der gerichtlichen Prüfungsbefugnis durch einen auf einen bestimmten Rechtswidrigkeitsgrund präzisierten Antrag dürfte danach nicht möglich sein.

Wenn man dies mit Blick auf die Verbindlichkeit, die einzelne Begründungselemente für künftige Rechtsstreite aufgrund der Doppelten Rechtskraft erlangen, anders sieht, stellt sich die Frage, welches schutzwürdige Interesse der Kläger an einer solchen Beschränkung haben könnte. Zwar werden seine Grundrechte durch die Doppelte Rechtskraft nicht in unverhältnismäßiger Weise eingeschränkt.[398] Allerdings besteht die Aussicht auf ein schnelles Urteil. Auch dies dürfte einem beschränkten Klageantrag letztlich nicht zur Zulässigkeit verhelfen. Denn das Konzept der Doppelten Rechtskraft nimmt eine Verlängerung des Verfahrens gegen den ursprünglichen Planfeststellungsbeschluss bewusst in Kauf.[399]

2. Folgen für die Behörde bzw. den Vorhabenträger

Ebenso wie der Kläger bestimmt die Behörde auf der Beklagtenseite den Inhalt ihrer Klageerwiderung nicht in Abhängigkeit vom Umfang der Rechtskraft des späteren Urteils. Vielmehr wird sie stets versuchen, alle klägerseitig vorgebrachten Einwände zu entkräften, um entweder die vollständige Abweisung der Klage zu erreichen oder einem ergänzenden Verfahren so weit wie möglich zu entgehen. Gleiches gilt für die Stellungnahme des beigeladenen Vorhabenträgers.

Mit der Doppelten Rechtskraft erhöht sich der Verteidigungsaufwand mithin allenfalls, wenn das Gericht früh vom Vorliegen mindestens eines Fehlers überzeugt ist und der Tenor seines Urteils bereits feststeht. Dennoch wird es die Behörde und den Vorhabenträger in diesem Fall zur vertieften Stellungnahme bezüglich sämtlicher anderer Sachkomplexe anhalten, bevor es die Rechtswidrigkeit und Nichtvollziehbarkeit des Planfeststellungsbeschlusses feststellt.

Nach der bisherigen Spruchpraxis geht mit jedem dann zurückgewiesenen Einwand für die Behörde bisher keine Kostenerleichterung mehr einher, weil die Gerichte nach Maßgabe des Tenors regelmäßig von ihrem vollständigen Unterliegen ausgehen und sie damit ohnehin alle Kosten auferlegt bekommt.[400]

---

[397] BVerwG, Urteil vom 13.07.2000 – 2 C 34/99, BVerwGE 111, 318 (320); BVerwG, Beschluss vom 24.10.2006 – 6 B 47/06, NVwZ 2007, 104 Rn. 13. Vgl. *Bamberger*, in: Wysk, VwGO, § 88 Rn. 4; *Haack*, in: Gärditz, VwGO, § 88 Rn. 10; *Redeker/v. Oertzen*, VwGO, § 88 Rn. 5.

[398] Hierzu unter § 13 A.II.2.

[399] Hierzu unter § 13 A.II.2.d).

[400] Hierzu unter § 11 B.III.2.

III. Kostenentscheidung

Hinsichtlich der Kosten, die nach Abschluss eines Prozesses jeweils von dem bzw. den unterliegenden Verfahrensbeteiligten zu tragen sind, sind im Falle der Feststellung der Rechtswidrigkeit und Nichtvollziehbarkeit eines Planfeststellungsbeschlusses zwei Aspekte näher zu betrachten: Zum einen unterliegt der Kläger, soweit er mit seinem Hauptantrag die Aufhebung der behördlichen Entscheidung begehrt (hierzu unter 1.). Zum anderen kommt „innerhalb" des Feststellungsurteils eine Kostentragung für erfolglose Mängelrügen in Betracht (hierzu unter 2.).

1. Keine Kostentragung des Klägers bei Abweisung im Übrigen

Bleibt der Kläger mit seinem Aufhebungsbegehren im Hauptantrag erfolglos und stellt das Gericht seinem (ersten) Hilfsantrag folgend die Rechtswidrigkeit und Nichtvollziehbarkeit des Planfeststellungsbeschlusses fest, unterliegt er teilweise. Die Kostenentscheidung richtet sich im Grundsatz nach § 155 Abs. 1 Satz 1 VwGO. Danach sind die Kosten gegeneinander aufzuheben oder verhältnismäßig zu teilen.

In der Spruchpraxis der Gerichte werden dem Kläger in diesem Fall gleichwohl regelmäßig keinerlei Kosten auferlegt. Stattdessen werden die Kosten der Beklagtenseite und dem beigeladenen Vorhabenträger überbürdet.[401] Dabei greifen die Gerichte auf § 155 Abs. 1 Satz 3 VwGO zurück, der eine Kostenbefreiung ermöglicht, wenn das Unterliegen geringfügig ist.

Diese Kostenzuordnung überzeugt, wenn man bedenkt, dass der Kläger mit seinem Hilfsantrag praktisch nahezu dasselbe erreicht, wie er bei einer stattgebenden Entscheidung über den Hauptantrag hätte erlangen können.[402] Entscheidend ist, dass er sein Rechtsschutzziel, die Bestandskraft des rechtswidrigen Planfeststellungsbeschlusses und die mit ihr drohende Realisierung des Vorhabens zu verhindern, erreicht hat.[403] Dies gilt umso mehr, weil bei Erlass des Urteils noch gar nicht feststeht, ob das ergänzende Verfahren überhaupt durch-

---

[401] Vgl. BVerwG, Urteil vom 28.04.2016 – 9 A 9/15, juris Rn. 182 (nicht abgedruckt in BVerwGE 155, 91–129); BVerwG, Urteil vom 11.08.2016 – 7 A 1/15, juris Rn. 175 (nicht abgedruckt in BVerwGE 156, 20–59); OVG Lüneburg, Urteil vom 22.04.2016 – 7 KS 27/15, juris Rn. 488; VGH Mannheim, Urteil vom 20.11.2018 – 5 S 2138, juris Rn. 311. Zustimmend: *Seibert*, NVwZ 2018, 97 (103); *Wegener*, in: Faßbender/Köck, Querschnittsprobleme des Umwelt- und Planungsrechts – Rechtsschutz und Umweltprüfungen, 2019, S. 87 (100); *Wöckel*, in: Eyermann, VwGO, § 155 Rn. 5.

[402] VGH Mannheim, Urteil vom 20.11.2018 – 5 S 2138/16, juris Rn. 311. Kritisch: *Riese*, in: Schoch/Schneider, VwGO, § 114 Rn. 239.

[403] Ebenso: *Seibert*, NVwZ 2018, 97 (103). Vgl. insoweit zum Teilerfolg in einem Normenkontrollverfahren: BVerwG, Beschluss vom 04.06.1991 – 4 NB 35/89, BVerwGE 88, 268

geführt wird, und ob es infolgedessen zu einer erfolgreichen Fehlerbehebung kommt oder nicht.[404]

2. Kostenverteilung „innerhalb" des Feststellungsurteils

Das Institut der Doppelten Rechtskraft schreibt nicht nur der Entscheidung über den Streitgegenstand, sondern darüber hinaus auch der Entscheidung über das Bestehen bzw. Nichtbestehen einzelner Mängel verbindliche Wirkung für die Zukunft zu. Dies führt dazu, dass der Kläger trotz eines seinem (Hilfs-)Antrag vollständig entsprechenden Urteilausspruchs insoweit unterliegt, als das Gericht seine Mängelrügen zurückweist. Denn vom Gericht unbeanstandet gebliebene Teile des Planfeststellungsbeschlusses kann er in einem nachfolgenden Prozess nicht mehr als Fehler geltend machen. Es stellt sich die Frage, ob ihm daher nach § 155 Abs. 1 VwGO Kosten auferlegt werden können, soweit er im Einzelfall mit einzelnen Einwänden nicht durchdringen konnte.[405]

Im Recht der Prozesskosten nach §§ 154 ff. VwGO gilt das Veranlasserprinzip: Die Kosten werden demjenigen Beteiligten auferlegt, der das Verfahren und den dadurch bedingten Aufwand der anderen Beteiligten veranlasst hat. Dem liegt der Gedanke zugrunde, dass der unterliegende Teil durch seine Prozessführung die Gegenseite zu Aufwendungen genötigt hat, die ausgehend vom Prozessausgang nicht dienlich waren.[406] Normalerweise wird die Kostenzuordnung nach dem Tenor bestimmt (hierzu unter a)). Es stellt sich die Frage, ob die Doppelte Rechtskraft es rechtfertigt, von dieser Prämisse abzuweichen (hierzu unter b)).

a) Kostenentscheidung in Abhängigkeit vom Tenor

Ein die Kostentragungspflicht auslösendes Unterliegen wird gemeinhin angenommen, soweit der Ausspruch des Gerichts hinter dem Antrag eines Beteiligten zurückbleibt. Das Unterliegen bezieht sich mithin auf den klageweise geltend gemachten Anspruch, über den in der Urteilsformel entschieden wird.[407] In der VwGO wird diese Annahme durch den Wortlaut von § 156 VwGO untermauert („…, wenn der Beklagte den *Anspruch* sofort anerkennt").

Gemessen am Tenor obsiegt der Kläger bei Feststellung der Rechtswidrigkeit und Nichtvollziehbarkeit in vollem Umfang. Dieser stimmt mit seinem (Hilfs-)

(271 f.). Vgl. dazu: *Neumann/Schaks*, in: Sodan/Ziekow, VwGO, § 155 Rn. 19; *Wöckel*, in: Eyermann, VwGO, § 155 Rn. 3; *Hug*, in: Kopp/Schenke, VwGO, § 155 Rn. 2.

[404] Vgl. *Seibert*, NVwZ 2018, 97 (103).

[405] So der Vorschlag von *Külpmann*, NVwZ 2020, 1143 (1145).

[406] *Neumann/Schaks*, in: Sodan/Ziekow, VwGO, § 154 Rn. 15; *Jeromin*, in: Gärditz, VwGO, Vorbemerkung zu §§ 154 ff. Rn. 4.

[407] *Neumann/Schaks*, in: Sodan/Ziekow, VwGO, § 154 Rn. 24; *Jeromin*, in: Gärditz, VwGO, § 154 Rn. 4.

Antrag überein. Wohl aus diesem Grunde wird der Kläger in der Praxis – zumeist ohne nähere Begründung – auch dann nicht zur Tragung von Kosten herangezogen, wenn er mit dem Großteil seiner Rügen unterliegt.[408] Diese allein am Tenor orientierte Festlegung entspricht der Kostenentscheidung beim stattgebenden Anfechtungsurteil, zu dem die Feststellung der Rechtswidrigkeit ein Minus darstellt.[409] Auch hier kann der Kläger das Vorliegen zahlloser Mängel behaupten, die nicht bestehen. Dennoch obsiegt er vollständig, wenn nur ein einziger Fehler tatsächlich vorliegt und zur Aufhebung führt und wird nicht zu einer Kostentragung verpflichtet.

b) Kostenentscheidung in Abhängigkeit vom Erfolg der klägerseitigen Einwände

Die Anknüpfung des für die Kostentragung notwendigen Unterliegens an die Entscheidung über den Streitgegenstand erscheint nicht zwingend.[410] Der Wortlaut des § 155 Abs. 1 Satz 1 VwGO spricht nur davon, dass ein Beteiligter „teils obsiegt, teils unterliegt", enthält aber keinen Maßstab dafür, wann von einem Unterliegen auszugehen ist.

aa) Teilunterliegen des Klägers bei zurückgewiesenen Rügen

Eine Anknüpfung des Unterliegens an das Bestehen bzw. Nichtbestehen einzelner Mängel würde die der Doppelten Rechtskraft immanente eigenständige, insbesondere vom erhobenen Anspruch losgelöste Betrachtung der Einzelentscheidungen, die dem Planfeststellungsbeschluss zugrunde liegen, in der Kostenentscheidung konsequent fortsetzen.

Insoweit ist zunächst zu berücksichtigen, dass nicht jeder im Ergebnis rechtmäßige Teil des Planfeststellungsbeschlusses den Kostenanteil des Klägers erhöht und jeder festgestellte Mangel seine Kostenlast verringert. Denn aufgrund der erweiterten Amtsermittlungspflicht nach § 86 Abs. 1 Satz 1, 1. Hs. VwGO ist das Gericht dazu verpflichtet, den Planfeststellungsbeschluss einer vollständigen Rechtmäßigkeitskontrolle zu unterziehen.[411] Auch wenn sich die Entscheidungsgründe eines Urteils in der Praxis regelmäßig auf eine Bestätigung bzw. Zurück-

---

[408] Vgl. etwa BVerwG, Urteil vom 28.04.2016 – 9 A 9/15, juris Rn. 182 (nicht abgedruckt in BVerwGE 155, 91–129) – Kostengrundentscheidung zulasten der Behörde, weil der wasserrechtliche Fachbeitrag nicht Gegenstand der Öffentlichkeitsbeteiligung gewesen war, bei Rechtmäßigkeit des Planfeststellungsbeschlusses im Übrigen; OVG Lüneburg, Urteil vom 22.04.2016 – 7 KS 27/15, juris Rn. 488 – volle Kostentragung der Behörde trotz Feststellung nur eines Verstoßes gegen § 44 BNatSchG und Rechtmäßigkeit des Planfeststellungsbeschlusses im Übrigen.

[409] Hierzu unter § 9 B.II.

[410] So auch *Kaniess*, Der Streitgegenstandsbegriff in der VwGO, 2012, S. 93 f.

[411] Hierzu unter § 11 B.I.1.b).

weisung der klageweise geltend gemachten Mängel beschränken, stellt das Gericht nach dem Konzept der Doppelten Rechtskraft – wenn auch nur durch eine unterbleibende Beanstandung – die Rechtmäßigkeit auch solcher Teile des Planfeststellungsbeschlusses fest, deren Rechtswidrigkeit der Kläger zuvor gar nicht behauptet hat.

Möglich erscheint es indes, das Unterliegen des Klägers im Hinblick auf einzelne Rügen in der Kostenentscheidung abzubilden.[412] Die Situation, dass Antrag und Tenor übereinstimmen, der Kläger aber dennoch weniger erreicht als er mit seiner Klage angestrebt hat, ist im Zusammenhang mit Bescheidungsurteilen nach § 113 Abs. 5 Satz 2 VwGO bekannt. Wird die Behörde verpflichtet, unter Beachtung der Rechtsauffassung des Gerichts erneut zu bescheiden, stellt die Rechtsansicht des Verwaltungsgerichts keine unselbstständige Vorfrage dar. Vielmehr nimmt sie an der materiellen Rechtskraft teil.[413] In der Rechtsprechung des Bundesverwaltungsgerichts ist anerkannt, dass der Kläger, der zwar nur einen Bescheidungsantrag stellt, jedoch eine weitergehende Bindung der Behörde für deren erneute Entscheidung begehrt als das Gericht letztlich ausspricht, teilweise unterliegt. Dieses Teilunterliegen spiegelt sich in der Kostenentscheidung wider.[414] Damit übereinstimmend ist es ihm auch möglich, die isoliert in Rechtskraft erwachsenen Entscheidungsgründe mit Rechtsmitteln anzugreifen, soweit er durch diese beschwert ist.[415] Ebenso liegen die Dinge bei der Feststellung der Rechtswidrigkeit und Nichtvollziehbarkeit. Auch hier geht mit jedem zurückgewiesenen Einwand ein Teilunterliegen bzw. eine separate Beschwer des Klägers einher.[416] Das Bundesverwaltungsgericht scheint einer nach dem Erfolg einzelner Einwände differenzierenden Lösung mit Blick auf planungsrechtliche Streitsachen eher ablehnend gegenüberzustehen.[417]

Die Abkehr von der Kostenzuordnung in Abhängigkeit vom klägerseitigen Antrag hin zu einer Bemessung anhand des klägerseitigen Vortrages mag auf den

---

[412] *Külpmann*, NVwZ 2020, 1143 (1145). Zustimmend: *Wöckel*, in: Eyermann, VwGO, § 155 Rn. 5.

[413] BVerwG, Urteil vom 19.05.1968 – V C 85/67, DVBl. 1970, 281 (281); BVerwG, Urteil vom 27.01.1995 – 8 C 8/93, NJW 1996, 737 (738); *Kilian/Hissnauer*, in: Sodan/Ziekow, VwGO, § 121 Rn. 86; *Schenke*, in: Kopp/Schenke, VwGO, § 121 Rn. 21a; *Germelmann*, in: Gärditz, VwGO, § 121 Rn. 62.

[414] BVerwG, Urteil vom 24.09.2009 – 7 C 2/09, BVerwGE 135, 34 Rn. 67; BVerwG, Urteil vom 17.09.2015 – 2 C 27/14, juris Rn. 42 (nicht abgedruckt in BVerwGE 153, 48–63). Zustimmend: *Jeromin*, in: Gärditz, VwGO, § 155 Rn. 5; *Neumann/Schaks*, in: Sodan/Ziekow, VwGO, § 155 Rn. 18; *Wöckel*, in: Eyermann, VwGO, § 155 Rn. 3.

[415] BVerwG, Urteil vom 18.07.2013 – 5 C 8/12, BVerwGE 147, 216 Rn. 15 f.

[416] Zu letzterem unter § 11 B.IV. und unter § 11 C.II.1.b)bb).

[417] Vgl. die Überlegung in einer allerdings abweichenden Fallkonstellation: BVerwG, Beschluss vom 12.09.2019 – 9 KSt 1/19 u. a., juris Rn. 15.

ersten Blick wie eine doppelte Benachteiligung des Klägers erscheinen. Zum einen kann er trotz der festgestellten Rechtswidrigkeit des Planfeststellungsbeschlusses nicht dessen Aufhebung durchsetzen. Obendrein muss er auch noch anteilig Kosten wegen zurückgewiesener Einwände tragen, was bei einer Aufhebung nicht in Betracht gekommen wäre.[418] Allerdings ist diese Kostenfolge in Anbetracht der vom Gesetzgeber für einzelne Fehler eingeführten Heilungsmöglichkeit wie auch der auf einzelne Entscheidungselemente ausgerichteten Doppelten Rechtskraft konsequent. Sie fördert eine sachgerechte Fokussierung des Beteiligtenvorbringens. Vor allem kann sie den Kläger daran hindern, ohne Kostenrisiko quasi „auf Geratewohl" Einwände geltend zu machen, die fernliegend bzw. ohne Erfolgsaussicht sind und den Prozess unnötig aufblähen. Tut er dies dennoch, scheint es sachgerecht, ihn etwa nicht allein deshalb von den Kosten eines auf sein Hinwirken eingeholten, seinen erhobenen Einwand im Ergebnis aber widerlegenden artenschutzrechtlichen Gutachtens zu befreien, weil er im Ergebnis mit einer völlig anderen Rüge – etwa einer unterbliebenen Öffentlichkeitsbeteiligung – durchzudringen vermochte.[419]

Für den Kläger geht mit der drohenden Kostenlast auch keine unzumutbare Erschwernis einher, welche ihn an der Beschreitung des Rechtsweges hindern könnte. In verfassungsrechtlicher Hinsicht wird insoweit nur verlangt, dass der obsiegenden Partei der Kostenerstattungsanspruch nicht grundsätzlich versagt wird.[420] Dem Tenor nach obsiegt der Kläger. Die Kostenlast knüpft aber gerade an sein Unterliegen an. Er hat bei Begründung seiner Klage sorgfältig zu prüfen, welche der aus seiner Sicht möglichen Mängel er geltend macht. Eine mögliche Fehleinschätzung gehört zum üblichen Prozessrisiko des Klägers, die ihm kostenrechtlich nicht abgenommen werden kann. Die Situation unterscheidet sich insoweit nicht von dem Fall, in dem die Behörde einzelne Mängel vor oder während des Prozesses behebt und er entscheiden muss, ob er seine Klage wegen anderer Mängel aufrechterhält.[421] Die allein durch den Kläger zu bewertende Erfolgsaussicht im Hinblick auf einzelne Mängelrügen ist auch entscheidend,

---

[418] In diese Richtung *Seibert*, NVwZ 2018, 97 (103), nach dem die Befreiung des Klägers von der Kostentragung den Vorwurf einer Schmälerung des effektiven Rechtsschutzes entkräften soll.

[419] Beispiel von *Külpmann*, NVwZ 2020, 1143 (1145).

[420] BVerfG, Beschluss vom 03.12.1986 – 1 BvR 872/82, BVerfGE 74, 78 (94 f.); BVerfG, Beschluss vom 12.09.2005 – 2 BvR 277/05, NJW 2006, 136 (137); dazu auch: *Schenke*, in: Bonner Kommentar, Art. 19 Abs. 4 Rn. 284 f.; *Neumann/Schaks*, in: Sodan/Ziekow, VwGO, § 154 Rn. 7; *Jeromin*, in: Gärditz, VwGO, Vorbemerkung zu §§ 154 ff. Rn. 3.

[421] Vgl. hierzu BVerwG, Beschluss vom 10.10.2017 – 9 A 16/16, NVwZ 2018, 181 Rn. 8; *Ewer*, Möglichkeiten zur Beschleunigung verwaltungsgerichtlicher Verfahren über Vorhaben zur Errichtung von Infrastruktureinrichtungen und Industrieanlagen, 2019, S. 107 f. Hierzu auch unter § 10 E.II.

wenn er trotz antragsgemäßer Feststellung der Rechtswidrigkeit und Nichtvollziehbarkeit ein Rechtsmittel einlegen will, um die verbindliche Feststellung weiterer Fehler zu erreichen.[422] Ein Vergleich zur erfolgreichen Anfechtungsklage
überzeugt insoweit nicht. Wenn das Gericht einen Fehler feststellt und den Verwaltungsakt deswegen aufhebt, werden weitere Einwände – anders als bei der
Feststellung der Rechtswidrigkeit und Nichtvollziehbarkeit – mangels Entscheidungserheblichkeit nämlich gar nicht mehr geprüft.

Die Möglichkeit einer Kostenaufteilung nach § 155 Abs. 1 VwGO darf gewiss
nicht dazu führen, dass das Unterliegen des Klägers mit einzelnen Rügen ausschließlich ergebnisabhängig betrachtet wird. Vielmehr ermöglicht § 155 Abs. 4
VwGO, der Behörde unnötig von ihr verursachte Kosten aufzuerlegen, obwohl
sie im Hinblick auf einzelne Rügen obsiegt. Dies gilt auch für vorprozessuales
Fehlverhalten im Rahmen des Verwaltungsverfahrens.[423] Ein solcher Fall ist insbesondere denkbar, wenn die für den Kläger zugänglichen Planunterlagen unzureichend oder irreführend sind und er dadurch zur Erhebung eines Einwandes
veranlasst wird, der sich letztlich – gegebenenfalls auf Grundlage eines weiteren
gerichtlich eingeholten Gutachtens – als unberechtigt erweist.[424] Dies ist in der
Praxis etwa möglich, wenn eine naturschutzfachliche Bestandserhebung korrekt
durchgeführt wurde, sich dies aber anhand des entsprechenden Fachbeitrages
nicht nachvollziehen lässt, die Behörde auch im Prozess keine Richtigstellung
vornimmt und der Kläger deshalb an seinem Einwand festhält. Gleiches kommt
in Betracht, wenn eine eigentlich entbehrliche Beweisaufnahme dadurch veranlasst wird, dass die Behörde im Planfeststellungsverfahren den Sachverhalt nicht
vollständig aufgeklärt hat.[425] § 155 Abs. 4 VwGO kann insoweit als Ausgleich
für eine erforderliche Nachermittlung durch das Gericht angesehen werden.[426] In
Fällen, in denen zwischen dem Kläger und der Behörde ein Informations- und
Machtgefälle besteht, dürfte diese Vorschrift zur Herstellung einer effektiven
Waffengleichheit im Prozess großzügig zu handhaben sein. Dies kommt vor allem in Betracht, wenn ein privater Betroffener gegen das Vorhaben klagt.

bb) Schwierigkeiten bei der Quotenbildung

Unklar ist, nach welchem Maßstab eine Quotenbildung zu erfolgen hat. Grundsätzlich ist bei der Quotelung darauf abzustellen, worauf es einem Beteiligten

---

[422] Hierzu unter § 11 C.II.1.b)bb).
[423] *Wöckel*, in: Eyermann, VwGO, § 155 Rn. 13; *Jeromin*, in: Gärditz, VwGO, § 155 Rn. 17.
[424] In diese Richtung auch: *Wöckel*, in: Eyermann, VwGO, § 155 Rn. 13; *Neumann/Schaks*,
in: Sodan/Ziekow, VwGO, § 155 Rn. 95–99; *Jeromin*, in: Gärditz, VwGO, § 155 Rn. 17.
[425] Vgl. VGH Kassel, Urteil vom 23.11.2018 – 2 C 2461/15.T, DVBl. 2022, 1171 Rn. 9.
[426] *Broß*, VerwArch 75 (1984), 425 (435); *Olbertz*, in: Schoch/Schneider, VwGO, § 155
Rn. 26.

schwerpunktmäßig angekommen ist und welcher Teil dieses Hauptinteresses erfolgreich war.[427] Dabei dürfen besondere Kosten für Angriffs- und Verteidigungsmittel, insbesondere Beweisaufnahmen, berücksichtigt werden.[428] Die errechnete Quote muss nicht mathematisch exakt sein. Vielmehr genügt eine grobe Orientierung am Anteil des jeweils erreichten Prozesserfolgs.[429]

Bei Feststellung der Rechtswidrigkeit und Nichtvollziehbarkeit wird das Gericht daher nach dem Anteil der erfolgreichen Einwände des Klägers und dem Gewicht der festgestellten Fehler sowie der dadurch verursachten besonderen Kosten im Prozess eine Quote bestimmen müssen.[430] Dass die Einbeziehung dieser verschiedenen Aspekte im Einzelfall mit Schwierigkeiten verbunden sein kann, darf nicht an einer Kostenbeteiligung des Klägers hindern. Denn dieses vermeintliche Argument ließe sich auch beim antragsgemäß erlassenen Bescheidungsurteil, in dem das Gericht eine geringere Bindung ausspricht als der Kläger begehrt hat, anbringen.[431]

IV. Möglichkeit einer beschränkten Berufungs- bzw. Revisionszulassung

Besonderheiten dürften sich aus der Doppelten Rechtskraft im Hinblick auf die Berufungs- bzw. Revisionszulassung ergeben. Es liegt jedenfalls nahe, eine Zulassung beschränkt auf die Feststellung einzelner Rechtmäßigkeits- bzw. Rechtswidrigkeitsgründe zu ermöglichen, wenn nur bezogen auf diese ein Zulassungsgrund vorliegt.[432]

Ist erstinstanzlich ein Verwaltungsgericht zuständig, dann hat dieses in seinem Urteil gemäß § 124a Abs. 1 Satz 1 VwGO von Amts wegen über die Zulassung der Berufung zu entscheiden, wenn die Rechtssache grundsätzliche Bedeutung hat (§ 124 Abs. 2 Nr. 3 VwGO), oder ein Fall der Divergenz vorliegt (§ 124 Abs. 2 Nr. 4 VwGO). Im Übrigen entscheidet das Oberverwaltungsgericht auf Antrag (§ 124a Abs. 5 Satz 1 VwGO). Urteilt in erster Instanz ein Oberverwaltungsgericht, dann trifft dieses in seinem Urteil eine Entscheidung über die Zulassung der Revision (§ 132 Abs. 1 VwGO).

---

[427] *Jeromin*, in: Gärditz, VwGO, § 155 Rn. 3.

[428] *Neumann/Schaks*, in: Sodan/Ziekow, VwGO, § 155 Rn. 26; *Wöckel*, in: Eyermann, VwGO, § 155 Rn. 3.

[429] *Jeromin*, in: Gärditz, VwGO, § 155 Rn. 10.

[430] In diese Richtung auch: *Külpmann*, NVwZ 2020, 1143 (1145); *Wöckel*, in: Eyermann, VwGO, § 155 Rn. 5. Diese Lösung wird für eine vergleichbare Situation in BVerwG, Beschluss vom 16.11.2006 – 4 KSt 1003/06, NJW 2007, 453 Rn. 14 gerade abgelehnt.

[431] Hierzu unter § 11 B.III.2.b)aa).

[432] Vgl. OVG Lüneburg, Beschluss vom 12.10.2020 – 12 LA 68/20, BauR 2021, 218 (Leitsatz und 222).

Eine teilweise Berufungs- bzw. Revisionszulassung ist im Grundsatz nur möglich, wenn mehrere Streitgegenstände vorliegen (z. B. bei objektiver Klagehäufung nach § 44 VwGO) oder ein Streitgegenstand teilbar ist. Letzteres ist der Fall, wenn er sich in rechtlich und tatsächlich selbstständige Teile trennen lässt.[433] Hingegen ist eine auf einzelne Rechts- oder Tatsachenfragen bzw. einzelne Urteilselemente beschränkte Zulassung ausgeschlossen.[434] Erweist sich eine teilweise Zulassung als unzulässig oder bestehen Zweifel im Hinblick auf die Reichweite der Zulassung, ist das Rechtsmittel als uneingeschränkt zugelassen anzusehen.[435] Das gleiche gilt, wenn sich nur der Begründung, nicht aber dem Wortlaut des Urteilstenors eine Beschränkung entnehmen lässt.[436]

Wenn Zulassungsgründe bei einem Urteil, das die Rechtswidrigkeit und Nichtvollziehbarkeit einer Entscheidung feststellt, nur im Hinblick auf einzelne Begründungselemente bestehen, spricht viel dafür, dass die Berufung bzw. Revision auch beschränkt auf diese zugelassen werden kann. Zwar betreffen diese Gründe lediglich Vorfragen; sie sind allerdings einer gesonderten Rechtskraft fähig und können daher *per se* eine belastende Wirkung entfalten. Damit erscheint es gerechtfertigt, ein Rechtsmittel losgelöst vom Streitgegenstand zuzulassen. Insoweit ist die Fallgestaltung vergleichbar mit derjenigen bei einem Bescheidungsurteil nach § 113 Abs. 5 Satz 2 VwGO.[437] Wird die Behörde verpflichtet, unter Beachtung der Rechtsauffassung des Gerichts erneut zu bescheiden, dann stellt die Rechtsansicht des Verwaltungsgerichts – ebenso wie die Entscheidung über das Vorliegen bzw. Fehlen einzelner Mängel beim Feststellungsurteil – keine unselbstständige Vorfrage dar. Vielmehr nimmt sie an der materiellen Rechtskraft teil.[438] Für das Bescheidungsurteil ist daher anerkannt, dass eine Beschränkung der Rechtsmittelzulassung auf einzelne der bei der Neubescheidung

---

[433] BVerwG, Urteil vom 13.12.2011 – 5 C 9/11, BayVBl. 2012, 478 Rn. 14–17; BVerwG, Urteil vom 18.07.2013 – 5 C 8/12, BVerwGE 147, 216 Rn. 12; BVerwG, Beschluss vom 24.08.2016 – 9 B 54/15, NVwZ 2017, 568 Rn. 4.

[434] BVerwG, Beschluss vom 24.08.2016 – 9 B 54/15, NVwZ 2017, 568 Rn. 4. *Seibert*, in: Sodan/Ziekow, VwGO, § 124a Rn. 13; *Kautz*, in: Fehling/Kastner/Störmer, Hk-VerwR, § 124a VwGO Rn. 9.

[435] BVerwG, Urteil vom 13.12.2011 – 5 C 9/11, BayVBl. 2012, 478 Rn. 14. Ebenso: *Schenke*, in: Kopp/Schenke, VwGO, § 124a Rn. 8.

[436] BVerwG, Beschluss vom 30.12.2021 – 3 B 25/21 u. a., juris Rn. 4, 9–11.

[437] Ebenso: OVG Lüneburg, Beschluss vom 11.05.2020 – 12 LA 150/19, BauR 2020, 1292 (1293).

[438] BVerwG, Urteil vom 19.05.1968 – V C 85/67, DVBl. 1970, 281 (281); BVerwG, Urteil vom 27.01.1995 – 8 C 8/93, NJW 1996, 737 (738); *Bickenbach*, Das Bescheidungsurteil als Ergebnis einer Verpflichtungsklage, 2006, S. 205 f.; *Germelmann*, Die Rechtskraft von Gerichtsentscheidungen in der Europäischen Union, 2009, S. 61 f.; *ders.*, in: Gärditz, VwGO, § 121 Rn. 62; *Kilian/Hissnauer*, in: Sodan/Ziekow, VwGO, § 121 Rn. 86; *Schenke*, in: Kopp/Schenke, VwGO, § 121 Rn. 21a.

zu beachtenden Gründe in Betracht kommt.[439] Voraussetzung ist insoweit, dass der Rechtsgrund vom Gesamtstreitstoff abteilbar ist und materiell-rechtliche Gründe einer gesonderten Entscheidung darüber nicht entgegenstehen.[440]

Gegen eine den gesamten Streitgegenstand umfassende Zulassung der Berufung bzw. Revision in diesen Fällen spricht, dass das Gewicht der jeweiligen Mängel höchst unterschiedlich ausfallen kann. Während einige Mängel ein faktisches Vorhabenhindernis darstellen, lassen sich andere regelmäßig schon durch eine bloße Ergänzung der Begründung heilen.[441] Die erneute Durchführung einer vollumfänglichen tatsächlichen und/oder rechtlichen Überprüfung erscheint daher nicht unbedingt gerechtfertigt. Dies gilt insbesondere bei Berücksichtigung des Beschleunigungszwecks, dem das Zulassungserfordernis generell dienen soll.[442] Dem würde eine neuerliche Komplettprüfung zuwiderlaufen. Daran haben in vielen Fällen auch weder der Kläger noch die Behörde bzw. der Vorhabenträger ein Interesse. Allen Beteiligten wird es im Rechtsmittelverfahren nämlich häufig nicht darum gehen, den Urteilsausspruch als solchen zu ändern, sondern lediglich darum, Einfluss auf einzelne, sonst in Rechtskraft erwachsende Entscheidungsgründe und mithin auf die in einem etwaigen ergänzenden Verfahren zu behebenden Fehler zu nehmen.[443]

Allerdings erscheint es sachgerecht, eine Beschränkung – ebenso wie beim Bescheidungsurteil – nur unter der Voraussetzung zuzulassen, dass der jeweilige Rechtsgrund vom Gesamtstreitstoff abteilbar ist und materiell-rechtliche Gründe einer gesonderten Entscheidung darüber nicht entgegenstehen. Dies kann insbesondere dann problematisch sein, wenn zwischen verschiedenen Begründungselementen eines Planfeststellungsbeschlusses die Gefahr inhaltlicher Überschneidungen besteht. So werden etwa der artenschutzrechtliche Fachbeitrag, der landschaftspflegerische Begleitplan und die Prüfung der Auswirkungen eines Vorhabens auf Natura 2000-Gebiete regelmäßig eng aufeinander abgestimmt. Besteht ein Zulassungsgrund etwa im Hinblick auf einen festgestellten Fehler im Zusammenhang mit der Erfüllung eines artenschutzrechtliches Zugriffsverbotes nach § 44 Abs. 1 BNatSchG, kann diese Verzahnung einer darauf beschränkten Rechtsmittelzulassung entgegenstehen.

Im Ergebnis muss für die Verfahrensbeteiligten klar erkennbar sein, welche Entscheidungselemente mit einem Rechtsmittel angreifbar sind. Die Grenzen der

---

[439] BVerwG, Urteil vom 18.07.2013 – 5 C 8/12, BVerwGE 147, 216 Ls. 1 und Rn. 12.

[440] BVerwG, Urteil vom 18.07.2013 – 5 C 8/12, BVerwGE 147, 216 Ls. 1 und Rn. 12; *Lorenz*, Verwaltungsprozeßrecht, § 35 Rn. 40.

[441] Vgl. OVG Lüneburg, Beschluss vom 11.05.2020 – 12 LA 150/19, BauR 2020, 1292 (1293 f.).

[442] *Rudisile*, in: Schoch/Schneider, VwGO, § 124 Rn. 15 und § 132 Rn. 4.

[443] Hierzu unter § 11 C.II.

Zulassung müssen im Urteil in klarer und eindeutiger Weise zum Ausdruck kommen.[444]

C. Die Doppelte Rechtskraft in der Rechtsmittelinstanz

Das Ziel der Doppelten Rechtskraft, eine verbindliche und abschließende Entscheidung über die Rechtmäßigkeit eines Planfeststellungsbeschlusses herbeizuführen, ist nicht immer schon dann erreicht, wenn das (hilfsweise) beantragte Feststellungsurteil erlassen wird. Sofern nicht das Bundesverwaltungsgericht zugleich in erster und letzter Instanz entscheidet (vgl. hierzu § 50 Abs. 1 Nr. 6 VwGO), eine formelle Beschwer gegeben ist und ein Zulassungsgrund vorliegt, besteht für die Beteiligten die Möglichkeit, die gerichtliche Entscheidung in einem Rechtsmittelverfahren überprüfen zu lassen.[445] Das erstinstanzliche Urteil wird in diesen Fällen vorerst nicht rechtskräftig.[446]

In Abhängigkeit davon, welches Gericht in erster Instanz die Rechtswidrigkeit und Nichtvollziehbarkeit eines Planfeststellungsbeschlusses festgestellt hat, kommen verschiedene Rechtsmittel in Betracht. Im Grundsatz bildet das Verwaltungsgericht gemäß § 45 VwGO für alle Streitigkeiten, für die der Verwaltungsrechtsweg eröffnet ist, die Eingangsinstanz. Gegen seine Urteile können die Beteiligten bei Vorliegen der entsprechenden Voraussetzungen mit einer Berufung (§ 124 VwGO) oder einer Sprungrevision (§ 134 VwGO) vorgehen. Davon abweichend schreibt § 48 VwGO inzwischen für viele Großvorhaben die erstinstanzliche Zuständigkeit der Oberverwaltungsgerichte vor. In diesen Fällen gibt es keine zweite Tatsacheninstanz. Gegen das Urteil eines Oberverwaltungsgerichts steht den Beteiligten allein die Revision an das Bundesverwaltungsgericht offen (§§ 49 Nr. 1, 132 Abs. 1, 1. Alt. VwGO). Auf dieses Rechtsmittel beschränken sich die folgenden Ausführungen.

Die Doppelte Rechtskraft wird in der Revisionsinstanz relevant, wenn das Gericht die behördliche Ausgangsentscheidung aufgehoben hat, obwohl diese nur an heilbaren Fehlern leidet (hierzu unter I.). Besonderheiten ergeben sich zudem, wenn in erster Instanz die Rechtswidrigkeit und Nichtvollziehbarkeit festgestellt worden ist (hierzu unter II.).

---

[444] Vgl. insoweit den Tenor in OVG Lüneburg, Beschluss vom 12.10.2020 – 12 LA 68/20, BauR 2021, 218.

[445] Vgl. *Seibert*, in: Sodan/Ziekow, VwGO, § 124 Rn. 18 zur Berufung und *Neumann/Korbmacher*, in: Sodan/Ziekow, VwGO, § 143 Rn. 3 zur Revision.

[446] *Rudisile*, in: Schoch/Schneider, VwGO, Vorbemerkung § 124 Rn. 6.

I. Notwendige Zurückverweisung bei Aufhebung in der Tatsacheninstanz

Hebt ein Gericht in der Tatsacheninstanz eine behördliche Zulassungsentscheidung auf, obwohl sich der festgestellte Fehler durch ein ergänzendes Verfahren
beheben ließe, verstößt es gegen § 75 Abs. 1a Satz 2 VwVfG bzw. §§ 4 Abs. 1b
Satz 1, 7 Abs. 5 Satz 1 UmwRG. Eine Revision der Behörde auf der Beklagtenseite bzw. des beigeladenen Vorhabenträgers ist in diesem Fall regelmäßig erfolgreich.

In diesen Fällen wird das Bundesverwaltungsgericht nur selten gemäß § 144
Abs. 3 Nr. 1 VwGO in der Sache selbst entscheiden. Denn das Gericht in erster
Instanz dürfte in der Regel über die Feststellung des Aufhebungsgrundes hinaus
den Sachverhalt weder abschließend ermittelt noch rechtlich geprüft haben.
Mangels erforderlicher Tatsachenfeststellungen kann das Revisionsgericht, das
ausweislich des § 137 Abs. 2 VwGO auf eine Überprüfung der Rechtsanwendung
beschränkt ist, in diesem Fall eine abschließende Sachentscheidung nicht treffen.
In der Folge bleibt ihm nichts anderes übrig, als das angefochtene Urteil gemäß
§ 144 Abs. 3 Nr. 2 VwGO aufzuheben und zur anderweitigen Verhandlung und
Entscheidung zurückzuverweisen.

Entsprechend ging etwa der *7. Senat* beim *Kohlekraftwerk Moorburg* vor. Hier
hatte das OVG Hamburg eine wasserrechtliche Erlaubnis in Teilen wegen eines
Verstoßes gegen das wasserrechtliche Verschlechterungsverbot aufgehoben und
die Vereinbarkeit mit Artenschutzrecht ausdrücklich offen gelassen.[447] Die Revision führte zur Aufhebung und Zurückverweisung.[448]

II. Revision bei Feststellung der Rechtswidrigkeit und Nichtvollziehbarkeit

Auch wenn die Beteiligten mit der gerichtlichen Feststellung der Rechtswidrigkeit und Nichtvollziehbarkeit im Ergebnis einverstanden sind, können sie sich zu
einer Revision veranlasst sehen. Auf der einen Seite mag die Behörde die verbindliche Feststellung nur einzelner Mängel nicht akzeptieren. Auf der Gegenseite mag der Kläger sich mit seinem „Teilerfolg" nicht zufriedengeben und

---

[447] OVG Hamburg, Urteil vom 18.01.2013 – 5 E 11/08, NuR 2013, 727 (733 ff.).

[448] BVerwG, Urteil vom 29.05.2018 – 7 C 18/17, NVwZ 2018, 1734 Rn. 11. Vgl. auch den
vergleichbaren Fall zu einer Hochspannungsfreileitung: BVerwG, Urteil vom 24.05.2018 –
4 C 4/17, BVerwGE 162, 114 Rn. 44 f. Vgl. zudem: VG Stade, Urteil vom 26.03.2019 –
2 A 1544/17, aufgehoben durch OVG Lüneburg, Beschluss vom 18.03.2021 – 12 LB 148/20,
KommJur 2021, 132 – hier hatte das Gericht die angegriffene BImSchG-Genehmigung bis zur
Behebung eines bestimmten Verfahrensfehlers durch Endurteil außer Vollzug gesetzt, ohne andere Anfechtungsgründe zu prüfen. Anders lag der Fall in BVerwG, Urteil vom 16.10.2008 –
4 C 5/07, BVerwGE 132, 123 Rn. 13, 72 – hier hatte das Tatsachengericht keine hinreichenden
tatsächlichen Feststellungen dazu getroffen, ob eine Fehlerheilung im ergänzenden Verfahren
überhaupt möglich ist und stattdessen die Genehmigung aufgehoben.

daher die Feststellung weiterer Mängel begehren. Dieser Interessenlage ist im Revisionsrecht Rechnung zu tragen.

1. Erfolg bei Durchgreifen eines einzigen Begründungsstrangs

Aufgrund der Doppelten Rechtskraft kann die Revision eines Verfahrensbeteiligten schon dann erfolgreich sein, wenn sie sich nur auf einzelne Entscheidungsgründe bezieht. Das gleiche gilt für den Erfolg einer Nichtzulassungsbeschwerde gemäß § 133 Abs. 1 VwGO, wenn die Revision nicht zugelassen worden ist. Zu unterscheiden ist zwischen der Revision der Behörde auf der Beklagtenseite bzw. des Vorhabenträgers einerseits (hierzu unter a)) und der Revision des Klägers andererseits (hierzu unter b)).

a) Revision der Behörde bzw. des Vorhabenträgers

Die Feststellung der Rechtswidrigkeit und Nichtvollziehbarkeit setzt das Vorliegen eines einzigen heilbaren Mangels voraus. Aufgrund der Pflicht zur vollständigen Rechtmäßigkeitsprüfung stützt das Gericht sein Urteil jedoch regelmäßig auf mehrere Gründe. Dies hat Folgen für die Revision der Behörde auf der Beklagtenseite bzw. des Vorhabenträgers.

Die Begründetheit einer Revision setzt gemäß § 137 Abs. 1 VwGO grundsätzlich voraus, dass das Urteil des Tatsachengerichts auf einer Verletzung revisiblen Rechts beruht. Ein solches Beruhen ist zu bejahen, wenn eine korrekte Rechtsanwendung aus Sicht des Tatsachengerichts zu einem anderen Verfahrensausgang geführt hätte.[449] Ist das Urteil auf mehrere den Urteilsausspruch jeweils selbständig tragende Gründe gestützt (kumulative Mehrfachbegründung), ist die Rechtsverletzung für das Ergebnis nur ursächlich, wenn sie entweder sämtliche Begründungsstränge erfasst, oder wenn jeder Begründungsstrang von einem jeweils eigenen Rechtsverstoß betroffen ist.[450]

Zu unterscheiden ist zwischen einem erneuten Antrag auf vollständige Klageabweisung (hierzu unter aa)) und einem Antrag auf Klageabweisung in Bezug auf nur einzelne festgestellte Mängel (hierzu unter bb)).

aa) Erneuter Antrag auf Klageabweisung

Soweit die Behörde bzw. der Vorhabenträger statt der teilweisen Stattgabe nach wie vor die vollständige Abweisung der Klage begehrt, gilt es, alle festgestellten

---

[449] *Eichberger/Buchheister*, in: Schoch/Schneider, VwGO, § 137 Rn. 107.
[450] BVerwG, Beschluss vom 20.02.1998 – 11 B 37/97, NVwZ 1998, 850 (850 f.); BVerwG, Beschluss vom 22.04.2020 – 10 B 18/19, juris Rn. 7; *Neumann/Korbmacher*, in: Sodan/Ziekow, VwGO, § 137 Rn. 19; *Eichberger/Buchheister*, in: Schoch/Schneider, VwGO, § 137 Rn. 109.

Fehler des Planfeststellungsbeschlusses erfolgreich zu widerlegen. Einzelne fehlerhaft festgestellte Mängel können nämlich hinweggedacht werden, ohne dass sich der Ausgang des Verfahrens ändert.

Insbesondere wenn in der Vorinstanz nur ein einziger oder wenige Mängel festgestellt worden sind, mag es der Behörde gelingen, das Revisionsgericht davon zu überzeugen, dass diese Fehler in Wahrheit nicht vorliegen. In diesem Fall stellt sich die Frage, ob das Revisionsgericht die Revision wegen anderweitiger Ergebnisrichtigkeit gemäß § 144 Abs. 4 VwGO (teilweise) zurückweisen muss, anstatt das vorinstanzliche Urteil dem Antrag entsprechend aufzuheben und die Klage abzuweisen.

§ 144 Abs. 4 VwGO dient der Prozessökonomie. Der Regelung liegt der Gedanke zugrunde, dass ein Verfahren nicht wegen eines Fehlers fortgeführt werden soll, der für das Ergebnis schlussendlich ohne Bedeutung bleiben wird.[451] Daher hat das Revisionsgericht, das eine Verletzung revisiblen Rechts feststellt, auf welcher das Urteil auch beruht, stets zu prüfen, ob sich das Ergebnis aus anderen in der Vorinstanz nicht berücksichtigten Gründen als richtig erweist. Insoweit kommt dem Bundesverwaltungsgericht eine eigene Sachentscheidungskompetenz zu.[452]

Verstößt die in der Vorinstanz getroffene Feststellung von Fehlern gegen revisibles Recht, ist die Entscheidung des Revisionsgerichts vom Verhalten des Klägers abhängig. Hat er ebenfalls ein Rechtsmittel eingelegt, etwa um die Feststellung weiterer Mängel zu erreichen, dann prüft das Revisionsgericht, ob die Feststellung der Rechtswidrigkeit und Nichtvollziehbarkeit anderweitig gerechtfertigt ist. Unterlässt der Kläger allerdings ein Rechtsmittel, dann erwächst das Urteil im Übrigen in Rechtskraft. Da die Bindungswirkung der Doppelten Rechtskraft die Feststellung umfasst, dass andere als die festgestellten Fehler nicht vorliegen, ist es dem Revisionsgericht verwehrt, die Entscheidung auf etwaig bestehende anderweitige Fehler zu stützen und die Revision gemäß § 144 Abs. 4 VwGO zumindest insoweit zurückzuweisen, wie die Behörde die Klageabweisung verlangt.[453] Stattdessen wird es gemäß § 144 Abs. 3 Satz 1 Nr. 1 VwGO in der Sache selbst entscheiden und die Klage dem Antrag entsprechend abweisen.

---

[451] BVerwG, Beschluss vom 29.10.1979 – 4 CB 73/79, juris Rn. 5; *Eichberger/Bier*, in Schoch/Schneider, VwGO, § 144 Rn. 28; *Schenke*, in: Kopp/Schenke, VwGO, § 144 Rn. 4.

[452] *Neumann/Korbmacher*, in: Sodan/Ziekow, VwGO, § 144 Rn. 23 f.; *Schenke*, in: Kopp/ Schenke, VwGO, § 144 Rn. 4.

[453] *Külpmann*, NVwZ 2020, 1143 (1146) unter Verweis auf BVerwG, Urteil vom 01.09. 2016 – 4 C 4/15, BVerwGE 156, 94 Rn. 13.

bb) Antrag auf Klageabweisung in Bezug auf einzelne Mängel

Von dem Grundsatz, dass die Begründetheit einer Revision für den hypothetischen Fall der korrekten Rechtsanwendung einen anderen Verfahrensausgang voraussetzt, gibt es Ausnahmen. Für Bescheidungsurteile gemäß § 113 Abs. 5 Satz 2 VwGO ist anerkannt, dass die Behörde auch einzelne Gründe, aus denen sich die Rechtsauffassung des Gerichts zusammensetzt, separat angreifen kann, weil sie einer gesonderten Rechtskraft fähig sind. Gibt das Gericht einer Bescheidungsklage statt und gelingt es der Behörde, erfolgreich geltend zu machen, dass das Gericht einzelne Ermessensfehler fälschlicherweise bejaht hat, liegt darin ein für sie günstigeres Ergebnis, weil eine erneute ermessensfehlerfreie Entscheidung weniger verbindliche gerichtliche Vorgaben erfüllen muss und damit leichter zu treffen ist.[454]

Ebenso liegen die Dinge bei einer auf mehrere Mängel gestützten Feststellung der Rechtswidrigkeit und Nichtvollziehbarkeit.[455] Verneint das Revisionsgericht einen einzigen Mangel, den das Tatsachengericht bejaht hat, hat dies für die Behörde den Vorteil, dass sie diesen Fehler nicht nachträglich beheben muss. Außerdem kann der Kläger diesen Mangel in einem Verfahren gegen den korrigierten Planfeststellungsbeschluss nicht erneut geltend machen. Das Revisionsgericht hebt das Urteil der Vorinstanz mithin insoweit auf, wie dieses in seiner Begründung fehlerhafte Feststellungen zum Vorliegen von Fehlern getroffen hat und weist die Klage insoweit ab. Zum Zwecke der Rechtssicherheit dürften die fehlerhaften Feststellungen in den Tenor des Revisionsurteils aufzunehmen sein.

In der Praxis kommt es vor, dass die Behörde bzw. der Vorhabenträger gegen einzelne festgestellte Fehler Revision einlegt und parallel – für den Fall der Erfolglosigkeit – bereits ein ergänzendes Verfahren in Gang gesetzt wird, durch das eben diese angegriffenen Fehler behoben werden sollen. Wird während des laufenden Revisionsverfahrens ein heilender Änderungsbeschluss erlassen und in dieses Verfahren einbezogen,[456] erledigt sich das Revisionsanliegen der Behörde bzw. des Vorhabenträgers nicht. Denn der geänderte Planfeststellungsbeschluss unterliegt aufgrund der Einbeziehung in das Rechtsmittelverfahren selbst der gerichtlichen Überprüfung. Diese kann auch dazu führen, dass das Gericht die Fehlerbehebung ihrerseits für mangelhaft befindet. Entsprechend kann der Behörde bzw. dem Vorhabenträger nicht der Vortrag abgeschnitten werden, der

---

[454] BVerwG, Urteil vom 18.07.2013 – 5 C 8/12, BVerwGE 147, 216 Rn. 14–17. Vgl. ebenso: BVerwG, Beschluss vom 11.04.2003 – 7 B 141/02, NJW 2003, 2255 (2256); BVerwG, Beschluss vom 20.12.2016 – 3 B 38/16, NVwZ-RR 2017, 266 Rn. 3 f. Ablehnend: *Wöckel*, in: Eyermann, VwGO, § 121 Rn. 22.

[455] Ebenso: *Külpmann*, NVwZ 2020, 1143 (1145).

[456] Hierzu unter § 11 A.II.

Planfeststellungsbeschluss habe schon in seiner ursprünglichen Fassung nicht an dem festgestellten Fehler gelitten. Dies soll nach Auffassung des Bundesverwaltungsgerichts jedenfalls dann gelten, wenn nicht der Plan selbst, sondern nur die Begründung des Planfeststellungsbeschlusses geändert wurde.[457]

b) Revision des Klägers

Die Besonderheiten der Doppelten Rechtskraft wirken sich auch aus, wenn der Kläger im Revisionsverfahren versucht, seinen teilweisen Klageerfolg zu steigern, indem er entweder ein weiteres Mal die Aufhebung der Ausgangsentscheidung beantragt (hierzu unter aa)) oder aber geltend macht, dass die behördliche Entscheidung über die vom Gericht erkannte Mangelhaftigkeit hinaus an weiteren Fehlern leide (hierzu unter bb)).

aa) Erneuter Antrag auf Aufhebung

Ist der Kläger mit seinem Hauptantrag auf Aufhebung des Planfeststellungsbeschlusses nicht erfolgreich, hat er die Möglichkeit sein primäres Begehren in der Revisionsinstanz weiter zu verfolgen. Die Erfolgsaussichten sind in diesem Fall regelmäßig davon abhängig, ob es ihm unter Achtung der revisionsrechtlichen Vorschriften entweder gelingt, das Gericht in der Revisionsinstanz vom Vorliegen eines aufhebungsrelevanten Fehlers zu überzeugen, den das Gericht in erster Instanz verneint hat, oder er zur Überzeugung des Gerichts geltend machen kann, dass sich ein in der Vorinstanz als heilbar eingestufter Fehler nicht beheben lässt, etwa weil er die Identität des Vorhabens als solche tangiert oder einer Heilung anderweitige (rechtliche) Gründe entgegenstehen.[458]

bb) Antrag auf Feststellung weiterer Mängel

Auch wenn der Kläger mit der Feststellung der Rechtswidrigkeit und Nichtvollziehbarkeit sein (hilfsweise) angestrebtes Ziel erreicht, kann er in vielen Fällen dennoch mit Erfolg Revision einlegen bzw. deren Zulassung beantragen.

Ungeschriebene Zulässigkeitsvoraussetzung eines Revisionsantrags ist, dass der Kläger formell beschwert ist. Das ist der Fall, wenn die angegriffene Entscheidung ihm etwas versagt, was er zuvor beantragt hat.[459] Hingegen fehlt es grundsätzlich an der Beschwer, wenn seinem Antrag voll stattgegeben, das Urteil

---

[457] BVerwG, Urteil vom 18.06.2020 – 3 C 2/19, UPR 2021, 94 Rn. 87.

[458] Vgl. insoweit exemplarisch für den entsprechend zu behandelnden Fall einer Berufung: VGH München, Beschluss vom 09.12.2008 – 8 ZB 07/2042, juris Rn. 6.

[459] *Rudisile*, in: Schoch/Schneider, VwGO, Vorbemerkung § 124 Rn. 40; *Kuhlmann*, in: Wysk, VwGO, § 124 Rn. 8.

aber auf andere Gründe gestützt wird, als er zur Begründung seines Antrags vorgebracht hat.[460] Auf diese Weise soll sichergestellt werden, dass Rechtsmittel
nicht eingelegt werden, ohne dass ein sachliches Bedürfnis hieran besteht.[461]

Ausgehend vom Tenor ist bei der Feststellung der Rechtswidrigkeit und Nichtvollziehbarkeit nicht gleich erkennbar, wieso der Kläger abgesehen von der ver-
sagten Aufhebung beschwert sein soll. Denn Antrag und Entscheidungsausspruch sind deckungsgleich; die Feststellung der Rechtswidrigkeit und Nichtvollziehbarkeit erfolgt bei mindestens einem heilbaren Fehler, ist aber auch
richtig, wenn darüber hinaus noch weitere Fehler festgestellt werden. Gleichwohl hat der Kläger ein sachlich gerechtfertigtes Bedürfnis an einer erneuten
Überprüfung, wenn er geltend macht, das Gericht habe das Vorliegen anderer als
der im Ergebnis erfolgreich gerügten Mängel fehlerhaft verneint. Dies folgt aus
der gesonderten Rechtskraftwirkung, die den im Einzelnen identifizierten
Rechtsfehlern bzw. zurückgewiesenen Einwänden zukommt.[462] Der Kläger ist
also faktisch gezwungen, sich auch dann mit den Urteilsgründen auseinanderzu-
setzen, wenn er dem Urteilsausspruch nach vollständig obsiegt. Dies kann in
Abhängigkeit von der Reichweite der Rechtskraft sogar für die Teile der Entscheidung gelten, mit denen das Gericht das für ihn vorteilhafte Vorliegen eines
Mangels rechtfertigt.[463]

2. Beschränkter Prüfungsumfang des Rechtsmittelgerichts

Korrespondierend dazu, dass das Gericht bei Feststellung der Rechtswidrigkeit
und Nichtvollziehbarkeit die Berufung bzw. Revision auf einzelne Begründungselemente beschränkt zulassen kann,[464] muss das Rechtsmittelgericht seine Prüfung selbst bei uneingeschränkter Zulassung entsprechend beschränken, wenn
der Rechtsmittelführer nur einzelne Gründe zum Gegenstand seines Antrags und
seines Vorbringens in der Rechtsmittelinstanz macht.[465] Gleiches gilt bei Erfolg
einer auf einzelne Begründungselemente gestützten Nichtzulassungsbeschwerde.

---

[460] BSG, Urteil vom 27.10.1976 – 2 RU 127/74, juris Rn. 22.

[461] BVerwG, Beschluss vom 23.07.2014 – 6 B 1/14, NVwZ 2014, 1594 Rn. 15.

[462] BVerwG, Beschluss vom 12.07.2018 – 7 B 15/17, Buchholz 451.224 § 36 KrWG Nr. 1
Rn. 4; BVerwG, Beschluss vom 17.03.2020 – 3 VR 1/19, NVwZ 2020, 1051 Rn. 18; OVG Lüneburg, Beschluss vom 11.05.2020 – 12 LA 150/19, BauR 2020, 1292 (1293); OVG Lüneburg,
Beschluss vom 12.10.2020 – 12 LA 68/20, BauR 2021, 218 (222). Ebenso: *Schütz*, UPR 2021,
418 (423); *Neumann/Külpmann*, in Stelkens/Bonk/Sachs, VwVfG, § 75 Rn. 54. Im Ergebnis
ebenso: VGH Mannheim, Urteil vom 23.09.2013 – 3 S 284/11, juris Rn. 44. A.A. noch:
VGH München, Beschluss vom 09.12.2008 – 8 ZB 07/2042, juris Rn. 10, 12, 14 f., 20.

[463] Hierzu unter § 12 C.II.2.

[464] Hierzu unter § 11 B.IV.

[465] OVG Lüneburg, Beschluss vom 11.05.2020 – 12 LA 150/19, BauR 2020, 1292 (1293 f.).

Für eine Beschränkung kommt es auf das Vorliegen mehrerer Streitgegenstände oder die Teilbarkeit eines Streitgegenstandes nicht an. Ist ein vom Gericht für verbindlich erklärter Rechtsgrund einer vom übrigen Streitstoff abteilbaren, materiell-rechtlich gesonderten Betrachtung zugänglich, unterfällt es der Dispositionsbefugnis des Rechtsmittelführers, den Antrag auf diesen zu beschränken.[466] Ein entsprechendes Vorgehen kann schon aus Kostengründen sinnvoll sein.[467] Für die Revisionsinstanz ergibt sich hieraus eine Abweichung von dem Grundsatz der Vollrevision (§ 137 Abs. 3 Satz 2 VwGO).

3. Kostenrisiko aus § 154 Abs. 2 VwGO

Normalerweise gilt im Hinblick auf die Kosten im verwaltungsgerichtlichen Verfahren das Prinzip „Alles oder nichts": Der in letzter Instanz Unterliegende trägt gemäß § 154 Abs. 1 VwGO die Kosten des gesamten Verfahrens.[468]

Davon macht § 154 Abs. 2 VwGO eine Ausnahme für den Fall eines erfolglosen Rechtsmittels. Die insoweit anfallenden Kosten trägt derjenige, der das Rechtsmittel eingelegt hat. Bei einem Teilerfolg des Rechtsmittels sind die Kosten gemäß § 155 Abs. 1 VwGO zu verteilen.[469] Dies kann insbesondere für den Kläger von Bedeutung sein. Bei Feststellung der Rechtswidrigkeit und Nichtvollziehbarkeit eines Planfeststellungsbeschlusses ist es in der bisherigen Spruchpraxis üblich, der Behörde die Kosten voll aufzuerlegen.[470] Will der Kläger in der nächsten Instanz die Feststellung weiterer Mängel erreichen, muss er im Falle eines Scheiterns nach Maßgabe des § 154 Abs. 2 VwGO aber mit Kosten rechnen. Gleiches gilt für die Behörde, die gegen einzelne festgestellte Mängel vorgeht. Nach der bisherigen Rechtsprechung trägt diese bei Feststellung der Rechtswidrigkeit und Nichtvollziehbarkeit aber ohnedies sämtliche Kosten.

D. Fazit

Die Doppelte Rechtskraft verlängert das ohnehin oft komplexe gerichtliche Verfahren gegen die behördliche Ausgangsentscheidung, indem über das Vorliegen sämtlicher Mängel möglicherweise über mehrere Instanzen hinweg gestritten wird (hierzu unter I.). Kommt es im Anschluss daran zu einer behördlichen Fehlerbehebung und zu einem weiteren Prozess gegen die korrigierte Entscheidung,

---

[466] BVerwG, Urteil vom 18.07.2013 – 5 C 8/12, BVerwGE 147, 216 Rn. 16.
[467] Hierzu unter § 11 C.II.3.
[468] *Jeromin*, in: Gärditz, VwGO, § 154 Rn. 6; *Neumann/Schaks*, in: Sodan/Ziekow, VwGO, § 154 Rn. 18 f.
[469] *Jeromin*, in: Gärditz, VwGO, § 154 Rn. 8; *Wöckel*, in: Eyermann, VwGO, § 154 Rn. 5.
[470] Hierzu unter § 11 B.III.2.a).

dann mag sich im Ergebnis dennoch die beschleunigende Wirkung entfalten, die die Doppelte Rechtskraft bezweckt. Sicher ist dies indes nicht. Vor allem ist bei Erlass des Urteils zur Ausgangsentscheidung völlig ungewiss, ob die Behörde überhaupt in ein ergänzendes Verfahren eintreten und der Kläger gegen die daraus resultierende Entscheidung erneut vorgehen wird (hierzu unter II.).

I. Erschwerung der effektiven richterlichen Kontrolle bei komplexen Vorhaben

Im Verfahren gegen die Ausgangsentscheidung kann die Doppelte Rechtskraft zunächst einmal einen massiven Mehraufwand der Gerichte verursachen, indem sich deren Amtsermittlungs- und Vorlagepflichten erweitern.[471] Diese Änderung stößt nicht nur auf begrenzte personelle Kapazitäten bei den Gerichten.[472] Dadurch droht auch eine Überdehnung des Streitstoffs, die eine sachgerechte Fokussierung des Beteiligtenvorbringens zumindest erschwert. Dies gilt umso mehr, weil die bisherige Spruchpraxis zur Kostentragung dazu beiträgt, dass die Klägerseite gefahrlos sämtliche Mängel quasi „auf Geratewohl" geltend machen kann, auch wenn sie diese selbst nicht für berechtigt bzw. erfolgsversprechend hält.

Zu berücksichtigen ist insoweit, dass die Doppelte Rechtskraft maßgeblich für Urteile über besonders komplexe Vorhaben in Betracht kommt, die regelmäßig auf ein komplexes Geflecht einander widersprechender Interessen stoßen, welche in einen Ausgleich zu bringen sind. Einzuhalten sind Leistungs- und Unterlassungspflichten aus einer Vielzahl von Fachgesetzen. Außerdem werden fast alle Zulassungsentscheidungen in einem förmlichen Verwaltungsverfahren getroffen, das seinerseits die Einhaltung zahlreicher formeller Anforderungen verlangt. Entsprechend umfangreich gestaltet sich die komplette Sachverhaltsermittlung, bei der die Gerichte ohnedies zunehmend an praktische Grenzen stoßen.[473] Für die Rechtmäßigkeitskontrolle ist oftmals die Einholung verschiedener Sachverständigengutachten erforderlich. Die rechtskräftige Entscheidung über sämtliche Vorfragen kann fernerhin vermehrt zu Rechtsmittelverfahren führen, weil losgelöst von der Zulässigkeit des Vorhabens als solchem jeder bejahte

---

[471] *Langstädtler*, Effektiver Umweltrechtsschutz in Planungskaskaden, 2021, S. 189. Ebenso: *Külpmann*, NVwZ 2020, 1143 (1149); *Remmert*, VBlBW 2019, 181 (187); *Wegener*, in: Faßbender/Köck, Querschnittsprobleme des Umwelt- und Planungsrechts – Rechtsschutz und Umweltprüfungen, 2019, S. 87 (99 f.).

[472] Die aktuelle Bundesregierung will die personellen und technischen Kapazitäten bei den Gerichten erhöhen, insbesondere am Bundesverwaltungsgericht zusätzliche Senate für Angelegenheiten des Planungsrechts schaffen (SPD, Bündnis 90/Die Grünen und FDP, Mehr Fortschritt wagen – Bündnis für Freiheit, Gerechtigkeit und Nachhaltigkeit, Koalitionsvertrag 2021–2025, S. 12).

[473] *Gärditz*, NVwZ 2014, 1 (9 f.).

bzw. verneinte Mangel potenziell revisionsrechtlich überprüfbar ist.[474] Die vermehrte Konzentration der erst- wie letztinstanzlichen Zuständigkeit für Infrastrukturvorhaben beim Bundesverwaltungsgericht (vgl. § 50 Abs. 1 Nr. 6 VwGO)[475] dürfte diese negativen Folgen der erweiterten Amtsermittlungspflicht kaum kompensieren. Denn ohne vorinstanzliche Entscheidungen können die Senate nicht auf Feststellungen der Vorinstanzen zurückgreifen, sondern müssen diese selbst treffen, während zugleich nicht der Vorteil der größeren Nähe der Verwaltungs- und Oberverwaltungsgerichte zu den örtlichen wie regionalen Gegebenheiten besteht.[476]

Dieser Kritik lässt sich damit begegnen, dass die Verfahrensbeteiligten im Prozess auch ungeachtet der Doppelten Rechtskraft umfassend vortragen und sämtliche potentielle Schwachstellen eines Planfeststellungsbeschlusses offenlegen. Die sich stellenden Fragen sind dem Gericht mithin bekannt. Zur Verneinung eines Aufhebungsanspruchs muss es zudem ohnehin jeden gerügten Mangel zumindest ansatzweise prüfen. Auch war es bei umweltrelevanten Vorhaben bereits vor Einführung der Doppelten Rechtskraft üblich bzw. wünschenswert, dass sich Gerichte über das zur Feststellung der Rechtswidrigkeit und Nichtvollziehbarkeit Erforderliche hinaus zumindest zu solchen anderweitigen Mängeln äußerten, die sich im konkreten Fall aufdrängten.[477] Eine Verpflichtung hierzu bestand indes nicht.

Insgesamt lässt sich nicht von der Hand weisen, dass es infolge der Doppelten Rechtskraft im Einzelfall zu einer deutlichen Verlängerung des Verfahrens gegen die Ausgangsentscheidung kommen kann, was jedenfalls vorläufig dem Beschleunigungsinteresse sowie dem Ziel einer schnellen Streitbeendigung und der Herstellung von Rechtsfrieden zuwiderläuft.[478] Um dem entgegenzuwirken bedürfte es einer Beschränkung des immensen Prozessstoffs. Eine solche lässt sich unter Beibehaltung der Doppelten Rechtskraft nur durch eine Reduzierung der materiell-rechtlichen Kontrolldichte[479] oder aber durch prozess- oder materiell-

---

[474] Vgl. hierzu *Kaniess,* Der Streitgegenstandsbegriff in der VwGO, 2012, S. 58 f.

[475] Hierzu: *Schmidt/Kelly*, VerwArch 112 (2021), 235 (261–264).

[476] Vgl. hierzu: *Storost,* in: Symposium Blümel, 2009, S. 109 (113 f.); *Paetow*, NVwZ 2007, 36 (37 f.); *Bick*, jM 2018, 371 (371); *Wickel*, NVwZ 2001, 16 (19); *Schmidt/Kelly*, VerwArch 112 (2021), 235 (263 f.); *Roth*, DVBl. 2023, 10 (13).

[477] So das Vorgehen in BVerwG, Urteil vom 17.05.2002 – 4 A 28/01, NVwZ 2002, 1243 (1247–1249) (nicht abgedruckt in BVerwGE 116, 254–268). Vgl. zur Reichweite der gerichtlichen Überprüfung eines Bebauungsplans: BVerwG, Beschluss vom 20.06.2001 – 4 BN 21/01, NVwZ 2002, 83 (84).

[478] Vgl. OVG Koblenz, Urteil vom 09.01.2003 – 1 C 10187/01, NuR 2003, 441 (448 f.); *Kaniess,* Der Streitgegenstandsbegriff in der VwGO, 2012, S. 59.

[479] Hierzu etwa *Gärditz*, NJW-Beilage 2016, 41 (43 f.); *Rubel*, DVBl. 2019, 600 (604 f.); *Külpmann*, DVBl. 2019, 140 (143–145).

rechtliche Vorschriften erreichen, die die Unerheblichkeit bestimmter Fehler oder die Präklusion klägerseitiger Rügen nach Ablauf bestimmter Fristen vorsehen.[480]

II. Zweckerreichung der Doppelten Rechtskraft zu diesem Zeitpunkt völlig offen

Die abschließende, für die Zukunft verbindliche Beantwortung aller sich stellenden Fragen im Verfahren gegen die Ausgangsentscheidung kann die Vorhabenrealisierung zumindest dann beschleunigen, wenn die Behörde im Anschluss daran in ein ergänzendes Verfahren eintritt und der Kläger die daraus resultierende Entscheidung erneut angreift.[481] Mit jedem verbindlich festgestellten Fehler und jedem verbindlich zurückgewiesenen Einwand gewinnt die Behörde ein Stück Rechtssicherheit. Sie weiß, welche Fehler sie im ergänzenden Verfahren beheben muss und kann zugleich sichergehen, in einem weiteren Prozess nicht von neuen Einwänden des Klägers überrascht zu werden. Darin liegt die maßgebliche Zielsetzung des Instituts der Doppelten Rechtskraft.[482]

Es ist jedoch zu berücksichtigen, dass diese Beschleunigungseffekte die Verzögerungen im Verfahren gegen die Ausgangsentscheidung – namentlich die abschließende Entscheidung über sämtliche Rügen, gegebenenfalls über mehrere Instanzen hinweg – erst einmal wieder ausgleichen müssen.[483] Dies mag in vielen Fällen, aber eben nicht immer der Fall sein.[484]

Vor allem beruht das Konzept der Doppelten Rechtskraft auf dem vornehmlich präventiven Gedanken, dass sich dem Prozess eine Fehlerheilung und ein weiteres Klageverfahren anschließen. Nur dann ergibt sie überhaupt einen Sinn. Im Normalfall einer Anfechtungsklage gewinnt die materielle Rechtskraft eines Urteils erst dann an Bedeutung, wenn es zu einem weiteren Verwaltungsverfahren oder einem weiteren Prozess kommt. Sie hat aber keinerlei Auswirkungen auf das vorangehende Verfahren. Demgegenüber sorgt die Doppelte Rechtskraft für eine Aufblähung des Verfahrens gegen die behördliche Ausgangsentscheidung, während zu diesem Zeitpunkt nicht selten völlig ungewiss ist, ob es überhaupt zu einem ergänzenden Verfahren (hierzu unter 1.) und/oder zu einem weiteren Prozess kommen wird (hierzu unter 2.).

---

[480] Hierzu unter § 2 C.II.
[481] Vgl. insoweit die Zweckmäßigkeitsüberlegungen bei *Martens*, Die Praxis des Verwaltungsprozesses, 1975, S. 120 ff.
[482] Zu den Zielen der Doppelten Rechtskraft unter § 10 B.
[483] Vgl. *Kaniess,* Der Streitgegenstandsbegriff in der VwGO, 2012, S. 58 f.
[484] Hierzu noch unter § 12 E.

1. Ergänzendes Verfahren ungewiss

Zur Durchführung eines ergänzenden Verfahrens ist die Behörde nicht verpflichtet. Der Vorhabenträger entscheidet autonom darüber, ob er den Versuch einer Korrektur unternehmen will. Stattdessen kann er auch ein neues Verfahren für eine Alternativvariante einleiten oder das Vorhaben aufgeben.[485]

Die Möglichkeit einer nachträglichen Fehlerheilung durch ergänzendes Verfahren wurde zunächst über § 75 Abs. 1a Satz 2 VwVfG ausschließlich für Planfeststellungsbeschlüsse eingeführt. Die Vorteile, die sich hier aus der Doppelten Rechtskraft ergeben, wiegen die Nachteile auf, weil es in fast allen Fällen tatsächlich zu einer nachträglichen Korrektur durch die Behörde kommen dürfte. Zum einen gehen diesen Vorhaben langwierige und teure Verwaltungsverfahren voraus, die sich dadurch auszahlen müssen, dass das Vorhaben tatsächlich realisiert wird. Zudem kommt ein Scheitern derjenigen Vorhaben, für die das Fachrecht ein Planfeststellungsverfahren vorsieht, faktisch oft nicht in Betracht. Die Möglichkeit einer nachträglichen Fehlerbehebung wird genutzt, weil das Ob ihrer Verwirklichung nicht in Frage steht. In den meisten Fällen handelt es sich hierbei um Infrastrukturprojekte, die nicht der Erreichung von privaten, letztlich gewinnorientierten Motiven dienen, sondern den Interessen der Allgemeinheit sowie dem Gemeinwohl zugutekommen sollen. Ihre Verwirklichung liegt darüber hinaus regelmäßig im Interesse verschiedener Vorhabenträger, sie sind politisch gewollt und werden oft staatlich finanziert, sodass ein Scheitern etwa aus wirtschaftlichen Gesichtspunkten ausgeschlossen ist.

Anders ist dies bei kleineren Vorhaben, für die über §§ 4 Abs. 1b Satz 1 und 7 Abs. 5 Satz 1 UmwRG ein ergänzendes Verfahren ermöglicht wird.[486] Hier kann eine Fehlerbehebung den Vorhabenträger eher finanziell überfordern. Das schon durchlaufene Verwaltungsverfahren ist nicht immer so aufwendig, dass der private Unternehmer eine Aufgabe des gesamten Projektes in Anbetracht eines erheblichen Korrekturbedarfs nicht mehr in Betracht ziehen wird. Auch ist es möglich, dass sich sein Vorhaben nach einem langen Prozess wirtschaftlich schlicht nicht mehr lohnt oder an anderen tatsächlichen Hindernissen scheitert. Der zusätzliche Arbeitsaufwand des Gerichts war in diesen Fällen umsonst.[487]

Die in der Gesetzesbegründung zu § 7 Abs. 5 Satz 1 UmwRG recht apodiktisch zum Ausdruck gebrachte Feststellung, dass Vorhaben, die im Planfeststellungsverfahren zugelassen werden, und solche, für deren Errichtung und Betrieb es einer Genehmigung bedarf, „vollkommen vergleichbar" seien und in der Vollzugswirklichkeit „sehr häufig" für kleinere Vorhaben ein Planfeststellungsbe-

---

[485] Hierzu unter § 6 B.I.
[486] Ebenso: *Külpmann*, NVwZ 2020, 1143 (1147).
[487] *Külpmann*, NVwZ 2020, 1143 (1149); *Seibert*, NVwZ 2018, 97 (104).

schluss erforderlich sei, während große Vorhaben einer Genehmigung bedürften,[488] überzeugt in dieser Bestimmtheit nicht. Zwar erscheint es gerechtfertigt, die Korrektur von Fehlern auf Verwaltungsebene nicht nur für Planfeststellungsbeschlüsse, sondern auch für andere Zulassungsentscheidungen zu erlauben. Eine „vollkommene Vergleichbarkeit" lässt sich aus den genannten Gründen allerdings nur bejahen, wenn man den Blick auf das tatsächlich durchgeführte ergänzende Verfahren beschränkt.[489] Für die mit der Doppelten Rechtskraft einhergehenden Auswirkungen im Prozess gegen die Ausgangsentscheidung besteht diese indes nicht.

2. Weiterer Prozess ungewiss

Ebenso unklar ist, ob es nach der Fehlerheilung überhaupt zu einem weiteren Prozess kommen wird, in dem die Wirkungen der Doppelten Rechtskraft greifen können.

Dafür mag die Erfahrung mit planfeststellungsbedürftigen Vorhaben sprechen, die regelmäßig auf eine hohe Klagebereitschaft stoßen.[490] Umwelt- und Naturschutzvereinigungen nutzen ihr Verbandsklagerecht auch mit Blick auf finanzielle Ressourcen und Öffentlichkeitswirksamkeit zumeist nicht gegen kleine Vorhaben mit lokalen Auswirkungen, sondern gegen Großvorhaben, die mit erheblichen Eingriffen verbunden sind, auf breiten Widerstand stoßen und nicht immer, aber oft im Planfeststellungsverfahren zugelassen werden.[491] In Ansehung ihrer umfassenden Rügebefugnis ist damit zu rechnen, dass sie sich mit der Feststellung und Behebung eines einzigen Mangels unter Außerachtlassung weiterer Rügen zurecht nicht zufriedengeben, sondern gegen die korrigierte Entscheidung

---

[488] BT-Drs. 18/9526, S. 44.

[489] Zur Austauschbarkeit von Planfeststellungs- und Genehmigungsverfahren: *Paetow*, in: Festschrift Schlichter, 1995, S. 499 (501–507).

[490] *Petz*, in: Faßbender/Köck, Querschnittsprobleme des Umwelt- und Planungsrechts – Rechtsschutz und Umweltprüfungen, 2019, S. 103 (105).

[491] An den Klageverfahren gegen besonders umstrittene Großvorhaben der vergangenen Jahre waren fast immer Umwelt- und Naturschutzvereinigungen beteiligt. So klagte etwa die Grüne Liga Sachsen gegen die Waldschlösschenbrücke in Dresden (https://www.faz.net/aktu ell/gesellschaft/klage-um-bau-der-waldschloessbruecke-abgewiesen-14341874.html; zuletzt abgerufen am 12.03.2023). Der BUND Bundesverband sowie die Landesverbände Bremen und Niedersachsen klagten gegen die Weservertiefung (https://www.bund-bremen.net/ presse/detail/news/bund-reicht-beim-bundesverwaltungsgericht-klage-gegen-weservertiefung-ein/; zuletzt abgerufen am 12.03.2023). Die Umweltschutzverbände NABU, BUND und WWF klagten gegen die Elbvertiefung (https://www.spiegel.de/wirtschaft/soziales/elbvertiefung-bun desverwaltungsgericht-stimmt-zu-klage-abgewiesen-a-75e7b6cd-7b7c-424d-8768-364b9fb69 d29; zuletzt abgerufen am 12.03.2023). Kritisch zum Umgang mit dem Verbandsklagerecht: *Spieth/Hellermann*, NVwZ 2019, 745.

erneut vorgehen. Das Offenlassen zahlreicher erhobener Rügen würde hier jedenfalls kaum zu einer Befriedung der Beteiligten beitragen.

Anders dürfte dies indes nicht selten bei kleineren Vorhaben mit lokal beschränkten Auswirkungen sein. Fehlende Erfolgsaussichten oder ein Mangel an
finanziellen Ressourcen können den privaten Betroffenen daran hindern, gegen
die korrigierte Entscheidung erneut gerichtlich vorzugehen. Manchmal ändert
sich auch die klägerseitige Einstellung zu dem Vorhaben. Behörde, Vorhabenträger und Kläger stehen einander oft näher als bei ortsübergreifenden Großvorhaben. Zwischen ihnen kann es im Zuge des ergänzenden Verfahrens eher zu einem
Übereinkommen zu bisher unklaren Fragen kommen, welches einen weiteren
Prozess obsolet macht. Klagt eine Gemeinde, mag auch die zwischenzeitliche
Änderung der Mehrheitsverhältnisse im Gemeinderat das Vorhaben in einem anderen Licht erscheinen lassen. Jedenfalls ist die Anstrengung eines weiteren Prozesses keineswegs gesetzt.

Für die Behörde und den Vorhabenträger mag die Doppelte Rechtskraft vorteilhaft sein, weil sie das ergänzende Verfahren absichert. Der Gewissheit darüber, welche Teile in einem etwaigen künftigen Prozess als rechtmäßig angesehen
werden, steht aber die verbindliche gerichtliche Entscheidung über die bestehenden Fehler gegenüber. Jeder im Verfahren gegen die Ausgangsentscheidung
festgestellte Fehler verpflichtet zur Korrektur im ergänzenden Verfahren, verzögert die Vorhabenrealisierung und erhöht deren Kosten. Ein Bereinigen nur des
bzw. der Fehler, auf die das Gericht die Feststellung der Rechtswidrigkeit und
Nichtvollziehbarkeit tatsächlich gestützt hat, darauf spekulierend, dass es nicht
zu einem weiteren Prozess kommt, ist der Behörde dann nicht mehr möglich.

§ 12 Die Doppelte Rechtskraft im Verfahren gegen die korrigierte Entscheidung

Die rechtlichen Folgen der Doppelten Rechtskraft treten erst in einem möglichen
zweiten Klageverfahren ein, in dem der Kläger des vorangegangenen Verfahrens
gegen den korrigierten Planfeststellungsbeschluss vorgeht. Die Verfahrensbeteiligten richten indes schon zuvor ihr Verhalten danach aus.

Um zu verstehen, wie sich die Doppelte Rechtskraft auswirkt, muss zunächst
klar sein, worüber die Beteiligten in einem nachgehenden verwaltungsgerichtlichen Verfahren streiten. Dafür soll herausgearbeitet werden, was unter dem Begriff des „korrigierten Planfeststellungsbeschlusses" zu verstehen ist (hierzu unter A.). Weiterhin bedarf es der Klärung, wer gegen diesen in welchem Umfang
gerichtlich vorgehen kann (hierzu unter B.). Im Verfahren selbst ist von ausschlaggebender Bedeutung, inwieweit das entscheidende Gericht an den Inhalt

des vorangegangenen Urteils gebunden ist (hierzu unter C.), und in welchen Fällen die Doppelte Rechtskraft nachträglich entfallen kann (hierzu unter D.). Dabei zeigt sich, dass die beschleunigende bzw. entlastende Wirkung im zweiten Verfahren zwar eintreten kann, jedoch zugleich mit verschiedenen Unsicherheiten verbunden ist (hierzu unter E.).

A. Gegenstand des Verfahrens

Nach Abschluss des Fehlerheilungsverfahrens kann der korrigierte Planfeststellungsbeschluss der gerichtlichen Prüfung unterworfen werden. Damit stellt der Kläger primär das ergänzende Verfahren sowie sein Ergebnis auf den Prüfstand.

Wenn die Behörde und der Vorhabenträger nach der Feststellung der Rechtswidrigkeit und Nichtvollziehbarkeit in ein ergänzendes Verfahren zur Fehlerbehebung eintreten, kann dieses damit enden, dass die Ausgangsentscheidung bestätigt, geändert, ergänzt oder aufgehoben wird. Unabhängig vom Ergebnis des ergänzenden Verfahrens steht an dessen Ende eine einheitliche neue Entscheidung (hierzu unter I.). In Abhängigkeit vom Bezugspunkt der notwendigen Berichtigung variiert die personelle Reichweite der Korrektur (hierzu unter II.).

I. Einheitliche neue Entscheidung als Ergebnis des ergänzenden Verfahrens

Bei Feststellung der Rechtswidrigkeit und Nichtvollziehbarkeit wird die Ausgangsentscheidung nicht aufgehoben. Stattdessen bleibt sie erhalten (hierzu unter 1.). In Abhängigkeit davon, zu welchem konkreten Ergebnis das ergänzende Verfahren führt, wird sie durch den abschließenden Verwaltungsakt entweder in ihrem verfügenden Teil oder in ihrer Begründung geändert (hierzu unter 2.). Am Ende steht eine einzige neue Entscheidung, die Gegenstand eines weiteren verwaltungsgerichtlichen Verfahrens sein kann (hierzu unter 3.).

1. Schicksal der ursprünglichen Entscheidung nach rechtskräftiger Feststellung der Rechtswidrigkeit und Nichtvollziehbarkeit

Die Heilungsbestimmungen schließen die Aufhebung einer fehlerhaften Zulassungsentscheidung aus. Weder aus § 75 Abs. 1a Satz 2 VwVfG noch aus §§ 4 Abs. 1b Satz 1 und 7 Abs. 5 Satz 1 UmwRG geht jedoch hervor, welche Rechtsfolgen diese Bestimmungen für die ursprüngliche Entscheidung vorsehen, wenn für sie die Möglichkeit einer nachträglichen Fehlerbehebung besteht.

Hilfreicher ist es, auf die von der Rechtsprechung entwickelte Tenorierung zurückzugreifen. Kommt eine Heilung in Betracht, wird die Zulassungsentscheidung für rechtswidrig und nicht vollziehbar erklärt. Nach Maßgabe dieses Tenors hat das stattgebende Urteil – anders als die gerichtliche Aufhebung der Entscheidung (§ 43 Abs. 2 VwVfG) – nicht deren endgültige Unwirksamkeit zur Folge. Dementsprechend heißt es in höchstrichterlichen Urteilen regelmäßig, die fehlerhafte Entscheidung werde „konserviert statt kassiert".[492] Diese Aussage unterstreicht, dass die durch das Urteil ermöglichte Nachbesserung sowohl verfahrens- als auch materiell-rechtlich im Wesentlichen auf die Ausgangsentscheidung aufbauen soll und aus diesem Grunde auch für ihre eigene Rechtmäßigkeit deren fortwährende Existenz voraussetzt.[493] Der ursprüngliche Planfeststellungsbeschluss soll nach der Korrektur erneut Rechtswirkungen entfalten können. Die endgültige Unwirksamkeit einzelner Teile der Ausgangsentscheidung tritt deshalb nur ein, soweit die Behörde diese im Zuge der Nachbesserung aufhebt bzw. ersetzt.[494]

Mit dem Ausschluss der Vollziehbarkeit wird zumindest dem Wortlaut nach lediglich eine mittelbare Folge der Wirksamkeit unterbunden.[495] Dieser dürfte in seinen Wirkungen der Aussetzung der Vollziehbarkeit im vorläufigen Rechtsschutzverfahren gemäß §§ 80 und 80a VwGO gleichzusetzen sein,[496] deren genauer Inhalt im Detail freilich selbst umstritten ist.[497]

Im Schrifttum heißt es teilweise, die Genehmigung sei „schwebend unwirksam".[498] Andere sprechen von einer „auflösend bedingten Aufhebung",[499] weil diese anders als beim stattgebenden Anfechtungsurteil nicht endgültig, sondern vom Verhalten der Behörde abhängig sei. Dafür, dass der Planfeststellungsbeschluss bis zur Fehlerkorrektur tatsächlich in seiner Wirksamkeit gehemmt ist, dürfte sprechen, dass hier – anders als im vorläufigen Rechtsschutzverfahren – mit Rechtskraft des Feststellungsurteils feststeht, dass der Planfeststellungsbeschluss rechtswidrig ist. Zugleich ist unklar, ob und mit welchem Erfolg die Behörde in ein ergänzendes Verfahren eintreten wird. Eine ungerechtfertigte Übersicherung des Klägers droht damit – anders als im Kontext der §§ 80, 80a VwGO – nicht. Ausgehend von der Tenorierung ließe sich eine bloße Hemmung der Vollziehbarkeit damit begründen, dass der Behörde und dem Vorhabenträger

---

[492] Vgl. etwa BVerwG, Urteil vom 01.04.2004 – 4 C 2/03, BVerwGE 120, 276 (283).

[493] *Durner*, VerwArch 97 (2006), 345 (368).

[494] *Brischke*, DVBl. 2002, 429 (432); *Durner*, VerwArch 97 (2006), 345 (370).

[495] *Goldhammer*, in: Schoch/Schneider, VwVfG, § 43 Rn. 82.

[496] So *Baumeister*, Der Beseitigungsanspruch als Fehlerfolge des rechtswidrigen Verwaltungsakts, 2006, S. 414 f. Demgegenüber sieht *Gaentzsch*, in: Festschrift Schlichter, 1995, S. 517 (538) eine Nähe zur rechtlichen Wirkung der Aussetzung nach § 94 VwGO.

[497] Einen Überblick zu den vertretenen Auffassungen zum Inhalt der aufschiebenden Wirkung nach §§ 80, 80a VwGO vermittelt etwa *Schoch*, in: Schoch/Schneider, VwGO, § 80 Rn. 89 ff.

[498] So jedenfalls *Seibert*, NVwZ 2018, 97 (100). Ähnlich: *Gaentzsch*, in: Festschrift Schlichter, 1995, S. 517 (538) und *Wysk*, in: Kopp/Ramsauer, 22. Aufl. 2021, VwVfG, § 75 Rn. 36 – „in der Schwebe".

[499] *Schenke*, in: Kopp/Schenke, VwGO, § 42 Rn. 5.

diejenigen Teile des Planfeststellungsbeschlusses erhalten bleiben sollen, die das Gericht für rechtmäßig befunden hat. Zu diesem Zwecke erwächst die Zulassungsentscheidung nach Auffassung des Bundesverwaltungsgerichts hinsichtlich der vom Gericht nicht beanstandeten Teile in eine Art Teilbestandskraft.[500] Es ist fraglich, ob dies auch bei Annahme einer Wirksamkeitshemmung möglich ist. Ohne dass es hier einer abschließenden Klärung dieser Frage bedarf, ist zumindest von einer umfassenden Verwirklichungs- und Ausnutzungshemmung auszugehen. Sowohl für den Kläger als auch für die Behörde und den Vorhabenträger unterscheidet sich dieser Status faktisch nicht von der Aufhebung.[501]

2. Änderung der Ausgangsentscheidung

Die Nachholung bzw. Wiederholung von Verfahrensschritten und die inhaltliche Nachbewertung im ergänzenden Verfahren können zu verschiedenen Ergebnissen führen. So kann etwa infolge einer erneuten Abwägung eine Änderung oder Ergänzung des verfügenden Teils erforderlich werden. In diesen Fällen erlässt die Behörde einen Änderungs- bzw. Ergänzungsbeschluss.[502] Dabei ist unerheblich, ob die Modifizierung die planfestgestellte technische Anlage betrifft oder in die planfestgestellten Nebenbestimmungen eingreift.[503]

Zu einer Änderung der Ausgangsentscheidung kommt es aber auch, wenn lediglich die rechtserheblichen Erwägungen im Begründungsteil angepasst werden müssen.[504] Denn die Prüfungen und Erwägungen, die notwendiger Teil des Entscheidungsprozesses und Grundlage der Entscheidung in der Sache sind, sind

---

[500] Vgl. etwa BVerwG, Beschluss vom 17.07.2008 – 9 B 15/08, NVwZ 2008, 1115 Rn. 28; BVerwG, Urteil vom 08.01.2014 – 9 A 4/13, BVerwGE 149, 31 Rn. 20; BVerwG, Beschluss vom 12.01.2018 – 9 A 12/17, DVBl. 2018, 585 Rn. 13. Ebenso: *Stüer/Stüer*, DVBl. 2018, 1160 (1161); *Wickel*, in: Fehling/Kastner/Störmer, Hk-VerwR, § 75 VwVfG Rn. 6. Zu dem gleichen Schluss kommt *Ewer*, Möglichkeiten zur Beschleunigung verwaltungsgerichtlicher Verfahren über Vorhaben zur Errichtung von Infrastruktureinrichtungen und Industrieanlagen, 2019, S. 104. Hierzu im Einzelnen unter § 10 C.III.

[501] *Baumeister*, Der Beseitigungsanspruch als Fehlerfolge des rechtswidrigen Verwaltungsakts, 2006, S. 415. Vgl. allerdings die Sonderregelungen in § 18c Nr. 4 AEG, § 17c Nr. 4 FStrG, § 14c Nr. 4 WaStrG, § 28 Abs. 4 Nr. 4 PBefG, die eine teilweise Durchführung des Vorhabens ermöglichen.

[502] *Storost*, NVwZ 1998, 797 (803); *Brischke*, DVBl. 2002, 429 (431); *Durner*, VerwArch 97 (2006), 345 (365); *Deutsch*, in: Mann/Sennekamp/Uechtritz, VwVfG, § 75 Rn. 136.

[503] *Fischer*, in: Ziekow, Handbuch des Fachplanungsrechts, § 3 Rn. 271; *Kautz*, NuR 2017, 93 (94).

[504] BVerwG, Urteil vom 12.12.1996 – 4 C 19/95, BVerwGE 102, 358 (365); BVerwG, Urteil vom 08.01.2014 – 9 A 4/13, BVerwGE 149, 31 Rn. 16; BVerwG, Beschluss vom 28.07. 2014 – 7 B 22/13, UPR 2015, 34 Rn. 6; OVG Lüneburg, Beschluss vom 11.02.2019 – 12 ME 219/18, ZUR 2019, 429 (432); *Durner*, VerwArch 97 (2006), 345 (365); *Saurer*, NVwZ 2020, 1137 (1141); *Wickel*, in: Fehling/Kastner/Störmer, Hk-VerwR, § 75 VwVfG

nicht nur Bestandteile der Rechtfertigung, sondern der getroffenen Entscheidung selbst und verändern diese. Das ist auch daran erkennbar, dass die Rechtmäßigkeit eines Planfeststellungsbeschlusses unter anderem aufgrund des behördlichen Planungsermessens von seiner Begründung abhängig ist.[505]

Beispielhaft lässt sich eine Änderung der Ausgangsentscheidung bei Änderung der Begründung anhand der jüngsten Entscheidung zur *Uckermarkleitung* veranschaulichen. Hier war der ursprüngliche Planfeststellungsbeschluss fehlerhaft davon ausgegangen, dass die Leitung im beantragten Trassenverlauf nicht zu erheblichen Beeinträchtigungen der durchquerten Vogelschutzgebiete führe.[506] Das ergänzende Verfahren führte nicht zu einer Änderung des Trassenverlaufs, jedoch wurde das Vorhaben im Hinblick auf zwei Vogelschutzgebiete nunmehr nicht mehr für mit § 34 Abs. 2 BNatSchG vereinbar gehalten, sondern im Wege einer Abweichung nach § 34 Abs. 3 BNatSchG zugelassen,[507] die ihrerseits natürlich eigene Voraussetzungen aufweist. Hierdurch wurde der Planfeststellungsbeschluss trotz gleicher Trassenwahl auch inhaltlich verändert.

3. Verschmelzen von neuer und alter Entscheidung

Das ergänzende Verfahren schließt – unabhängig von seinem Ausgang – mit einer eigenen Entscheidung ab, die bekanntzugeben ist.[508] Wird der ursprüngliche Planfeststellungsbeschluss im ergänzenden Verfahren bestätigt, ergänzt oder geändert, verschmelzen die ursprüngliche und die neue Entscheidung zu einer neuen Einheit. Es kommt zu einer einheitlichen Planungsentscheidung in der durch das ergänzende Verfahren erreichten Gestalt.[509] Die Entscheidung in ihrer Ursprungsfassung ist erledigt.[510]

Rn. 60; *Deutsch*, in: Mann/Sennekamp/Uechtritz, VwVfG, § 75 Rn. 136. A.A. *Bell/Herrmann*, NVwZ 2004, 288 (293).

[505] *Storost*, NVwZ 1998, 797 (804); *ders.*, UPR 2018, 52 (59); *Jarass*, DVBl. 1997, 795 (801). Im Zusammenhang mit dem Nachschieben von Gründen: *Redeker*, NVwZ 1997, 625 (627); *Schenke*, NJW 1997, 81 (89 f.). Hierzu bereits unter § 6 B.III.

[506] BVerwG, Urteil vom 21.01.2016 – 4 A 5/14, BVerwGE 154, 73 Rn. 60 ff.

[507] BVerwG, Urteil vom 05.07.2022 – 4 A 13/20, ZNER 2022, 639 Rn. 5.

[508] BVerwG, Urteil vom 15.07.2016 – 9 C 3/16, NVwZ 2016, 1631 Rn. 47; *Bell/Herrmann*, NVwZ 2004, 288 (293); *Durner*, VerwArch 97 (2006), 345 (379); *Schink*, in: Knack/Henneke, VwVfG, § 75 Rn. 47; *Neumann/Külpmann*, in: Stelkens/Bonk/Sachs, VwVfG, § 75 Rn. 50.

[509] BVerwG, Urteil vom 12.03.2008 – 9 A 3/06, BVerwGE 130, 299 Rn. 25; BVerwG, Urteil vom 09.02.2017 – 7 A 2/15, BVerwGE 158, 1 Rn. 19; VGH München, Urteil vom 18.12.2012 – 8 B 12/431, juris Rn. 29; *Kraft*, BayVBl. 1995, 519 (520); *Brischke*, DVBl. 2002, 429 (432); *Storost*, NVwZ 1998, 797 (804); *Durner*, VerwArch 97 (2006), 345 (370); *Seibert*, NVwZ 2018, 97 (101); *Wysk*, in: Kopp/Ramsauer, VwVfG, 22. Aufl. 2021, § 75 Rn. 35a; *Wickel*, in: Fehling/Kastner/Störmer, Hk-VerwR, § 75 VwVfG Rn. 56, 60.

[510] BVerwG, Urteil vom 15.07.2016, 9 C 3/16, NVwZ 2016, 1631 Rn. 20 unter Verweis auf BVerwG, Urteil vom 18.03.2009 – 9 A 31/07, NVwZ 2010, 63 Rn. 23 m. w. N.

Diese Annahme wird im Hinblick auf das Änderungsverfahren nach § 76 VwVfG damit begründet, dass es für ein und dasselbe Vorhaben nur einen einzigen Plan geben könne.[511] Das Änderungsplanfeststellungsverfahren schließe zwar mit einem eigenen Planfeststellungsbeschluss ab, dieser entfalte jedoch keine eigene Zulassungs- und Gestaltungswirkung.[512] Mit der Annahme einer einzigen Planungsentscheidung werde zudem ausgeschlossen, dass es für ein und dasselbe Vorhaben mehrere verschiedene und möglicherweise einander widersprechende Planfeststellungen geben könne.[513] Für das ergänzende Verfahren kann nichts anderes gelten. Dieses zielt allein auf die Heilung des bereits festgestellten Plans ab, der sodann in der Fassung gelten soll, die er durch die abschließende Entscheidung im ergänzenden Verfahren erhalten hat. Daher knüpft die Fehlerbehebung sowohl verfahrens- als auch materiell-rechtlich im Wesentlichen an die Ausgangsentscheidung an.[514] Dies zeigt sich auch daran, dass die Korrektur selbst oftmals gar keinen Regelungsgehalt aufweist, der den verfügenden Teil verändert, und nur im Zusammenhang mit der Ausgangsentscheidung Sinn ergibt. Der Erlass eines rechtlich selbständigen Zweitbescheides, der den ursprünglichen Planfeststellungsbeschluss aufhebt und zugleich mit Ausnahme der Fehler einen identischen Inhalt aufweist, ist darin nicht zu sehen.[515]

II. Personelle Reichweite der Heilung

Die personelle Reichweite der durch eine Heilung bedingten Änderungen oder Ergänzungen hängt davon ab, ob sich diese auf das Vorhaben selbst (hierzu unter 1.) oder lediglich auf die Begründung beziehen (hierzu unter 2.).

1. Änderungen des Vorhabens selbst

Kommt es infolge des Heilungsverfahrens zu Änderungen des Vorhabens selbst, gelten diese nicht nur gegenüber dem Kläger, sondern gegenüber jedermann.[516] Eine Änderung des Vorhabens selbst ist etwa zu bejahen, wenn dieses erweitert oder reduziert wird.

---

[511] BVerwG, Urteil vom 23.01.1981 – 4 C 68/78, BVerwGE 61, 307 (308 f.); BVerwG, Beschluss vom 28.07.1993 – 7 B 49/93, Buchholz 316 § 76 VwVfG Nr. 8 S. 7.

[512] Vgl. BVerwG, Urteil vom 23.01.1981 – 4 C 68/78, BVerwGE 61, 307 (308 f.).

[513] BVerwG, Urteil vom 23.01.1981 – 4 C 68/78, BVerwGE 61, 307 (309); BVerwG, Beschluss vom 28.07.1993 – 7 B 49/93, Buchholz 316 § 76 VwVfG Nr. 8 S. 7.

[514] *Durner*, VerwArch 97 (2006), 345 (368).

[515] *Durner*, VerwArch 97 (2006), 345 (367 f.).

[516] BVerwG, Urteil vom 08.01.2014 – 9 A 4/13, BVerwGE 149, 31 Rn. 15; *Külpmann*, NVwZ 2020, 1143 (1147); *Schütz*, UPR 2021, 418 (424).

Begründet wird diese Wirkung *inter omnes* damit, dass sich die umfassende Gestaltungs- und Duldungswirkung der Planfeststellung gegenüber allen Betroffenen auch auf Änderungen des Vorhabens erstrecke. Dadurch könne eine erstmalige oder stärkere Betroffenheit Dritter in ihren Rechten verursacht werden. Es bestehe keine Rechtsgrundlage für Änderungen eines Vorhabens nur im Verhältnis zu einem Teil der Betroffenen. Dies würde zudem für alle am Verfahren Beteiligten zu Rechtsunsicherheit führen.[517]

Von der Gestaltungswirkung gegenüber jedermann zu trennen ist die Frage, wer gerichtlich gegen die korrigierte Planungsentscheidung vorgehen kann.[518]

2. Änderungen, die die äußere Gestalt des Vorhabens unberührt lassen

Soweit allein die Planbegründung geändert wird, nicht jedoch die äußere Gestalt des Vorhabens selbst, kann diese auch nur gegenüber dem jeweiligen Kläger vorgenommen werden. Gegenüber allen anderen Betroffenen bleibt der Planfeststellungsbeschluss in seiner ursprünglichen Fassung wirksam.[519] Eine Wirkung *inter omnes* ist hier nicht notwendig, da bloße Änderungen in der Begründung der Ausgangsentscheidung nicht zu neuen oder weitergehenden Belastungen führen können.

Diese Konstellation liegt vor, wenn die Feststellung der Rechtswidrigkeit und Nichtvollziehbarkeit etwa nur wegen eines Ermittlungsdefizits oder eines Abwägungsmangels erfolgt und diese Fehler behoben werden können, ohne dass die erneute Sachentscheidung das Vorhaben als solches berühren würde.[520]

B. Rechtsschutzmöglichkeiten

Die personelle Reichweite der Heilung sagt allein noch nichts darüber aus, welche Rechtsschutzmöglichkeiten gegen die korrigierte Entscheidung eröffnet sind. Diese hängen vielmehr auch davon ab, welche Wirkungen das Urteil aus dem vorangegangenen Verfahren entfaltet.

Erforderlich ist hier eine Differenzierung danach, ob der zunächst erfolgreiche Kläger auch den korrigierten Planfeststellungsbeschluss angreift (hierzu unter I.) oder ob sich ein Dritter gegen das Vorhaben wendet (hierzu unter II.).

---

[517] BVerwG, Urteil vom 08.01.2014 – 9 A 4/13, BVerwGE 149, 31 Rn. 15.

[518] Hierzu unter § 12 B.

[519] BVerwG, Urteil vom 14.11.2002 – 4 A 15/02, NVwZ 2003, 485 (486); BVerwG, Urteil vom 24.11.2011 – 9 A 23/10, BVerwGE 141, 171 Rn. 25; BVerwG, Urteil vom 08.01.2014 – 9 A 4/13, BVerwGE 149, 31 Rn. 16.

[520] Vgl. etwa BVerwG, Urteil vom 14.11.2002 – 4 A 15/02, NVwZ 2003, 485 (486).

I. Anfechtung durch den Kläger

Der Kläger, der gegen den ursprünglichen Planfeststellungsbeschluss mit Erfolg geklagt hat und dem gegenüber ein inzwischen nach § 121 VwGO rechtskräftiges Urteil ergangen ist, ist nach Abschluss eines ihn nicht zufriedenstellenden ergänzenden Verfahrens vor die Wahl gestellt: Er kann entweder ein weiteres Mal die Aufhebung des Planfeststellungsbeschlusses beantragen (hierzu unter 1.) oder er begehrt wiederum die Feststellung der Rechtswidrigkeit und Nichtvollziehbarkeit (hierzu unter 2.). Gewiss können beide Anträge auch in ein Stufenverhältnis von Haupt- und Hilfsantrag gestellt werden.

1. Erneutes Aufhebungsbegehren

War der Kläger mit seinem Aufhebungsantrag im Verfahren gegen die Ausgangsentscheidung der Behörde erfolglos, ist zu klären, ob ein erneuter Aufhebungsantrag nach Abschluss des ergänzenden Verfahrens Aussicht auf Erfolg haben kann.

Zur Veranschaulichung der sich insoweit stellenden Fragen soll ein Urteil des OVG Koblenz aus dem Jahr 2007 herangezogen werden, dem der folgende Sachverhalt zugrunde lag: Nachdem der ursprüngliche Planfeststellungsbeschluss wegen eines Verstoßes gegen die Europäische Vogelschutzrichtlinie[521] für rechtswidrig und nicht vollziehbar erklärt worden war,[522] trat die unterliegende Behörde zur Heilung dieses Fehlers in ein ergänzendes Verfahren ein. Im Zuge dessen stellte sie fest, dass die vorhabenbedingten Auswirkungen auf das Vogelschutzgebiet und die dort vorkommenden Vogelarten unter Berücksichtigung weiterer Schutzmaßnahmen nicht erheblich waren.[523] Als der zunächst erfolgreiche Kläger auch gegen den um diese Erkenntnisse ergänzten Planfeststellungsbeschluss vorging, hielt der entscheidende Senat die erneute Klage wegen entgegenstehender Rechtskraft für unzulässig, soweit erneut die Aufhebung begehrt wurde. Dies begründete er damit, dass der auf Aufhebung des Planfeststellungsbeschlusses gerichtete Hauptantrag bereits im vorangegangenen Verfahren rechtskräftig abgewiesen worden sei. Damit habe der Senat des erkennenden Gerichts einen Anspruch des Klägers auf Aufhebung verneint. Aus den Entscheidungsgründen des Urteils ergebe sich, dass der Planfeststellungsbeschluss nicht an Rechtsfehlern leide, die zu seiner Aufhebung führen müssten.[524]

Dieses Urteil erweist sich in zweifacher Hinsicht als fehlerhaft. Anders als das OVG Koblenz meint, wirkt sich die rechtskräftige Abweisung des Aufhebungs-

---

[521] Richtline 2009/147/EG des Europäischen Parlaments und des Rates vom 30. November 2009 über die Erhaltung der wildlebenden Vogelarten (ABl. L 20, S. 7).

[522] OVG Koblenz, Urteil vom 09.01.2003 – 1 C 10187/01, NuR 2003, 441 (442).

[523] Vgl. OVG Koblenz, Urteil vom 08.11.2007 – 8 C 11523/06, juris Rn. 11.

[524] OVG Koblenz, Urteil vom 08.11.2007 – 8 C 11523/06, juris Rn. 62.

begehrens im Verfahren gegen den Ausgangsbeschluss auf die Erhebung einer weiteren Klage nach Abschluss des ergänzenden Verfahrens nur geringfügig aus. Dies gilt sowohl auf Ebene der Zulässigkeit (hierzu unter a)) als auch für den im Rahmen der Begründetheit zu prüfenden materiell-rechtlichen Aufhebungsanspruch (hierzu unter b)).

a) Keine Unzulässigkeit wegen entgegenstehender Rechtskraft

Zunächst entfaltet die im vorangegangenen Verfahren erlassene Entscheidung keine entgegenstehende Rechtskraft, aus der sich die Unzulässigkeit einer Klage gegen den korrigierten Planfeststellungsbeschluss ergeben könnte. Denn beiden Verfahren liegen unterschiedliche Streitgegenstände zugrunde.[525]

Wenn über einen Streitgegenstand in einem vorangegangenen Verfahren bereits rechtskräftig entschieden worden ist, ist eine Klage mit identischem Streitgegenstand in einem neuen Prozess wegen entgegenstehender Rechtskraft ohne Sachprüfung als unzulässig abzuweisen (*ne bis in idem*).[526] Maßgeblich für die Bestimmung des Streitgegenstandes sind nach dem herrschenden sogenannten zweigliedrigen Streitgegenstandsbegriff der klägerseitige Antrag und der zugehörige Klagegrund. Streitgegenstände sind identisch, wenn derselbe Betroffene dasselbe Rechtsschutzziel unter Bezugnahme auf denselben Lebenssachverhalt wie im Vorprozess begehrt.[527]

Auch wenn der Kläger mit seinem Aufhebungsbegehren denselben Klageantrag wie im Vorprozess stellt, unterscheidet sich nach Abschluss des ergänzenden Verfahrens jedenfalls der Sachverhalt, aus dem sich die begehrte Rechtsfolge ergeben soll. Denn Angriffsgegenstand der Klage ist nicht mehr die Entscheidung mit ihrem ursprünglichen Inhalt, sondern die Entscheidung in der Gestalt, die sie mit Abschluss des ergänzenden Verfahrens erlangt hat.[528] Dies gilt infolge des ergänzenden Verfahrens unabhängig davon, ob die abschließende Entscheidung den Ausgangsbeschluss ändert, ergänzt oder nur bestätigt. Denn die neue Entscheidung beruht in jedem Fall entweder auf einer Nach- bzw. Wiederholung

---

[525] So ausdrücklich: BVerwG, Urteil vom 12.03.2008 – 9 A 3/06, BVerwGE 130, 299 Rn. 25. Zweifelnd allerdings: BVerwG, Urteil vom 04.06.2020 – 7 A 1/18, Buchholz 406.403 § 34 BNatSchG 2010 Nr. 18 Rn. 9.

[526] BVerwG, Urteil vom 05.11.1985 – 6 C 22/84, NVwZ 1986, 293 (294); BVerwG, Urteil vom 20.10.2016 – 7 C 27/15, NVwZ 2017, 625 Rn. 12; VGH Mannheim, Urteil vom 25.11. 1991 – 8 S 2624/91, NVwZ 1992, 896 (896); *Schenke*, in: Kopp/Schenke, VwGO, § 121 Rn. 10; *Clausing*, in: Schoch/Schneider, VwGO, § 121 Rn. 21; *Wöckel*, in: Eyermann, VwGO, § 121 Rn. 9.

[527] VG Berlin, Urteil vom 23.04.2015 – 1 K 233/13, juris Rn. 17; *Kilian/Hissnauer*, in: Sodan/Ziekow, VwGO, § 121 Rn. 49, 56. Zu alledem bereits unter § 10 C.I.

[528] Hierzu unter § 12 A.I.3.

eines zuvor unterbliebenen oder fehlerhaften Verfahrensschrittes oder auf einer inhaltlichen Nachbewertung.[529] Daher ist auch unerheblich, ob der Planfeststellungsbeschluss nunmehr einen neuen Regelungsgehalt aufweist, die Korrektur also den verfügenden Teil betrifft, oder diese sich auf den Begründungsteil beschränkt und die im ursprünglichen Planfeststellungsbeschluss ausgesprochene Vorhabenzulassung sowie die darauf bezogenen Anordnungen unberührt lässt. Denn der ursprüngliche Planfeststellungsbeschluss wird durch die veränderte bzw. erweiterte Begründung verändert.[530]

Im Hinblick auf den Gegenstand des Verfahrens gilt prinzipiell nichts anderes als in dem Fall, in dem die Behörde das ergänzende Verfahren vor oder während des Verfahrens in erster Instanz oder während der Revision durchführt. Dann ist mit dem Wechsel des Streitgegenstandes gemäß § 91 VwGO eine Umstellung der Klage erforderlich.[531] Daher überrascht, dass das Bundesverwaltungsgericht das Vorliegen unterschiedlicher Streitgegenstände in seinem zweiten Urteil zur *Elbvertiefung* in Frage stellt.[532]

b) Mögliches Bestehen eines Aufhebungsanspruchs

Etwaige präjudizielle Wirkungen des Urteils aus dem vorangegangenen Prozess werden im Verfahren gegen den korrigierten Planfeststellungsbeschluss erst auf Ebene der Begründetheit relevant.[533]

Ein weiteres Aufhebungsbegehren hat Erfolg, wenn zuvor erfolgreich gerügte Mängel im Zuge des ergänzenden Verfahrens nicht behoben werden konnten und einer „Heilung der Heilung" tatsächliche oder rechtliche Hindernisse entgegenstehen (hierzu unter aa)). Hingegen verhindert die Rechtskraftwirkung der Abweisung im Übrigen, dass im vorangegangenen Prozess zurückgewiesene Einwände nunmehr zu einer Aufhebung führen können (hierzu unter bb)).

---

[529] *Wysk*, in: Kopp/Ramsauer, VwVfG, § 75 Rn. 29; *Neumann/Külpmann*, in: Stelkens/ Bonk/Sachs, VwVfG, § 75 Rn. 43a, 48 f.

[530] So ausdrücklich: BVerwG, Beschluss vom 28.07.2014 – 7 B 22/13, UPR 2015, 34 Rn. 6. Ebenso: BVerwG, Beschluss vom 20.12.1991 – 4 C 25/90, juris Rn. 17. Hierzu im Einzelnen unter § 6 B.III. und unter § 12 A.I.2.

[531] Hierzu unter § 10 E. und unter § 11 A.I.

[532] BVerwG, Urteil vom 04.06.2020 – 7 A 1/18, Buchholz 406.403 § 34 BNatSchG 2010 Nr. 18 Rn. 9.

[533] *Clausing/Kimmel*, in: Schoch/Schneider, VwGO, § 121 Rn. 22; *Unruh*, in: Fehling/Kastner/Störmer, Hk-VerwR, § 121 VwGO Rn. 8. A.A. offenbar: BVerwG, Urteil vom 04.06.2020 – 7 A 1/18, Buchholz 406.403 § 34 BNatSchG 2010 Nr. 18 Rn. 9; BVerwG, Urteil vom 07.10. 2021 – 4 A 9/19, UPR 2022, 99 Rn. 16 und VGH München, Urteil vom 18.12.2012 – 8 B 12/431, juris Rn. 29 – hier jeweils Prüfung der präjudiziellen Wirkungen im Rahmen der Zulässigkeit.

aa) Möglicher Aufhebungsanspruch bei erfolgloser Heilung

Im eingangs beschriebenen Urteil geht das OVG Koblenz ersichtlich davon aus, dass eine Anfechtungsklage gegen einen Planfeststellungsbeschluss, dessen Aufhebung schon einmal erfolglos geltend gemacht worden ist, nach einem ergänzenden Verfahren nicht mehr in Betracht kommt. So sei die „Geltendmachung von aufhebungsrelevanten Mängeln kraft Rechtskraftwirkung ausgeschlossen."[534] Dem dürfte die Annahme zugrunde liegen, dass ein ergänzendes Verfahren regelmäßig erfolgreich beendet wird und die Fehlerheilung den zunächst mangelhaften Planfeststellungsbeschluss ausschließlich positiv dahingehend verändern kann, dass dieser im Anschluss jedenfalls weniger Fehler aufweist als zuvor. Wäre dies der Fall, dann wäre eine Aufhebung nach einem Unterliegen im ersten Prozess im nachfolgenden Verfahren quasi „erst recht" ausgeschlossen.

Dabei verkennt das Gericht allerdings, dass das ergänzende Verfahren dazu dient, beachtliche Abwägungsmängel, Verfahrensfehler und materielle Rechtsverstöße zu korrigieren, hinsichtlich derer im Zeitpunkt des Urteils regelmäßig weder sicher feststeht, ob eine Heilung tatsächlich möglich ist, noch wie das Ergebnis einer künftigen Korrektur aussehen kann.[535] Logische Konsequenz dessen ist, dass ein ergänzendes Verfahren auch mit einem korrigierten Planfeststellungsbeschluss enden kann, den das Gericht im Anschluss aufheben muss, weil es – abweichend von seinem Urteil im vorangegangenen Verfahren und auch konträr zur Auffassung der Behörde und des Vorhabenträgers – zu dem Schluss kommt, dass sich eine Heilung als nicht (mehr) möglich herausgestellt hat.

Insoweit unterscheidet sich das ergänzende Verfahren maßgeblich von der in ihrem Ergebnis regelmäßig vorgezeichneten Planergänzung. Im Gegensatz zum ergänzenden Verfahren führt diese zwar zwingend zu einer Ergänzung des Planfeststellungsbeschlusses, im Übrigen bleibt die Ausgangsentscheidung jedoch unverändert erhalten und erwächst deshalb auch sicher in Bestandskraft.[536] Demgegenüber ist der Fortbestand des Planfeststellungsbeschlusses im ergänzenden Verfahren regelmäßig infrage gestellt.[537]

Besonders deutlich wird dies, wenn zunächst eine Prüfung vollständig unterblieben ist, das Gericht aber die Möglichkeit sieht, diese nachzuholen. Im Zuge der nachgeholten Prüfung kann sich wider Erwarten zeigen, dass das Vorhaben zwangsläufig zu einer Verletzung zwingenden Rechts führen oder eine Neukon-

---

[534] OVG Koblenz, Urteil vom 08.11.2007 – 8 C 11523/06, juris Rn. 62.

[535] *Deutsch*, in: Mann/Sennekamp/Uechtritz, VwVfG, § 75 Rn. 123; *Wysk*, in: Kopp/Ramsauer, VwVfG, § 75 Rn. 32. Hierzu unter § 3 C.III. und unter § 5 B.

[536] *Deutsch*, in: Mann/Sennekamp/Uechtritz, VwVfG, § 75 Rn. 123. Hierzu bereits unter § 3 C. und unter § 10 C.III.2.

[537] *Wysk*, in: Kopp/Ramsauer, VwVfG, § 75 Rn. 32.

zipierung des gesamten Projektes erforderlich machen würde, die sich nicht in einem ergänzenden Verfahren unter Wahrung der Vorhabenidentität bewerkstelligen ließe. Weiterhin können bisher gänzlich unbekannte neue Erkenntnisse zur tatsächlichen oder rechtlichen Unmöglichkeit der Projektverwirklichung führen.[538] Wenn dem Vorhaben unüberwindbare Hindernisse entgegenstehen, kommt eine Feststellung des Plans nicht mehr in Betracht. So hätte auch das OVG Koblenz dem Hauptantrag der Anfechtungsklage stattgeben müssen, wenn es die im ergänzenden Verfahren ermittelten, mit dem Vorhaben einhergehenden Beeinträchtigungen – anders als die Behörde und der Vorhabenträger – für erheblich gehalten und zugleich das Vorliegen der Voraussetzungen für eine Ausnahme verneint hätte. Die bloße Stattgabe des Hilfsantrags, im Rahmen dessen das Gericht die Vereinbarkeit mit der Europäischen Vogelschutzrichtlinie letztlich geprüft hat,[539] wäre nicht ausreichend gewesen, weil eine „Heilung der Heilung" nicht mehr in Betracht gekommen wäre.

Diesen Gedanken hat der *7. Senat* in seinem zweiten Urteil zur *Elbvertiefung* deutlich herausgestellt:

„[…] die Abweisung des mit dem Hauptantrag verfolgten Aufhebungsbegehrens setzt immer voraus, dass nach § 75 Abs. 1a Satz 2 VwVfG […] die Heilung der festgestellten Rechtsfehler in einem ergänzenden Verfahren auch tatsächlich möglich erscheint […]. Es ist aber jedenfalls nicht von vornherein ausgeschlossen, dass an dieser Einschätzung nach einem – unterstellt – erfolglosen Heilungsversuch aufgrund neuer rechtlicher oder tatsächlicher Entwicklungen und Erkenntnisse nicht mehr festgehalten werden kann."[540]

Für den Kläger, auf dessen Klage die Rechtswidrigkeit und Nichtvollziehbarkeit des ursprünglichen Planfeststellungsbeschlusses festgestellt, das Aufhebungsbegehren hingegen rechtskräftig abgewiesen worden ist, bedeutet dies, dass er stets ein erneutes Aufhebungsbegehren gegen den Planfeststellungsbeschluss in seiner durch das ergänzende Verfahren erreichten Gestalt geltend machen kann, wenn er die Heilung für endgültig gescheitert hält.[541] Die in verschiedenen Entscheidungen zu findende und im Schrifttum teilweise rezipierte Beschränkung dieser Möglichkeit auf Fälle, in denen Gegenstand des ergänzenden Verfahrens und des dieses abschließenden Beschlusses auch „aufhebungsrelevante Gesichtspunkte" der Planungsentscheidung waren,[542] ist nach dem oben Erörterten nicht

---

[538] Hierzu im Einzelnen unter § 12 D.III.2. und unter § 12 D.IV.3.

[539] OVG Koblenz, Urteil vom 08.11.2007 – 8 C 11523/06, juris Rn. 65 ff.

[540] BVerwG, Urteil vom 04.06.2020 – 7 A 1/18, Buchholz 406.403 § 34 BNatSchG 2010 Nr. 18 Rn. 9. Vgl. auch: BVerwG, Urteil vom 07.10.2021 – 4 A 9/19, UPR 2022, 98 Rn. 16.

[541] Ebenso: *Schütz*, UPR 2021, 418 (425); *Deutsch*, in: Mann/Sennekamp/Uechtritz, VwVfG, § 75 Rn. 141.

[542] BVerwG, Urteil vom 12.03.2008 – 9 A 3/06, BVerwGE 130, 299 Rn. 26; BVerwG, Beschluss vom 28.07.2014 – 7 B 22/13, UPR 2015, 34 Rn. 5, 10. Übernommen von: *Storost*,

notwendig.[543] Sie dürfte darauf zurückzuführen sein, dass sich in nicht wenigen Fällen schon bei Erlass des Urteils auf Grundlage der bisherigen Feststellungen – auch ohne entsprechende Wahrscheinlichkeitsprognose des Gerichts –[544] recht zuverlässig voraussagen lässt, dass ein ergänzendes Verfahren zu einem rechtmäßigen Planfeststellungsbeschluss führen wird.

bb) Keine Aufhebung wegen zuvor bereits erfolglos gerügter Mängel

Mit der Feststellung der Rechtswidrigkeit und Nichtvollziehbarkeit und der Klageabweisung im Übrigen wird für die Zukunft verbindlich festgestellt, dass der ursprüngliche Planfeststellungsbeschluss mit Ausnahme der festgestellten Mängel keine Fehler aufweist. Infolge dieser Rechtskraftwirkung ist die Geltendmachung aufhebungsrelevanter Mängel gegen den korrigierten Planfeststellungsbeschluss ausgeschlossen, soweit diese bereits im vorangegangenen Prozess erfolglos gerügt worden sind.[545]

Insoweit ist das Institut der Doppelten Rechtskraft ohne Bedeutung. Denn auch wenn man entgegen der Auffassung des Bundesverwaltungsgerichts davon ausgeht, dass die behördliche Ausgangsentscheidung nicht vollumfänglich auf Fehler überprüft werden muss, sondern diese auch im Verfahren gegen den korrigierten Planfeststellungsbeschluss noch geltend gemacht werden können, gilt diese Möglichkeit nur für Fehler, die unter Beachtung der Fehlerheilungsvorschriften im VwVfG und im UmwRG nicht zur Aufhebung, sondern zur Feststellung der Rechtswidrigkeit und Nichtvollziehbarkeit führen würden. Hingegen muss schon bei Abweisung des Aufhebungsbegehrens im Vorprozess feststehen, dass Mängel, die wegen ihrer Art oder Schwere die Planung als Ganzes infrage stellen und nicht durch ein ergänzendes Verfahren behoben werden können, nicht bestehen.[546]

Da die Heilung unmittelbar an den nur schwebend unwirksamen Planfeststellungsbeschluss anknüpft, dieser mithin als Teil der neuen Entscheidung fortbesteht und durch diese nicht (vollständig) ersetzt wird,[547] stellt das rechtskräftig festgestellte Fehlen von aufhebungsrelevanten Mängeln für die neue Planungs-

---

UPR 2018, 52 (59); *Riese*, in: Schoch/Schneider, VwGO, § 114 Rn. 241; *Schink*, in: Knack/ Henneke, VwVfG, § 75 Rn. 50.

[543] So wohl auch: VGH München, Urteil vom 18.12.2012 – 8 B 12/431, juris Rn. 31.

[544] BVerwG, Urteil vom 21.03.1996 – 4 C 19/94, BVerwGE 100, 370 (373).

[545] So ausdrücklich: BVerwG, Beschluss vom 28.07.2014 – 7 B 22/13, UPR 2015, 34 Rn. 10; OVG Koblenz, Urteil vom 08.11.2007 – 8 C 11623/06, juris Rn. 62; VGH München, Urteil vom 18.12.2012 – 8 B 12/431, juris Rn. 29–31.

[546] Hierzu unter § 10 C.II.2.b)aa).

[547] *Durner*, VerwArch 97 (2006), 345 (367 f.). Offenbar von einer vollständigen Ersetzung ausgehend hingegen: BVerwG, Beschluss vom 20.12.1991 – 4 C 25/90, juris Rn. 17 f.

entscheidung auch eine rechtskräftige Vorfrage dar, die in einem nachfolgenden Prozess präjudiziell bindet.[548] Stützt der Kläger sein Aufhebungsbegehren mithin allein auf bereits erfolglos gerügte Mängel, muss das im Folgeprozess urteilende Gericht ohne weitere Sach- und Rechtsprüfung zur Abweisung gelangen.

Ausnahmsweise kommt die erfolgreiche Geltendmachung eines Aufhebungs- anspruchs auf Grundlage zuvor bereits erfolglos gerügter Mängel dann in Be- tracht, wenn die Behörde im Zuge des ergänzenden Verfahrens befugter- oder unbefugterweise von der Rechtskraft erfasste Erwägungen einer neuerlichen Sachprüfung unterzieht. Dann ist die Situation mit einem „Zweitbescheid" ver- gleichbar, der bereits vergangene Rechtsschutzmöglichkeiten wieder eröffnet.[549] Der Kläger kann zuvor erfolglose Einwände erneut erheben, ohne dass dem die präjudizielle Wirkung des Aufhebungsurteils entgegenstünde.

2. Weiterer Antrag auf Feststellung der Rechtswidrigkeit und Nichtvollziehbarkeit

Die Wirkungen der Doppelten Rechtskraft kommen voll zum Tragen, wenn der Kläger im Hinblick auf den korrigierten Planfeststellungsbeschluss die Feststel- lung der Rechtswidrigkeit und Nichtvollziehbarkeit beantragt.

a) Keine (Teil-)Unzulässigkeit wegen entgegenstehender Rechtskraft

Geht man mit der höchstrichterlichen Rechtsprechung davon aus, dass die unbe- anstandet gebliebenen Teile eins Planfeststellungsbeschlusses mit Rechtskraft des Urteils im vorangegangenen Verfahren in (Teil-)Bestandskraft erwachsen,[550] ist eine weitere Klage auf Feststellung der Rechtswidrigkeit und Nichtvoll- ziehbarkeit deswegen nicht teilweise unzulässig.

Erwächst ein Verwaltungsakt aufgrund eines rechtskräftigen Abweisungs- urteils in Bestandskraft, scheitert eine weitere Klage stets an der Zulässigkeit (*ne bis in idem*).[551] Bei teilbaren Verwaltungsakten kommt auch eine Teilbestands- kraft und in der Folge eine teilweise Unzulässigkeit in Betracht.

---

[548] Anders soll dies nach teilweise vertretener Ansicht sein, wenn die Behörde nach einem stattgebenden Anfechtungsurteil den gerichtlich aufgehobenen Verwaltungsakt erneut erlässt, denn die Frage der Rechtswidrigkeit eines nachfolgenden Verwaltungsaktes könne durch den Vorprozess nicht rechtskräftig entschieden worden sein – vgl. *Detterbeck*, AöR 116 (1991), 391 (399 f.); *Kilian/Hissnauer*, in: Sodan/Ziekow, VwGO, § 121 Rn. 76. Hierzu bereits im Zusam- menhang mit den festgestellten Mängeln unter § 10 C.II.1.b)aa)

[549] BVerwG, Beschluss vom 28.07.2014 – 7 B 22/13, UPR 2015, 34 Rn. 6. Vgl. auch: BVerwG, Urteil vom 19.12.2007 – 9 A 22/06, BVerwGE 130, 138 Rn. 22 ff.; BVerwG, Urteil vom 11.12.2008 – 7 C 3/08, Buchholz 316 § 51 VwVfG Nr. 51 Rn. 14.

[550] Hierzu unter § 10 C.III.

[551] BVerwG, Beschluss vom 12.03.1982 – 4 N 1/80, BVerwGE 65, 131 (136); OVG Kob-

Hier liegen die Dinge aber anders. Denn der weitere Antrag des Klägers bezieht sich auf die Feststellung der Rechtswidrigkeit und Nichtvollziehbarkeit des unteilbaren Planfeststellungsbeschlusses als solchen. Dieser konnte nach Abschluss des ergänzenden Verfahrens aufgrund der Erhebung der weiteren Klage gerade noch nicht als Ganzes bestandskräftig werden. Die mit der Doppelten Rechtskraft einhergehende Bestandskraft einzelner Teile kommt mithin erst auf Ebene der Begründetheit zum Tragen.

b) Anspruch auf Feststellung der Rechtswidrigkeit und Nichtvollziehbarkeit

Obwohl Angriffsgegenstand der erneuten Klage der Planfeststellungsbeschluss in der Gestalt ist, die er mit Abschluss des ergänzenden Verfahrens erlangt hat,[552] wird der Kläger auf Ebene der Begründetheit so behandelt, als handele es sich bei dem Ausgangsbeschluss und der Korrektur um zwei voneinander getrennte Entscheidungen. Er kann unbegrenzt Mängel geltend machen, die sich auf die das ergänzende Verfahren abschließende Entscheidung beziehen (hierzu unter aa)). Hingegen bleibt ihm die Geltendmachung weiterer Mängel der Ausgangsentscheidung verwehrt (hierzu unter bb)).

aa) Mängel, die aus dem ergänzenden Verfahren resultieren

Gegen die Entscheidung im ergänzenden Verfahren hat der Kläger unbegrenzte Rechtsschutzmöglichkeiten. Zunächst kann er geltend machen, dass die vom Gericht festgestellten Mängel nach wie vor nicht behoben seien.[553] Dafür kommen verschiedene Ursachen in Betracht; entweder hat die Behörde einen zuvor festgestellten Fehler nicht oder nicht vollständig behoben oder aber ihr sind im Rahmen der Fehlerheilung selbst wiederum Fehler unterlaufen.

---

lenz, Beschluss vom 23.07.2014 – 2 B 10323/14, juris Rn. 49; *Kilian/Hissnauer*, in: Sodan/Ziekow, VwGO, § 121 Rn. 65; *Unruh*, in: Fehling/Kastner/Störmer, Hk-VerwR, § 121 VwGO Rn. 8; *Schenke*, in: Kopp/Schenke, VwGO, § 121 Rn. 9; *Clausing/Kimmel*, in: Schoch/Schneider, VwGO, § 121 Rn. 21; *Wöckel*, in: Eyermann, VwGO, § 121 Rn. 9. A.A. BVerwG, Urteil vom 04.06.1970 – II C 39/68, BVerwGE 35, 234 (236); *Grunsky*, Grundlagen des Verfahrensrechts, § 47 III 2, S. 494; *Martens*, Die Praxis des Verwaltungsprozesses, 1975, S. 119; *Ule*, Verwaltungsprozeßrecht, 1987, § 59 I 1, S. 313; *Detterbeck*, Streitgegenstand und Entscheidungswirkungen im Öffentlichen Recht, 1995, S. 110 und *Blomeyer*, JR 1968, 407 (410), die auch bei identischem Streitgegenstand von einem bloßen Abweichungsverbot ausgehen.

[552] Hierzu unter § 6 B.III. und unter § 12 A.I.3.

[553] BVerwG, Urteil vom 08.01.2014 – 9 A 4/13, BVerwGE 128, 31 Rn. 28; BVerwG, Urteil vom 28.04.2016 – 9 A 9/15, BVerwGE 155, 91 Rn. 39; BVerwG, Urteil vom 15.07.2016 – 9 C 3/16, NVwZ 2016, 1631 Rn. 61; *Storost*, UPR 2018, 52 (59); *Külpmann*, NVwZ 2020, 1143 (1147); *Deutsch*, in: Mann/Sennekamp/Uechtritz, VwVfG, § 75 Rn. 141; *Neumann/Külpmann*, in: Stelkens/Bonk/Sachs, VwVfG, § 75 Rn. 54a.

Bei den zuvor festgestellten Mängeln handelt es sich um rechtskräftig entschiedene Vorfragen, denen im Verfahren gegen den korrigierten Planfeststellungsbeschluss präjudizielle Wirkung zukommt.[554] Hat die Behörde einen gerichtlich beanstandeten Mangel im ergänzenden Verfahren unberücksichtigt gelassen, muss das im Folgeprozess urteilende Gericht ohne weitere Sach- und Rechtsprüfung zur Feststellung der Rechtswidrigkeit und Nichtvollziehbarkeit gelangen.

Endet das ergänzende Verfahren mit einer Planänderung oder -ergänzung, kann der Kläger sein Begehren weiterhin damit begründen, dass dadurch eigene Rechte oder rügefähige Umweltbelange erstmals oder stärker als bisher berührt seien.[555]

bb) Keine Beanstandung von Mängeln des ursprünglichen Planfeststellungsbeschlusses

Da es für die Feststellung der Rechtswidrigkeit und Nichtvollziehbarkeit im Prozess gegen die Ausgangsentscheidung ausreicht, einen einzigen heilbaren Fehler festzustellen,[556] besteht im nachfolgenden Verfahren im Grundsatz auch die Möglichkeit, weitere bereits dem ursprünglichen Planfeststellungsbeschluss anhaftende Rechtsfehler geltend zu machen, die ihrerseits einen Anspruch nach § 75 Abs. 1a Satz 2 VwVfG bzw. §§ 4 Abs. 1b Satz 1 und 7 Abs. 5 UmwRG nach sich ziehen, zuvor jedoch nicht geprüft worden sind.[557] Dies würde dem Kläger die Möglichkeit eröffnen, zuvor übersehene oder nach § 6 UmwRG präkludierte Fehler sowie solche Mängel, die sich aus seiner Sicht erst im nachfolgenden Prozess beweisen lassen, erstmals geltend zu machen.

Weiterhin könnte er selbst solche Rügen wiederholen, mit denen er zuvor nicht durchzudringen vermochte. Denn deren Zurückweisung ist nach den Grundsätzen zu § 121 VwGO nicht in Rechtskraft erwachsen.[558]

Dem steht jedoch die Doppelte Rechtskraft entgegen, die bei einem erneuten Antrag des Klägers auf Feststellung der Rechtswidrigkeit und Nichtvollziehbar-

---

[554] Hierzu bereits unter § 10 C.II.2.b)aa).

[555] BVerwG, Urteil vom 08.01.2014 – 9 A 4/13, BVerwGE 149, 31 Rn. 28; BVerwG, Urteil vom 28.04.2016 – 9 A 9/15, BVerwGE 155, 91 Rn. 39; BVerwG, Urteil vom 15.07.2016 – 9 C 3/16, NVwZ 2016, 1631 Rn. 61; *Storost*, UPR 2018, 52 (59); *Külpmann*, NVwZ 2020, 1143 (1147).

[556] Hierzu unter § 11 B.I.1.a)

[557] OVG Koblenz, Urteil vom 08.11.2007 – 8 C 11523/06, juris Rn. 62; VGH München, Urteil vom 18.12.2012 – 8 B 12/431, juris Rn. 30 f.

[558] Ebenso: *Ewer*, Möglichkeiten zur Beschleunigung verwaltungsgerichtlicher Verfahren über Vorhaben zur Errichtung von Infrastruktureinrichtungen und Industrieanlagen, 2019, S. 103. Hierzu unter § 10 C.II.1.b)bb).

keit ihre volle Wirkung entfaltet. Sie verhindert den Einwand, der Planfeststellungsbeschluss leide über die ursprüngliche Beanstandung des Gerichts hinaus an weiteren Fehlern.[559]

Nur im Ausnahmefall, kann der Kläger Mängel des ursprünglichen Planfeststellungsbeschlusses erstmals oder wiederholt geltend machen. Diese Möglichkeit steht ihm offen, wenn die Behörde im Zuge des ergänzenden Verfahrens befugter- oder unbefugterweise von der Rechtskraft erfasste Erwägungen einer neuerlichen Sachprüfung unterzieht. Dann ist die Situation mit einem „Zweitbescheid" vergleichbar, der bereits vergangene Rechtsschutzmöglichkeiten wieder eröffnet.[560] Der Geltendmachung von Mängeln steht die präjudizielle Wirkung des vorangehenden Urteils in diesen Fällen nicht entgegen.

II. Anfechtung durch Dritte

Die Doppelte Rechtskraft eines Urteils, mit dem ein Rechtsstreit gegen einen Planfeststellungsbeschluss (vorerst) beendet wird, ist unbeteiligten Dritten gegenüber bedeutungslos. Denn § 121 Nr. 1 VwGO begrenzt die Rechtskraft in subjektiver Hinsicht grundsätzlich auf die Verfahrensbeteiligten und ihre Rechtsnachfolger. Diese Wirkung *inter partes* resultiert mit Blick auf Art. 19 Abs. 4 und Art. 103 Abs. 1 GG aus der Tatsache, dass es nur den Beteiligten eines Rechtsstreits möglich ist, auf den Ausgang des Prozesses einzuwirken.[561]

Gehen Dritte anders als der Kläger nicht gegen die behördliche Ausgangsentscheidung vor, erwächst diese ihnen gegenüber mit Ablauf der Rechtsbehelfsfrist in Bestandskraft. Ein stattgebendes Urteil gegenüber dem Kläger wirkt sich lediglich faktisch zu ihren Gunsten aus (hierzu unter 1.). Gegen heilungsbedingte Änderungen des Vorhabens können Dritte nur dann klageweise vorgehen, wenn sie dadurch erstmals oder weitergehend als durch den ursprünglichen Planfeststellungsbeschluss betroffen sind (hierzu unter 2.).

---

[559] BVerwG, Urteil vom 28.04.2016 – 9 A 9/15, BVerwGE 155, 91 Rn. 39; BVerwG, Beschluss vom 20.03.2018 – 9 B 43/16, NuR 2019, 109 Rn. 65; BVerwG, Urteil vom 24.05.2018 – 4 C 4/17, BVerwGE 162, 114 Rn. 45; OVG Lüneburg, Beschluss vom 11.05.2020 – 12 LA 150/19, BauR 2020, 1292 (1293); *Seibert*, NVwZ 2018, 97 (102); *Külpmann*, NVwZ 2020, 1143 (1147); *Deutsch*, in: Mann/Sennekamp/Uechtritz, VwVfG, § 75 Rn. 141; *Neumann/Külpmann*, in: Stelkens/Bonk/Sachs, VwVfG, § 75 Rn. 53c.

[560] BVerwG, Beschluss vom 28.07.2014 – 7 B 22/13, UPR 2015, 34 Rn. 6. Vgl. auch BVerwG, Urteil vom 19.12.2007 – 9 A 22/06, BVerwGE 130, 138 Rn. 22 ff.; BVerwG, Urteil vom 11.12.2008 – 7 C 3/08, Buchholz 316 § 51 Nr. 51 Rn. 14.

[561] *Gotzen*, VR 1998, 406 (407); *Pieroth/Hartmann*, DV 41 (2008), 463 (470); *Kilian/Hissnauer*, in: Sodan/Ziekow, VwGO, § 121 Rn. 95.

1. Keine Berufung auf die Rechtswidrigkeit und Nichtvollziehbarkeit

Die gerichtliche Feststellung der Rechtswidrigkeit und Nichtvollziehbarkeit lässt die Bestandskraft des Planfeststellungsbeschlusses gegenüber denjenigen Betroffenen unberührt, die den Planfeststellungsbeschluss nicht angefochten haben.[562]

Bei Planfeststellungsbeschlüssen handelt es sich um Verwaltungsakte, die sich auf eine Vielzahl von Betroffenen auswirken. Wird ein Planfeststellungsbeschluss nur von einem Betroffenen angegriffen und infolgedessen rechtskräftig aufgehoben, wirkt der Urteilsausspruch nur im Verhältnis zum Kläger, nicht hingegen zugunsten derjenigen, die ihn nicht angefochten haben und auch nicht beigeladen worden sind.[563] Zwar entfaltet das Urteil dahingehend gestaltende Wirkung, dass Dritte sich nach der Aufhebung gegenüber dem Kläger nicht auf die Geltung des Planfeststellungsbeschlusses berufen können.[564] Sie selbst profitieren indes – anders als etwa bei Urteilen des Normenkontrollgerichts gemäß § 47 Abs. 5 Satz 2 VwGO – nicht von der Rechtskraft der Entscheidung.[565] Gleiches muss für die Feststellung der Rechtswidrigkeit und Nichtvollziehbarkeit gelten.[566]

Die einst vom OVG Münster unter Verweis auf den Tenor vorgebrachte Überlegung, dass das Urteil rechtsgestaltende Wirkung in der Weise haben könnte, dass sich auch Dritte gegenüber der Behörde auf die fehlende Vollziehbarkeit des

---

[562] BVerwG, Beschluss vom 04.07.2012 – 9 VR 6/12, Buchholz 407.4 § 17e FStrG Nr. 14 Rn. 10; BVerwG, Urteil vom 28.04.2016 – 9 A 9/15, BVerwGE 155, 91 Rn. 39; BVerwG, Urteil vom 15.07.2016 – 9 C 3/16, NVwZ 2016, 1631 Rn. 61; BVerwG, Beschluss vom 31.01.2019 – 4 B 9/17, juris Rn. 17; *Baumeister*, Der Beseitigungsanspruch als Fehlerfolge des rechtswidrigen Verwaltungsakts, 2006, S. 416; *Gaentzsch*, DVBl. 2000, 741 (748); *Storost*, UPR 2018, 52 (59); *Rubel*, DVBl. 2019, 600 (602); *Külpmann*, NVwZ 2020, 1143 (1147); *Schütz*, UPR 2021, 418 (420); *Neumann/Külpmann*, in: Stelkens/Bonk/Sachs, VwVfG, § 75 Rn. 55; *Schenke*, in: Kopp/Schenke, VwGO, § 121 Rn. 23.

[563] *Hoppe/Schlarmann/Buchner/Deutsch*, Rechtsschutz bei der Planung von Verkehrsanlagen und anderen Infrastrukturvorhaben, Rn. 746 f.; *Paetow*, DVBl. 1985, 369 (375–377); *Johlen*, NVwZ 1989, 109 (111); *Germelmann*, in: Gärditz, VwGO, § 121 Rn. 74; *Wöckel*, in: Eyermann, VwGO, § 121 Rn. 37; *Clausing/Kimmel*, in: Schoch/Schneider, VwGO, § 121 Rn. 37. A. A. noch *Steinberg/Berg/Wickel*, Fachplanung, 3. Aufl. 2000, § 6 Rn. 169 f., mit Verweis auf die Gestaltungswirkung des Anfechtungsurteils, die von der Rechtskraftwirkung zu unterscheiden sei.

[564] *Schenke*, NVwZ 2022, 273 (275).

[565] *Kilian/Hissnauer*, in: Sodan/Ziekow, VwGO, § 121 Rn. 104 f.; *Clausing/Kimmel*, in: Schoch/Schneider, VwGO, § 121 Rn. 37.

[566] BVerwG, Beschluss vom 04.07.2012 – 9 VR 6/12, Buchholz 407.4 § 17e FStrG Nr. 14 Rn. 10; BVerwG, Beschluss vom 31.01.2019 – 4 B 9/17, juris Rn. 17; *Külpmann*, NVwZ 2020, 1143 (1147); *Schütz*, UPR 2021, 418 (426).

Planfeststellungsbeschlusses berufen können,[567] überzeugt nicht. Es ist nämlich nicht ersichtlich, wieso die Feststellung der Rechtswidrigkeit und Nichtvollziehbarkeit anders als die Aufhebung eines Planfeststellungsbeschlusses behandelt werden sollte.[568] Weiterhin sind Dritte – anders als der erfolgreiche Kläger – durch den Planfeststellungsbeschluss nicht notwendigerweise in ihren Rechten verletzt.

Im Verhältnis zu anderen Planbetroffenen erweist sich die Feststellung der Rechtswidrigkeit und Nichtvollziehbarkeit aber stets als Rechtsreflex.[569] Sie profitieren faktisch, weil ein Planfeststellungsbeschluss nur gegenüber allen oder keinem Betroffenen in Betracht kommt und eine tatsächliche Realisierung des Vorhabens daher erst nach Abschluss eines ergänzenden Verfahrens droht.

2. Rechtsschutz gegen heilungsbedingte Änderungen des Vorhabens

Die gegenüber Dritten einmal eingetretene Bestandskraft bleibt auch dann unangetastet, wenn die Heilung mit einer für jedermann geltenden Änderung des Vorhabens verbunden ist.[570] Denn die im Hinblick auf den ursprünglichen Planfeststellungsbeschluss durch Bestandskraft erlangte Rechtssicherheit soll bei nachträglichen Änderungen nur insoweit aufgegeben werden, als es zur Beseitigung der gerichtlich festgestellten Mängel im ergänzenden Verfahren erforderlich ist.[571] Damit kann ein Kläger, der den ursprünglichen Planfeststellungsbeschluss unangefochten gelassen hat, die gerichtliche Kontrolle eines Planergänzungsbeschlusses nicht allein deshalb verlangen, weil dieser in einem gerichtlich ermöglichten Planergänzungsverfahren ergangen ist.[572] Alles andere würde Sinn und Zweck der nachträglichen Heilung zuwiderlaufen. Denn die korrigierte Entscheidung wäre dann ebenso weit angreifbar, wie eine ganz neue Entscheidung, was die Einführung des ergänzenden Verfahrens gerade unterbinden sollte.[573]

---

[567] OVG Münster, Beschluss vom 25.01.2011 – 11 B 1594/10, NWVBl. 2012, 71 (71).

[568] Im Ergebnis ebenso: *Kämper*, in: Bader/Ronellenfitsch, BeckOK VwVfG, § 74 Rn. 156.2. Vgl. auch: *Fischer*, in: Ziekow, Handbuch des Fachplanungsrechts, § 3 Rn. 226.

[569] BVerwG, Beschluss vom 04.07.2012 – 9 VR 6/12, Buchholz 407.4 § 17e FStrG Nr. 14 Rn. 10; BVerwG, Beschluss vom 31.01.2019 – 4 B 9/17, juris Rn. 17; *Johlen*, NVwZ 1989, 109 (111); *Storost*, UPR 2018, 52 (59); *Külpmann*, NVwZ 2020, 1143 (1147); *Neumann/Külpmann*, in: Stelkens/Bonk/Sachs, VwVfG, § 72 Rn. 111; *Schenke*, in: Kopp/Schenke, VwGO, § 121 Rn. 23.

[570] BVerwG, Beschluss vom 04.07.2012 – 9 VR 6/12, Buchholz 407.4 § 17e FStrG Nr. 14 Rn. 12. Hierzu unter § 12 A.II.1.

[571] BVerwG, Beschluss vom 17.07.2008 – 9 B 15/08, NVwZ 2008, 1114 Rn. 28; BVerwG, Urteil vom 24.07.2008 – 4 A 3001/07, BVerwGE 131, 316 Rn. 23.

[572] *Külpmann*, jurisPR-BVerwG 25/2019, Anm. 2.

[573] *Gaentzsch*, DVBl. 2000, 741 (748); hierzu auch *Paetow*, DVBl. 1985, 369 (375–377).

Insoweit wird auf die Rechtsprechung zu § 76 VwVfG[574] sowie zur Planergänzung nach § 75 Abs. 1a Satz 2 VwVfG Bezug genommen.[575]

Dritte können gegen die Entscheidung im ergänzenden Verfahren mithin nur in dem Umfang klageweise vorgehen, in dem die korrigierte Planentscheidung neue Festsetzungen oder Regelungen enthält und soweit sie dadurch erstmals oder weitergehend als durch den ursprünglichen Planfeststellungsbeschluss betroffen sind.[576] Auch wenn ihnen diese Rechtsschutzmöglichkeit nur im Hinblick auf die einheitliche Planfeststellungsentscheidung als solche eröffnet wird, sind sie damit faktisch darauf beschränkt, Einwände gegen den Änderungs- oder Ergänzungsbeschluss geltend zu machen.

In besonderen Fallgestaltungen soll es aus Sicht des Bundesverwaltungsgerichts aus Gründen effektiven Rechtsschutzes geboten sein, die Anfechtbarkeit über den Regelungsgehalt des Änderungsplanfeststellungsbeschlusses hinaus ausnahmsweise auf die Regelungen der Planfeststellung im Übrigen auszudehnen. Dies sei namentlich dann in Betracht zu ziehen, wenn ein durch die Änderung Betroffener gegen den Planfeststellungsbeschluss in früherer Fassung mangels rechtlicher Betroffenheit noch nicht vorgehen konnte oder wenn die Änderung die festgestellte Planung in ihrer Grundkonzeption berührt.[577]

C. Bindung des Gerichts an die Rechtskraft des vorangegangenen Urteils

Wenn der zunächst erfolgreiche Kläger auch gegen den korrigierten Planfeststellungsbeschluss vorgeht, ist das Gericht, das über dessen Rechtmäßigkeit zu befinden hat, an das Urteil des vorangegangenen Prozesses gebunden, soweit die materielle Rechtskraft reicht. Dadurch wird sein Recht zur Amtsermittlung be-

---

[574] Vgl. z. B. BVerwG, Beschluss vom 22.09.2005 – 9 B 13/05, Buchholz 407.4 § 17 FStrG Nr. 189 Rn. 5 ff. unter Verweis auf BVerwG, Beschluss vom 17.09.2004 – 9 VR 3/04, Buchholz 316 § 76 VwVfG Nr. 13 S. 4.

[575] Vgl. z. B. BVerwG, Beschluss vom 31.01.2019 – 4 B 9/17, juris Rn. 18 unter Verweis auf BVerwG, Urteil vom 24.07.2008 – 4 A 3001/07, BVerwGE 131, 316 Rn. 23.

[576] BVerwG, Beschluss vom 22.09.2005 – 9 B 13/05, Buchholz 407.4 § 17 FStrG Nr. 189 Rn. 6; BVerwG, Urteil vom 24.07.2008 – 4 A 3001/07, juris Rn. 21; BVerwG, Beschluss vom 04.07.2012 – 9 VR 6/12, Buchholz 407.4 § 17e FStrG Nr. 14 Rn. 12; BVerwG, Urteil vom 28.04.2016 – 9 A 9/15, BVerwGE 155, 91 Rn. 39; BVerwG, Urteil vom 08.01.2014 – 9 A 4/13, BVerwGE 149, 31 Rn. 28; BVerwG, Urteil vom 15.07.2016 – 9 C 3/16, NVwZ 2016, 1631 Rn. 61; *Gaentzsch*, DVBl. 2000, 741 (748); *Rubel*, DVBl. 2019, 600 (602); *Jarass*, DVBl. 1997, 795 (799, 802); *Henke*, UPR 1999, 51 (57); *Külpmann*, NVwZ 2020, 1143 (1147); *Wickel*, in: Fehling/Kastner/Störmer, Hk-VerwR § 75 VwVfG Rn. 61; *Neumann/Külpmann*, in: Stelkens/Bonk/Sachs, VwVfG, § 75 Rn. 55.

[577] BVerwG, Beschluss vom 04.07.2012 – 9 VR 6/12, Buchholz 407.4 § 17e FStrG Nr. 14 Rn. 14.

schränkt.[578] Das Ausmaß der Rechtsbeständigkeit eines Feststellungsurteils ist bisher nicht abschließend geklärt.

Die Doppelte Rechtskraft löst die Reichweite der Verbindlichkeit eines Urteils für künftige Rechtsstreite vom Entscheidungssatz. Inhalt und Umfang der Rechtskraft eines Urteils, das die Rechtswidrigkeit und Nichtvollziehbarkeit eines Planfeststellungsbeschlusses feststellt, ergeben sich vielmehr „aus den die gerügten Mängel bejahenden oder verneinenden Entscheidungsgründen."[579] Unklar ist, wie diese Aussage zu verstehen ist.

Die Entscheidungsgründe eines Urteils enthalten nicht lediglich eine Aufzählung derjenigen Mängel, die aus Sicht des entscheidenden Gerichts bestehen bzw. nicht bestehen. Vielmehr liegt jeder dieser Entscheidungen eine Vielzahl weiterer Entscheidungen zugrunde, zu denen sich in den Urteilsgründen Ausführungen unterschiedlichen Umfangs und unterschiedlicher Tiefe finden lassen und auf die sich die materielle Rechtskraft des Urteils daher prinzipiell erstrecken könnte. So hängt die Entscheidung über die Rechtswidrigkeit eines Planfeststellungsbeschlusses von der Entscheidung des Gerichts über die nach Lage der Dinge bzw. dem Vorbringen der Klägerseite im konkreten Einzelfall potentiell verletzten Rechtssätze (formelle Anforderungen, zwingende Ge- und Verbote aus dem jeweiligen Fachplanungsgesetz und anderen Gesetzen, Planungsleitsätze, Abwägungsgebot) und deren Qualität ab. Diese Entscheidungen sind ihrerseits von Entscheidungen über das Vorliegen der Voraussetzungen dieser Rechtssätze abhängig, die wiederum durch Entscheidungen über den zugrunde zu legenden Sachverhalt bestimmt werden. Insofern lässt sich jeder Entscheidungsvorgang in zahllose Einzelfragen bis hin zu den kleinsten Entscheidungsschritten zergliedern, die ihrerseits nicht nur Teile der letzten Entscheidung als Ergebnis des Gesamtprozesses, sondern auch selbst Entscheidungen sind.[580]

Dies lässt sich anhand eines Beispiels verdeutlichen: Hält das Gericht eine Zulassungsentscheidung wegen eines Verstoßes gegen § 34 Abs. 2 BNatSchG für rechtswidrig, weil in der FFH-Verträglichkeitsprüfung fehlerhaft die Erheblichkeit der vorhabenbedingten Beeinträchtigungen für ein Natura 2000-Gebiet in seinen für die Erhaltungsziele oder den Schutzzweck maßgeblichen Bestandteilen verneint wurde, gehen dieser Entscheidung diverse Entscheidungen über Vorfragen voraus: So prüft das Gericht zuvor, ob die Erhaltungsziele des jeweiligen Gebiets korrekt ermittelt wurden und die Bestandserfassung und -bewer-

---

[578] Ausdrücklich: *Schwan*, ThürVBl. 2015, 181 (182).

[579] BVerwG, Beschluss vom 20.03.2018 – 9 B 43/16, NuR 2019, 109 (Ls. 5).

[580] *Krebs*, Kontrolle in staatlichen Entscheidungsprozessen, 1984, S. 33. Vgl. hierzu insgesamt auch *Kaniess*, Der Streitgegenstandsbegriff in der VwGO, 2012, S. 39 f., der das verwaltungsgerichtliche Urteil als eine Pyramide aufeinander aufbauender Entscheidungen beschreibt, deren Spitze, die letzte in der Urteilsformel enthaltene Entscheidung darstellt.

tung der Lebensraumtypen und charakteristischen Arten fehlerfrei erfolgt ist. Sodann kontrolliert es, ob die Behörde die vorhabenbedingten Wirkfaktoren und Wirkweiten korrekt bestimmt hat. Ferner muss es darüber befinden, ob die daraus resultierenden möglichen Beeinträchtigungen fehlerfrei identifiziert worden sind. All diesen zu prüfenden Voraussetzungen der FFH-Verträglichkeit liegen wiederum weitere Entscheidungen zugrunde.

I. Inhaltliche Reichweite der Rechtskraft

Der Mindestgehalt der Rechtskraft über den Entscheidungssatz hinaus lässt sich einigermaßen leicht bestimmen (hierzu unter 1.). Problematischer ist die Frage, ob und inwieweit die Rechtskraft des Urteils sich darüber hinaus auf rechtliche Erwägungen und Begründungselemente erstreckt, die der Entscheidung über das Vorliegen eines Rechtsfehlers vorausgehen (hierzu unter 2.). Fraglich ist zudem, ob diejenigen Sachkomplexe eines Planfeststellungsbeschlusses, die das Gericht ohne Begründung unbeanstandet lässt, in einem späteren Verfahren einer gerichtlichen Prüfung entzogen sind (hierzu unter 3.).

1. Mindestgehalt der Doppelten Rechtskraft

Mithilfe der Rechtsprechung des Bundesverwaltungsgerichts dürfte sich die minimale Reichweite der Rechtskraft jenseits des bloßen Entscheidungssatzes in den meisten Fällen einigermaßen leicht bestimmen lassen. Nach den Ausführungen des *7. Senats* in seiner zweiten Entscheidung zur *Elbvertiefung* sollen jedenfalls solche Teile des Planfeststellungsbeschlusses einer nochmaligen gerichtlichen Überprüfung entzogen sein, die „ungeachtet eines nach den allgemeinen prozessualen Kategorien einheitlichen Streitgegenstandes […] im Sinne einzelner Klagegründe einer gesonderten Entscheidung zugänglich sind".[581] Von der Rechtskraft erfasst sein dürften damit jedenfalls die im Einzelnen begründeten Entscheidungen über die Einhaltung der abtrennbaren rechtlichen Anforderungen an die Zulassungsentscheidung. Dabei geht es vor allem darum, ob diese die einschlägigen verfahrens- und materiell-rechtlichen Vorgaben erfüllt.[582]

Dem dürfte zu entnehmen sein, dass das Bundesverwaltungsgericht bei Einführung der Doppelten Rechtskraft bezweckte, dass mit Erlass eines Feststellungsurteils zumindest das Einhalten oder Verfehlen im Grundsatz inhaltlich voneinander trennbarer rechtlicher Anforderungen einzelner Sachkomplexe

---

[581] BVerwG, Urteil vom 04.06.2020 – 7 A 1/18, Buchholz 406.403 § 34 BNatSchG 2010 Nr. 18 Rn. 32.

[582] BVerwG, Urteil vom 04.06.2020 – 7 A 1/18, Buchholz 406.403 § 34 BNatSchG 2010 Nr. 18 Rn. 32.

rechtskräftig festgestellt wird. Bei einem Planfeststellungsbeschluss kommen exemplarisch in Betracht:

– die Erfüllung der Vorgaben aus dem UVPG (Umweltverträglichkeitsprüfung bzw. Vorprüfung des Einzelfalls);
– das Vorliegen einer Planrechtfertigung;
– die Einhaltung verbindlicher Entscheidungen in vorausgegangen Verfahren (z.B. Ziele der Raumordnung, höherstufige Fachplanung);
– die Einhaltung des zwingenden Immissionsschutzrechts (z.B. Lärm, Erschütterung, elektromagnetische Strahlung);
– die Einhaltung naturschutzrechtlicher Bestimmungen (Regelung von Ausgleichs- und Ersatzmaßnahmen, Habitatschutz, Artenschutz);
– die Durchführung einer ordnungsgemäßen Abwägung der von der Planung berührten Belange und die Betrachtung von Alternativen.

Im Ausgangsbeispiel würde also entweder der Verstoß der Entscheidung gegen die Vorgaben des § 34 Abs. 2 BNatSchG oder aber (bei Hinwegdenken des Fehlers) die Einhaltung der Vorgaben des Habitatschutzrechts rechtskräftig.

Das jüngste Urteil zur *Uckermarkleitung* bestätigt dies. Hier stellte der *4. Senat* – wenn auch eher beiläufig – fest, dass die Planrechtfertigung für die planfestgestellte 380 kV-Freileitung zwischen den Beteiligten aufgrund des vorangegangenen Urteils rechtskräftig feststehe.[583] Derselbe Senat verzichtete im Verfahren gegen den korrigierten Planfeststellungsbeschluss für die *110/380 kV-Höchstspannungsleitung Rommerskirchen – Sechtem* auf eine weitere Betrachtung des Artenschutzes, da bereits im vorangegangenen Urteil festgestellt worden war, dass die Antragstrasse nicht gegen die Verbotstatbestände des § 44 Abs. 1 BNatSchG verstößt.[584]

2. Verbindlichkeit rechtlicher Erwägungen und Begründungselemente

Wenn das Gericht in den Entscheidungsgründen hinsichtlich der rechtswidrigen Teile eines Planfeststellungsbeschlusses nicht nur benennt, welche Fehler der Behörde unterlaufen sind, sondern auch, inwieweit diese bereits korrekt vorgegangen ist,[585] wird für das ergänzende Verfahren als solches wie auch für einen

---

[583] BVerwG, Urteil vom 05.07.2022 – 4 A 13/20, ZNER 2022, 639 Rn. 135 unter Verweis auf BVerwG, Urteil vom 21.01.2016 – 4 A 5/14, BVerwGE 154, 73 Rn. 52 ff.

[584] BVerwG, Urteil vom 12.07.2022 – 4 A 10/20, juris Rn. 40 unter Verweis auf BVerwG, Urteil vom 14.03.2018 – 4 A 5/17, BVerwGE 161, 263 Rn. 69 ff.

[585] Vgl. etwa BVerwG, Urteil vom 17.05.2002 – 4 A 28/01, NVwZ 2002, 1243 (1247–1249) (nicht abgedruckt in BVerwGE 116, 254–268); BVerwG, Urteil vom 21.01.2016 – 4 A 5/14, BVerwGE 154, 73 Rn. 104 ff.; OVG Lüneburg, Urteil vom 26.02.2020 – 12 LB 157/18, ZUR 2020, 549 (553 f.).

etwaigen zweiten Prozess relevant, ob sich die Rechtskraft auf derartige Einzelaussagen erstreckt.

Bisher existieren im Wesentlichen zwei Entscheidungen des Bundesverwaltungsgerichts, die diese Fragestellung ausdrücklich thematisieren. Während der *4. Senat* der Rechtsbeständigkeit einzelner rechtlicher Erwägungen in einer frühen Entscheidung im Zusammenhang mit der *Uckermarkleitung* eher zurückhaltend gegenübersteht (hierzu unter a)), bejaht der *7. Senat* in seinem zweiten Urteil zur *Elbvertiefung* eine verbindliche Wirkung gewisser Begründungselemente und nennt Vorgaben, anhand derer diese zu identifizieren seien. Dem scheint sich nunmehr auch der *4. Senat* anzuschließen (hierzu unter b)).

a) Zunächst restriktive Haltung des 4. Senats

Erstmals ging der *4. Senat* im Jahr 2017 auf die Frage ein, inwieweit die Begründung eines gerichtlichen Urteils der Rechtskraft fähig ist. Er erklärte den Planfeststellungsbeschluss zur *Uckermarkleitung* unter anderem wegen eines Verstoßes gegen § 34 Abs. 2 BNatSchG für rechtswidrig und nicht vollziehbar. Zur Begründung führte er an, die Behörde habe schadensbegrenzende Maßnahmen fehlerhaft berücksichtigt, was zu einem unzureichenden Schutz gegen leitungsbedingte Risiken für bestimmte Vogelarten geführt habe. Den Entscheidungsgründen ließ sich allerdings auch entnehmen, dass der Senat die Wirksamkeit optischer Markierungen an den Erd- und Leiterseilen zur Verbesserung der Sichtbarkeit und Reduzierung des Leitungsanflugrisikos im Grundsatz bejahte.[586] Die Klägerseite, die zur Darlegung der fehlenden Wirksamkeit umfangreich vorgetragen und Beweisanträge gestellt hatte, erhob daraufhin eine Anhörungsrüge, weil sie von der Rechtsbeständigkeit der festgestellten Wirksamkeit ausging.

Dem stellte sich der *4. Senat* mit folgender Begründung entgegen:

„Die angeführte Rechtsprechung [zur Doppelten Rechtskraft] soll der Planfeststellungsbehörde den Bestand an Verfahrensschritten und Regelungen erhalten, die durch einen festgestellten Rechtsmangel nicht berührt werden […]. Hiervon ausgehend erscheint die Annahme zweifelhaft, die Rechtskraft erstrecke sich auch auf einzelne Passagen zur Begründung des Urteils, die ihrerseits nicht die Regelungen des Planfeststellungsbeschlusses, sondern nur seine Begründung betreffen und lediglich darlegen, von welchen rechtlichen Anforderungen die Planfeststellungsbehörde bei der Behebung eines Fehlers im ergänzenden Verfahren ausgehen muss (vgl. BVerwG, Beschluss vom 11. Juli 2013 – 7 A 20.11 – DVBl. 2013, 1450 Rn. 19).“[587]

---

[586] BVerwG, Urteil vom 21.01.2016 – 4 A 5/14, BVerwGE 154, 73 Rn. 104 ff.
[587] BVerwG, Beschluss vom 23.05.2017 – 4 A 7/16, juris Rn. 9.

Da das rechtliche Gehör der Klägerseite nicht verletzt worden war, ließ der Senat die Frage, ob seine Ausführungen zur Wirksamkeit optischer Markierungen von der Rechtskraft erfasst wurden oder nicht, im Ergebnis offen.[588]

Dem Zitat lässt sich aber eine generell eher zurückhaltende Tendenz des *4. Senats* entnehmen. So geht dieser offenbar davon aus, dass zwar die gerichtliche Begründung der Rechtmäßigkeit einzelner Regelungen des Planfeststellungs-beschlusses in Rechtskraft erwachsen kann, nicht aber die Ausführungen des Gerichts, die nur auf die Richtigkeit einzelner (unselbständiger) Teile seiner Begründung eingehen. Damit scheint der *4. Senat* der Auffassung zu sein, dass sich der Planfeststellungsbeschluss nicht in der Weise teilen lässt, dass einzelne Begründungselemente unabhängig vom verfügenden Teil in Bestandskraft erwachsen können.[589] Dies würde allerdings zu dem Ergebnis führen, dass etwa die Annahme der Behörde, dass der Verbotstatbestand des § 34 Abs. 2 BNatSchG nicht erfüllt ist, nicht in Bestandskraft erwachsen könnte, soweit sie sich nicht auf den verfügenden Teil des Planfeststellungsbeschlusses auswirkt.[590] Die Klägerseite könnte in einem weiteren Rechtsstreit die zuvor bereits gerichtlich bestätigte Richtigkeit der FFH-Verträglichkeitsprüfung erneut angreifen.

b) Vermittelnde Lösung des 7. Senats

Der *7. Senat* setzte sich in seinem zweiten Urteil zur *Elbvertiefung* erstmals vertieft mit der inhaltlichen Reichweite der Doppelten Rechtskraft auseinander. In dem Urteil, das dieser Entscheidung vorausgegangen war und den Weg in das insgesamt dritte ergänzende Verfahren geebnet hatte, hatte das Gericht zwar die FFH-Verträglichkeitsprüfung als fehlerhaft beanstandet, aber die fortbestehende Aktualität der hydromorphologischen Grundlagengutachten, die der Untersuchung im zweiten ergänzenden Verfahren zugrunde gelegt worden waren, nicht bemängelt.[591] Weiterhin hatte es festgestellt, dass diese Gutachten ursprünglich auf Basis hinreichend aktueller Daten und methodisch korrekt erarbeitet worden waren.[592] Im nachfolgenden Prozess griff die Klägerseite gerade den zugrunde gelegten Erkenntnisstand der Gutachten an und machte geltend, dass zwischenzeitlich eingetretene morphologische Veränderungen der Elbe eine neue Daten-

---

[588] BVerwG, Urteil vom 23.05.2017 – 4 A 7/16, juris Rn. 8.

[589] Hierzu unter § 10 C.III.2.b)bb).

[590] Vgl. hierzu unter § 10 C.III.2.b)bb)(2) und unter § 12 C.I.3.

[591] BVerwG, Urteil vom 09.02.2017 – 7 A 2/15, NVwZ-Beilage 2017, 101 Rn. 140 f. (nicht abgedruckt in BVerwGE 158, 1–142). Vgl. hierzu auch die Ausführungen in BVerwG, Urteil vom 04.06.2020 – 7 A 1/18, Buchholz 406.403 § 34 BNatSchG 2010 Nr. 18 Rn. 28–30.

[592] BVerwG, Urteil vom 09.02.2017 – 7 A 2/15, BVerwGE 158, 1 Rn. 39 ff. Vgl. hierzu auch die Ausführungen in BVerwG, Urteil vom 04.06.2020 – 7 A 1/18, Buchholz 406.403 § 34 BNatSchG 2010 Nr. 18 Rn. 35.

erhebung erforderlich gemacht hätten. Weiterhin wendete sie sich gegen die inhaltliche Belastbarkeit der Gutachten, weil diese an methodischen Mängeln litten. Da hinsichtlich beider Einwände alternativ eine Bindung an die fehlende Beanstandung im Vorprozess oder eine neue Entscheidung über die hinreichende Aktualität bzw. korrekte Methodik in Betracht kamen, galt es nunmehr zu klären, inwieweit die rechtlichen Erwägungen und Begründungselemente eines Urteils gesondert in Rechtskraft erwachsen können.

Im Gegensatz zum *4. Senat* bejahte der *7. Senat* diese Möglichkeit explizit. Klare abstrakte Vorgaben, an denen sich Gerichte und Verfahrensbeteiligte orientieren könnten, machte er dabei nicht.[593] Die Rechtsbeständigkeit eines Ausschnitts der rechtlichen Würdigung hänge vielmehr von den Umständen des Einzelfalls ab.[594] Für deren Bewertung stellte er allerdings Leitlinien auf:

> „Von Gewicht ist […] insbesondere die Bedeutung dieser Erwägungen für das gesamte Verfahren, worauf nicht zuletzt der argumentative Aufwand der Beteiligten sowie Begründungsumfang und -tiefe bei der gerichtlichen Bewältigung der aufgeworfenen Rechtsfragen hindeuten können; daraus kann sich insbesondere auch die Absicht und der Anspruch des Gerichts ergeben, diese Fragen jedenfalls im gegebenen Prozessrechtsverhältnis einer abschließenden Klärung zuzuführen."[595]

Davon seien Ausführungen des Gerichts zu unterscheiden, die zwar ebenfalls die rechtlichen Erwägungen und Vorgehensweisen der Behörden billigen würden, aber nicht von diesem Gewicht und somit als bloße Vorfragen einzustufen seien. Diese würden nicht von der materiellen Rechtskraft des Urteils erfasst.[596]

Davon ausgehend lässt sich die Verbindlichkeit von rechtlichen Erwägungen und Begründungselementen primär anhand von zwei Erkennungsmerkmalen feststellen: Maßgeblich ist (1.) deren inhaltliche Bedeutung für die Entscheidung in der Sache. Hier ist der Blick auf das Vorhaben und den Planfeststellungsbeschluss selbst zu richten. Verbleiben danach Zweifel, dann ist (2.) das Urteil des Gerichts zu betrachten. Je umfangreicher und tiefgehender seine Ausführungen zu einem bestimmten Aspekt sind, desto eher ist dessen Verbindlichkeit zu bejahen. Geht es hingegen über einen Aspekt lediglich hinweg, ohne diesen weiter zu beanstanden, ist im Zweifel nicht von einer verbindlichen Wirkung auszugehen.

Im Zusammenhang mit der *Elbvertiefung* hat der *7. Senat* seine fehlende Beanstandung der hinreichenden Aktualität der hydromorphologischen Grundla-

---

[593] So auch das Verständnis von *Korbmacher*, DVBl. 2022, 1 (7).

[594] BVerwG, Urteil vom 04.06.2020 – 7 A 1/18, Buchholz 406.403 § 34 BNatSchG 2010 Nr. 18 Rn. 32.

[595] BVerwG, Urteil vom 04.06.2020 – 7 A 1/18, Buchholz 406.403 § 34 BNatSchG 2010 Nr. 18 Rn. 32.

[596] BVerwG, Urteil vom 04.06.2020 – 7 A 1/18, Buchholz 406.403 § 34 BNatSchG 2010 Nr. 18 Rn. 32.

gengutachten im vorangegangenen Verfahren als bloße Vorfrage angesehen und dementsprechend eine Erstreckung der Rechtskraft auf diese verneint.[597] Demgegenüber bejahte er die Rechtsbeständigkeit seiner Ausführungen zur Methodik der Gutachten, da diese „Ergebnis einer umfangreichen und vertieften Prüfung" gewesen seien.[598] Tatsächlich spiegelte das vorangegangene Urteil die intensive Auseinandersetzung des Senats mit der Methodik der Gutachten eindrucksvoll wider. Allein die Begründung der methodischen Mangelfreiheit samt Zurückweisung der klägerseitigen Einwände füllte mehr als 90 Randnummern.[599] Das Gericht selbst säte im nachfolgenden Urteil letzte Zweifel an seinen eigenen Ausführungen zur Reichweite der Rechtskraft. So stieg es gleichwohl in eine erneute Prüfung der klägerseitig monierten methodischen Mängel ein und wies deren Einwände als unsubstantiiert zurück. Auf diese Weise sorgte es dafür, dass die Frage der Rechtskraft nicht entscheidungserheblich war.[600]

In der jüngsten klageabweisenden und damit letzten Entscheidung zur *Uckermarkleitung* scheint sich der *4. Senat* nunmehr dem *7. Senat* anzuschließen. Im Verfahren gegen den korrigierten Planfeststellungsbeschluss nahm er an, dass es sich bei der durchquerten Fläche zwischen dem Landiner Haussee und dem Felchowsee nicht um einen Teil eines faktischen Vogelschutzgebietes handele. Dies stehe zwischen den Beteiligten rechtskräftig fest.[601] Im vorangegangenen Verfahren gegen den ursprünglichen Planfeststellungsbeschluss war hierüber umfänglich gestritten worden, bevor der Senat den Planfeststellungsbeschluss zwar für insgesamt nicht mit der Europäischen Vogelschutzrichtlinie[602] vereinbar erklärte, die Anwendbarkeit dieses strengen Schutzregimes für die konkret in Rede stehenden Flächen aber verneinte.[603] Die Feststellung, dass die Voraussetzungen eines faktischen Vogelschutzgebietes nicht erfüllt sind, stellt lediglich ein einziges, wenn auch sehr wichtiges Teilelement der Entscheidung über die Vereinbarkeit des Vorhabens mit der Vogelschutzrichtlinie dar, welches das Gericht – den Überlegungen des *7. Senats* folgend – im nachfolgenden Verfahren auch in einem etwas abweichenden rechtlichen Zusammenhang keiner weiteren Prüfung unterziehen wollte bzw. konnte.

---

[597] BVerwG, Urteil vom 04.06.2020 – 7 A 1/18, Buchholz 406.403 § 34 BNatSchG 2010 Nr. 18 Rn. 32.

[598] BVerwG, Urteil vom 04.06.2020 – 7 A 1/18, Buchholz 406.403 § 34 BNatSchG 2010 Nr. 18 Rn. 35.

[599] BVerwG, Urteil vom 09.02.2017 – 7 A 2/15, NVwZ-Beilage 2017, 101 Rn. 39–133.

[600] BVerwG, Urteil vom 04.06.2020 – 7 A 1/18, Buchholz 406.403 § 34 BNatSchG 2010 Nr. 18 Rn. 35 ff.

[601] BVerwG, Urteil vom 05.07.2022 – 4 A 13/20, ZNER 2022, 639 Rn. 50.

[602] Richtline 2009/147/EG des Europäischen Parlaments und des Rates vom 30. November 2009 über die Erhaltung der wildlebenden Vogelarten (ABl. L 20, S. 7).

[603] BVerwG, Urteil vom 21.01.2016 – 4 A 5/14, BVerwGE 154, 73 Rn. 56 ff.

3. Verbindlichkeit auch bei fehlender Begründung?

Fraglich ist, wie weit die Rechtskraft reicht, wenn ein Urteil zu einzelnen Teilen des Planfeststellungsbeschlusses schweigt. Dazu kann es insbesondere kommen, wenn sowohl das Gericht als auch die Beteiligten einen Punkt zunächst für nicht weiter problematisch halten und über diesen mehr oder weniger hinweggehen. Fällt erst nach Eintritt der Rechtskraft des Urteils auf, dass hier ein Fehler unterlaufen sein könnte, stellt sich die Frage, ob die Behörde diesen Fehler noch beheben kann bzw. muss und ob das Gericht im nachfolgenden Verfahren bei entsprechendem Einwand des Klägers die Rechtswidrigkeit feststellen darf.

Folgt man der regelmäßig vom Bundesverwaltungsgericht verwendeten Formel, nach der der Kläger gegen die Entscheidung im ergänzenden Verfahren mit Blick auf die Rechtskraft des Feststellungsurteils nicht mehr geltend machen könne, dass der Planfeststellungsbeschluss über die Beanstandung des Gerichts hinaus an weiteren Fehlern leide,[604] scheint die Antwort eindeutig zu sein. Danach ist die behördliche Entscheidung mit Ausnahme der konkret aufgezeigten Fehler als rechtmäßig anzusehen. Nicht erkannte Fehler, die hätten geltend gemacht werden können, werden zulasten des Klägers als nicht existent betrachtet.[605]

Zweifel daran kommen auf, wenn man berücksichtigt, dass den Ausführungen im Urteil für die Doppelte Rechtskraft maßgebliche Bedeutung zukommt. So betont das Bundesverwaltungsgericht selbst, dass sich Inhalt und Umfang der Rechtskraft aus den die gerügten Mängel bejahenden oder verneinenden Entscheidungsgründen erschließen.[606] Insoweit ist es problematisch, wenn das Urteil sämtliche Sachkomplexe behandelt und entweder deren Fehlerhaftigkeit oder deren Fehlerfreiheit explizit feststellt, dann aber – wie dies etwa beim Planfeststellungsbeschluss zur *Bundesautobahn A49 zwischen Stadtallendorf und der A5* der Fall war – die Vereinbarkeit des Planfeststellungsbeschlusses mit den wasserrechtlichen Vorgaben zum Verschlechterungsverbot überhaupt nicht anspricht.[607]

---

[604] BVerwG, Urteil vom 08.01.2014 – 9 A 4/13, BVerwGE 149, 31 Rn. 28; BVerwG, Urteil vom 28.04.2016 – 9 A 9/15, BVerwGE 155, 91 Rn. 39; BVerwG, Urteil vom 15.07.2016 – 9 C 3/16, NVwZ 2016, 1631 Rn. 61; BVerwG, Urteil vom 23.05.2017 – 4 A 7/16, juris Rn. 7.

[605] Ausdrücklich: VGH München, Urteil vom 18.12.2012 – 8 B 12/431, juris Rn. 31. In diese Richtung weist auch ein Beschluss, mit dem der *4. Senat* den Erlass einer Zwischenentscheidung („Hängebeschluss") ablehnt (BVerwG, Beschluss vom 12.11.2020 – 4 VR 6/20, juris Rn. 4). So auch das Verständnis von *Langstädtler*, Effektiver Umweltrechtsschutz in Planungskaskaden, 2021, S. 195, 485. A.A. noch OVG Koblenz, Urteil vom 08.11.2007 – 8 C 11523/06, juris Rn. 62.

[606] BVerwG, Beschluss vom 20.03.2018 – 9 B 43/16, NuR 2019, 109 (Ls. 5).

[607] BVerwG, Urteil vom 23.04.2014 – 9 A 25/12, BVerwGE 149, 289 (hier allerdings voll-

Aus dogmatischer Sicht ist hier entscheidend, ob man mit dem Bundesverwaltungsgericht von einem Gleichlauf der Rechtskraft und der Bestandskraft in der Weise ausgeht, dass diejenigen Teile des Planfeststellungsbeschlusses, die das Gericht nicht explizit beanstandet, in Bestandskraft erwachsen.[608] Bejaht man dies, dann sind diese Teile vor Gericht nicht mehr angreifbar.[609] Darauf bezogene Einwände in einem neuen Prozess könnten mithin keine Berücksichtigung finden. Nimmt man hingegen an, dass nicht einzelne unselbständige Teile der Begründung, sondern nur der Planfeststellungsbeschluss als solcher in Bestandskraft erwachsen kann,[610] bleiben alle Teile angreifbar. In Ansehung der präjudiziellen Wirkung des vorangegangenen Urteils dürfte das Gericht lediglich nicht von dessen inhaltlichen Ausführungen abweichen. Sofern sich die Entscheidungsgründe in diesem Fall darauf beschränken, dass das Gericht einzelne Mängel explizit feststellt und andere ausdrücklich ablehnt, wären bisher überhaupt nicht betrachtete Sachkomplexe einer (ersten) gerichtlichen Prüfung zugänglich.[611] Diese Unterschiede liegen darin begründet, dass sich die Bestandskraft und die materielle Rechtskraft in ihren Wirkungsweisen üblicherweise unterscheiden: Aus der präjudiziellen Wirkung der materiellen Rechtskraft nach § 121 VwGO ergibt sich ein Abweichungsverbot, das die Behörde und das später entscheidende Gericht bei erneuter Befassung mit demselben Gegenstand daran hindert, anders als durch das Urteil vorgegeben zu entscheiden. Hingegen sichert die Bestandskraft einen Verwaltungsakt bzw. Teile davon in ihrem Bestand und verleiht ihnen eine rechtlich gesicherte Existenz.[612]

Das bereits zitierte Urteil zur *Bundesautobahn A49 zwischen Stadtallendorf und der A5*, in dem die vorherige Anfechtungsklage allerdings vollständig abgewiesen worden war und der Kläger nun im Wege der Verpflichtungsklage die behördliche Rücknahme des Planfeststellungsbeschlusses verlangte, mag in gewisser Weise darauf hindeuten, dass bei Feststellung der Rechtswidrigkeit und Nichtvollziehbarkeit nur diejenigen Teile einer neuen Entscheidung entzogen sind, über die auch tatsächlich entschieden worden ist. So heißt es:

---

ständige Abweisung). Die fehlende Berücksichtigung geht hervor aus BVerwG, Urteil vom 23.06.2020 – 9 A 22/19, BVerwGE 168, 368 Rn. 39.

[608] So etwa BVerwG, Beschluss vom 17.07.2008 – 9 B 15/08, NVwZ 2008, 1115 Rn. 28; BVerwG, Urteil vom 08.01.2014 – 9 A 4/13, BVerwGE 149, 31 Rn. 20; BVerwG, Beschluss vom 12.01.2018 – 9 A 12/17, DVBl. 2018, 585 Rn. 13. Ebenso: *Stüer/Stüer*, DVBl. 2018, 1160 (1161); *Wickel*, in: Fehling/Kastner/Störmer, Hk-VerwR, § 75 VwVfG Rn. 61.

[609] Vgl. zum Verwaltungsakt als solchem: *Sachs*, in: Stelkens/Bonk/Sachs, VwVfG, § 43 Rn. 17; *Goldhammer*, in: Schoch/Schneider, VwVfG, § 43 Rn. 87.

[610] Hierzu unter § 10 C.III.2.

[611] Diese Lösung favorisiert offenbar *Schütz*, UPR 2021, 418 (421).

[612] Vgl. zum Verwaltungsakt als solchem: *Seibert*, Die Bindungswirkung von Verwaltungsakten, 1989, S. 141; *Sachs*, in: Stelkens/Bonk/Sachs, VwVfG, § 43 Rn. 17.

„Entgegen der Auffassung des Klägers ist es unerheblich, dass die nunmehr aufgeworfene Frage der Vereinbarkeit des Planfeststellungsbeschlusses mit den (schon damals geltenden) wasserrechtlichen Vorgaben zum Verschlechterungsverbot im damaligen Urteil nicht explizit behandelt worden ist. Denn Gegenstand der Rechtskraftwirkung sind nicht die einzelnen tatsächlichen oder rechtlichen Feststellungen und Begründungselemente des Urteils, sondern die festgestellte Rechtsfolge, hier also, dass der Planfeststellungsbeschluss im Verhältnis zwischen Kläger und Beklagtem bei seinem Erlass rechtmäßig gewesen ist."[613]

Anders als bei der vollständigen Klageabweisung beschränkt sich die Rechtskraftwirkung bei einem Urteil, das die Möglichkeit eines ergänzenden Verfahrens eröffnet, ja gerade nicht auf die festgestellte Rechtsfolge, sondern erstreckt sich auf die Begründungselemente. Man könnte also annehmen, dass sich aus dem Urteil der Rückschluss ziehen lässt, dass hier eine neue Prüfung möglich sein müsse. Dennoch lässt sich dieses Urteil wohl nicht heranziehen. In dem verwaltungsgerichtlichen Verfahren ging es schon nicht um einen korrigierten, sondern um einen vollständig in Bestandskraft erwachsenen Planfeststellungsbeschluss. Es ist daher anzunehmen, dass die Gegenüberstellung zu einzelnen rechtskraftfähigen Feststellungen und Begründungselementen mehr der Verdeutlichung der Grenzen der Rechtskraft im „Normalfall" eines abweisenden Anfechtungsurteils diente, als dass das Gericht tatsächlich eine Aussage zu Feststellungsurteilen bei Bestehen einer nachträglichen Heilungsmöglichkeit und deren Rechtskraftwirkungen treffen wollte.

Ebenso wenig aussagekräftig dürfte für diese Fragestellung das zweite Urteil zur *Elbvertiefung* sein.[614] Darin bejahte das Gericht die Möglichkeit, die hinreichende Aktualität eines hydromorphologischen Grundlagengutachtens im Verfahren gegen den korrigierten Planfeststellungsbeschluss (erstmals) zu prüfen, nachdem es auf diese im Vorprozess bei Beanstandung der Natura 2000-Verträglichkeitsprüfung nicht gesondert eingegangen war. Daraus lässt sich aber nicht der Schluss ziehen, dass sich die negative Rechtskraftwirkung auf die Punkte beschränkt, die in den Urteilsgründen behandelt worden sind.[615] Denn hier geht es nicht um ein Außerachtlassen von Detailfragen innerhalb eines an sich geprüften und für fehlerhaft befundenen Sachkomplexes, sondern darum, dass das Gericht einen ganzen Sachkomplex (etwa das gesamte Gewässerschutzrecht) nicht behandelt hat.

Vorzugswürdig dürfte die Annahme sein, dass unbeanstandete Teile in Bestandskraft erwachsen. Dies ist vor dem Hintergrund konsequent, dass sämtliche Mängel des ursprünglichen Planfeststellungsbeschlusses im ersten Verfahren geltend zu machen sind und das Gericht zu einer vollständigen Rechtmäßigkeits-

---

[613] BVerwG, Urteil vom 23.06.2020 – 9 A 22/19, BVerwGE 168, 368 Rn. 39.
[614] Hierzu im Einzelnen unter § 12 C.I.2.b).
[615] So indes: *Schütz*, UPR 2021, 418 (421).

kontrolle verpflichtet ist. Unterbleibt eine solche, kann der Kläger dies im Rechtsmittelverfahren oder mithilfe einer Anhörungsrüge (§ 152a VwGO) geltend machen, aber eben nicht in einem selbständigen nachgehenden Prozess. Sinn und Zweck der Doppelten Rechtskraft wären gefährdet, wenn man versehentlich außer Acht gebliebene oder nur nicht ausdrücklich für rechtmäßig befundene Teile des Planfeststellungsbeschlusses nach dem ergänzenden Verfahren einer erneuten gerichtlichen Prüfung zuführte.[616] Verlangte man vom Gericht zu allen, auch unstrittigen Punkten eine ausdrückliche Feststellung der Rechtmäßigkeit, würde dies vielfach zu einer bloßen Förmelei führen. Denn dann würde in der Praxis vermutlich lediglich der Beisatz „Im Übrigen ist der Planfeststellungsbeschluss rechtmäßig" in die Entscheidungsgründe eingefügt. Das Problem, dass einzelne Fehler bei der gerichtlichen Prüfung ungewollt unberücksichtigt bleiben, ist zudem nicht unbekannt. Auch bei vollständiger Abweisung einer Anfechtungsklage geht dem Urteil eine vollständige Rechtmäßigkeitsprüfung voraus. Dennoch ist die nachträgliche Geltendmachung von zuvor bereits existenten, aber nicht geltend gemachten Mängeln nicht deshalb zulässig, weil sie im Vorprozess nicht ausdrücklich erörtert worden sind.[617] Hier kommt in besonderer Weise zum Ausdruck, dass der Widerstreit zwischen der materiellen Rechtskraft und dem Prinzip der materiellen Gerechtigkeit im Einzelfall regelmäßig zugunsten der Rechtssicherheit und des Rechtsfriedens gelöst wird.[618]

II. Folgen für die Verfahrensbeteiligten

Aus Sicht der Beteiligten kann der exakten Bestimmung der inhaltlichen Reichweite der Rechtskraft besondere Bedeutung zukommen.

Dies gilt nicht so sehr im Hinblick auf die für rechtmäßig befundenen Sachkomplexe, die „im Sinne einzelner Klagegründe einer gesonderten Entscheidung zugänglich sind".[619] Diese erwachsen nach dem Konzept der Doppelten Rechtskraft als Ganzes in Bestandskraft und können weder zum Gegenstand eines ergänzenden Verfahrens noch zum Gegenstand eines erneuten Prozesses gemacht werden.

Für den weiteren Umgang mit dem für rechtswidrig und nicht vollziehbar erklärten Planfeststellungsbeschluss ist allerdings relevant, in welchem Umfang

---

[616] So auch: *Schütz*, UPR 2021, 418 (421).

[617] So auch ausdrücklich: BVerwG, Urteil vom 23.06.2020 – 9 A 22/19, BVerwGE 168, 368 Rn. 39–41. Ebenso: *Wöckel*, in: Eyermann, VwGO, § 121 Rn. 14.

[618] BVerwG, Urteil vom 22.09.2016 – 2 C 17/15, BVerwGE 159, 156 Rn. 9; *Kilian/ Hissnauer*, in: Sodan/Ziekow, VwGO, § 121 Rn. 5; *Clausing/Kimmel*, in: Schoch/Schneider, VwGO, § 121 Rn. 4; *Unruh*, in: Fehling/Kastner/Störmer, Hk-VerwR, § 121 VwGO Rn. 2.

[619] BVerwG, Urteil vom 04.06.2020 – 7 A 1/18, Buchholz 406.403 § 34 BNatSchG 2010 Nr. 18 Rn. 32. Hierzu unter § 12 C.I.1.

diejenigen Ausführungen zu einem fehlerhaften Sachkomplex Verbindlichkeit erlangen, in denen das Gericht darlegt, inwieweit die Behörde bereits korrekt vorgegangen ist. Wenn diese rechtlichen Erwägungen und Begründungselemente in Rechtskraft erwachsen, werden damit unter Umständen für alle Beteiligten wichtige Prämissen für zukünftig zu treffende Entscheidungen gesetzt.

Verneint das Gericht im eingangs gebildeten Beispiel zwar die FFH-Verträglichkeit eines Vorhabens aufgrund fehlerhafter Annahmen im Rahmen der Erheblichkeitsprüfung, erwachsen aber zugleich etwa die fehlerfreie Bestandserfassung und -bewertung maßgeblicher Gebietsbestandteile und die korrekte Einschätzung der projektbedingten Auswirkungen in Rechtskraft, kann dies nicht nur für einen etwaigen späteren Prozess, sondern bereits für das ergänzende Verfahren richtungsweisend sein. Obwohl die rechtlichen Wirkungen der Doppelten Rechtskraft erst im Verfahren gegen die korrigierte Entscheidung zum Tragen kommen, müssen die Beteiligten ihre Entscheidungen mithin bereits zuvor danach ausrichten.

1. Größere Rechts- und Planungssicherheit für Behörde und Vorhabenträger

Für die Behörde und den Vorhabenträger ist eine weitreichende Rechtskraftwirkung von Vorteil. Je mehr verbindliche Feststellungen sie einer Fehlerheilung im ergänzenden Verfahren zugrunde legen können, umso gezielter und rechtssicherer können sie agieren. Für den Vorhabenträger lassen sich dadurch vor allem wirtschaftliche Risiken genauer kalkulieren. Er kann die Erfolgsaussicht eines erforderlichen Heilungsverfahrens besser einschätzen und auf dieser Grundlage entscheiden, ob er das Vorhaben weiterverfolgt oder Abstand davon nimmt.

Für die Heilung eines Fehlers innerhalb eines Sachkomplexes gilt damit das gleiche wie für die Heilung eines Fehlers innerhalb des Planfeststellungsbeschlusses überhaupt: Nachbesserungen, die aus bloßer Vorsicht vorgenommen würden, können in Ansehung der Doppelten Rechtskraft unterbleiben. Ebenso wie also bei einem Verstoß gegen § 34 Abs. 2 BNatschG nicht vorsorglich klägerseitig monierte Mängel in der Abwägung behoben werden müssen,[620] bedarf es innerhalb des Natura 2000-Komplexes trotz dahingehender Einwände keiner neuen Bestandserfassung, wenn nach den Feststellungen des Gerichts lediglich die Bewertung der Erheblichkeit Fehler aufweist.

Im Verfahren um die *Ortsumgehung Cell*e führte dieses Interesse gar dazu, dass die Behörde nach Feststellung der Rechtswidrigkeit und Nichtvollziehbarkeit in der Revisionsinstanz einen gerichtlichen Verfahrensfehler geltend machte. Dabei richtete sie sich nicht dagegen, dass das Gericht die Vereinbarkeit des Planfeststellungsbeschlusses mit dem artenschutzrechtlichen Tötungsverbot ge-

---

[620] Vgl. hierzu unter § 10 B.II. und unter § 10 E.II.

mäß § 44 Abs. 1 Nr. 1 BNatSchG überhaupt verneint hatte. Vielmehr ging es ihr
darum, dass das Gericht den Umfang der Rechtswidrigkeit nicht genau genug
festgestellt und damit nicht abschließend über die Klage entschieden habe.[621]
Dieses hatte die Wirksamkeit der festgesetzten Schutz- und Vermeidungsmaßnahmen verneint,[622] sich aber unter anderem mit der Bestimmtheit und der zugrunde gelegten Methodik des angeordneten Risikomanagements nicht weiter
auseinandergesetzt. Die Revision blieb erfolglos.[623]

Eine Einengung zulasten der Behörde in ihrem Entscheidungsspielraum droht
hingegen nicht. Denn auch, wenn die Feststellungen des Gerichts die nachbesse-
rungsbedürftigen Punkte des Planfeststellungsbeschlusses sehr konkret feststellen und damit zugleich die übrigen Teile als rechtmäßig in Bestandskraft erwachsen, ist die Behörde zumindest im Einvernehmen mit dem Vorhabenträger rechtlich nicht daran gehindert, einen anderen als den durch das Urteil vorgezeichneten
Weg zu gehen.[624]

2. Mögliche Risiken für den Kläger

Für den Kläger hingegen sind mit einer auf die rechtlichen Erwägungen und
Begründungselemente erstreckten Rechtskraftwirkung eher Nachteile verbunden. Im Einzelfall kann er gezwungen sein, sogar die für ihn positive Feststellung eines Mangels mit Rechtsmitteln anzugreifen, sofern die Gefahr besteht,
dass deren Begründung für ihn nachteilige Wirkungen entfalten kann.

Eine derartige Konstellation lag der Entscheidung des *4. Senats* im Zusammenhang mit der *Uckermarkleitung* zugrunde: Das Gericht hatte den Planfeststellungsbeschluss für das Freileitungsvorhaben unter anderem zwar wegen eines Verstoßes gegen § 34 Abs. 2 BNatSchG für rechtswidrig und nicht vollziehbar erklärt, zugleich aber geäußert, dass es entgegen der klägerseitigen Einwände
die Wirksamkeit optischer Markierungen an den Erd- und Leiterseilen bejahte.[625]
Hiergegen gingen die Kläger mit einer Anhörungsrüge vor.[626]

Der Fall offenbart die schwierige Situation des Klägers. Er kann sich nicht
damit begnügen, dass die Vereinbarkeit mit dem Naturschutzrecht verneint worden ist. Vielmehr muss er die gerichtlichen Ausführungen in den Entscheidungsgründen genau studieren, um etwaig erforderliche Rechtsmittel fristgerecht
einzulegen. Will er den Eintritt der Rechtskraft verhindern, muss er die Entschei-

---

[621] BVerwG, Beschluss vom 20.03.2018 – 9 B 43/16, NuR 2019, 109 Rn. 64.
[622] OVG Lüneburg, Urteil vom 22.04.2016 – 7 KS 27/15, juris Rn. 334.
[623] BVerwG, Beschluss vom 20.03.2018 – 9 B 43/16, NuR 2019, 109 Rn. 64–66.
[624] Hierzu noch unter § 13 A.II.3.b)bb)(2).
[625] BVerwG, Urteil vom 21.01.2016 – 4 A 5/14, BVerwGE 154, 73 Rn. 104 ff.
[626] BVerwG, Beschluss vom 23.05.2017 – 4 A 7/16, juris.

dung beschränkt auf den fraglichen Aspekt angreifen. Wenn das Rechtsmittelgericht die Rechtskraftfähigkeit verneint, verwirft es den Rechtsbehelf mangels Beschwer als unzulässig und er trägt die Kosten. Bleibt der Kläger allerdings untätig, kann es im Verfahren gegen den korrigierten Planfeststellungsbeschluss zu spät sein, um gegen den fraglichen Aspekt weitere Einwände zu erheben.

III. Bewertung

Insgesamt ergeben sich aus der Doppelten Rechtskraft im Hinblick auf die Reichweite der Verbindlichkeit verschiedene Schwierigkeiten, für die sich eine über den Einzelfall hinausreichende Lösung kaum finden lässt. Zum einen ist das zuerst mit der Sache befasste Gericht als „Urheber" des für die Reichweite der Verbindlichkeit maßgeblichen Urteils vor die Aufgabe gestellt, zu gewährleisten, dass für alle Beteiligten auf der „Empfängerseite" erkennbar ist, welche Urteilselemente in Rechtskraft erwachsen und welche nicht (hierzu unter 1.). Zum anderen ist die Doppelte Rechtskraft inhaltlich mit Blick auf die Vorbestimmtheit künftiger Rechtsstreite problematisch. Eine auf zu viele Details ausgeweitete Rechtskraftwirkung kann zu Schwierigkeiten führen und ist daher – auf einer Linie mit dem Bundesverwaltungsgericht – abzulehnen (hierzu unter 2.).

1. Erkennbarkeit der verbindlichen Entscheidungselemente

Für alle Beteiligten von besonderer Bedeutung ist, dass Inhalt und Umfang der Rechtskraft aus dem Urteil hinreichend klar erkennbar sind. Insoweit unterstützen die abstrakten Ausführungen im zweiten Urteil zur *Elbvertiefung* nur begrenzt. Anhaltspunkte wie die „Bedeutung der Erwägungen für das gesamte Verfahren", der „argumentative Aufwand der Beteiligten" sowie „Begründungsumfang und -tiefe bei der gerichtlichen Bewältigung der aufgeworfenen Rechtsfragen"[627] können für die Anwendung in der Praxis unscharf sein.

Konkrete Vorgaben, an denen sich sowohl die verschiedenen mit dem Vorhaben befassten Gerichte als auch die Verfahrensbeteiligten orientieren könnten, wären hier wünschenswert gewesen. Dann stünde mit Rechtskraft des Urteils fest, welche Einwände in einem neuen Prozess nicht mehr vorgebracht werden können. Dies hätte auch den Vorteil, dass sich die von der Rechtskraft erfassten Begründungselemente schon vor Erlass des Urteils antizipieren ließen. Die Beteiligten könnten in ihren Vorträgen entsprechende Schwerpunkte setzen.

---

[627] BVerwG, Urteil vom 04.06.2020 – 7 A 1/18, Buchholz 406.403 § 34 BNatSchG 2010 Nr. 18 Rn. 32.

Eine grobe Orientierung an größere Verfahrensschritte oder einzelne Tatbestandsmerkmale erscheint insoweit sinnvoll.[628] Aufgrund der Komplexität der gerichtlichen Entscheidungen im umweltrechtlichen Bereich kann eine schematische Festlegung der von der Rechtskraft erfassten Begründungselemente dennoch nicht für jeden Fall zu einem befriedigenden Ergebnis führen. Dafür sind auch die gesetzlichen Regelungen zu unterschiedlich. So können die Behörde und der Vorhabenträger im eingangs gebildeten Beispiel etwa ein nachvollziehbares Interesse an der verbindlichen Feststellung haben, dass sie den Bestand charakteristischer Arten methodengerecht ermittelt und bewertet haben, auch wenn die FFH-Verträglichkeitsprüfung an anderen Fehlern leidet. Diese Feststellung erfüllt für sich betrachtet jedoch kein Tatbestandsmerkmal innerhalb von § 34 Abs. 2 BNatSchG.

Vor diesem Hintergrund ist nachvollziehbar, dass das Bundesverwaltungsgericht die Verantwortung in die Hand desjenigen Gerichts legt, das über den Ausgangsbeschluss entscheidet. Aus dem Urteil muss dann aber hinreichend klar hervorgehen, welche Urteilselemente mit Rechtskraft ausgestattet werden sollen. Es ist mithin Sache des Gerichts, bei der Abfassung des Urteils auf entsprechend eindeutige Formulierungen zurückzugreifen.[629] Dies setzt indes auch voraus, dass es antizipiert, welche Fragen in einem nachfolgenden Verfahren erneut relevant werden können. Eine solche Prognose ist naturgemäß mit Schwierigkeiten verbunden.

2. Notwendigkeit einer Restriktion der vorgreiflichen Entscheidungselemente

Vor dem Hintergrund der aufgezeigten Folgen einer weitreichenden Rechtskraftwirkung für die Beteiligten[630] sprechen die besseren Gründe dafür, diese nicht zu tief greifen zu lassen, sondern vielmehr auf aus der Begründung des Urteils hervorgehende zentrale Entscheidungen zu beschränken, denen ein gewisses Maß an Bedeutung zukommt und die einen konkreten Bezug zum Planfeststellungsbeschluss aufweisen. Dies dürfte der im zweiten Urteil zur *Elbvertiefung* geäußerten Ansicht des *7. Senats* entsprechen.[631]

a) Handhabbarkeit der Rechtskraftwirkungen

Die Erstreckung der materiellen Rechtskraft auf einzelne Begründungselemente und rechtliche Erwägungen in den Entscheidungsgründen kann dazu führen,

---

[628] So *Külpmann*, NVwZ 2020, 1143 (1148).
[629] Hierzu auch unter § 11 B.I.4.
[630] Hierzu unter § 12 C.II.
[631] Hierzu unter § 12 C.I.2.b).

dass eine Vielzahl von Einzelfragen, die das Gericht beantwortet, in Rechtskraft erwächst. Dies erscheint indes weder handhabbar noch sinnvoll.[632]

Dem Gericht, das über die behördliche Ausgangsentscheidung urteilt, kann nicht zugemutet werden, über alle Einzelfragen mit einer Weitsicht zu entscheiden, die die Erstreckung der materiellen Rechtskraft auf diese rechtfertigen würde.[633] Ebenso wenig erscheint es angebracht, das Gericht, das im nachfolgenden Verfahren über die Rechtmäßigkeit des korrigierten Planfeststellungsbeschlusses entscheidet, in seiner Entscheidungsbefugnis hinsichtlich sämtlicher Vorfragen zu binden. Die Notwendigkeit, zunächst detailliert zu prüfen, welche Einzelaussagen einer erneuten Entscheidung entzogen sind, würde in einem zweiten Prozess gerade der bezweckten Beschleunigung zuwiderlaufen. Zudem dürfte diese Prüfung gerade bei unklaren Formulierungen des Gerichts fehleranfällig sein.

Das gleiche gilt für die Verfahrensbeteiligten. Für sie ist ohnehin oftmals nur mit Schwierigkeiten erkennbar, wie weit der rechtskräftig entschiedene Streitgegenstand reicht und ab wann es lediglich um eine nicht präjudizielle Vorfrage geht. Je weiter man die Rechtskraftwirkungen vom eigentlichen Streitgegenstand entkoppelt, umso komplexer wird diese Aufgabe. Mit ihr einher geht die Gefahr einer unvorhergesehenen Rechtskraftbindung, welche die enge Bindung der Rechtskraft an den Streitgegenstand eigentlich bewusst vermeiden wollte.[634]

Im Interesse einer Abschichtung des Prozessstoffs und der Beschleunigung ist es auf der anderen Seite nachvollziehbar, dass der Behörde und dem Vorhabenträger daran gelegen ist, dass insbesondere fehlerfreie Verfahrensschritte und Regelungen mit der Sicherheit der Bestandskraft ausgestattet werden. Auf diese Weise wird bereits mit Eintritt der Rechtskraft des Urteils verhindert, dass es in einem Verfahren gegen den korrigierten Planfeststellungsbeschluss zu einer erneuten Aufblähung des Prozessstoffs durch erstmalig oder wiederholt vorgebrachte Einwände kommen kann. Zudem sind die Erfolgsaussichten einer Heilung deutlich größer, wenn Behörde und Vorhabenträger über rechtssichere Feststellungen zu ihrem bisherigen Vorgehen verfügen, anhand derer sie das ergänzende Verfahren gestalten können. Dadurch wird auch die Wahrscheinlichkeit verringert, dass es überhaupt zu einem weiteren Verfahren über die korrigierte Entscheidung kommt.

---

[632] Ebenso: *Külpmann*, NVwZ 2020, 1143 (1148).

[633] Vgl. dazu *Schoch*, in: Hoffmann-Riem/Schmidt-Aßmann/Voßkuhle, Grundlagen des Verwaltungsrechts, Bd. III, § 50 Rn. 324.

[634] So BVerwG, Urteil vom 18.09.2001 – 1 C 4/01, BVerwGE 115, 111 (116). Zustimmend: *Schoch*, in: Hoffmann-Riem/Schmidt-Aßmann/Voßkuhle, Grundlagen des Verwaltungsrechts, Bd. III, § 50 Rn. 324.

b) Gefahr einer zu weitgehenden Perpetuierung von Entscheidungselementen

Die Doppelte Rechtskraft soll der Planfeststellungsbehörde den Bestand an Verfahrensschritten und Regelungen erhalten, die durch einen festgestellten Rechtsmangel nicht berührt werden.[635] Schreibt man jedoch sämtlichen Aussagen des Gerichts eine verbindliche Wirkung zu, kann dies dazu führen, dass diese Zielsetzung quasi überschießend erfüllt wird. Nimmt man die Rechtskraft ernst, dann dürften nämlich einzelne Aussagen des Gerichts auch losgelöst von ihrem ursprünglichen Zusammenhang im Planfeststellungsbeschluss verbindlichen Charakter erlangen.

Die Ausführungen des Bundesverwaltungsgerichts zur Rechtskraft einzelner rechtlicher Erwägungen und Begründungselemente im zweiten Urteil zur *Elbvertiefung* beziehen sich ausdrücklich nur auf solche Aussagen, „die der Überprüfung eines in den Urteilsgründen markierten Rechtsfehlers zuzuordnen sind."[636] Es ist jedoch kein Grund ersichtlich, warum sie sich nicht auch auf Einzelaussagen zu solchen Teilen des Planfeststellungsbeschlusses übertragen lassen sollten, die das Gericht für rechtmäßig befunden hat. Diese können dann zwar selbst nicht mehr Gegenstand eines ergänzenden Verfahrens bzw. eines weiteren Prozesses sein. Die in diesem Zusammenhang verbindlich geklärten Einzelfragen können jedoch an anderer Stelle bedeutsam werden. Stellt das Gericht etwa fest, dass für ein Vorhaben die artenschutzrechtliche Prüfung fehlerfrei durchgeführt worden ist, bemängelt es jedoch, dass die Auswirkungen auf ein angrenzendes FFH-Gebiet nicht untersucht worden sind, kann der Kläger gegen die nachgeholte Natura 2000-Verträglichkeitsuntersuchung nicht einwenden, dass die Wirkfaktoren und -reichweiten des Vorhabens fehlerhaft bestimmt worden seien, wenn die Behörde diese aus der artenschutzrechtlichen Prüfung übernimmt. Denn deren Rechtmäßigkeit hat das Gericht zuvor rechtskräftig festgestellt.

Während im gerade geschilderten Beispiel der Zusammenhang zum Planfeststellungsbeschluss als Verfahrensgegenstand gewahrt bleibt, ist auch denkbar, dass einige rechtskräftige Aussagen, insbesondere zu materiell-rechtlichen Aspekten, bei der späteren gerichtlichen Überprüfung völlig anderer Sachverhalte nicht mehr überprüfbar sind. Ginge man unter erneutem Rückgriff auf die frühe Entscheidung zur *Uckermarkleitung*[637] etwa davon aus, dass die Feststellung,

---

[635] BVerwG, Beschluss vom 23.05.2017 – 4 A 7/16, juris Rn. 9; *Neumann*, in Stelkens/ Bonk/Sachs, VwVfG, 8. Aufl. 2014, § 75 Rn. 55.

[636] BVerwG, Urteil vom 04.06.2020 – 7 A 1/18, Buchholz 406.403 § 34 BNatSchG 2010 Nr. 18 Rn. 32.

[637] BVerwG, Beschluss vom 23.05.2017 – 4 A 7/16, juris. Hierzu unter § 12 C.I.2.a) und unter § 12 C.II.2.

dass optische Markierungen an Freileitungen wirksam sind, in Rechtskraft erwächst, dann dürfte dies auch losgelöst vom gerade zu beurteilenden Planfeststellungsbeschluss gelten. Stehen sich die Behörde auf der Beklagtenseite und der Kläger – insbesondere eine Kommune oder ein Umweltverband – in einem ähnlichen Verfahren später erneut gegenüber, dürfte das Gericht dann nicht über die Wirksamkeit von Markierungen entscheiden, sondern wäre an die Feststellungen des Gerichts gebunden, das zuvor entschieden hat. Gleiches würde für Gerichte anderer Gerichtsbarkeiten gelten.

Eine so weitgehende Bindungswirkung ist allerdings gewiss vom Bundesverwaltungsgericht mit dem Konzept der Doppelten Rechtskraft nicht beabsichtigt. Vielmehr dürfen nur solche Aussagen in Rechtskraft erwachsen, die klar im Zusammenhang mit dem konkreten Planfeststellungsbeschluss stehen und deren Verbindlichkeit sich damit zwangsläufig auf gerichtliche Verfahren beschränkt, in denen dieser Teil des Verfahrensgegenstandes ist.

c) Wahrung verfassungsrechtlicher Grenzen

Feststellungen, die über den konkreten Planfeststellungsbeschluss hinaus verbindlichen Charakter erhalten, sind auch aus verfassungsrechtlicher Sicht abzulehnen. Für die Beteiligten wäre dann kaum abschätzbar, wie weit die Rechtskraft im Einzelnen reicht, sodass sie in ihrer Rechtsverfolgung bzw. -verteidigung und mithin in ihrem Anspruch auf effektiven Rechtsschutz aus Art. 19 Abs. 4 GG erheblich eingeschränkt würden. Auch lässt sich der aus dem Rechtsstaatsprinzip folgende Vorrang der Rechtssicherheit und des Rechtsfriedens vor der materiellen Gerechtigkeit dann nicht mehr rechtfertigen.

Würden sämtliche Entscheidungen, die der Entscheidung über die Rechtmäßigkeit des Planfeststellungsbeschlusses vorausgehen, in Rechtskraft erwachsen, bestünde zudem die Gefahr, dass die Verwaltung in ihrer Eigenständigkeit verfassungswidrig beeinträchtigt würde.[638]

D. Umgang mit Fehlern in rechtskräftig entschiedenen Sachkomplexen

Weitere Probleme wirft die Doppelte Rechtskraft auf, wenn sich im Verfahren gegen die korrigierte Planentscheidung herausstellt, dass einzelne Sachkomplexe entgegen des ihre Rechtmäßigkeit bescheinigenden Urteils aus dem Vorprozess Fehler aufweisen. In diesen Fällen tritt ein Spannungsverhältnis zwischen der Rechtssicherheit auf der einen und der materiellen Gerechtigkeit auf der anderen

---

[638] Hierzu noch unter § 13 A.II.3.b)bb)(2).

Seite zu tage. Der Widerstreit zwischen beiden verfassungsrechtlich verankerten Prinzipien lässt sich nicht immer auflösen.[639]

Die materielle Rechtskraft nach § 121 VwGO soll den fortwährenden Bestand einer gerichtlichen Entscheidung sichern, die in einem rechtsstaatlichen Anforderungen genügenden Verfahren ergangen ist. Entscheiden sich die Beteiligten gegen ein Rechtsmittel oder ist ein solches gesetzlich nicht vorgesehen, haben sie die Entscheidung des Gerichts grundsätzlich hinzunehmen. In einem neuen Verfahren desselben oder eines anderen Gerichts darf eine widersprechende Entscheidung nicht ergehen. Die Rechtskraft stellt jedoch kein absolutes Prinzip, sondern nur eines von mehreren Elementen der Rechtsstaatlichkeit dar.[640] Im Einzelfall kann daher insbesondere materiell-rechtlichen Erfordernissen ein stärkeres Gewicht beizumessen sein als der durch das Institut der Rechtskraft vermittelten Rechtssicherheit. Dann kommt es zu einer Rechtskraftdurchbrechung.

Um die in diesem Zusammenhang auftretenden Probleme herauszuarbeiten, ist zunächst danach zu differenzieren, zu welchem Zeitpunkt ein Fehler aufgetreten ist und wann er entdeckt wird (hierzu unter I.). Eine Rechtskraftdurchbrechung ist nicht in jedem Fall erforderlich (hierzu unter II.). Im Einzelfall kann eine Rechtskraftdurchbrechung zur angemessenen Durchsetzung von Rechten notwendig sein (hierzu unter III.). Insoweit gilt es zu untersuchen, auf welchem Wege diese zu erfolgen hat (hierzu unter IV.).

I. Problemaufriss: Fehler in rechtskräftig entschiedenen Sachkomplexen

Im Hinblick auf das nachträgliche Auffinden von Fehlern in rechtskräftig entschiedenen Sachkomplexen des Planfeststellungsbeschlusses sind verschiedene Konstellationen denkbar, die strikt auseinanderzuhalten sind.

Zum einen kann ein Fehler erst nach Erlass des Urteils zur behördlichen Ausgangsentscheidung – insbesondere infolge einer Änderung der Sach- und/oder Rechtslage – eintreten. Zum anderen ist es möglich, dass ein Fehler erst im Nachhinein erkannt wird, obwohl er dem Planfeststellungsbeschluss von Anfang an anhaftete. Nur im letztgenannten Fall kommt eine Rechtskraftdurchbrechung in Betracht. Es stellt sich die Frage, ob sodann das fehlerhafte Urteil oder nur der fehlerhafte Planfeststellungsbeschluss korrigiert werden muss.

Weiterhin ist danach zu differenzieren, zu welchem Zeitpunkt der Mangel entdeckt wird. Offenbart sich ein Fehler vor Abschluss des ergänzenden Verfahrens,

---

[639] Hierzu grundlegend: BVerfG, Beschluss vom 20.04.1982 – 2 BvL 26/81, NJW 1982, 2425 (2526).

[640] *Clausing/Kimmel*, in: Schoch/Schneider, VwGO, § 121 Rn. 107. Hierzu noch unter § 13 A.I.1.

ist die Behörde gegebenenfalls berechtigt oder sogar verpflichtet, diesen neben den rechtskräftig festgestellten Mängeln zu beheben. Tut sie dies nicht oder wird ein Mangel erst im Anschluss an die behördliche Fehlerheilung erstmalig entdeckt, stellt sich die Frage, inwieweit dieser im verwaltungsgerichtlichen Verfahren gegen den korrigierten Planfeststellungsbeschluss klageweise geltend gemacht werden kann. Zwar tritt die Problematik „übersehener" Mängel mithin zu verschiedenen Zeitpunkten auf (und damit nicht nur im gerichtlichen Verfahren gegen die korrigierte Entscheidung, welches dieser Abschnitt behandelt), sie wird im Folgenden jedoch geschlossen betrachtet, weil sich mit Blick auf die Rechtskraft die gleichen Fragen stellen.

II. Fälle, in denen keine Bindung an die Feststellungen des vorangegangenen Urteils besteht

Will das Gericht im Verfahren gegen den korrigierten Planfeststellungsbeschluss nachträglich erkannte Mängel feststellen, die die Ausgangsentscheidung betreffen, wird es daran nicht immer durch die entgegenstehende Rechtskraft des vorangegangenen Urteils gehindert.

1. Nicht (vollständig) von der Rechtskraft erfasste Sachkomplexe

Die vom Bundesverwaltungsgericht regelmäßig wiederholte Formel, dass der Kläger gegen die Entscheidung im ergänzenden Verfahren zwar geltend machen könne, dass die vom Gericht festgestellten Mängel nach wie vor nicht behoben seien, mit Blick auf die Rechtskraft des Feststellungsurteils jedoch nicht, dass der Planfeststellungsbeschluss über die Beanstandung des Gerichts hinaus an weiteren Fehlern leide, suggeriert, dass dieser mit Ausnahme der ausdrücklich beanstandeten Teile vollständig in Bestandskraft erwächst.

Dies dürfte jedenfalls dann nicht stimmen, wenn die Rechtskraft eines Urteils explizit beschränkt wird. So erscheint es möglich, dass das Gericht einzelne Sachkomplexe des Planfeststellungsbeschlusses oder Teile davon von Anfang an einer verbindlichen Feststellung der Rechtmäßigkeit bzw. Rechtswidrigkeit entzieht, indem es dies in seinem Urteil durch einen entsprechenden Vorbehalt zum Ausdruck bringt.

Diesen Weg beschritt jüngst das OVG Lüneburg. Es sah von einer Überprüfung der Vereinbarkeit eines Windparks mit den Vorgaben der TA Lärm ab, weil es zuvor bereits festgestellt hatte, dass die Umweltverträglichkeitsprüfung nicht korrekt durchgeführt worden war. Da deren Wiederholung eine Veränderung der Grundlagen für die Überprüfung der Einhaltung der Lärmschutzvorgaben erwarten ließ, wurde eine Entscheidung über den immissionsschutzrechtlichen Sachkomplex in weiten Teilen explizit offen gelassen.[641] Demnach konnte dieser von der Rechtskraft des Urteils nicht erfasst werden. Entsprechende Ansätze finden sich auch in einzelnen Entscheidungen des Bundesverwaltungsgerichts.[642]

Diese Vorgehensweise dürfte mit Blick auf die gerichtliche Verpflichtung zur vollständigen Prüfung allenfalls unter zwei Voraussetzungen in Betracht kommen: Zunächst muss (1.) der auszunehmende Sachkomplex im Zeitpunkt der Entscheidung über den ursprünglichen Planfeststellungsbeschluss entweder als rechtmäßig anzusehen sein oder aber die Rechtmäßigkeit lässt sich auf Grundlage des feststehenden Sachverhalts nicht abschließend feststellen.[643] Zugleich muss (2.) sicher oder höchstwahrscheinlich sein, dass es nach dem Ergebnis des ergänzenden Verfahrens noch zu Änderungen oder Ergänzungen kommt. Nicht selten dürfte dies für die Abwägungsentscheidung in Betracht kommen. Geht das Gericht im Verfahren gegen die Ausgangsentscheidung so vor, steht einer (weiteren) gerichtlichen Überprüfung im nachgehenden Prozess die Rechtskraft des vorangegangenen Urteils nicht entgegen.

Um das Konzept der Doppelten Rechtskraft nicht zu konterkarieren, dürfte ein Vorbehalt auf einen konkret bestimmten Sachkomplex oder einen Teil eines Sachkomplexes zu beschränken sein. Insbesondere darf die materielle Rechtmäßigkeit eines Planfeststellungsbeschlusses nicht vollständig oder in weiten Teilen unter den Vorbehalt des noch ausstehenden Ergebnisses eines ergänzenden Verfahrens gestellt werden.[644] Weiterhin bedarf es zumindest dann, wenn kein offensichtlicher Fall vorliegt, eines ausdrücklichen Hinweises auf die fehlende Verbindlichkeit. Da das Konzept der Doppelten Rechtskraft darauf aufbaut, dass einzelne Sachkomplexe des Planfeststellungsbeschlusses isoliert in Bestandskraft erwachsen, muss für alle Beteiligten anhand der Entscheidungsgründe klar erkennbar sein, wenn dies im Einzelfall anders sein soll. Dies gebietet der Grundsatz der Rechtsklarheit. Ergeben sich aus dem ergänzenden Verfahren zur Behebung eines Fehlers wider Erwarten Fehler in anderen Sachkomplexen, die geheilt werden müssen, kommt nur noch eine Rechtskraftdurchbrechung in Betracht.[645]

---

[641] OVG Lüneburg, Urteil vom 26.02.2020 – 12 LB 157/18, ZUR 2020, 549 (553 f.).

[642] Vgl. etwa BVerwG, Urteil vom 11.08.2016 – 7 A 1/15, BVerwGE 156, 20 Rn. 150; BVerwG, Beschluss vom 20.03.2018 – 9 B 43/16, NuR 2019, 109 Rn. 64–66 zu OVG Lüneburg, Urteil vom 22.04.2016 – 7 KS 27/15, juris Rn. 331 ff.

[643] Siehe hierzu unter § 11 B.I.1.b).

[644] Diesen Anschein erweckt zumindest seinem Wortlaut nach BVerwG, Urteil vom 28.04.2016 – 9 A 9/15, BVerwGE 155, 91 Rn. 40: „Der Planfeststellungsbeschluss leidet – vorbehaltlich des noch ausstehenden Ergebnisses der wasserrechtlichen Überprüfung – an keinem materiell-rechtlichen Fehler, der zum Erfolg der Anfechtungsklage und der hilfsweise gestellten Feststellungs- und Verpflichtungsanträge führen könnte."

[645] Hierzu unter § 12 D.III.2. und unter § 12 D.IV.3.

2. Änderung der Sach- oder Rechtslage als zeitliche Grenze der Rechtskraft

An einer verbindlichen Wirkung des Urteils aus dem Vorprozess fehlt es zudem, wenn die rechtskräftige Feststellung der Rechtswidrigkeit oder Rechtmäßigkeit einzelner Sachkomplexe keine präjudiziellen Wirkungen mehr entfaltet.

Eine zeitliche Begrenzung der Rechtskraftwirkung gerichtlicher Entscheidungen ist in der Rechtsordnung nicht vorgesehen. Grundsätzlich wirkt die materielle Rechtskraft – wie auch § 153 VwGO zeigt – zeitlich unbegrenzt.[646] Damit wird der Rechtschutz jedoch nicht für immer gesperrt. Die Möglichkeit einer gerichtlichen Prüfung wird vielmehr erneut eröffnet, wenn sich die dem Urteil zugrunde liegende Sach- oder Rechtslage ändert. Entscheidend ist dabei, dass die verändernden Umstände nach dem Zeitpunkt eintreten, auf den die materiell rechtskräftige Entscheidung abstellt.[647]

Zu differenzieren ist zwischen der Feststellung der Rechtswidrigkeit bzw. Rechtmäßigkeit einzelner Sachkomplexe auf der einen Seite und der im vorangegangenen Prozess für die festgestellten Fehler notwendigen Annahme der Heilbarkeit auf der anderen Seite.

Für die rechtskräftige Feststellung, dass einzelne Teile eines Planfeststellungsbeschlusses fehlerhaft oder fehlerfrei sind, ist eine Änderung der Sach- oder Rechtslage unerheblich. Denn für dessen Rechtmäßigkeit ist von vornherein ausschließlich der Zeitpunkt seines Erlasses maßgeblich.[648] Dies folgt aus dem Wesen der Planfeststellung als einheitliche Entscheidung, die der Erfassung und Regelung sämtlicher durch das Vorhaben ausgelöster Konflikte gerecht werden muss.[649] Zu beachten sein können allenfalls Änderungen *zugunsten* der Behörde bzw. des Vorhabenträgers, die sich bis zur gerichtlichen Entscheidung ereignen.[650] Alle danach eintretenden Änderungen stellen weder die Rechtmäßigkeit des Planfeststellungsbeschlusses in Frage, noch berühren sie die Rechtskraftwirkung des Urteils. Gleiches gilt etwa bei Klagen Drittbetroffener gegen eine immissionsschutzrechtliche Genehmigung nach § 4 BImSchG.[651] Ob auch

---

[646] BVerwG, Urteil vom 08.12.1992 – 1 C 12/92, BVerwGE 91, 256 (259); *Clausing/Kimmel*, in: Schoch/Schneider, VwGO, § 121 Rn. 68; *Kilian/Hissnauer*, in: Sodan/Ziekow, VwGO, § 121 Rn. 112.

[647] *Schoch*, in: Hoffmann-Riem/Schmidt-Aßmann/Voßkuhle, Grundlagen des Verwaltungsrechts, Bd. III, § 50 Rn. 326; *Clausing/Kimmel*, in: Schoch/Schneider, VwGO, § 121 Rn. 71.

[648] *Storost*, NVwZ 1998, 797 (804); *Stüer/Stüer*, DVBl. 2018, 585 (588); *Schütz*, in: Ziekow, Handbuch des Fachplanungsrechts, § 8 Rn. 89; *Steinberg/Wickel/Müller*, Fachplanung, § 6 Rn. 296.

[649] *Hildebrandt*, Der Planergänzungsanspruch, 1999, S. 120.

[650] BVerwG, Urteil vom 12.08.2009 – 9 A 64/07, BVerwGE 134, 308 Rn. 52; *Wolff*, in: Sodan/Ziekow, VwGO, § 113 Rn. 119 f. m. w. N.

[651] *Jarass*, BImSchG, § 6 Rn. 93.

insoweit bis zur gerichtlichen Entscheidung eintretende Änderungen zu berücksichtigen sind, ist umstritten.[652]

Die Rechtskraft eines Urteils wird auch durch Tatsachen und Beweismittel
nicht beeinträchtigt, von denen die Beteiligten erst im Nachhinein Kenntnis erlangen, die aber im Zeitpunkt des Urteils bereits existent waren. Dies gilt unabhängig von ihrer Einführung in das vorangegangene Verfahren und ihrer Berücksichtigung durch das Gericht.[653] Auch die Schließung von Erkenntnislücken, die
bereits berücksichtigt wurden, stellt die Rechtskraft nicht in Frage.[654] Gleiches
gilt, wenn ein Beteiligter sein früheres Vorbringen aufgrund neuer Beweismittel
„besser" beweisen kann.[655]

Etwas anderes gilt für die gerichtliche Feststellung, dass sich ein identifizierter
Fehler beheben lässt. Hierfür ist nämlich von vornherein nicht der Zeitpunkt des
Erlasses des Planfeststellungsbeschlusses maßgeblich, sondern der Zeitpunkt der
gerichtlichen Entscheidung. Nachträgliche Untersuchungen können zu dem Ergebnis führen, dass eine Fehlerbehebung aus tatsächlichen oder rechtlichen
Gründen ausgeschlossen ist. Mit dieser Erkenntnis über die fehlende Heilbarkeit
geht eine Änderung der Sachlage einher. Damit entfallen die präjudiziellen Wirkungen des vorangegangenen Urteils.[656]

3. Neuerliche Sachprüfung durch die Behörde

Eine Bindung des Gerichts besteht nicht, wenn die Behörde im Zuge des ergänzenden Verfahrens hinsichtlich eines rechtskräftig entschiedenen Sachkomplexes befugter- oder unbefugterweise erneut in eine Sachprüfung eintritt und insoweit entweder eine neue Entscheidung trifft oder die ursprüngliche Entscheidung
bestätigt. Für die Beteiligten liegt in diesen Fällen mit Blick auf den betroffenen
Sachkomplex eine Art „Zweitbescheid" vor, auf den sich das vorangegangene
Urteil nicht beziehen konnte, weil er auf neuen bzw. anderen Erwägungen be-

---

[652] Ablehnend: *Jarass*, BImSchG, 13. Aufl. 2020, § 6 Rn. 93; *Kastner*, in: Fehling/Kastner/
Störmer, Hk-VerwR, § 113 VwGO Rn. 22. Dafür: BVerwG, Beschluss vom 28.07.2022 –
7 B 15/22, NVwZ 2022, 1634 Rn. 12 m. w. N.; *Riese*, in: Schoch/Schneider, VwGO, § 113
Rn. 254.

[653] BVerwG, Beschluss vom 16.07.1992 – 4 NB 20/90, Buchholz 310 § 121 VwGO Nr. 60,
S. 11; *Germelmann*, in: Gärditz, VwGO, § 121 Rn. 130; *Kilian/Hissnauer*, in: Sodan/Ziekow,
VwGO, § 121 Rn. 117.

[654] *Detterbeck*, Streitgegenstand und Entscheidungswirkungen im Öffentlichen Recht,
1995, S. 136 ff.; *Wöckel*, in: Eyermann, VwGO, § 121 Rn. 14.

[655] BVerwG, Urteil vom 05.11.1985 – 6 C 22/84, Buchholz 316 § 51 VwVfG Nr. 18, S. 18;
Wöckel, in: Eyermann, VwGO, § 121 Rn. 47; *Schenke*, in: Kopp/Schenke, VwGO, § 121
Rn. 28; *Germelmann*, in: Gärditz, VwGO, § 121 Rn. 134; *Kilian/Hissnauer*, in: Sodan/Ziekow,
VwGO, § 121 Rn. 117.

[656] Vgl. hierzu unter § 6 B.III.

ruht.[657] Hier bedarf es keiner gerichtlichen Rechtskraftdurchbrechung, weil diese durch die Behörde bereits erfolgt ist. Folglich sind die präjudiziellen Wirkungen des vorangegangenen Urteils teilweise beseitigt und den Beteiligten erneute Rechtsschutzmöglichkeiten eröffnet.[658] Zeigt sich im nachgehenden gerichtlichen Verfahren, dass die neuerliche Sachprüfung zu einem fehlerhaften Ergebnis geführt hat, wird das Gericht an einer entsprechenden Feststellung nicht gehindert.[659]

Die geschilderte Konstellation dürfte in der Praxis nicht selten vorkommen. Eine neuerliche Sachprüfung findet etwa regelmäßig statt, wenn die Behörde im ergänzenden Verfahren eine zuvor unterbliebene Umweltverträglichkeitsprüfung nachholt und sodann – wie dies die Ergebnisoffenheit verlangt –[660] die getroffenen Feststellungen und Bewertungen in einer erneuten Zulassungsentscheidung würdigt. Ein solcher Fall lag dem Urteil des *4. Senats* zur *Höchstspannungsleitung Niederrhein – Utfort – Osterath* zugrunde. Bei Erlass des verfahrensgegenständlichen Planfeststellungsbeschlusses hatte die zuständige Behörde einen alternativen Trassenverlauf abgelehnt. Im gerichtlichen Verfahren gegen die Ausgangsentscheidung war die klagende Gemeinde dem nicht substantiiert entgegengetreten[661] und auch der erkennende Senat hatte die Trassenwahl in seinem Urteil weder beanstandet[662] noch ausdrücklich von der Rechtskraft ausgenommen, sondern lediglich das Fehlen einer notwendigen Umweltverträglichkeitsprüfung festgestellt. Damit erwuchs die Entscheidung über den Verlauf der Leitung zunächst in Rechtskraft. Im darauffolgenden ergänzenden Verfahren holte die Behörde die Umweltverträglichkeitsprüfung nach, überprüfte auf dieser Grundlage den bisherigen Trassenverlauf und kam dabei zu dem Ergebnis, dass die nachgeholte Umweltverträglichkeitsprüfung sich auf die vorherige Abwägungsentscheidung nicht auswirke. Der *4. Senat* stellte bei seiner anschließenden Kontrolle richtigerweise klar, dass die Rechtskraft des vorangegangenen Urteils einer erneuten gerichtlichen Überprüfung des Trassenverlaufs nicht (mehr) ent-

---

[657] BVerwG, Beschluss vom 28.07.2014 – 7 B 22/13, UPR 2015, 34 Rn. 6. Vgl. auch BVerwG, Urteil vom 19.12.2007 – 9 A 22/06, BVerwGE 130, 138 Rn. 22 ff.; BVerwG, Urteil vom 11.12.2008 – 7 C 3/08, Buchholz 316 § 51 VwVfG Nr. 51 Rn. 14.

[658] Hierzu auch unter § 12 B.I.1.b)bb) und unter § 12 B.I.2.b)bb).

[659] Vgl. hierzu den ähnlichen Fall, in dem die mit dem prozessualen Ausschluss nach § 6 Satz 1 UmwRG erlangte Rechtssicherheit im Umfang der erneuten Sachprüfung der Behörde wieder preisgegeben wird (BVerwG, Urteil vom 27.06.2019 – 7 C 22/17, UPR 2020, 60 Rn. 31; BVerwG, Urteil vom 21.03.2023 – 4 A 9/21, juris Rn. 30).

[660] Hierzu unter § 6 B.II.2. und unter § 12 D.III.2.

[661] BVerwG, Beschluss vom 28.02.2013 – 7 VR 13/12, UPR 2013, 345 Rn. 25.

[662] BVerwG, Urteil vom 17.12.2013 – 4 A 1/13, BVerwGE 148, 353.

gegenstehe, die Abwägungsentscheidung vielmehr (erneut) mit Rechtsbehelfen angreifbar sein müsse.[663]

III. Anlass für eine teilweise Rechtskraftdurchbrechung

Der Gesetzgeber räumt dem Interesse der Rechtssicherheit Priorität gegenüber dem Interesse an materiell-rechtlicher Gerechtigkeit ein, soweit die materielle Rechtskraft eines Urteils reicht. Daher muss in Kauf genommen werden, dass auch ein unrichtiges Urteil rechtskräftig wird und damit materiell an sich bestehende Rechtspositionen endgültig in ihrer prozessualen Durchsetzbarkeit hindert.[664]

Nichts anderes gilt für die Doppelte Rechtskraft, mit der auch die Entscheidungsgründe eines Urteils für die Zukunft verbindlich werden und einzelne Teile eines Planfeststellungsbeschlusses in Bestandskraft erwachsen. Daran ändert die Tatsache nichts, dass über Bestand und Inhalt des Planfeststellungsbeschlusses *insgesamt* aufgrund der festgestellten Rechtswidrigkeit und Nichtvollziehbarkeit vor Abschluss des ergänzenden Verfahrens noch Unsicherheit besteht.[665] Zwar dürfte es in der Regel – insbesondere während eines bereits laufenden Fehlerbehebungsverfahrens – deutlich einfacher sein, nachträglich aufgefundene Fehler in rechtskräftig entschiedenen Sachkomplexen zu korrigieren, als dies bei einem Planfeststellungsbeschluss der Fall ist, der bereits vollständig in Bestandskraft erwachsen ist.[666] Auch ist der Vorhabenträger noch nicht in gleicher Weise schützenswert, weil der Plan noch nicht als Ganzes festgestellt und damit kein entsprechendes Vertrauen seinerseits begründet worden ist. Vor allem wurde die Vorhabenrealisierung oft noch nicht begonnen bzw. zumindest noch nicht abgeschlossen. Würde man diese Argumente jedoch stets gelten lassen, würde das Konzept der Doppelten Rechtskraft samt seinen Zielsetzungen *ad absurdum* geführt.[667] Schließlich ist diese gerade darauf ausgerichtet, einzelne Sachkomplexe in besonders umfangreichen Zulassungsverfahren frühzeitig mit Rechtssicherheit auszustatten.

---

[663] Vgl. BVerwG, Urteil vom 07.10.2021 – 4 A 9/19, UPR 2022, 98 Rn. 50 f. Zustimmend: *Külpmann*, jurisPR-BVerwG 5/2022 Anmerkung 4.

[664] *Schoch*, in: Hoffmann-Riem/Schmidt-Aßmann/Voßkuhle, Grundlagen des Verwaltungsrechts, Bd. III, § 50 Rn. 319; *Germelmann*, in: Gärditz, VwGO, § 121 Rn. 11.

[665] So auch ausdrücklich: BVerwG, Beschluss vom 12.01.2018 – 9 A 12/17, DVBl. 2018, 585 Rn. 13.

[666] So auch: BVerwG, Beschluss vom 12.01.2018 – 9 A 12/17, DVBl. 2018, 585 Rn. 15.

[667] In diese Richtung: BVerwG, Beschluss vom 12.01.2018 – 9 A 12/17, DVBl. 2018, 585 Rn. 13.

Vor diesem Hintergrund kommt eine Durchbrechung der Rechtskraft hinsichtlich einzelner Sachkomplexe grundsätzlich nur in Ausnahmefällen nach Maßgabe der allgemeinen Regelungen zur Rechtskraftdurchbrechung in Betracht. Insoweit ist hier insbesondere auf die Entscheidung zur *Ortsumgehung Freiberg* einzugehen (hierzu unter 1.). Ein allein der Doppelten Rechtskraft geschuldetes Erfordernis einer Rechtskraftdurchbrechung entsteht zudem, wenn sich die Rechtswidrigkeit rechtskräftig entschiedener Sachkomplexe aus neuen Erkenntnissen im ergänzenden Verfahren ergibt (hierzu unter 2.).

1. Rechtskraftdurchbrechung nach allgemeinen Grundsätzen, insb. Unionsrechtswidrigkeit

Eine beschränkte Rechtskraftdurchbrechung kommt zunächst aus Gründen in Betracht, die auch sonst Ursache für eine Rechtskraftdurchbrechung sein können (hierzu unter a)). Der praktisch wichtigste Fall, in dem ein Verstoß gegen Unionsrecht zu einer Rechtskraftdurchbrechung führen kann, lag dem Verfahren zur *Ortsumgehung Freiberg* zugrunde (hierzu unter b)).

a) Gründe für ein Wiederaufgreifen des Verfahrens

Auch wenn ein rechtskräftiges Urteil die Rechtmäßigkeit eines Verwaltungsaktes bestätigt hat, ist derjenige, der nachteilig davon betroffen ist, nicht vollständig schutzlos gestellt. Da die Einlegung ordentlicher Rechtsbehelfe in diesem Stadium ausgeschlossen ist, kommt allerdings nur ein außerordentlicher Rechtsbehelf in Betracht,[668] der nur in Ausnahmefällen erfolgreich ist. Je nachdem, aus welchem Grund der zuvor erfolglose Kläger weiteren Rechtsschutz ersucht, hat er zwei Möglichkeiten, weiter gegen den belastenden Verwaltungsakt vorzugehen:

aa) Wiederaufnahme des gerichtlichen Verfahrens

Einerseits kann er das Urteil als solches angreifen und die Wiederaufnahme des gerichtlichen Verfahrens erwirken. Die dafür statthafte Wiederaufnahmeklage ist in § 153 VwGO geregelt, der seinerseits auf §§ 578 bis 591 ZPO verweist. Die Wiederaufnahme führt in besonderen Fällen zum Zwecke der materiellen Gerechtigkeit zu einer Beseitigung eines rechtskräftigen Urteils und darauf aufbauend zur Neuentscheidung in der Sache.[669] Anknüpfungspunkt für eine Wiederaufnahme ist entweder das durch schwerwiegende Mängel gekennzeichnete ver-

---

[668] *Sasse*, Jura 2009, 493 (493).

[669] *Pache/Bielitz*, DVBl. 2006, 325 (325); *Kautz*, in: Fehling/Kastner/Störmer, Hk-VerwR, § 153 VwGO Rn. 1.

fahrensrechtliche Geschehen, das zu der rechtskräftigen Entscheidung geführt hat, oder der Inhalt der Entscheidung selbst, der auf unrichtiger bzw. unvollständiger Grundlage zustande gekommen ist.[670] § 579 Abs. 1 ZPO regelt insoweit Wiederaufnahmegründe für eine Nichtigkeitsklage; Restitutionsgründe enthält der Katalog in § 580 ZPO. Die Wiederaufnahmegründe werden als abschließend betrachtet.[671] Teilweise wird in engen Grenzen jenseits von § 153 VwGO angenommen, dass es Beteiligten untersagt sein soll, sich auf ein rechtskräftiges Urteil zu berufen.[672] Insbesondere stellen aber die Änderung der höchstrichterlichen Rechtsprechung und die Nichtigerklärung einer Norm, auf der die Entscheidung beruht, keine Wiederaufnahmegründe dar.[673] Gleiches gilt für die Verletzung des Gemeinschaftsrechts.[674]

bb) Wiederaufnahme des Verwaltungsverfahrens

Hat das rechtskräftige Urteil zur Unanfechtbarkeit und damit zur Bestandskraft eines Verwaltungsaktes geführt, eröffnet § 51 VwVfG dem zuvor erfolglosen Kläger die Möglichkeit, einen Antrag auf Wiederaufgreifen des Verwaltungsverfahrens zu stellen. Ein solches ermöglicht eine Rechtskraftdurchbrechung durch die Behörde, welche den belastenden Verwaltungsakt aufheben oder ändern kann.[675] § 51 Abs. 1 VwVfG zählt – ebenso wie § 153 VwGO in Verbindung mit §§ 579, 580 ZPO – abschließend Gründe für ein Wiederaufgreifen auf.[676] Demgegenüber ermöglicht § 51 Abs. 5 VwVfG ein Wiederaufgreifen nach pflichtgemäßem Ermessen und eröffnet damit insbesondere die Möglichkeit, einen rechts-

---

[670] *Pache/Bielitz*, DVBl. 2006, 325 (326); *Clausing/Kimmel*, in: Schoch/Schneider, VwGO, § 121 Rn. 107.

[671] *Pache/Bielitz*, DVBl. 2006, 325 (326); *Rudisile*, in: Schoch/Schneider, VwGO, § 153 Rn. 8.

[672] BVerwG, Urteil vom 19.11.2013 – 10 C 27/12, BVerwGE 148, 254 Rn. 21; *Rudisile*, in: Schoch/Schneider, VwGO, § 153 Rn. 8; *Kilian/Hissnauer*, in: Sodan/Ziekow, VwGO, § 121 Rn. 129; *Schenke*, in: Kopp/Schenke, VwGO, § 121 Rn. 30.

[673] *Gotzen*, VR 1998, 406 (409); *Pache/Bielitz*, DVBl. 2006, 325 (326); *Rudisile*, in: Schoch/Schneider, VwGO, § 153 Rn. 8.

[674] *Rudisile*, in: Schoch/Schneider, VwGO, § 153 Rn. 8; *Schenke*, in: Kopp/Schenke, VwGO, § 121 Rn. 30. A.A. *Kremer*, EuR 2007, 470 (479); *Poelzig*, JZ 2007, 858 (867); *Guckelberger*, in: Sodan/Ziekow, § 153 Rn. 79, die eine analoge Anwendung von § 580 Nr. 8 ZPO erwägen, welcher seit 2006 eine Wiederaufnahme bei Urteilsbeanstandungen des Europäischen Gerichtshofs für Menschenrechte ermöglicht. *Pache/Bielitz*, DVBl. 2006, 325 (330–332) sehen eine unionsrechtliche Verpflichtung des Gesetzgebers zur entsprechenden Ergänzung der nationalen Verfahrensordnungen.

[675] *Engels*, in: Mann/Sennekamp/Uechtritz, VwVfG, § 51 Rn. 5–7; *Schoch*, in: Schoch/Schneider, VwVfG, § 51 Rn. 37.

[676] *Kastner*, in: Fehling/Kastner/Störmer, Hk-VerwR, § 51 VwVfG Rn. 8.

kräftigen Verwaltungsakt anzugreifen, der sich nachträglich als „schlechthin unerträglich"[677] oder als unionsrechtswidrig[678] erweist.

b) Übertragung auf den Fall der Doppelten Rechtskraft

Vor diesem Hintergrund dürfte eine Wiederaufnahme des gerichtlichen Verfahrens zur Feststellung einzelner weiterer Fehler in der Praxis kaum jemals in Betracht kommen. Zum einen liegen die normierten Wiederaufnahmegründe überhaupt nur in seltenen Ausnahmefällen vor. Zum anderen beziehen diese sich regelmäßig nicht auf einzelne Sachkomplexe einer gerichtlichen Entscheidung, sondern betreffen das gesamte Urteil.

Eine Rechtskraftdurchbrechung nach Maßgabe des § 51 Abs. 5 VwVfG erscheint indes möglich, wenn man mit dem Bundesverwaltungsgericht eine Teilbestandskraft des rechtswidrigen Planfeststellungsbeschlusses bejaht.[679] Vor dem Hintergrund der hohen Relevanz des Unionsrechts für Plan- und Genehmigungsverfahren sind hier gerade diejenigen Fälle von besonderer Bedeutung, in denen sich die Unrichtigkeit einzelner in Bestandskraft erwachsener Sachkomplexe durch ein später erlassenes, anders lautendes Urteil des Europäischen Gerichtshofs herausstellt. So geschah es im Verfahren zur *Ortsumgehung Freiberg*:

Mit Urteil vom 14. Juli 2011 erklärte das Bundesverwaltungsgericht den Planfeststellungsbeschluss für dieses Straßenbauvorhaben erstmals für rechtswidrig und nicht vollziehbar. Seine Feststellung stützte der *9. Senat* auf Fehler bei der Natura 2000-Verträglichkeitsprüfung sowie auf artenschutzrechtliche Mängel.[680] Weitere Einwendungen sah er als präkludiert an und ließ sie in der Sache unberücksichtigt, obwohl der Kläger die Unionsrechtswidrigkeit der Präklusionsvorschriften gerügt und insoweit eine Vorabentscheidung durch den Europäischen Gerichtshof angeregt hatte.[681] Rund vier Jahre später erging die Entscheidung im Verfahren *Europäische Kommission / Bundesrepublik Deutschland*, in der der Europäische Gerichtshof die Präklusionsregelungen in § 73 Abs. 4 VwVfG und § 2 Abs. 3 UmwRG a. F.[682] in UVP-pflichtigen Verfahren für unionsrechtswidrig erklärte.[683] Der Kläger erhob daraufhin eine Verfassungsbeschwerde, die das Bundesverfassungsgericht jedoch aus Gründen der Subsidiarität nicht zur

---

[677] Vgl. BVerwG, Urteil vom 20.11.2018 – 1 C 23/17, NVwZ-RR 2019, 170 Rn. 26.

[678] *Sachs*, in: Stelkens/Bonk/Sachs, VwVfG, § 51 Rn. 19, 144a; *Schoch*, in: Schoch/Schneider, VwVfG, § 51 Rn. 107–109.

[679] Hierzu unter § 10 C.III.2.

[680] BVerwG, Urteil vom 14.07.2011 – 9 A 12/10, BVerwGE 140, 149 Rn. 55 ff. und 96 ff.

[681] BVerwG, Urteil vom 14.07.2011 – 9 A 12/10, BVerwGE 140, 149 Rn. 18 ff.

[682] In der Fassung vom 07.12.2006, BGBl. I, S. 2816.

[683] EuGH, Urteil vom 15.10.2015 – Rs. C-137/14, NVwZ 2015, 1665.

Entscheidung annahm. Der Kläger sei vielmehr gehalten, fachgerichtlich gegen den zwischenzeitlich ergangenen Änderungs- und Ergänzungsbeschluss vorzugehen, in dem die Planfeststellungsbehörde den schon im Ausgangsverfahren präkludierten Vortrag wiederum als präkludiert angesehen hatte.[684] Dem folgend erhob der Kläger eine Klage gegen die korrigierte Entscheidung und machte sein bislang als präkludiert angesehenes Vorbringen erneut geltend. In diesem Verfahren stellte der *9. Senat* im Interesse der Prozessökonomie in einem Hinweisbeschluss klar, dass das als präkludiert angesehene Vorbringen des Klägers in dem nunmehr anhängigen Rechtsstreit zu berücksichtigen sei, ohne dass dem die Doppelte Rechtskraft des damaligen Urteils entgegenstünde.[685] Begründet wurde dies mit dem unionsrechtlichen Effektivitätsprinzip, hinter dem die durch die materielle Rechtskraft des vorangegangenen Urteils erreichte Rechtssicherheit zurücktreten müsse.[686]

Diese Entscheidung war aus unionsrechtlicher Sicht keinesfalls zwingend. Mit der Doppelten Rechtskraft hat sich der Europäische Gerichtshof bisher nicht auseinandergesetzt. Das Gemeinschaftsrecht gebietet aber grundsätzlich nicht, von der Anwendung nationaler Vorschriften über die Rechtskraft einer gerichtlichen Entscheidung abzusehen. Das gilt auch dann, wenn durch eine Rechtskraftdurchbrechung ein Verstoß gegen Unionsrecht behoben werden könnte. Vielmehr erkennt es die Bedeutung der Rechtskraft zur Gewährleistung des Rechtsfriedens und der Beständigkeit rechtlicher Beziehungen sowie einer geordneten Rechtspflege an.[687] Die insoweit bestehende Verfahrensautonomie der Mitgliedstaaten hat allerdings die unionsrechtlichen Schranken zu wahren. Fälle, die einen Bezug zum EU-Recht aufweisen, dürfen mit Blick auf das Äquivalenzprinzip nicht ungünstiger behandelt werden als ähnliche innerstaatliche Sachverhalte. Das Effektivitätsprinzip aus Art. 4 Abs. 3 EUV verlangt zudem, dass nationale Verfahrensvorschriften die Anwendung des Gemeinschaftsrechts nicht unmöglich machen oder übermäßig erschweren.[688]

---

[684] BVerfG, Beschluss vom 18.09.2017 – 1 BvR 361/12, NVwZ 2018, 406 Rn. 23 f.

[685] BVerwG, Beschluss vom 12.01.2018 – 9 A 12/17, DVBl. 2018, 585 Rn. 6.

[686] BVerwG, Beschluss vom 12.01.2018 – 9 A 12/17, DVBl. 2018, 585 Rn. 11.

[687] EuGH, Urteil vom 16.03.2006 – Rs. C-234/04, NJW 2006, 1577 Rn. 20 f.; EuGH, Urteil vom 06.10.2015 – Rs. C-69/14, EuZW 2015, 917 Rn. 28 ff.; EuGH, Urteil vom 11.11.2015 – Rs. C-505/14, EuZW 2016, 57 Rn. 38 ff. So auch: BVerwG, Beschluss vom 12.01.2018 – 9 A 12/17, DVBl. 2018, 585 Rn. 12. Ebenso: *Dieterich*, jurisPR-BVerwG 6/2018 Anm. 3; *Rennert*, DVBl. 2007, 400 (403); *Weiß*, DÖV 2008, 477 (483 f.); *Wöckel*, in: Eyermann, VwGO, § 121 Rn. 4, 49; *Schenke*, in: Kopp/Schenke, VwGO, § 121 Rn. 30.

[688] EuGH, Urteil vom 16.03.2006 – Rs. C-234/04, NJW 2006, 1577 Rn. 22; EuGH, Urteil vom 06.10.2015 – Rs. C-69/14, EuZW 2015, 917 Rn. 30 f.; EuGH, Urteil vom 11.11.2015 – Rs. C-505/14, EuZW 2016, 57 Rn. 40 f.; BVerwG, Beschluss vom 12.01.2018 – 9 A 12/17,

Insoweit existiert inzwischen eine Vielzahl inhaltlich keine klare Haltung wiedergebender Entscheidungen des Europäischen Gerichtshofs, in denen dieser zwar immer wieder die Bedeutung der Rechtskraft nationaler Gerichtsentscheidungen betont, dann aber doch der Durchsetzung des Unionsrechts den Vorzug einräumt.[689] Die Voraussetzungen, unter denen eine Behörde auf Antrag einen bestandskräftigen Verwaltungsakt wegen Unionsrechtswidrigkeit trotz vorheriger gerichtlicher Bestätigung aufzuheben hat, hat der Europäische Gerichtshof in seinem Urteil in der Sache *Kühne & Heitz* erstmals herausgearbeitet:[690]

1. Nach nationalem Recht ist die Behörde befugt, den in Rede stehenden Verwaltungsakt zurückzunehmen.
2. Der Verwaltungsakt ist erst infolge eines Urteils eines Gerichts bestandskräftig geworden, dessen Entscheidungen nicht mit Rechtsmitteln anfechtbar sind.
3. Das Urteil beruht – ausweislich einer später ergangenen Entscheidung des Europäischen Gerichtshofs – auf einer unrichtigen Auslegung des Unionsrechts und erfolgte unter Missachtung der Pflicht zur Durchführung eines Vorabentscheidungsverfahrens (Art. 267 Abs. 3 AEUV).
4. Der Kläger hat sich, unmittelbar nachdem er Kenntnis von der Entscheidung des Europäischen Gerichtshofs erlangt hatte, an die Verwaltungsbehörde gewandt.

Wie der Gerichtshof inzwischen klargestellt hat, lässt sich diese Rechtsprechung nicht auf die Überprüfung einer rechtskräftigen gerichtlichen Entscheidung übertragen.[691]

Die Sache *Kühne & Heitz* und das Verfahren zur *Ortsumgehung Freiberg* unterscheiden sich allerdings in fundamentalen Punkten:

Im Verfahren zur *Ortsumgehung Freiberg* waren zunächst lediglich Teile des Planfeststellungsbeschlusses und nicht die behördliche Entscheidung als Ganzes in Bestandskraft erwachsen. Dennoch dürften zumindest die ersten drei vom Gerichtshof aufgestellten Voraussetzungen sicher zu bejahen sein. So dürfte § 51 Abs. 5 in Verbindung mit § 48 Abs. 1 Satz 1 VwVfG der Behörde in analoger

---

DVBl. 2018, 585 Rn. 12; *Schmahl*, in: Schulze/Janssen/Kadelbach, Europarecht, § 6 Rn. 62; *Dörr/Lenz*, Europäischer Verwaltungsrechtsschutz, Rn. 522–525. Hierzu noch unter § 13 B.I.2.b).

[689] Einen Überblick vermittelt etwa *Schoch*, in: Hoffmann-Riem/Schmidt-Aßmann/Voßkuhle, Grundlagen des Verwaltungsrechts, Bd. III, § 50 Rn. 327–329.

[690] EuGH, Urteil vom 13.01.2004 – Rs. C-453/00, NVwZ 2004, 459 (459) (*Kühne & Heitz UV/Productschap voor Pluimvee en Eieren*) (Tenor). Hierzu: *Britz/Richter*, JuS 2005, 198; *Weiß*, DÖV 2008, 477.

[691] EuGH, Urteil vom 29.07.2019 – Rs. C-620/17, NZBau 2020, 46 Rn. 59 (*Hochtief Solutions AG Magyarországi Fióktelepe*). Hinweis darauf in BVerwG, Urteil vom 23.06.2020 – 9 A 22/19, BVerwGE 168, 368 Rn. 46.

Anwendung die Möglichkeit eröffnen, auch in rechtskräftig bestätigte Teile eines Planfeststellungsbeschlusses nachträglich einzugreifen.[692] Auch hatte der *9. Senat* in der Sache sowohl erst- als auch letztinstanzlich entschieden, sodass die Entscheidung im Hinblick auf die nicht beanstandeten Teile nicht anfechtbar war. Zudem wies das Bundesverfassungsgericht in seinem Nichtannahmebeschluss deutlich darauf hin, dass eine Vorlage an den Europäischen Gerichtshof erforderlich gewesen wäre.[693] Dem Hinweisbeschluss lässt sich nur nicht entnehmen, ob sich der Kläger unmittelbar nach Kenntniserlangung von der Entscheidung in der Sache *Europäische Kommission / Bundesrepublik Deutschland* erneut an die Behörde gewandt hat.

Unabhängig davon unterscheidet sich das Verfahren zur *Ortsumgehung Freiberg* von der *Kühne & Heitz*-Rechtsprechung insoweit, als dass es vor dem Europäischen Gerichtshof um einen bestandskräftigen Rückzahlungsbescheid ging, gegen den sich dessen Adressat wandte. Damit lag ein rein bipolares Rechtsverhältnis zwischen Behörde und Bürger vor. Planfeststellungsbeschlüsse werden hingegen in der Regel nicht von den durch sie begünstigten Adressaten, sondern beinahe ausschließlich von nachteilig betroffenen Dritten angefochten. Über einen Fall, in dem durch die Überprüfung Rechte Dritter betroffen waren, hat der Europäische Gerichtshof bisher noch nicht entschieden.[694] In der *Kühne & Heitz*-Entscheidung beschränkt er seine Rechtsprechung aber jedenfalls nicht ausdrücklich auf Zwei-Parteien-Verhältnisse. Vielmehr hat er Verwaltungsakte mit Doppelwirkung offenbar im Blick gehabt und für diese außerhalb des Tenors eine weitere Voraussetzung aufgestellt:

> „[Die] Behörde muss […] entscheiden, inwieweit sie verpflichtet ist, die in Rede stehende Entscheidung, ohne die Belange Dritter zu verletzen, zurückzunehmen."[695]

Danach wäre zusätzlich das durch den Adressaten berechtigt begründete Vertrauen in den Bestand der als rechtmäßig befundenen Teile der behördlichen Entscheidung angemessen zu berücksichtigen, welches auch im Unionsrecht einen allgemeinen Rechtsgrundsatz darstellt.[696] In der Praxis dürfte dies oftmals zugunsten des Vorhabenträgers gegen eine Rechtskraftdurchbrechung sprechen.[697]

---

[692] Hierzu noch unter § 12 D.IV.2.b)aa).

[693] BVerfG, Nichtannahmebeschluss vom 18.09.2017 – 1 BvR 361/12, NVwZ 2018, 406 Rn. 22.

[694] *Dörr/Lenz*, Europäischer Verwaltungsrechtsschutz, Rn. 566.

[695] EuGH, Urteil vom 13.01.2004 – Rs. C-453/00, NVwZ 2004, 459 Rn. 27. Vgl. auch: *Britz/Richter*, JuS 2005, 198 (199); *Sasse*, Jura 2009, 493 (497).

[696] *Schmahl*, in: Schulze/Janssen/Kadelbach, Europarecht, § 6 Rn. 45.

[697] Vgl. *Schoch*, in: Hoffmann-Riem/Schmidt-Aßmann/Voßkuhle, Grundlagen des Verwaltungsrechts, Bd. III, § 50 Rn. 329.

Die Folgen des Hinweisbeschlusses zur *Ortsumgehung Freiberg* für die Doppelte Rechtskraft sind offen. Teilweise wird eine Rechtskraftdurchbrechung für zwingend gehalten;[698] teilweise wird daraus der Schluss gezogen, dass die Rechtskraft bei Unionsrechtswidrigkeit nur dann fortbestehen könne, wenn die behördliche Entscheidung bestandskräftig ist und nicht die Grundlage für neue, in der Zukunft liegende Eingriffe bieten solle.[699] Versteht man dies dahingehend, dass nur ein vollständig bestandskräftiger Planfeststellungsbeschluss vor späteren konfligierenden Entscheidungen des Europäischen Gerichtshofs geschützt ist, könnten die Wirkungen der Doppelten Rechtskraft im Einzelfall empfindlich beschränkt werden. So ist zu berücksichtigen, dass die Durchführung eines ergänzenden Verfahrens viel Zeit in Anspruch nehmen kann – zwischen der Feststellung der Rechtswidrigkeit und Nichtvollziehbarkeit und dem Erlass des Änderungs- und Ergänzungsbeschlusses lagen bei der *Ortsumgehung Freiberg* fast sechs Jahre. Währenddessen befindet sich die Ausgangsentscheidung in einer Art Schwebezustand. Ergeht in der Zwischenzeit eine Entscheidung des Europäischen Gerichtshofs, die im Widerspruch zu den in Bestandskraft erwachsenen Sachkomplexen steht, hätte dies zur Folge, dass weitere Fehler zu beheben wären. Das ergänzende Verfahren würde sich verlängern und eine endgültige Entscheidung weiter hinauszögern. Da das Bundesverwaltungsgericht seine Entscheidung zur *Ortsumgehung Freiberg* wiederholt auf die besonderen Umstände des konkreten Falles gestützt[700] und zugleich die Bedeutung der Rechtskraft für die Rechtssicherheit auch im Europarecht hervorgehoben hat,[701] ist ohne ein dahingehendes Urteil des Europäischen Gerichtshofs allerdings eher nicht zu erwarten, dass sich diese Ansicht in Zukunft durchsetzen wird.[702]

Im Ergebnis erscheint es – unabhängig von der konkreten Rechtsverletzung, die sich nachträglich herausstellt – sachgerecht, die Tatsache, dass das Verwaltungsverfahren noch nicht abgeschlossen ist, lediglich im Rahmen des behördlichen Ermessens über das Wideraufgreifen zu berücksichtigen. Wenn eine gewichtige Rechtsverletzung vorliegt, die zu einem unionsrechtlich unerträglichen Zustand führt,[703] kann sich daraus ein Anspruch auf eine Rechtskraftdurch-

---

[698] *Langstädtler*, Effektiver Umweltrechtsschutz in Planungskaskaden, 2021, S. 485.

[699] So *Stüer/Stüer*, DVBl. 2018, 585 (589); *Riese*, in: Schoch/Schneider, VwGO, § 114 Rn. 242. A.A. wohl: *Tegethoff*, NVwZ 2018, 1081 (1087).

[700] BVerwG, Beschluss vom 12.01.2018 – 9 A 12/17, DVBl. 2018, 585 Rn. 9, 11, 13–15.

[701] BVerwG, Beschluss vom 12.01.2018 – 9 A 12/17, DVBl. 2018, 585 Rn. 12 f.

[702] Ebenso: *Tegethoff*, NVwZ 2018, 1081 (1087). Unklar insoweit: BVerwG, Urteil vom 23.06.2020 – 9 A 22/19, BVerwGE 168, 368 Rn. 59 – hier ausdrücklicher Hinweis darauf, dass sich der Senat die fehlende vollständige Bestandskraft bei der *Ortsumgehung Freiberg* verfahrensrechtlich „zunutze gemacht" habe.

[703] Vgl. hierzu BVerwG, Urteil vom 23.06.2020 – 9 A 22/19, BVerwGE 168, 368 Rn. 60–62.

brechung ergeben.[704] Ist die Verletzung hingegen von geringerem Gewicht, kann die Behörde davon trotz des noch laufenden Verwaltungsverfahrens zulässigerweise absehen, wobei stets das Vertrauen des Vorhabenträgers auf die Rechtsbeständigkeit des Sachkomplexes zu berücksichtigen ist.[705]

2. Neue Erkenntnisse im ergänzenden Verfahren

Es stellt sich die Frage, wie damit umzugehen ist, dass neue Erkenntnisse aus dem ergänzenden Verfahren Fehler in bereits rechtskräftig entschiedenen Sachkomplexen aufzeigen können.[706] Damit zu rechnen ist beispielsweise im Falle einer zunächst rechtswidrig unterbliebenen Umweltverträglichkeitsprüfung. Offenbart sich bei deren Nachholung, dass etwa der arten- und/oder habitatschutzrechtlichen Prüfung aufgrund einer defizitären Sachverhaltsermittlung fehlerhafte Annahmen zugrunde gelegt worden sind, ist bislang nicht abschließend geklärt, ob und gegebenenfalls unter welchen Voraussetzungen sich diese Erkenntnisse auf die rechtskräftig für rechtmäßig befundenen Sachkomplexe auswirken.[707] Noch häufiger dürfte der Fall eintreten, dass neue Erkenntnisse die Abwägungsentscheidung erneut in Frage stellen,[708] soweit diese nicht von vornherein den Wirkungen der Doppelten Rechtskraft entzogen worden ist.[709]

Wie bereits dargelegt erwachsen auch objektiv falsche Entscheidungen in Rechtskraft. Die Tatsache allein, dass einzelne Teile eines Planfeststellungsbeschlusses Fehler aufweisen, kann eine Rechtskraftdurchbrechung mithin nicht rechtfertigen. Dies gilt im Grundsatz auch, wenn erst im Nachhinein Erkenntnisse über bisher unentdeckte Tatsachen bekannt werden, diese aber im Zeitpunkt der Planfeststellung bereits vorhanden waren.

Der materiellen Rechtskraft steht hier allerdings das rechtliche Gebot der Ergebnisoffenheit des ergänzenden Verfahrens gegenüber. Dieses verlangt, dass in einem ergänzenden Verfahren gewonnene Erkenntnisse in einer ergebnisoffenen Entscheidung berücksichtigt werden.[710] Es muss gewährleistet sein, dass etwa

---

[704] So auch: *Riese*, in: Schoch/Schneider, VwGO, § 114 Rn. 242. In diese Richtung wohl zudem: *Berkemann*, DVBl. 2020, 1 (1); *Guckelberger*, NuR 2020, 655 (661).

[705] Hierzu noch unter § 12 D.IV.2.b)aa).

[706] *Külpmann* spricht insoweit von „Weiterfressermängeln", NVwZ 2020, 1143 (1148).

[707] Offen lassend: OVG Lüneburg, Beschluss vom 23.11.2021 – 1 LA 160/19, ZUR 2022, 165 (166).

[708] BVerwG, Urteil vom 07.10.2021 – 4 A 9/19, UPR 2022, 98 Rn. 50 f.

[709] Siehe hierzu bereits unter § 12 D.II.1. und unter § 12 D.II.3.

[710] Vgl. BVerwG, Urteil vom 20.12.2011 – 9 A 31/10, BVerwGE 141, 282 Rn. 36; BVerwG, Urteil vom 07.10.2021 – 4 A 9/19, UPR 2022, 98 Rn. 51; *Rubel*, DVBl. 2019, 600 (603); *Deutsch*, in: Mann/Sennekamp/Uechtritz, VwVfG, § 75 Rn. 128; *Wysk*, in: Kopp/Ramsauer, VwVfG, § 75 Rn. 35c; *Neumann/Külpmann*, in: Stelkens/Bonk/Sachs, VwVfG, § 75 Rn. 52.

die Nachbewertung abwägungserheblicher Belange oder die Nachholung zunächst rechtswidrig unterbliebener Verfahrensschritte die ihnen zugedachte Funktion noch in vollem Umfang erfüllen können. Dies lässt sich auch damit begründen, dass im ergänzenden Verfahren schlicht das ursprüngliche Planfeststellungsverfahren wieder aufgenommen und fortgesetzt wird und die Erkenntnisse ja auch berücksichtigt worden wären, wenn sie gleich im Ausgangsverfahren zu Tage getreten wären. Eine diesen Anforderungen entsprechende Nachholung bzw. Wiederholung der fehlerhaften Verfahrensschritte wäre jedoch nicht garantiert, wenn die neuen Erkenntnisse wegen der Präjudizialität der Entscheidung aus dem vorangegangenen Verfahren zumindest teilweise ins Leere gingen. So soll etwa die Umweltverträglichkeitsprüfung gerade gewährleisten, dass die Umweltauswirkungen eines Vorhabens unter Ausschluss der sonstigen Belange, die sich für oder gegen das Vorhaben ins Feld führen lassen, frühzeitig und umfassend ermittelt, beschrieben und bewertet werden.[711] Ihre Funktion als Instrument zur inhaltlichen Vorbereitung der materiellen Zulassungsentscheidung könnte sie nicht mehr erfüllen, wenn ihre Ergebnisse etwa nicht mehr nachträglich in eine zuvor defizitär durchgeführte arten- oder habitatschutzrechtliche Prüfung eingebracht werden könnten.[712]

Da das ergänzende Verfahren als solches nur bei Ergebnisoffenheit den verfassungsrechtlichen Anforderungen des effektiven Rechtsschutzes und dem unionsrechtlichen Effektivitätsprinzip genügt,[713] muss die materielle Rechtskraft zwangsläufig hinter dieser zurücktreten.[714] Etwas anderes dürfte gelten, wenn Mängel des ursprünglichen Planfeststellungsbeschlusses nur im Zusammenhang mit dem ergänzenden Verfahren, nicht aber aufgrund daraus hervorgehender neuer Erkenntnisse aufgedeckt werden. In diesen Fällen dürfte der Rechtskraft weiterhin Vorrang einzuräumen sein.

IV. Entfallen der verbindlichen Wirkung

Wird in einem Sachkomplex eines Planfeststellungsbeschlusses, dessen Rechtmäßigkeit bereits rechtskräftig festgestellt worden ist, ein Fehler entdeckt, der zu einer Rechtskraftdurchbrechung führen kann oder muss,[715] stellt sich die Frage, inwieweit das Gericht im Rahmen der Kontrolle der korrigierten Entscheidung

---

[711] BVerwG, Urteil vom 20.08.2008 – 4 C 11/07, BVerwGE 131, 352 Rn. 26; *Schlacke*, Umweltrecht, § 5 Rn. 64.

[712] Vgl. OVG Lüneburg, Beschluss vom 23.11.2021 – 1 LA 160/19, ZUR 2022, 165 (166).

[713] Hierzu unter § 6 B.II.2. und unter § 7.

[714] So ebenfalls: *Külpmann*, NVwZ 2020, 1143 (1148). In diese Richtung auch: OVG Lüneburg, Beschluss vom 23.11.2021 – 1 LA 160/19.

[715] Hierzu unter § 12 D.III.

berechtigt bzw. verpflichtet ist, die Feststellungen im Urteil aus dem vorangegangenen Prozess außer Acht zu lassen.

Eine Rechtskraftdurchbrechung kommt generell nur insoweit in Betracht, wie
die im ersten Prozess für rechtmäßig befundenen Teile in Bestandskraft erwachsen sind. Allerdings werden nicht alle in Bestandskraft erwachsenen Teile des
Planfeststellungsbeschlusses von Neuem überprüfbar. Vielmehr genügt eine auf
einzelne Sachkomplexe bezogene Rechtskraftdurchbrechung (hierzu unter 1.).
Sodann ist weiter danach zu unterscheiden, ob eine Rechtskraftdurchbrechung
nach allgemeinen Grundsätzen, insbesondere wegen nachträglich erkannter
Unionsrechtswidrigkeit, erfolgen soll (hierzu unter 2.) oder ob sich eine Bindung
an die Feststellungen des Urteils aus dem Vorprozess in Ansehung der neuen
Erkenntnisse aus dem ergänzenden Verfahren nicht mehr rechtfertigen lässt
(hierzu unter 3.).

1. Begrenzung der Rechtskraftdurchbrechung auf einzelne Sachkomplexe

Da die Doppelte Rechtskraft den einzelnen Entscheidungselementen eines Urteils in gewisser Weise eigenständige Bedeutung beimisst, diese insbesondere
isoliert in Bestandskraft erwachsen können, muss eine Rechtskraftdurchbrechung folgerichtig nicht den gesamten Planfeststellungsbeschluss einer erneuten
gerichtlichen Überprüfung zuführen. Vielmehr erscheint eine auf einen oder einzelne Sachkomplexe beschränkte Rechtskraftdurchbrechung sachgerecht, soweit
eine solche Begrenzung möglich ist.

Denn dadurch kann einem Fehler, der nur einen oder wenige Sachkomplexe
betrifft, sich jedoch als untragbar erweist und ein Überwiegen des Gewichts der
materiellen Rechtmäßigkeit gegenüber der Rechtssicherheit rechtfertigt, bereits
abgeholfen werden. Auf diese Weise werden zugleich die Zielsetzungen der
Doppelten Rechtskraft so wenig wie möglich beeinträchtigt, weil sich der Wegfall der mit Rechtskraft ausgestatteten Einzelentscheidung auf ein notwendiges
Minimum beschränkt. Auch trägt dies dem Sinn und Zweck der materiellen
Rechtskraft, der Rechtssicherheit zu dienen und ein wiederholtes Tätigwerden
der Gerichte in derselben Sache zu vermeiden,[716] am besten Rechnung. Ferner
besteht so ein Gleichlauf mit der Möglichkeit der beschränkten Rechtsmittelzulassung und -einlegung.[717]

---

[716] Vgl. etwa *Kilian/Hissnauer*, in: Sodan/Ziekow, VwGO, § 121 Rn. 5.
[717] Hierzu unter § 11 B.IV. und unter § 11 C.II.2.

2. Rechtskraftdurchbrechung nach allgemeinen Grundsätzen, insb. Unionsrechtswidrigkeit

Erweisen sich Teile des rechtskräftigen Urteils nachträglich als rechtswidrig und kommt insoweit eine Rechtskraftdurchbrechung in Betracht, darf diese nur unter bestimmten Voraussetzungen durch das Gericht erfolgen (hierzu unter a)). Grundsätzlich entscheidet hingegen zunächst die Behörde darüber, ob sie das Verfahren wiederaufgreift. Damit gehen spezifische Folgen für alle Verfahrensbeteiligten einher (hierzu unter b)).

a) Grundsätzlich keine Rechtskraftdurchbrechung durch das Gericht

Wird ein Fehler erst im gerichtlichen Verfahren gegen die korrigierte Entscheidung erstmals geltend gemacht, stellt sich die Frage, ob das Gericht befugt ist, die rechtskräftigen Feststellungen des Urteils aus dem vorangegangenen Prozess unberücksichtigt zu lassen.

Dem Hinweisbeschluss des Bundesverwaltungsgerichts zur *Ortsumgehung Freiberg* lässt sich durchaus entnehmen, dass dies der Fall sein soll:

„Unter Berücksichtigung des geschilderten konkreten Verfahrensablaufs widerspräche es dem Effektivitätsprinzip, würde der Senat unter Berufung auf die Rechtskraft des Urteils vom 14. Juli 2011 an der Präklusion festhalten. […] Daher hat der Senat die durch die derzeit fehlende (vollständige) Bestandskraft und Vollziehbarkeit des Planfeststellungsbeschlusses erleichterte Möglichkeit zu nutzen, um den Rechtsverstoß zu beheben."[718]

Allerdings besteht hier die Gefahr, dass das Gericht rechtswidrig in den Verantwortungsbereich der Behörde eingreift. Dies wird deutlich, wenn man sich einmal den vergleichbaren Fall vor Augen führt, in dem eine behördliche Entscheidung nach rechtskräftiger Abweisung einer Anfechtungsklage vollständig in Bestandskraft erwächst, und der Kläger im Anschluss daran – etwa nach einem anders lautenden Urteil des Europäischen Gerichtshofs – erneut die Aufhebung geltend macht (hierzu unter aa)). Daraus dürfte sich schließen lassen, dass ein Außerachtlassen der entgegenstehenden Rechtskraft durch das Gericht nur unter bestimmten Voraussetzungen in Betracht kommt (hierzu unter bb)).

aa) Rechtskraftdurchbrechung nach vollständiger Abweisung einer Anfechtungsklage

Begehrt der Kläger nach einem rechtskräftig abgeschlossenen Verfahren die Aufhebung eines Verwaltungsaktes, so muss er sein Begehren – außer in den seltenen Fällen, in denen ein Antrag auf Wiederaufnahme des gerichtlichen Verfah-

---

[718] BVerwG, Beschluss vom 12.01.2018 – 9 A 12/17, DVBl. 2018, 585 Rn. 15.

rens nach § 153 VwGO in Verbindung mit §§ 578–591 ZPO erfolgsversprechend erscheint – zunächst gegenüber der zuständigen Behörde geltend machen.

Die Möglichkeit der Beseitigung eines Verwaltungsaktes trotz eines diesen bestätigenden rechtskräftigen Urteils eröffnet § 51 VwVfG durch ein Wiederaufgreifen des Verwaltungsverfahrens.[719] Zu unterscheiden sind zwei Fälle des Wiederaufgreifens:[720] § 51 Abs. 1 VwVfG zählt verschiedene Gründe auf, bei deren Vorliegen die Behörde auf Antrag des Betroffenen das Verfahren wiederaufzugreifen hat (Wiederaufgreifen im engeren Sinne). § 51 Abs. 5 in Verbindung mit § 48 Abs. 1 Satz 1 VwVfG stellt das Wiederaufgreifen in allen anderen Fällen in das Ermessen der Behörde (Wiederaufgreifen im weiteren Sinne), die die Prinzipien der Gesetzmäßigkeit der Verwaltung und der materiellen Gerechtigkeit mit der Rechtssicherheit abzuwägen hat.[721] Ein Anspruch auf Wiederaufgreifen kommt nur in Ausnahmefällen in Betracht, etwa wenn die Aufrechterhaltung des Erstbescheides schlechthin unerträglich wäre.[722]

Die Entscheidung über ein Wiederaufgreifen des Verfahrens im weiteren Sinne wird von Amts wegen oder auf Antrag getroffen. Der Antrag kann auch durch einen Dritten gestellt werden, der ein Interesse an der Aufhebung eines Verwaltungsaktes hat, der ihn belastet, aber seinen Adressaten begünstigt.[723] Denn auch hier gilt der Grundsatz der Gesetzmäßigkeit der Verwaltung (Art. 20 Abs. 3 GG), der ein Festhalten an der Bestandskraft eines Verwaltungsaktes in bestimmten Fällen nicht zumutbar erscheinen lässt.[724] Gerade bei umweltrelevanten Vorhaben ist regelmäßig nicht der Adressat des Verwaltungsaktes – der Vorhabenträger –, sondern ein Dritter nachteilig in seinen Rechten betroffen.

Der nach § 51 Abs. 5 VwVfG angestoßene Entscheidungsprozess erfolgt in zwei Stufen: Zunächst entscheidet die Behörde darüber, ob sie das Verfahren überhaupt wiederaufgreift. Nur im Falle einer Positiventscheidung kommt es so-

---

[719] Teilweise wird eine Beseitigung des rechtskräftig bestätigten Verwaltungsaktes allein auf Grundlage der Aufhebungsregelungen in §§ 48, 49 VwVfG für möglich gehalten, weil die Rechtskraft die Behörde nicht daran hindere, ein abgewiesenes Begehren zu erfüllen (*Traulsen*, VerwArch 103 (2012), 337 (350 f.); *Erfmeyer*, DVBl. 1997, 27 (30)). So offenbar auch: OVG Lüneburg, Beschluss vom 23.11.2021 – 1 LA 260/19, ZUR 2022, 165 (166). Vgl. im Gegensatz dazu allerdings: BVerwG, Urteil vom 22.10.2009 – 1 C 26/08, BVerwGE 135, 137 Rn. 13, 19.

[720] Zur Unterscheidung: *Baumeister*, VerwArch 83 (1992), 374 (375 f.).

[721] *Baumeister*, VerwArch 83 (1992), 374 (378).

[722] *Baumeister*, VerwArch 83 (1992), 374 (378 f.).

[723] BVerwG, Urteil vom 28.02.1997 – 1 C 29/95, BVerwGE 104, 115 (121 f.); *Sanden*, DVBl. 2007, 665 (665); *Schoch*, in: Schoch/Schneider, VwVfG, § 51 Rn. 100; *Sachs*, in: Stelkens/Bonk/Sachs, VwVfG, § 51 Rn. 17; *Engels*, in: Mann/Sennekamp/Uechtritz, VwVfG, § 51 Rn. 8. Vgl. auch: OVG Hamburg, Urteil vom 26.05.1992 – Bf VI 21/91, NVwZ-RR 1993, 320 (322). A.A. *Kastner*, in: Fehling/Kastner/Störmer, Hk-VerwR, § 51 VwVfG Rn. 20.

[724] *Sanden*, DVBl. 2007, 665 (665).

dann zu einer weiteren Entscheidung darüber, ob der Erstbescheid aufgehoben bzw. geändert werden soll.[725] Das auf Antrag eröffnete Verwaltungsverfahren endet mit einem Verwaltungsakt, der ein Wiederaufgreifen ablehnt, nach dem Wiederaufgreifen das Begehren in der Sache ablehnt oder aber nach dem Wiederaufgreifen dem Begehren in der Sache entspricht. Soweit dies zweckmäßig ist, kann in den beiden zuletzt genannten Fällen vorab zusätzlich das Wiederaufgreifen durch Verwaltungsakt ausgesprochen werden.[726]

Greift die Behörde das Verfahren nach § 51 Abs. 5 VwVfG wieder auf und trifft sie sodann eine neue Sachentscheidung, wird der Rechtsweg jeweils neu eröffnet.[727] Wenn der Antrag auf Wiederaufgreifen hingegen abgelehnt wird, ist umstritten, ob der Kläger sogleich Klage auf Verpflichtung zur Aufhebung oder Änderung des Verwaltungsaktes erheben kann,[728] oder ob er zunächst isoliert das Wiederaufgreifen beantragen muss. In der Literatur wird teilweise ein Durchgriff aus Gründen der Prozessökonomie befürwortet, wenn es sich in der Sache um eine gebundene Entscheidung handelt.[729]

bb) Übertragung auf den Fall der Doppelten Rechtskraft

Vor diesem Hintergrund kann der Kläger, der die korrigierte Planentscheidung vor Gericht angreift, ein Teil-Entfallen der Rechtskraftwirkung nur in bestimmten Fällen geltend machen. Zum einen kann er sich direkt an das Gericht wenden, wenn er zuvor bereits erfolglos versucht hat, bei der Behörde ein partielles Wiederaufgreifen des Verfahrens zu erreichen. Eine solche Situation mag dem Hinweisbeschluss im Verfahren zur *Ortsumgehung Freiberg* zugrunde gelegen haben. Weiterhin sprechen jedenfalls prozessökonomische Gründe dafür, dass

---

[725] BVerwG, Urteil vom 22.10.2009 – 1 C 15/08, BVerwGE 135, 121 Rn. 24 f.; *Baumeister*, VerwArch 83 (1992), 374 (377 f.); *Sanden*, DVBl. 2007, 665 (666); *Sasse*, Jura 2009, 493 (494); *Traulsen*, VerwArch 103 (2012), 337 (351): Schoch, in: Schoch/Schneider, VwVfG, § 51 Rn. 16, 99; *Erichsen*, in: Erichsen/Ehlers, Allgemeines Verwaltungsrecht, § 20 Rn. 3; *Wolff/Bachof/Stober/Kluth*, Verwaltungsrecht I, § 51 Rn. 113 f.; *Kastner*, in: Fehling/Kastner/Störmer, Hk-VerwR, § 51 VwVfG Rn. 17, 22. A.A. OVG Münster, Beschluss vom 25.06.2018 – 12 A 1313/14, juris Rn. 11; *Korber*, Einteiliges Aufhebungs- und zweiteiliges Wiederaufgreifensverfahren, 1983, S. 32 ff.; *ders.*, DVBl. 1984, 405 (407 ff.); *Schwabe*, JZ 1985, 545 (547) – einstufiges, ausschließlich auf die Aufhebung ausgerichtetes Verfahren.

[726] *Sachs*, in: Stelkens/Bonk/Sachs, VwVfG, § 51 Rn. 10–12; *Ramsauer*, in: Kopp/Ramsauer, VwVfG, § 51 Rn. 17; *Kastner*, in: Fehling/Kastner/Störmer, Hk-VerwR, § 51 VwVfG Rn. 17.

[727] *Schenke*, in: Kopp/Schenke, VwGO, § 121 Rn. 14.

[728] So für das Asylrecht grundlegend: BVerwG, Urteil vom 10.02.1998 – 9 C 28/97, BVerwGE 106, 171 (172 f.).

[729] *Clausing*, JuS 1999, 474 (476); *Kastner*, in: Fehling/Kastner/Störmer, Hk-VerwR, § 51 VwVfG Rn. 29. A.A. *Sachs*, in Stelkens/Bonk/Sachs, VwVfG, § 51 Rn. 70–73.

das Gericht die verbindlichen Wirkungen des vorangegangenen Urteils außer Acht lassen darf, wenn das Ermessen der Behörde auf Null reduziert ist. Andererseits lässt sich nicht von der Hand weisen, dass die Befugnis zur Sachentscheidung auch in diesen Fällen der Behörde übertragen ist und dem Gericht lediglich eine kontrollierende Funktion zukommt.[730]

Jedenfalls wenn in anderen Fällen kein vorheriger Antrag bei der Behörde gestellt worden ist, dürfte eine direkte Entscheidung des Gerichts ausgeschlossen sein. Denn der Behörde ist in Fällen des § 51 Abs. 5 in Verbindung mit § 48 Abs. 1 Satz 1 VwVfG, die in der Praxis am häufigsten vorkommen dürften, gesetzlich ein Ermessen eingeräumt. Sie kann ein Wiederaufnahmeersuchen also auch ablehnen. Diese Entscheidung darf das Gericht nicht vorwegnehmen.

Die Notwendigkeit eines gesonderten Antrags auf Wiederaufnahme mag dann seltsam erscheinen, wenn der Kläger selbst erst von dem Wiederaufgreifensgrund erfährt, nachdem er eine Klage gegen den korrigierten Plan bereits erhoben hat. Denn anders als nach einer rechtskräftig abgewiesenen Anfechtungsklage wird der Planfeststellungsbeschluss in diesem Fall ohnehin erneut einer gerichtlichen Überprüfung zugeführt. Ein gesonderter Antrag erscheint auf den ersten Blick überflüssig. Indes beschränkt sich das erneute gerichtliche Verfahren nach dem Konzept der Doppelten Rechtskraft auf die im vorangegangenen Prozess rechtskräftig festgestellten Fehler. Teile, deren Rechtmäßigkeit das Gericht zuvor bescheinigt hat, werden gerade nicht erneut kontrolliert. Daher kann das Gericht mit Blick auf den Grundsatz der Gewaltenteilung (Art. 20 Abs. 2 GG) nicht einfach über die Notwendigkeit einer Rechtskraftdurchbrechung entscheiden und die eigentliche Zuständigkeit der Behörde ignorieren.

b) Folgen für die Verfahrensbeteiligten

Die Verfahrensbeteiligten passen ihr Verhalten an das von ihnen erwartete Vorgehen des Gerichts in einem Verfahren gegen die korrigierte Entscheidung an. Die Behörde wird daher Fehler, aufgrund derer ein Anspruch auf Wiederaufgreifen des Verfahrens bestehen könnte, nach Möglichkeit im ergänzenden Verfahren berücksichtigen (hierzu unter aa)). Der Vorhabenträger, der regelmäßig ein Interesse am Fortbestand der einzelnen Sachkomplexe hat, kann gegen die Wiederaufgreifensentscheidung gerichtlich vorgehen (hierzu unter bb)). Wenn die Behörde untätig bleibt, muss der Kläger ein Wiederaufgreifen beantragen (hierzu unter cc)).

---

[730] Vgl. *Sachs*, in: Stelkens/Bonk/Sachs, VwVfG, § 51 Rn. 72. Vgl. dazu auch: VGH München, Urteil vom 30.07.2009 – 1 B 08/2890, BayVBl. 2010, 276 Rn. 58 f.

aa) Rechtskraftdurchbrechung durch die Behörde im ergänzenden Verfahren

Wenn die Behörde nach Rechtskraft des Urteils zur Ausgangsentscheidung, aber vor Erlass eines Änderungs- bzw. Ergänzungsbeschlusses einen heilbaren, potentiell zur Rechtskraftdurchbrechung zwingenden Fehler erkennt, stellt sich die Frage, ob sie berechtigt oder verpflichtet ist, den betroffenen Sachkomplex unter Durchbrechung der Rechtskraft in das ergänzende Verfahren einzubeziehen, und was in diesem Fall zu beachten ist.

Die Situation unterscheidet sich von derjenigen, in der eine Rechtskraftdurchbrechung im Hinblick auf einen vollständig in Bestandskraft erwachsenen Verwaltungsakt in Betracht kommt. Es besteht die Besonderheit, dass ein Wiederaufgreifen des Verfahrens im Sinne von § 51 VwVfG prinzipiell nicht erforderlich ist, wenn das Verfahren zum Erlass des Planfeststellungsbeschlusses noch gar nicht abgeschlossen bzw. es durch Eintritt in das ergänzende Verfahren bereits anderweitig wiederaufgegriffen worden ist.

Indes ist strikt zwischen bereits bestandskräftigen und noch nicht bestandskräftigen Teilen des Planfeststellungsbeschlusses zu unterscheiden. Das ergänzende Verfahren beschränkt sich auf die Behebung der festgestellten Fehler.[731] Einer weitergehenden Korrektur steht die Teilbestandskraft des Planfeststellungsentschlusses entgegen.[732] Die Entscheidung über ein partielles Wiederaufgreifen des Verwaltungsverfahrens zur Behebung von Fehlern, die zuvor nicht gerichtlich festgestellt worden sind, trifft die Behörde davon losgelöst in einem zumindest formal anderen Verwaltungsverfahren.

Es ist ihr überlassen, darüber zu entscheiden, ob sie entgegen einer rechtskräftigen Gerichtsentscheidung erneut in einen bestandskräftigen Sachkomplex eingreift oder nicht. Die Ermächtigung dazu dürfte sich aus § 51 Abs. 5 in Verbindung mit § 48 Abs. 1 Satz 1 VwVfG in analoger Anwendung ergeben.[733] In der Folge kann sie auf Antrag oder von Amts wegen das ergänzende Verfahren auf den konkreten Teil erstrecken und diesen bestätigen, ändern oder ergänzen. Alternativ kann sie sich nach pflichtgemäßem Ermessen – insbesondere mit Blick auf den Vertrauensschutz des Vorhabenträgers – gegen eine Durchbrechung der Rechtskraft entscheiden. Trotz des bereits für die Behebung anderweitiger Fehler wieder aufgegriffenen Verwaltungsverfahrens gestaltet sich das Vorgehen der Behörde im Hinblick auf die in Bestandskraft erwachsenen Sachkomplexe mithin zweistufig. Dabei muss die Behörde den verfahrensrechtlichen Anforderun-

---

[731] BVerwG, Beschluss vom 06.03.2014 – 9 C 6/12, NuR 2014, 638 Rn. 22.

[732] In diese Richtung: OVG Lüneburg, Beschluss vom 23.11.2021 – 1 LA 160/19, ZUR 2022, 165 (166). Vgl. zudem: *Ziekow*, VerwArch 99 (2008), 559 (584).

[733] Ebenfalls auf § 51 VwVfG abstellend: *Riese*, in: Schoch/Schneider, VwGO, § 114 Rn. 242.

gen der §§ 28 und 39 VwVfG gerecht werden, insbesondere auch den Vorhabenträger anhören. Bei der Entscheidung muss sie dessen berechtigt begründetes Vertrauen auf den Bestand des erneut in Frage stehenden Sachkomplexes berücksichtigen.

Greift die Behörde das Verfahren mit Blick auf den betroffenen Sachkomplex wieder auf, richtet sich die anschließende Entscheidung über die Aufhebung bei einem Wiederaufgreifen im engeren Sinne nach dem jeweiligen Fachrecht.[734] Beim Wiederaufgreifen im weiteren Sinne ist umstritten, ob die Einschränkungen des § 48 VwVfG Anwendung finden.[735] Bejaht man dies, kann ein fehlender Vertrauensschutz des Vorhabenträgers nicht mit der fehlenden Bestandskraft des Planfeststellungsbeschlusses begründet werden. Vielmehr ist hier das Vertrauen hinsichtlich des konkret betroffenen Sachkomplexes zu berücksichtigen. Aus dem gleichen Grund dürfte § 50 VwVfG nicht gelten, wenn die Behörde erst während des gerichtlichen Verfahrens gegen den korrigierten Planfeststellungsbeschluss über das Wiederaufgreifen entscheidet. Für die Korrektur der Fehler in den vormals bestandskräftigen Elementen des Planfeststellungsbeschlusses muss indes das Fachrecht gelten. Sie erfolgt ebenso wie bei den zuvor gerichtlich festgestellten Fehlern.[736]

Fraglich ist, ob einem nachträglichen Eingreifen in eigentlich bestandskräftige Teile eines Planfeststellungsbeschlusses § 72 Abs. 1 Satz 1, 2. Hs. VwVfG entgegensteht, der die Anwendung des § 51 VwVfG für das Planfeststellungsverfahren ausdrücklich ausschließt.[737] Dadurch soll dem in einem komplexen Verfahren zustande gekommenen Planfeststellungsbeschluss ein erhöhtes Maß an Bestandskraft verliehen werden.[738] Auch sollen Schwierigkeiten beim Rückgängigmachen verhindert werden.[739] Diese Gründe überzeugen in Ansehung eines nur im Hinblick auf einzelne Sachkomplexe in Bestandskraft erwachsenen Planfeststellungsbeschlusses, der im Übrigen für sein Zustandekommen noch einer erfolgreichen Fehlerbehebung bedarf, allerdings nicht. Daher dürfte § 72 Abs. 1 Satz 1, 2. Hs. VwVfG für die Doppelte Rechtskraft in der Weise teleologisch zu reduzieren sein, dass er einem beschränkten behördlichen Wiederaufgreifen nicht entgegensteht.

---

[734] *Kastner*, in: Fehling/Kastner/Störmer, Hk-VerwR, § 51 VwVfG Rn. 18.

[735] Dafür: *Traulsen*, VerwArch 103 (2012), 337 (352–354); *Kastner*, in: Fehling/Kastner/Störmer, Hk-VerwR, § 51 VwVfG Rn. 21. Ablehnend: BVerwG, Urteil vom 22.10.2009 – 1 C 15/08, BVerwGE 135, 122 Rn. 25; *Sanden*, DVBl. 2017, 665 (667).

[736] Hierzu unter § 6 B.II.

[737] Vgl. hierzu: BVerwG, Urteil vom 23.06.2020 – 9 A 22/19, BVerwGE 168, 368 Rn. 47.

[738] *Sanden*, DVBl. 2007, 665 (665 f.). Vgl. auch: BVerwG, Urteil vom 28.04.2016 – 4 A 2/15, BVerwGE 155, 81 Rn. 42.

[739] *Huck*, in: Huck/Müller, VwVfG, § 72 Rn. 77.

bb) Rechtsschutzmöglichkeiten des Vorhabenträgers

Eine Entscheidung für eine Fehlerheilung trotz Rechtskraft dürfte in der Praxis oftmals im Einvernehmen zwischen Behörde und Vorhabenträger erfolgen. Kommt es insoweit nicht zu einer Einigung, etwa weil damit ein erheblicher Mehraufwand verbunden ist, stellt sich die Frage, ob bzw. wie sich der Vorhabenträger zur Wehr setzen kann, wenn die Behörde anlässlich des ergänzenden Verfahrens einzelne rechtskräftig bestätigte Sachkomplexe wieder aufgreift und zu seinen Lasten abweichend beurteilt.

Zum einen besteht die mit dem späteren Erlass des Korrekturbescheides eröffnete Möglichkeit, Änderungen und Ergänzungen aus dem ergänzenden Verfahren anzugreifen. Selbst wenn die kostenintensive Nachholung einzelner Verfahrensschritte oder inhaltliche Nachbewertung gar nicht erforderlich waren, müssen die daraus resultierenden Korrekturen selbst jedoch nicht rechtswidrig sein. Zudem müsste der Vorhabenträger den Erlass des Planfeststellungsbeschlusses abwarten.

Einer Anfechtungsklage gegen die Wiederaufgreifensentscheidung selbst könnte vor allem § 44a Satz 1 VwGO entgegenstehen, der keinen Rechtsschutz gegen Verfahrenshandlungen außerhalb einer Kontrolle der eigentlichen Sachentscheidung erlaubt. Wenn es um ein bestandskräftig abgeschlossenes Verfahrens geht, wird die Entscheidung über die Wiederaufnahme von der wohl herrschenden Auffassung in der Rechtsprechung wie im Schrifttum nicht als behördliche Verfahrenshandlung angesehen, wodurch die Unterbindung des § 44a Satz 1 VwGO nicht eingreift.[740] Vielmehr soll es sich um eine Sachentscheidung handeln, die den über das Ob des Wiederaufgreifens entscheidenden Verfahrensabschnitt abschließt.[741] In der Entscheidung über das Wiederaufgreifen im Hinblick auf nur einen bestimmten Sachkomplex eine Sachentscheidung zu sehen, erscheint etwas gekünstelt. Denn die Behörde entscheidet darüber in der Regel während eines ergänzenden Verfahrens zur Heilung anderweitiger Fehler, welches seinerseits das Ausgangsverfahren über den Planfeststellungsbeschluss abschließen soll. Allerdings ist die Annahme einer Sachentscheidung, die gesondert anfechtbar ist, mit Blick auf die strikte Trennung zwischen den bestandskräftigen und den nicht bestandskräftigen Teilen der behördlichen Entscheidung konsequent. Während die Behörde im ergänzenden Verfahren die festgestellten Fehler

---

[740] VGH München, Urteil vom 24.04.1997 – 8 B 96/33383, NVwZ-Beilage 1997, 75 (75); VG Hamburg, Urteil vom 12.10.2016 – 9 K 908/16, juris Rn. 15; *Ziekow*, in: Sodan/Ziekow, VwGO, § 44a Rn. 45; *Posser*, in: Posser/Wolff/Decker, BeckOK VwGO, § 44a Rn. 21. Mit abweichender Begründung: OVG Münster, Urteil vom 05.09.1995 – 5 A 4608/94.A, NVwZ-RR 1996, 549 (549). A.A. *Schenke*, in: Kopp/Schenke, VwGO, § 44a Rn. 5. Offen lassend: *Clausing*, JuS 1999, 474 (476).

[741] *Ziekow*, in: Sodan/Ziekow, VwGO, § 44a Rn. 45.

im Planfeststellungsbeschluss korrigiert, muss sie hinsichtlich des bestandskräftigen Teils zunächst über das Wiederaufgreifen entscheiden. Erst dann lassen
sich beide ergänzenden Verfahren gegebenenfalls verbinden.

Alternativ bleibt dem Vorhabenträger die Möglichkeit, eine Verpflichtungsklage
auf Erlass des die Heilung abschließenden Verwaltungsaktes (ohne Durchführung der aus Sicht der Behörde noch notwendigen weiteren Fehlerbehebung) zu
erheben.

cc) Antragsobliegenheit für den Kläger

Wird die Behörde nicht von allein tätig, stellt sich die Frage, ob der Kläger die
Rechtskraftdurchbrechung beantragen muss. Bei einer vollständig bestandskräftigen behördlichen Entscheidung ist dies der Fall. Nur wenn die Behörde auch
daraufhin untätig bleibt, kann er die Wiederaufnahme des Verfahrens im Wege
einer Bescheidungsklage gerichtlich durchsetzen. Tut er dies nicht, landet der
Fall nicht von Neuem vor Gericht. Davon unterscheidet sich die Situation bei der
Teilbestandskraft einer behördlichen Entscheidung. Hier wird der Planfeststellungsbeschluss als solcher jedenfalls dann ohnehin Gegenstand eines weiteren
gerichtlichen Verfahrens, wenn der Kläger diesen im Anschluss an die Heilung
erneut angreift. Macht er in diesem Fall auch Einwände gegen die bestandskräftigen Teile des Planfeststellungsbeschlusses geltend, ist die Prüfungsbefugnis
des Gerichts ohne vorherigen Antrag auf Wiederaufgreifen durch die Wirkungen
der Doppelten Rechtskraft allerdings auf die nicht bestandskräftigen Teile begrenzt.

Ob es dem Kläger, der hinsichtlich des Planfeststellungsbeschlusses richtigerweise von einem noch laufenden Verwaltungsverfahren ausgeht, zuzumuten ist,
dennoch isoliert das Wiederaufgreifen zu beantragen, lässt sich zumindest in Frage stellen. Andererseits kann das Gericht mit Blick auf den Grundsatz der Gewaltenteilung (Art. 20 Abs. 2 GG) nicht einfach über die Notwendigkeit einer
Rechtskraftdurchbrechung entscheiden und die eigentliche Zuständigkeit der
Behörde ignorieren. Ein Hinwegsetzen über die Zuständigkeit der Behörde von
Seiten des Gerichts mag allenfalls in denjenigen Fällen denkbar sein, in denen
deren Ermessen im Hinblick auf ein Wiederaufgreifen ohnedies auf Null reduziert wäre.[742] Da dies üblicherweise nicht der Fall ist, lässt sich der Konflikt
dahingehend lösen, dass man dem Kläger die Antragstellung auch noch im Prozess – also nach Abschluss des ergänzenden Verfahrens, aber vor Bestandskraft
des korrigierten Planfeststellungsbeschlusses – ermöglicht. Das Gericht kann
notfalls auf den notwendigen Antrag hinweisen. Wird dieser gestellt, muss die
Behörde über das Wiederaufgreifen entscheiden und gegebenenfalls weitere Än-

---

[742] Hierzu unter § 12 D.IV.2.a)bb).

derungen oder Ergänzungen vornehmen. Zu diesem Zwecke kann sie eine Aussetzung des Verfahrens beantragen.[743] Damit wird den Interessen der Beteiligten hinreichend Rechnung getragen. Die Behörde muss Verzögerungen, die sich daraus ergeben, dass der Antrag erst nach Abschluss des ergänzenden Verfahrens gestellt wird, hinnehmen. Sie kann dem entgehen, indem sie über das Wiederaufgreifen zuvor von Amts wegen entscheidet. Dem Kläger dürfte ebenfalls daran gelegen sein, die Rechtskraftdurchbrechung so früh wie möglich geltend zu machen, weil eine frühe Beteiligung oftmals eine bessere Behandlung seiner Einwände ermöglicht.

3. Rechtskraftdurchbrechung bei neuen Erkenntnissen im ergänzenden Verfahren

Zeigen neue Erkenntnisse aus dem ergänzenden Verfahren Fehler in eigentlich bestandskräftigen Teilen des Planfeststellungsbeschlusses auf, dürfte eine Rechtskraftdurchbrechung ohne weiteres Zutun der Behörde bzw. des Gerichts erfolgen (hierzu unter a)). Damit gehen unterschiedliche Folgen für die Verfahrensbeteiligten einher (hierzu unter b)).

a) Entscheidung des Gerichts ohne Bindung an das vorangegangene Urteil

Offenbaren die im ergänzenden Verfahren nachgeholten Verfahrensschritte oder inhaltlichen Neubewertungen Fehler in anderen Teilen des Planfeststellungsbeschlusses, sprechen gute Gründe dafür, dass insoweit die Rechtskraft des vorangegangenen Urteils und mithin auch die Bestandskraft der entsprechenden Elemente des Planfeststellungsbeschlusses von allein wegfallen. Entsprechende Rügen können vom Kläger erneut erhoben werden und sind gerichtlich wieder voll überprüfbar. Wird den Fehlern nicht abgeholfen, gelangt das Gericht in einem etwaigen nachfolgenden Verfahren gegen die (nur teilweise) korrigierte Entscheidung erneut zur Feststellung der Rechtswidrigkeit und Nichtvollziehbarkeit.

Wie bereits aufgezeigt worden ist, muss das ergänzende Verfahren dem Gebot der Ergebnisoffenheit genügen. Ein Abweichen davon wäre mit höherrangigem Recht nicht vereinbar.[744] Daher scheint es sachgerecht, die Doppelte Rechtskraft von vornherein unter die auflösende Bedingung zu stellen, dass sich aus dem

---

[743] Auch im Verfahren zur *Ortsumgehung Freiberg* beantragte das beklagte Land eine Aussetzung des Verfahrens (vgl. BVerwG, Beschluss vom 08.05.2018 – 9 A 12/17, DVBl. 2018, 1232). Dem Antrag lag aber ein anderes Vorgeschehen zugrunde. Hier hatte das Gericht zuvor darauf hingewiesen, dass es das einst als präkludiert zurückgewiesene Vorbringen berücksichtigen würde (vgl. BVerwG, Beschluss vom 12.01.2018 – 9 A 12/17, DVBl. 2018, 585 Rn. 6).

[744] Hierzu unter § 12 D.III.2.

ergänzenden Verfahren keine neuen Erkenntnisse ergeben, die sich auf rechtskräftig entschiedene Sachkomplexe auswirken. Das Zwischenschalten einer behördlichen oder gerichtlichen Entscheidung darüber, ob der Sachkomplex in diesen Fällen noch einmal überprüft werden muss, wäre anders als in den unter § 12 D.III.1. und § 12 D.IV.2. skizzierten Fällen sinnlos, weil von vornherein nur ein einziges rechtmäßiges Ergebnis in Betracht käme. Auch eine wie auch immer durchzusetzende, vorherige Korrektur des vorangegangenen Urteils muss ausscheiden, weil dieses auf Grundlage der dem Gericht bekannten Tatsachen in der Regel korrekt war. Dieses ist ja gerade nicht dazu berufen, im gerichtlichen Verfahren gegen die Ausgangsentscheidung diejenigen fachgutachterlichen Prüfungen vornehmen zu lassen, die eigentlich von der Behörde bzw. dem Vorhabenträger beizubringen sind.[745]

Dieser Auffassung dürfte auch das Bundesverwaltungsgericht sein. Zum einen lässt sich dies schon daraus schließen, dass es regelmäßig betont, dass die Behörde etwa im Anschluss an die Nachholung einer Umweltverträglichkeitsprüfung auch eine erneute, deren Ergebnisse würdigende Sachentscheidung treffen müsse,[746] die naturgemäß auch mit Änderungen in bereits bestandskräftigen Sachkomplexen verbunden sein kann. Insoweit muss zwingend neuer Rechtsschutz eröffnet werden.

Entsprechendes lässt sich auch einem Hinweisbeschluss des *9. Senats* entnehmen, den dieser im Zusammenhang mit der *Waldschlösschenbrücke* bereits im Jahr 2014 getroffen hat. Diesem Beschluss lag ein ergänzendes Verfahren zugrunde, dass die Behörde vor Abschluss der gerichtlichen Entscheidung über den Planfeststellungsbeschluss durchgeführt hatte. Im Zuge dessen waren neue Unterlagen gefertigt und tiefergehende Untersuchungen durchgeführt worden, aus denen sich eine neue Bewertung der von dem Vorhaben ausgehenden Beeinträchtigungen ergab. Das Sächsische Oberverwaltungsgericht sah den Kläger mit seinen darauf Bezug nehmenden Einwendungen gegen den ursprünglichen Planfeststellungsbeschluss dennoch als ausgeschlossen an, weil es davon ausging, dass mit dessen Ersterlass eine damals in der Rechtsprechung noch allgemein als zulässig anerkannte materielle Präklusion eingetreten sei.[747] Dem trat der *9. Senat* entgegen. In seinem Hinweisbeschluss heißt es:

„In der Rechtsprechung des Bundesverwaltungsgerichts ist [...] geklärt, dass die Durchführung eines ergänzenden Verfahrens nicht die unbeschränkte Möglichkeit eröffnet, alte wie neue Ein-

---

[745] Hierzu unter § 11 B.I.1.b).

[746] Vgl. BVerwG, Urteil vom 20.12.2011 – 9 A 31/10, BVerwGE 141, 282 Rn. 36; BVerwG, Urteil vom 17.12.2013 – 4 A 1/13, BVerwGE 148, 353 Rn. 43; BVerwG, Urteil vom 08.01. 2014 – 9 A 4/13, BVerwGE 149, 31 Rn. 27; BVerwG, Urteil vom 07.10.2021 – 4 A 9/19, UPR 2022, 98 Rn. 51.

[747] OVG Bautzen, Urteil vom 15.12.2011 – 5 A 195/09, juris Rn. 101–105.

wendungen gegen das Vorhaben vorzubringen. Vielmehr wird das Verwaltungsverfahren nur insoweit aufgegriffen, als es zur Beseitigung der gerichtlich festgestellten oder von der Behörde selbst erkannten Mängel im ergänzenden Verfahren erforderlich ist. [...]
Etwas anderes muss jedoch gelten in Fällen wie dem vorliegenden, die dadurch gekennzeichnet sind, dass im ergänzenden Verfahren aufgrund neuer Unterlagen und Untersuchungen eine in der Prüfungstiefe umfassende – freilich thematisch eingeschränkte – Neubewertung („Erfassung und Bewertung") der von einem Vorhaben ausgehenden Beeinträchtigungen vorgenommen wird, *und zwar bezogen sowohl auf den ursprünglichen Zeitpunkt des Planfeststellungsbeschlusses als auch den aktuellen Zeitpunkt. Ein solcher Fall des weitgehenden Austausches der naturschutzfachlichen Grundlagen und Bewertungen eines Planfeststellungsbeschlusses in einem ergänzenden Verfahren rechtfertigt es* auch unter dem Gesichtspunkt des mit dem Institut der Einwendungspräklusion verfolgten Ziels der Rechtssicherheit für den Vorhabenträger und andere Verfahrensbeteiligte *nicht, die anerkannten Naturschutzvereinigungen auf Einwendungen gegen den Änderungsplanfeststellungsbeschluss zu beschränken.*"[748]

Eine der Präklusion entsprechende Zäsur entsteht prinzipiell auch durch die Rechtskraft desjenigen Urteils, das die Rechtswidrigkeit und Nichtvollziehbarkeit des ursprünglichen Planfeststellungsbeschlusses feststellt. Denn in einem nachgehenden Prozess kann der Kläger die bis dahin gerichtlich unbeanstandet gebliebenen Sachkomplexe eines Planfeststellungsbeschlusses nicht erneut angreifen. Eine Rückausnahme gilt bei neuen Erkenntnissen aus dem ergänzenden Verfahren.

b) Folgen für die Verfahrensbeteiligten

Der drohende Entfall der verbindlichen Wirkung des Urteils aus dem vorangegangenen Prozess verpflichtet die Behörde dazu, neue Erkenntnisse aus dem ergänzenden Verfahren umfassend zu berücksichtigen (hierzu unter aa)). Für den Kläger ist dies vorteilhaft, weil er neu aufgezeigte Fehler auch im gerichtlichen Verfahren gegen die korrigierte Entscheidung erstmals geltend machen kann (hierzu unter bb)). Ein etwaiges Vertrauen des Vorhabenträgers ist nicht schutzwürdig (hierzu unter cc)).

aa) Berücksichtigungspflicht der Behörde

Wenn die Rechtskraft einzelner Teile eines Urteils bei inhaltlich konfligierenden neuen Erkenntnissen im ergänzenden Verfahren *eo ipso* entfällt, gehen damit besonders für die Behörde zusätzliche Verpflichtungen einher. Sie darf sich nicht darauf beschränken, die neuen Erkenntnisse in die noch nicht bestandskräftigen Sachkomplexe des Planfeststellungsbeschlusses einzuarbeiten. Vielmehr kann und muss sie darüber hinaus auch die Fehlerhaftigkeit bestandskräftiger Sach-

---

[748] BVerwG, Beschluss vom 06.03.2014 – 9 C 6/12, NuR 2014, 638 Rn. 22 f. (Hervorhebungen nur hier). Vgl. auch Rn. 42.

komplexe beheben. Ein etwaiges Vertrauen des Vorhabenträgers auf den Bestand betroffener Entscheidungteile darf sie nicht berücksichtigen. Entsprechenden Vortrag des Klägers kann sie nicht als präkludiert zurückweisen.

Im ergänzenden Verfahren ist mithin auf erster Stufe zu prüfen, ob und inwieweit durch die Fehlerbehebung bereits entschiedene Fragen neu aufgeworfen werden, auf die sich das ergänzende Verfahren erstrecken muss. Ist dies der Fall, sind auf zweiter Stufe die zuvor entschiedenen Fragen unter Durchbrechung der Rechtskraft einer erneuten Prüfung zu unterwerfen und die etwaig erforderlichen Änderungen bzw. Ergänzungen vorzunehmen. Für die Korrektur gelten die gleichen Regeln wie für die Behebung der zuvor gerichtlich festgestellten Fehler.[749]

Insbesondere wenn neue unerwartete Erkenntnisse die rechtskräftig für rechtmäßig befundene Abwägung erneut in Frage stellen, können die Folgen beträchtlich sein. Sind infolgedessen weitreichende weitere Prüfungen durchzuführen, verzögert sich das ergänzende Verfahren und mit ihm die Realisierung des Vorhabens. Im Einzelfall kann dadurch sogar das gesamte Vorhaben scheitern.[750]

Weiterhin ist zu berücksichtigen, dass etwa die Nachholung einer Umweltverträglichkeitsprüfung auch zu Erkenntnissen führen kann, die Tatsachen betreffen, die erst nach Erlass des Planfeststellungsbeschlusses eingetreten sind. Dabei handelt es sich um ein Risiko der Behörde bzw. des Vorhabenträgers. Die neuen Erkenntnisse dürften dann auch für die materiell-rechtliche Prüfung maßgeblich sein.[751] Bei der Anpassung der Entscheidung müssen dem Vorhabenträger Verfahrensrechte im Hinblick auf den konkreten Sachkomplex von Neuem eingeräumt werden, insbesondere ist er anzuhören.

bb) Vorteile für den Kläger

Für den Kläger hat der Wegfall der Bestandskraft *eo ipso* den Vorteil, dass er das Wiederaufgreifen im Hinblick auf den betroffenen Sachkomplex nicht gesondert beantragen muss. Im ergänzenden Verfahren darf die Behörde seinen dahingehenden Vortrag nicht als präkludiert ansehen. In einem nachfolgenden gerichtlichen Verfahren steht ihm ohne Weiteres der Einwand offen, dass etwa eine nachgeholte Umweltverträglichkeitsprüfung die Fehlerhaftigkeit eines anderen bestandskräftigen Sachkomplexes offenbart und die Behörde den Planfeststellungsbeschluss auf Grundlage dieser neuen Erkenntnisse nicht bzw. defizitär angepasst habe.

---

[749] Hierzu unter § 6 B.II.

[750] Vgl. hierzu unter § 12 B.I.1.b)aa).

[751] Vgl. *Jarass*, in: Gedächtnisschrift Tettinger, 2007, S. 465 (473), der allerdings auf den begrenzten Gegenstand des ergänzenden Verfahrens aufmerksam macht.

cc) Keine Schutzwürdigkeit des Vorhabenträgers

Für den Vorhabenträger schmälert die Möglichkeit einer Rechtskraftdurchbrechung aufgrund neuer Erkenntnisse im ergänzenden Verfahren das Vertrauen in den Bestand der für rechtmäßig befundenen Entscheidungselemente. Dies muss er berücksichtigen, soweit er mit Blick darauf schon vor Eintritt in das ergänzende Verfahren Investitionen tätigt, etwa Aufträge erteilt oder Baumaterial bestellt. Er ist jedoch insoweit nicht schutzwürdig, weil er von vornherein damit rechnen muss, dass das ergänzende Verfahren anderweitige Fehler aufzeigt. Ebenso wie vor dem Erlass eines Zweitbescheides ist er aber an der Fehlerbehebung hinsichtlich des konkreten Sachkomplexes zu beteiligen, insbesondere muss er angehört werden.

E. Fazit

Während die Doppelte Rechtskraft im Verfahren gegen die Ausgangsentscheidung vor allem durch eine gesteigerte Prüfungsintensität des Gerichts gekennzeichnet ist und zu einer deutlichen Verzögerung der finalen Entscheidung über das Vorhaben führt,[752] dürfte die mit ihr bezweckte Beschleunigung im Verfahren gegen die korrigierte Entscheidung in vielen Fällen tatsächlich erreicht werden (hierzu unter I.). Allerdings verbleiben Unsicherheiten: Inhalt und Umfang der Rechtskraft lassen sich nur für den konkreten Einzelfall feststellen. Zudem dürfte es vermehrt zu Rechtskraftdurchbrechungen kommen (hierzu unter II.).

I. Eintritt des intendierten Beschleunigungseffektes

Wenn der korrigierte Planfeststellungsbeschluss nur noch hinsichtlich der im ergänzenden Verfahren erfolgten Korrekturen einer erneuten gerichtlichen Prüfung zugänglich ist, kann der erwünschte Beschleunigungs- und Entlastungseffekt der Doppelten Rechtskraft eintreten. Der Prozessstoff fällt deutlich geringer aus, weil der Kläger mit neuen bzw. bereits zuvor zurückgewiesenen Einwänden gegen den ursprünglichen Plan vor Gericht nicht mehr gehört wird.

II. Unsicherheiten über Reichweite und Bestand der Rechtskraft

Allerdings dürfte die Doppelte Rechtskraft in der konkreten Rechtsanwendung mit neuen Unsicherheiten verbunden sein.

Schon wenn man die Rechtsbeständigkeit nach den Grundsätzen zu § 121 VwGO auf die Entscheidung über den Streitgegenstand beschränkt, bestehen mitunter Schwierigkeiten, die konkrete Reichweite der Rechtskraft zu bestim-

---

[752] Hierzu unter § 11 D.

men, insbesondere eine Abgrenzung zu nicht-präjudiziellen Vorfragen zu erreichen.[753] Die Doppelte Rechtskraft führt dazu, dass über sämtliche Vorfragen für künftige Rechtsstreite verbindlich entschieden wird. Dadurch wird die Abgrenzung zu solchen Aussagen, die von der Verbindlichkeit nicht erfasst sein sollen, weiter erschwert. Wie weit die Rechtskraft bei der Zergliederung einer Entscheidung in ihre Einzelentscheidungen reicht, lässt sich nur im Einzelfall bestimmen. Zwar gibt das Bundesverwaltungsgericht einige Leitlinien vor. Es ist jedoch damit zu rechnen, dass sich diese in der Praxis als zu unscharf erweisen können. Zweifel an der konkreten inhaltlichen Reichweite der materiellen Rechtskraft müssen im nachfolgenden Prozess mithin mit erneutem Begründungsaufwand geklärt werden.

Problematisch ist weiterhin, dass es mit Blick auf die für rechtmäßig befundenen und in Bestandskraft erwachsenen Teile eines Planfeststellungsbeschlusses zu einer Rechtskraftdurchbrechung kommen kann. Eine Durchbrechung nach allgemeinen Grundsätzen dürfte ebenso wie in Fällen, in denen sich die Rechtskraft auf den Entscheidungssatz beschränkt, dabei eher einen Ausnahmefall darstellen. Indes kommt ein nachträglicher Wegfall der verbindlichen Wirkung auch in Betracht, wenn sich aufgrund neuer Erkenntnisse im ergänzenden Verfahren herausstellt, dass eigentlich bestandskräftige Teile eines Planfeststellungsbeschlusses Fehler aufweisen. Dieser Anlass für eine notwendige Rechtskraftdurchbrechung dürfte in der Praxis deutlich häufiger auftreten. Dies kann dazu führen, dass das allgemeine Vertrauen in das von wenigen Ausnahmen abgesehen eigentlich unbedingte Institut der Rechtskraft geschwächt wird. Im nachfolgenden Prozess ist zudem damit zu rechnen, dass die Beteiligten darüber streiten, ob die Fehler bereits im vorangegangenen Prozess erkennbar waren oder gerade durch neue Erkenntnisse im ergänzenden Verfahren aufgezeigt worden sind.

Schlussendlich muss der Streitstoff im Einzelfall also nicht unbedingt reduzierter ausfallen als dies ohne die begrenzende Wirkung der Doppelten Rechtskraft der Fall wäre. Er weist lediglich andere inhaltliche Schwerpunkte auf. Die Fragen, wie weit die Rechtskraft des vorangegangenen Urteils im Detail reicht und ob ihre Durchbrechung in Betracht kommt, können im Einzelfall den Folgeprozess beherrschen. Dadurch wird die gewünschte beschleunigende Wirkung der Doppelten Rechtskraft in Frage gestellt.[754]

---

[753] BVerwG, Urteil vom 18.09.2001 – 1 C 4/01, BVerwGE 115, 111 (116).
[754] Ebenso: *Külpmann*, NVwZ 2020, 1143 (1147): „Die Rechtsprechung hat ihre Feuertaufe noch nicht bestanden." Vgl. auch *Schütz*, UPR 2021, 418 (421).

§ 13 Die Doppelte Rechtskraft und höherrangiges Recht

Die Zulässigkeit einer nachträglichen Heilung von Fehlern ist seit jeher Gegenstand verfassungs- und unionsrechtlicher Diskussionen.[755] Hingegen ist die Doppelte Rechtskraft bisher weder in der oberverwaltungsgerichtlichen Rechtsprechung noch im Schrifttum vermehrt auf großen Widerstand gestoßen, obwohl sie von den allgemeinen Grundsätzen zur Rechtskraftwirkung abweicht.[756] Zudem gehen mit diesem Institut erhebliche Veränderungen sowohl im Verfahren gegen die Ausgangsentscheidung[757] als auch im Verfahren gegen die korrigierte Entscheidung[758] einher. Dies rechtfertigt es, die Vereinbarkeit dieses Instituts mit höherrangigem Recht genauer zu betrachten.

A. Vereinbarkeit mit dem Grundgesetz

Als prozessuales Sicherungsinstrument unterliegt die Doppelte Rechtskraft grundsätzlich dem Ausgestaltungsrecht des Gesetzgebers (hierzu unter I.). Verfassungsrechtliche Konflikte kommen insbesondere mit Blick auf eine etwaige Benachteiligung des Klägers und den Grundsatz der Gewaltenteilung in Betracht (hierzu unter II.).

I. Ausgestaltung des Prozessrechts als Aufgabe des Gesetzgebers

Bei der Doppelten Rechtskraft handelt es sich um ein prozessuales Sicherungsinstrument. Die Ausgestaltung des Prozessrechts als Teil der Garantie eines effektiven Rechtsschutzes ist grundsätzlich Sache des Gesetzgebers (hierzu unter 1.). Hiervon abweichend bildet die Doppelte Rechtskraft das Ergebnis einer richterlichen Rechtsfortbildung (hierzu unter 2.).

1. Ausgestaltung des Anspruchs auf effektiven Rechtsschutz

Die Regelung der materiellen Rechtskraft als Teil des Verwaltungsprozessrechts obliegt grundsätzlich dem Gesetzgeber. Ihm ist es unbenommen, von den zu § 121 VwGO entwickelten Grundsätzen abzuweichen, soweit sich anderweitige Regelungen im Rahmen der verfassungsrechtlich zulässigen Grenzen bewegen.

Die Garantie des effektiven Rechtsschutzes bei Eingriffen durch einen Akt öffentlicher Gewalt aus Art. 19 Abs. 4 GG sowie der allgemeine aus Art. 20 Abs. 3 in Verbindung mit Art. 2 Abs. 1 GG abgeleitete Justizgewährungsan-

---

[755] Hierzu unter § 7.
[756] Hierzu unter § 10 C.
[757] Hierzu unter § 11.
[758] Hierzu unter § 12.

spruch vermitteln einen Anspruch auf Rechtsschutz durch unabhängige, staatliche Gerichte. Dieser Anspruch umfasst den Zugang zu Gericht, eine umfassende tatsächliche und rechtliche Prüfung des Streitgegenstandes nach Maßgabe des einschlägigen Prozessrechts sowie eine verbindliche gerichtliche Entscheidung.[759] Flankiert wird er durch Regelungen über die Gerichtsorganisation (Art. 92 ff. GG), die verfahrensrechtlichen Garantien in Art. 101 und 103 GG, das Recht auf ein faires Verfahren[760] und das Gebot der prozessualen Waffengleichheit.[761]

Die Gewährung effektiven Rechtsschutzes ist im Einzelfall zwar Aufgabe der staatlichen Gerichte, sie bedarf aber einer vorherigen gesetzlichen Ausgestaltung. Das Bundesverfassungsgericht beschreibt den Rechtsschutz dementsprechend als „eine staatliche Leistung, deren Voraussetzungen erst geschaffen, deren Art näher bestimmt und deren Umfang im Einzelnen festgelegt werden müssen".[762] Es ist mithin Sache des Gesetzgebers, Organisation und Verfahren durch die Gerichtsverfassung und die Prozessordnung festzulegen.[763] Dabei muss er nicht nur überhaupt irgendwelche Rechtsschutzmöglichkeiten zur Verfügung stellen, sondern diese auch im Sinne größtmöglicher Effektivität gestalten.[764] Dennoch hat der Gesetzgeber einen weitreichenden Spielraum, auch restriktiv wirkende Voraussetzungen zu normieren. Aus Gründen der Rechtssicherheit und der Verfahrensbeschleunigung, aber auch als Bedingung für die Gewährleistung

---

[759] BVerfG, Beschluss vom 24.07.2018 – 2 BvR 1961/09, BVerfGE 149, 346 Rn. 34 f.; *Nolte*, Die Eigenart des verwaltungsgerichtlichen Rechtsschutzes, 2015, S. 46 f.; *Buchheim/ Möllers*, in: Voßkuhle/Eifert/Möllers, Grundlagen des Verwaltungsrechts, Bd. II, § 50 Rn. 192 f.; *Grzeszick*, in: Dürig/Herzog/Scholz, GG, Art. 20 VII Rn. 135.

[760] BVerfG, Beschluss vom 04.05.2004 – 1 BvR 1892/03, BVerfGE 110, 339 (342).

[761] BVerfG, Beschluss vom 30.09.2018 – 1 BvR 1783/17, NJW 2018, 3631 Rn. 14 f.

[762] Ständige Rechtsprechung, etwa BVerfG, Beschluss vom 27.10.1999 – 1 BvR 385/99, BVerfGE 101, 106 (122 f.); BVerfG, Beschluss vom 19.12.2012 – 1 BvL 18/11, BVerfGE 133, 1 Rn. 69. Vgl. auch: BVerfG, Beschluss vom 18.01.2000 – 1 BvR 321/96, BVerfGE 101, 397 (407 f.); BVerfG, Urteil vom 10.05.2007 – 2 BvR 304/07, NVwZ 2007, 946 (946).

[763] BVerfG, Beschluss vom 19.12.2012 – 1 BvL 18/11, BVerfGE 133, 1 Rn. 69; BVerfG, Beschluss vom 22.11.2016 – 1 BvL 6/14 u. a., BVerfGE 143, 216 Rn. 21; BVerfG, Beschluss vom 24.07.2018 – 2 BvR 1961/09, BVerfGE 149, 346 Rn. 42; *Geismann*, Sachverhaltsaufklärung im Verwaltungsprozess, 2021, S. 119; *Schoch*, in: Hoffmann-Riem/Schmidt-Aßmann/ Voßkuhle, Grundlagen des Verwaltungsrechts, Bd. III, § 50 Rn. 130a; *Sachs*, in: Sachs, GG, Art. 19 Rn. 143; *Jarass*, in: Jarass/Pieroth, GG, Art. 19 Rn. 38; *Schulze-Fielitz*, in: Dreier, GG, Art. 19 Abs. 4 Rn. 42.

[764] Ständige Rechtsprechung, etwa BVerfG, Beschluss vom 27.10.1999 – 1 BvR 385/90, BVerfGE 101, 106 (122); BVerfG, Beschluss vom 18.01.2000 – 1 BvR 321/96, BVerfGE 101, 397 (407 f.); BVerfG, Urteil vom 10.05.2007 – 2 BvR 304/07, NVwZ 2007, 946 (946); *Sachs*, in: Sachs, GG, Art. 19 Rn. 143; *Huber*, in: v. Mangoldt/Klein/Starck, GG, Art. 19 Rn. 461.

eines funktionsfähigen und effektiven Rechtsschutzsystems überhaupt können daher auch Begrenzungen des Rechtsschutzes gerechtfertigt sein.[765]

2. Die Doppelte Rechtskraft als zulässige richterliche Rechtsfortbildung?

Die Doppelte Rechtskraft ist gesetzlich nicht normiert, sondern bildet das Ergebnis einer richterlichen Rechtsfortbildung.[766] In Ansehung der Entwicklung des Fachplanungsrechts in den vergangenen Jahrzehnten stellt dies keine Besonderheit dar. So ist die eigenständige Dogmatik des Fachplanungsrechts in weiten Teilen richtrechtlich geformt. Gleiches gilt mit Blick auf den Grundsatz der Planerhaltung auch für den Rechtsschutz gegen Planungsentscheidungen.[767] Erklären lässt sich dies mit den Besonderheiten des Planfeststellungsrechts.[768]

Trotz der in Art. 20 Abs. 3 und Art. 97 Abs. 1 GG festgelegten Bindung der Gerichte an Gesetz und Recht ist es den Gerichten nicht grundsätzlich verboten, das Recht fortzuentwickeln. Dies gilt insbesondere, wenn es um die analoge Anwendung einfachgesetzlicher Vorschriften oder um die Schließung von Regelungslücken geht. Ferner kommt eine richterliche Rechtsfortbildung in Betracht, wenn Gesetze mehrdeutig oder widersprüchlich sind.[769] Inhaltlich muss sich diese an dem Zweck der gesetzlichen Regelung sowie der verfassungsrechtlichen Vorgaben orientieren.[770] Die genauen richterlichen Befugnisse sind in der Literatur umstritten; auch die Rechtsprechung verfolgt insoweit keine klare Linie.[771] Einschränkungen ergeben sich aus der Gewaltenteilung und dem Demokratieprinzip. Die Grenze zur unzulässigen richterlichen Eigenmacht soll jedenfalls überschritten sein, sobald der erkennbare Wille des Gesetzgebers beiseite geschoben und durch eine autark getroffene richterliche Entscheidung ersetzt wird, bei der die Gerichte ihre eigene materielle Gerechtigkeitsvorstellung an die Stel-

---

[765] BVerfG, Beschluss vom 02.03.1993 – 1 BvR 249/92, BVerfGE 88, 118 (124 f.); *Sachs*, in: Sachs, GG, Art. 19 Rn. 134; *Grzeszick*, in: Dürig/Herzog/Scholz, GG, Art. 20 VII Rn. 136.

[766] Hierzu bereits unter § 10 A. Zur richterlichen Rechtsfortbildung generell: *Kirchhof*, NJW 1986, 2275.

[767] Hierzu im Einzelnen: *Broß*, VerwArch 77 (1986), 193 (195); *Wahl*, NVwZ 1990, 426 ff.; *Fouquet*, VerwArch 87 (1996), 212 (214 ff.); *Gaentzsch*, UPR 2001, 201 (201); *Sendler*, DVBl. 2005, 659 (662 f.).

[768] *Paetow*, DVBl. 1985, 369 (376).

[769] *Nolte*, Die Eigenart verwaltungsgerichtlichen Rechtsschutzes, 2015, S. 63.

[770] BVerfG, Beschluss vom 03.04.1990 – 1 BvR 1186/89, BVerfGE 82, 6 (11 f.); BVerfG, Urteil vom 11.07.2012 – 1 BvR 3142/07 u. a., BVerfGE 132, 99 Rn. 75; *Pieroth/Aubel*, JZ 2003, 504 (507 f.); *Grzeszick*, in: Dürig/Herzog/Scholz, GG, Art. 20 V Rn. 118; *Sommermann*, in: v. Mangoldt/Klein/Starck, GG, Art. 20 Rn. 286.

[771] Ebenso: *Nolte*, Die Eigenart des verwaltungsgerichtlichen Rechtsschutzes, 2015, S. 63. Überblick bei *Grzeszick*, in: Dürig/Herzog/Scholz, GG, Art. 20 VI Rn. 88 ff.

le derjenigen des Gesetzgebers setzen.[772] Das Gericht darf sich nicht aus der Rolle des Normanwenders in die einer normsetzenden Instanz begeben.[773]

Die Einhaltung dieser Grenzen durch die Doppelte Rechtskraft lässt sich zumindest in Frage stellen. § 121 VwGO statuiert eine Bindung rechtskräftiger Urteile, soweit über den Streitgegenstand entschieden worden ist. Den Streitgegenstand definiert der Kläger, indem er die Feststellung der Rechtswidrigkeit und Nichtvollziehbarkeit beantragt. Bei einem stattgebenden Urteil ist die materielle Rechtskraft im Grundsatz auf diese Feststellung beschränkt. Die dazu in der Rechtsprechung wie im Schrifttum entwickelten Grundsätze akzeptieren allenfalls die Einbeziehung der tragenden Entscheidungsgründe.[774] Darüber setzt sich die Doppelte Rechtskraft hinweg, indem sie § 121 VwGO zwar nicht *contra legem* einschränkt, wohl aber über dessen Grenzen hinaus auch Entscheidungsgründe in die Rechtskraft einbezieht, welche für den Urteilstenor unerheblich sind. Dies steht mit der beschränkenden Funktion des § 121 VwGO nicht in Einklang, was auch ein wertender Vergleich mit § 113 Abs. 5 Satz 2 VwGO und § 173 Satz 1 VwGO in Verbindung mit § 322 Abs. 2 ZPO verdeutlicht, die ein Überschreiten der von § 121 VwGO gesetzten Grenzen jeweils ausdrücklich normieren.

Andererseits ist zu berücksichtigen, dass die zu § 121 VwGO entwickelten Grundsätze nur auf die klassischen Fälle des Obsiegens oder Unterliegens zugeschnitten sind. Der Fall, dass ein Planfeststellungsbeschluss trotz Rechtswidrigkeit nicht aufgehoben wird, sondern erhalten bleibt und korrigiert werden kann, ist im deutschen Verwaltungsprozessrecht ohne Vorbild. Hinter dem Konzept der Doppelten Rechtskraft dürfte der Gedanke stehen, die beschleunigende Wirkung der nachträglichen Heilungsmöglichkeit, deren Ausgestaltung und prozessualen Konsequenzen der Gesetzgeber ganz maßgeblich der Rechtsprechung überlassen hat, nicht durch eine zu enge Bindung an diese dogmatischen Grundsätze zu konterkarieren.[775] Auch im Hinblick auf § 121 VwGO wollte der Gesetzgeber zwar ausweislich der Gesetzesbegründung die zivilprozessualen Grundsätze „im wesentlichen auf den Verwaltungsgerichtsprozeß übertragen."[776] Zugleich besteht jedoch Einigkeit darüber, dass er die gegenständliche Begrenzung der

---

[772] BVerfG, Beschluss vom 25.01.2011 – 1 BvR 918/10, BVerfGE 128, 193 (209 f.); BVerfG, Urteil vom 11.07.2012 – 1 BvR 3142/07 u. a., BVerfGE 132, 99 Rn. 75; *Nolte*, Die Eigenart des verwaltungsgerichtlichen Rechtsschutzes, 2015, S. 68; *Grzeszick*, in: Dürig/Herzog/Scholz, GG, Art. 20 V Rn. 119.

[773] BVerfG, Beschluss vom 03.11.1992 – 1 BvR 1243/88, BVerfGE 87, 273 (280); *Grzeszick*, in: Dürig/Herzog/Scholz, GG, Art. 20 VI Rn. 148; *Sommermann*, in: v. Mangoldt/Klein/Starck, GG, Art. 20 Rn. 286.

[774] Vgl. hierzu unter § 10 C.I.3. und unter § 10 C.II.1.a).

[775] In diese Richtung geht BVerwG, Beschluss vom 20.03.2018 – 9 B 43/16, NuR 2019, 109 Rn. 65.

[776] BT-Drs. III/55, S. 44 zu § 120 VwGO (heute § 121 VwGO).

Rechtskraft weder mit der Einführung von § 322 Abs. 1 ZPO noch durch § 121 VwGO abschließend klären konnte.[777] Vielmehr sollte es der Rechtsprechung und Rechtslehre überlassen werden, für die Besonderheiten des Verwaltungsprozessrechts „feste Grundsätze herauszuarbeiten bzw. bereits gewonnene Grundsätze […] auszubauen."[778] Dies lässt eine gewisse Entwicklungsoffenheit erkennen und schließt eine Erstreckung der Rechtskraft auf in den Urteilsgründen niedergeschriebene Einzelentscheidungen jedenfalls nicht generell aus.[779] Zudem orientiert sich die Doppelte Rechtskraft an dem Zweck von § 121 VwGO, Rechtssicherheit und Rechtsfrieden sowie effektiven Rechtsschutz zu gewährleisten.[780] Zugleich werden etwaige Rechtsschutzdefizite dadurch verhindert, dass das Gericht eine vollumfängliche Rechtmäßigkeitskontrolle vornimmt.[781] Auch das Bundesverfassungsgericht hat in seinem Nichtannahmebeschluss zur *Ortsumgehung Freiberg* keine Zweifel an der höchstrichterlichen Rechtsprechung erkennen lassen.[782]

Teilweise wird darüber nachgedacht, ob die Doppelte Rechtskraft von gesetzgeberischer Seite nicht ohnehin schon in den Heilungsvorschriften des § 75 Abs. 1a Satz 2 VwVfG sowie der §§ 4 Abs. 1b Satz 1, 7 Abs. 5 Satz 1 UmwRG angelegt sei.[783] Dem lässt sich indes entgegenhalten, dass sich das eigentliche Ziel des ergänzenden Verfahrens, den Plan nicht aufzuheben, sondern weitgehend zu erhalten, im Grundsatz auch ohne die Doppelte Rechtskraft erreichen lässt.[784]

Jedenfalls dürfte der Gesetzgeber das im Zusammenhang mit der Heilung von Planfeststellungsbeschlüssen entwickelte Konzept der Doppelten Rechtskraft bei Einführung der entsprechenden Regelungen in das UmwRG aber bestätigt haben.[785] So heißt es in der Gesetzesbegründung ausdrücklich:

„Durch die an § 75 Absatz 1a Satz 2 VwVfG angelehnte Formulierung kann in der Praxis die umfassende ‚Heilungsrechtsprechung' des Bundesverwaltungsgerichts […] übertragen werden, […]."[786]

---

[777] *Seibert*, Die Bindungswirkung von Verwaltungsakten, 1989, S. 301; *Gaul*, in: Festschrift Flume, Bd. 1, 1978, S. 443 (481).

[778] BT-Drs. III/55, S. 44 zu § 120 VwGO (heute § 121 VwGO).

[779] Vgl. *Bickenbach*, Das Bescheidungsurteil als Ergebnis einer Verpflichtungsklage, 2006, S. 212; *Kaniess,* Der Streitgegenstandsbegriff in der VwGO, 2012, S. 50 – allerdings jeweils unter Beschränkung auf die tragenden Urteilsgründe.

[780] Hierzu unter § 13 A.II.1.a) und unter § 13 A.II.1.b).

[781] Hierzu unter § 11 B.I.1. und unter § 13 A.II.2.a).

[782] Vgl. BVerfG, Beschluss vom 18.09.2017 – 1 BvR 361/12, NVwZ 2018, 406 Rn. 24.

[783] So *Rennert*, DVBl. 2020, 389 (393).

[784] Vgl. insoweit OVG Koblenz, Urteil vom 09.01.2003 – 1 C 10187/01, juris Rn. 88 ff. (nicht vollständig abgedruckt in NuR 2003, 441–450). Hierzu auch unter § 10 B.

[785] *Külpmann*, NVwZ 2020, 1143 (1148).

[786] BT-Drs. 18/9526, S. 45. Vgl. auch: BT-Drs. 18/12146, S. 16.

Davon generell zu trennen ist die Frage, ob die objektive Reichweite der materiellen Rechtskraft zum Zwecke der Klarstellung und einer einheitlichen, berechenbaren Rechtsprechung auch der Oberverwaltungsgerichte einer gesetzlichen Verankerung bedarf.[787]

II. Die Doppelte Rechtskraft als verfassungskonformes Institut im verwaltungsgerichtlichen Verfahren

Das verwaltungsgerichtliche Verfahren ist wie sämtliche kontradiktorische Gerichtsverfahren dadurch geprägt, dass sich die Beteiligten mit konfligierenden Interessen gegenüberstehen.

Das Besondere an der Doppelten Rechtskraft ist, dass sie allein in mehrpoligen Prozessrechtsverhältnissen zur Anwendung kommt. Während die Behörde die für das Vorhaben notwendige Zulassungsentscheidung erlässt, droht die Realisierung erst durch das Tätigwerden des Vorhabenträgers. Damit liegt regelmäßig kein bipolares Prozessrechtsverhältnis zwischen dem Kläger auf der einen und der Behörde bzw. ihrem Rechtsträger auf der anderen Seite, sondern ein Dreiecksverhältnis vor, weil der Vorhabenträger notwendig beizuladen ist.[788] Wenn als Vorhabenträger einerseits nicht der Staat selbst oder ein rechtlich verselbstständigtes öffentliches Unternehmen tätig wird und andererseits nicht eine Kommune klagt, stehen sich im Prozess mithin mehrere konträr betroffene Grundrechtsträger gegenüber. Dies gilt nicht nur für immer mehr Planfeststellungsverfahren. Bei Genehmigungen, die als konditionale Zulassung oder nach dem Ermessen der Behörde erteilt werden, stellt das Dreiecksverhältnis im Prozess den Regelfall dar.

Wie bereits erörtert liegt die Ausformung des Rechtsschutzsystems im Gestaltungsrecht des Gesetzgebers. Dieser ist dabei dem Grundgesetz unterworfen, das Rechtsschutz vor den Gerichten nicht nur nach Maßgabe des Art. 19 Abs. 4 GG, sondern auch über den allgemeinen Justizgewährleistungsanspruch gewährt.[789] Daraus folgt jedoch nicht, dass Rechtsschutzmöglichkeiten so weit wie möglich

---

[787] Hierzu unter § 14 B.

[788] *Schmidt-Aßmann*, in: Dürig/Herzog/Scholz, GG, Art. 19 Abs. 4 Rn. 22. Zu Verwaltungsakten mit Doppelwirkung: *Schmidt-Preuß*, Kollidierende Privatinteressen im Verwaltungsrecht, 1992, S. 11 ff.; *Bumke*, in: Voßkuhle/Eifert/Möllers, Grundlagen des Verwaltungsrechts, Bd. II, § 34 Rn. 67. Für das Verwaltungsverfahren vgl. *Schmitz*, in: Stelkens/Bonk/Sachs, VwVfG, § 9 Rn. 25 ff.

[789] BVerfG, Beschluss vom 13.06.2006 – 1 BvR 1160/03, BVerfGE 116, 135 (150); BVerfG, Beschluss vom 24.07.2018 – 2 BvR 1961/09, BVerfGE 149, 346 Rn. 34 f.; *Nolte*, Die Eigenart des verwaltungsgerichtlichen Rechtsschutzes, 2015, S. 46 f.; *Schoch*, in: Hoffmann-Riem/Schmidt-Aßmann/Voßkuhle, Grundlagen des Verwaltungsrechts, Bd. III, § 50 Rn. 129 f.; *Grzeszick*, in: Dürig/Herzog/Scholz, GG, Art. 20 VII Rn. 135. Hierzu auch unter § 13 A.I.1.

zu maximieren sind. Vielmehr geht es um eine sachgerechte Gewichtung und Zuordnung der betroffenen Belange. Insbesondere mit Blick auf die miteinander kollidierenden verfassungsrechtlich verankerten Interessen und Prinzipien ist im Wege der Güterabwägung eine praktische Konkordanz herzustellen.[790]

Nicht selten ist die Einführung eines neuen prozessualen Instruments zur Erreichung eines bestimmten Ziels mit einer Verschiebung im System verbunden, die an anderer Stelle zur Benachteiligung des Rechtsschutzes anderer Beteiligter oder zur Vernachlässigung sonstiger Verfassungsprinzipien führt.[791] Vor diesem Hintergrund soll dargelegt werden, inwieweit die Zielsetzungen der Doppelten Rechtskraft selbst verfassungsrechtlichen Leitvorstellungen dienen, die unmittelbar oder mittelbar insbesondere dem Vorhabenträger zugutekommen (hierzu unter 1.). Sodann ist zu prüfen, ob damit Einschränkungen für den Kläger einhergehen, die mit seinen Grundrechten nicht in Einklang stehen (hierzu unter 2.). Weiterhin soll die Wahrung der verfassungsrechtlich verankerten Aufgabenteilung zwischen Verwaltung und Gericht betrachtet werden (hierzu unter 3.).

1. Verfassungsrechtlich verankerte Ziele der Doppelten Rechtskraft

Für die unter § 10 B. genannten Ziele der Doppelten Rechtskraft lassen sich im Grundgesetz verschiedene Anknüpfungspunkte finden. Insoweit ist vor allem das in zahlreichen Vorschriften des Grundgesetzes konkretisierte, vornehmlich jedoch in Art. 20 Abs. 3 GG verankerte Rechtsstaatsprinzip in seinen verschiedenen Ausprägungen bedeutsam.

a) Rechtssicherheit und Rechtsfrieden

Bei der Rechtssicherheit und dem Rechtsfrieden handelt es sich um zwei dem Rechtsstaatsprinzip aus Art. 20 Abs. 3 GG immanente Verfassungsgrundsätze.[792] Die materielle Rechtskraft generell und die Doppelte Rechtskraft im Besonderen dienen der Schaffung von Rechtssicherheit und Rechtsfrieden, indem sie gerichtlichen Streitentscheidungen Endgültigkeit vermitteln.[793] Zum einen dient die Rechtskraft der rein tatsächlichen Beendigung von Rechtsstreitigkeiten (*ut sit*

---

[790] BVerfG, Beschluss vom 13.06.2006 – 1 BvR 1160/03, BVerfGE 116, 135 (154 f.); *Kahl*, in: Voßkuhle/Eifert/Möllers, Grundlagen des Verwaltungsrechts, Bd. II, § 45 Rn. 147.

[791] Vgl. *Wahl*, in: VVDStRL 41 (1983), S. 151 (157 f.); *Gaentzsch*, UPR 2001, 201 (201); *Jarass*, in: Jarass/Pieroth, GG, Art. 19 Rn. 58.

[792] *Broß*, VerwArch 78 (1987), 91 (92).

[793] BVerfG, Beschluss vom 12.03.1996 – 1 BvR 609, 692/90, BVerfGE 94, 241 (258); *Detterbeck*, Streitgegenstand und Entscheidungswirkungen im Öffentlichen Recht, 1995, S. 7 f.; *Gotzen*, VR 1998, 406 (406); *Schoch*, in: Hoffmann-Riem/Schmidt-Aßmann/Voßkuhle, Grundlagen des Verwaltungsrechts, Bd. III, § 50 Rn. 319; *Germelmann*, in: Gärditz, VwGO, § 121 Rn. 6. Für die Doppelte Rechtskraft vgl. BVerwG, Urteil vom 17.07.2008 – 9 B 15/08,

finis litium).[794] Zum anderen soll über unanfechtbar entschiedene Fragen in einem neuen Prozess nicht erneut bzw. nicht abweichend entschieden werden können (*bis de cadem re ne sit actio*).[795] In objektiver Hinsicht wird auf diese Weise eine Widersprüchlichkeit gerichtlicher Entscheidungen verhindert, wodurch sich generell das Vertrauen in die Beständigkeit des Rechts stärken lässt.[796] Zugleich werden subjektive materielle Rechtspositionen abgesichert.[797]

Widersprüchliche Entscheidungen drohen auch ohne Anwendung der Doppelten Rechtskraft nicht, weil das Gericht bei Vorliegen eines Fehlers keine weiteren Feststellungen zu etwaigen weiteren Mängeln treffen muss, um zur Feststellung der Rechtswidrigkeit und Nichtvollziehbarkeit zu gelangen. Damit können im nachfolgenden Prozess auch keine konträren Feststellungen getroffen werden. Anders ist dies nur, wenn das Gericht – etwa zum Zwecke der Zurückweisung klägerseitiger Einwände – auch auf die Rechtmäßigkeit einzelner Teile des Planfeststellungsbeschlusses eingeht. In diesen Fällen drohen – unabhängig von der konkreten Reichweite der Rechtskraft – jedenfalls mit Blick auf die Entscheidungsgründe Widersprüche zwischen verschiedenen gerichtlichen Urteilen.

Als individualschützende Komponenten umfasst die Rechtssicherheit aber auch Vertrauensschutz und individuelle Erwartungssicherheit. Gerade bei umfangreichen Planfeststellungsverfahren richtet sich eine Vielzahl von Betroffenen auf die mit der Planung angestrebten Verhältnisse ein.[798] Dies gilt in besonderem Maße für den Vorhabenträger. Soweit Fehler nicht abschließend festgestellt werden und zurückgewiesene Einwände nicht in Rechtskraft erwachsen, besteht bis zum Eintritt der vollständigen Bestandskraft des Planfeststellungsbeschlusses keinerlei Möglichkeit, Sicherheit über einzelne Teile der Genehmigung zu gewinnen. Die Behörde und der Vorhabenträger müssen jederzeit mit der erstmaligen oder gar wiederholten Geltendmachung von Mängeln rechnen, die bereits im Verfahren gegen die Ausgangsentscheidung hätten geltend gemacht werden können oder dort bereits zurückgewiesen wurden. Auch eine verbindliche Klärung durch Zwischenfeststellungsklage gemäß § 173 Satz 1 VwGO

NVwZ 2008, 1115 Rn. 28. Ebenso: *Neumann*, in: Stelkens/Bonk/Sachs, VwVfG, 8. Aufl. 2014, § 75 Rn. 55.

[794] *Clausing/Kimmel*, in: Schoch/Schneider, VwGO, § 121 Rn. 3; *Germelmann*, in: Gärditz, VwGO, § 121 Rn. 6.

[795] *Kilian/Hissnauer*, in: Sodan/Ziekow, VwGO, § 121 Rn. 5.

[796] BVerwG, Urteil vom 08.12.1992 – 1 C 12/92, BVerwGE 91, 256 (258).

[797] BVerwG, Urteil vom 08.12.1992 – 1 C 12/92, BVerwGE 91, 256 (258); *Henke*, Planerhaltung durch Planergänzung und ergänzendes Verfahren, 1997, S. 52 f.; *Schoch*, in: Hoffmann-Riem/Schmidt-Aßmann/Voßkuhle, Grundlagen des Verwaltungsrechts, Bd. III, § 50 Rn. 320; *Wöckel*, in: Eyermann, VwGO, § 121 Rn. 4.

[798] *Henke*, Planerhaltung durch Planergänzung und ergänzendes Verfahren, 1997, S. 53; *Germelmann*, in: Gärditz, VwGO, § 121 Rn. 10.

in Verbindung mit § 256 Abs. 2 ZPO kommt insoweit nicht in Betracht. Denn die Feststellung der Rechtswidrigkeit und Nichtvollziehbarkeit ist niemals von der Rechtmäßigkeit einzelner Teile des Planfeststellungsbeschlusses abhängig, sodass es stets an der Vorgreiflichkeit fehlen würde. Der Rechtssicherheit zugunsten der Behörde und des Vorhabenträgers dient die Doppelte Rechtskraft mithin im erheblichen Maße. Aber auch der Kläger profitiert davon. Er hat mit Abschluss des Verfahrens Gewissheit darüber, welche konkreten Fehler die Behörde noch korrigieren muss. Geschieht dies ordnungsgemäß, bleibt auch ihm ein weiteres gerichtliches Verfahren erspart.

b) Effektiver Rechtsschutz durch Entlastung der Gerichte

Eng mit der Rechtssicherheit verbunden ist das ebenfalls im Rechtsstaatsprinzip verankerte Ziel eines effektiven Rechtsschutzes,[799] zu dem die Doppelte Rechtskraft beitragen kann.

Die Effektivität des Rechtsschutzes wird insgesamt in einem umfassenden Sinn verstanden und beinhaltet auch ein Gebot der Beschleunigung bzw. der Klärung strittiger Rechtsverhältnisse in angemessener Zeit.[800] Dem läuft die Doppelte Rechtskraft zuwider, wenn man den Blick auf den Rechtsschutz gegen die behördliche Ausgangsentscheidung beschränkt. Das Verfahren wird hier aufgrund der umfassenden Prüfung regelmäßig erheblich ausgeweitet und damit naturgemäß verlängert.[801] Richtet man den Blick hingegen auf die gerichtliche Befassung mit dem in Rede stehenden Vorhaben insgesamt, ergibt sich ein anderes Bild. Die Durchsetzung einer behördlichen Entscheidung wird durch jede Inanspruchnahme von Rechtsschutz zugunsten des Rechtsschutzsuchenden verzögert. Die Doppelte Rechtskraft zielt daher gerade darauf ab, dass der Prozessstoff möglichst früh fixiert wird und die Gerichte hinsichtlich ein und desselben Vorhabens nach Möglichkeit nur ein einziges Mal in Anspruch genommen werden. Kommt es dennoch zu einem weiteren Prozess, ist der Kläger in der gerichtlichen Geltendmachung von Rechtspositionen beschränkt. Dies kann zunächst zu einer im öffentlichen Interesse liegenden Schonung staatlicher Ressourcen und zu einer Sicherung der Funktionsfähigkeit der Rechtspflege beitragen,[802] was für ein effektives, den Rechtsfrieden förderndes Rechtsschutzsystem gene-

---

[799] BVerfG, Beschluss vom 24.07.2018 – 2 BvR 1961/09, BVerfGE 149, 346 Rn. 34 f.; *Grzeszick*, in: Dürig/Herzog/Scholz, GG, Art. 20 VII Rn. 135.

[800] *Geismann*, Sachverhaltsaufklärung im Verwaltungsprozess, 2021, S. 121, 130; *Sommermann*, in: v. Mangoldt/Klein/Starck, GG, Art. 20 Rn. 324; *Schmidt-Aßmann*, in: Dürig/Herzog/Scholz, GG, Art. 19 Abs. 4 Rn. 262 f.

[801] Hierzu unter § 11 D.I. und unter § 13 A.II.2.d).

[802] *Henke*, Planerhaltung durch Planergänzung und ergänzendes Verfahren, 1997, S. 57; *Germelmann*, in: Gärditz, VwGO, § 121 Rn. 7; *Clausing/Kimmel*, in: Schoch/Schneider,

rell als fördernd betrachtet wird.[803] Zudem lässt sich auf diese Weise das Verfahren insgesamt verkürzen.[804] Losgelöst von dem einzelnen Prozess kann die Doppelte Rechtskraft die Normerfüllung damit möglichst umfassend, aber trotzdem effektiv und nachhaltig ermöglichen.

Für den Vorhabenträger soll mit der Doppelten Rechtskraft ein zeitlicher Vorteil bei der Realisierung des in Rede stehenden Vorhabens einhergehen, der für ihn die Effektivität des Rechtsschutzes verstärkt.[805] Auch aus Sicht des Klägers erweist sich ein einziges Verfahren als sinnvoll. Ihm ist wenig geholfen, wenn er bei Feststellung eines Fehlers kurzfristig obsiegt, später aber unter Umständen wiederholt vor Gericht ziehen muss, um weitere Fehler geltend zu machen.[806]

c) Verwirklichung von Grundrechten

Mit einer Beschleunigung des gesamten Verfahrens zur Zulassung eines Vorhabens geht immer auch eine beschleunigte Grundrechtsverwirklichung einher. Dazu kann die Doppelte Rechtskraft beitragen.

Auch bei den Grundrechten handelt es sich um eine Konkretisierung des Rechtsstaatsprinzips.[807] Im Hinblick auf hoheitliche Entscheidungen mit (zumindest auch) belastendem Charakter steht regelmäßig deren subjektiv-rechtliche Dimension als Abwehrrechte im Vordergrund. Der Einzelne hat einen Anspruch darauf, nicht durch rechtswidrige staatliche Genehmigungen, die ein Vorhaben zulassen, in seinen Rechten betroffen zu werden. Dem dienen unter anderem die verfahrens- und materiell-rechtlichen Anforderungen an den Erlass von Planfeststellungsbeschlüssen wie auch die Möglichkeit, die Realisierung eines rechtswidrigen Vorhabens durch Anrufung der Gerichte zu verhindern.[808]

Allerdings dienen der Erlass und die Erhaltung eines Planfeststellungsbeschlusses ebenfalls der Grundrechtsverwirklichung.[809] Bei privatnützigen Vorha-

---

VwGO, § 121 Rn. 3. Vgl. auch: *Nolte*, Die Eigenart des verwaltungsgerichtlichen Rechtsschutzes, 2015, S. 200 f.

[803] *Nolte*, Die Eigenart des verwaltungsgerichtlichen Rechtsschutzes, 2015, S. 199; *Germelmann*, in: Gärditz, VwGO, § 121 Rn. 11.

[804] Dies betonend: *Rennert*, NuR 2018, 505 (506).

[805] Vgl. hierzu *Henke*, Planerhaltung durch Planergänzung und ergänzendes Verfahren, 1997, S. 57.

[806] Demgemäß legten gegen ein Urteil des VG Stade die Kläger Berufung ein, weil das Gericht nicht alle geltend gemachten Gründe geprüft habe, die zur Rechtswidrigkeit der streitgegenständlichen Genehmigung geführt hätten, vgl. OVG Lüneburg, Beschluss vom 18.03. 2021 – 12 LB 148/20, KomJur 2021, 132 (135).

[807] *Jarass*, in: Jarass/Pieroth, GG, Art. 20 Rn. 40.

[808] Hierzu insgesamt: *Henke*, Planerhaltung durch Planergänzung und ergänzendes Verfahren, 1997, S. 54 f.

[809] Diesen Aspekt betonend: *Henke*, Planerhaltung durch Planergänzung und ergänzendes

ben steht dies außer Frage. Aber auch andere Planfeststellungen dienen diesem Ziel – hier sind insbesondere Vorhaben zur Einrichtung und zum Ausbau der Verkehrsinfrastruktur sowie zur Energieversorgung zu nennen.[810] Insoweit ist nicht außer Betracht zu lassen, dass die realistische bzw. wirtschaftliche Durchführung eines Vorhabens gerade für den Vorhabenträger oftmals von seiner zeitnahen Verwirklichung abhängt. Angesichts ohnedies langer Verwaltungsverfahren und der Notwendigkeit einer vollständigen Nachprüfbarkeit durch das Gericht, erscheint es nachvollziehbar, dass versucht wird, durch eine Verschlankung des Prozesses insgesamt Zeit zu gewinnen.

d) Effizienz der Verwaltung

Mit dem Begriff der Verwaltungseffizienz wird die möglichst gute Verwirklichung des Rechts- und Sachauftrags der Verwaltung in der zeitlichen, finanziellen und quantitativen Dimension beschrieben.[811] Es ist umstritten, ob darin ein eigenständiger verfassungsrechtlicher Belang zu sehen ist[812] oder eine effiziente Verwaltungstätigkeit nur der Erreichung übergeordneter Ziele, insbesondere der gerade erörterten Verwirklichung der Grundrechte dient.[813]

Jedenfalls ermöglicht die verbindliche Feststellung der rechtswidrigen und der rechtmäßigen Teile eines Planfeststellungsbeschlusses der Behörde, das ergänzende Verfahren zielgerichtet und mit einem geringen Risiko der Verursachung weiterer Fehler durchzuführen.[814]

2. Keine ungerechtfertigte Benachteiligung des Klägers

Die Vorteile, die mit der Doppelten Rechtskraft für die Behörde und den Vorhabenträger einhergehen, führen nicht zu einer ungerechtfertigten Benachteiligung des Klägers.

Verfahren, 1997, S. 56; *Schmidt-Jortzig*, NJW 1994, 2569 (2572). Mit Blick auf Bebauungspläne: *Hoppe*, in: Festschrift Schlichter, 1995, S. 87 (105); *ders.*, DVBl. 1996, 12 (18).

[810] Vgl. *Henke*, Planerhaltung durch Planergänzung und ergänzendes Verfahren, 1997, S. 56.

[811] *Wahl*, in: VVDStRL 41 (1983), S. 151 (163).

[812] In diese Richtung: *Morlok*, Die Folgen von Verfahrensfehlern am Beispiel von kommunalen Satzungen, 1988, S. 70–74; *Hoppe*, in: Festschrift Schlichter, 1995, S. 87 (105); *ders.*, DVBl. 1996, 12 (18); *Sauer*, Öffentliches Reaktionsrecht, 2021, S. 260 f.; *Bonk*, NVwZ 1997, 320 (322); *Schmidt-Aßmann*, in: Dürig/Herzog/Scholz, GG, Art. 19 Abs. 4 Rn. 282. Grundlegend zur Verwaltungseffizienz: *Wahl*, in: VVDStRL 41 (1983), S. 151 (159 ff.).

[813] In diese Richtung: *Henke*, Planerhaltung durch Planergänzung und ergänzendes Verfahren, 1997, S. 59 ff.; *Hildebrandt*, Der Planergänzungsanspruch, 1999, S. 193 f.; *Schenke*, VerwArch 97 (2006), 592 (603).

[814] Hierzu unter § 10 B.

In den Blick zu nehmen ist insoweit primär der Anspruch auf effektiven Rechtsschutz in seinen verschiedenen Ausprägungen. Art. 19 Abs. 4 GG garantiert nicht nur, dass überhaupt ein Gericht angerufen werden kann, sondern darüberhinausgehend eine „tatsächlich wirksame gerichtliche Kontrolle".[815] Dem wird genügt, wenn sichergestellt ist, dass der Kläger mit seinem Anliegen in einer Weise Gehör findet, die die Feststellung und, soweit nicht von vornherein ausgeschlossen, die Abwehr der Rechtsverletzung ermöglicht.[816]

Der Kläger verliert infolge der Heilungsmöglichkeit zunächst seinen Aufhebungsanspruch. Stattdessen wird die Rechtswidrigkeit und Nichtvollziehbarkeit des Planfeststellungsbeschlusses festgestellt. Insoweit werden Friktionen mit Art. 19 Abs. 4 GG und dem rechtsstaatlichen Justizgewährungsanspruch einhellig verneint, weil der Schutz des Klägers ebenso wie bei einer Aufhebung des Planfeststellungsbeschlusses sichergestellt ist.[817]

Auch die Prüfung der mit der Doppelten Rechtskraft einhergehenden Änderungen im verwaltungsgerichtlichen Verfahren zeigt, dass diese verfassungsrechtlich unbedenklich sind.

a) Anspruch auf eine vollständige Nachprüfung von Einzelentscheidungen

Der Anspruch auf Justizgewähr umfasst neben dem Recht auf Zugang zu staatlichen Gerichten grundsätzlich auch das Recht auf eine umfassende tatsächliche und rechtliche Prüfung des Streitgegenstandes nach Maßgabe des jeweiligen Prozessrechts.[818] Zumeist geht es in diesem Zusammenhang um den Anspruch auf vollständige – auch die Beurteilungsgrundlagen und Wertungen im Einzelfall umfassende – Nachprüfung hoheitlicher Maßnahmen und die reduzierte Kontrolldichte bei gesetzlicher Einräumung von Gestaltungs-, Ermessens- und Beur-

---

[815] Ständige Rechtsprechung, etwa BVerfG, Beschluss vom 27.10.1999 – 1 BvR 385/99, BVerfGE 101, 106 (122); BVerfG, Beschluss vom 18.01.2000 – 1 BvR 321/96, BVerfGE 101, 397 (408); BVerfG, Urteil vom 10.05.2007 – 2 BvR 304/07, NVwZ 2007, 946 (946). Vgl. auch *Sachs*, in: Sachs, GG, Art. 19 Rn. 143; *Huber*, in: v. Mangoldt/Klein/Starck, GG, Art. 19 Rn. 461.

[816] *Sachs*, in: Sachs, GG, Art. 19 Rn. 143.

[817] BVerwG, Urteil vom 17.12.2013 – 4 A 1/13, BVerwGE 148, 353 Rn. 42 f.; BVerwG, Urteil vom 01.06.2017 – 9 C 2/16, BVerwGE 159, 95 Rn. 30; BVerwG, Urteil vom 24.05.2018 – 4 C 4/17, BVerwGE 162, 114 Rn. 42. Ebenso: *Seibert*, NVwZ 2018, 97 (103 f.); *Külpmann*, NVwZ 2020, 1143 (1144); *Schütz*, UPR 2021, 418 (419). Zweifelnd hingegen mit Blick auf § 7 Abs. 5 UmwRG: *Schlacke*, UPR 2016, 478 (485); *dies.*, NVwZ 2017, 905 (912).

[818] BVerfG, Beschluss vom 12.02.1992 – 1 BvL 1/89, BVerfGE 85, 337 (345); BVerfG, Beschluss vom 27.01.1998 – 1 BvL 15/87, BVerfGE 97, 169 (185); *Schmidt/Kelly*, VerwArch 112 (2021), 97 (107); *Grzeszick*, in: Dürig/Scholz/Herzog, GG, Art. 20 VII Rn. 133; *Sachs*, in: Sachs, GG, Art. 19 Rn. 145; *Schulze-Fielitz,* in: Dreier, GG, Art. 19 Abs. 4 Rn. 116; *Sommermann*, in: v. Mangoldt/Klein/Starck, GG, Art. 20 Rn. 223.

teilungsspielräumen.[819] Ferner ist dieser Aspekt für die verfassungsrechtliche Zulässigkeit einer Präklusion relevant.[820] Aber auch im Zusammenhang mit der Doppelten Rechtskraft ist der Anspruch auf vollständige Nachprüfung von Bedeutung.

Obwohl mit dem korrigierten Planfeststellungsbeschluss am Ende des ergänzenden Verfahrens ein neuer Streitgegenstand vorliegt,[821] ist eine vollständige Rechtmäßigkeitskontrolle in einem nachfolgenden Gerichtsverfahren ausgeschlossen. Vielmehr beschränkt sich die Prüfung des Gerichts hier auf Fehler, die aus dem ergänzenden Verfahren resultieren können. Die Wirkungen der Doppelten Rechtskraft führen dazu, dass der Planfeststellungsbeschluss mit Ausnahme der zuvor festgestellten Mängel als rechtmäßig anzusehen ist.[822] Bedenkt man, dass es für die Feststellung der Rechtswidrigkeit und Nichtvollziehbarkeit prinzipiell nur der Aufdeckung eines einzigen Fehlers bedurfte, könnte es zu einer gravierenden Lücke im Rechtsschutz kommen. Alle Fehler, die die Klägerseite im vorangegangenen Verfahren zwar rechtzeitig gerügt, das Gericht mangels Erheblichkeit für den schon feststehenden Urteilsausspruch jedoch nicht mehr beschieden hat, wären einer erstmaligen gerichtlichen Überprüfung im nachgehenden Verfahren entzogen. Dies wäre mit Art. 19 Abs. 4 GG nicht vereinbar.

Die Einschränkung der gerichtlichen Prüfungsbefugnis im Verfahren gegen den korrigierten Planfeststellungsbeschluss ist verfassungsrechtlich allerdings unbedenklich.[823] Sie wird durch die Anpassung des Prüfungsumfangs im Verfahren gegen den ursprünglichen Planfeststellungsbeschluss kompensiert. Hier erfolgt eine vollständige Überprüfung, die über das für den Urteilsausspruch erforderliche Maß hinausgeht.[824] Jeder bestätigte bzw. zurückgewiesene Einwand

---

[819] Vgl. dazu etwa *Geismann*, Sachverhaltsaufklärung im Verwaltungsprozess, 2021, S. 151–174; *Jarass*, in: Jarass/Pieroth, GG, Art. 19 Rn. 80 ff.

[820] Vgl. *Sachs*, in: Sachs, GG, Art. 19 Rn. 145.

[821] Hierzu unter § 12 B.I.1.a).

[822] BVerwG, Urteil vom 08.01.2014 – 9 A 4/13, BVerwGE 149, 31 Rn. 28; BVerwG, Urteil vom 28.04.2016 – 9 A 9/15, BVerwGE 155, 91 Rn. 39; BVerwG, Urteil vom 15.07.2016 – 9 C 3/16, NVwZ 2016, 1631 Rn. 61; BVerwG, Urteil vom 23.05.2017 – 4 A 7/16, juris Rn. 7; BVerwG, Urteil vom 24.05.2018 – 4 C 4/17, BVerwGE 162, 114 Rn. 45.

[823] Ebenso: *Ewer*, Möglichkeiten zur Beschleunigung verwaltungsgerichtlicher Verfahren über Vorhaben zur Errichtung von Infrastruktureinrichtungen und Industrieanlagen, 2019, S. 104. A.A. wohl *Langstädtler*, Effektiver Umweltrechtsschutz in Planungskaskaden, 2021, S. 182, 195.

[824] So ausdrücklich: BVerwG, Beschluss vom 20.03.2018 – 9 B 43/16, NuR 2019, 109 Rn. 65; BVerwG, Beschluss vom 17.03.2020 – 3 VR 1/19, NVwZ 2020, 1051 Rn. 18; OVG Lüneburg, Beschluss vom 11.05.2020 – 12 LA 150/19, BauR 2020, 1292 (1293); OVG Lüneburg, Beschluss vom 18.03.2021 – 12 LB 148/20, KommJur 2021, 132 (137). Ebenso: *Ewer*, Möglichkeiten zur Beschleunigung verwaltungsgerichtlicher Verfahren über Vorhaben zur Errichtung von Infrastruktureinrichtungen und Industrieanlagen, 2019, S. 104; *Langstädtler*, Effekti-

lässt sich zudem gesondert mit Rechtsmitteln angreifen. Dadurch wird sichergestellt, dass letztlich kein Teil der behördlichen Entscheidung von einer gerichtlichen Kontrolle ausgeschlossen bleibt.

Da für die Rechtmäßigkeit des Planfeststellungsbeschlusses stets das zum
Zeitpunkt seines Erlasses geltende Recht maßgeblich ist,[825] können sich für den
Kläger keine Nachteile daraus ergeben, dass das Gericht zu einem früheren Zeitpunkt umfassend entscheidet, und nicht in Teilen erst bei einer späteren Anfechtung des korrigierten Planfeststellungsbeschlusses. In der Rechtsprechung ist
anerkannt, dass nur solche nachträglich eingetretenen Umstände zu berücksichtigen sind, die sich *zugunsten* des Vorhabens auswirken.[826]

Die inhaltliche Bindung an die Feststellungen des vorangehenden Urteils im
nachfolgenden Verfahren ist mithin nicht zu beanstanden.[827] Wird im Rahmen
der Fehlerbehebung in rechtskräftig bestätigte Teile des Planfeststellungsbeschlusses erneut eingegriffen, zeigt das ergänzende Verfahren Fehler in eigentlich bestandskräftigen Teilen auf oder führt die Rechtskraft einzelner Entscheidungsgründe sonst zu einer „schlechthin unerträglichen" Situation, kommt zudem eine begrenzte Rechtskraftdurchbrechung in Betracht.[828]

b) Vereinbarkeit mit dem Dispositionsgrundsatz

Wenn der Verweis auf die Rechtskraft des ersten Urteils im Verfahren gegen den
korrigierten Planfeststellungsbeschluss nicht auf verfassungsrechtliche Bedenken stößt,[829] stellt sich die Frage, ob gegebenenfalls die vollumfängliche Rechtmäßigkeitskontrolle im vorangehenden Prozess entsprechende Probleme aufwerfen kann.

So ist fraglich, ob sich das Konzept der Doppelten Rechtskraft mit dem Dispositionsgrundsatz vereinbaren lässt. Dieser findet seine verfassungsrechtliche

---

ver Umweltrechtsschutz in Planungskaskaden, 2021, S. 189; *Seibert*, NVwZ 2018, 97 (104);
Külpmann, NVwZ 2020, 1143 (1145); *Schütz*, UPR 2021, 418 (420).

[825] *Storost*, NVwZ 1998, 797 (804); *Stüer/Stüer*, DVBl. 2018, 585 (588); *Schütz*, in: Ziekow, Handbuch des Fachplanungsrechts, § 8 Rn. 89; *Steinberg/Wickel/Müller*, Fachplanung,
§ 6 Rn. 296.

[826] BVerwG, Urteil vom 11.10.2017 – 9 A 14/16, BVerwGE 160, 78 Rn. 20; BVerwG, Urteil
vom 15.02.2018 – 9 C 1/17, BVerwGE 161, 180 Rn. 26.

[827] Allgemein zur verfassungsrechtlich zulässigen Bindung durch materielle Rechtskraft
und Bestandskraft vgl. etwa BVerfG, Beschluss vom 15.02.2007 – 1 BvR 300/06, NVwZ 2007,
573 (574). Zu bindenden Teil- oder Vorentscheidungen: BVerfG, Beschluss vom 31.05.2011 –
1 BvR 857/07, BVerfGE 129, 1 (17 ff.); BVerfG, Urteil vom 17.12.2013 – 1 BvR 3139/08 u. a.,
BVerfGE 134, 242 Rn. 192 ff.; BVerwG, Urteil vom 05.08.2015 – 6 C 8/14, BVerwGE 152, 355
Rn. 32 ff.

[828] Zur Rechtskraftdurchbrechung im Einzelnen unter § 12 D.III. und unter § 12 D.IV.

[829] Hierzu unter § 13 A.II.2.a).

Absicherung in Art. 19 Abs. 4 GG.[830] Zum einen wird dies mit dem Wortlaut („so steht ihm der Rechtsweg offen") begründet. Zum anderen leuchtet ein, dass es grundsätzlich dem Inhaber eines beeinträchtigten Rechts vorbehalten sein muss, zu entscheiden, ob er zur Verteidigung seiner rechtlich geschützten Interessen den Rechtsweg beschreiten will oder nicht.[831]

Der für das verwaltungsgerichtliche Verfahren in § 88 VwGO einfachgesetzlich normierte Dispositionsgrundsatz besagt, dass nicht nur die Entscheidung über die Einleitung eines Rechtsschutzverfahrens dem Rechtsschutzsuchenden überlassen ist. Vielmehr sollen auch die Weiterverfolgung und die Aufgabe des Begehrens in die Disposition des Klägers fallen.[832] Für das Gericht folgt daraus die Verpflichtung, weder etwas anderes als begehrt zuzusprechen (*aliud*), noch über das erkennbare Klagebegehren hinauszugehen (*ne ultra petita*).[833]

Aufgrund der Doppelten Rechtskraft urteilt das Gericht im ersten Verfahren vollumfänglich über die Rechtmäßigkeit des angegriffenen Planfeststellungsbeschlusses und damit weitergehend als für die Feststellung der Rechtswidrigkeit und Nichtvollziehbarkeit prinzipiell erforderlich. Auf diese Weise entscheidet es zwar auch über das klägerische Begehren, geht mit der Feststellung der Rechtmäßigkeit im Übrigen jedoch darüber hinaus.

Es ist anerkannt, dass der Kläger mit dem Antrag auf Feststellung der Rechtswidrigkeit und Nichtvollziehbarkeit lediglich das Ziel seines Rechtsschutzersuchens festlegt.[834] Wie das Gericht dahin gelangt, also insbesondere die Begründung für das stattgebende Urteil, bleibt ihm überlassen.[835] Die verbindliche Feststellung weiterer Fehler wird man als Teil einer zulässigen Mehrfachbegründung gegebenenfalls als dem klägerseitigen Begehren dienlich betrachten können. Etwas anderes gilt, wenn man berücksichtigt, dass das Gericht vorhandene Fehler *abschließend* feststellt; damit befindet es im Umkehrschluss nämlich auch

---

[830] So jedenfalls *Haverkämper*, Die verfassungsrechtlichen Grundlagen der Maximen des Verwaltungsprozessrechts, 1973, S. 50 f., 65; *Nolte*, Die Eigenart des verwaltungsgerichtlichen Rechtsschutzes, 2015, S. 146; *Schoch*, in: Hoffmann-Riem/Schmidt-Aßmann/Voßkuhle, Grundlagen des Verwaltungsrechts, Bd. III, § 50 Rn. 242; *Schmidt-Aßmann*, in: Dürig/Herzog/ Scholz, GG, Art. 19 Abs. 4 Rn. 264; *Schenke*, in: Bonner Kommentar, Art. 19 Abs. 4 Rn. 260. A. A. wohl *Schulze-Fielitz*, in: Dreier, GG, Art. 19 Abs. 4 Rn. 115.

[831] *Schenke*, in: Bonner Kommentar, Art. 19 Abs. 4 Rn. 260.

[832] *Nolte*, Die Eigenart des verwaltungsgerichtlichen Verfahrens, 2015, S. 145 f.; *Schmidt-Aßmann*, in: Dürig/Herzog/Scholz, GG, Art. 19 Abs. 4 Rn. 264.

[833] Vgl. hierzu *Berg*, in: Festschrift Menger, 1985, S. 537, 540–543; *Kraft*, BayVBl. 1995, 519 (523); *Riese*, in: Schoch/Schneider, VwGO, § 88 Rn. 10.

[834] *Haak*, in: Gärditz, VwGO, § 88 Rn. 3; *Wöckel*, in: Eyermann, VwGO, § 88 Rn. 7.

[835] BVerwG, Urteil vom 13.07.2000 – 2 C 34/99, BVerwGE 111, 318 (320); BVerwG, Beschluss vom 24.10.2006 – 6 B 47/06, NVwZ 2007, 104 Rn. 13. Vgl. *Bamberger*, in: Wysk, VwGO, § 88 Rn. 4; *Haack*, in: Gärditz, VwGO, § 88 Rn. 10; *Redeker/v. Oertzen*, VwGO, § 88 Rn. 5. Hierzu auch bereits unter § 11 B.II.1.d).

darüber, inwieweit der Planfeststellungsbeschluss als rechtmäßig anzusehen ist. Diese Feststellung ist indes vom Prüfungsauftrag des Klägers gar nicht erfasst. Das Gericht geht weiter, als es die ihm übertragene Lösung des Konfliktes erfordern würde. Es verstößt damit gegen das Verbot der Eigeninitiative, welches nicht nur für das Ob, sondern auch für den Umfang der gerichtlichen Kontrolle gilt.[836] Zugleich ist der Kläger nicht mehr in der Lage, zu bestimmen, worüber mit einer über den Gegenstand des einzelnen Prozesses hinausgehenden Verbindlichkeit entschieden werden soll.[837]

Erblickt man darin einen Verstoß gegen den Dispositionsgrundsatz, lässt sich dieser jedenfalls rechtfertigen, weil sich dadurch der Streit über eine Zulassungsentscheidung nicht nur vorläufig, sondern endgültig klären lässt. Künftige Konflikte werden vorweggenommen. Damit gehen bei komplexen Zulassungsverfahren, in denen mit einer Heilung zu rechnen ist, zeitliche Vorteile einher. Die Gefahr, dass eine rechtskräftige Gerichtsentscheidung Fernwirkungen auslöst, die für die Beteiligten im Zeitpunkt ihres Erlasses unabsehbar sind, besteht nicht, weil diese sich auf ein und denselben Planfeststellungsbeschluss beschränken.

c) Garantie des rechtlichen Gehörs

Die Rechtskraft generell und die Doppelte Rechtskraft im Besonderem steht in einer engen Beziehung zur Garantie des rechtlichen Gehörs aus Art. 103 Abs. 1 GG. Dabei handelt es sich um ein grundrechtsgleiches Recht sowie zugleich um ein objektiv-rechtliches Prinzip, das die Subjektstellung des Einzelnen im gerichtlichen Verfahren gewährleisten soll. Dieser soll in die Lage versetzt werden, ein Verfahren, an dem er beteiligt ist, zur Durchsetzung seiner Interessen aktiv mitzugestalten, und nicht von seinem Ausgang überrascht werden.[838]

Nach Maßgabe von Art. 103 Abs. 1 GG ist ein Gericht dazu verpflichtet, den Beteiligten vor Erlass einer Entscheidung die Möglichkeit einzuräumen, sich schriftlich oder mündlich in tatsächlicher und rechtlicher Hinsicht zur Sache zu äußern (Recht auf Äußerung).[839] Dies setzt naturgemäß voraus, dass sie rechts-

---

[836] *Krebs*, Kontrolle in staatlichen Entscheidungsprozessen, 1984, S. 105; *Gotzen*, VR 1998, 406 (406).

[837] Vgl. hierzu: *Seibert*, Die Bindungswirkung von Verwaltungsakten, 1989, S. 300 f.

[838] BVerfG, Beschluss vom 18.06.1985 – 2 BvR 414/84, BVerfGE 70, 180 (188 f.); *Haverkämper*, Die verfassungsrechtlichen Grundlagen der Maximen des Verwaltungsprozessrechts, 1975, S. 161; *Geismann*, Sachverhaltsaufklärung im Verwaltungsprozess, 2021, S. 124; *Germelmann*, Das rechtliche Gehör vor Gericht im europäischen Recht, 2014, S. 43, 46–50; *Kment*, in: Jarass/Pieroth, GG, Art. 103 Rn. 1; *Nolte/Aust*, in: v. Mangoldt/Klein/Starck, GG, Art. 103 Rn. 4–6, 11.

[839] BVerfG, Beschluss vom 19.05.1992 – 1 BvR 986/91, BVerfGE 86, 133 (144); BVerfG,

zeitig vorab über den gesamten Verfahrensstoff informiert worden sind (Recht auf Information).[840] Den eingebrachten Vortrag der Beteiligten muss das Gericht zur Kenntnis nehmen und in Erwägung ziehen (Recht auf Beachtung).[841] Ihm ist es verwehrt, solche Tatsachen und Beweisergebnisse im Urteil zu verwerten, die zuvor nicht Gegenstand des Verfahrens gewesen sind (Überraschungsverbot).[842]

Aus der Doppelten Rechtskraft ergeben sich Besonderheiten für den Gegenstand des rechtlichen Gehörs im Verfahren gegen die Ausgangsentscheidung. Dieser ist grundsätzlich auf potentiell entscheidungserhebliche Aspekte beschränkt.[843] Da die Doppelte Rechtskraft auch denjenigen Entscheidungselementen Verbindlichkeit vermittelt, die für den Urteilstenor unerheblich sind, geht die Entscheidungserheblichkeit deutlich weiter als dies bei normalen Urteilen der Fall ist. Darauf muss das Gericht bei der Gewährung rechtlichen Gehörs reagieren. Dies erfolgt in der Praxis grundsätzlich nach Maßgabe des einfachen Prozessrechts.[844]

Die Rechtssicherheit, welche die Rechtskraft – im Besonderen die Doppelte Rechtskraft – vermitteln soll, muss zurückstehen, wenn dem Betroffenen die effektive Geltendmachung und Durchsetzung seiner Rechte zu keinem Zeitpunkt möglich war.[845] In diesen Fällen kann die Präklusionswirkung der Doppelten Rechtskraft nicht eingreifen. Dafür genügt es in Ansehung der Tatsache, dass der Klägerseite mit dem begründeten Planfeststellungsbeschluss und den ausgelegten Verfahrensunterlagen die maßgeblichen Informationen regelmäßig bekannt sind, nicht, wenn einzelne Punkte im verwaltungsgerichtlichen Verfahren weder vom Gericht noch von den Beteiligten explizit angesprochen werden.[846]

Beschluss vom 27.10.1999 – 1 BvR 385/90, BVerfGE 101, 106 (129); *Waldner*, Der Anspruch auf rechtliches Gehör, 1989, Rn. 59–64; *Kment*, in: Jarass/Pieroth, GG, Art. 103 Rn. 14.

[840] *Geismann*, Sachverhaltsaufklärung im Verwaltungsprozess, 2021, S. 124; *Kment*, in: Jarass/Pieroth, GG, Art. 103 Rn. 24; *Nolte/Aust*, in: v. Mangoldt/Klein/Starck, GG, Art. 103 Rn. 28.

[841] BVerfG, Beschluss vom 26.06.2002 – 1 BvR 670/91, BVerfGE 105, 279 (311); BVerfG, Urteil vom 08.07.1997 – 1 BvR 1621/94, BVerfGE 96, 205 (216); BVerfG, Kammerbeschluss vom 29.10.2015 – 2 BvR 1493/11, NVwZ 2016, 238 Rn. 45; BVerwG, Beschluss vom 24.04. 2017 – 6 B 17/17, juris Rn. 11–15; *Germelmann*, Das rechtliche Gehör vor Gericht im europäischen Recht, 2014, S. 75–77; *Kment*, in: Jarass/Pieroth, GG, Art. 103 Rn. 16.

[842] *Kment*, in: Jarass/Pieroth, GG, Art. 103 Rn. 13; *Nolte/Aust*, in: v. Mangoldt/Klein/Starck, GG, Art. 103 Rn. 31.

[843] *Waldner*, Der Anspruch auf rechtliches Gehör, 1989, Rn. 66; *Schulze-Fielitz*, in: Dreier, GG, Art. 103 Abs. 1 Rn. 44; *Nolte/Aust*, in: v. Mangoldt/Klein/Starck, GG, Art. 103 Rn. 36; *Remmert*, in: Dürig/Herzog/Scholz, GG, Art. 103 Abs. 1 Rn. 76.

[844] *Degenhart*, in: Sachs, GG, Art. 103 Rn. 12; *Schulze-Fielitz*, in: Dreier, GG, Art. 103 Abs. 1 Rn. 27–29. Hierzu auch bereits unter § 11 B.I.3.

[845] Vgl. *Germelmann*, in: Gärditz, VwGO, § 121 Rn. 13.

[846] Hierzu unter § 12 C.I.3.

d) Anspruch auf ein zügiges Verfahren

Mit der umfassenden und abschließenden Rechtmäßigkeitskontrolle der behördlichen Ausgangsentscheidung kollidiert der Anspruch auf zügige Justizgewähr, der sich aus Art. 19 Abs. 4 GG sowie auch aus Art. 6 Abs. 1 EMRK ergibt.[847]

Wie bereits erörtert wird gegen den Grundsatz des effektiven Rechtsschutzes auch dann verstoßen, wenn nicht innerhalb angemessener Zeit eine abschließende gerichtliche Entscheidung vorliegt. Es besteht ein Anspruch auf ein zügiges Verfahren.[848] Dazu haben der Gesetzgeber auf der einen Seite und die Gerichte auf der anderen Seite beizutragen.[849] An der zügigen Entscheidung im Einzelfall besteht auch ein öffentliches Interesse, um alsbald rechtmäßige Zustände herzustellen.[850]

Die Doppelte Rechtskraft kann aufgrund der umfassenden Prüfung durch das Gericht dazu führen, dass das Verfahren gegen die behördliche Ausgangsentscheidung deutlich länger dauert als zur Erreichung der Spruchreife erforderlich. Der zusätzliche Aufwand wird zugunsten der Interessen der Behörde und des Vorhabenträgers sowie zur Schonung der Gerichte mit dem Ziel betrieben, ein weiteres Verfahren in derselben Sache nach Möglichkeit zu vermeiden. Ob ein solches überhaupt zu erwarten ist, lässt sich allerdings im Zeitpunkt der gerichtlichen Entscheidung regelmäßig nicht vorhersehen.[851]

Es stellt sich die Frage, ob diese Vorgehensweise den Anspruch des Klägers auf zügige Justizgewähr ungerechtfertigt schmälert. Dagegen spricht, dass auch er davon profitieren kann. Da mit Abschluss des Verfahrens gegen die Ausgangsentscheidung feststeht, welche Fehler diese aufweist, ist er nicht gezwungen, weitere Prozesse zu führen. Zudem geht es dem klagenden Umweltverband regelmäßig darum, dass das Vorhaben, soweit es sich nicht verhindern lässt, zumindest im Einklang mit den umweltrechtlichen Anforderungen realisiert wird. Dem trägt die Doppelte Rechtskraft Rechnung. Anders liegt indes oftmals die Motivation betroffener Bürger. Sie haben nicht selten spezifische Einzelinteressen, auf deren Durchsetzung es ihnen ankommt.[852] Darüberhinausgehende Rügemöglichkeiten sind für sie allenfalls von sekundärem Interesse. Wenn sich das

---

[847] *Geismann*, Sachverhaltsaufklärung im Verwaltungsprozess, 2021, S. 121, 130; *Schmidt-Aßmann*, in: Dürig/Herzog/Scholz, GG, Art. 19 Abs. 4 Rn. 262.

[848] Hierzu bereits unter § 13 A.II.1.b).

[849] *Nolte*, Die Eigenart des verwaltungsgerichtlichen Rechtsschutzes, 2015, S. 199; *Schulze-Fielitz*, in: Dreier, GG, Art. 19 Abs. 4 Rn. 111; *Schmidt-Aßmann*, in: Dürig/Herzog/Scholz, GG, Art. 19 Abs. 4 Rn. 263.

[850] *Nolte*, Die Eigenart des verwaltungsgerichtlichen Rechtsschutzes, 2015, S. 199.

[851] Hierzu schon unter § 11 D.II.

[852] Vgl. *Ewer*, Möglichkeiten zur Beschleunigung verwaltungsgerichtlicher Verfahren über Vorhaben zur Errichtung von Infrastruktureinrichtungen und Industrieanlagen, 2019, S. 111.

Verfahren aber aus diesem Grunde hinzieht, wird dies als nachteilig empfunden. Dennoch dürften die Grenzen der Gestaltungsfreiheit des Gesetzgebers nicht überschritten sein, wenn dieser entscheidet, dass über die Zulässigkeit eines Vorhabens nach Möglichkeit in nur einem einzigen Prozess entschieden werden soll und dafür eine längere Dauer dieses einen Prozesses bewusst in Kauf genommen wird.

3. Keine (weitere) Verschiebung in der Gewaltenteilung

Ein verfassungsrechtlicher Belang, der im Zusammenhang mit der nachträglichen Heilung von Fehlern in Verwaltungsentscheidungen immer wieder als gefährdet betrachtet wird, ist der Grundsatz der Gewaltenteilung.[853]

Das Verwaltungsverfahrensrecht eröffnet der Behörde die Möglichkeit, verschiedene Fehler nach Erlass des Verwaltungsaktes zu beheben. Das Verwaltungsprozessrecht ermöglicht dies noch während eines laufenden gerichtlichen Verfahrens und sogar danach. Dadurch wird das Gericht quasi unvermeidbar in die Heilung fehlerhafter Verwaltungsentscheidungen involviert.[854] Die Grenzen zwischen dem, was noch in den Aufgabenbereich der Rechtsprechung fällt, und einer unzulässigen Verschiebung in der Gewaltenteilung können hier im Einzelfall unscharf sein. Damit eng verknüpft sind die Gewährleistung eines fairen Verfahrens sowie Fragen der Waffengleichheit, der richterlichen Neutralität und des effektiven Rechtsschutzes insgesamt.[855]

Wenn das Gericht einen fehlerhaften Planfeststellungsbeschluss nicht aufhebt, sondern der Behörde durch ein Feststellungsurteil den Weg in ein ergänzendes Verfahren ebnet, kommt eine Einwirkung von Seiten des Gerichts in den Aufgabenbereich der Verwaltung in Betracht (hierzu unter a)). Die Doppelte Rechtskraft führt allerdings nicht zu einer darüberhinausgehenden Schieflage des Verwaltungsprozesses (hierzu unter b)).

a) Aufgabenteilung zwischen vollziehender und rechtsprechender Gewalt

Den Kern der Gewaltenteilung bildet die Verteilung der Gesetzgebung, der vollziehenden Gewalt und der Rechtsprechung (funktionelle Gewaltenteilung) auf die verschiedenen staatlichen Organe (organisatorische Gewaltenteilung).[856] Sie

---

[853] Vgl. z.B. *Rennert*, DVBl. 2017, 69 (76 f.); *Gärditz*, jM 2018, 30 (31 f.); *Schlacke*, EurUP 2018, 127 (141); *Rubel*, DVBl. 2019, 600 (602 f.); *Külpmann*, NVwZ 2020, 1143 (1149); *Schoch*, in: Hoffmann-Riem/Schmidt-Aßmann/Voßkuhle, Grundlagen des Verwaltungsrechts, Bd. III, § 50 Rn. 131. Hierzu umfassend: *Rennert*, NuR 2018, 505 ff.

[854] Dies betonend: *Gärditz*, jM 2018, 30 (30 f.).

[855] Vgl. insoweit BVerwG, Beschluss vom 10.10.2017 – 9 A 16/16, NVwZ 2018, 181 Rn. 9.

[856] *Eisenmenger*, in: Wolff/Bachof/Stober/Kluth, Verwaltungsrecht I, § 20 Rn. 1; *Jarass*, in:

kommt in Art. 20 Abs. 2 Satz 2, Art. 20 Abs. 3 und Art. 1 Abs. 3 GG zum Ausdruck und ist ein weiteres Wesensmerkmal des Rechtsstaatsprinzips.[857] Die Gewaltenteilung dient unter anderem dazu, abzusichern, „dass staatliche Entscheidungen möglichst richtig, das heißt von den Organen getroffen werden, die dafür nach ihrer Organisation, Zusammensetzung, Funktion und Verfahrensweise über die besten Voraussetzungen verfügen."[858] Keine Gewalt darf ein verfassungsrechtlich nicht vorgesehenes Übergewicht über eine der anderen Gewalten erlangen.[859] Im Hinblick auf Status und Gehalt des Grundsatzes der Gewaltenteilung ist heute vieles umstritten.[860] Einigkeit dürfte darüber bestehen, dass dieses Prinzip in Deutschland nicht strikt verwirklicht wird, sondern zahlreiche Gewaltenverschränkungen und -verflechtungen kennt. Unabhängig hiervon soll jeder Gewalt aber stets immerhin ein Kernbereich an Aufgaben zugesichert sein.[861]

Relevant im Zusammenhang mit der nachträglichen Fehlerbehebung, aber auch für die Doppelte Rechtskraft ist das Verhältnis zwischen der Verwaltung und der Rechtsprechung. Zwar existieren zwischen dem Verwaltungsverfahren und dem verwaltungsgerichtlichen Verfahren zahlreiche Parallelen und Berührungspunkte, dennoch unterscheiden sich die Aufgaben und Zielsetzungen der Verwaltung auf der einen und der Gerichte auf der anderen Seite recht deutlich. Während die Verwaltung primär aus einer *Ex ante*-Perspektive tätig wird und für die wirksame, zweckmäßige und zeitnahe Umsetzung rechtlicher Vorgaben zuständig ist, kommt der Verwaltungsgerichtsbarkeit in erster Linie eine nachträgliche Kontrollfunktion zu.[862] Die Verwaltung ist dazu berufen, zur Verwirklichung des öffentlichen Interesses in eigener Verantwortung das, was der Gesetzgeber generell-abstrakt bestimmt, in die Tat umzusetzen. Sie ist jedoch nicht auf den Vollzug von Gesetzen beschränkt. Vielmehr kommen ihr insbesondere

---

Jarass/Pieroth, GG, Art. 20 Rn. 33. Ausführlich zur grundgesetzlichen Gewaltengliederung: *Möllers*, AöR 132 (2007), 493.

[857] *Henke*, Planerhaltung durch Planergänzung und ergänzendes Verfahren, 1997, S. 58; *Möllers*, AöR 132 (2007), 493 (502).

[858] BVerfG, Urteil vom 18.12.1984 – 2 BvE 13/83, BVerfGE 68, 1 (86); BVerfG, Beschluss vom 17.07.1996 – 2 BvF 2/93, BVerfGE 95, 1 (15); BVerfG, Urteil vom 14.07.1998 – 1 BvR 1640/97, BVerfGE 98, 218 (251 f.); BVerfG, Beschluss vom 30.06.2015 – 2 BvR 1282/11, BVerfGE 139, 321 Rn. 125; *Storost*, NVwZ 1998, 797 (798).

[859] *Storost*, NVwZ 1998, 797 (797 f.); *Schmidt/Kelly*, VerwArch 112 (2021), 97 (112).

[860] Hierzu insbesondere: *Möllers*, AöR 132 (2007), 493 (509 ff.).

[861] *Henke*, Planerhaltung durch Planergänzung und ergänzendes Verfahren, 1997, S. 58; *Schmidt/Kelly*, VerwArch 112 (2021), 97 (112).

[862] *Krebs*, Kontrolle in staatlichen Entscheidungsprozessen, 1984, S. 55; *Geismann*, Sachverhaltsaufklärung im Verwaltungsprozess, 2021, S. 43 f., 143, 151; *Brohm*, DVBl. 1986, 321 (330); *Möllers*, AöR 132 (2007), 493 (524–526); *Schwarz*, in: Fehling/Kastner/Störmer, HkVerwR, § 1 VwVfG Rn. 50 f.; *Ramsauer/Tegethoff*, in: Kopp/Ramsauer, VwVfG, Einführung I Rn. 50–52.

etwa mit Blick auf die Planung und Verwirklichung konkreter Infrastrukturvorhaben in die Zukunft gerichtete Gestaltungsaufgaben zu, die nicht gesetzlich festgelegt sind, sondern sich aus ihrem generellen Auftrag ergeben. In dieser Rolle wird die Verwaltung schöpferisch tätig, sie handelt aus eigener Initiative und nach eigenen Vorstellungen. Dabei bleibt sie an den rechtlichen Rahmen und die Richtlinien der Regierung gebunden.[863] Die von der Verwaltung institutionell, personell und organisatorisch getrennte Tätigkeit der Verwaltungsgerichte beschränkt sich im Wesentlichen auf die antragsgebundene Kontrolle und Nachprüfung hoheitlichen Handelns im Rahmen eines konkreten Rechtsschutzbegehrens.[864] Sie sind dazu berufen, als unabhängige, „unbeteiligte Dritte" in Anwendung des geltenden Rechts rechtskräftig über einzelne Streitfälle zu entscheiden. Auf diese Weise verhelfen sie dem Einzelnen, aber etwa auch einer klagenden Kommune oder einem Verband zum Schutz und zur Durchsetzung von Rechten.[865] Auf eine Formel gebracht lässt sich sagen, dass die Verwaltung agiert, während das Gericht reagiert.[866]

b) Einhaltung der verfassungsrechtlichen Grenzen

Die maßgeblichen Kritikpunkte an einer Fehlerbehebung während des verwaltungsgerichtlichen Verfahrens oder im Anschluss daran, die im Einzelnen durchaus berechtigt sein dürften, werden durch die Doppelte Rechtskraft nicht verschärft. Das gilt zum einen für die Beschränkung des Verwaltungsgerichts auf eine nachträgliche Kontrolle des Verwaltungshandelns (hierzu unter aa)). Zum anderen wird auch die Eigenständigkeit der Verwaltung nicht beeinträchtigt (hierzu unter bb)).

aa) Das Gericht als nachgehende Kontrollinstanz für hoheitliches Handeln

Im Hinblick auf die nachträglich ermöglichte Fehlerbehebung generell lässt sich bemängeln, dass das Gericht von der ihm zugedachten Funktion einer rein nachträglichen, in gewisser Weise distanzierten Kontrollinstanz abweicht und in den gestaltenden, zukunftsgerichteten Tätigkeitsbereich der Verwaltung eingreift.[867]

---

[863] *Geismann*, Sachverhaltsaufklärung im Verwaltungsprozess, 2021, S. 141 f.; *Wahl*, in: VVDStRL 41 (1983), S. 151 (153–156); *Maurer/Waldhoff*, Allgemeines Verwaltungsrecht, § 1 Rn. 11.

[864] *Krebs*, Kontrolle in staatlichen Entscheidungsprozessen, 1984, S. 55; *Geismann*, Sachverhaltsaufklärung im Verwaltungsprozess, 2021, S. 143; *Rennert*, DVBl. 2015, 793 (800 f.).

[865] *V. Mutius*, in: Festschrift Menger, 1985, S. 575 (579, 593 f.); *Storost*, NVwZ 1998, 797 (798); *Schönenbroicher*, in: Mann/Sennekamp/Uechtritz, VwVfG, § 1 Rn. 42; *Schmitz*, in: Stelkens/Bonk/Sachs, VwVfG, § 1 Rn. 58.

[866] *Maurer/Waldhoff*, Allgemeines Verwaltungsrecht, § 1 Rn. 11.

[867] *Gärditz*, jM 2018, 30 (31); *Saurer*, NVwZ 2020, 1137 (1142); *Schoch*, in: Hoff-

Eine Kompetenzüberschreitung kommt damit prinzipiell bei jeder Heilung in Betracht, die zu einem Zeitpunkt vorgenommen wird, zu dem das Gericht bereits in irgendeiner Weise mit dem in Rede stehenden Planfeststellungsbeschluss befasst war.

Evident wird dies, wenn das Gericht in irgendeiner Weise an einer Fehlerheilung während des laufenden Prozesses beteiligt ist, das Verwaltungsverfahren und der Verwaltungsprozess sich also überschneiden. Erteilt das Gericht im vorbereitenden Verfahren oder in der mündlichen Verhandlung im Rahmen einer vorläufigen Bewertung des Sach- und Streitstandes nach Maßgabe des § 86 Abs. 3 VwGO einen Hinweis, kann dies dazu führen, dass die Behörde erst dadurch überhaupt zu einer Korrektur veranlasst wird oder ihre Fehlerbehebung zumindest daran anpasst. Durch eine Aussetzung des gerichtlichen Verfahrens, die gemäß § 4 Abs. 1b Satz 3 UmwRG im Ermessen des Gerichts liegt, wird der Behörde auf Antrag Zeit für eine Fehlerkorrektur eingeräumt, die ansonsten vor der finalen Bewertung durch das Gericht oftmals nicht möglich wäre. In beiden Fällen wirkt das Gericht daran mit, dass ihm letztlich ein Planfeststellungsbeschluss zur Entscheidung vorliegt, der in seiner Gestalt von demjenigen abweicht, den der Kläger zunächst anfechten wollte. Von einer dem Verwaltungsverfahren nur nachfolgenden Kontrolle lässt sich dann nicht mehr sprechen. Sie weist eher einen begleitendenden Charakter auf.[868] Plakativ ist oftmals davon die Rede, dass die Verwaltungsgerichtsbarkeit als „Reparaturbetrieb der Verwaltung" agiere.[869] Teilweise wird daher gefordert, eine Aussetzung nur für Nachsteuerungen, Randkorrekturen und kleinere Ergänzungen zuzulassen.[870]

Wenn das Gericht hingegen erst im Urteil die Rechtswidrigkeit und Nichtvollziehbarkeit eines Planfeststellungsbeschlusses feststellt, bleibt die Nachträglichkeit der gerichtlichen Kontrolle im Grundsatz erhalten. Es kommt gerade nicht zu einer funktionalen Verschränkung zwischen Verwaltung und Verwaltungsgerichtsbarkeit. Vielmehr sind das gerichtliche Verfahren und das ergänzende Verfahren sowohl institutionell als auch prozedural voneinander getrennt. Nur wenn man hervorhebt, dass der Planfeststellungsbeschluss in diesen Fällen abweichend von § 113 Abs. 1 Satz 1 VwGO nicht aufgehoben wird, sondern erhalten

---

mann-Riem/Schmidt-Aßmann/Voßkuhle, Grundlagen des Verwaltungsrechts, Bd. III, § 50 Rn. 127 f., 355; *Schwarze*, in: Fehling/Kastner/Störmer, Hk-VerwR, § 1 VwVfG Rn. 51.

[868] So *Rennert*, NuR 2018, 505 (506); *Saurer*, NVwZ 2020, 1137 (1142). Ebenso: *Gärditz*, jM 2018, 30 (31); *ders.*, EurUP 2018, 158 (165); *Ingold/Münkler*, EurUP 2018, 468 (476); *Kment*, in: Beckmann/Kment, UVPG/UmwRG, § 4 UmwRG Rn. 37. Vgl. auch zu § 87 Abs. 1 Nr. 7 VwGO in der Fassung vom 01.11.1996 (BGBl. I, S. 1626), der als Vorbild diente: *Nolte*, Die Eigenart des verwaltungsgerichtlichen Rechtsschutzes, 2015, S. 86 f.

[869] BVerwG, Beschluss vom 10.10.2017 – 9 A 16/16, NVwZ 2018, 181 Rn. 9; *Rubel*, DVBl. 2019, 600 (603). Zu § 94 VwGO a. F.: *Schenke*, NJW 1997, 81 (86 f.).

[870] *Rennert*, NuR 2018, 505 (506).

bleibt und einer Fehlerkorrektur zugeführt werden kann, wird deutlich, dass das Gericht auch hier nicht ausschließlich nachgängig etwas Abgeschlossenes prüft. Vielmehr bestimmt es über die Entscheidungsgründe die behördliche Tätigkeit im ergänzenden Verfahren mit.[871] Damit unterstützt und lenkt es die Fehlerheilung der Behörde.[872] Ob dies eine angemessene Lösung zur Bewältigung der zunehmenden Komplexität des Umweltrechts darstellt, lässt sich mit Recht bezweifeln.[873] Anders als bei der Heilung im Prozess greift das Gericht aber nicht in einen unabgeschlossenen prozessualen Vorgang ein, sondern prüft den ihm ursprünglich vom Kläger zur Entscheidung vorgelegten Planfeststellungsbeschluss und schmälert insbesondere nicht die Erfolgsaussichten der Klage. Dadurch verliert es nicht seine neutrale, unparteiische Position.[874] Daran ändert sich auch durch die Wirkungen der Doppelten Rechtskraft nichts.

bb) Wahrung der Eigenständigkeit der Verwaltung

Vor dem Hintergrund der funktionellen Ausdifferenzierung der exekutiven und der judikativen Gewalt darf die Doppelte Rechtskraft nicht dazu führen, dass das Gericht die Verwaltungstätigkeit inhaltlich beeinflusst. Denn anders als die Behörde kann das Gericht für seine Entscheidungen nicht zur Verantwortung gezogen werden.[875]

Die Trennung der gerichtlichen Tätigkeit von der gestalterischen Tätigkeit der Verwaltung wird durch verschiedene Vorschriften des Verwaltungsprozessrechts gewährleistet. So beschränkt sich die gerichtliche Kontrolle im Rahmen einer Anfechtungsklage auf eine reine Rechtskontrolle. Sie endet dort, wo es an gerichtlichen Kontrollmaßstäben fehlt und der Bereich beginnt, innerhalb dessen die Verwaltung eigenverantwortlich und zweckmäßig entscheiden kann.[876] Sieht das Gesetz keine Möglichkeit zur nachträglichen Heilung vor, ist das Gericht gemäß § 113 Abs. 1 Satz 1 VwGO dazu ermächtigt, einen rechtswidrigen Verwaltungsakt aufzuheben. Eine Abänderung ist hingegen nur in den engen Grenzen des § 113 Abs. 2 VwGO möglich. Nichts anderes lässt sich § 113 Abs. 5 VwGO entnehmen, der es dem Gericht verwehrt, einen rechtswidrig verweigerten Verwaltungsakt selbst zu erlassen.

---

[871] Hierzu sogleich unter § 13 A.II.3.b)bb).

[872] So die Kritik von *Brigola/Heß*, NuR 2017, 729 (731); *Schlacke*, EurUP 2018, 127 (141); *Ingold/Münkler*, EurUP 2018, 468 (476).

[873] *Kment*, in: Schlacke, Einwirkungen des Unionsrechts auf das deutsche Planungs- und Zulassungsrecht, 2020, S. 21 (35 f.); *ders.*, NVwZ 2018, 1739 (1740).

[874] *Ingold/Münkler*, EurUP 2018, 468 (482); *Seibert*, NVwZ 2018, 97 (104); *Berkemann*, DVBl. 2020, 1 (9); *Guckelberger*, NuR 2020, 655 (662).

[875] *Nolte*, Die Eigenart verwaltungsgerichtlichen Rechtsschutzes, 2015, S. 75.

[876] *Eisenmenger*, in: Wolff/Bachof/Stober/Kluth, Allgemeines Verwaltungsrecht I, § 20 Rn. 60.

Ebenso wenig wie es einen neuen Verwaltungsakt selbst erlassen darf, darf das Gericht in die nachträgliche Umgestaltung eines Verwaltungsaktes eingreifen. Es obliegt damit vorrangig der Behörde und nicht dem zur Kontrolle der behördlichen Entscheidung berufenen Verwaltungsgericht, über das Ob und das Wie eines ergänzenden Verfahrens zu befinden.[877] Mit Blick auf die Doppelte Rechtskraft ist hier von Bedeutung, dass das Gericht jenseits des für den Urteilsausspruch Erforderlichen die Fehler abschließend feststellt (hierzu unter (1)). Weiterhin stellt sich die Frage, ob über die Entscheidungsgründe auf die Art und Weise der Heilung zu weitgehend Einfluss genommen wird (hierzu unter (2)).

(1) Abschließende Feststellung der zu behebenden Fehler

Wenn das Gericht die einem Planfeststellungsbeschluss anhaftenden Fehler abschließend feststellt, geht es über das hinaus, was für die Feststellung der Rechtswidrigkeit und Nichtvollziehbarkeit erforderlich wäre, und übernimmt damit eine Aufgabe, die vor Einführung der Doppelten Rechtskraft der Behörde oblag. Vormals hatte diese während des ergänzenden Verfahrens selbst darüber zu entscheiden, ob es über die festgestellten Fehler hinaus weitere erkannte oder vermutete Mängel zu beheben galt. Auf die Entscheidung über das Ob der Heilung wirkt sich die Doppelte Rechtskraft mithin zumindest insoweit aus, als die Behörde mit Rechtskraft der Entscheidung sicher weiß, welche Teile des Planfeststellungsbeschlusses sie nicht mehr aufgreifen muss, um zu einer rechtmäßigen Entscheidung zu gelangen und zugleich nicht der Gefahr einer weiteren Klage ausgesetzt zu sein.

In vielen Urteilsbegründungen zeigt sich, dass Gerichte ihre Prüftätigkeit nicht streng entlang der entscheidungserheblichen Punkte ausüben, sondern darüber hinaus in Form von *obiter dicta* Stellung zu anderen aufgeworfenen Fragen nehmen, die für den Ausgang des Verfahrens ohne Bedeutung sind.[878] Diese zur Erfüllung ihrer Kontrollfunktion eigentlich „nicht geschuldete" Tätigkeit wird gemeinhin wenig thematisiert, weil *obiter dicta* für die Zukunft grundsätzlich keinerlei verbindliche Wirkung aufweisen.[879] Dies ist hier anders. Eine abschließende Überprüfung des Planfeststellungsbeschlusses, aus der für die Zukunft verbindlich hervorgeht, inwieweit die Behörde rechtmäßig gehandelt hat, ist eigentlich nicht Aufgabe des Gerichts. Dieses ist vielmehr nur dazu berufen, auf Antrag über einen bestimmten, über den Streitgegenstand konkretisierten Konflikt verbindlich zu entscheiden, und muss sich im Übrigen so weit wie möglich

---

[877] OVG Koblenz, Urteil vom 09.01.2003 – 1 C 10187/01, NuR 2003, 441 (448).

[878] *Nolte*, Die Eigenart des verwaltungsgerichtlichen Rechtsschutzes, 2015, S. 70.

[879] Vgl. *Meier*, JuS 2020, 636 (636).

zurückhalten.[880] Es schafft sich mithin in gewisser Weise selbst Befugnisse außerhalb des ihm zugeordneten Bereichs.[881]

Indes lässt sich die abschließende Entscheidung über die Rechtmäßigkeit eines Planfeststellungsbeschlusses nicht mit einem verbindlichen *obiter dictum* gleichsetzen. So betrifft die weitergehende Entscheidung des Gerichts allein diejenige behördliche Entscheidung, die der Kläger selbst zum Gegenstand des Verfahrens gemacht hat. Auch wird das Gericht nicht proaktiv und gestaltend anstelle der Behörde tätig. Vielmehr bleibt es bei einer reinen Rechtskontrolle. Ein unzulässiger Eingriff in deren Zuständigkeitsbereich dürfte darin nicht zu sehen sein.[882]

(2) Kein Einfluss auf die Art und Weise der Heilung

Hinsichtlich der Art und Weise der Heilung darf die Doppelte Rechtskraft nicht dazu führen, dass die Verwaltungstätigkeit der Behörde im Rahmen des ergänzenden Verfahrens durch die gerichtliche Entscheidung inhaltlich determiniert wird. Dies hätte zur Folge, dass das Gericht die Verwaltungsentscheidung nicht nur überprüft, sondern zumindest faktisch an deren nachträglichen Korrektur mitwirkt und damit „vom Kontrolleur zum Miturheber" wird.[883] Eine solche Einflussnahme kommt vor allem in zwei Konstellationen in Betracht:

Zum einen enthalten viele Feststellungsurteile Hinweise in ihrer Begründung,[884] die geeignet und auch darauf ausgerichtet sind, die nachfolgende Tätigkeit der Behörde in gewisser Weise zu lenken. Dies wird im Grundsatz nicht beanstandet.[885] Denn Gerichte erfüllen neben ihrer kontrollierenden auch eine aktive, rechtsentwickelnde Funktion.[886] Soweit sich diese Hinweise aber nicht strikt auf Fragen der Rechtmäßigkeit beschränken, sind sie unzulässig. Das Ge-

---

[880] *Martens*, Die Praxis des Verwaltungsprozesses, 1975, S. 1–4; *Krebs*, Kontrolle in staatlichen Entscheidungsprozessen, 1984, S. 114.

[881] *Meier*, JuS 2020, 636 (637).

[882] Ebenso: *Stüer/Stüer*, DVBl. 2018, 1367 (1369).

[883] *Rennert*, NuR 2018, 505 (506). Vgl. auch *Schmidt-Aßmann*, VBlBW 2000, 45 (52): „Beratungshilfe für die Verwaltung".

[884] Vgl. exemplarisch: BVerwG, Urteil vom 15.07.2016 – 9 C 3/16, NVwZ 2016, 1631 Rn. 53 ff.; BVerwG, Urteil vom 11.08.2016 – 7 A 1/15, BVerwGE 156, 20 Rn. 154 f.; BVerwG, Beschluss vom 26.11.2020 – 9 A 6/20, juris Rn. 21. *Nolte*, Die Eigenart des verwaltungsgerichtlichen Rechtsschutzes, 2015, S. 70, spricht von „antizipierte[r] Kontrollwirkung".

[885] BVerwG, Beschluss vom 10.10.2017 – 9 A 16/16, NVwZ 2018, 181 Rn. 6 f.; *Rennert*, NuR 2018, 505 ff.; *Seibert*, NVwZ 2018, 97 (104); *Berkemann*, DVBl. 2020, 1 (9); *Rubel*, EurUP 2019, 386 (390). Wohl auch: *Nolte*, Die Eigenart des verwaltungsgerichtlichen Rechtsschutzes, 2015, S. 70; *Ewer*, Möglichkeiten zur Beschleunigung verwaltungsgerichtlicher Verfahren über Vorhaben zur Errichtung von Infrastruktureinrichtungen und Industrieanlagen, 2019, S. 110 f.; *Schütz*, UPR 2021, 418 (420) Fn. 37.

[886] *Brohm*, DVBl. 1986, 321 (327); *Rubel*, EurUP 2019, 385 (390).

richt darf in den Entscheidungsgründen insbesondere nicht verschiedene Wege der Fehlerheilung aufzeigen oder Empfehlungen äußern. Zurückhaltung ist auch hinsichtlich materiell-rechtlicher Fragen geboten, die die Ausübung des behördlichen Planungsermessens betreffen.[887] Das Risiko einer unzulässigen Beeinflussung der Behörde durch Hinweise im Urteil besteht aber allein aufgrund der gesetzlich eingeräumten Möglichkeit einer späteren Heilung. Es wird durch die Doppelte Rechtskraft auch nicht verstärkt, da sich die damit einhergehende erweiterte Bindungswirkung gerade nicht auf Hinweise erstreckt.[888]

Zum anderen ist zu berücksichtigen, dass die Doppelte Rechtskraft – je nachdem auf welcher Abstraktionshöhe man den einzelnen Äußerungen des Gerichts Rechtskraftwirkung zuschreibt –[889] bewirken kann, dass sämtliche in einem Urteil enthaltene Entscheidungen in Zukunft nicht mehr infrage gestellt werden dürfen. Es erscheint nicht ausgeschlossen, dass das Gericht auf diese Weise jenseits derjenigen Maßstäbe, die sich aus dem Gesetz ergeben, das Ergebnis des ergänzenden Verfahrens letztlich vorformt, indem es einen Fehler sehr präzise benennt und damit zugleich verbindlich feststeht, dass die Behörde im Übrigen korrekt vorgegangen ist. Eine solche Gefahr dürfte vor allem dort bestehen, wo es durchaus verschiedene Lösungswege gibt – etwa bei Minderungsmaßnahmen im Naturschutzrecht. In Anlehnung an das bereits wiederholt herangezogene erste Urteil zur *Uckermarkleitung*[890] lässt sich dies beispielhaft erklären: Wenn das Gericht in den Entscheidungsgründen die generelle Wirksamkeit optischer Markierungen an Erd- und Leiterseilen zur Reduzierung des anflugbedingten Kollisionsrisikos bejaht, jedoch die festgesetzte Anzahl der Marker für unzureichend hält, erwachsen beide Aussagen in Rechtskraft. Die Behörde wird im anschließenden ergänzenden Verfahren voraussichtlich nicht mehr verschiedene schadensbegrenzende Maßnahmen mit dem Ziel des bestmöglichen Ergebnisses in Erwägung ziehen, sondern den einfachsten Weg zur Korrektur beschreiten und schlicht die Zahl der Marker erhöhen. Zwar bleibt ihre Entscheidungshoheit gewahrt, weil sie nicht in der Weise gebunden ist, dass jede andere Minderungsmaßnahme unzulässig wäre. Eine andere Maßnahme wird sie jedoch nicht wählen, weil deren Wirksamkeit in einem nachfolgenden Prozess wieder voll überprüfbar wäre. Geht man davon aus, dass mit der Rechtskraft einzelner Urteilselemente die teilweise Bestandskraft des Planfeststellungsbeschlusses ein-

---

[887] BVerwG, Beschluss vom 10.10.2017 – 9 A 16/16, NVwZ 2018, 181 Rn. 6, 9; *Rennert*, NuR 2018, 505 (507); *Rubel*, DVBl. 2019, 600 (603).

[888] BVerwG, Beschluss vom 23.05.2017 – 4 A 7/16, juris Rn. 9. Mit Blick auf Hinweise generell: BVerwG, Beschluss vom 06.03.1962 – VII B 73/61, DVBl. 1963, 64 (65). Ebenso: *Wöckel*, in: Eyermann, VwGO, § 121 Rn. 22.

[889] Hierzu unter § 12 C.I.

[890] BVerwG, Beschluss vom 23.05.2017 – 4 A 7/16 u. a., juris.

hergeht,[891] könnte der Vorhabenträger, der häufig ein Interesse daran hat, so weit wie möglich an der bisherigen Gestaltung festzuhalten, ein entsprechendes Vorgehen möglicherweise sogar verlangen. Auch wenn davon auszugehen ist, dass die Behörde die Fehlerbehebung unabhängig von der Doppelten Rechtskraft an den Entscheidungsgründen orientiert und diese als faktisch verbindlich ansieht, dürfte sich eine Verstärkung dieses Effekts bei Annahme so weitgehender Rechtskraftwirkungen zumindest nicht ausschließen lassen.

B. Vereinbarkeit mit Unions- und Völkerrecht

Da die Anforderungen, die Vorhaben im Bereich des Umweltrechts einhalten müssen, in weiten Teilen unions- und völkerrechtlich überformt sind, weist die Frage der Vereinbarkeit des anwendbaren nationalen Verwaltungsprozessrechts generell und der Doppelten Rechtskraft im Besonderem mit supranationalem Recht einen besonderen Stellenwert auf. So zeigte sich in der Vergangenheit insbesondere am Beispiel der materiellen Präklusion,[892] welche Folgen die Überprüfung eines durch den nationalen Gesetzgeber geschaffenen verwaltungsprozessualen Rechtsinstituts durch den Europäischen Gerichtshof haben kann. Das Urteil, mit dem dieser die materiellen Präklusionsregelungen in § 2 Abs. 3 UmwRG a. F.[893] und § 73 Abs. 4 Satz 3 VwVfG als nicht mit dem Grundsatz effektiven Rechtsschutzes vereinbar erklärte,[894] führte zum nahezu vollständigen Wegfall der Präklusion im Umwelt- und Fachplanungsrecht.

Daher bedarf es zunächst einer Prüfung der Vereinbarkeit mit Unionsrecht (hierzu unter I.). Weiterhin muss die Doppelte Rechtskraft den Anforderungen der Aarhus-Konvention an den nationalen Rechtsschutz genügen (hierzu unter II.).

I. Vereinbarkeit mit dem Recht der Europäischen Union

Mit einem Fall, in dem sich die Rechtskraft über den Tenor hinaus auch auf einzelne nicht tragende Begründungselemente des Urteils erstreckte, musste sich der Europäische Gerichtshof bisher nicht beschäftigen. Er selbst misst seinen eigenen Entscheidungen in gegenständlicher Hinsicht weitreichende Rechtskraftwirkungen bei (hierzu unter 1.). Ob die Doppelte Rechtskraft als Teil des nationalen Prozessrechts mit dem Unionsrecht vereinbar ist, lässt sich nicht abschließend beurteilen (hierzu unter 2.).

---

[891] Hierzu unter § 10 C.III.
[892] Hierzu unter § 2 C.II.2.
[893] § 2 Abs. 3 UmwRG in der Fassung vom 07.12.2006 (BGBl. I, S. 2816).
[894] EuGH, Urteil vom 15.10.2015 – Rs. C-137/14, NVwZ 2015, 1665.

1. Exkurs: Reichweite der Rechtskraft im Gemeinschaftsprozessrecht

Anders als viele nationale Rechtsordnungen erstreckt der Europäische Gerichtshof selbst die Rechtskraftwirkung ausdrücklich auch auf Elemente, die nicht im Urteilstenor enthalten sind.[895] Er dehnt die Rechtskraft seiner eigenen Entscheidungen ausdrücklich auf die Entscheidungsgründe aus. Diese zieht er heran, um zu bestimmen, was in tatsächlicher Hinsicht entschieden worden ist, also über welche Fragen ein neuer Rechtsstreit unzulässig ist, bzw. welche Vorgaben in einem neuen Rechtsstreit über einen nur teilidentischen Streitgegenstand präjudiziell wirken.[896] So heißt es in verschiedenen Urteilen:

„Es ist festzustellen, daß sich die Rechtskraft [...] auf diejenigen Tatsachen- und Rechtsfragen erstreckt, die tatsächlich oder notwendigerweise Gegenstand der betreffenden gerichtlichen Entscheidung waren."[897]

Damit werden anders als in der verwaltungsgerichtlichen Spruchpraxis in Deutschland auch festgestellte Tatsachen und rechtliche Vorfragen für die Zukunft verbindlich. Auch wenn dies aus dem Zitat nicht unmissverständlich hervorgeht, beschränkt der Europäische Gerichtshof die Rechtskraft allerdings ausdrücklich auf tragende Gründe. *Obiter dicta* hingegen werden ausgeklammert.[898]

Für die Beantwortung der Frage, ob sich die Doppelte Rechtskraft mit EU-Recht vereinbaren lässt, ist der Blick auf das Gemeinschaftsprozessrecht natürlich nur bedingt hilfreich. Denn wenn im dualen Rechtsschutzsystem der Europäischen Union die nationalen Gerichte für die Überprüfung des indirekten Unionsrechtsvollzugs durch die nationalen Behörden zuständig sind, kommt gewiss auch nationales Verwaltungsprozessrecht zur Anwendung, welches sich regelmäßig vom Gemeinschaftsprozessrecht unterscheidet.[899]

---

[895] Ausführlich hierzu: *Germelmann*, Die Rechtskraft von Gerichtsentscheidungen in der Europäischen Union, 2009, S. 424–432.

[896] *Germelmann*, Die Rechtskraft von Gerichtsentscheidungen in der Europäischen Union, 2009, S. 426.

[897] EuGH, Urteil vom 19.02.1991 – Rs. C-281/89, Slg. 1991, I-347 Rn. 14. Vgl. auch: EuGH, Beschluss vom 28.11.1996 – Rs. C-277/95 P, Slg. 1996, I-6109 Rn. 50; EuGH, Urteil vom 29.03.2011 – Rs. C-352/09, Slg. 2011, I-2359 Rn. 123; EuGH, Urteil vom 19.04.2012 – Rs. C-221/10 P, EuZW 2012, 545 Rn. 86 f.; EuG, Urteil vom 27.09.2018, Rs. T-288/15, juris Rn. 52, 241, 302.

[898] EuGH, Urteil vom 29.03.2011 – Rs. C-352/09, Slg. 2011, I-2359 Rn. 132. Vgl. auch EuGH, Urteil vom 19.04.2012 – Rs. C-221/10 P, EuZW 2012, 545 Rn. 86–93; EuG, Urteil 27.09.2018, Rs. T-288/15, juris Rn. 52; *Germelmann*, Die Rechtskraft von Gerichtsentscheidungen in der Europäischen Union, 2009, S. 426.

[899] *Dörr/Lenz*, Europäischer Verwaltungsrechtsschutz, Rn. 457–459.

2. Grundsatz der freien Ausgestaltung des Rechtsschutzsystems durch die Mitgliedstaaten

Ebenso wie für das nationale Verwaltungsverfahren gilt auch im Hinblick auf das nationale Rechtsschutzsystem in der Europäischen Union der Grundsatz der Verfahrensautonomie.[900] Soweit keine gemeinschaftsrechtlichen Regelungen bestehen, ist es auch bei der Kontrolle des Vollzugs von Unionsrecht durch nationale Behörden Sache des nationalen Gesetzgebers, die Zuständigkeiten der Gerichte und die Ausgestaltung des gerichtlichen Verfahrens zu bestimmen.[901] Dies gilt im Grundsatz auch mit Blick auf die Reichweite der Rechtskraft nationalgerichtlicher Entscheidungen.[902]

Ausdrückliche unionsrechtliche Bestimmungen zur Reichweite der Rechtskraft bestehen nicht. Indes wird die Anwendung der nationalen Vorschriften durch Vorgaben des materiellen EU-Rechts beschränkt, wodurch dessen effektive Durchsetzung sichergestellt werden soll.[903]

a) Keine Einschränkung des weiten Zugangs zu Gericht

Im Zusammenhang mit der Doppelten Rechtskraft sind zunächst Art. 11 Abs. 1 UVP-Richtlinie[904] und Art. 25 Abs. 1 IE-Richtlinie[905] in den Blick zu nehmen, die ihrerseits einen weiten Zugang zu Gericht gewähren sollen. Darunter versteht der Europäische Gerichtshof eine volle materiell-rechtliche und verfahrensrechtliche Kontrolle der Rechtmäßigkeit der angefochtenen Entscheidung.[906] Dem dürfte die Doppelte Rechtskraft nicht entgegenstehen. Zwar verhindert diese im Verfahren

---

[900] Zum Einfluss des Unionsrechts auf das deutsche Verwaltungsprozessrecht insgesamt: *Burgi*, Verwaltungsprozeß und Europarecht, 1996.

[901] EuGH, Urteil vom 16.12.1976 – Rs. C-33/76, Slg. 1976, 1989 Rn. 5 (*Rewe-Zentralfinanz und Rewe-Zentral*); EuGH, Urteil vom 16.04.2015 – Rs. C-570/13, ECLI:EU:C:2016:231 Rn. 37 (*Gruber*); EuGH, Urteil vom 06.10.2015, Rs. C-71/14, ECLI:EU:C:2015:656 Rn. 52 (*East Sussex County Council*); *Burgi*, Verwaltungsprozeß und Europarecht, 1996, S. 59; *Kment*, Nationale Unbeachtlichkeits-, Heilungs- und Präklusionsvorschriften und Europäisches Recht, 2005, S. 41 f.; *Schwarze*, NVwZ 2000, 241 (244); *Dörr/Lenz*, Europäischer Verwaltungsrechtsschutz, Rn. 59; *Calliess/Kahl/Puttler*, in: Calliess/Ruffert, EUV/AEUV, Art. 4 EUV Rn. 144.

[902] *Dörr/Lenz*, Europäischer Verwaltungsrechtsschutz, Rn. 564; *Schoch*, in: Hoffmann-Riem/Schmidt-Aßmann/Voßkuhle, Grundlagen des Verwaltungsrechts, Bd. III, § 50 Rn. 327.

[903] *Dörr/Lenz*, Europäischer Verwaltungsrechtsschutz, Rn. 60.

[904] Richtlinie 2011/92/EU des Europäischen Parlaments und des Rates vom 13. Dezember 2011 über die Umweltverträglichkeitsprüfung bei bestimmten öffentlichen und privaten Projekten (ABl. L 26 vom 28.01.2012, S. 1).

[905] Richtlinie 2010/75/EU des Europäischen Parlaments und des Rates vom 24. November 2010 über Industrieemissionen (integrierte Vermeidung und Verminderung der Umweltverschmutzung) (ABl. L 334 vom 17.12.2010, S. 17).

[906] EuGH, Urteil vom 15.10.2015 – Rs. C-137/14, NVwZ 2015, 1665 Rn. 80.

gegen die korrigierte behördliche Entscheidung eine erstmalige bzw. wiederholte Prüfung derjenigen Einwände, die bereits im vorangehenden Verfahren hätten geltend gemacht werden können. Dadurch wird jedoch die umfassende Überprüfung einer angegriffenen Entscheidung nicht *a priori* beschränkt. Vielmehr ist die Ausstattung einzelner Teile eines Planfeststellungsbeschlusses mit Bestandskraft nach dem Konzept des Bundesverwaltungsgerichts an eine vorausgehende umfassende Überprüfung der behördlichen Entscheidung gebunden, sodass ihretwegen nicht mit einer Beschneidung des Zugangs zu Gericht zu rechnen ist.[907]

b) Praktische Wirksamkeit des Unionsrechts gewahrt

Weitere Einschränkungen folgen aus dem Grundsatz der Unionstreue. Dieser findet seinen gesetzlichen Anknüpfungspunkt in Art. 4 Abs. 3 EUV und verpflichtet die Mitgliedstaaten, für die effektive Durchführung des Unionsrechts und mithin für dessen praktische Wirksamkeit Sorge zu tragen. Diese Pflicht betrifft alle Träger staatlicher Gewalt, mithin auch die nationalen Gerichte im Bereich der Rechtskontrolle und Rechtsdurchsetzung.[908] Sie enthält zwei unmittelbar wirksame, ungeschriebene Gebote,[909] die es stets zu beachten gilt:

Ebenso wie im Hinblick auf das Verwaltungsverfahren darf zunächst das auf Unionsrechtsfälle anwendbare nationalstaatliche Prozessrecht nicht danach unterscheiden, ob ein Verstoß gegen Unionsrecht oder gegen innerstaatliches Recht gerügt wird (Äquivalenzprinzip).[910] Insoweit ist durchaus einzuräumen, dass die Doppelte Rechtskraft über § 75 Abs. 1a Satz 2 VwVfG und §§ 4 Abs. 1b Satz 1, 7 Abs. 5 Satz 1 UmwRG nur in Umweltangelegenheiten zur Anwendung kommt, die verfahrens- wie materiell-rechtlich in weiten Teilen Unionsrecht umsetzen.[911] Die Tatsache, dass das Gemeinschaftsrecht auf diese Weise von der Doppelten Rechtskraft faktisch besonders häufig betroffen ist, führt *per se* aber nicht zu einer Verletzung des Äquivalenzprinzips. Denn die Doppelte Rechtskraft unterscheidet nicht nach der Herkunft des für das Verfahren maßgeblichen materiellen Rechts und kommt rechtlich in gleicher Weise für Urteile über behördliche

---

[907] Vgl. hierzu die Ausführungen unter § 13 A.II.2.a).

[908] *Dörr/Lenz*, Europäischer Verwaltungsrechtsschutz, Rn. 522; *Schill/Krenn*, in: Grabitz/Hilf/Nettesheim, EUV/AEUV, Art. 4 EUV Rn. 67 ff.

[909] *Giegerich*, JuS 1997, 714 (718); *Dörr/Lenz*, Europäischer Verwaltungsrechtsschutz, Rn. 522; *Hatje*, in: Schwarze, EUV/AEUV, Art. 4 EUV Rn. 40.

[910] EuGH, Urteil vom 16.03.2006 – Rs. C-234/04, NJW 2006, 1577 Rn. 22; EuGH, Urteil vom 06.10.2015 – Rs. C-69/14, EuZW 2015, 917 Rn. 30 f.; EuGH, Urteil vom 11.11.2015 – Rs. C-505/14, EuZW 2016, 57 Rn. 40 f.; BVerwG, Beschluss vom 12.01.2018 – 9 A 12/17, DVBl. 2018, 585 Rn. 12; *Dörr/Lenz*, Europäischer Verwaltungsrechtsschutz, Rn. 523.

[911] Dies bemängeln *Brigola/Heß*, NuR 2017, 729 (732) mit Blick auf die Fehlerheilung als solche.

Entscheidungen zur Anwendung, die durch nationales Bundes- oder Landesrecht geprägt sind.

Weiterhin darf das nationale Verwaltungsprozessrecht die Durchsetzung des unionsrechtlich begründeten Rechts nicht praktisch unmöglich machen oder übermäßig erschweren (Effektivitätsprinzip).[912] Dieses Gebot ermöglicht dem Europäischen Gerichtshof traditionell, weitreichenden Einfluss auf die Ausgestaltung des Verwaltungsprozessrechts durch den nationalen Gesetzgeber und schränkt auch autonome Bestimmungen zur Rechts- und Bestandskraft ein. In seinen Entscheidungen betont der Europäische Gerichtshof regelmäßig, dass er dem Institut der Rechtskraft sowohl in der Unionsrechtsordnung als auch in den nationalen Rechtsordnungen hohe Bedeutung beimisst.[913] Hinsichtlich der gegenständlichen Reichweite macht er keinerlei Vorgaben. Auch verlangt das Effektivitätsprinzip nicht, dass ein möglicher Verstoß gegen EU-Recht oder eine mögliche Verkürzung von Rechten *ad infinitum* geltend gemacht werden können. Dies gilt im Grundsatz auch, wenn sich nach Eintritt der Rechtskraft herausstellt, dass die nationale Verwaltungs- oder Gerichtsentscheidung gegen Unionsrecht verstoßen hat.[914] Offenbaren sich bestimmte Mängel des ursprünglichen Planfeststellungsbeschlusses erst aufgrund neuer Erkenntnisse im ergänzenden Verfahren oder stellt sich nachträglich ein Verstoß gegen Unionsrecht heraus, der trotz angemessener Berücksichtigung des berechtigten Vertrauens des Vorhabenträgers der Korrektur bedarf, stellt das deutsche Recht mit der Möglichkeit einer Rechtskraftdurchbrechung ein Lösungsinstrument bereit.[915]

Unklar ist allerdings, inwieweit das Unionsrecht eine Rechtskraftdurchbrechung auch dann erfordert, wenn ein Mangel im vorangegangenen Verfahren nicht geltend gemacht wurde, aber hätte geltend gemacht werden können.[916] Der Europäische Gerichtshof hat in der Vergangenheit maßgeblich darauf abgestellt, ob über die unionsrechtliche Frage im Erstprozess bereits tatsächlich entschieden worden war oder nicht.[917] Jedenfalls insoweit können daher Zweifel an der Vereinbarkeit der Doppelten Rechtskraft mit dem Gemeinschaftsrecht bestehen.

---

[912] EuGH, Urteil vom 16.03.2006 – Rs. C-234/04, NJW 2006, 1577 Rn. 22; EuGH, Urteil vom 06.10.2015 – Rs. C-69/14, EuZW 2015, 917 Rn. 30 f.; EuGH, Urteil vom 11.11.2015 – Rs. C-505/14, EuZW 2016, 57 Rn. 40 f.; BVerwG, Beschluss vom 12.01.2018 – 9 A 12/17, DVBl. 2018, 585 Rn. 12; *Dörr/Lenz*, Europäischer Verwaltungsrechtsschutz, Rn. 524.

[913] EuGH, Urteil vom 11.11.2015 – Rs. C-505/14, EuZW 2016, 57 Rn. 38. Dazu etwa auch: *Frenz*, DVBl. 2016, 45; *Weiß*, EuZW 2016, 60.

[914] *Dörr/Lenz*, Europäischer Verwaltungsrechtsschutz, Rn. 564.

[915] Zur Rechtskraftdurchbrechung im Einzelnen unter § 12 D.III. und unter § 12 D.IV.

[916] Hierzu unter § 12 C.I.3.

[917] EuGH, Urteil vom 11.11.2015 – Rs. C-505/14, EuZW 2016, 57 Rn. 36, 45. Vgl. auch *Wöckel*, in: Eyermann, VwGO, § 121 Rn. 4.

II. Vereinbarkeit mit Art. 9 der Aarhus-Konvention

Zusätzliche Bedenken können sich mit Blick auf die Aarhus-Konvention[918] ergeben. Diesem internationalen Übereinkommen gehören sowohl die Bundesrepublik Deutschland als auch die Europäische Union als Vertragsparteien an.[919] Es bildet nach ständiger Rechtsprechung des Europäischen Gerichtshofs einen integralen Bestandteil der Unionsrechtsordnung.[920]

Art. 9 Abs. 2 der Aarhus-Konvention verlangt, dass Mitgliedern der betroffenen Öffentlichkeit die Möglichkeit eröffnet wird, die materiell-rechtliche und verfahrensrechtliche Rechtmäßigkeit einer umweltbezogenen behördlichen Entscheidung durch ein Gericht überprüfen zu lassen. Damit gewährt die Aarhus-Konvention ebenso wie das Unionsrecht, welches sie über die Rechtsprechung des Europäischen Gerichtshofs inzwischen stark beeinflusst, einen weiten Zugang zu Gericht. Wie bereits erörtert führt die Doppelte Rechtskraft jedoch nicht schon *a priori* zu einer Beschränkung des Zugangs zum gerichtlichen Verfahren, sondern schließt lediglich Einwände aus, über die das Gericht zuvor bereits entschieden hat.

Allerdings verlangt Art. 9 Abs. 4 der Aarhus-Konvention weitergehend, dass Rechtsschutz angemessen und effektiv gewährt wird. Damit ist ähnlich wie beim unionsrechtlichen Effektivitätsprinzip[921] unklar, ob die Rechtskraft auch bei zuvor nicht geprüften Mängeln Bestand haben kann.

C. Fazit

Die Doppelte Rechtskraft steht mit den Vorgaben des Grundgesetzes im Einklang.

Bedenken, die vor allem mit Blick auf die Gewährung effektiven Rechtsschutzes bestehen, werden durch die Erweiterung der gerichtlichen Amtsermittlungs- und Vorlagepflicht weitgehend ausgeräumt, weil diese im Rahmen der klägerischen Rügebefugnis eine vollständige Rechtmäßigkeitskontrolle sicherstellt. Weiterhin besteht bei neuen Erkenntnissen im ergänzenden Verfahren sowie

---

[918] Übereinkommen über den Zugang zu Informationen, die Öffentlichkeitsbeteiligung an Entscheidungsverfahren und den Zugang zu Gerichten in Umweltangelegenheiten vom 25.06. 1998, in Kraft getreten am 30.10.2001.

[919] Aufgrund des Beschlusses 2005/370/EG des Rates vom 17.02.2005 (ABl. 2005 Nr. L 124, S. 1) ist die Europäische Union seit dem 17.05.2005 Vertragspartei. Die Bundesrepublik Deutschland hat das Übereinkommen durch Gesetz vom 09.12.2006 ratifiziert (BGBl. II, S. 1251).

[920] EuGH, Urteil vom 08.03.2011 – Rs. C-240/09, Slg. 2011, I-1255 Rn. 30. Hierzu: *Gärditz*, NVwZ 2014, 1 (5 f.); *Pernice-Warnke*, DÖV 2017, 846 (846).

[921] Hierzu unter § 13 B.I.2.b).

nach Maßgabe der allgemeinen Grundsätze stets die Möglichkeit einer Rechtskraftdurchbrechung, mit der sich ein im Einzelfall unzumutbarer Rekurs auf die Rechtskraft unterbinden lässt. Im Schrifttum geäußerte Vorbehalte gegen die Doppelte Rechtskraft resultieren vor allem aus der Befürchtung, dass die Gerichte ihrer erweiterten Pflicht zur Amtsermittlung nicht ordnungsgemäß nachkommen.[922] Für die Durchsetzung der Korrektur von Fehlern, die im verwaltungsgerichtlichen Verfahren unterlaufen, sieht das Gesetz jedoch die Rechtsmittel der Berufung bzw. der Revision sowie gegebenenfalls die Anhörungsrüge (§ 152a VwGO) vor. Für eine erneute Geltendmachung zuvor übersehener behördlicher Fehler im Verfahren gegen die korrigierte Entscheidung – einem gänzlich anderen, eigenständigen Prozess – besteht damit keine Notwendigkeit.

Verschränkungen der Aufgabenteilung zwischen Exekutive und Judikative gehen allenfalls geringfügig über das hinaus, was der Gesetzgeber mit Einführung des ergänzenden Verfahrens offenbar ohnedies bereit war, hinzunehmen. Ein möglicher Einfluss des Gerichts auf die behördliche Tätigkeit im ergänzenden Verfahren lässt sich zwar nicht in Abrede stellen. Er betrifft jedoch das Ob und nicht das Wie der Fehlerbehebung und begegnet damit keinen ernsthaften Bedenken.

Ob sich die Doppelte Rechtskraft auch vor dem Europäischen Gerichtshof bewährt, bleibt abzuwarten. Problematisch könnte dies vor allem für Fälle sein, in denen die Entscheidungsgründe zur Erfüllung einzelner rechtlicher Anforderungen schweigen.

§ 14 Die Doppelte Rechtskraft de lege ferenda

Die Doppelte Rechtskraft stellt keine zwingende, wohl aber eine logische prozessuale Folge der nachträglichen Heilungsmöglichkeit dar (hierzu unter A.). Der Gesetzgeber hat bisher – möglicherweise im Vertrauen auf die künftige Rechtsdogmatik – darauf verzichtet, klare und eindeutige Leitlinien für die konkrete Handhabung dieses Instituts vorzugeben. Da das Konzept von den Grundsätzen zu § 121 VwGO abweicht, erscheint eine Klarstellung im Gesetz allerdings sinnvoll (hierzu unter B.).

---

[922] *Langstädtler*, Effektiver Umweltrechtsschutz in Planungskaskaden, 2021, S. 195.

A. Die Doppelte Rechtskraft als logische prozessuale Folge der Heilungsmöglichkeit im Anschluss an einen Prozess?

Während die maßgeblichen Regelungen des Verwaltungsverfahrens- wie auch des Verwaltungsprozessrechts auf den Verwaltungsakt als Ganzes zugeschnitten sind, kommt es durch die Doppelte Rechtskraft zu einer Auftrennung der behördlichen Entscheidung (hierzu unter I.). Diese stellt zwar keine notwendige, wohl aber eine logische prozessuale Folge der Heilungsmöglichkeit im Anschluss an einen Prozess dar (hierzu unter II.).

I. Ausrichtung der gesetzlichen Regelungen auf den Verwaltungsakt als solchen

Traditionell sind die Regelungen im deutschen Verwaltungsverfahrens- wie im Verwaltungsprozessrecht in weiten Teilen auf den Verwaltungsakt als spezifische und praktisch bedeutsamste Handlungsform der Verwaltung zur Regelung von Einzelfällen ausgerichtet, ohne dabei Bezug auf die Art der Regelung und die zu regelnde Sachmaterie zu nehmen.

So dienen das Verwaltungsverfahren und die Vorgaben, die das VwVfG für dieses vorsieht, ganz generell dem Erlass von Verwaltungsakten (vgl. §§ 9, 35 ff. VwVfG). Die Regelungen der VwGO orientieren sich ebenfalls am Verwaltungsakt. Teilweise geschieht dies explizit, etwa in Regelungen mit Bezug zu bestimmten Klagearten, die ihrerseits einen Verwaltungsakt voraussetzen (vgl. etwa §§ 42, 68 ff. VwGO); manchmal geschieht dies mittelbar über den Begriff des Streitgegenstandes (vgl. etwa §§ 82, 88, 90 ff., 110 VwGO), der bei Anfechtungs- und Verpflichtungsklagen maßgeblich durch den verfügenden Teil des Verwaltungsaktes bestimmt wird.

Auch für den Umfang und die Wirkungsweise der Rechtskraft gilt mit § 121 VwGO eine allgemeine, über den Begriff des Streitgegenstandes ebenfalls auf den Verwaltungsakt bezogene Regelung. Mit den dazu herausgearbeiteten rechtsdogmatischen Grundsätzen lässt sich die Doppelte Rechtskraft nicht vereinbaren. Anders als die Tenorierung des Feststellungsurteils, die sich nach wie vor auf den Streitgegenstand bezieht, knüpft die Doppelte Rechtskraft nämlich nicht an den verfahrensgegenständlichen Planfeststellungsbeschluss oder einzelne Teile dessen an, die selbständig angefochten, aufgehoben oder bestandskräftig werden können. Vielmehr bezieht sie sich auf einzelne unselbständige Elemente des Planfeststellungsbeschlusses.[923]

---

[923] Hierzu unter § 10 C.

II. Erfordernis einer Sonderregelung zur Rechtskraft bei Heilungsmöglichkeit

Mit der Möglichkeit einer Fehlerbehebung im Anschluss an einen Prozess gehen maßgebliche Änderungen einher, die die Doppelte Rechtskraft zwar nicht als notwendige Folge des ergänzenden Verfahrens erscheinen lassen, wohl aber als sinnvolle Ergänzung, um die durch die Einführung der Heilungsmöglichkeit errungenen Erleichterungen und Beschleunigungspotentiale nicht zu verspielen.

Zwar ist das Konzept der nachträglichen Fehlerbehebung nicht von der Doppelten Rechtskraft abhängig. Dies zeigen ältere Urteile[924] sowie die Tatsache, dass das ergänzende Verfahren in der Bauleitplanung auf dieses Institut verzichtet.[925] Allerdings sprechen gute Gründe dafür, dass die gesetzlich eingeräumte Möglichkeit einer Fehlerheilung im Anschluss an einen Prozess auch prozessrechtsdogmatische Folgerungen haben sollte. Denn mit ihr gehen spezifische Veränderungen einher, die im Verwaltungsprozessrecht ohne Vorbild sind und eine Weiterentwicklung der zu § 121 VwGO entwickelten dogmatischen Grundsätze rechtfertigen können.

1. Feststellung der Rechtswidrigkeit und Nichtvollziehbarkeit als Ausnahme vom „Alles-oder-Nichts-Prinzip"

Zum einen gilt nicht mehr das „Alles-oder-Nichts-Prinzip" einer Anfechtungsklage. Greift der Kläger einen ihn belastenden Verwaltungsakt an, besteht üblicherweise die Möglichkeit entweder der Klagestattgabe und damit der Aufhebung des Verwaltungsaktes oder der Klageabweisung, die zu seiner Bestandskraft führt. Auch wenn ein Verwaltungsakt nur teilweise rechtswidrig ist, herrscht in der Regel Klarheit über sein weiteres Schicksal. Sofern die rechtlich unbedenklichen Teile nicht in einem Zusammenhang mit dem rechtswidrigen Teil stehen, kommt eine Teilaufhebung in Betracht, die sich auf die rechtswidrigen, den Kläger belastenden Regelungen beschränkt. Im Übrigen erwächst der Verwaltungsakt in Bestandskraft.[926] Lassen sich der fehlerhafte und der fehlerfreie Teil nicht voneinander trennen, dann kann der Kläger nur die Gesamtaufhebung verlangen, auch wenn dies sein Rechtsschutzziel zu übersteigen scheint.[927]

---

[924] Vgl. insbesondere VGH Mannheim, Urteil vom 15.12.2011 – 5 S 2100/11, VBlBW 2012, 310 (315); VGH München, Urteil vom 18.12.2012 – 8 B 12/431, juris Rn. 31; OVG Koblenz, Urteil vom 09.01.2013 – 1 C 10187/01, juris Rn. 88 ff. (nicht vollständig abgedruckt in NuR 2003, 441–450).

[925] Hierzu unter § 10 C.II.1.b)bb) und unter § 10 D.III.

[926] *Paetow*, DVBl. 1985, 369 (374 f.); *Wolff*, in: Sodan/Ziekow, VwGO, § 113 Rn. 156; *Emmenegger*, in: Fehling/Kastner/Störmer, Hk-VerwR, § 113 VwGO, Rn. 62 f.

[927] *Storost*, NVwZ 1998, 797 (803); *Wolff*, in: Sodan/Ziekow, VwGO, § 113 Rn. 156.

Liegen bei Urteilserlass hingegen die Voraussetzungen eines ergänzenden Verfahrens vor, kommt es weder zu einer Aufhebung des fehlerhaften Planfeststellungsbeschlusses und einer dadurch notwendig werdenden Neudurchführung des vollständigen Verfahrens noch kann der Planfeststellungsbeschluss in seiner bisherigen Gestalt in Bestandskraft erwachsen und ausgenutzt werden. Vielmehr ist die Planentscheidung schwebend unwirksam, bleibt aber erhalten. Möchte der Vorhabenträger von ihr Gebrauch machen, bedarf es einer vorherigen Fehlerbehebung. Nur hier stellt sich mithin die Frage, welcher Bestandsschutz den verbleibenden Teilen des Planfeststellungsbeschlusses zukommt. Aufgrund ihres Fortbestandes kommt auch nur hier überhaupt sinnvollerweise eine vollständige Überprüfung des Planfeststellungsbeschlusses in Betracht. Die umfängliche Überprüfung eines Verwaltungsaktes, der ohnehin schon aufgrund *eines* festgestellten Fehlers vollständig aufgehoben wird, ist – jenseits von Ausführungen, die der Herstellung einer gewissen Revisionssicherheit des Urteils dienen sollen – hingegen überflüssig. Daher kann ein Vergleich zur Bindungswirkung eines gewöhnlichen Anfechtungsurteils nur begrenzt überzeugen.[928] Auch stellt sich nur hier die Frage, inwieweit die vom Gericht für rechtmäßig befundenen und aus diesem Grunde erhaltenen Teile in einem weiteren Verfahren trotz bereits erfolgter Prüfung erneut angegriffen werden können. Beim Erlass eines ganz neuen Planfeststellungsbeschlusses – und sei er auch mit Ausnahme der korrigierten Fehler identisch – werden ohnehin neue Rechtsschutzmöglichkeiten eröffnet.[929] Diese Unterschiede machen deutlich, dass zur Bestimmung der Rechtskraftwirkungen des einer Heilung vorausgehenden Urteils nicht einfach auf die soliden Kenntnisse zum stattgebenden und abweisenden Anfechtungsurteil zurückgegriffen werden kann, die ihrerseits – wie aufgezeigt – nach wie vor umstritten sind bzw. jedenfalls in der Spruchpraxis der Gerichte unterschiedlich gehandhabt werden.

2. Fortführung der Eigenständigkeit von Entscheidungselementen auf prozessualer Ebene

Zum anderen endet mit der Einführung von Regelungen, welche die nachträgliche Behebung auch punktueller Fehler vorsehen, die Unselbstständigkeit derjenigen Entscheidungselemente, die sich vom Planfeststellungsbeschluss als solchem nicht trennen lassen und daher nicht isoliert angefochten bzw. aufgehoben

---

[928] So aber: OVG Koblenz, Urteil vom 09.01.2003 – 1 C 10187/01, juris Rn. 92 (nicht abgedruckt in NuR 2003, 441–450).

[929] Hierzu *Paetow*, DVBl. 1985, 369 (375–377), der allerdings schon vor Einführung des ergänzenden Verfahrens Lösungsmöglichkeiten für diese Problematik vorgeschlagen hat. Ebenso: *Dürr*, VBlBW 1992, 321 (327).

werden können. Dazu gehören neben unselbständigen Regelungen des verfügenden Teils auch einzelne Begründungselemente.[930]

Gerade weil eine Teilung in einen rechtmäßigen und einen rechtswidrigen Teil bei komplexen Zulassungsentscheidungen regelmäßig nicht möglich ist,[931] wurde im Fachplanungsrecht die Möglichkeit geschaffen, die Aufhebung des gesamten Planfeststellungsbeschlusses zu verhindern, indem dieser lediglich für rechtswidrig und nicht vollziehbar erklärt wird und bestimmte Mängel oder Versäumnisse in einem ergänzenden Verfahren korrigiert werden können.[932] So kann etwa allein die Vereinbarkeit mit den Vorgaben für einen bestimmten Sachbereich erneut überprüft werden. Nicht mehr der gesamte Verwaltungsakt oder selbstständige Teile dessen müssen neu erlassen werden. Vielmehr besteht die Möglichkeit, punktuell nur die fehlerhaften Elemente „aufzuheben" und „neu zu erlassen".

Diese Eigenständigkeit von Entscheidungselementen lässt sich auf prozessualer Ebene potentiell fortführen. Hier verhindert die fehlende Teilbarkeit der Zulassungsentscheidung nämlich grundsätzlich, dass das Gericht den rechtswidrigen Teil aufhebt und der rechtmäßige Teil des Vorhabens isoliert in Bestandskraft erwachsen kann. Das strikte Festhalten an einem nach den allgemeinen prozessrechtlichen Kategorien einheitlichen Streitgegenstand, der seinerseits an den einheitlichen Verwaltungsakt anknüpft, erscheint vor dem Hintergrund, dass auf verfahrensrechtlicher Ebene eine Zergliederung zugelassen wird, nicht (mehr) sachgerecht. Vielmehr verlangt die Erhaltung der durch die Heilungsmöglichkeit im Verwaltungsverfahren errungenen Erleichterungen und Beschleunigungspotenziale auf prozessualer Ebene eine dem Vorgehen beim ergänzenden Verfahren entsprechende gewisse Loslösung vom Verwaltungsakt. Diese kann darin liegen, einzelne Urteilselemente mit eigenständiger Rechtskraft auszustatten und den darin in Bezug genommenen Entscheidungselementen des Planfeststellungsbeschlusses eine eigenständige Bestandskraft zuzubilligen. Daran schließt sich die Möglichkeit an, Rechtsmittel zu erheben, die sich auf einzelne verbindliche Entscheidungselemente beschränken.[933] Auch in der Kostenentscheidung in Abhängigkeit vom Erfolg der klägerseitigen Einwände wäre eine Folge der Fortsetzung der eigenständigen Bedeutung von Entscheidungselementen auf prozessualer Ebene zu sehen.[934]

---

[930] *Pietzcker/Marsch*, in: Schoch/Schneider, VwGO, § 42 Abs. 1 Rn. 14; *Riese*, in: Schoch/Schneider, VwGO, § 113 Rn. 14.

[931] Dazu ausführlich *Paetow*, DVBl. 1985, 369 (374 f.).

[932] Vgl. dazu *Riese*, in: Schoch/Schneider, VwGO, § 113 Rn. 14.

[933] Hierzu unter § 11 B.IV. und unter § 11 C.II.1.

[934] Hierzu unter § 11 B.III.2.b).

3. Anpassung des Rechtsschutzes an die Möglichkeit wiederholter Nachbesserung

Weiterhin stehen die Heilungsvorschriften für eine gewisse Abkehr von der Vorstellung, dass komplexe Zulassungsentscheidungen bei ihrem Erlass fehlerfrei sind.[935] Anders als in anderen Verwaltungsverfahren erlässt die Behörde für komplexe Vorhaben keinen prinzipiell endgültigen Planfeststellungsbeschluss, der einer anschließenden gerichtlichen Prüfung entweder standhält oder aufgehoben wird. Vielmehr zeigt die hohe Anzahl der gerichtlichen Verfahren, die seit Einführung des ergänzenden Verfahrens zur Feststellung der Rechtswidrigkeit und Nichtvollziehbarkeit von Planentscheidungen geführt haben, dass alle Beteiligten mit nachträglichen Ausbesserungen rechnen müssen und dürfen.

Die Regelungen in § 75 Abs. 1a Satz 2 VwVfG und §§ 4 Abs. 1b Satz 1, 7 Abs. 5 Satz 1 UmwRG führen dazu, dass das Gericht eine fehlerhafte behördliche Entscheidung so lange nicht aufheben darf, wie sich diese nachträglich korrigieren lässt. Damit kann es bei einem einzigen Vorhaben zu mehreren hintereinandergeschalteten ergänzenden Verfahren kommen.

Darauf muss das Prozessrecht reagieren: Die wiederholte Nachbesserung im Anschluss an ein Urteil muss zwar wiederholten Rechtsschutz eröffnen, nicht aber abermals zu einer Vollkontrolle führen. Vielmehr beschränkt sich der jeweilige Rechtsschutz auf die konkrete Änderung. Dies leuchtet auch mit Blick auf das Fortschreiten der Zeit und den immer weiter zurückliegenden Erlass des ursprünglichen Planfeststellungsbeschlusses ein. Damit dadurch keine Rechtsschutzlücken erzeugt werden, muss der Planfeststellungsbeschluss im ersten Prozess einer vollständigen Kontrolle unterzogen werden. Diese hat den weiteren Vorteil, dass sie immer weitere Nachbesserungserfordernisse von vornherein vermeidet.

B. Notwendige Klarstellungen durch den Gesetzgeber

Für eine gesetzliche Kodifizierung des Inhalts der Doppelten Rechtskraft sind verschiedene Möglichkeiten denkbar. Zum einen ließen sich Rügen mit Bezug zur Ausgangsentscheidung nach rechtskräftiger Feststellung der Rechtswidrigkeit und Nichtvollziehbarkeit gesetzlich ausschließen (hierzu unter I.). Vorzugswürdiger erscheint es, für den Ausschluss an den Wirkungen der Rechtskraft festzuhalten, diese aber über eine Anpassung des Tenors im Einklang mit § 121

---

[935] Darauf insbesondere abstellend: *Gaentzsch*, UPR 2001, 201 (202). Vgl. auch *Petz*, in: Faßbender/Köck, Querschnittsprobleme des Umwelt- und Planungsrechts – Rechtsschutz und Umweltprüfungen, 2019, S. 103 (104).

VwGO auf die für rechtmäßig befundenen Teile des Planfeststellungsbeschlusses zu erstrecken (hierzu unter II.).

I. Kein gesetzlicher Ausschluss der Rügemöglichkeit

Die Rügemöglichkeit ließe sich auch losgelöst vom Institut der Rechtskraft durch die Einführung einer entsprechenden gesetzlichen Bestimmung ausschließen. So ließe sich etwa im Prozessrecht normieren, dass der Planfeststellungsbeschluss nach rechtskräftiger Feststellung der Rechtswidrigkeit und Nichtvollziehbarkeit mit Ausnahme der gerichtlich beanstandeten Fehler gegenüber allen Verfahrensbeteiligten als rechtmäßig gilt bzw. keine weiteren Fehler geltend gemacht werden können. Friktionen mit Art. 19 Abs. 4 GG ließen sich vermeiden, indem der gesetzliche Ausschluss ebenso wie die Doppelte Rechtskraft von einer Verpflichtung des Gerichts zur umfassenden Kontrolle im Rahmen der klägerischen Rügebefugnis flankiert würde.

Der Ansatz scheitert allerdings aus anderen Gründen: Mit der gesetzlichen Normierung entfiele die Steuerungsmöglichkeit des Gerichts. Es wäre nicht mehr in der Lage, einzelne Sachkomplexe des Planfeststellungsbeschlusses von vornherein von der Rechtskraftwirkung auszunehmen. Weiterhin wäre es ihm verwehrt, über die Reichweite der künftigen Verbindlichkeit von Einzelaussagen im Zusammenhang mit der Feststellung von Fehlern zu bestimmen. Zudem ist unklar, wie im nachgehenden Prozess auf nachträglich festgestellte Fehler zu reagieren wäre, die sich bisher über eine Rechtskraftdurchbrechung beheben lassen. Die Normierung einer Ausnahme für den Fall, dass neue Erkenntnisse aus dem ergänzenden Verfahren Fehler in bestandskräftigen Sachkomplexen aufzeigen, erscheint möglich. Hingegen sind andere Fälle, in denen ausnahmsweise erneut Rechtsschutz zu eröffnen ist, schwerer vorhersehbar und eine Normierung dürfte Schwierigkeiten bereiten.

II. Stattdessen Lösung über die Rechtskraft

Die Lösung sollte deshalb im Grundsatz an der Rechtskraft festhalten. Die Doppelte Rechtskraft ist das Ergebnis einer richterlichen Rechtsfortbildung.[936] Sie lässt sich mit den allgemeinen Grundsätzen zu § 121 VwGO nicht in Einklang bringen.[937] Dementsprechend ist zunächst zu überlegen, ob sich eine alternative Tenorierung finden lässt, anhand derer die Folgen für die Rechtskraft eindeutiger erkennbar sind (hierzu unter 1.). Daran anknüpfend kommt eine gesetzliche Verankerung der Doppelten Rechtskraft in Betracht (hierzu unter 2.).

---

[936] Hierzu unter § 10 A. und unter § 13 A.I.2.
[937] Hierzu unter § 10 C.

1. Notwendige Änderung des Tenors

Der Tenor desjenigen Urteils, das eine Kassation des fehlerhaften Planfeststellungsbeschlusses verhindert und stattdessen seine Korrektur in einem ergänzenden Verfahren ermöglicht, ist in gewisser Weise der Ursprung sämtlicher Unsicherheiten, die im Zusammenhang mit der Doppelten Rechtskraft bei den rechtsprechenden Gerichten entstehen. Für die Bestimmung der materiellen Rechtskraft knüpft § 121 VwGO nämlich an den Streitgegenstand und mithin an den Urteilsausspruch und den diesem zugrunde liegenden Lebenssachverhalt an. Der bloßen Feststellung der Rechtswidrigkeit und Nichtvollziehbarkeit unter Abweisung der Klage im Übrigen lässt sich aber in keiner Weise entnehmen, dass der Kläger im Hinblick auf seinen erstgestellten Hilfsantrag zum Teil unterliegt, obwohl dies nach dem Konzept der Doppelten Rechtskraft im Hinblick auf die zurückgewiesenen klägerseitigen Einwände der Fall ist. Vielmehr entsprechen Antrag und Tenor einander.

Die damit einhergehenden Unsicherheiten liegen darin begründet, dass verschiedene prozessuale Folgen und Folgeentscheidungen an den Urteilsausspruch anknüpfen. So setzt die Beteiligung an den Kosten regelmäßig ein Unterliegen voraus.[938] Gleiches gilt für die Zulassung bzw. Geltendmachung von Rechtsmitteln.[939] Nicht zuletzt ließe sich auch die Rechtskraft im Hinblick auf die erfolglosen Einwände des Klägers besser rechtfertigen, wenn deren Zurückweisung in irgendeiner Form im Tenor zum Ausdruck kommen würde.

Die Tenorierung ist gesetzlich in keiner Weise vorgegeben. Vielmehr beruht sie auf der Rechtsprechung des Bundesverwaltungsgerichts.[940] Der einst vom VGH München unterbreitete Vorschlag, bei bestehender Heilungsmöglichkeit unter Abweisung der Klage im Übrigen ein Bescheidungsurteil zu erlassen,[941] hat gegenüber dem Feststellungsurteil zwar einige Vorteile. Indes lässt sich dadurch eine Erstreckung der Rechtskraft auf die fehlerfreien Entscheidungselemente nicht erreichen (hierzu unter a)). Da sich auch aus der Abweisung im Übrigen die teilweise Fehlerfreiheit nicht hinreichend klar ergibt, verbleibt nur die Möglichkeit, diese explizit festzustellen (hierzu unter b)).

---

[938] Hierzu unter § 11 B.III.

[939] Hierzu unter § 11 B.IV. und unter § 11 C.II.1.

[940] BVerwG, Urteil vom 21.03.1996 – 4 C 19/94, BVerwGE 100, 370.

[941] VGH München, Urteil vom 05.07.1994 – 8 A 93/40056, DVBl. 1994, 1198 (1199) unter Berufung auf VGH München, Beschluss vom 04.02.1994 – 8 AS 94/40007, BayVBl. 1994, 436 (437).

a) Bescheidungsurteil statt Feststellungsurteil?

Zu überlegen ist, ob anstelle des Feststellungsurteils ein Verpflichtungsurteil in Gestalt eines Bescheidungsurteils in Betracht kommt. Vorteilhaft wäre die Wahl einer solchen bereits bekannten Tenorierung vor allem, weil die Rechtsprechung und das Schrifttum mit dieser bereits einen festen Bestand an Rechtsfolgen verbinden.

Bevor das Bundesverwaltungsgericht die Feststellung der Rechtswidrigkeit und Nichtvollziehbarkeit in die Spruchpraxis der Gerichte einführte,[942] hatte der Bayerische Verwaltungsgerichtshof in einem Urteil aus dem Jahr 1994 diesen Weg eingeschlagen. Unter Abweisung der Klage im Übrigen verpflichtete er das beklagte Land, eine Umweltverträglichkeitsprüfung nach Maßgabe des UVPG durchzuführen und deren Ergebnis im Rahmen einer erneuten Abwägung nach Maßgabe der Entscheidungsgründe zu berücksichtigen.[943] Diese Lösung erscheint unter verschiedenen Gesichtspunkten stimmig.

Zunächst würde auf diese Weise eine Parallele zur ebenfalls im Anschluss an einen Prozess erfolgenden Planergänzung hergestellt, die in § 75 Abs. 1a Satz 2 VwVfG bzw. §§ 4 Abs. 1b Satz 1, 7 Abs. 5 Satz 1 UmwRG gemeinsam mit dem ergänzenden Verfahren geregelt ist, und die ebenfalls auf Grundlage eines Bescheidungsurteils erfolgt.[944] Zudem weisen die Rechtsfolgen, die nach der Spruchpraxis der Verwaltungsgerichte und der herrschenden Auffassung im Schrifttum mit einem Bescheidungsurteil einhergehen, diverse Parallelen zu den Wirkungen auf, die das Feststellungsurteil nach dem Konzept der Doppelten Rechtskraft erzeugen soll.[945] So normiert § 113 Abs. 5 Satz 2 VwGO, dass die unterliegende Behörde „unter Beachtung der Rechtsauffassung des Gerichts" den Kläger neu zu bescheiden hat. Daraus folgt, dass jedenfalls die sich aus den Entscheidungsgründen ergebenden gerichtlichen Festlegungen, die die Behörde bei der Neubescheidung zu beachten hat, in Rechtskraft erwachsen.[946] Dies sind bei einem heilbaren Planfeststellungsbeschluss die gerichtlich festgestellten Feh-

---

[942] BVerwG, Urteil vom 21.03.1996 – 4 C 19/94, BVerwGE 100, 370.

[943] VGH München, Urteil vom 05.07.1994 – 8 A 93/40056, DVBl. 1994, 1198 (1199) unter Berufung auf VGH München, Beschluss vom 04.02.1994 – 8 AS 94/40007, BayVBl. 1994, 436 (437). Hierzu auch schon unter § 9 B.I.1.

[944] *Henke*, Planerhaltung durch Planergänzung und ergänzendes Verfahren, 1997, S. 148; *ders.*, UPR 1999, 51 (56).

[945] Davon geht auch der VGH München explizit aus, Urteil vom 05.07.1994 – 8 A 93/40056, DVBl. 1994, 1198 (1203).

[946] BVerwG, Urteil vom 19.05.1968 – V C 85/67, DVBl. 1970, 281 (281); BVerwG, Urteil vom 27.01.1995 – 8 C 8/93, NJW 1996, 737 (738); *Germelmann*, Die Rechtskraft von Gerichtsentscheidungen in der Europäischen Union, 2009, S. 61 f.; *ders.*, in: Gärditz, VwGO, § 121 Rn. 62; *Kilian/Hissnauer*, in: Sodan/Ziekow, VwGO, § 121 Rn. 86; *Schenke*, in: Kopp/Schenke, VwGO, § 121 Rn. 21a.

ler sowie etwaige Korrekturhinweise. Weiterhin ist für das Bescheidungsurteil anerkannt, dass hinsichtlich der für die Beteiligten verbindlichen Entscheidungsgründe separate Rechtmittel eingelegt werden können.[947] Auch kann der Kläger trotz Übereinstimmung zwischen Antrag und Tenor an den Kosten beteiligt werden, wenn er zwar nur einen Bescheidungsantrag stellt, jedoch eine weitergehende Bindung der Behörde für deren erneute Entscheidung begehrt als das Gericht letztlich ausspricht. Dem gleicht die Situation, in der der Kläger nur mit einem Teil seiner Mängelrügen vor Gericht durchdringen kann.[948]

Demgegenüber vermag die vom Bundesverwaltungsgericht in seinem Beschluss vom 21.03.1996 geäußerte Kritik an dieser Lösung nicht zu überzeugen. Nach Auffassung des *4. Senats* darf das Interesse des Klägers an der Verhinderung des Vorhabens nicht in ein Interesse an einem dem Abwägungsgebot genügenden Verfahren umgelenkt bzw. umgedeutet werden.[949] Dies ist nicht nachvollziehbar. Vielmehr liegt es gerade im Interesse des Klägers, der schon nicht mit Erfolg die Verhinderung des Vorhabens verlangen kann, jedenfalls eine den gesetzlichen Anforderungen entsprechende und seine Rechte wahrende Realisierung durchzusetzen.[950] Die Überlegung, dass eine Verpflichtung zur Heilung nur zulässig sei, wenn sich das Gericht zuvor über die generelle Heilbarkeit vergewissere, leuchtet ebenfalls nicht ein.[951] Das Gericht verpflichtet die Behörde nur zur Neubescheidung. Diese kann mit Abschluss des ergänzenden Verfahrens auch zu dem Ergebnis gelangen, dass eine identitätswahrende Realisierung des Vorhabens nicht in Betracht kommt. Auch das Argument, eine gerichtlich auferlegte Heilung schränke den Spielraum der Behörde, die stattdessen auch gänzlich von dem Vorhaben absehen oder ein neues Verfahren einleiten könne, unzulässig ein, überzeugt nicht.[952] So hat jedenfalls der Vorhabenträger einen Anspruch darauf, dass statt eines neuen Verfahrens ein ressourcenschonenderes Heilungsverfahren durchgeführt wird.[953] Nur wenn er im Ausnahmefall selbst von seinem Vorhaben absieht, erscheint die Verpflichtung zur Heilung verfehlt. Dann wäre

---

[947] Hierzu unter § 11 B.IV. und unter § 11 C.II.1.

[948] Hierzu unter § 11 B.III.2.b).

[949] BVerwG, Urteil vom 21.03.1996 – 4 C 19/94, BVerwGE 100, 370 (372). Ebenso: *Erbguth*, NuR 1997, 261 (262); *Henke*, UPR 1999, 51 (56). Siehe auch: *Hildebrandt*, Der Planergänzungsanspruch, 1999, S. 89, der allerdings einschränkend darauf hinweist, dass dies zumindest für einen von einer Enteignung betroffenen Kläger gelte.

[950] Vgl. VGH München, Urteil vom 05.07.1994 – 8 A 93/40056, DVBl. 1994, 1198 (1203). Ebenso: *Külpmann*, DVBl. 2019, 140 (141).

[951] So auch: OVG Koblenz, Urteil vom 29.12.1994 – 1 C 10893/92, juris Rn. 61, 63.

[952] BVerwG, Urteil vom 21.03.1996 – 4 C 19/94, BVerwGE 100, 370 (373). Ebenso: *Hildebrandt*, Der Planergänzungsanspruch, 1999, S. 89.

[953] *Baumeister*, Der Beseitigungsanspruch als Fehlerfolge des rechtswidrigen Verwaltungsakts, 2006, S. 416 f.

aber das Urteil ohnedies nicht mehr vollstreckbar. Man könnte auch sagen, dass die Verpflichtung unter der auflösenden Bedingung steht, dass an dem Vorhaben – wie üblich – festgehalten wird. Diese Einschränkung dürfte schließlich auch gelten, wenn bei fehlenden Schutzauflagen ein Verpflichtungsurteil erlassen wird, welches die Behörde zur Planergänzung anhält. In diesem Fall kann der klagende Betroffene jedenfalls keine entsprechende materielle Rechtsposition vorweisen, die den Vorhabenträger auch dann verpflichtet, wenn er von seinem Vorhaben Abstand nimmt.[954]

Die erwünschte Erstreckung der Rechtskraft auf diejenigen Teile des Planfeststellungsbeschlusses, deren Rechtmäßigkeit das Gericht feststellt, lässt sich aber auch mit einem Bescheidungsurteil nicht herbeiführen.

Wenn das Gericht unter Abweisung der Klage im Übrigen die Behörde zur Durchführung eines ergänzenden Verfahrens mit dem Ziel der Heilung bestimmter Fehler samt erneuter Entscheidung in der Sache verpflichtet, erwachsen die festgestellten Fehler entsprechend dem Wortlaut des § 113 Abs. 5 Satz 2 VwGO in Rechtskraft. Demgegenüber geht die herrschende Meinung davon aus, dass zurückgewiesene Einwände auch bei Bescheidungsurteilen mangels tragenden Charakters generell nicht von der Rechtskraft erfasst werden.[955] Danach stünde einer erstmaligen bzw. wiederholten Geltendmachung bereits erfolglos vorgetragener Rügen in einem Prozess gegen den korrigierten Planfeststellungsbeschluss nichts entgegen.

Auch kann der fehlerhafte Planfeststellungsbeschluss nicht in eine Art (Teil-) Bestandskraft erwachsen. Zwar verzichtet der Bayerische Gerichtshof, anders als dies bei Bescheidungsurteilen üblich ist, auf die Aufhebung der behördlichen Ausgangsentscheidung. Auf diese Weise ermöglicht er jedoch lediglich die nachträgliche Fehlerbehebung. Dass der Planfeststellungsbeschluss als solcher noch in der Schwebe ist, zeigt sich anhand des Tenors, demzufolge das Ergebnis der Heilung in einer erneuten Sachentscheidung zu berücksichtigen ist.

In Bestandskraft erwachsen würde der Planfeststellungsbeschluss nur, wenn man es bei der bloßen Verpflichtung zur Durchführung eines ergänzenden Verfahrens beließe. Dann wäre es dem Kläger – ebenso wie bei einer Verpflichtung zur Planergänzung – in einem nachgehenden Verfahren verwehrt, weitere Einwände gegen die Ausgangsentscheidung geltend zu machen. Allerdings wurden die Unstimmigkeiten dieser Lösung unter § 10 C.III.2.b)aa) bereits erörtert.

---

[954] Darauf hinweisend: *Hildebrandt*, Der Planergänzungsanspruch, 1999, S. 89.

[955] Ebenso: VGH München, Urteil vom 25.02.2013 – 22 B 11/2587, BayVBl. 2014, 50 Rn. 68 ff., insbesondere Rn. 72; VGH München, Beschluss vom 13.07.2015 – 22 ZB 15/1330, juris Rn. 12 f. Vgl. auch BVerwG, Beschluss vom 24.10.2006 – 6 B 47/06, NVwZ 2007, 104 Rn. 13–15. Hierzu im Einzelnen unter § 10 C.II.1.b)bb).

Hinzu kommt, dass ein Verpflichtungsausspruch einen Planfeststellungsbeschluss in seiner Wirksamkeit und Vollziehbarkeit nicht tangiert.[956] Demzufolge müsste jedenfalls zusätzlich die Nichtvollziehbarkeit angeordnet werden, damit der Vorhabenträger nicht bereits mit Rechtskraft der Entscheidung die bisherige Genehmigung ausnutzt.[957] Die uneingeschränkte Fortgeltung und Vollziehbarkeit des Planfeststellungsbeschlusses kommt nur in Betracht, wenn dieser im Ergebnis aufrechterhalten werden muss.[958]

Letztlich dürfte eine solche Vorgehensweise auch zu Friktionen mit Art. 19 Abs. 4 GG führen. Dem Kläger, der im Ausgangspunkt die Aufhebung eines Planfeststellungsbeschlusses begehrt, kann nicht dessen Bestandskraft entgegengehalten werden, weil er die Behebung nur einzelner Fehler erreicht. Letzterem ließe sich indes mit einer Verpflichtung des Gerichts zur umfassenden Prüfung entgegenwirken.

b) Ausdrückliche Feststellung der Fehlerfreiheit im Übrigen?

Mit der Ablehnung einer Tenorierung als Bescheidungsurteil stellt sich die Frage, ob und wie sich der in der bisherigen Spruchpraxis verwendete Tenor modifizieren lässt, um zum Ausdruck zu bringen, dass ein gerichtlich vollständig überprüfter Planfeststellungsbeschluss an den aus den Entscheidungsgründen des Urteils ersichtlichen Fehlern leidet, aber im Übrigen nicht zu beanstanden ist.

Im Hinblick auf die positiv festgestellten Fehler ist heute bereits anerkannt, dass diese Verbindlichkeit erlangen, weil diejenigen Entscheidungsgründe, die die Feststellung der Rechtswidrigkeit und Nichtvollziehbarkeit tragen, von der Rechtskraft erfasst werden.[959] Für die negative Feststellung, dass der Planfeststellungsbeschluss im Übrigen keine Mängel aufweist, also rechtmäßig ist, gilt dies nicht. Gerichtliche Ausführungen hierzu werden durch das Feststellungsurteil nicht mit Rechtskraft ausgestattet.[960] Ebenso wenig dürfte die Abweisung der Klage im Übrigen eine derartige Wirkung auslösen.[961] Hier gilt es mithin, den bestehenden Tenor zu ergänzen. Dabei ist eine positive Feststellung der Fehlerfreiheit im Übrigen in Ansehung der genannten Wirkungen des Feststellungsurteils und der teilweisen Klageabweisung unumgänglich. Diese ermög-

---

[956] *Baumeister*, Der Beseitigungsanspruch als Fehlerfolge des rechtswidrigen Verwaltungsakts, 2006, S. 418.

[957] *Baumeister*, Der Beseitigungsanspruch als Fehlerfolge des rechtswidrigen Verwaltungsakts, 2006, S. 418 f.

[958] *Baumeister*, Der Beseitigungsanspruch als Fehlerfolge des rechtswidrigen Verwaltungsakts, 2006, S. 419.

[959] Hierzu unter § 10 C.II.1.b)aa).

[960] Hierzu unter § 10 C.II.1.b)bb).

[961] Hierzu unter § 10 C.II.2.

licht eine Erstreckung der Rechtskraft auf die für rechtmäßig befundenen Entscheidungselemente nach den allgemeinen Grundsätzen.[962]

Unter Rückgriff auf einen bereits existierenden Vorschlag für eine Tenorierung[963] und eine üblicherweise vom Bundesverwaltungsgericht verwendete Formel zur Zusammenfassung der Doppelten Rechtskraft[964] kommt folgende Formulierung in Betracht:

„Es wird festgestellt, dass der Planfeststellungsbeschluss / der Bescheid des Beklagten ... rechtswidrig und nicht vollziehbar ist.

Es wird festgestellt, dass der Planfeststellungsbeschluss / der Bescheid über die Beanstandung(en) des Gerichts hinaus nicht an weiteren Fehlern leidet.

Im Übrigen wird die Klage abgewiesen.“

Damit würden die gerichtliche Feststellung der Rechtmäßigkeit im Übrigen und die damit einhergehende Teilbestandskraft des für rechtswidrig erklärten Planfeststellungsbeschlusses in den Urteilsausspruch aufgenommen. In der Folge stünde einer Erstreckung der materiellen Rechtskraft auf diese Aspekte nichts entgegen. Gleiches gilt für weitere Rechtsfolgen, die an die aus dem Tenor ersichtlichen Entscheidungen des Gerichts anknüpfen – insbesondere die Zulässigkeit von Rechtsmitteln und die Auferlegung von Kosten.

2. Gesetzliche Anpassungen

Aus Gründen der Klarstellung kommt eine gesetzliche Verankerung der umfassenden Prüfungspflicht des Gerichts in Betracht, aus der sich die zugehörige Tenorierung im besten Fall herauslesen lässt (hierzu unter a)). In diesem Zusammenhang ließen sich mit Blick auf das Urteil, das eine Heilung durch ein ergänzendes Verfahren ermöglicht, weitere Beschleunigungsmöglichkeiten normieren (hierzu unter b)).

a) Verpflichtung zur umfassenden Prüfung

Unabhängig von einer Anpassung des Tenors bestehen im Hinblick auf das Institut der Doppelten Rechtskraft gewisse Unsicherheiten. So ist unklar, ob alle vier für Planfeststellungsbeschlüsse zuständigen Senate des Bundesverwaltungsge-

---

[962] *Ewer*, Möglichkeiten zur Beschleunigung verwaltungsgerichtlicher Verfahren über Vorhaben zur Errichtung von Infrastruktureinrichtungen und Industrieanlagen, 2019, S. 105.

[963] *Ewer*, Möglichkeiten zur Beschleunigung verwaltungsgerichtlicher Verfahren über Vorhaben zur Errichtung von Infrastruktureinrichtungen und Industrieanlagen, 2019, S. 105.

[964] BVerwG, Urteil vom 08.01.2014 – 9 A 4/13, BVerwGE 149, 31 Rn. 28; BVerwG, Urteil vom 28.04.2016 – 9 A 9/15, BVerwGE 155, 91 Rn. 39; BVerwG, Urteil vom 15.07.2016 – 9 C 3/16, NVwZ 2016, 1631 Rn. 61; BVerwG, Urteil vom 23.05.2017 – 4 A 7/16, juris Rn. 7.

richts in Zukunft an ihrer bisherigen Rechtsprechung festhalten werden und wie die Spruchpraxis der Revisionssenate aussehen wird. Zudem ist bisher höchstrichterlich nicht eindeutig geklärt, ob die Doppelte Rechtskraft auch auf Urteile Anwendung findet, die den Weg in das erst im Jahr 2017 eingeführte ergänzende Verfahren nach §§ 4 Abs. 1b Satz 1 und 7 Abs. 5 Satz 1 UmwRG ebnen.[965]

Deshalb empfiehlt sich die Einführung einer gesetzlichen Regelung. Darin muss zum Ausdruck kommen, dass das Gericht im Verfahren gegen die Ausgangsentscheidung zu einer vollständigen Überprüfung verpflichtet ist. Auf diese Weise wird die gesamte behördliche Entscheidung zum Streitgegenstand, auf den sich die Wirkungen des § 121 VwGO erstrecken.[966] Der Wortlaut des § 121 VwGO macht die Bindung nämlich nicht von der formalen Einteilung des Urteils abhängig, sondern davon, worüber *entschieden* wurde.[967]

In Anlehnung an bisherige Ideen[968] und den oben vorgeschlagenen Tenor kommt folgende Normierung in Betracht:

„Ist eine Aufhebung nach Maßgabe des § 75 Abs. 1a Satz 2 VwVfG/§ 4 Abs. 1b Satz 1 UmwRG/§ 7 Abs. 5 Satz 1 UmwRG ausgeschlossen, stellt das Gericht die Rechtswidrigkeit und Nichtvollziehbarkeit des Planfeststellungsbeschlusses/des Bescheides fest; zugleich stellt es fest, dass der Planfeststellungsbeschluss/der Bescheid über die Beanstandung(en) des Gerichts hinaus nicht an weiteren Fehlern leidet."

Dabei kommt einerseits die Ergänzung der prozessualen Heilungsvorschriften um einen weiteren Satz in Betracht.[969] Andererseits ließe sich eine entsprechende Regelung auch in das allgemeine Prozessrecht – etwa in Gestalt eines § 113 Abs. 1a VwGO – aufnehmen.[970] Da im Schrifttum generell eine Bündelung der Heilungsbestimmungen gefordert wird,[971] erscheint eine Regelung in der VwGO sinnvoll. Andererseits eröffnet eine Trennung die Möglichkeit, die Doppelte Rechtskraft etwa auf Urteile zu Planfeststellungsbeschlüssen zu beschränken und andere Zulassungsentscheidungen nach § 1 Abs. 1 Satz 1 Nr. 1 bis 2b und/

---

[965] Hierzu unter § 8 B.

[966] *Ewer*, Möglichkeiten zur Beschleunigung verwaltungsgerichtlicher Verfahren über Vorhaben zur Errichtung von Infrastruktureinrichtungen und Industrieanlagen, 2019, S. 105.

[967] Vgl. *Kaniess*, Der Streitgegenstandsbegriff in der VwGO, 2012, S. 56.

[968] *Ewer*, Möglichkeiten zur Beschleunigung verwaltungsgerichtlicher Verfahren über Vorhaben zur Errichtung von Infrastruktureinrichtungen und Industrieanlagen, 2019, S. 105.

[969] *Ewer*, Möglichkeiten zur Beschleunigung verwaltungsgerichtlicher Verfahren über Vorhaben zur Errichtung von Infrastruktureinrichtungen und Industrieanlagen, 2019, S. 105.

[970] So im Ergebnis: *Ewer*, Möglichkeiten zur Beschleunigung verwaltungsgerichtlicher Verfahren über Vorhaben zur Errichtung von Infrastruktureinrichtungen und Industrieanlagen, 2019, S. 105.

[971] In diese Richtung: *Guckelberger*, in: 71. DJT 2016, Bd. II/1, S. 49; *Schlacke*, NVwZ 2017, 905 (912); *dies.*, EurUP 2018; *dies.*, NVwZ 2019, 1393 (1401).

oder Nr. 5 UmwRG den normalen Wirkungen der Rechtskraft zu unterwerfen.[972] Damit erweist sie sich als vorteilhaft.

b) Flexibilisierung der Folgen für die Vollziehbarkeit

Jenseits der Doppelten Rechtskraft erscheint es mit Blick auf weitere Beschleunigungsmöglichkeiten angebracht, über Alternativen für die Feststellung der Nichtvollziehbarkeit nachzudenken.

Da die fehlende Vollziehbarkeit in der Praxis zu Verzögerungen führen kann, die in Ansehung der noch zu behebenden Fehler nicht immer gerechtfertigt erscheinen, kommen auch in dieser Hinsicht ergänzende gesetzliche Bestimmungen in Betracht, die den Gerichten mehr Flexibilität einräumen. Zwar macht das Bundesverwaltungsgericht in verschiedenen Entscheidungen darauf aufmerksam, dass von der Feststellung der Nichtvollziehbarkeit aus Gründen der Verhältnismäßigkeit abgesehen werden könne.[973] Soweit ersichtlich machen die Gerichte hiervon in der Praxis aber keinen Gebrauch.

Um weitere Verzögerungen zu vermeiden, wird im Schrifttum vorgeschlagen, nicht die Nichtvollziehbarkeit festzustellen, sondern stattdessen die Vollziehbarkeit mit der Maßgabe anzuordnen, dass das Vorhaben nicht in Betrieb genommen werden dürfe, solange die Fehler nicht beseitigt seien.[974] Weiterhin wurden mit dem Gesetz zur Beschleunigung von Investitionen in einzelnen Gesetzen des Fachplanungsrechts Regelungen eingeführt, die die Durchführung auch bei Feststellung der Rechtswidrigkeit und Nichtvollziehbarkeit zulassen, wenn das ergänzende Verfahren unverzüglich betrieben wird, und soweit das Vorhaben von dem Ergebnis des Verfahrens offensichtlich nicht berührt wird.[975] Diese Vorschriften sollten in das allgemeine Planfeststellungs- und Genehmigungsrecht überführt werden.

---

[972] So lehnen etwa *Külpmann*, NVwZ 2020, 1143 (1148 f.) und *Remmert*, VBlBW 2019, 181 (187) die Erstreckung der Doppelten Rechtskraft auf weitere Verwaltungsakte ab.

[973] BVerwG, Urteil vom 24.05.2018 – 4 C 4/17, BVerwGE 162, 114 Rn. 46 unter Verweis auf BVerwG, Urteil vom 18.12.2014 – 4 C 36/13, BVerwGE 151, 138 Rn. 46. Offen lassend: *Schütz*, UPR 2021, 418 (421). Ablehnend: *Kupfer*, in: Schoch/Schneider, VwVfG, § 75 Rn. 93.

[974] *Hien*, DVBl. 2018, 1029 (1034).

[975] Gesetz vom 03.12.2020, BGBl. I, S. 2694. Eingeführt wurden § 18c Nr. 4 AEG, § 17c Nr. 4 FStrG, § 14c Nr. 4 WaStrG, § 29 Abs. 4 Nr. 4 PBefG – hierzu im Einzelnen: *Schütz*, UPR 2021, 418 (421–423) und *Neumann/Külpmann*, in: Stelkens/Bonk/Sachs, VwVfG, § 75 Rn. 45a. Wieso diese Regelungen auch Fälle einer notwendigen Planergänzung umfassen, ist unklar, da der Planfeststellungsbeschluss hier ohnedies in Bestandskraft erwächst und ausgenutzt werden kann.

C. Fazit

Die Denkstrukturen des VwVfG wie auch der VwGO knüpfen an den Verwaltungsakt als solchen an. Weil sich dies mit Blick auf die Anfechtung oftmals unteilbarer Planfeststellungsbeschlüsse nicht als zweckmäßig erweist, gestatten die gesetzlichen Heilungsbestimmungen eine punktuelle Heilung. Die Heilungsmöglichkeit im Anschluss an einen Prozess führt zu einer Abkehr vom „Alles oder Nichts"-Prinzip, hin zu einer fortwährenden Nachbesserungsmöglichkeit.

Auf diese veränderten verwaltungsverfahrensrechtlichen Möglichkeiten hat das Bundesverwaltungsgericht mit der Einführung der Doppelten Rechtskraft reagiert, wonach bei rechtskräftiger Feststellung der Rechtswidrigkeit und Nichtvollziehbarkeit in einem weiteren Prozess gegen die korrigierte Entscheidung keine Beanstandungen der Ausgangsentscheidung mehr möglich sind. Dies hat zur Folge, dass Tenor, Rechtskraft und Bestandskraft in ihrem Bezugspunkt nicht mehr übereinstimmen. Um die Doppelte Rechtskraft im Einklang mit den Grundsätzen zu § 121 VwGO auszugestalten, bedarf es einer Änderung des Tenors. Insoweit kommt allein eine Ergänzung des bisher verwendeten Entscheidungsausspruchs in Betracht. Eine gesetzliche Verankerung der umfassenden Prüfpflicht des Gerichts sollte diese Tenorierung mitenthalten.

§ 15 Gesamtfazit zur Doppelten Rechtskraft

Die Vor- und Nachteile der Doppelten Rechtskraft und alternativer Optionen der Handhabung wurden an verschiedenen Stellen bereits aufgezeigt und sollen hier noch einmal im Überblick dargestellt werden, um das Institut einer finalen Bewertung unterziehen zu können.

I. Welche Beschleunigungsmöglichkeiten bestehen mit Blick darauf, dass eine fehlerhafte Zulassungsentscheidung nicht aufgehoben wird, sondern nachträglich korrigiert und damit wiederholt einer gerichtlichen Überprüfung zugeführt werden kann? Ein Vergleich zeigt, dass letztlich keine der aufgezeigten Optionen ohne Nachteile auskommt.

1. Die *Doppelte Rechtskraft* ist in positiver Hinsicht dadurch gekennzeichnet, dass sie den Rechtsschutz gegen einen Planfeststellungsbeschluss durch eine umfassende Rechtmäßigkeitskontrolle in möglichst einem einzigen verwaltungsgerichtlichen Verfahren konzentriert und den Prozessstoff mit Blick auf einen weiteren Prozess frühzeitig begrenzt. Zudem wird die behördliche Fehlerbehebung in einem einzigen ergänzenden Verfahren ermöglicht und

hinsichtlich der zu heilenden Mängel abgesichert.[976] Friktionen mit § 121 VwGO lassen sich durch eine gesetzliche Verankerung des richterrechtlich entwickelten Instituts beheben.[977]

Dabei ist zu berücksichtigen, dass die Möglichkeiten, durch Änderungen des Prozessrechts Beschleunigungspotenziale zu eröffnen, insgesamt begrenzt sind. Im Vergleich zu anderen Instrumenten – insbesondere der innerprozessualen und materiellen Präklusion –[978] geht mit der Doppelten Rechtskraft jedenfalls nach ihrem theoretischen Ansatz keine potenzielle Schwächung des Rechtsschutzes einher.[979]

Als nachteilig erweist sich das Konzept der Doppelten Rechtskraft, soweit Unsicherheiten im Hinblick auf ihre Reichweite und etwaige Durchbrechungen bestehen.[980] Besonders negativ dürfte sich bei kleineren, privatnützigen Vorhaben auswirken, dass das gerichtliche Verfahren gegen die Ausgangsentscheidung regelmäßig deutlich mehr zeitliche, personelle und finanzielle Ressourcen in Anspruch nimmt, während zugleich Unsicherheit darüber besteht, ob es tatsächlich zu einem ergänzenden Verfahren und/oder zu einem weiteren Prozess kommen wird.[981]

2. Rechtsunsicherheiten lassen sich mithilfe einer *„abgeschwächten Version"* der Doppelten Rechtskraft vermeiden, indem man die verbindlich als rechtmäßig geltenden Teile des Planfeststellungsbeschlusses strikt anhand der Entscheidungsgründe herausarbeitet und insbesondere darin unbehandelt gebliebene Sachkomplexe von der Rechtskraft ausschließt. Bei einem dahingehend reduzierten Verständnis der Doppelten Rechtskraft könnten die Inhalte der Ausgangsentscheidung allerdings Gegenstand eines weiteren Prozesses werden, in dem nur zuvor ausdrücklich zurückgewiesene Einwände ausgeschlossen wären.[982] Dies sollte indes gerade vermieden werden.

3. Ein *Festhalten am traditionellen Rechtskraftverständnis* bietet keine Lösung. Misst man den Überlegungen, mit denen das Gericht die klägerseitigen Einwände zurückweist und den Planfeststellungsbeschluss für rechtmäßig befindet, keinerlei verbindliche Wirkung bei, steht dies dogmatisch im Einklang mit den Grundsätzen zu § 121 VwGO. Zudem ist vor allem im Verfahren gegen die Ausgangsentscheidung aufgrund der reduzierten Amtsermittlungspflicht des Gerichts ein abschließendes Urteil deutlich schneller zu erwarten.

---

[976] Hierzu unter § 10 B.
[977] Hierzu unter § 14 B.
[978] Hierzu im Überblick unter § 2 C.II.
[979] Hierzu unter § 13 A.II.2.
[980] Hierzu unter § 12 E.II.
[981] Hierzu unter § 11 D.
[982] Hierzu unter § 12 C.I.3.

Allerdings droht in diesem Fall eine endlose Aneinanderreihung von verwaltungsgerichtlichen Verfahren, in denen der Kläger gegen eine immer wieder ausgebesserte Verwaltungsentscheidung Einwände geltend macht, die er gleich im ersten Verfahren hätte erheben können. Damit besteht lange Rechtsunsicherheit auf Seiten der Behörde und des Vorhabenträgers. Der Kläger ist mitunter gezwungen, wiederholt zu klagen, um eine rechtmäßige Realisierung des Vorhabens zu erreichen.

4. Eine *Aussetzung des verwaltungsgerichtlichen Verfahrens* zur Heilung ist vorteilhaft, weil sich dadurch ein etwaig über mehrere Instanzen geführter Rechtsstreit über das Vorliegen einzelner Mängel vermeiden lässt. Einer abschließenden Erforschung des Sachverhalts samt Beweiswürdigung bedarf es ebenso wenig wie eines verfahrensabschließenden Urteils, wenn der Kläger nach erfolgter Korrektur eine Erledigungserklärung abgibt. Allerdings besteht mit Blick auf die geltend gemachten Mängel weder in positiver noch in negativer Hinsicht Rechtssicherheit. Die Behörde und der Vorhabenträger müssen also damit rechnen, dass der Kläger sein Begehren auch nach erfolgter Heilung weiterverfolgt. Der Kläger selbst muss die mitunter schwierige Entscheidung treffen, ob sich eine Fortsetzung des Prozesses lohnt und bei einer Niederlage die Kosten tragen, obwohl er zunächst zurecht Fehler geltend gemacht hat.[983] Zudem kann es zu einer unter dem Gesichtspunkt der Rechtsstaatlichkeit problematischen Vermischung der Aufgaben von Gericht und Verwaltung kommen.[984]

II. Um den Rechtsschutz gegen Planfeststellungsbeschlüsse und umfangreiche Zulassungsentscheidungen im Bereich des Umweltrechts ohne Abstriche im Hinblick auf Art. 19 Abs. 4 GG auf möglichst ein gerichtliches Verfahren zu konzentrieren, sollte das Konzept der Doppelten Rechtskraft in seiner bisherigen höchstrichterlichen Prägung beibehalten werden. Auf diese Weise lassen sich unergiebige Wiederholungen derselben Auseinandersetzungen in mehreren Prozessen und eine unnötige Doppelarbeit der Gerichte vermeiden. Gleichwohl handelt es sich hierbei nicht um ein Konzept, das für sämtliche Verfahren passt. Damit der beabsichtigte Beschleunigungs- bzw. Entlastungszweck erreicht werden kann, empfiehlt sich eine Einschränkung des gegenständlichen Anwendungsbereichs. Als maßgeblicher Nachteil der Doppelten Rechtskraft wurde der immense Mehraufwand des Gerichts im Verfahren gegen die Ausgangsentscheidung herausgearbeitet, der sich später gegebenenfalls nicht auszahlt. Eine Lösung dieser Problematik könnte darin liegen, den Anwendungsbereich der Doppelten Rechtskraft auf Urteile zu solchen

---

[983] Hierzu insgesamt unter § 9 B.I.2. und unter § 10 E.
[984] Hierzu unter § 13 A.II.3.b)aa).

behördlichen Entscheidungen zu begrenzen, hinsichtlich derer mit einer sicheren Durchführung des ergänzenden Verfahrens und/oder einem weiteren Prozess zu rechnen ist. Beides trifft jedenfalls auf Planfeststellungsvorhaben am ehesten zu.

Vorhaben, die einem konditionalen Zulassungsverfahren unterliegen oder auf Grundlage einer Ermessensentscheidung zugelassen werden, und deren Genehmigung über §§ 4 Abs. 1b Satz 1 und 7 Abs. 5 Satz 1 UmwRG ebenfalls nachträglich geheilt werden kann, sind indes zumindest teilweise aus dem Anwendungsbereich der Doppelten Rechtskraft auszunehmen. Zwar hat nicht zuletzt das *Kohlekraftwerk Moorburg* gezeigt, dass auch Vorhaben nach dem Bundes-Immissionsschutzgesetz zu langwierigen Prozessen führen können.[985] Eine Grenze ließe sich aber bei der fehlenden UVP-Pflichtigkeit von Vorhaben ziehen, hinsichtlich derer der Verfahrensstoff in der Regel übersichtlicher ausfällt. Bei insgesamt weniger Betroffenheiten und allenfalls marginalen Eingriffen in Umwelt und Natur ist die Wahrscheinlichkeit, dass der Mehraufwand einer umfassenden Rechtmäßigkeitskontrolle im Rahmen der klägerischen Rügebefugnis später kompensiert wird, gering. Hingegen dürfte eher damit zu rechnen sein, dass sich Streitpunkte entweder im Prozess oder jedenfalls im ergänzenden Verfahren klären lassen und das Vorhaben kein weiteres Mal vor Gericht gebracht wird.

III. Schlussendlich darf das große Ganze nicht aus dem Blick verloren gehen. Die Tatsache, dass es sich bei der Doppelten Rechtskraft um ein verfassungskonformes prozessuales Instrument handelt, welches trotz seiner Nachteile geeignet ist, die Dauer bis zur bestandskräftigen Zulassung von Großvorhaben zu verkürzen, darf nicht darüber hinwegtäuschen, dass ihr Konzept letztlich immer nur der „symptomatischen Behandlung" eines hausgemachten Problems dient. Eine vollständige Rechtmäßigkeitskontrolle samt abschließender Entscheidung hat sich in der Rechtsprechung nämlich nur als sinnvoll erweisen können, weil trotz langwieriger Planfeststellungsverfahren bei Großvorhaben immer mehr Fehler unterlaufen. Mithilfe dieses Konzeptes wird versucht, einer drohenden Aneinanderreihung von immer weiterreichend ermöglichten Nachbesserungen Einhalt zu gebieten. Die Lösung des Problems dürfte indes nicht in der prozessualen Anpassung an die Fehleranfälligkeit liegen, sondern darin, Fehlerursachen anzugehen. Die Möglichkeiten des Verfahrensrechts dürften insoweit bereits weitestgehend ausgeschöpft worden sein. Eine Lösung ist aber durch Anpassungen des materiellen Rechts denkbar. Hier bedarf es dringend einer Entschlackung der komplexen recht-

---

[985] Vgl. BVerwG, Urteil vom 29.05.2018 – 7 C 18/17, NVwZ 2018, 1734 mit Anmerkung *Kment.*

lichen Anforderungen und der Normierung vollzugstauglicher Vorschriften im nationalen Recht. Dass der deutsche Gesetzgeber hier vielfach untätig bleibt, dürfte auch mit der durchaus berechtigten Befürchtung zusammenhängen, dass klarere, gegebenenfalls auch schlankere gesetzliche Vorgaben vor dem Europäischen Gerichtshof keinen Bestand haben könnten. Dessen Entscheidungen überraschten in der Vergangenheit oftmals nicht nur in ihrem Ergebnis, sondern stellten sämtliche Akteure auf nationaler Ebene mit Blick auf den genauen Inhalt und ihre Reichweite sowie die daraus zu ziehenden Rückschlüsse für künftige Vorhaben nicht selten vor ein Rätsel. Vor diesem Hintergrund dürfte ein Ansetzen auf europäischer Ebene sinnvoll sein. Klarstellungen durch den europäischen Gesetzgeber – etwa im Bereich des Artenschutzes –, die die Zulassung von Vorhaben vereinfachen und beschleunigen können, ohne zugleich mit einer Beeinträchtigung der Schutzgüter verbunden zu sein, erscheinen möglich und erfolgversprechend.

Ergebnisse der Untersuchung

Als zentrale Ergebnisse dieser Arbeit lassen sich die folgenden Thesen festhalten:

Zum ergänzenden Verfahren

1. Die Heilungsbestimmungen in § 75 Abs. 1a Satz 2 VwVfG und §§ 4 Abs. 1b Satz 1, 7 Abs. 5 Satz 1 UmwRG lassen die nachträgliche Fehlerbehebung durch ergänzendes Verfahren nicht selbst zu, sondern nehmen lediglich darauf Bezug und schließen den prozessualen Aufhebungsanspruch aus. Es handelt sich um Sonderregelungen des Verwaltungsprozessrechts (S. 27–29).
2. Die dogmatische Grundlage für die nachträgliche Korrektur eines bereits erlassenen Verwaltungsaktes liegt in der behördlichen Befugnis, einen fehlerhaften Verwaltungsakt aufzuheben und nach Maßgabe der fachgesetzlich eingeräumten Entscheidungskompetenz einen neuen fehlerfreien Zweitbescheid zu erlassen (S. 29–32).
3. Das ergänzende Verfahren ist von der Planergänzung abzugrenzen: Eine Heilung durch Planergänzung kommt in Betracht, wenn im Zeitpunkt des Urteilserlasses feststeht, dass der verfügende Teil einer behördlichen Entscheidung nicht beschnitten, sondern lediglich um eine im Kern bestimmte oder zumindest bestimmbare inhaltliche Regelung ergänzt werden muss, um den rechtlichen Anforderungen zu genügen. Das Gericht erlässt ein Bescheidungsurteil. Ein Antrag auf Gewährung vorläufigen Rechtsschutzes gemäß § 80 Abs. 5 VwGO ist regelmäßig erfolglos (S. 33, 35).
4. Ein ergänzendes Verfahren ist erforderlich, wenn die Korrektur formeller Fehler ergänzende Verfahrensschritte erfordert, die in einen nachträglichen Entscheidungsprozess einzubeziehen sind oder es zur Bereinigung materiellrechtlicher Fehler zumindest einer inhaltlichen Nachbewertung mit noch offenem Ausgang bedarf. Vor seiner Durchführung steht weder fest, ob der verfügende Teil des Planfeststellungsbeschlusses überhaupt einer inhaltlichen Korrektur bedarf, noch ist das Ergebnis einer etwaig notwendigen Korrektur erkennbar (S. 34).

5. Das ergänzende Verfahren kommt für Planfeststellungsbeschlüsse und Plangenehmigungen in Betracht. Weiterhin kann es die Rechtmäßigkeit von Zulassungsentscheidungen gemäß § 1 Abs. 1 Satz 1 Nr. 1 bis 2b und Nr. 5 UmwRG herbeiführen (S. 37–42).

6. In zeitlicher Hinsicht kann das ergänzende Verfahren sowohl vor oder während eines gerichtlichen Verfahrens als auch nach dessen Abschluss erfolgen (S. 42 f.).

7. In persönlicher Hinsicht kommt ein ergänzendes Verfahren sowohl bei Klagen anerkannter Umwelt- und Naturschutzvereinigungen als auch bei Individualklagen von privaten Betroffenen oder in ihren Rechten berührten Kommunen in Betracht (S. 44).

8. Prinzipiell heilbar sind Abwägungsfehler, Verstöße gegen striktes materielles Recht und Verfahrensfehler. Das Gericht sieht indes nur dann von einer Aufhebung des Planfeststellungsbeschlusses ab, wenn im Einzelfall die konkrete Möglichkeit einer Heilung unter Einhaltung der Grenzen des ergänzenden Verfahrens besteht (S. 44–57).

9. Die Einleitung des ergänzenden Verfahrens hängt grundsätzlich vom Willen des Vorhabenträgers ab. Der Kläger kann die Durchführung eines ergänzenden Verfahrens nicht verlangen (S. 59 f.).

10. Für das ergänzende Verfahren wird das Ausgangsverfahren bis zum Fehlerereignis zurückgedreht und von dort an erneut fortgesetzt. Im Falle eines materiell-rechtlichen Fehlers erfolgt nach einer etwaigen Nachermittlung eine neue Abwägung der betroffenen Belange bzw. eine inhaltliche Nachbewertung (S. 61–63).

11. Im ergänzenden Verfahren gewonnene Erkenntnisse sind in einer ergebnisoffenen Entscheidung zu berücksichtigen. Die Ergebnisoffenheit verlangt keine Planung auf dem „freien Felde". Dem Vorhabenträger ist es unbenommen, an einer von ihm als vorzugswürdig betrachteten Gestaltung seines Vorhabens festzuhalten (S. 63 f.).

12. Die Öffentlichkeit ist zu beteiligen, wenn das ergänzende Verfahren zu wesentlichen Änderungen des festgestellten Plans führt. Im Übrigen sind Betroffene oder Behörden erneut anzuhören, wenn deren Belange oder Zuständigkeiten durch eine erneute Abwägung berührt sein können. Eine Pflicht zur erneuten Beteiligung von Naturschutzverbänden gemäß § 63 BNatSchG besteht, wenn sich im ergänzenden Verfahren zusätzliche naturschutzrechtliche Fragen stellen. Eine erneute Auslegung nach Maßgabe des § 22 UVPG ist geboten, wenn eine im ergänzenden Verfahren vorgenommene Prüfung der Umweltauswirkungen über die bisherigen Untersuchungen wesentlich hinausgeht (S. 64–66).

13. Der maßgebliche Zeitpunkt der Sach- und Rechtslage hängt von der Zielrichtung des ergänzenden Verfahrens ab. Stützt die Behörde ihre Entscheidung auf veränderte tatsächliche oder rechtliche Verhältnisse, ist der Zeitpunkt der Aktualisierung maßgeblich (S. 67 f.).

14. Am Ende des ergänzenden Verfahrens steht ein Verwaltungsakt, der den ursprünglichen Planfeststellungsbeschluss bestätigt, ergänzt, ändert oder aufhebt (S. 68–70).

15. Die Vereinbarkeit der nachträglichen Fehlerbehebung mit höherrangigem Recht, insbesondere Gemeinschaftsrecht, ist umstritten, wird aber von der Rechtsprechung sowie von der herrschenden Auffassung im Schrifttum im Grundsatz bejaht (S. 71–73).

Zur Doppelten Rechtskraft

16. Wenn eine Klage unter Beachtung des § 75 Abs. 1a Satz 2 VwVfG zur Feststellung der Rechtswidrigkeit und Nichtvollziehbarkeit eines Planfeststellungsbeschlusses und zur Abweisung im Übrigen führt, misst das Bundesverwaltungsgericht dem Urteil eine besondere Rechtskraftwirkung bei. In positiver Hinsicht werden die festgestellten Fehler mit Rechtskraft ausgestattet. Zugleich soll mit Eintritt der Rechtskraft in negativer Hinsicht feststehen, dass der Planfeststellungsbeschluss keine weiteren Fehler aufweist, mithin im Übrigen rechtmäßig ist. Diese Rechtskraft in zwei Richtungen wird als Doppelte Rechtskraft bezeichnet (S. 76).

17. Es ist davon auszugehen, dass das Bundesverwaltungsgericht das Konzept der Doppelten Rechtskraft für Entscheidungen im Anwendungsbereich der §§ 4 Abs. 1b Satz 1 und 7 Abs. 5 Satz 1 UmwRG übernehmen wird. Oberverwaltungsgerichte wenden dieses prozessuale Institut bereits an (S. 77 f.).

18. Gehen Dritte vor Gericht gegen ein Vorhaben vor, folgen die Anträge der Klägerseite fast immer dem gleichen Schema: Mit dem Hauptantrag beantragt der Kläger die Aufhebung des Planfeststellungsbeschlusses. Hilfsweise beantragt er die Feststellung der Rechtswidrigkeit und Nichtvollziehbarkeit. Wiederum hilfsweise beantragt er, die Behörde zu verpflichten, dem Vorhabenträger die Vornahme bestimmter Maßnahmen aufzugeben. Im Gegenzug beantragen die Behörde für die Beklagtenseite und der notwendig beizuladende Kläger die Abweisung der Klage (S. 78 f.).

19. Wenn eine Möglichkeit zur Heilung durch ergänzendes Verfahren besteht, stellt das Gericht im Tenor des teilweise stattgebenden Anfechtungsurteils die Rechtswidrigkeit und Nichtvollziehbarkeit des Planfeststellungsbeschlusses fest und weist die Klage im Übrigen ab. Als alternative Optionen zur Handhabung des Aufhebungsausschlusses in § 75 Abs. 1a Satz 2 VwVfG

wurden in der Vergangenheit die Verpflichtung zur Durchführung eines ergänzenden Verfahrens durch Bescheidungsurteil und die verpflichtende Aussetzung des gerichtlichen Verfahrens zur Fehlerbehebung verworfen (S. 80–83).

20. Die Feststellung der Rechtswidrigkeit und Nichtvollziehbarkeit folgt nicht aus dem Gesetz, sondern beruht auf der Rechtsprechung des Bundesverwaltungsgerichts (S. 83 f.).

21. Die Feststellung der Rechtswidrigkeit und Nichtvollziehbarkeit stellt ein Minus zur gerichtlichen Aufhebung dar und entfaltet konstitutive Wirkung. Bis zur Fehlerbehebung *kann* der Planfeststellungsbeschluss nicht vollzogen werden. In Ausnahmefällen kann die Feststellung der Nichtvollziehbarkeit unterbleiben (S. 84 f.).

22. Die Doppelte Rechtskraft dient der Konzentration der gerichtlichen Überprüfung eines Planfeststellungsbeschlusses in möglichst nur einem einzigen Prozess und ermöglicht der Behörde die rechtssichere, zügige Durchführung eines ergänzenden Verfahrens (S. 91 f.).

23. Dogmatisch lässt sich die Doppelte Rechtskraft mit den allgemeinen Grundsätzen zur Rechtskraft nach § 121 VwGO nicht vereinbaren. Mit rechtskräftiger Feststellung der Rechtswidrigkeit und Nichtvollziehbarkeit erlangen die festgestellten Mängel Verbindlichkeit für die Zukunft. Dies gilt nicht für die den Tenor nicht tragenden zurückgewiesenen Einwände des Klägers. Die besseren Gründe sprechen dafür, dass die Rechtmäßigkeit nicht beanstandeter Teile des Planfeststellungsbeschlusses auch nicht aus der Abweisung der Klage im Übrigen folgt (S. 93–115).

24. Der Planfeststellungsbeschluss, dessen Rechtswidrigkeit und Nichtvollziehbarkeit durch ein Gericht rechtskräftig festgestellt worden ist, erwächst weder vollständig noch teilweise in Bestandskraft. Ein Vergleich mit § 76 VwVfG ist unzutreffend (S. 115–125).

25. Das Feststellungs- und das Fortsetzungsfeststellungsurteil sind bei Stattgabe der Klage in ihrem Tenor mit der Feststellung der Rechtswidrigkeit und Nichtvollziehbarkeit vergleichbar. Ihre Rechtskraft erstreckt sich allenfalls auf tragende Entscheidungsgründe (S. 126 f.).

26. Die Rechtskraft im Zivilprozess ist nach Maßgabe des § 322 Abs. 1 ZPO auf die Entscheidung über den geltend gemachten Anspruch beschränkt (S. 127 f.).

27. Das Konzept der Doppelten Rechtskraft ist dem Recht der Bauleitplanung, welches in § 214 Abs. 4 BauGB ebenfalls die Heilung durch ergänzendes Verfahren vorsieht, unbekannt (S. 129–131).

28. Die Doppelte Rechtskraft lässt sich nicht dadurch nachvollziehbar rechtfertigen, dass man sie als Fortsetzung der Konzentrationswirkung von Planfeststellungsbeschlüssen auf prozessualer Ebene betrachtet (S. 131–133).

29. Eine Aussetzung des Verfahrens gemäß § 4 Abs. 1b Satz 3 UmwRG bleibt möglich. Es ist jedoch zu erwarten, dass sie sich nur noch dann als sachdienlich erweist, wenn der Kläger von Anfang an ganz bestimmte Mängel geltend macht oder es nur um geringfügige Fehlerbehebungen geht, und deshalb zu erwarten ist, dass er die Heilung ohne Weiteres akzeptieren wird (S. 133–137).

30. Gegenstand des erstinstanzlichen Verfahrens vor dem Verwaltungsgericht ist grundsätzlich die Ausgangsentscheidung der Behörde. Wird ein ergänzendes Verfahren während der Tatsacheninstanz abgeschlossen, kann der Kläger den Rechtsstreit entweder für erledigt erklären oder sein Klagebegehren auf den Planfeststellungsbeschluss in seiner geänderten Gestalt umstellen (S. 137–139).

31. Wenn das ergänzende Verfahren während der Revision beendet wird, kommt entgegen § 142 Abs. 1 Satz 1 VwGO eine Umstellung auf den korrigierten Planfeststellungsbeschluss durch Klageänderung in Betracht. Ausnahmsweise darf das Revisionsgericht entgegen § 137 Abs. 2 VwGO Tatsachenfeststellungen treffen, um den Erfolg der Fehlerbehebung zu beurteilen (S. 139–142).

32. Soll über die Rechtmäßigkeit einer behördlichen Entscheidung entsprechend dem Gedanken der Doppelten Rechtskraft jenseits des für die Bestimmung des Tenors Erheblichen abschließend und für die Zukunft verbindlich entschieden werden, ist das Gericht im Rahmen der Rügebefugnis des Klägers zu einer vollständigen Sachverhaltsermittlung und Rechtmäßigkeitskontrolle verpflichtet. Damit korrespondiert ein entsprechender Anspruch aller Verfahrensbeteiligten, die weitere Ermittlungen durch die Stellung von Beweisanträgen durchsetzen können (S. 148–150).

33. Die Rechtmäßigkeit kann in Teilen offen gelassen werden, wenn der Tenor bereits feststeht und das Gericht im konkreten Einzelfall auf materiell-rechtlicher Ebene genau diejenige Prüfung durchzuführen hätte, die die Behörde zuvor verfahrensrechtswidrig unterlassen und die daher bereits zur Feststellung der Rechtswidrigkeit und Nichtvollziehbarkeit geführt hat (S. 149 f.).

34. Auch wenn bereits feststeht, dass ein überprüfter Planfeststellungsbeschluss an verschiedenen Fehlern leidet, die zur Feststellung der Rechtswidrigkeit und Nichtvollziehbarkeit führen, muss das zuständige Gericht dem Europäischen Gerichtshof nach Maßgabe von Art. 267 AEUV Fragen zur Vorabentscheidung vorlegen. Ebenso kommt eine konkrete Normenkontrolle nach Art. 100 Abs. 1 GG vor dem Bundesverfassungsgericht in Betracht (S. 150–152).

35. Die Doppelte Rechtskraft führt zu einer umfassenden Rügeobliegenheit des Klägers innerhalb der Klagebegründungsfrist aus § 6 Satz 1 UmwRG. Ein

prozessstrategisches „Zurückhalten" von Mängeln ist nicht möglich (S. 156–159).

36. Die Wirkungen der Doppelten Rechtskraft lassen sich nicht umgehen, indem der Kläger seinen Klageantrag auf die Feststellung der Rechtswidrigkeit und Nichtvollziehbarkeit aufgrund eines ganz konkreten Verstoßes gegen eine bestimmte umweltrechtliche Vorschrift beschränkt (S. 160 f.).

37. Die Behörde und der Vorhabenträger müssen infolge der Doppelten Rechtskraft im Verfahren gegen die Ausgangsentscheidung nicht mit wesentlich erhöhtem Aufwand rechnen (S. 162).

38. Soweit der Kläger die Aufhebung des Planfeststellungsbeschlusses begehrt, aber nur die Feststellung der Rechtswidrigkeit und Nichtvollziehbarkeit erreicht, trägt er unter Anwendung des § 155 Abs. 1 Satz 3 VwGO keine Kosten (S. 162 f.).

39. Entgegen der Rechtsprechung des Bundesverwaltungsgerichts, die die Kostenentscheidung strikt an den Tenor des Urteils anknüpft, erscheint es gerechtfertigt, den Kläger mit einem Teil der Kosten zu belasten, wenn er mit einigen Einwänden vor Gericht nicht durchdringen kann (S. 165–167).

40. Bei Feststellung der Rechtswidrigkeit und Nichtvollziehbarkeit kann das Gericht die Berufung bzw. Revision beschränkt auf einzelne Rechtmäßigkeits- bzw. Rechtswidrigkeitsgründe zulassen (S. 168–171).

41. Wenn das Gericht den Planfeststellungsbeschluss in erster Instanz aufhebt, obwohl sämtliche Fehler heilbar sind, kann das Revisionsgericht mangels erforderlicher Tatsachenfeststellungen keine abschließende Sachentscheidung treffen und muss das angefochtene Urteil gemäß § 144 Abs. 3 Nr. 2 VwGO aufheben und zur anderweitigen Verhandlung und Entscheidung zurückverweisen (S. 172).

42. Begehren die Behörde und der Vorhabenträger statt der Feststellung der Rechtswidrigkeit und Nichtvollziehbarkeit die Klageabweisung, müssen sie alle in der Tatsacheninstanz festgestellten Fehler widerlegen. Die Revision hat indes auch Erfolg, wenn das Revisionsgericht das Vorliegen eines Mangels verneint, den das erstinstanzliche Gericht bejaht hat (S. 173–176).

43. Die Anwendung von § 144 Abs. 4 VwGO hat besondere Folgen, wenn in der Vorinstanz ein einziger Fehler festgestellt worden ist und allein die Behörde bzw. der Vorhabenträger dagegen vorgeht, während der Kläger untätig bleibt. In diesen Fällen erwächst in Rechtskraft, dass der Planfeststellungsbeschluss im Übrigen fehlerfrei ist. Wenn das Revisionsgericht den festgestellten Fehler verneint, entscheidet es gemäß § 144 Abs. 3 Satz 1 Nr. 1 VwGO in der Sache selbst und weist die Klage ab (S. 174).

44. Wenn der Kläger bei Feststellung der Rechtswidrigkeit und Nichtvollziehbarkeit weiterhin die Aufhebung des Planfeststellungsbeschlusses verfolgt,

muss er geltend machen, dass entweder ein aufhebungsrelevanter Fehler vorliegt oder ein in der Vorinstanz als heilbar eingestufter Fehler sich nicht beheben lässt. In der Revisionsinstanz kann er auch allein das Vorliegen weiterer heilbarer Mängel geltend machen (S. 176 f.).

45. Beschränkt sich der Antrag des Rechtsmittelführers auf die Überprüfung einzelner festgestellter Mängel bzw. zurückgewiesener Einwände, ist der Prüfungsumfang des Rechtsmittelgerichts beschränkt. Der Grundsatz der Vollrevision gemäß § 137 Abs. 3 Satz 2 VwGO gilt nicht (S. 177 f.).

46. Der Kläger trägt gemäß § 154 Abs. 2 VwGO die Kosten des Rechtsmittels, wenn er in der Revisionsinstanz erfolglos die Feststellung weiterer Fehler verlangt (S. 178).

47. Nach Abschluss des ergänzenden Verfahrens kann die korrigierte Entscheidung der gerichtlichen Prüfung unterworfen werden. Gegenstand des Prozesses ist der Planfeststellungsbeschlusses in der durch das ergänzende Verfahren erlangten Gestalt. Die Entscheidung in ihrer Ursprungsfassung ist erledigt (S. 185–189).

48. Im ergänzenden Verfahren erfolgende Änderungen des Vorhabens selbst wirken gegenüber jedermann. Änderungen, die die äußere Gestalt des Vorhabens unberührt lassen, entfalten Wirkung nur gegenüber dem Kläger (S. 189 f.).

49. Auch wenn der Kläger im vorangegangenen Verfahren mit einem Aufhebungsantrag gescheitert ist, kann er gegen den korrigierten Planfeststellungsbeschluss ein erneutes Aufhebungsbegehren geltend machen. Eine entsprechende Klage ist nicht wegen entgegenstehender Rechtskraft unzulässig. Ein Aufhebungsanspruch kann nur darauf gestützt werden, dass die zuvor erfolgreich gerügten Mängel im Zuge des ergänzenden Verfahrens nicht behoben werden konnten und einer „Heilung der Heilung" tatsächliche oder rechtliche Hindernisse entgegenstehen (S. 191–197).

50. Ein Antrag auf Feststellung der Rechtswidrigkeit und Nichtvollziehbarkeit ist nicht teilweise unzulässig. Der Kläger kann nur solche Mängel geltend machen, die aus dem ergänzenden Verfahren resultieren. Eine Beanstandung von Mängeln des ursprünglichen Planfeststellungsbeschlusses ist ihm verwehrt (S. 197–200).

51. Dritte können sich auf die Feststellung der Rechtswidrigkeit und Nichtvollziehbarkeit nicht berufen. Gegen den korrigierten Planfeststellungsbeschluss können sie allenfalls geltend machen, dass ihre Rechte oder rügefähige Umweltbelange durch Änderungen oder Ergänzungen erstmals oder weitergehend als zuvor betroffen sind (S. 200–203).

52. Inhaltlich ist das Gericht im Verfahren gegen den korrigierten Planfeststellungsbeschluss an das Urteil des vorangegangenen Verfahrens jedenfalls so

weit gebunden, wie über die Einhaltung abtrennbarer rechtlicher Anforderungen an die Zulassungsentscheidung entschieden worden ist (S. 205 f.).

53. Die Verbindlichkeit rechtlicher Erwägungen und Begründungselemente ist zum einen davon abhängig, welche inhaltliche Bedeutung diese für die Entscheidung in der Sache aufweisen. Zum anderen ist maßgeblich, wie umfangreich und tiefgehend die gerichtlichen Ausführungen zu einem bestimmten Aspekt ausfallen (S. 209).

54. Das Gericht kann einzelne Sachkomplexe des Planfeststellungsbeschlusses oder Teile davon von Anfang an einer verbindlichen Feststellung der Rechtmäßigkeit bzw. Rechtswidrigkeit entziehen, indem es dies in seinem Urteil zum Ausdruck bringt. Insoweit steht einer (weiteren) gerichtlichen Überprüfung in einem nachgehenden Prozess nicht die Rechtskraft des vorangegangenen Urteils entgegen (S. 223 f.).

55. Für die rechtskräftige Feststellung, dass einzelne Teile eines Planfeststellungsbeschlusses fehlerhaft oder fehlerfrei sind, ist eine Änderung der Sach- oder Rechtslage unerheblich. Demgegenüber führt die nachträgliche Feststellung, dass sich ein identifizierter Fehler nicht beheben lässt zu einer Änderung der Sachlage, die die präjudiziellen Wirkungen des vorangegangenen Urteils entfallen lässt (S. 225 f.).

56. Eine Bindung des Gerichts an die Feststellungen des vorangegangenen Urteils besteht nicht, wenn die Behörde im Zuge des ergänzenden Verfahrens hinsichtlich eines rechtskräftig entschiedenen Sachkomplexes erneut in eine Sachprüfung eintritt und insoweit entweder eine neue Entscheidung trifft oder die ursprüngliche Entscheidung bestätigt (S. 226–228).

57. Das unionsrechtliche Effektivitätsprinzip kann eine auf einzelne Sachkomplexe beschränkte Rechtskraftdurchbrechung gebieten, wenn eine gewichtige Rechtsverletzung vorliegt, die zu einem unionsrechtlich unerträglichen Zustand führt. Der Kläger muss das Wiederaufgreifen des Verwaltungsverfahrens in diesem Fall grundsätzlich zunächst bei der Behörde beantragen, wenn diese nicht von allein tätig wird. Außer im Falle einer Ermessensreduzierung auf Null darf das Gericht zuvor über entsprechende Einwände auch dann nicht entscheiden, wenn der Kläger sie im Verfahren gegen den korrigierten Planfeststellungsbeschluss geltend macht (S. 231–236 und S. 241–247).

58. Eine Rechtskraftdurchbrechung ist erforderlich, wenn sich die Rechtswidrigkeit bestandskräftiger Sachkomplexe aus neuen Erkenntnissen im ergänzenden Verfahren ergibt. In diesem Fall ist das Gericht im nachgehenden Verfahren nicht an die Feststellungen des vorangegangenen Urteils gebunden (S. 236 f. und S. 247–251).

59. Die Doppelte Rechtskraft stellt das Ergebnis einer richterlichen Rechtsfortbildung dar. Der Gesetzgeber dürfte das im Zusammenhang mit der Heilung
von Planfeststellungsbeschlüssen entwickelte Konzept mit Einführung der
entsprechenden Regelungen im UmwRG bestätigt haben (S. 255–258).

60. Die Doppelte Rechtskraft kommt allein in mehrpoligen Prozessrechtsver-
hältnissen zur Anwendung, in denen sich häufig mehrere konträr betroffene
Grundrechtsträger gegenüberstehen, die jeweils Anspruch auf effektiven
Rechtsschutz haben (S. 258 f.).

61. Die Doppelte Rechtskraft dient den Verfassungsprinzipien der Rechtssicherheit und des Rechtsfriedens, dem effektiven Rechtsschutz durch Entlastung
der Gerichte, der Verwirklichung von Grundrechten und der Effizienz der
Verwaltung (S. 259–263).

62. Der Kläger wird durch die Doppelte Rechtskraft nicht in seinen Grundrechten eingeschränkt. Seinem Anspruch auf eine vollständige gerichtliche Nachprüfung von Einzelentscheidungen wird ausreichend Rechnung getragen.
Der Eingriff in seine Dispositionsbefugnis lässt sich verfassungsrechtlich
rechtfertigen (S. 263–268).

63. Verschränkungen der Aufgabenteilung zwischen Exekutive und Judikative,
die mit der Doppelten Rechtskraft entstehen, gehen allenfalls geringfügig
über das hinaus, was der Gesetzgeber mit Einführung des ergänzenden Verfahrens ohnedies bereit war, hinzunehmen (S. 273–279).

64. Die Doppelte Rechtskraft scheint mit dem Unionsrecht vereinbar. Unklar ist
indes, inwieweit das Unionsrecht eine Rechtskraftdurchbrechung auch dann
erfordert, wenn ein Mangel im vorangegangenen Verfahren nicht geltend gemacht wurde, aber hätte geltend gemacht werden können. Gleiches gilt mit
Blick auf die Anforderungen der Aarhus-Konvention (S. 281–284).

65. Rechtskraft und Bestandskraft knüpfen hinsichtlich ihres Bezugsgegenstandes
an die klassischen Denkstrukturen der VwGO und des VwVfG an. Die
Rechtskraft ist an den Streitgegenstand gebunden, der sich seinerseits auf
den Planfeststellungsbeschluss als solchen bezieht (S. 286).

66. Die Doppelte Rechtskraft verlangt eine Auftrennung gerichtlicher bzw. behördlicher Entscheidungen in einzelne Sachkomplexe (S. 287–290).

67. Die Doppelte Rechtskraft steht mit den Grundsätzen zu § 121 VwGO nur im
Einklang, wenn aus dem Tenor desjenigen Urteils, das die Rechtswidrigkeit
und Nichtvollziehbarkeit eines Planfeststellungsbeschlusses feststellt, ausdrücklich hervorgeht, dass dieser im Übrigen rechtmäßig ist (S. 290–297).

68. Es bedarf einer Norm, die das Gericht im Verfahren gegen die Ausgangsentscheidung bei bestehender Heilungsmöglichkeit zur umfassenden Überprüfung verpflichtet (S. 297–299).

69. Sinnvoll erscheint die gesetzliche Festlegung von Fällen, in denen ein Vorhaben trotz gerichtlicher Feststellung der Rechtswidrigkeit (teilweise) vollziehbar bleibt (S. 299).

70. De lege ferenda ist die Doppelte Rechtskraft in ihrem gegenständlichen Anwendungsbereich auf Planfeststellungsverfahren und UVP-pflichtige Vorhaben zu beschränken (S. 303).

Literaturverzeichnis

Anders, Monika/Gehle, Burkhard (Hrsg.): Zivilprozessordnung, 81. Auflage, München 2023 (zitiert als: *Bearbeiter*, in: Anders/Gehle, ZPO)

Arntz, Joachim: Untersuchungsgrundsatz und anwaltliche Mitwirkung im Verwaltungsprozess, DVBl. 2008, 78–83

Axmann, Martin: Das Nachschieben von Gründen im Verwaltungsrechtsstreit, Frankfurt am Main u. a. 2001

Bachof, Otto: Verfassungsrecht, Verwaltungsrecht, Verfahrensrecht in der Rechtsprechung des Bundesverwaltungsgerichts, Band II, Tübingen 1967

Bader, Johann/Ronellenfitsch, Michael (Hrsg.): BeckOK VwVfG, 59. Edition, Stand: 01.04.2023, München 2023 (zitiert als: *Bearbeiter*, in: Bader/Ronellenfitsch, BeckOK Vw-VfG)

Barbey, Günther: Bemerkungen zum Streitgegenstand im Verwaltungsprozeß, in: System des verwaltungsgerichtlichen Rechtsschutzes – Festschrift für Christian-Friedrich Menger zum 70. Geburtstag, hrsg. v. Erichsen, Hans-Uwe/Hoppe, Werner/v. Mutius, Albert, Köln u. a. 1985 (zitiert als: *Barbey*, in: Festschrift Menger) (S. 177–190)

Battis/Krautzberger/Löhr – Baugesetzbuch Kommentar, hrsg. v. Battis, Ulrich/Mitschang, Stephan/Reidt, Olaf, 15. Auflage, München 2022 (zitiert als: *Bearbeiter*, in: Battis/Krautzberger/Löhr, BauGB)

Baumeister, Peter: Der Anspruch auf ein Wiederaufgreifen unanfechtbar abgeschlossener Verwaltungsverfahren, VerwArch 83 (1992), 374–408

ders.: Der Beseitigungsanspruch als Fehlerfolge des rechtswidrigen Verwaltungsakts, Tübingen 2006

Beckmann, Martin: Umweltverträglichkeitsprüfung in der praktischen Anwendung, ZUR 2014, 541–548

ders.: Gerichtliche Vollprüfung und zeitgerechter Rechtsschutz – Gegenläufige Maximen des Verwaltungsprozessrechts?, DÖV 2019, 773–781

Beckmann, Martin/Kment, Martin (Hrsg.): Gesetz über die Umweltverträglichkeitsprüfung (UVPG) Umwelt-Rechtsbehelfsgesetz (UmwRG) Kommentar, 6. Auflage, Köln 2023

Behnsen, Alexander: Maßnahmengesetze: Mittel zur Beschleunigung von Infrastrukturvorhaben?, NVwZ 2021, 843–847

Bell, Albrecht/Herrmann, Nikolaus: Die Modifikation von Planfeststellungsbeschlüssen, NVwZ 2004, 288–296

Bell, Albrecht/Rehak, Heinrich: Erheblichkeit von Abwägungsmängeln, UPR 2004, 296–302

Berg, Wilfried: Grundsätze des verwaltungsgerichtlichen Verfahrens, in: System des verwaltungsgerichtlichen Rechtsschutzes – Festschrift für Christian-Friedrich Menger zum 70. Geburtstag, hrsg. v. Erichsen, Hans-Uwe/Hoppe, Werner/v. Mutius, Albert, Köln u. a. 1985 (zitiert als: *Berg*, in: Festschrift Menger) (S. 537–556)

Berkemann, Jörg: Die Rechtsprechung des BVerwG zum Umwelt-Rechtsbehelfsgesetz (UmwRG), DVBl. 2020, 1–13

Bettermann, Karl August: Wesen und Streitgegenstand der verwaltungsgerichtlichen Anfechtungsklage, DVBl. 1953, 163–168

Bick, Ulrike: Überzeugung von der fehlenden Kausalität eines Verfahrensfehlers, jurisPR-BVerwG 16/2016 Anmerkung 3

dies.: Infrastrukturplanung vor dem BVerwG – am Beispiel der Leverkusener Rheinbrücke, jM 2018, 371–375

Bickel, Heribert: Anmerkung zu BVerwG, Urteil vom 07.07.1978 – 4 C 79/76, NJW 1979, 71–72

Bickenbach, Christian: Das Bescheidungsurteil als Ergebnis einer Verpflichtungsklage, Berlin 2006

Bier, Wolfgang/Bick, Ulrike: Gesetz zur Beschleunigung von verwaltungsgerichtlichen Verfahren im Infrastrukturbereich, NVwZ 2023, 457–462

Blomeyer, Jürgen: Zum Streit über Natur und Wirkungsweise der materiellen Rechtskraft, JR 1968, 407–411

Bonk, Joachim: Strukturelle Änderungen des Verwaltungsverfahrens durch das Genehmigungsbeschleunigungsgesetz, NVwZ 1997, 320–330

Bonner Kommentar zum Grundgesetz, hrsg. v. Kahl, Wolfgang/Waldhoff, Christian/Walter, Christian, Ordner 6, 218. Aktualisierung Dezember 2022, Heidelberg 2022 (zitiert als: *Bearbeiter*, in: Bonner Kommentar)

Brigola, Alexander /Heß, Franziska: Die Fallstricke der unions- und völkerrechtlichen Metamorphose des Umwelt-Rechtsbehelfsgesetzes (UmwRG) im Jahr 2017, NuR 2017, 729–734

Brischke, Hans-Jürgen: Heilung fehlerhafter Verwaltungsakte im verwaltungsgerichtlichen Verfahren, DVBl. 2002, 429–434

Britz, Gabriele/Richter, Tobias: Die Aufhebung eines gemeinschaftswidrigen nicht begünstigenden Verwaltungsakts, JuS 2005, 198–202

Brohm, Winfried: Die staatliche Verwaltung als eigenständige Gewalt und die Grenzen der Verwaltungsgerichtsbarkeit, DVBl. 1986, 321–331

Broß, Siegfried: Zur (fern)straßenrechtlichen Planfeststellung, VerwArch 75 (1984), 425–442

ders.: Probleme der Gesetzesauslegung, richterlichen Rechtsfortbildung und Rechtssicherheit – dargestellt anhand ausgewählter Rechtsprechung, vor allem zu § 17 Abs. 4 FStrG, VerwArch 77 (1986), 193–208

ders.: Zur Bindung der Zivilgerichte an Verwaltungsentscheidungen, VerwArch 78 (1987), 91–112

Bumke, Christian: Relative Rechtswidrigkeit, Tübingen 2004

Bundesministerium für Verkehr und digitale Infrastruktur (Hrsg.): Innovationsforum Planungsbeschleunigung – Abschlussbericht, Berlin 2017

Bunge, Thomas: Umwelt-Rechtsbehelfsgesetz Kommentar, 1. Auflage, Berlin 2013 (zitiert als: *Bunge*, UmwRG, 1. Aufl. 2013)

ders.: Umwelt-Rechtsbehelfsgesetz Kommentar, 2. Auflage, Berlin 2019 (zitiert als: *Bunge*, UmwRG)

ders.: Die Verbandsklage im Umweltrecht, JuS 2020, 740–745

Burgi, Martin: Verwaltungsprozeß und Europarecht, München 1996

ders.: Die dienende Funktion des Verwaltungsverfahrens: Zweckbestimmung und Fehlerfolgenrecht in der Reform, DVBl. 2011, 1317–1324

Calliess, Christian/Ruffert, Matthias (Hrsg.): EUV/AEUV – Das Verfassungsrecht der europäischen Union mit Europäischer Grundrechtecharta Kommentar, 6. Auflage, München 2022 (zitiert als: *Bearbeiter*, in: Calliess/Ruffert, EUV/AEUV)

Clausing, Berthold: Aktuelles Verwaltungsprozeßrecht, JuS 1999, 474–478

Detterbeck, Steffen: Normwiederholungsverbote aufgrund normverwerfender Entscheidungen des Bundesverfassungsgerichts?, AöR 116 (1991), 392–459

ders.: Das Verwaltungsakt-Wiederholungsverbot, NVwZ 1994, 35–38

ders.: Streitgegenstand und Entscheidungswirkungen im Öffentlichen Recht, Tübingen 1995

Dieterich, Gunther: Planfeststellungsverfahren: Berücksichtigung von präkludiertem Vorbringen (Anmerkung zu BVerwG, Beschluss vom 12.01.2018 – 9 A 12/17), jurisPR-BVerwG 6/2018 Anmerkung 3

ders.: Verfahrensaussetzung zur Nachholung von Verfahrensschritten, jurisPR-BVerwG 22/2018 Anmerkung 1

Dörr, Oliver/Lenz, Christofer: Europäischer Verwaltungsrechtsschutz, 2. Auflage, Baden-Baden 2019

Dolde, Klaus-Peter: Zur Beteiligung der Naturschutzverbände im Planfeststellungsverfahren – § 29 I Nr. 4 BNatSchG ein „absolutes Verfahrensrecht"?, NVwZ 1991, 960–963

ders.: Das ergänzende Verfahren nach § 215a I BauGB als Instrument der Planerhaltung, NVwZ 2001, 976–982

ders.: Verwaltungsverfahren und Deregulierung, NVwZ 2006, 857–865

Dreier, Horst (Hrsg.): Grundgesetz Kommentar (zitiert als: *Bearbeiter*, in: Dreier, GG)
– Band I (Art. 1–19), 3. Auflage, Tübingen 2013
– Band III (Art. 83–146), 3. Auflage, Tübingen 2018

Dürig/Herzog/Scholz – Grundgesetz Kommentar, hrsg. v. Herdegen, Matthias/Klein, Hans H., Werkstand: 99. Ergänzungslieferung September 2022, München 2022 (zitiert als: *Bearbeiter*, in: Dürig/Herzog/Scholz, GG)
– Band III (Art. 17–28)
– Band VI (Art. 87a–106b)

Dürr, Hansjochen: Aktuelle Fragen der Planfeststellung, VBlBW 1992, 321–328

Durner, Wolfgang: Die behördliche Befugnis zur Nachbesserung fehlerhafter Verwaltungsakte, VerwArch 97 (2006), 345–380

ders.: Rechtsgutachten zur Wiedereinführung der Präklusion, Bonn 2019

Ehlers, Dirk: Das Verwaltungsverfahrensgesetz im Spiegel der Rechtsprechung der Jahre 1998–2003, DV 37 (2004), 255–292

Engelhardt, Siegfried, Die Anordnung über Schutzanlagen im Planfeststellungsbeschluß, BayVBl. 1981, 389–398

Erbguth, Wilfried: Das Bundesverwaltungsgericht und die Umweltverträglichkeitsprüfung, NuR 1997, 261–267

ders.: Beschleunigung im Zeichen von Klima- und Energiekrise: materiell-rechtlich, verfahrensrechtlich?, NuR 2023, 242–246

Erfmeyer, Klaus: Die Befugnis der Behörde zum Erlass von Folgebescheiden nach rechtskräftigem Urteil über den Erstbescheid, DVBl. 1997, 27–33

Erichsen, Hans-Uwe/Ehlers, Dirk: Allgemeines Verwaltungsrecht, 12. Auflage, Berlin 2002

Ernst/Zinkahn/Bielenberg/Krautzberger – Baugesetzbuch, hrsg. v. Krautzberger, Michael, 147. Ergänzungslieferung August 2022, München 2022 (zitiert als: *Bearbeiter*, in: Ernst/Zinkahn/Bielenberg/Krautzberger, BauGB)

Ewer, Wolfgang: Möglichkeiten zur Beschleunigung verwaltungsgerichtlicher Verfahren über Vorhaben zur Errichtung von Infrastruktureinrichtungen und Industrieanlagen, Gutachten für den Nationalen Normenkontrollrat, Kiel 2019

Eyermann – Verwaltungsgerichtsordnung Kommentar, hrsg. v. Geiger, Harald/Happ, Michael/Kraft, Ingo/Rennert, Klaus/Schmidt, Jörg, 14. Auflage, München 2014 (zitiert als: *Bearbeiter*, in: Eyermann, VwGO, 14. Aufl. 2014)

Eyermann – Verwaltungsgerichtsordnung Kommentar, hrsg. v. Happ, Michael/Hoppe, Michael/Kraft, Ingo/Schübel-Pfister, Isabel/Wöckel, Holger, 16. Auflage, München 2022 (zitiert als: *Bearbeiter*, in: Eyermann, VwGO)

Fehling, Michael/Kastner, Berthold/Störmer, Rainer (Hrsg.): Verwaltungsrecht Handkommentar, 5. Auflage, Baden-Baden 2021 (zitiert als: *Bearbeiter*, in: Fehling/Kastner/Störmer, Hk-VerwR)

Feldhaus – Bundesimmissionsschutzrecht Kommentar, begr. v. Feldhaus, Gerhard, Band 1, 2. Auflage, 226. Aktualisierung, Stand: Februar 2023, Heidelberg 2023 (zitiert als: *Bearbeiter*, in: Feldhaus, BImSchG)

Fouquet, Helmut: Die allgemeinen materiellen Voraussetzungen der Planfeststellung, VerwArch 87 (1996), 212–240

Franzius, Claudio: Das Recht der Energiewende, JuS 2018, 28–32

ders.: Genügt die Novelle des Umwelt-Rechtsbehelfsgesetzes den unionsrechtlichen Vorgaben?, NVwZ 2018, 219–222

Frenz, Walter: Anmerkung zu EuGH, Urteil vom 11.11.2015 – C-505/14 – Zwischen Effektivität des Beihilfenverbotes und Rechtssicherheit, DVBl. 2016, 45–47

Gaentzsch, Günter: Die Planfeststellung als Anlagenzulassung und Entscheidung über die Zulassung der Enteignung, in: Planung und Plankontrolle – Otto Schlichter zum 65. Geburtstag, hrsg. v. Berkemann, Jörg/Gaentzsch, Günter/Halama, Günter/Heeren, Helga/Hien, Eckart/Lemmel, Hans-Peter, Köln u. a. 1995 (zitiert als: *Gaentzsch*, in: Festschrift Schlichter) (S. 517–540)

ders.: Bemerkungen zur Planerhaltung im Fachplanungsrecht, DVBl. 2000, 741–749

ders.: Aktuelle Fragen zur Planerhaltung bei Bauleitplänen und Planfeststellungen in der Rechtsprechung des Bundesverwaltungsgerichts, UPR 2001, 201–209

Gärditz, Klaus Ferdinand: Verwaltungsgerichtlicher Rechtsschutz im Umweltrecht, NVwZ 2014, 1–10

ders.: Europäisierter Umweltrechtsschutz als Laboratorium des Verwaltungsprozessrechts: Entwicklungspfade zwischen Prozeduralisierung, Objektivierung und Subjektivierung, EurUP 2015, 196–213

ders.: Funktionswandel der Verwaltungsgerichtsbarkeit unter dem Einfluss des Unionsrechts?, NJW-Beilage 2016, 41–45

ders.: Richterliche Hinweise und Befangenheit (Anmerkung zu BVerwG, Beschluss vom 10.10.2017 – 9 A 16/16), jM 2018, 30–32

ders.: Die verwaltungsprozessualen „Begleitregelungen" des UmwRG, EurUP 2018, 158–173

ders.: Verwaltungsgerichtsordnung (VwGO) mit Nebengesetzen Kommentar, 2. Auflage, Köln 2018 (zitiert als: *Bearbeiter*, in: Gärditz, VwGO)

Gaul, Hans Friedhelm: Die Entwicklung der Rechtskraftlehre seit Savigny und der heutige Stand, in: Festschrift für Werner Flume zum 70. Geburtstag, hrsg. v. Jakobs, Horst Heinrich/Knobbe-Keuk, Brigitte/Picker, Eduard/Wilhelm, Jan, Band 1, Köln 1978 (zitiert als: *Gaul*, in: Festschrift Flume, Bd. 1) (S. 443–526)

Geismann, Maria: Sachverhaltsaufklärung im Verwaltungsprozess – Funktionsbedingungen und Funktionsgrenzen von Rechtsprechung, Tübingen 2021

Germelmann, Claas Friedrich: Die Rechtskraft von Gerichtsentscheidungen in der Europäischen Union – Eine Untersuchung vor dem Hintergrund der deutschen, französischen und englischen Rechtskraftlehren, Tübingen 2009

ders.: Das Rechtliche Gehör vor Gericht im Europäischen Recht, Baden-Baden 2014

Giegerich, Thomas: Europarecht und deutsches Recht – Wechselwirkungen in der Fallbearbeitung, JuS 1997, 714–718

Giesberts, Ludger/Reinhardt, Michael (Hrsg.): BeckOK Umweltrecht, 65. Edition, Stand: 01.01.2023, München 2021 (zitiert als: *Bearbeiter*, in: Giesberts/Reinhardt, BeckOK Umweltrecht)

Götz, Heinrich: Die innerprozessuale Bindungswirkung von Urteilen im Zivil-, Arbeits- und Verwaltungsprozeßrecht, JZ 1959, 681–690

Gottwald, Peter: Die Revisionsinstanz als Tatacheninstanz, Berlin 1975

Gotzen, Johannes Heinrich: Das Verwaltungsakt-Wiederholungsverbot – Zu Umfang und Grenzen der Bindung der Verwaltung an rechtskräftige klagestattgebende Anfechtungsurteile, Bonn 1997

ders.: Die Grenzen der Rechtskraft verwaltungsgerichtlicher Urteile, VR 1998, 406–409

Grabitz/Hilf/Nettesheim – Das Recht der Europäischen Union, hrsg. v. Nettesheim, Martin, Band I, 78. Ergänzungslieferung, Stand: Januar 2023, München 2023 (zitiert als: *Bearbeiter*, in: Grabitz/Hilf/Nettesheim, EUV/AEUV)

Greim, Jeanine: Rechtsschutz bei Verfahrensfehlern im Umweltrecht – Eine Abhandlung am Beispiel des Umwelt-Rechtsbehelfsgesetzes, Berlin 2013

Grunsky, Wolfgang: Grundlagen des Verfahrensrechts, 2. Auflage, Bielefeld 1974

Guckelberger, Annette: Funktionswandel der Verwaltungsgerichtsbarkeit unter dem Einfluss des Unionsrechts – Umfang des Verwaltungsrechtsschutzes auf dem Prüfstand, in: Verhandlungen des 71. Deutschen Juristentages in Essen 2016, hrsg. v. der Ständigen Deputation des Deutschen Juristentages, Band II/1, München 2017 (zitiert als: *Guckelberger*, in: 71. DJT 2016) (S. N9–N77)

dies.: Wissensgenerierung im Verwaltungsprozess, DVBl. 2017, 222–232

dies.: Die Ausgestaltung der Umweltrechtsbehelfe für Verbände seit der UmwRG-Novelle 2017, NuR 2020, 505–512

dies.: Die Begründetheit von Umweltrechtsbehelfen von Verbänden seit der UmwRG-Novelle 2017, NuR 2020, 655–662

Habscheid, Walther J.: Der Streitgegenstand im Zivilprozess und im Streitverfahren der freiwilligen Gerichtsbarkeit, Bielefeld 1956

Haueisen, Fritz: Die Bedeutung der Rechtskraft verwaltungsgerichtlicher Urteile, NJW 1960, 313–317

Haverkämper, Jörg: Die verfassungsrechtlichen Grundlagen der Maximen des Verwaltungsprozessrechts, Münster 1973

Heinrich, Barbara: Behördliche Nachbesserung von Verwaltungsakten im verwaltungsgerichtlichen Verfahren und Rechtsschutz der Betroffenen, München 1999

Heinze, Christian: Entschädigung an Stelle von Schutzvorkehrungen bei Planvorhaben, BayVBl. 1981, 649–653

Henckel, Wolfram: Prozeßrecht und materielles Recht, Göttingen 1970

Henke, Peter: Das ergänzende Verfahren im Planfeststellungsrecht, UPR 1999, 51–57

Hermes, Georg/Sellner, Dieter (Hrsg.): Beck'scher AEG-Kommentar, 2. Auflage, München 2014 (zitiert als: *Bearbeiter*, in: Hermes/Sellner, AEG)

Hien, Eckart: Quo Vadis Umweltrechtsschutz?, DVBl. 2018, 1029–1034

Hildebrandt, Burghard: Der Planergänzungsanspruch, Berlin 1999

Hoffmann-Riem, Wolfgang/Schmidt-Aßmann, Eberhard/Voßkuhle, Andreas (Hrsg.): Grundlagen des Verwaltungsrechts, Band III, 2. Auflage, München 2013

Hoppe, Werner: Erste Überlegungen zu einem „Grundsatz der Planerhaltung", in: Planung und Plankontrolle – Otto Schlichter zum 65. Geburtstag, hrsg. v. Berkemann, Jörg/Gaentzsch, Günter/Halama, Günter/Heeren, Helga/Hien, Eckart/Lemmel, Hans-Peter, Köln u. a. 1995 (zitiert als: *Hoppe*, in: Festschrift Schlichter) (S. 87–112) *ders.*: Der Rechtsgrundsatz der Planerhaltung als Struktur- und Abwägungsprinzip, DVBl. 1996, 12–19

Hoppe, Werner/Henke, Peter: Der Grundsatz der Planerhaltung im neuen Städtebaurecht, DVBl. 1997, 1407–1414

Hoppe, Werner/Schlarmann, Hans/Buchner, Reimar/Deutsch, Markus: Rechtsschutz bei der Planung von Verkehrsanlagen und anderen Infrastrukturvorhaben, 4. Auflage, Berlin 2011

Horn, Hans-Detlef: Das Nachschieben von Gründen und die Rechtmäßigkeit von Verwaltungsakten, DV 25 (1992), 203–239

Huck. Winfried/Müller, Martin (Hrsg.): Beck'sche Kompakt-Kommentar Verwaltungsverfahrensgesetz, 3. Auflage, München 2020 (zitiert als: *Bearbeiter*, in: Huck/Müller, VwVfG)

Hüting, Ralf/Hopp, Wolfgang: Die Änderung von Planfeststellungsbeschlüssen, UPR 2003, 1–9

Hufen, Friedhelm: Heilung und Unbeachtlichkeit grundrechtsrelevanter Verfahrensfehler?, NJW 1982, 2160–2169

ders.: Verwaltungsprozessrecht, 8. Auflage, München 2011

Hufen, Friedhelm/Siegel, Thorsten: Fehler im Verwaltungsverfahren, 7. Auflage, Baden-Baden 2021

Ingold, Albert/Münkler, Laura: Fehlerfolgen und Verbandsklagesystematik im umweltbezogenen Rechtsschutz, EurUP 2018, 468–487

Jacob, Thomas/Lau, Marcus: Beurteilungsspielraum und Einschätzungsprärogative, NVwZ 2015, 241–248

Jarass, Hans D.: Aktuelle Probleme des Planfeststellungsrechts, DVBl. 1997, 795–802

ders.: Änderung und Ersatz von genehmigungsbedürftigen Anlagen im Immissionsschutzrecht, UPR 2006, 45–50

ders.: Grundfragen des ergänzenden Verfahrens und der Planänderung bei Planfeststellungen, in: Wirtschaft und Gesellschaft im Staat der Gegenwart – Gedächtnisschrift für Peter J. Tettinger, hrsg. v. Ennuschat, Jörg, Köln u. a. 2007 (zitiert als: *Jarass*, in: Gedächtnisschrift Tettinger) (S. 465–480)

ders.: Verfahrensfehler – Verfahrensverstöße im Genehmigungsverfahren: Folgen – Rechtsschutz, Präklusion, in: Allgemeines Verwaltungsrecht – Institute, Kontexte, System – Festschrift für Ulrich Battis zum 70. Geburtstag, hrsg. v. Bultmann, Peter Friedrich/Grigoleit, Klaus Joachim/Gusy, Christoph/Kersten, Jens/Otto, Christian-W./Preschel, Christina, München 2014 (zitiert als: *Jarass*, in: Festschrift Battis) (S. 467–478)

ders.: Bundesimmissionsschutzgesetz Kommentar, 13. Auflage, München 2020 (zitiert als: *Jarass*, BImSchG, 13. Aufl. 2020)

ders.: Bundesimmissionsschutzgesetz Kommentar, 14. Auflage, München 2022 (zitiert als: *Jarass*, BImSchG)

Jarass/Pieroth – Grundgesetz für die Bundesrepublik Deutschland Kommentar, hrsg. v. Jarass, Hans D./Kment, Martin, 17. Auflage, München 2022 (zitiert als: *Bearbeiter*, in: Jarass/Pieroth, GG)

Jobs, A. Thorsten, Aktuelle Rechtsprechung zum ergänzenden Verfahren zur Behebung von Fehlern in Bebauungsplänen, LKV 2018, 481–488

Johlen, Heribert: Rechtsfragen bei der Anfechtung eines Planfeststellungsbeschlusses durch eine Vielzahl von Klägern, NVwZ 1989, 109–112

Kaniess, Nicolai: Der Streitgegenstand in der VwGO, Berlin 2012

Kaufmann, Marcel: Untersuchungsgrundsatz und Verwaltungsgerichtsbarkeit, Tübingen 2002

Kautz, Steffen: Die Änderung bei der Ausführung planfestgestellter Vorhaben, NuR 2017, 93–100

Keller, Karsten: Drittanfechtungen im Umweltrecht durch Umweltvereinigungen und Individualkläger – Ein Zwischenstand nach Änderung des Umwelt-Rechtsbehelfsgesetzes, NVwZ 2017, 1080–1084

Kern, Jürgen: Die Beschleunigungsgesetze für den Verkehrsbereich, in: Planung – Recht – Rechtsschutz – Festschrift für Willi Blümel zum 70. Geburtstag am 6. Januar 1999, hrsg. v. Grupp, Klaus/Ronellenfitsch, Michael, Berlin 1999 (zitiert als: *Kern*, in: Festschrift Blümel) (S. 201–224)

Kirchhof, Paul: Richterliche Rechtsfindung, gebunden an „Gesetz und Recht", NJW 1986, 2275–2280

Kment, Martin: Nationale Unbeachtlichkeits-, Heilungs- und Präklusionsvorschriften und Europäisches Recht, Berlin 2005

ders.: Das neue Umwelt-Rechtsbehelfsgesetz und seine Bedeutung für das UVPG – Rechtsschutz des Vorhabenträgers, anerkannter Vereinigungen und Dritter, NVwZ 2007, 274–280

ders.: Rechtsbehelfe von Umweltvereinigungen – Anwendungsfragen des neuen § 2 UmwRG 2017, NVwZ 2018, 921–928

ders.: Anmerkung zu BVerwG, Urteil vom 29.05.2018 – 7 C 18/17, NVwZ 2018, 1739–1740

ders.: Unterlassen einer erforderlichen UVP – Nachholung von Verfahrensschritten (Anmerkung zu BVerwG, Urteil vom 27.09.2018 – 7 C 24/16), NVwZ 2019, 413–415

ders.: Einwirkungen des Unionsrechts auf das deutsche Planungs- und Zulassungsrecht, in: Einwirkungen des Unionsrechts auf das deutsche Planungs- und Zulassungsrecht – Symposium des Zentralinstituts für Raumplanung an der Universität Münster am 28. Oktober 2019, hrsg. v. Schlacke, Sabine, Berlin 2020 (S. 21–37)

Kment, Martin/Lorenz, Christina: Eckpfeiler des deutschen Verwaltungsrechts auf europäischem Prüfstand, EurUP 2016, 47–57

Kment, Martin/Maier, Constantin: EU-Notfallrecht für ein beschleunigtes Genehmigungsverfahren zugunsten erneuerbarer Energien, ZUR 2023, 323–330

Knack – Verwaltungsverfahrensgesetz (VwVfG) Kommentar, hrsg. v. Henneke, Hans Günter, 8. Auflage, Köln u. a. 2004 (zitiert als: *Bearbeiter*, in: Knack, VwVfG)

Knack/Henneke – Verwaltungsverfahrensgesetz (VwVfG) Kommentar, hrsg. v. Henneke, Hans-Günter, 11. Auflage, Köln 2020 (zitiert als: *Bearbeiter*, in: Knack/Henneke, VwVfG)

Kohls, Malte/Broschart, Alven: Möglichkeiten der Digitalisierung im Planfeststellungsverfahren, NVwZ 2020, 1703–1708

Kohls, Malte/Gerbig, Mara: Der Übergang der Bundesautobahnverwaltung auf den Bund – Auswirkungen auf Planfeststellungs-, Klage- und Fehlerheilungsverfahren, NVwZ 2020, 1081–1087

Kopp, Ferdinand O./Kopp, Ferdinand J.: Grenzen der Rechtskraftwirkung von Urteilen aufgrund von Anfechtungsklagen, NVwZ 1994, 1–6

Kopp/Ramsauer – Verwaltungsverfahrensgesetz Kommentar, hrsg. v. Ramsauer, Ulrich, 22. Auflage, München 2021 (zitiert als: *Bearbeiter*, in: Kopp/Ramsauer, VwVfG, 22. Aufl. 2021)

Kopp/Ramsauer – Verwaltungsverfahrensgesetz Kommentar, hrsg. v. Ramsauer, Ulrich, 23. Auflage, München 2022 (zitiert als: *Bearbeiter*, in: Kopp/Ramsauer, VwVfG)

Kopp/Schenke – Verwaltungsgerichtsordnung Kommentar, hrsg. v. Schenke, Wolf-Rüdiger, 28. Auflage, München 2022 (zitiert als: *Bearbeiter*, in: Kopp/Schenke, VwGO)

Korber, Hans: Einteiliges Aufhebungs- und zweiteiliges Wiederaufgreifensverfahren, Frankfurt am Main 1983

ders.: Die Beseitigung belastender Verwaltungsakte durch die Verwaltung im Aufhebungs- und im Wiederaufgreifensverfahren, DVBl. 1984, 405–412

Korbmacher, Andreas: Überblick über die Rechtsprechung des BVerwG zum Umweltrecht, DVBl. 2022, 1–9

Kraft, Ingo: Änderungsbescheide im Widerspruchsverfahren und Verwaltungsprozeß, BayVBl. 1995, 519–524

ders.: Erheblichkeit von Abwägungsmängeln, UPR 2003, 367–373

Krebs, Walter: Kontrolle in staatlichen Entscheidungsprozessen, Heidelberg 1984

Kremer, Carsten: Gemeinschaftsrechtliche Grenzen der Rechtskraft, EuR 2007, 470–493

Külpmann, Christoph: Frist des Normenkontrollantrags bei erneuter Ausfertigung eines Bebauungsplans, jurisPR-BVerwG 22/2015, Anmerkung 4

ders.: Anmerkungen zum gegenwärtigen Stand des Umweltrechtsschutzes, DVBl. 2019, 140–145

ders.: Rechtsschutz gegen Planergänzung bei bestandskräftigem Planfeststellungsbeschluss, jurisPR-BVerwG 25/2019, Anmerkung 2

ders.: Das ergänzende Verfahren im Zulassungsrecht aus richterlicher Sicht, NVwZ 2020, 1143–1149

ders.: Tempus fugit – Fristen im Normenkontrollverfahren, DVBl. 2021, 1289–1294

ders.: Gemeindeklage gegen Planfeststellung: Folgen eines Fehlers bei einer „zusätzlichen" Bekanntmachung im Internet, jurisPR-BVerwG 5/2022, Anmerkung 4

Landmann/Rohmer – Umweltrecht, hrsg. v. Beckmann, Martin/Durner, Wolfgang/Mann, Thomas/Röckinghausen, Marc, Stand: 01.09.2022, 99. Ergänzungslieferung, München 2022 (zitiert als: *Bearbeiter*, in: Landmann/Rohmer, Umweltrecht)
– Band I (UVPG, UmweltHG, UIG, USchadG, WHG u. a.)
– Band III (BImSchG)

Langstädtler, Sarah: Effektiver Umweltrechtsschutz in Planungskaskaden, Baden-Baden 2021

Laubinger, Hans-Werner: Der Umfang der Konzentrationswirkung der Planfeststellung, VerwArch 77 (1986), 77–91

Lorenz, Dieter: Verwaltungsprozeßrecht, Berlin u. a. 2000

Lüke, Gerhard: Der Streitgegenstand im Verwaltungsprozeß, JuS 1967, 1–8

ders.: Die Bindungswirkung im Zivilprozess, JuS 2000, 1042–1046

Mager, Ute: Die Bedeutung der Neufassung des Umweltrechtsbehelfsgesetzes vom 29. Mai 2017 für das Raumplanungs- und Baurecht, EurUP 2018, 50–56

v. Mangoldt/Klein/Starck – Grundgesetz Kommentar, hrsg. v. Huber, Peter M./Voßkuhle, Andreas, 7. Auflage, München 2018 (zitiert als: *Bearbeiter*, in: v. Mangoldt/Klein/Starck, GG)
– Band 1 (Art. 1–19)
– Band 2 (Art. 20–82)
– Band 3 (Art. 83–146)

M*ann, Thomas/Sennekamp, Christoph/Uechtritz, Michael* (Hrsg.): Verwaltungsverfahrensgesetz Großkommentar, 2. Auflage, Baden-Baden 2019 (zitiert als: *Bearbeiter*, in: Mann/Sennekamp/Uechtritz, VwVfG)

Marquard, Maria: Klagebegründungsfrist und innerprozessuale Präklusion: § 6 UmwRG in der Praxis, NVwZ 2019, 1162–1166

Martens, Joachim: Die Praxis des Verwaltungsprozesses, München 1975

ders.: Vorläufige Regelungen durch Verwaltungsakt, DÖV 1987, 992–1000

Martin, Marco: Heilung von Verfahrensfehlern im Verwaltungsverfahren, Berlin 2004

Maurer, Hartmut: Anmerkung zu BVerwG, Urteil vom 08.12.1992 – 1 C 12/92, JZ 1993, 574–575

Maurer, Hartmut/Waldhoff, Christian: Allgemeines Verwaltungsrecht, 20. Auflage, München 2020

Meier, Patrick: Was ist eigentlich … obiter dictum?, JuS 2020, 636–637

Möllers, Christoph: Dogmatik der grundgesetzlichen Gewaltengliederung, AöR 132 (2007), 493–538

Monheim, Heiner: Hemmnisse und Perspektiven einer Verkehrswende (Teil 1), IR 2017, 236–240

Morlok, Martin: Die Folgen von Verfahrensfehlern am Beispiel von kommunalen Satzungen, Berlin 1988

ders.: Erstattung als Rechtmäßigkeitsrestitution, DV 25 (1992), 371–399

Müller-Steinwachs, Jennifer: Bestandsschutz im Fachplanungsrecht, Baden-Baden 2007

Münchener Kommentar zur Zivilprozessordnung mit Gerichtsverfassungsgesetz und Nebengesetzen, hrsg. v. Rauscher, Thomas/Krüger, Wolfgang, Band 1 (§§ 1–354), 6. Auflage, München 2020 (zitiert als: *Bearbeiter*, in: MüKo-ZPO)

Musielak, Hans-Joachim/Voit, Wolfgang (Hrsg.): Zivilprozessordnung mit Gerichtsverfassungsgesetz, 20. Auflage, München 2023 (zitiert als: *Bearbeiter*, in: Musielak/Voit, ZPO)

v. Mutius, Albert: Gerichtsverfahren und Verwaltungsverfahren, in: System des verwaltungsgerichtlichen Rechtsschutzes – Festschrift für Christian-Friedrich Menger zum 70. Geburtstag, hrsg. v. Erichsen, Hans-Uwe/Hoppe, Werner/v. Mutius, Albert, Köln u. a. 1985 (zitiert als *v. Mutius*, in: Festschrift Menger) (S. 575–604)

Nierhaus, Michael: Beweismaß und Beweislast, München 1989

Obermayer, Klaus/Funke-Kaiser, Michael (Hrsg.) – VwVfG Kommentar, *Obermayer, Klaus/Funke-Kaiser-Michael* (Hrsg.), 6. Auflage, Köln 2020 (zitiert als: *Bearbeiter*, in: Obermayer/Funke-Kaiser, VwVfG)

Odendahl, Kerstin: Die Konzentrationswirkung: Formenvielfalt, Kollisionsfragen und Alternativmodelle, VerwArch 94 (2003), 222–247

Pache, Eckhard/Bielitz, Joachim: Verwaltungsprozessuale Wiederaufnahmepflicht kraft Völker- oder Gemeinschaftsrechts?, DVBl. 2006, 325–332

Paetow, Stefan: Die Teilbarkeit von Planungsentscheidungen, DVBl. 1985, 369–377

ders.: Genehmigung statt Planfeststellung. Zur Austauschbarkeit von Zulassungsverfahren am Beispiel von Abfallentsorgungsanlagen, in: Planung und Plankontrolle – Otto Schlichter zum 65. Geburtstag, hrsg. v. Berkemann, Jörg/Gaentzsch, Günter/Halama, Günter/Heeren, Helga/Hien, Eckart/Lemmel, Hans-Peter, Köln u. a. 1995 (zitiert als: *Paetow*, in: Festschrift Schlichter) (S. 499–516)

ders.: Erstinstanzliche Großverfahren vor dem BVerwG, NVwZ 2007, 36–40

Pagenkopf, Martin: Verwaltungsgerichte im infrastrukturellen Beschleunigungszyklus, NJW 2023, 1095–1099

Palme, Christoph: Fehlerheilung im Planfeststellungsverfahren auch bei Verstoß gegen zwingendes Recht?, NVwZ 2006, 909–912

Pasternak, Dieter: Beschleunigung beim Straßenbau – Auswirkungen des Gesetzes zur Vereinfachung der Planungsverfahren für Verkehrswege – Planungsvereinfachungsgesetz (PlVereinfG) – auf das Bundesfernstraßengesetz (FStrG), BayVBl. 1994, 616–619

Pauli, Felix/Hagemann, Mats: Die UVP-Vorprüfung und deren Heilung, UPR 2018, 8–17

Pernice-Warnke, Silvia: Verwaltungsprozessrecht unter Reformdruck – Regelungsspielräume des deutschen Gesetzgebers angesichts europäischer und internationaler Einflüsse auf den Rechtsschutz im Umweltrecht, DÖV 2017, 846–856

Petz, Helmut: Ergänzende Verfahren, insbesondere zur Behebung von Verstößen gegen das UVPG, in: Querschnittsprobleme des Umwelt- und Planungsrechts – Rechtsschutz und Umweltprüfungen, Dokumentation des 23. Leipziger Umweltrechtlichen Symposions des Instituts für Umwelt- und Planungsrecht der Universität Leipzig und des Helmholtz-Zentrums für Umweltforschung am 22. und 23. März 2018, hrsg. v. Faßbender, Kurt/Köck, Wolfgang, Baden-Baden 2019 (S. 103–124)

Pieroth, Bodo/Aubel, Tobias: Die Rechtsprechung des Bundesverfassungsgerichts zu den Grenzen richterlicher Entscheidungsfindung, JZ 2003, 504–510

Pieroth, Bodo/Hartmann, Bernd J.: Gewaltenübergreifende Bindungswirkung – Zur Maßgeblichkeit von Gerichtsentscheidungen für Behörde, DV 41 (2008), 463–481

Pöcker, Markus/Barthelmann, Ralf: Der missglückte § 114 Satz 2 VwGO, DVBl. 2002, 668–676

Poelzig, Dörte: Die Aufhebung rechtskräftiger zivilgerichtlicher Urteile unter dem Einfluss des Europäischen Gemeinschaftsrechts, JZ 2007, 858–868

Posser, Herbert/Wolff, Heinrich/Decker, Andreas (Hrsg.): BeckOK VwGO, 65. Edition, Stand: 01.04.2023, München 2023 (zitiert als: *Bearbeiter*, in: Posser/Wolff/Decker, BeckOK VwGO)

Preusche, Burkhard: Zum Ändern und Ersetzen angefochtener Verwaltungsakte, DVBl. 1992, 797–804

Redeker, Konrad: Untersuchungsgrundsatz und Mitwirkung der Beteiligten im Verwaltungsprozeß, DVBl. 1981, 83–87

ders.: Die „Heilungsvorschriften" der 6. VwGO-Novelle, NVwZ 1997, 625–628

Redeker/v. Oertzen – Verwaltungsgerichtsordnung, hrsg. v. Redeker, Martin/Kothe, Peter/v. Nicolai, Helmuth, 17. Auflage, Stuttgart 2022 (zitiert als: *Redeker/v. Oertzen*, VwGO)

Remmert, Barbara: Nebenbestimmungen zu begünstigenden Verwaltungsakten, VerwArch 88 (1997), 112–136

dies.: Die Drittanfechtung von Baugenehmigungen im Anwendungsbereich des Umwelt-Rechtsbehelfsgesetzes, VBlBW 2019, 181–187

Rennert, Klaus: Rechtskraftprobleme im Verhältnis von Art. 16 Abs. 2 GG und § 51 Abs. 1 AuslG, VBlBW 1993, 281–286

ders.: Bestandskraft rechtswidriger Verwaltungsakte und Gemeinschaftsrecht, DVBl. 2007, 400–408

ders.: Funktionswandel der Verwaltungsgerichtsbarkeit?, DVBl. 2015, 793–801

ders.: Verwaltungsrechtsschutz auf dem Prüfstand, DVBl. 2017, 69–79

ders.: Gericht als Reparaturhelfer für fehlerhafte Verwaltungsentscheidungen, NuR 2018, 505–507

ders.: Die Rechtsprechung des Bundesverwaltungsgerichts zum Umweltrecht im Zeitraum 2018/2019, DVBl. 2020, 389–393

Rimmelspacher, Bruno: Materiellrechtlicher Anspruch und Streitgegenstandsprobleme im Zivilprozess, Göttingen 1970

ders.: Materielle Rechtskraft und Gestaltungsrechte, JuS 2004, 560–565

Roeser, Thomas: Zur Teilbarkeit von Planfeststellungsbeschlüssen, in: Planung und Plankontrolle – Otto Schlichter zum 65. Geburtstag, hrsg. v. Berkemann, Jörg/Gaentzsch, Günter/Halama, Günter/Heeren, Helga/Hien, Eckart/Lemmel, Hans-Peter, Köln u. a. 1995 (zitiert als: *Roeser*, in: Festschrift Schlichter) (S. 479–498)

Rösslein, Thomas: Der Folgenbeseitigungsanspruch, Berlin 1968

Ronellenfitsch, Michael: Beschleunigung und Vereinfachung der Anlagenzulassungsverfahren, Berlin 1994

Rosenberg/Schwab/Gottwald – Zivilprozessrecht, hrsg. v. Gottwald, Peter, 18. Auflage, München 2018 (zitiert als: *Rosenberg/Schwab/Gottwald*, ZPO)

Roth, Maximilian: Planungs- und Genehmigungsbeschleunigung, ZRP 2022, 82–84

ders.: Vom Revisions- zum Tatsachengericht: Der Wandel des BVerwG am Beispiel von Infrastrukturvorhaben, DVBl. 2023, 10–15

Rothkegel, Ralf: Anforderungen aus Art. 16 II 2 GG an die Tatsachenfeststellung im Asylverfahren, NVwZ 1990, 717–725

Rubel, Rüdiger: Planerhaltung: Von Horst Sendler bis zum Umweltrechtsbehelfsgesetz, DVBl. 2019, 600–608

ders.: Umweltrechtsschutz in der gerichtlichen Praxis, EurUP 2019, 386–395

Ruffert, Matthias: Europa-, Verwaltungs- und Verwaltungsprozessrecht: Verbandsklage und Individualrechtsschutz im EU-Umweltrecht – Voraussetzungen der Begründetheit einer umweltrechtlichen Verbandsklage, JuS 2015, 1138–1140

Ruge, Reinhard: Die EU-Notfallverordnung – Revolution im EU-Umweltrecht?, NVwZ 2023, 870–875

Rupp, Jürgen-Johann: Nachschieben von Gründen im verwaltungsgerichtlichen Verfahren, Heidelberg 1987

Ruttloff, Marc: Anmerkung zu BVerwG, Urteil vom 08.05.2019 – 7 C 28/17, NVwZ 2019, 1518–1519

Sachs, Michael (Hrsg.): Grundgesetz Kommentar, 9. Auflage, München 2021 (zitiert als: *Bearbeiter*, in: Sachs, GG)

Sanden, Joachim: Das Wiederaufgreifen des Verfahrens nach § 51 VwVfG bei Veraltungsakten mit Drittwirkung, DVBl. 2007, 665–670

Sasse, Thorsten: Das Wiederaufgreifen des Verfahrens gemäß § 51 VwVfG, Jura 2009, 493–498

Sauer, Heiko: Öffentliches Reaktionsrecht, Tübingen 2021

Sauer, Hubert: Die Bestandskraft von Verwaltungsakten, DÖV 1971, 150–158

Sauer, Matthias: Das Gesetz zur Anpassung des Umweltrechtsbehelfsgesetzes und anderer Vorschriften an europa- und völkerrechtliche Vorgaben, UPR 2017, 448–456

Saurer, Johannes: Heilung von Verfahrensfehlern in umweltrechtlichen Zulassungsverfahren, NVwZ 2020, 1137–1143

v. Savigny, Friedrich Karl: System des heutigen römischen Rechts, Band 6, Neudruck der Ausgabe Berlin 1847, Darmstadt 1981

Schenke, Wolf-Rüdiger: Die Konkurrentenklage im Beamtenrecht, in: Festschrift für Otto Mühl zum 70. Geburtstag – 10. Oktober 1981, hrsg. v. Damrau, Jürgen/Kraft, Alfons/Fürst, Walther, Stuttgart u. a. 1981 (zitiert als: *Schenke* in: Festschrift Mühl) (S. 571–594)

ders.: Der verfahrensfehlerhafte Verwaltungsakt gemäß § 46 VwVfG, DÖV 1986, 305–321

ders.: Das Nachschieben von Gründen im Rahmen der Anfechtungsklage, NVwZ 1988, 1–13

ders.: „Reform" ohne Ende – Das Sechste Gesetz zur Änderung der Verwaltungsgerichtsordnung und anderer Gesetze (6. VwGOÄndG), NJW 1997, 81–93

ders.: Die Heilung von Verfahrensfehlern gem. § 45 VwVfG, VerwArch 97 (2006), 592–610

ders.: Der Umfang der gerichtlichen Aufhebung einer angefochtenen rechtswidrigen Allgemeinverfügung, NVwZ 2022, 273–280

Schink, Alexander/Reidt, Olaf/Mitschang, Stephan (Hrsg.): Umweltverträglichkeitsprüfungsgesetz Umwelt-Rechtsbehelfsgesetz Kommentar, 2. Auflage, München 2023 (zitiert als: *Schink/Reidt/Mitschang*, UVPG/UmwRG)

Schlacke, Sabine: Das Umwelt-Rechtsbehelfsgesetz, NuR 2007, 8–16

dies.: Bedeutung von Verfahrensfehlern im Umwelt- und Planungsrecht – unter besonderer Berücksichtigung des Gesetzentwurfs zum UmwRG vom 5.9.2016, UPR 2016, 478–487

dies.: Die Novelle des UmwRG 2017, NVwZ 2017, 905–912

dies.: Die jüngste Novellierung des UmwRG zur Umsetzung der Vorgaben der Aarhus-Konvention, EurUP 2018, 127–142

dies.: Aktuelles zum Umweltrechtsbehelfsgesetz – Kompensationen des Wegfalls der materiellen Präklusion, Anwendungsbereich, Rügebefugnis und Kontrollmaßstab im Spiegel der Rechtsprechung, NVwZ 2019, 1392–1401

dies.: Umweltrecht, 8. Auflage, Baden-Baden 2021

Schmidt, Kristina/Kelly, Ryan: (R)Evolution des Infrastrukturrechts in der Verkehrswege- und Energieleitungsplanung – planungsrechtliche Beschleunigung vs. verfassungsrechtliche Entschleunigung, VerwArch 112 (2021), 97–132 (Teil 1) und 235–279 (Teil 2)

Schmidt-Aßmann, Eberhard: Aufgaben- und Funktionswandel der Verwaltungsgerichtsbarkeit vor dem Hintergrund der Verwaltungsrechtsentwicklung, VBlBW 2000, 45–53

Schmidt-Jortzig, Edzard: Effektiver Rechtsschutz als Kernstück des Rechtsstaatsprinzips nach dem Grundgesetz, NJW 1994, 2569–2573

Schmidt-Preuß, Matthias: Kollidierende Privatinteressen im Verwaltungsrecht, Berlin 1992

Schmieszek, Hans-Peter: Sechstes Gesetz zur Änderung der Verwaltungsgerichtsordnung und anderer Gesetze (6. VwGOÄndG), NVwZ 1996, 1151–1155

Schnapp, Friedrich E./Cordewener, Axel: Welche Rechtsfolgen hat die Fehlerhaftigkeit eines Verwaltungsakts?, JuS 1999, 39–44

Schoch, Friedrich: Die Heilung von Anhörungsmängeln im Verwaltungsverfahren (§ 45 I Nr. 3, II VwVfG), Jura 2007, 28–32

Schoch, Friedrich/Schneider, Jens-Peter (Hrsg.): Verwaltungsrecht VwGO Band I Kommentar, Werkstand: 43. Ergänzungslieferung von August 2022, München 2022 (zitiert als: *Bearbeiter*, in: Schoch/Schneider, VwGO)

Schoch, Friedrich/Schneider, Jens-Peter (Hrsg.): Verwaltungsrecht VwVfG Band III Kommentar, Werkstand: 3. Ergänzungslieferung von August 2022, München 2022 (zitiert als: *Bearbeiter*, in: Schoch/Schneider, VwVfG)

Schöbener, Burkhard: Der Ausschluss des Aufhebungsanspruchs wegen Verfahrensfehlern bei materiell-rechtlich und tatsächlich alternativlosen Verwaltungsakten, DV 33 (2000), 447–484

Schütte, Peter: Verkehrswende jetzt!, ZUR 2018, 65–67

Schütz, Peter: Das ergänzende Verfahren nach § 75 Abs. 1a S. 2, erster Halbsatz VwVfG, UPR 2021, 418–426

Schulze, Hans-Otto/Stüer, Bernhard: Die Anwendung der Beschleunigungsgesetze im Planfeststellungsverfahren – Die Emsvertiefung, ZfW 1996, 269–289

Schulze, Reiner/Janssen, André/Kadelbach, Stefan (Hrsg.): Europarecht – Handbuch für die deutsche Rechtspraxis, 4. Auflage, Baden-Baden 2020 (zitiert als: *Bearbeiter*, in: Schulze/Janssen/Kadelbach, Europarecht)

Schulze-Fielitz, Helmuth: Verwaltungsgerichtliche Kontrolle der Planung im Wandel – Eröffnung, Maßstäbe, Kontrolldichte, in: Planung – Festschrift für Werner Hoppe zum 70. Geburtstag, hrsg. v. Erbguth, Wilfried/Oebbecke, Janbernd/Rengeling, Hans-Werner/Schulte, Martin, München 2000 (zitiert als: *Schulze-Fielitz*, in: Festschrift Hoppe) (S. 997–1010)

Schwab, Karl Heinz: Die Bedeutung der Entscheidungsgründe, in: Festschrift für Eduard Bötticher zum 70. Geburtstag am 29. Dezember 1969, hrsg. v. Bettermann, Karl August/Zeuner, Albrecht, Berlin 1969 (zitiert als: *Schwab*, in: Festschrift Bötticher) (S. 321–340)

Schwabe, Jürgen: Das Wiederaufgreifen unanfechtbarer Verwaltungsakte, JZ 1985, 545–554

Schwan, Hartmut: Amtsermittlungsgrundsatz im Verwaltungsprozess, ThürVBl. 2015, 181–185

Schwartz, Johann Christoph: „Absolute Rechtskraft“ und heutiges Deutsches Recht, in: Festgabe für Heinrich Dernburg zum fünfzigjährigen Doktorjubiläum am 4. April 1900, hrsg. v.

Berner, Albert Friedrich u.a., Berlin 1900 (zitiert als: *Schwartz*, in: Festgabe Dernburg) (S. 281–308)

Schwarze, Jürgen: Europäische Rahmenbedingungen für die Verwaltungsgerichtsbarkeit, NVwZ 2000, 241–252

Schwarze – EU-Kommentar, hrsg. v. Becker, Ulrich/Hatje, Armin/Schoo, Johann/Schwarze, Jürgen, 4. Auflage, Baden-Baden 2019 (zitiert als: *Bearbeiter*, in Schwarze, EU-Kommentar)

Seibert, Max-Jürgen: Die Bindungswirkung von Verwaltungsakten, Baden-Baden 1989

ders.: Die Fehlerbehebung durch ergänzendes Verfahren nach dem UmwRG, NVwZ 2018, 97–105

ders.: Die gerichtliche Kontrolle von Verfahrensvorschriften nach § 4 UmwRG, NVwZ 2019, 337–344

Sendler, Horst: Neue Entwicklungen bei Rechtsschutz und gerichtlicher Kontrolle, in: Aktuelle Fragen der Planfeststellung, hrsg. v. Kormann, Joachim, München 1994 (S. 9–38)

ders.: Der Jubilar, der Grundsatz der Planerhaltung und das Richterrecht, DVBl. 2005, 659–667

Sieg, Ulf Matthias: Die Schutzauflage im Fachplanungsrecht, Münster 1994

Siegel, Thorsten: Rechtsschutz vor Gericht und im Verwaltungsverfahren, ZUR 2017, 451–456

ders.: Die neue Bestimmung des § 80c VwGO, NVwZ 2023, 462–465

Sodan, Helge/Ziekow, Jan (Hrsg.): Verwaltungsgerichtsordnung Großkommentar, 5. Auflage, Baden-Baden 2018 (zitiert als: *Bearbeiter*, in: Sodan/Ziekow, VwGO)

Spannowsky, Willy/Krämer, Tim: Die Neuregelungen im Recht der Bauleitplanung aufgrund der Änderungen des BauGB, UPR 1998, 44–51

Spannowsky, Willy/Uechtritz, Michael (Hrsg.): BeckOK BauGB, 57. Edition, Stand: 01.09. 2022, München 2022 (zitiert als: *Bearbeiter*, in: Spannowsky/Uechtritz, BeckOK BauGB)

SPD, Bündnis 90/Die Grünen und FDP: Mehr Fortschritt wagen – Bündnis für Freiheit, Gerechtigkeit und Nachhaltigkeit, Koalitionsvertrag 2021–2025

Spieler, Martin: Antragsfrist nach § 47 Abs. 2 VwGO bei erneuter Bekanntmachung eines Bebauungsplans, jurisPR-UmwR 10/2015, Anmerkung 3

Spieth, Wolf Friedrich/Hellermann, Niclas: Umweltverbände: Mit Macht kommt Verantwortung, NVwZ 2019, 745–751

Steinberg, Rudolf: Rechtsfolgen unvollständiger Planfeststellungsbeschlüsse, NVwZ 1988, 1095–1100

Steinberg, Rudolf/Berg, Thomas: Das neue Planungsvereinfachungsgesetz, NJW 1994, 488–491

Steinberg, Rudolf/Wickel, Martin/Müller, Henrik: Fachplanung, 3. Auflage, Baden-Baden 2000 (zitiert als: *Steinberg/Wickel/Müller*, Fachplanung, 3. Aufl. 2000)

dies.: Fachplanung, 4. Auflage, Baden-Baden 2012 (zitiert als: *Steinberg/Wickel/Müller*, Fachplanung)

Steiner, Udo: Das Planungsvereinfachungsgesetz, NVwZ 1994, 313–318

Stein/Jonas – Kommentar zur Zivilprozessordnung, hrsg. v. Bork, Reinhard/Roth, Herbert, Band 4 (§§ 271–327), 23. Auflage, Tübingen 2018 (zitiert als: *Bearbeiter*, in: Stein/Jonas, ZPO)

Steinkühler, Martin: Infrastrukturgroßvorhaben vor Gericht – Betrachtungen am Beispiel (nicht nur) der Verfahren gegen die Feste Fehmarnbeltquerung, UPR 2022, 241–248 und 281–285

Stelkens/Bonk/Sachs – Verwaltungsverfahrensgesetz Kommentar, hrsg. v. Stelkens, Paul/ Bonk, Heinz Joachim/Sachs, Michael, 6. Auflage, München 2001 (zitiert als: *Bearbeiter*, in: Stelkens/Bonk/Sachs, VwVfG, 6. Aufl. 2001)

Stelkens/Bonk/Sachs – Verwaltungsverfahrensgesetz Kommentar, hrsg. v. Stelkens, Paul/ Bonk, Heinz Joachim/Sachs, Michael, 8. Auflage, München 2014 (zitiert als: *Bearbeiter*, in: Stelkens/Bonk/Sahs, VwVfG, 8. Aufl. 2014)

Stelkens/Bonk/Sachs – Verwaltungsverfahrensgesetz Kommentar, hrsg. v. Sachs, Michael/ Schmitz, Heribert, 9. Auflage, München 2018 (zitiert als: *Bearbeiter*, in: Stelkens/Bonk/ Sachs, VwVfG, 9. Aufl. 2018)

Stelkens/Bonk/Sachs – Verwaltungsverfahrensgesetz Kommentar, hrsg. v. Sachs, Michael/ Schmitz, Heribert/Stelkens, Ulrich, 10. Auflage, München 2023 (zitiert als: *Bearbeiter*, in: Stelkens/Bonk/Sachs, VwVfG)

Stern, Klaus: Das Staatsrecht der Bundesrepublik Deutschland, Band III/1, München 1988

Storost, Ulrich: Fachplanung und Wirtschaftsstandort Deutschland: Rechtsfolgen fehlerhafter Planung, NVwZ 1998, 797–805

ders.: Aktuelle Grundfragen des Verwaltungsrechtsschutzes, in: Daseinsvorsorge und Infra-strukturgewährleistung, Symposium zu Ehren von Willi Blümel zum 80. Geburtstag, hrsg. v. Magiera, Siegfried/Sommermann, Karl-Peter, Berlin 2009 (zitiert als: *Storost*, in: Symposi-um Blümel) (S. 109–118)

ders.: Rechtsschutz der Natur in der gerichtlichen Kontrolle von Planfeststellungsbeschlüssen, UPR 2018, 52–58

Stüer, Bernhard: Die Beschleunigungsnovellen 1996, DVBl. 1997, 326–341

ders.: Fachplanung und Wirtschaftsstandort Deutschland, NWVBl. 1998, 169–176

ders.: Handbuch des Fachplanungsrechts, Planung – Genehmigung – Rechtsschutz, 5. Auflage, München 2015

ders.: Anmerkung zu BVerwG, Beschluss vom 21.06.2016 – 9 B 65/15 – (OVG NRW, Urteil vom 15.05.2015 – 11 D 12/12.AK) Ortsumgehung Münster, DVBl. 2016, 1121–1127

ders.: Heilung von Fehlern in umweltrechtlichen Zulassungsverfahren – Landwirtschaft und Umweltschutz, 43. Umweltrechtliche Fachtagung der Gesellschaft für Umweltrecht, DVBl. 2020, 27–32

ders.: Verwaltungsverfahren und Personenstandsrecht als Konkretisierungsaufgabe, DÖV 2020, 190–194

Stüer, Bernhard/Stüer, Eva-Maria: Im ergänzenden Verfahren kann vormals präkludiertes Vor-bringen zu berücksichtigen sein, DVBl. 2018, 585–589

dies.: Anmerkung zu BVerwG, Urt. v. 15.02.2018 – 9 C 1.17, DVBl. 2018, 1160–1162

dies.: Anmerkung zu BVerwG, Beschluss vom 20.03.2018 – 9 B 43/16 (Ortsumgehung Celle – Mittelteil), DVBl. 2018, 1367–1369

Tegethoff, Carsten: Die Entwicklung des Verwaltungsverfahrensrechts in der Rechtsprechung, NVwZ 2018, 1081–1087

Thomas/Putzo – Zivilprozessordnung Kommentar, hrsg. v. Reichold, Klaus/Hüstege, Rainer/ Seiler, Christian/Nordmeier, Carl Friedrich, 44. Auflage, München 2023 (zitiert als: *Bearbei-ter*, in: Thomas/Putzo, ZPO)

Traulsen, Christian: Aktuelle Rechtsfragen des Wiederaufgreifens von Verwaltungsverfahren, VerwArch 103 (2012), 337–355

Ule, Carl Hermann: Verwaltungsprozeßrecht, 9. Auflage, München 1987

Umweltbundesamt (Hrsg.): Abschlussbericht – Wissenschaftliche Unterstützung des Rechts-schutzes in Umweltangelegenheiten in der 19. Legislaturperiode, Texte 149/2021, Dessau-Roßlau 2021

Vallendar, Willi: Planungsrecht im Spiegel der aktuellen Rechtsprechung des Bundesverwal-tungsgerichts, UPR 1998, 81–87

Voßkuhle, Andreas: Duldung rechtswidrigen Verwaltungshandelns? Zu den Grenzen des Opportunitätsprinzips, DV 29 (1996), 511–538

Voßkuhle, Andreas/Eifert, Martin/Möllers, Christoph (Hrsg.): Grundlagen des Verwaltungsrechts, Bd. II, 3. Auflage, München 2022

Wach, Adolf: Vorträge über die Reichs-Civilprocessordnung, Bonn 1879

Wahl, Rainer: Verwaltungsverfahren zwischen Verwaltungseffizienz und Rechtsschutzauftrag, in: VVDStRL 41 – Berichte und Diskussionen auf der Tagung der Vereinigung der Deutschen Staatsrechtslehrer in Konstanz vom 6. bis 9. Oktober 1982, hrsg. v. der Vereinigung der Deutschen Staatsrechtslehrer e.V., Berlin u.a. 1983 (zitiert als: *Wahl*, in: VVDStRL 41) (S. 151–186)

ders.: Entwicklung des Fachplanungsrechts, NVwZ 1990, 426–441

Wahl, Rainer/Dreier, Johannes: Entwicklung des Fachplanungsrechts, NVwZ 1999, 606–620

Waldner, Wolfram: Der Anspruch auf rechtliches Gehör, Köln u.a. 1989

Wegener, Bernhard: Rechtsschutz gegen Verfahrensfehler, in: Querschnittsprobleme des Umwelt- und Planungsrechts – Rechtsschutz und Umweltprüfungen, Dokumentation des 23. Leipziger Umweltrechtlichen Symposions des Instituts für Umwelt- und Planungsrecht der Universität Leipzig und des Helmholtz-Zentrums für Umweltforschung am 22. und 23. März 2018, hrsg. v. Faßbender, Kurt/Köck, Wolfgang, Baden-Baden 2019 (S. 87–102)

Weiß, Harald: Anmerkung zu EuGH, Urteil vom 11.11.2015 – C-505/14 (Klausner Holz Niedersachsen /Land Nordrhein-Westfalen), EuZW 2016, 60–61

Weiß, Wolfgang: Bestandskraft nationaler belastender Verwaltungsakte und EG-Recht, DÖV 2008, 477–487

Weyreuther, Felix: Probleme der Rechtsprechung zum Enteignungsverfahren, DVBl. 1972, 93–101

ders.: Die Rechtswidrigkeit eines Verwaltungsaktes und die „dadurch" bewirkte Verletzung „in … Rechten" (§ 113 Abs. 1 Satz 1 und Abs. 4 Satz 1 VwGO), in: System des verwaltungsgerichtlichen Rechtsschutzes – Festschrift für Christian-Friedrich Menger zum 70. Geburtstag, hrsg. v. Erichsen, Hans-Uwe/Hoppe, Werner/v. Mutius, Albert, Köln u.a. 1985 (zitiert als: *Weyreuther*, in: Festschrift Menger) (S. 681–692)

Wickel, Martin: Symbolische Gesetzgebung in der Verkehrswegeplanung? – Anmerkung zur erneuten Verlängerung des Verkehrswegeplanungsbeschleunigungsgesetzes, NVwZ 2001, 16–20

Wischermann, Norbert: Rechtskraft und Bindungswirkung verfassungsgerichtlicher Entscheidungen, Berlin 1979

Wolff/Bachof/Stober/Kluth Verwaltungsrecht I – Ein Studienbuch, hrsg. v. Stober, Rolf/Kluth, Winfried, 13. Auflage, München 2017

Wysk, Peter (Hrsg.): Beck'sche Kompakt-Kommentare Verwaltungsgerichtsordnung, 3. Auflage, München 2020 (zitiert als: *Bearbeiter*, in: Wysk, VwGO)

Wysk, Peter: Letzte Neuigkeiten aus der Leipziger eisenbahnrechtlichen „Werkstatt", UPR 2021, 434–444

Zeiss, Walter/Schreiber, Klaus: Zivilprozessrecht, 10. Auflage, Tübingen 2003

Zeuner, Albrecht: Die objektiven Grenzen der Rechtskraft im Rahmen rechtlicher Sinnzusammenhänge, Tübingen 1959

Ziekow, Jan: Von der Reanimation des Verfahrensrechts, NVwZ 2005, 263–267

ders.: Das Umwelt-Rechtsbehelfsgesetz im System des deutschen Rechtsschutzes, NVwZ 2007, 259–267

ders.: Die Bestandskraft luftverkehrsrechtlicher Planfeststellungsbeschlüsse, VerwArch 99 (2008), 559–587 *ders.* (Hrsg.): Handbuch des Fachplanungsrechts, 2. Aufl., München 2014

ders.: Verfahrensrechtliche Regelung der Vorbereitung von Maßnahmengesetzen im Verkehrsbereich, NVwZ 2020, 677–685

Zöller – Zivilprozessordnung Kommentar, begr. v. Richard Zöller, 34. Auflage, Köln 2022 (zitiert als: *Bearbeiter*, in: Zöller, ZPO)

Sachregister

Aarhus-Konvention 39, 284
Änderung des Planfeststellungsbeschlusses 68–70, 187–189, *siehe auch*
Ergänzendes Verfahren, Abschluss
Äquivalenzprinzip 232, 282
Amtsermittlungsgrundsatz 106 f., 143 *siehe auch* Untersuchungsgrundsatz
Anderweitige Ergebnisrichtigkeit 174
Aufhebung eines Verwaltungsaktes
– durch das Gericht 11 f., 15 f., 35, 43, 58, 60, 146, 193–197, 287 f., *siehe auch* Beseitigungsanspruch
– durch die Behörde 43, 240–242
Aufhebungsverbot 28 f.
Aussetzung des gerichtlichen Verfahrens 43, 82 f., 133–137, 274

Beruhen 173
Beseitigungsanspruch 11 f., 15 f., 35, 43, 58, 60, 146, 193–197, 287 f., *siehe auch* Aufhebung eines Verwaltungsaktes durch das Gericht
Bestandskraft 35, 88, 115 f., 212, 287
– Bezugspunkt 115, 120–123
– Voraussetzungen 117
Beteiligungspflichten 64–66, *siehe auch* Öffentlichkeitsbeteiligung

Demokratieprinzip 255
Dispositionsmaxime 160, 266–268
Doppelte Rechtskraft
– Anwendungsbereich 76–78
– Begriff 2, 76
– de lege ferenda 285–299
– dogmatische Rechtfertigung 92–125
– Entwicklung 86–90
– Konzept 1 f., 76
– unionsrechtliche Zulässigkeit 279–284

– verfassungsrechtliche Zulässigkeit 253–279
– Ziele 90–92

Effektivitätsprinzip 232, 283
Elbvertiefung 151, 195, 205 f., 208–210, 213, 220
Entscheidungserheblichkeit 143, 167
Ergänzendes Verfahren 15–17, 23, 25 f., 34
– Abschluss 60, 68–70, 187–189, *siehe auch* Änderung des Planfeststellungsbeschlusses
– Anwendungsbereich 26 f., 37–44
– Durchführung 61–68
– Einleitung 59 f.
– Ermächtigungsgrundlage 29–32
– Grenzen 54–57
– im ergänzenden Verfahren heilbare Fehler 44–52
– in der Bauleitplanung 26, 129–131
– Rechtsgrundlage 29–32
– Scheitern 70, 194–196, 226
– unionsrechtliche Zulässigkeit 71–73
– verfassungsrechtliche Zulässigkeit 71
– vor einem gerichtlichen Verfahren 42 f.
– während der Revision 139–142
– während der Tatsacheninstanz 137–139
Ergebnisoffenheit 63 f., 72, 236 f.
Ergebnisrelevanz 17 f., 46, 51 f.
Erledigung 134, 138, 188

Fehler, *siehe auch* Mangel
– Abwägungsfehler 44–46
– im ergänzenden Verfahren 198 f.
– in rechtskräftig entschiedenem Sachkomplex 222 f.
– materiell-rechtlicher 47 f.
– Verfahrensfehler 48

Fehleranfälligkeit von Zulassungsentschei-
dungen 13–15
Fehlerwiederholungsverbot 102, 105
Feststellung der Rechtswidrigkeit und
Nichtvollziehbarkeit 58, 78 f., 83–85,
100 f., 185–187, 197–200
Formelle Beschwer 171, 176 f.

Gewaltenteilung 242, 255, 271–273, 275 f.
Grundrechtsverwirklichung 262 f.

Klageänderung 135, 138, 139–141
Klageantrag 78, 113 f., 160 f.
Klagebegründungsfrist 20, 144, 157 f.,
siehe auch Präklusion, innerprozessuale
Kohlekraftwerk Moorburg 77, 172, 303
Konfliktbewältigungsgebot 132
Konkrete Normenkontrolle 152
Konzentrationswirkung 131–133
Kostentragung 109, 157, 161
– bei Bescheidungsurteilen 165
– bei Erledigung 134
– bei geringfügigem Unterliegen 162 f.
– in der Revisionsinstanz 178
– innerhalb des Feststellungsurteils 163–167
Kühne & Heitz 233 f.

Lehre von der Rechtskraft der Urteilselemente 97

Mangel, *siehe auch* Fehler
– Abwägungsmangel 44–46
– im ergänzenden Verfahren 198 f.
– in rechtskräftig entschiedenem Sach-
komplex 222 f.
– materiell-rechtlicher 47 f.
– Verfahrensmangel 48
Maßgebliche Sach- und Rechtslage 67 f.,
225 f.
Mehrfachbegründung 111, 113
Mehrpoliges Prozessrechtsverhältnis 258
Missbrauchsklausel 19
Mitwirkungspflicht 143–145, 155 f.

Ne bis in idem 94, 192, 197

Obiter dictum 97, 107, 276

Öffentlichkeitsbeteiligung 64–66, *siehe
auch* Beteiligungspflichten
Ortsumgehung Celle 215 f.
Ortsumgehung Freiberg 136 f., 231–235,
239, 257
Ortsumgehung Ummeln 151

Planergänzung 15–17, 24 f., 33, 79
Planerhaltung 12–15
Präjudizialität 93–100, 104, *siehe auch*
Rechtskraft, materielle
Präklusion 67
– innerprozessuale 20, 144, 157 f.,
siehe auch Klagebegründungsfrist
– materielle 19, 231, 248 f., 279
Praktische Wirksamkeit 282 f.
Publizitätserfordernis 68 f.

Quotenbildung 167 f.

Rechtliches Gehör 153, 268 f.
Rechtsfrieden 221 f., 228, 254, 259–261,
siehe auch Rechtssicherheit
Rechtskraft
– formelle 93
– im Normenkontrollverfahren 106, 108,
129–131, 201
– im Gemeinschaftsprozessrecht 280
– im Zivilprozess 97 f., 127 f.
– klageabweisender Anfechtungsurteile
111
– materielle 93–100, 221 f. *siehe auch*
Präjudizialität
– stattgebender allgemeiner Feststellungsurteile 126
– stattgebender Anfechtungsurteile
101–105
– stattgebender Fortsetzungsfeststellungs-
urteile 126 f.
– von Bescheidungsurteilen 108, 293–296
– von Entscheidungen des Bundesverfassungsgerichts 98
– zeitliche Grenze 225
– zugunsten der obsiegenden Partei 109
Rechtskraftdurchbrechung 222, 228 f., 238,
240, 283
Rechtskrafttheorien 94
Rechtsmittel 93, 171, *siehe auch* Revision

Rechtsmittelklarheit 109, 154
Rechtsmittelzulassung 168–171
Rechtsreflex 202
Rechtsschutz, *siehe auch* Rechtsschutz-
garantie
– bei Ablehnung des ergänzenden Verfah-
rens 60
– des Klägers gegen den korrigierten
Planfeststellungsbeschluss 191–200
– des Vorhabenträgers bei Rechtskraft-
durchbrechung 245 f., 251
– Dritter 200–203
– vorläufiger 35–37, 58, 118
Rechtsschutzgarantie 148, 221, 253–255,
258 f., 261 f., 264, 270, *siehe auch*
Rechtsschutz
Rechtssicherheit 221 f., 228, 254, 259–261,
siehe auch Rechtsfrieden
Rechtsstaatsgebot 222, 240
Revision, *siehe auch* Rechtsmittel 93, 171
Richterliche Rechtsfortbildung 255 f.
Rügeobliegenheit 156 f.

Streitgegenstand 94 f., 96 f., 106, 107, 125,
192 f., 286 *siehe auch* Streitgegenstandstheorien
Streitgegenstandstheorien 96

Tatsachenfeststellung durch das Revisionsgericht 141 f.

Uckermarkleitung 188, 206, 207 f., 210,
216 f., 220 f., 278
Unbeachtlichkeit von Fehlern 17 f., 46, 51 f.
siehe auch Ergebnisrelevanz
Untersuchungsgrundsatz 106, 143 *siehe
auch* Amtsermittlungsgrundsatz

Veranlasserprinzip 163
Verfahrensautonomie 232, 281
Verfahrensfehler
– absolute 50
– relative 51 f.
Verfahrensrechte 152–154
Verwaltungseffizienz 263
Vollkontrolle 148, 149 f., 264–266, 290, 297 f.
Vollrevision 177 f.
Vollziehbarkeit 84, 299
Vorabentscheidungsverfahren 150–152
Vorhabenidentität 54 f.

Waldschlösschenbrücke 151, 248 f.
Weservertiefung 151 f.
Wiederaufnahme
– des gerichtlichen Verfahrens 229 f.
– des Verwaltungsverfahrens 230 f., 240,
243 f.

Zurückverweisung 172
Zweitbescheid 197, 189, 200, 226–228
Zwischenfeststellungsklage 97, 260 f.

Schriften zum Infrastrukturrecht

herausgegeben von
Wolfgang Durner und Martin Kment

Die Schriftenreihe *Schriften zum Infrastrukturrecht* (InfraSR) wurde 2013 gegründet. Das Infrastrukturrecht als übergreifendes Rechtsgebiet erstreckt sich neben den klassischen Verkehrsinfrastrukturen (Straße, Schiene, Wasserstraßen und Luftverkehr) vor allem auf die Anlagen zur Bereitstellung von Wasser und Energie, die stoffliche Ver- und Entsorgung sowie die Kommunikationsinfrastruktur. In all diesen Bereichen stellen sich immer wieder grundsätzliche Fragen nach der Rolle des Staates – sei es als Anbieter oder als Gewährleister eines angemessenen Versorgungsniveaus, der Planung, Zulassung und Finanzierung der erforderlichen Anlagen, der Reglementierung des Zugangs zu Infrastrukturen, des Umgangs mit natürlichen Monopolen oder nach der Gestaltung verbrauchergerechter Preise. Die neue Schriftenreihe will zur Erforschung dieser Fragen beitragen und wendet sich ebenso an staatliche und nichtstaatliche Akteure im Infrastrukturbereich wie an Wissenschaftler, Richter und Rechtsanwälte.

ISSN: 2195-5689
Zitiervorschlag: InfraSR

Alle lieferbaren Bände finden Sie unter *www.mohrsiebeck.com/infrasr*

Mohr Siebeck
www.mohrsiebeck.com